Johann Georg Gmelin

Expedition
ins unbekannte Sibirien

FREMDE KULTUREN IN ALTEN BERICHTEN

Herausgegeben von
Jürgen Osterhammel und
Folker Reichert

Band 7

Johann Georg Gmelin

Expedition
ins unbekannte Sibirien

Herausgegeben, eingeleitet
und erläutert von

DITTMAR DAHLMANN

Jan Thorbecke Verlag Sigmaringen
1999

Die Deutsche Bibliothek – CIP-Einheitsaufnahme

Gmelin, Johann Georg:
Expedition ins unbekannte Sibirien / Johann Georg Gmelin. Hrsg., eingeleitet und erl. von Dittmar Dahlmann. - Sigmaringen: Thorbecke, 1999
  (Fremde Kulturen in alten Berichten; Bd. 7)
  ISBN 3-7995-0606-3

© 1999 by Jan Thorbecke Verlag GmbH & Co., Sigmaringen

Alle Rechte vorbehalten. Ohne schriftliche Genehmigung des Verlages ist es nicht gestattet, das Werk unter Verwendung mechanischer, elektronischer und anderer Systeme in irgendeiner Weise zu verarbeiten und zu verbreiten. Insbesondere vorbehalten sind die Rechte der Vervielfältigung – auch von Teilen des Werkes – auf photomechanischem oder ähnlichem Wege, der tontechnischen Wiedergabe, des Vortrags, der Funk- und Fernsehsendung, der Speicherung in Datenverarbeitungsanlagen, der Übersetzung und der literarischen oder anderweitigen Bearbeitung.

Dieses Buch ist aus säurefreiem Papier hergestellt und entspricht den Frankfurter Forderungen zur Verwendung alterungsbeständiger Papiere für die Buchherstellung.

Lektorat: Peter Donié
Buchgestaltung: Norbert Brey, Sigmaringen
Schutzumschlaggestaltung und Reihen-Signet: Neuffer-Design, Freiburg i. Br.
Vorsatzkarte: Kartographie, Eppelheim

Satz: polyma, Konstanz
Druck und Buchbinderarbeiten: Süddeutsche Verlagsgesellschaft mbH, Ulm
Printed in Germany · ISBN 3-7995-0606-3

Inhalt

Einleitung

Die russische Eroberung Sibiriens 7

Die Berichte über Sibirien vor 1733
und die Entstehung der russischen
Akademie der Wissenschaften 15

Vitus Berings erste Expedition und die Vorbereitungen
der Großen Nordischen
oder Zweiten Kamčatka-Expedition 26

Die Große Nordische oder Zweite Kamčatka-Expedition
in den Jahren von 1733 bis 1743 43

Johann Georg Gmelins Leben und Werk 59

Zu dieser Ausgabe 82

Danksagung 84

Johann Georg Gmelins Reise durch Sibirien
von dem Jahre 1733 bis 1743 85

Vorrede 87

Tageregister der Kamtschatkischen Reise.
Erster Theil 99

Fortsetzung
des Tageregisters der Kamtschatkischen Reise 163

Des Tageregisters der Kamtschatkischen Reise
Dritter Theil   241

Des Tageregisters der Kamtschatkischen Reise
Vierter Theil   315

Anmerkungen   379

Quellen- und Literaturverzeichnis   421

Maße und Gewichte   439

Abkürzungen   441

Abbildungsnachweis   443

Personen- und Ortsregister   445

Einleitung

Die russische Eroberung Sibiriens

Über die riesige Landmasse Sibiriens war im 18. Jahrhundert in Europa wenig bekannt[1]. Auch in Rußland war die Kenntnis noch äußerst gering, obwohl das russische Novgorod seit dem frühen Mittelalter Handelskontakte nach dem heute so bezeichneten Sibirien unterhielt, worunter im allgemeinen das Gebiet vom Ural bis zur Pazifikküste verstanden wird, dessen südliche Grenze die Kasachische Schwelle bildet[2]. Diese blieben aber sporadisch und rissen während der Zeit der Vorherrschaft der Tataren von der Mitte des 13. bis zum Ende des 15. Jahrhunderts weitgehend ab. Doch begann bereits unter der Herrschaft des Moskauer Großfürsten Ivan I. Kalita (1328–1341) eine allmähliche Ausdehnung des Großfürstentums, die schließlich während der Herrschaft Ivans IV. mit der Eroberung von Kazan' im Jahre 1552 die Grenzen der zuvor von den Russen bewohnten Territorien überschritten.

An der Nordgrenze des Moskauer Zartums – Ivan IV. hatte sich 1547 zum Zaren der ganzen Rus' krönen lassen – besaß die Familie der Stroganovs umfangreiche Ländereien im Raume Perm', an der Kama und ihren Nebenflüssen. Die Regierung hatte ihr großzügige Privilegien gewährt und ihr Reichtum basierte auf der Salzgewinnung und dem Handel

---

1 Dittmar DAHLMANN, Von Kalmücken, Tataren und Itelmenen: Forschungsreisen in Sibirien im 18. Jahrhundert, in: Eva-Maria AUCH/Stig FÖRSTER (Hg.), »Barbaren« und »weiße Teufel«. Kulturkonflikte und Imperialismus in Asien vom 18. bis zum 20. Jahrhundert, Paderborn u.a. 1997, S. 19–44, hier: S. 20f. Auf den Nachweis russischsprachiger Literatur wird in diesem Band weitgehend verzichtet. Sie findet sich für den interessierten Leser in der in der Bibliographie nachgewiesenen Fachliteratur.
2 Benson BOBRICK, Land der Schmerzen – Land der Hoffnung. Die Geschichte Sibiriens, München 1993, S. 25f.

mit Pelzen. Es waren vor allem die Pelze, welche die Stroganovs dazu veranlaßten, das Ural-Gebirge zu überschreiten. Sie gerieten dabei in Konflikte mit der indigenen Bevölkerung, vor allem aber mit Chan Kutschum, der in Sibir' (Isker) am unteren Irtyš residierte. Der tatarische Herrscher beanspruchte die Oberhoheit über diese Territorien, hauptsächlich aber über die Stämme der einheimischen Bewohner[3].

Jedoch bestand zugleich ein Tributverhältnis des sibirischen Chanats zu Ivan IV., dem russischen Zaren. Seit Beginn der 1570er Jahre gelang es Kutschum Chan, um die Herrschaft rivalisierende Klans in Sibir' zu verdrängen und die Macht an sich zu reißen. In dieser Zeit setzten die militärischen Auseinandersetzungen zwischen den Stroganovs, die die russischen Interessen repräsentierten, und Kutschum ein. Da Zar Ivan IV. vor allem im Westen des Reiches engagiert war und keine weitere militärische Auseinandersetzung an der Nordgrenze wünschte, zogen die Stroganovs am Ende der 1570er Jahre die Initiative an sich. Sie versicherten sich der Dienste einer größeren Abteilung von Kosaken unter ihrem Anführer Ermak.

Im Jahre 1581/82 überquerten die Kosaken den Ural und eroberten die Hauptstadt des sibirischen Chanats. Über die Motive und die Umstände, die dazu führten, wird in der Forschung bis heute debattiert. Jedenfalls gelang es den waffen- und kampftechnisch überlegenen Kosaken, deren Zahl bei etwa 900 gelegen haben dürfte, die Truppen der Tataren zu schlagen und damit die Eroberung Sibiriens einzuleiten. Ermak, ihr Anführer, avancierte in der russischen Volksdichtung zum Helden, den zahlreiche Lieder besingen und Gedichte verehren.

Der Kosakentrupp überwinterte in Sibirien, trieb von der indigenen Bevölkerung den Tribut, jasak genannt, ein, der hauptsächlich aus Pelzen, vor allem dem begehrten Zobel, dem »weichen Gold« bestand. In der Manier von Eroberern

---

3   BOBRICK, Land der Schmerzen, S. 26ff.; W. Bruce LINCOLN, Die Eroberung Sibiriens, München/Zürich 1994, S. 52ff.

erklärte Ermak im Namen des Zaren Ivan IV. die gewonnenen Territorien zu russischem Besitz. Im folgenden Jahr schickte er eine Delegation unter seinem Stellvertreter nach Moskau, um die Eroberungen zu legalisieren. Der Zar, dessen Herrschaft sich dem Ende zuneigte, zögerte zunächst, entschloß sich dann jedoch dazu, die Gebiete der eigenen Herrschaft einzuverleiben. Bereits der Beginn der sibirischen Eroberungen zeigte das Grundmuster der folgenden Ereignisse, ein Wechsel- und Zusammenspiel privater und staatlicher Initiativen[4].

Nach anfänglichen Erfolgen der russischen Eindringlinge setzte ein heftiger Widerstand sowohl von seiten der Tataren als auch der indigenen Bevölkerung ein. Es dauerte lange, bis die vom Zaren versprochenen Verstärkungen ihr Ziel erreichten. Ermak ertrank im Jahre 1585 bei einem Überfall der Tataren, denen es dennoch nicht mehr gelingen sollte, die Herrschaft der Russen abzuschütteln. Die sich mit ihrer Beute zurückziehenden Kosaken wurden mehr und mehr durch reguläre Militäreinheiten ersetzt, die seit dem Tode des Zaren Ivan IV. von dem Regenten Boris Godunov geschickt wurden. Noch im Jahre 1585 wurde von den Russen die erste Festung Obskij Gorodok errichtet, der im folgenden Jahr Tjumen', in der Nähe der alten Hauptstadt Sibir' gelegen, folgte.

Die russischen Eroberer, die nun in einem beständigen Strom nach Sibirien vorstießen, kamen in ein bereits bewohntes Land. Weit über einhundert Ethnien unterschiedlicher Größe, zusammengenommen wohl kaum mehr als 200 000 Menschen, besiedelten das riesige Territorium. Außer den Tataren, die gleich den Russen als Eroberer gekommen waren, lebten dort finno-ugrische, turk- und mongolsprachige sowie paläosibirische Völker. Über Jahrtausende hinweg hatten sich Siedlungsgebiete immer wieder verändert und verschoben. Es existierte in je unterschiedlicher

---

4 Andreas KAPPELER, Rußland als Vielvölkerreich. Entstehung – Geschichte – Zerfall, München 1992, S. 38.

Form ein Handel und Austausch von Waren, der sich bis Persien, China und über die Beringstraße hinaus ausdehnte.

Die Mehrzahl der Stämme bestand aus nomadisierenden Hirten und Jägern, nur wenige waren seßhaft. Viehherden wurden auf Winter- und Sommerweiden getrieben, daneben wurde Fischfang betrieben, an der Eismeer- beziehungsweise Pazifikküste die Jagd auf alle Arten von Meerestieren. Jedoch ist festzuhalten, daß die Russen nicht in eine konfliktfreie Idylle vorstießen. Sowohl innerhalb der Stämme als auch zwischen ihnen kam es immer wieder zu blutigen Auseinandersetzungen und die jeweiligen Oberherren achteten darauf, daß die auferlegten Tribute auch ordnungsgemäß abgeliefert wurden[5].

Der Vorstoß der Russen ging in den nachfolgenden Jahrzehnten rasch vonstatten. 1587 wurde Tobol'sk errichtet, 1601 Mangazeja und 1604 Tomsk. Bis 1607 war der Enisej erreicht und damit nach dem Ob' das zweite große Strombecken mit zahlreichen Nebenflüssen, die zum immer weiteren Vordringen genutzt wurden. Bereits 1632 standen russische Eroberer an der Lena und bauten dort die Festung Jakutsk. Ochotsk am dann später auch so genannten Meer wurde 1648 angelegt, doch wurde dieser Teil des Pazifischen Ozeans von den Russen bereits 1639 erreicht. Der Vorstoß in den Süden erfolgte ungefähr zur gleichen Zeit, am Bajkal-See standen russische Eroberer 1643 und 1651/52 wurde dort Irkutsk als Festung angelegt, Nerčinsk folgte 1654. Nun allerdings stießen die Russen ebenso wie im Amurgebiet im Verlauf der gewaltigen Expansion auf einen ebenbürtigen, möglicherweise überlegenen Gegner, auf China. Als die Gefahr einer ernsthaften militärischen Auseinandersetzung drohte, wurden im Vertrag von Nerčinsk im Jahre 1687 die russisch-chinesische Grenze und die Bedingungen des russisch-chinesischen Handels für lange Zeit festgeschrieben[6].

---

5 BOBRICK, Land der Schmerzen, S. 62ff.
6 Zum Vordringen der Russen vgl. die Darstellungen bei BOBRICK, Land der Schmerzen, Kap. 4–8 und LINCOLN, Eroberung Sibiriens,

Damit war die Eroberung und Erschließung Sibiriens, ein »Vorgang von welthistorischer Bedeutung«, wie ihn Andreas Kappeler genannt hat, zu einem ersten Abschluß gekommen[7]. Staatliche und private Interessen waren daran in gleicher Weise beteiligt. Neben die regionale Militäradministration, die Kosaken und die Priester der orthodoxen Kirche traten Abenteurer und Händler sowie die russische Variante der amerikanischen Waldläufer oder Trapper, die promyšlenniki. Lange Zeit nutzten sie soweit nur möglich die Wasserwege und hielten sich von den Steppen fern, welche die Kasachen und Mongolen beherrschten. Im Laufe der Zeit traten zu den bereits genannten Gruppen die gemeinhin als »Litva«, also Litauer, bezeichneten Verbannten. Neben Kriegsgefangenen seit dem Livländischen Krieg Ivans IV. von 1558–1583, daher rührte die Bezeichnung, waren dies mehr und mehr verurteilte Kriminelle und aus politischen Gründen Verschickte. Auch blieb die Praxis erhalten, Kriegsgefangene durch Verschickung nach Sibirien an der Flucht zu hindern. Schließlich ließen sich in den entfernten sibirischen Regionen auch Altgläubige nieder, also jene Gruppe religiöser Dissidenten, die sich der Kirchenreform unter Nikon vom Jahre 1654 verweigert hatten[8].

Das russische Vordringen stieß auf starken und hinhaltenden Widerstand der indigenen Völker. Bereits die Tataren des Chanats Sibir' lieferten bis über die Wende zum 17. Jahrhundert hinaus heftige Kämpfe und versuchten mehrmals eine Loslösung von der russischen Vorherrschaft. Kampfbereit und zum Widerstand entschlossen zeigten sich auch Ostjaken, Jakuten, Burjaten, Jukagiren, Čukčen, Korjaken und Itelmenen. Doch waren diese Ethnien weder von ihrer sozia-

---

    Kap. 5–11. Zum Handel mit China vgl. Klaus HELLER, Der russisch-chinesische Handel von seinen Anfängen bis zum Ausgang des 19. Jahrhunderts, Erlangen 1980.
7 KAPPELER, Rußland als Vielvölkerreich, S. 36.
8 James FORSYTH, A History of the Peoples of Siberia. Russia's North Asian Colony 1581–1990, Cambridge 1994, S. 43f.

len Organisation her noch von der Art der Bewaffnung auch nur annähernd in der Lage, sich gegen die Eindringlinge zu behaupten. Es kam hinzu, daß der Abschluß von Bündnissen untereinander nicht zu den grundlegenden Erfahrungen der indigenen Bevölkerung gehörte. Ein Zusammenschluß kam auch wegen der großen Entfernungen oder aufgrund langdauernder Streitigkeiten untereinander kaum in Betracht. Manchesmal wurden solche Aufstände blutig unterdrückt, im allgemeinen versuchte die Moskauer Regierung eine Politik der Integration[9].

Ein solches Vorgehen lief darauf hinaus, den Status quo zu garantieren und die Sippen- und Stammesführer in ihren Rechten zu bestätigen. Damit blieb das soziale Gefüge einigermaßen erhalten, da auch die untere Instanz der Rechtsprechung und der Verwaltung in den Händen der einheimischen Oberschicht verblieb. Häufig mußten von den Stammesoberen Geiseln gestellt werden, die die Unterwerfung und vor allem die Ablieferung des Tributs, des Pelzjasaks, garantieren sollten. Auch nutzten die Russen jede sich bietende Gelegenheit, die Stämme gegeneinander auszuspielen und sie für eigene Zwecke, also den weiteren Vormarsch, zu benutzen[10].

Diese eher auf Ausgleich bedachte Politik der Moskauer Zentralregierung, deren Präsenz vor Ort denkbar gering war und der es schwer fiel, sich gegenüber den eigenen Landsleuten durchzusetzen, stieß in Sibirien selbst auf wenig Gegenliebe. Gang und gäbe waren Korruption, Willkür, Erpressung, Versklavung von insbesondere einheimischen Kindern, Frauen und Männern, Raub und Gewalt in jeder Form. Der Herrscher war im wahrsten Sinne des Wortes weit entfernt und seine Stellvertreter paktierten eher mit ihren Landsleuten, als die einheimische Bevölkerung zu beschüt-

---

9 Zum Widerstand der einheimischen Ethnien vgl. die Darstellung von FORSYTH, History of the Peoples, passim.
10 KAPPELER, Rußland als Vielvölkerreich, S. 39f.

zen, denn zumeist partizipierten sie an der Ausplünderung der natürlichen Reichtümer[11].

Je weiter das 17. Jahrhundert fortschritt, desto mehr russische Bauern wurden in den sibirischen Gebieten angesiedelt. Auch dabei standen anfangs militärische Überlegungen im Vordergrund, weil es zunächst ihre Aufgabe war, die Besatzungen der angelegten Festungen, denn alle Stadtgründungen waren militärisch bedingt, mit Nahrungsmitteln, vor allem mit Getreide zu versorgen. Die russische Besiedlung konzentrierte sich hauptsächlich auf den südwestsibirischen Schwarzerdegürtel, der somit auch schneller als die übrigen Teile Sibiriens in das Reich integriert wurde. Wohl schon am Ende des 17. Jahrhunderts war der Anteil der Russen an der Bevölkerung Sibiriens etwa so hoch wie der der indigenen Bevölkerung und betrug für jede der beiden Gruppen zwischen 150.000 und 200.000 Menschen[12].

Verwaltungstechnisch war das neu eroberte Territorium zunächst dem Amt unterstellt worden, das auch für das 1552 eroberte Chanat von Kazan' zuständig war und auch diesen Namen trug, Kazanskij Prikaz. Erst am Ende der 1630er Jahre wurde dafür eine eigene Behörde geschaffen, der Sibirskij Prikaz[13]. Eine festgefügte Verwaltungsstruktur war damit nicht gegeben. Die Russen beherrschten im wesentlichen ihre Festungen und die Städte, die zur ökonomischen Ausbeutung nötig waren. Eine weitergehende Integration der in Si-

---

11 FORSYTH, History of the Peoples, S. 45ff.; ders., The Siberian native peoples before and after the Russian conquest, in: Alan WOOD (Hg.), The History of Siberia. From Russian Conquest to Revolution, London/New York 1991, S. 69–91; David N. COLLINS, Subjugation and settlement in 17th and 18th-century Siberia, in: ebd., S. 37–56; KAPPELER, Rußland als Vielvölkerreich, S. 40f.
12 FORSYTH, History of the Peoples, S. 100.
13 Ludmila THOMAS, Geschichte Sibiriens. Von den Anfängen bis zur Gegenwart, Berlin 1982, S. 35–38; Basil DMYTRYSHYN, The administrative apparatus of the Russian colony in Siberia and Northern Asia, 1581–1700, in: WOOD (Hg.), History of Siberia, S. 17–36; George V. LANTZEFF, Siberia in the 17th Century. A Study of the Colonial Administration, Berkeley/Los Angeles 1943.

birien lebenden Ethnien erfolgte weder in sozialer noch in kulturell-religiöser Hinsicht.

Erst mit dem Beginn des 18. Jahrhunderts, vor allem während der Regierungszeit Peters I., setzten stärkere Bemühungen ein, die nomadisierenden Hirten, Jäger und Fischer in das Staatsgefüge einzugliedern. Dazu sollte auch ihre Christianisierung beitragen. Diese Zwangsbekehrungen fanden in den folgenden Jahrzehnten massenhaft statt, blieben aber oberflächlich und ohne größeren Erfolg. Die Naturreligionen, insbesondere der Schamanismus, aber auch Lamaismus und Buddhismus blieben dominant[14].

Am Ende des 17. Jahrhunderts erreichten die russischen Eroberer auch die nordöstlichsten Gebiete Sibiriens, die Čukčenhalbinsel und die Halbinsel Kamčatka. In diesem Gebiet lebten vor allem die Čukčen, die Korjaken und die Itelmenen, die von den Russen Kamtschadalen genannt wurden. Unter Vladimir Atlasov, den manche als den »Pizarro Kamčatkas« bezeichnen, erfolgte zwischen 1697 und 1699 der endgültige Vorstoß der Russen in dieses Territorium. Heftiger noch als andernorts fiel der Widerstand der einheimischen Ethnien aus, wobei es vor allem auf Kamčatka auch zu kollektiven Selbstmorden als Verzweiflungstaten kam[15]. Neben den Itelmenen traten insbesondere die Čukčen als entschiedene Gegner der Russen auf. Sie widersetzten sich jedem Versuch einer Christianisierung bis in die Sowjetzeit hinein.

Auch Kamčatka blieb bis zur Mitte des 18. Jahrhunderts ein Ort häufig aufflammender Unruhen und galt erst seit dieser Zeit als »pazifiziert«. Vor allem Georg Wilhelm Steller hat

---

14 KAPPELER, Rußland als Vielvölkerreich, S. 40f.; vgl. auch Forsyth, Siberian native peoples, in: WOOD (Hg.), S. 69ff.; David N. COLLINS, Colonialism and Siberian Development: A Case-Study of the Orthodox Mission to the Altay, 1830–1913, in: Alan WOOD/R. A. FRENCH (Hg.), The Development of Siberia. People and Resources, New York 1989, S. 50–71.

15 John J. STEPHAN, The Russian Far East. A History, Stanford 1994, S. 24. Die Bezeichnung als »Pizarro Kamčatkas« geht auf Ivan I. GAPANOVIČ, Rossija v severo-vostočnoj Azii, 2 Bde., Beiping 1933/34, hier: Bd 1, S. 54 zurück.

sich immer wieder für die Belange der Itelmenen beziehungsweise der indigenen Bevölkerung generell eingesetzt und versucht, sie gegen die Willkür des Verwaltungsapparates in Schutz zu nehmen[16]. Die Große Nordische Expedition stieß in jenem Raum noch auf die unmittelbaren Auswirkungen einer grausamen Eroberungspolitik.

Den Prozeß der sibirischen Expansion zusammenfassend hat jüngst Andreas Kappeler die bisherigen Vergleiche mit der amerikanischen Westexpansion noch einmal einer kritischen Prüfung unterzogen. Geographisch sei gewiß der Vergleich mit Kanada sinnvoller. Ähnliche Muster zeigten sich jedoch in dem brutalen Vorgehen gegenüber der indigenen Bevölkerung und dem bedenkenlosen, fast sollte man sagen gnadenlosen Raubbau an der Tier- und Pflanzenwelt. Gleiches ließe sich für die Heroisierung und Legitimierung des Expansionsprozesses sagen. Unterschiede bestanden in jedem Falle in den historischen Traditionen der Überseeauswanderer aus Europa nach Kanada und in die Vereinigten Staaten und denen der russischen Siedler in Sibirien, die seit langem Kontakte mit den nördlichen Völkern besaßen. Zumindest verlief der Eroberungsprozeß Sibiriens kaum friedlicher als vergleichbare welthistorische Vorgänge und wurde mit ähnlich großen Opfern erkauft[17].

Die Berichte über Sibirien vor 1733 und die Entstehung der russischen Akademie der Wissenschaften

Mit der Unterzeichnung eines Erlasses zur Gründung einer Akademie in einer Sitzung des Senats vom 22. Januar 1724 rief Peter I. die russische Akademie der Wissenschaften ins Leben. Sie sollte dem Herrscher direkt unterstellt und von ei-

---

16 Wieland HINTZSCHE/Thomas NICKOL (Hg.), Die Große Nordische Expedition. Georg Wilhelm Steller (1709–1746). Ein Lutheraner erforscht Sibirien und Alaska, Gotha 1996, S. 306.
17 KAPPELER, Rußland als Vielvölkerreich, S. 41f.

nem Präsidenten geleitet werden. Für die wirtschaftliche Seite sollte ein Direktor mit zwei Assistenten verantwortlich sein[18]. Die Gründung der Akademie ging einerseits auf Hofdichter und -aufklärer in Rußland seit der zweiten Hälfte des 17. Jahrhunderts zurück und stand andererseits im Zusammenhang mit der allgemeinen kulturellen Entwicklungspolitik des Herrschers[19]. Sie wurde durch Kontakte zu ausländischen Akademien und Universitäten gefördert. Pate standen dabei die bereits bestehenden Einrichtungen in Paris, London und Berlin. Die »Königliche Sozietät der Wissenschaften« in Berlin war die jüngste – im Jahre 1700 auf Anregung von Gottfried Wilhelm Leibniz gegründet –, bei der sich Naturwissenschaften und Ökonomie miteinander verbanden. Zugleich diente die Berliner Akademie sowohl der Beförderung der Wissenschaften als auch den Interessen des Staates[20].

Bei den Planungen für die Gründung einer russischen Akademie erfuhr Peter vor allem die Unterstützung durch

---

18 Eduard Winter, L. Blumentrost d. J. und die Anfänge der Petersburger Akademie der Wissenschaften, in: Jahrbuch für Geschichte der UdSSR und der volksdemokratischen Länder Europas 8, 1964, S. 247–269, hier: S. 252; Alexander Vucinich, Empire of Knowledge. The Academy of Sciences of the USSR (1917–1970), Berkeley u. a. 1984, S. 6ff. Vgl. auch G.-F. Miller (Müller), Istorija Akademii Nauk [Geschichte der Akademie der Wissenschaften], in: Materialy dlja istorii Imperatorskoj Akademii Nauk [Materialien zu einer Geschichte der Kaiserlichen Akademie der Wissenschaften], Bd. 6, St. Petersburg 1890, S. 14ff.

19 Lidija Sazonova, Zur Entstehung der Akademien in Rußland, in: Klaus Garber/Heinz Wismann/Winfried Siebers (Hg.), Europäische Sozietätsbewegung und demokratische Tradition. Die europäischen Akademien der Frühen Neuzeit zwischen Frührenaissance und Spätaufklärung, Bd. 2, Tübingen 1996, S. 966–992.

20 Zur Gründung der Berliner Akademie vgl. Conrad Grau, Zur Vor- und Frühgeschichte der Berliner Sozietät der Wissenschaften im Umfeld der europäischen Akademiebewegung, in: Garber/Wismann/Siebers (Hg.), Europäische Sozietätsbewegung, Bd. 2, S. 1381–1412; Ders., Institutionen und Personen in Berlin und Petersburg in den deutsch-russischen Wissenschaftsbeziehungen, in: Ludmila Thomas/Dietmar Wulff (Hg.), Deutsch-russische Beziehungen. Ihre welthistorischen Dimensionen vom 18. Jahrhundert bis 1917, Berlin 1992, S. 115–137.

Leibniz, mit dem er in einem intensiven Briefwechsel stand und den er auch mehrfach persönlich traf. Rußland solle, so meinte Leibniz, eine Institution schaffen, welche die Pflege und Entwicklung der Wissenschaften zum Ziele habe und fähige Wissenschaftler aus dem Westen heranziehe. Sie sollten unter anderem die natürlichen Ressourcen des Landes erforschen und eine Übersicht der Sprachen anfertigen. Zu den Überlegungen gehörte auch die Errichtung von Museen, Zoologischen Gärten und Raritätenkabinetten[21]. Leibniz' Gedanken bildeten kein in sich geschlossenes Konzept zur Gründung einer Akademie oder von Universitäten, sondern eher ein Konglomerat fragmentarischer Ideen dazu.

Nach dem Tode von Leibniz im Jahre 1716 wandte sich Peter I. an den Philosophen Christian Wolff, Professor für Mathematik und Physik in Halle, der weitere Vorschläge und Konzepte zur Gründung der Akademie entwickelte[22]. Allerdings dauerte es noch einige Jahre, bis es, wie schon erwähnt, im Jahre 1724 zur endgültigen Gründung der Akademie kam, der ein Jahr darauf die Eröffnung folgte. Die Akademie war als ein wissenschaftliches Gremium gedacht, das sowohl zur Vermehrung wissenschaftlicher Kenntnisse beitragen als auch praktische Fragen von seiten der Regierung als Expertengremium beantworten sollte. Die Akademie wurde in drei Fächer oder Klassen (russisch: klass) eingeteilt: 1) Mathematik und mathematische Wissenschaften, 2) theoretisch-experimentelle Wissenschaften (Physik, Chemie, Botanik etc.) und 3) Geisteswissenschaften (Geschichte, Recht, Ethik etc.)[23].

---

21 Vucinich, Empire of Knowledge, S. 8.
22 Günter MÜHLPFORDT, Rußlands Aufklärer und die Mitteldeutsche Aufklärung: Begegnungen, Zusammenwirken, Partnerschaft, in: Conrad GRAU u. a. (Hg.), Deutsch-russische Beziehungen im 18. Jahrhundert. Kultur, Wissenschaft und Diplomatie, Wiesbaden 1997, S. 83–169, hier: S. 97ff.; Briefe von Christian Wolff aus den Jahren 1719–1753. Ein Beitrag zur Geschichte der Kaiserlichen Akademie der Wissenschaften zu St. Petersburg, St. Petersburg 1860, Neudruck Hildesheim 1971.
23 Materialy dlja istorii Imperatorskoj Akademii Nauk, Bd. 1, St. Petersburg 1885, S. 305f. Text in russischer und deutscher Fassung.

Da es anfangs kaum russische Wissenschaftler gab, kamen die meisten Mitglieder der Akademie aus dem Ausland und insbesondere aus deutschen beziehungsweise deutschsprachigen Ländern. Zwischen 1725 und 1775 waren mehr als die Hälfte der Mitglieder Deutsche. Hinzu kamen Franzosen, Italiener, Schotten und einige andere Nationalitäten. Auch die Präsidenten der Akademie waren in einer weitgehend deutschsprachigen Umgebung aufgewachsen. Das Amt bekleideten zunächst der in Moskau geborene Laurentius Blumentrost, dem die drei Deutschbalten Hermann Karl von Kayserlingk, Johann Albrecht von Korff und Karl von Brevern nachfolgten[24].

Als Gründe für den hohen Anteil der Deutschen in den ersten fünfzig Jahren des Bestehens der Akademie lassen sich wohl im wesentlichen die Verhältnisse in Deutschland selbst in jener Zeit anführen. Die Universitäten und sonstigen Bildungseinrichtungen, auch etwa Stellen als Hauslehrer, standen kaum in ausreichender Zahl zur Verfügung, so daß auch hochqualifiziertem wissenschaftlichem Nachwuchs die Chance, an einer neugegründeten Akademie mit einem relativ hohen Gehalt arbeiten zu können, recht verlockend erschien.

Die von Peter initiierte, aber erst nach dessen Tod im Jahre 1725 eröffnete Akademie, führte unter seinen nur kurze Zeit regierenden Nachfolgern eher ein Schattendasein, bis Kaiserin Anna im Jahre 1730 mit dem Hofe aus Moskau wieder nach St. Petersburg zurückkehrte. Diese Rückkehr verbesserte zunächst den finanziellen Status der Akademie, allmählich dann auch den akademisch-intellektuellen. Manches neugewonnene Mitglied der Akademie verließ Rußland zwar bald wieder, andere entpuppten sich als Scharlatane. Die Zensur verhinderte einige Publikationen, zugleich entfaltete sich früh eine Art Wissenschaftsbürokratie. Vor allem der wohl manches Mal zu Unrecht gescholtene Johann

---

24 David M. Griffiths, The Early Years of the Petersburg Academy of Sciences as Reflected in Recent Soviet Literature, in: Canadian-American Slavic Studies 14, 1979/80, S. 436–445, hier: S. 437.

Daniel Schumacher, Rat der Akademischen Kanzlei der Akademie, steht dafür[25].

Die ersten wissenschaftlichen Forschungsreisen Rußlands standen in engem Zusammenhang mit der Akademiegründung. Sie begannen im Jahre 1719, als die Geodäten Ivan Evreinov und Fedor Lužin beauftragt wurden, die Geographie der erst am Anfang des 18. Jahrhunderts eroberten Halbinsel Kamčatka zu erforschen und nach einer möglichen Landverbindung zwischen Sibirien, also Asien, und Amerika zu suchen[26]. Ein Jahr zuvor war Daniel Gottlieb Messerschmidt, ein Arzt aus Danzig, von Peter I. damit beauftragt worden, das nunmehr zwar weitgehend eroberte, aber ansonsten beinahe durchgängig unbekannte Sibirien, eine riesige Landmasse, zu bereisen und Flora und Fauna zu erforschen[27]. Er begann seine Reise im Frühjahr 1719 und erreichte im Dezember des Jahres Tobol'sk.

Messerschmidt reiste zumeist allein; einige Zeit befand er sich in Begleitung des schwedischen Kriegsgefangenen Philipp Johann Tabbert von Strahlenberg, der nach seiner Entlassung aus der Kriegsgefangenschaft und der Rückkehr nach Schweden eine Länderkunde Sibiriens veröffentlichte, in der er viel Neues mitzuteilen wußte[28]. Strahlenberg ver-

---

25 VUCINICH, Empire of Knowledge, S.11; Griffiths, Early Years, S. 437.
26 BASIL Dmytryshyn/E. A. P. CROWNHART-VAUGHAN/Thomas VAUGHAN (Hg.), To Siberia and Russian America. Three Centuries of Russian Eastward Expansion. Vol. 2: Russian Penetration of the North Pacific Ocean 1700–1797, Portland 1988, S. XXXVf. und S. 65; Raymond H. FISHER, Bering's Voyages, Whither and Why, Seattle/London 1977, S. 57ff.
27 E. Winter/N. A. Figurovskij (Hg.), D. G. Messerschmidt. Forschungsreise durch Sibirien 1720–1727, 5 Bde., Berlin 1962–1977. Die geplanten Bände sechs und sieben, die unter anderem ein Lebensbild des Forschungsreisenden enthalten sollten, sind nie erschienen. Vgl. allgemein zur Geschichte der Reisen in Sibirien Georg Henning, Die Reiseberichte über Sibirien von Herberstein bis Ides, in: Mitteilungen des Vereins für Erdkunde zu Leipzig 1905, Leipzig 1906, S. 245–394.
28 Philipp Johann Tabbert von Strahlenberg, Das Nord- und Ostliche Theil von Europa und Asia. In so weit solches Das gantze Rußische

stieß damit allerdings gegen seine den russischen Behörden abgegebene Verpflichtung, Materialien und Ergebnisse dieser Reise nicht zu veröffentlichen. Nachrichten über Sibirien lagen zu jener Zeit in nur geringer Zahl vor und waren zumeist wenig zuverlässig.

Eine der ersten Abhandlungen verdanken wir Hans Schiltberger, der über sein abenteuerliches Leben und seltsames Schicksal einen Bericht veröffentlichte. Er geriet während der Türkenkriege im Jahre 1396 in Ungarn in die Gefangenschaft des Sultans und wenige Jahre später, 1402, fiel er in die Hände Timurs. Nach dessen Tod diente er als Sklave verschiedenen Mitgliedern aus dieser tatarischen Herrscherfamilie, bis ihm schließlich aus dem Kaukasus die Flucht gelang und er mit Hilfe des byzantinischen Kaisers 1427 wieder in seine bayerische Heimat gelangte. Schiltberger schrieb unter anderem auch über die »große Tatarei« und das Land »Ibissibur«, womit augenscheinlich Sibirien gemeint war[29].

Reich mit Siberien und der grossen Tatarey in sich begreifet. In einer Historisch-Geographischen Beschreibung der alten und neuen Zeiten, und vielen andern unbekannten Nachrichten vorgestellet [...], Stockholm 1730, Nachdruck Szeged 1975; eine englische Ausgabe erschien London 1738 und eine französische Fassung Amsterdam 1757.

29 Zu dem mit einiger Sicherheit nur diktierten Bericht Schiltbergers vgl. die historisch-kritischen Ausgaben: Reisen des Johannes Schiltberger aus München in Europa, Asia und Afrika von 1394 bis 1427, nach der Heidelberger Handschrift hg. von Karl Friedrich Neumann, München 1859; Hans Schiltbergers Reisebuch nach der Nürnberger Handschrift hg. von Valentin Langmantel, Tübingen 1885, S. 61–64 über die grosse Tatarei und das Land Ibissibur. Vgl. dort S. 148–157 zu den Handschriften, Inkunabeln und Drucken des 16. und 17. Jahrhunderts. Ein Erstdruck erschien vermutlich in Ulm 1473. Vgl. auch die historisch-kritische Ausgabe in Englisch: The Bondage and Travels of Johann Schiltberger, a Native of Bavaria, in Europe, Asia, and Africa, 1396–1427, hg. von J. Buchan Telfer and with Notes by Professor P. Bruun, London 1879. Eine ins Neuhochdeutsche übertragene Fassung: Johannes Schiltberger, Als Sklave im Osmanischen Reich und bei den Tataren 1394–1427, hg. von Ulrich Schlemmer, Stuttgart 1983.

Erst ein Jahrhundert später folgte der Bericht des kaiserlichen Gesandten Sigismund von Herberstein »Rerum Moscoviticarum commentarii« aus dem Jahre 1549. Herberstein hielt sich zweimal, zwischen 1516 und 1518 und von 1526 bis 1527, in Moskau auf. Seinem 1549 lateinisch, dann 1557 deutsch erschienenen Buch ist eine anonyme Beschreibung über Sibirien angefügt: »Die Reiß gehn Petzora, Jugra und zu dem wasser Obi«[30].

Im Verlaufe des 17. Jahrhunderts vergrößerten sich die Kenntnisse über Sibirien zunächst nur wenig, obwohl einiges darüber publiziert wurde[31]. Doch blieb das Land auslän-

---

30 Siegmund VON HERBERSTEIN, Rerum moscoviticarum comentarii [...], Wien 1549; die erste deutsche Fassung erschien 1557 gleichfalls in Wien, eine zweite 1563 in Basel. Heute gebräuchlich sind: Sigmund VON HERBERSTEIN, Das alte Rußland. In Anlehnung an die älteste deutsche Ausgabe aus dem Lateinischen übertragen von Wolfram VON DEN STEINEN, mit einem Nachwort von Walter Leitsch, Zürich 1984 sowie Beschreibung Moskaus, der Hauptstadt in Rußland samt des Moskowitischen Gebietes 1527. Ausgewählt, übertragen und eingeleitet von Berthold PICARD, Graz u. a. 1966; vgl. auch Gerhard PFERSCHY (Hg.), Siegmund von Herberstein. Kaiserlicher Gesandter und Begründer der Rußlandkunde und die europäische Diplomatie, Graz 1989.

31 Hintzsche/Nickol (Hg.), Große Nordische Expedition, S. 65; Gert Robel, Bemerkungen zu deutschen Reisebeschreibungen über das Rußland der Epoche Katharinas II., in: Hans-Wolf Jäger (Hg.), Europäisches Reisen im Zeitalter der Aufklärung, Heidelberg 1992, S. 223–241; ders., Berichte über Rußlandreisen, in: Mechthild Keller (Hg.), Russen und Rußland aus deutscher Sicht. 18. Jahrhundert: Aufklärung, München 1987, S. 216–247; Ders., Der Wandel des deutschen Sibirienbildes im 18. Jahrhundert, in: Canadian-American Slavic Studies 14, 1980, S. 406–426; Ders., Die Sibirienexpeditionen und das deutsche Rußlandbild im 18. Jahrhundert. Bemerkungen zur Rezeption von Forschungsergebnissen, in: E. Amburger/M. Cieśla/L. Sziklay (Hg.), Wissenschaftspolitik in Mittel- und Osteuropa. Wissenschaftliche Gesellschaften, Akademien und Hochschulen im 18. und beginnenden 19. Jahrhundert, Essen 1987, S. 271–294; Ders., Die Sibirienkarte Johann Philipp Strahlenbergs, in: Nordost-Archiv 1979, Nr. 54/55, S. 1–16; Ders., German Travel Reports on Russia and their changing function in the 18th Century, in: Conrad Grau u. a. (Hg.), Deutsch-russische Kulturbeziehungen im 18. Jahrhundert. Kultur, Wissenschaft und Diplomatie, Wiesbaden 1997, S. 267–289; Ders.,

dischen Reisenden, sofern sie nicht im Dienste des Zaren unterwegs waren, verschlossen. Einige Mitteilungen finden sich im Bericht des Adam Olearius, der im Auftrage des schleswig-holsteinischen Herzogs Friedrich III. durch Moskowien nach Persien reiste[32]. Zu Beginn der 1670er Jahre erschien dann die Studie des mit Peter I. bekannten Amsterdamer Bürgermeisters Nicolaas Witsen, die im Jahre 1705 eine zweite Auflage erlebte[33]. Witsen hatte während eines Aufenthaltes in Moskau zahlreiche Informationen gesammelt, die er für seine Publikation nutzte. Für die zweite Auflage des Werkes erhielt er dann auch offizielle Mitteilungen und erwähnte dabei erstmals eine angebliche Umfahrung der Čukčenhalbinsel, die er »Eis-Kap« nannte[34]. Im Jahre 1687 legte er darüber hinaus eine Karte Nordostsibiriens vor[35]. Er kommentierte sie unter anderem mit der Bemerkung, daß eine Umsegelung von Novaja Zemlja möglich sei und damit die Voraussetzungen vorlägen, Japan auf der nördlichen Route zu erreichen[36].

Reisen und Kulturbeziehungen im Zeitalter der Aufklärung, in: B.I. KRASNOBAEV/Gert ROBEL/Herbert ZEMAN (Hg.), Reisen und Reisebeschreibungen im 18. und 19. Jahrhundert als Quellen der Kulturbeziehungsforschung, Berlin 1980, S. 9–37.

32 Adam Olearius, Vermehrte Newe Beschreibung Der Muscowitischen und Persischen Reyse. Schleswig 1656, hg. von Dieter Lohmeier, Tübingen 1971, S. 158ff.

33 Nicolaas WITSEN, Noord en Oost Tartarye, ofte Bondig ontwerp van eenige dier Landen en Volken, welke voormaels bekent zijn geweest.[...], 2. Aufl., Amsterdam 1705.

34 Henning, Reiseberichte über Sibirien, S. 254ff. und S. 303ff.; Raymond H. Fisher (Hg.), The Voyage of Semen Dezhnev in 1648: Bering's Precursor, London 1981, S. 263ff.

35 Nicolaes WITSEN, Die Nieuwe Lantkaarte van her Noorder en Oosterdeel van Asia en Europa, strekkende van Nova Zemla tot China, Amsterdam 1687. Vgl. jetzt Nicolaas WITSEN, Moscovische Reyse 1664–1665. Journaal en aentekeningen, hg. von Th.J.G. Locher/ P. DE BUCK, 3 Bde., 's Gravenhage 1966/67, Karte als Beilage zum 3. Band; John F. BADDELEY, Russia, Mongolia, China. Being Some Record of the Relations Between Them From the Beginning of the XVIIth Century to the Death of the Tsar Alexei Mikhailovitch [...], New York o. J., 2 Vols., hier: Vol. 1: S. CXLVIIIff.

36 WITSEN, Moscovische Reyse, 3.Teil, S. 383.

Als Reiseberichte folgten die Bücher von Adam Brand und Ewert Ysbrant Ides, die beide an der russischen Gesandtschaft nach Peking in den Jahren 1693 bis 1695 teilgenommen hatten[37]. Kurze Zeit vorher hatte der fahrende Scholar Georg Adam Schleissing, auch Schleussing, zunächst ein Werk über Rußland, das auf eigener Kenntnis beruhte, dann eines über Sibirien veröffentlicht, das allerdings kaum neue Erkenntnisse vermittelte[38]. Doch erlebte das Buch immerhin in den folgenden vier Jahren neun weitere Ausgaben[39]. Größeren Nutzen besaß ein 1720 in Nürnberg publiziertes Werk, das im Umfeld der Franckeschen Stiftungen in Halle entstanden war und teilweise auf dem Briefwechsel mit kriegsgefangenen Schweden beruhte, die im Verlaufe des Nordischen Krieges nach Sibirien geschickt worden waren[40]. Zwei dieser Kriegesgefangenen, beide aus dem damals schwedischen Vorpommern stammend, legten gänzlich unterschiedlich geartete Berichte darüber vor. Curt Friedrich von Wreech berichtete über seine religiösen Erfahrungen und die von ihm in Tobol'sk nach hallischen pietistischen Grundsätzen begründete Schule für die Kinder der gefangenen Offiziersfamilien[41] Das schon genannte, 1730 veröffent-

---

37 HENNING, Reiseberichte über Sibirien, S. 312ff.; vgl. auch Norbert ANGERMANN, Die ersten deutschen Reiseberichte über Sibirien, in: Friedhelm Berthold KAISER/Bernhard STASIEWSKI (Hg.), Reiseberichte von Deutschen über Rußland und von Russen über Deutschland, Köln/Wien 1980, S. 43–57. Eine Neuedition der Berichte von Brand und Ides erscheint demnächst in der Reihe »Quellen und Studien zur Geschichte des östlichen Europa« im Steiner-Verlag, Stuttgart.
38 Georg Adam SCHLEISSING, Neu-entdecktes Sibyria oder Sievveria, worinnen die Zobeln gefangen werden, wie es anietzo angebauet und populiret ist [...], Stettin 1690.
39 BADDELEY, Russia, Mongolia, China, Vol. 1, S. CXLIIIff.; ANGERMANN, Reiseberichte, S. 49f.; vgl. auch Gert ROBEL, Der Wandel des deutschen Sibirienbildes im 18. Jahrhundert, in: Canadian-American Slavic Studies 14, 1980, S. 406–426.
40 Hintzsche/Nickol (Hg.), Große Nordische Expedition, S. 65.
41 Curt Friedrich von WREECH, Wahrhaffte und umständliche Historie von denen Schwedischen Gefangenen in Rußland und Sibirien [...], Sorau 1725, 2. Aufl. 1728.

lichte Buch Philipp Johann Tabbert von Strahlenbergs befaßte sich hingegen ausführlich mit Sibirien und erbrachte einen erheblichen Erkenntnisfortschritt. Er hatte, wie bereits erwähnt, Daniel Gottlieb Messerschmidt rund 14 Monate auf seiner Reise durch Sibirien begleitet und zuvor bereits als Kriegsgefangener zehn Jahre in Tobol'sk verbracht. Somit kannte er das Land aus eigener Anschauung und hatte es bis zum Bajkal-See selbst erkundet. Strahlenberg setzte sich zu Beginn des Werkes in einer über hundert Seiten umfassenden Einleitung auch mit der bis dahin über Sibirien erschienenen Literatur auseinander, so daß nun erstmals eine Art kritischer Forschungsbericht vorlag, obwohl ihm etwa Schleissings Werke unbekannt waren. Doch berichtete er – wie schon Witsen zuvor –, wenn auch nicht sehr deutlich, über Semen Deznevs Umfahrung der Čukčenhalbinsel[42] und die Eroberung Kamčatkas durch Atlasov. Bereits während seiner Gefangenschaft in Tobol'sk in den 1710er Jahren fertigte Strahlenberg zwei Karten Sibiriens an, deren erste verlorenging und deren zweite in den Besitz Peters I. gelangte[43].

Nachdem Strahlenberg im Jahre 1723 nach Schweden zurückgekehrt war, begann er die Arbeit an seinem schon erwähnten Werk und an einer neuen Karte Sibiriens, die sowohl den beiden fast zeitgleich erscheinenden Buchausgaben beigegeben wurde, als auch als Separatdruck erschien[44]. Da sie

---

42 FISHER (Hg.), Voyage of Semen Dezhnev, S. 269.
43 Gert Robel, Die Sibirienkarte Johann Philipp von Strahlenbergs, in: Nordost-Archiv 1979, Heft 54/55, S. 1–16, hier: S. 2f.
44 STRAHLENBERGS »Das Nord- und Ostliche Theil von Europa und Asia« (vgl. oben, Anm. 28) erschien im gleichen Jahr in einer Ausgabe in Leipzig unter dem Titel: Historie der Reisen in Rußland, Sibirien und der Großen Tartarey. Mit einer Landcharte und Kupferstichen welche die Geographie und Antiquität erläutern, verrichtet und gesammlet von [...], Leipzig 1730. Die beiden Ausgaben sind seitenidentisch. Zwischen Vorrede und Einleitung ist die Karte Sibiriens beigeheftet. Von dieser Ausgabe erschien Leipzig 1755 eine zweite Auflage. Die schwarz-weiße Karte ist identisch mit der Abbildung bei ROBEL, Sibirienkarte, nach S. 16, und bei Hintzsche/Nickol (Hg), Große Nordische Expedition, S. 66.

über den Kenntnisstand derjenigen Witsens aus dem Jahre 1687 hinausging, nutzten Bering und seine Mitstreiter Strahlenbergs Karte auf der Großen Nordischen Expedition[45].

Dem bis zu diesem Zeitpunkt bedeutendsten Sibirienreisenden, Daniel Gottlieb Messerschmidt, war es nicht vergönnt, seine Forschungsergebnisse zu veröffentlichen und die von ihm mitgebrachten Materialien und Funde zu bearbeiten. Als er im Jahre 1727 von der Sibirienreise zurückkehrte, war sein Auftraggeber, Zar Peter I., bereits verstorben. Auf Betreiben des Akademiepräsidenten Laurentius Blumentrost mußte er alles, sogar seine Manuskripte, an die Kunstkammer der Akademie abliefern. Enttäuscht verließ er daraufhin zunächst Rußland, kehrte allerdings 1731 auf Wunsch der Akademie wieder zurück. Jedoch blieb es ihm weiterhin versagt, seine Forschungsergebnisse auszuwerten. Verbittert und völlig verarmt starb er 1735 in der russischen Hauptstadt[46].

Die Geheimhaltung der Ergebnisse von Forschungsreisen war eine damals in zahlreichen europäischen Ländern durchaus häufiger geübte Praxis. Zunächst sollte aus den meist teuren und aufwendigen Expeditionen ein möglichst großer Eigennutz gewonnen werden[47]. Doch dienten die Forschungen Messerschmidts seinen Nachfolgern, Johann Georg Gmelin, Gerhard Friedrich Müller, insbesondere aber Georg Wilhelm Steller und Peter Simon Pallas, als Grundlage und die von ihm entwickelte Systematik als methodischer Leitfaden eigener Arbeiten[48]. Vor allem Pallas würdigte das Werk seines zu Unrecht vergessenen Vorgängers und veröf-

---

45 STRAHLENBERG, Das Nord- und Ostliche Theil von Europa und Asia, S. 99f. und S. 431–438. Im Exemplar der Universitätsbibliothek Bonn fehlt die Karte. HINTZSCHE/NICKOL (Hg.), Große Nordische Expedition, S. 65ff.; BADDELEY, Russia, Mongolia, China, Vol. 1, S. CXLIXff.; ROBEL, Sibirienkarte, S. 1–16; Leo BAGROW, The first Russian Maps of Siberia and their Influence on the West-European Cartography of N.E. Asia, in: Imago Mundi 9, 1952, S. 83–93.
46 Winter/Figurovskij (Hg.), Messerschmidt. Forschungsreise, Bd. 1, S. 12ff.
47 DAHLMANN, Kalmücken, S. 19–44.
48 WINTER/FIGUROVSKIJ (Hg.), Messerschmidt. Forschungsreise, S. 16ff.; HINTZSCHE/NICKOL (Hg.), Große Nordische Expedition, S. 69.

fentlichte aus den schon damals reichen Archiven der Akademie der Wissenschaften in St. Petersburg Auszüge aus Messerschmidts Journalen[49].

Vitus Berings erste Expedition und die Vorbereitungen der Großen Nordischen oder Zweiten Kamčatka-Expedition

Bis zu seinen letzten Lebensjahren führte Peter I. die Projekte zur wissenschaftlichen Erforschung seines riesigen Reiches fort. Allerdings konnte eines der bedeutendsten Unternehmen, für das der Zar die Instruktionen noch kurz vor seinem Tode handschriftlich notiert hatte, erst Monate nach seinem Ableben beginnen. Die Leitung dieser sogenannten ersten Kamčatka-Expedition lag in den Händen des aus dem dänischen Horsens stammenden Kapitäns Vitus Bering. Wesentliches Ziel war die Klärung der Frage nach einem Landzusammenhang zwischen Asien und Amerika. Bering sollte in Kamčatka oder an einem anderen Ort ein oder zwei Schiffe bauen und damit nach Norden segeln. Die nur drei kurze Punkte umfassende Anweisung Peters, die seine Frau und Nachfolgerin Katharina I. Vitus Bering Ende Februar 1725 aushändigte, enthielt als letzten Satz die Aufforderung zu entdecken, wo die sibirische Landmasse mit Amerika zusammenstoße. Von dort solle er so lange segeln, bis er auf eine Stadt stoße, die einer europäischen Macht gehöre. Falls er einem europäischen Schiff begegne, so solle er den Namen der nächstgelegenen Küste herausfinden, ihn niederschreiben, persönlich an Land gehen und Informationen aus erster Hand gewinnen, alles auf einer Karte eintragen und zurückkehren[50].

---

49 Nachricht von D. Daniel Gottlieb Messerschmidts siebenjähriger Reise in Sibirien, 1720–1727, in: Peter Simon PALLAS (Hg.), Neue Nordische Beyträge, 3. Bd., St. Petersburg/Leipzig 1782, S. 97–158.
50 Frank A. Golder (Hg.), Bering's Voyages. An Account of the Efforts of the Russians to Determine the Relation of Asia and America, 2 Bde., New York 1922 und 1925, hier: Bd. 1, S. 7ff.; Fisher, Bering's

Berings Expedition, an deren Spitze ein weiterer Däne, Martin Spanberg, und der russische Seeoffizier Aleksej I. Čirikov standen, war von mancherlei Schwierigkeiten begleitet. Vor allem mußte die gesamte Ausrüstung mehrere tausend Kilometer über Land nach Ochotsk geschafft werden. Auf ihrer Reise trafen Bering und Spanberg Ende Juli/Anfang August 1725 in Enisejsk mehrere Tage mit Daniel Gottlieb Messerschmidt zusammen und tauschten dabei auch ihre Meinung über die geographische Lage Kamčatkas, die Existenz des Jesso-Landes und über zahlreiche weitere ungeklärte Fragen aus[51].

In Ochotsk wurde schließlich ein erstes Schiff, die Fortuna, gebaut, mit dem die Überfahrt nach Kamčatka erfolgte. Hier entschied sich Bering, die Weiterfahrt von der Ostküste aus fortzusetzen. Für die einheimische Bevölkerung, die bereits von den Kosaken unterdrückten Itelmenen, bedeutete dies neues Ungemach, denn es stellte sich als viel zu schwierig heraus, das Material auf den von Stromschnellen und Sandbänken durchzogenen Flüssen der Halbinsel zu befördern. So wurde der größte Teil der Ausrüstung seit Anfang Januar 1728 auf Hundeschlitten der Itelmenen über das Gebirge geschafft[52].

Auch dies erwies sich, da der Schnee noch nicht fest genug war, als ungemein beschwerlich, gefährlich und verlustreich. Mensch und Tier fielen Kälte und Entbehrungen zum Opfer. Die Schlitten der indigenen Bevölkerung waren für den Transport schwerer Gegenstände nicht gebaut, die Zughunde solche Beförderungen nicht gewohnt, ebensowenig wie die Menschen. Wegen der Arbeiten für Bering versäumten die Schlittenführer zudem die beste Zeit für die Pelzjagd.

Voyages, S. 8ff. und S. 22ff.; DMYTRYSHYN u. a. (Hg.), Russian Penetration, S. 69.
51 WINTER/FIGUROVSKIJ (Hg.), Messerschmidt. Forschungsreise, Teil 4, S. 172–195.
52 P. Werner Lange, Zum Land hinter den Nebeln. Das Leben des Vitus Bering und die zwei Kamtschatka-Expeditionen, Leipzig 1985, S. 88f.; Bericht Berings nach seiner Rückkehr, in: Golder (Hg.), Bering's Voyages, Bd. 1, S. 17f.

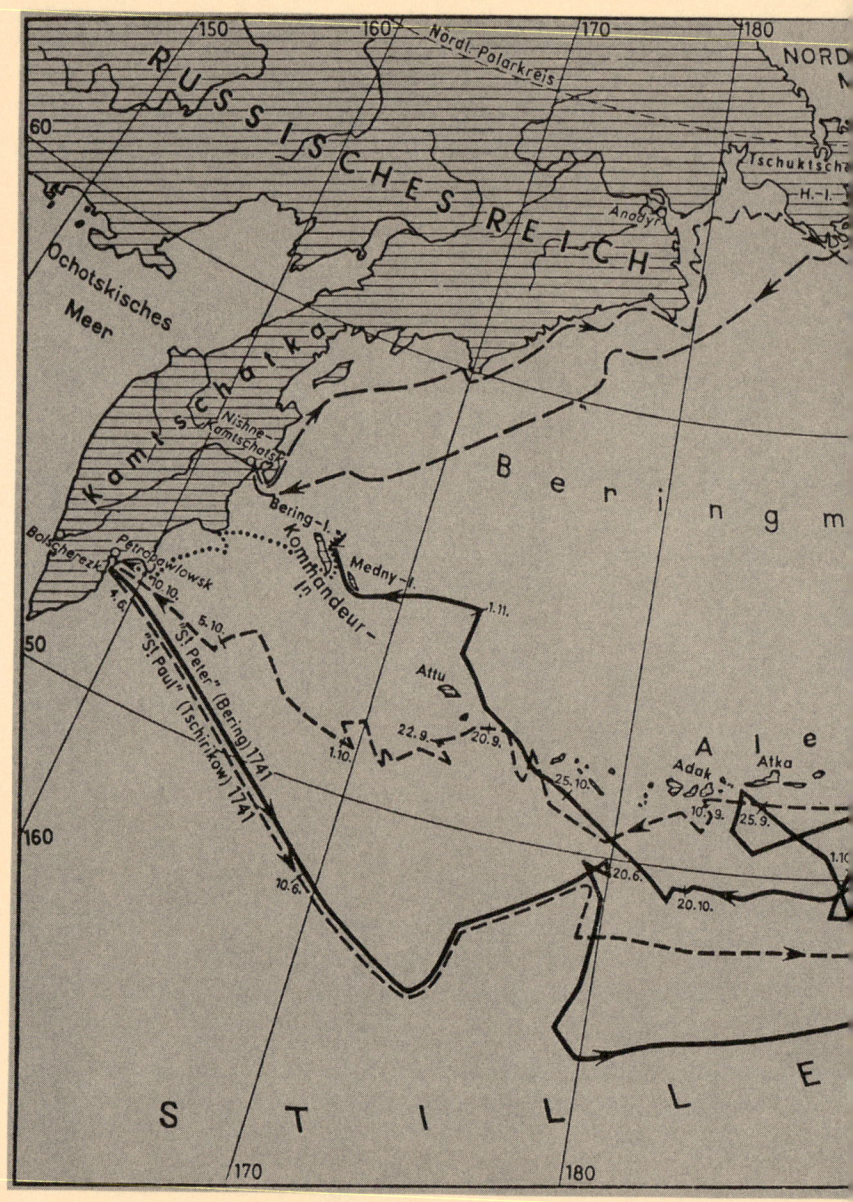

Abb. 1: Die Fahrten Berings und Čirikovs
auf der Ersten und Zweiten Kamčatka-Expedition

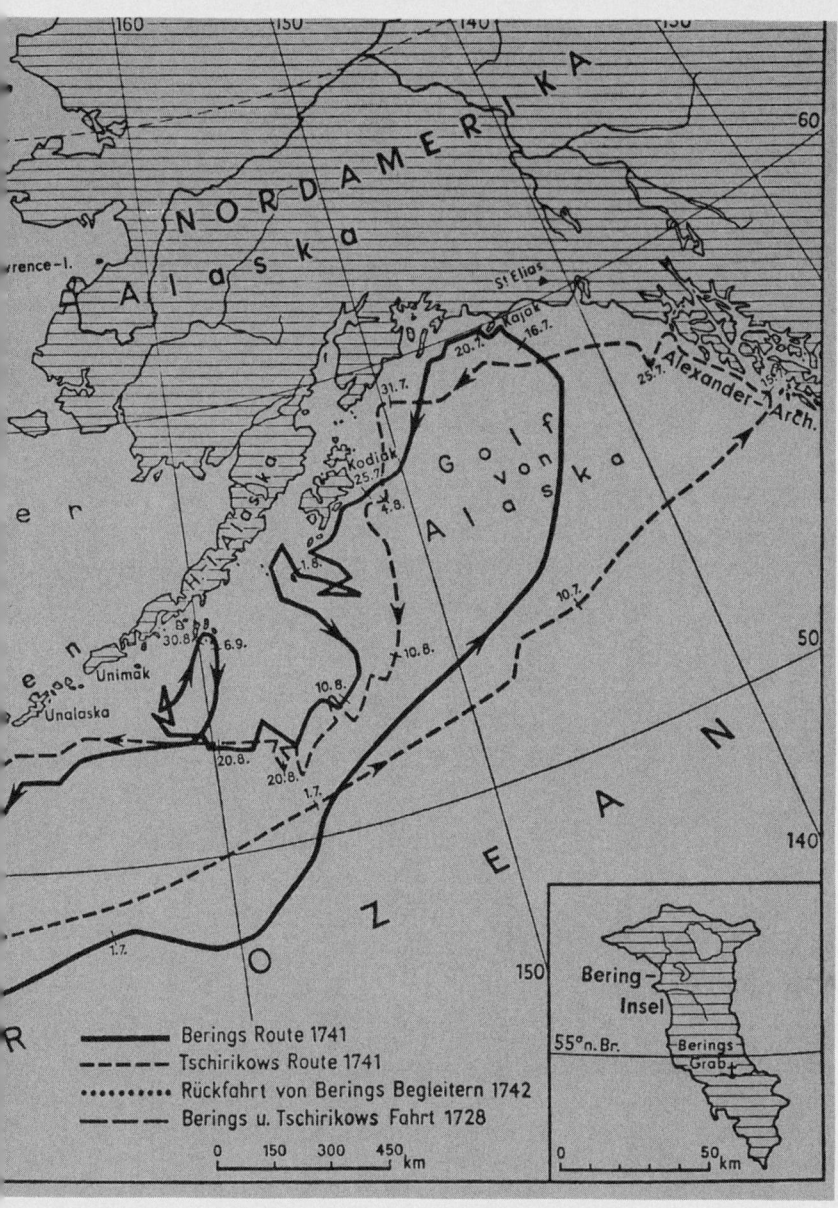

Und die den Tribut, den jasak, eintreibenden Kosaken verzichteten trotz einer Anordnung Berings, daß den Gespannführern nichts abverlangt werden solle, nicht auf ihre Forderungen[53].

An der Ostküste Kamčatkas konnte im Sommer 1728, also mehr als drei Jahre nach Beginn der Unternehmung, das zweite Schiff, die St. Gabriel, fertiggestellt werden. Mitte Juli 1728 stieß das Schiff in See und folgte, wie Zar Peter es angeordnet hatte, der nördlichen Küste. Die St. Gabriel war kaum 20 Meter lang und etwas über sechs Meter breit. Sie glich den im Ostseeraum gebräuchlichen sogenannten Paketbooten oder Postyachten. Ihre Tragfähigkeit lag bei etwa 70 Tonnen[54]. Gut einen Monat lang segelte das Schiff in nördlicher Richtung in einem Abstand von rund 15 bis 20 Seemeilen zur Küste.[55]

Anfang August 1728 stieß die St. Gabriel auf eine Baidare, ein Kanu, der Čukčen. Mit Hilfe des Dolmetschers, eines Korjaken, erfuhr Bering von einem der Čukčen auf seine Frage nach der Lage des Anadyr', daß dieser weit im Westen liege. Aus den Erzählungen ließ sich zudem entnehmen, daß es keine Landverbindung zwischen Asien und Amerika gab. Den Anrainern des Eismeeres waren die geographischen Verhältnisse ihres Jagd- und Fischreviers wohl vertraut[56].

Die St. Gabriel setzte nach diesem Zusammentreffen ihre Fahrt in östlicher Richtung fort. Die Schiffsoffiziere fuhren derweilen mit der Breitenbestimmung und der Kartierung fort. Das Wetter blieb weitgehend schlecht; die Sonne war kaum zu sehen. Am 13. August 1728 rief Bering seine Schiffsoffiziere zu einer Beratung zusammen. Sie waren sich un-

---

53 LANGE, Land hinter den Nebeln, S. 89.
54 Ebd., S. 94; V. A. Divin, The Great Russian Navigator, A. I. Chirikov, Fairbanks 1993, S. 44.
55 LANGE, Land hinter den Nebeln, S. 99; Divin, Russian Navigator, S. 45; Fisher, Bering's Voyages, S. 80f.
56 Bericht Berings, in: GOLDER (Hg.), Bering's Voyages, Bd. 1, S. 18; neuere Ausgabe: DMYTRYSHYN u. a. (Hg.), Russian Penetration, S. 79–86; DIVIN, Russian Navigator, S. 45.

schlüssig über das weitere Vorgehen. Sowohl der Kapitän selbst als auch sein erster Offizier, Spanberg, scheuten eine risikoreiche Weiterfahrt. Spanberg schlug vor, die Fahrt bis zum 16. August fortzusetzen und, falls bis dahin nicht der 66. Breitengrad erreicht sei, umzukehren, um Mannschaft und Schiff zu schützen. Der Offizier Aleksej Čirikov hingegen empfahl eine Weiterfahrt und notfalls eine Überwinterung[57].

Sein Vorschlag lief darauf hinaus, entweder den Weg zur Mündung der Kolyma zu suchen, also die Nordküste Sibiriens und die Ostsibirische See zu erreichen, oder zumindest doch so lange zu segeln, bis das Schiff auf Eis stieß[58]. Bering entschied sich für einen Mittelweg. Er setzte die Fahrt in nordöstlicher Richtung bis zum 15. August, als das Schiff die Breite von 67° 18' Nord erreichte, fort. Am Tage zuvor hatte die St. Gabriel mit ziemlicher Sicherheit die Höhe des heutigen Kaps Dežnev passiert und bei aufreißendem Nebel »hohes Land« gesehen. An jener Stelle trennen knapp 100 Kilometer Asien von Amerika. Doch der Nebel vor der amerikanischen Küste riß an jenem Augusttag des Jahres 1728 nicht auf, so daß Bering am folgenden Tag umkehrte[59]. In seinem Bericht schrieb der Kapitän: »Die Küste verlief nicht weiter in Richtung Norden und es gab kein Land nahe des Tschuktschen- oder Nordkaps und deshalb schien es mir, daß die Instruktionen seiner Kaiserlichen Majestät [...] erfüllt worden seien«[60].

Anfang September wurde die Mündung des Kamčatka-Flusses wieder erreicht. Nach der Überwinterung auf der gleichnamigen Halbinsel unternahm Bering mit seinem überholten Schiff im Juni 1729 noch einmal einen Versuch, die amerikanische Küste zu finden, brach ihn jedoch erneut ab. Ende Juli 1729 begann Bering mit seiner Schiffsbesat-

---

57 GOLDER (Hg.), Bering's Voyages, Bd. 1, S. 19; DIVIN, Russian Navigator, S. 46f.; FISHER, Bering's Voyages, S. 83f.
58 FISHER, Bering's Voyages, S. 84ff.; DIVIN, Russian Navigator, S. 48; GOLDER, Bering's Voyages, Bd. 1, S. 19.
59 LANGE, Land hinter den Nebeln, S. 108f.
60 GOLDER (Hg.), Bering's Voyages, Bd. 1, S. 19.

zung die Rückreise durch Sibirien nach St. Petersburg, das sie am 1. März 1730 erreichten[61].

Bering und seine Mannschaft waren nicht die ersten Europäer gewesen, die, ohne es zu wissen, die Meerenge zwischen Asien und Amerika, heute als Bering-Straße bekannt, durchsegelt hatten. Im Jahre 1648 war es dem Kosaken Semen Dežnev und seinen Begleitern gelungen, von der Mündung des Kolyma um die Čukčen-Halbinsel herum bis zur Anadyr'-Mündung zu segeln[62]. Die Berichte darüber, die der Analphabet Dežnev vermutlich seinem Mitkommandanten Nikita Semenov etwa zwischen September 1654 und April 1655 diktiert und dem Voevoden Ivan P. Akinfiev (Akinfeev) in Jakutsk zugesandt hatte, hatten Moskau nicht erreicht[63]. Doch waren undeutliche Nachrichten darüber, wie bereits gesagt, schon von Witsen und Strahlenberg veröffentlicht worden. Offensichtlich kursierten darüber Gerüchte in Sibirien und mit einiger Sicherheit hatte auch Vitus Bering noch vor seiner ersten Reise davon gehört[64]. Doch erst während der Großen Nordischen oder Zweiten Kamčatka-Expedition fand der durch Sibirien reisende Gerhard Friedrich Müller im Archiv von Tobol'sk die eben erwähnten Aufzeichnungen. Eine erste Mitteilung darüber erfolgte im Jahre 1737 an den Senat und das Admiralitätskollegium. Und 1742 erschien eine erste anonyme Publikation dieser Information in der Beilage zu den »St. Petersburger Nachrichten« (S.-Peterburgskie

---

61 FISHER, Bering's Voyages, S. 94ff; GOLDER, Bering's Voyages, Bd. 1, S. 20.
62 Fisher, Voyage of Semen Dezhnev.
63 HENNING, Reiseberichte über Sibirien, S. 254ff.; FISHER, Voyage of Dezhnev, S. 49ff. Die Berichte Dežnevs in englischer Übersetzung ebd., S. 52–70. Der zweite, längere Bericht auch bei Basil DMYTRYSHYN u. a. (Hg.), To Siberia and Russian America. Three Centuries of Russian Eastward Expansion. Vol. 1: Russia's Conquest of Siberia 1558–1700, Portland 1985, S. 317–333. Eine stark gekürzte deutsche Übersetzung des zweiten, ausführlicheren Berichts Dežnevs in: Eberhart SCHMITT (Hg.), Dokumente zur Geschichte der europäischen Expansion. Bd. 2: Die großen Entdeckungen, hg. von Matthias MEYN u. a., München 1984, S. 510–511.
64 FISHER, Voyage of Dezhnev, S. 1ff.

Vedomosti). Schließlich wurde eine umfassende Studie in Müllers »Sammlung Russischer Geschichte« publiziert[65].

Doch wenden wir uns wieder dem Anfang 1730 in die Hauptstadt des Russischen Reiches zurückgekehrten Vitus Bering zu. Dort regierte seit Mitte Februar des Jahres Anna Ivanovna, die Tochter Ivans V., des Halbbruders Peters I. Ihre Zeit galt lange als Inbegriff einer Günstlingswirtschaft, der »Bironovščina«, benannt nach dem aus Kurland stammenden Ernst Johann von Bühren (Biron), dem Favoriten der Kaiserin. Auch weitere hohe Staatsämter wurden von deutschstämmigen Staatsmännern und Militärs bekleidet. Bereits seit 1723 leitete der aus Bochum gebürtige Pastorensohn Heinrich Johann Ostermann als Vizekanzler die Außenpolitik. An der Spitze des Militärs stand der 1721 in russische Dienste getretene Oldenburger Johann Burchard von Münnich als Generalfeldmarschall. Die große Zahl der deutschsprachigen Amtsträger in Politik, Militär, Verwaltung und Wissenschaft führte dazu, daß die Regierungsjahre der Kaiserin Anna als eine »Zeit der Deutschen« galten, in denen auch die deutsche Sprache fast den Rang einer zweiten Staatssprache erhielt[66].

Während Bering sich in St. Petersburg aufhielt und Bemühungen im Gange waren, eine zweite Expedition zustandezubringen, segelte im Jahre 1732 eine kleinere Expedition von der Mündung des Anadyr' in Richtung Norden. An ihr waren Jacob Hens aus Holland und die beiden Russen Ivan

---

65 Gerhard Friedrich MÜLLER, Nachrichten von Seereisen, und zur See gemachten Entdeckungen, die von Rußland aus längst den Küsten des Eißmeeres und auf dem östlichen Weltmeere gegen Japon und Amerika geschehen sind. Zur Erläuterung einer bey der Akademie der Wissenschaften verfertigten Landkarte, in: DERS., Sammlung russischer Geschichte, Bd. 3, St. Petersburg 1758, S. 5ff. Vgl. auch FISHER, Voyage of Dezhnev, S. 4f.
66 Aristide FENSTER, Anna, in: Hans-Joachim Torke (Hg.), Die russischen Zaren, München 1995, S. 191–201; Helmut KEIPERT, Die Petersburger »Teutsche Grammatica« und die Anfänge der Russistik in Rußland, in: Studia Slavica in honorem viri doctissimi Olexa Horbatsch. Festgabe zum 65. Geburtstag, hg. von G. FRIEDHOF/ P. KOSTA/M. SCHUTRUMPF, Bd. 3, München 1983, S. 77–140, hier: S. 80.

Fedorov und Michail Gvozdev beteiligt. Ihr Schiff war die schon von Bering benutzte St. Gabriel. Mit einiger Sicherheit gelangten sie bis vor die Küste Alaskas, doch kehrten sie aufgrund interner Zwistigkeiten und wegen zahlreicher Erkrankungen an Bord und einem allgemeinen Zustand der Erschöpfung um. Der von Gvozdev verfaßte Bericht erregte erst einige Jahre später Aufmerksamkeit[67].

Die russischen Expeditionen seit dem Regierungsantritt Peters I. waren mehreren Ursachen geschuldet. Zunächst sicherlich einem nicht geringen Interesse des Kaisers selbst an den Wissenschaften, wie sie sich in der eingangs geschilderten Gründung der Akademie der Wissenschaften niederschlug. Hinzu trat jedoch auch ein nicht unerhebliches Bestreben nach einer Ausweitung und Intensivierung des Handels, um die chronisch schlechte Finanzlage des Russischen Reiches zu verbessern. Neben der Erkundung einer Landverbindung zwischen Asien und Amerika beziehungsweise der Suche nach der Nordostpassage ging es auch um die Suche eines Seeweges von Rußland nach Japan[68]. Vermutlich ist der Grund dafür in einer Krise des Handels mit China zu suchen, der seit den 1720er Jahren zu stagnieren begann. Immer stärker war neben den staatlich gelenkten Handel der Privathandel russischer Kaufleute mit China getreten und hatte offenbar zu einer Übersättigung des dortigen Marktes mit chinesischen Pelzen geführt[69]. Noch Jahrzehnte später wies Gerhard Friedrich Müller, Teilnehmer der Großen Nordischen Expedition und der erste umfassende Historiograph Sibiriens, auf die Probleme des Handels mit China hin[70].

---

67 DMYTRYSHYN u. a. (Hg.), Russian Penetration, S. XXXVIIf.; GOLDER (Hg.), Bering's Voyages, Bd. 1, S. 21ff.
68 Lothar MAIER, Wissenschaft und Staatsinteresse zur Zeit Peters des Großen. Die Erschließung Sibiriens und des Nordpazifik durch wissenschaftliche Expeditionen, in: Österreichische Osthefte 20, 1978, S. 435–449.
69 Maier, Wissenschaft und Staatsinteresse, S. 438; Heller, Russisch-chinesischer Handel, S. 25ff.
70 Gerhard Friedrich MÜLLER, Nachricht von der Handlung in Sibirien, in: DERS., Sammlung Russischer Geschichte, Bd. 3, S. 413–612, hier: S. 460ff.

Für die Geschichte der Entdeckungen und damit auch der Entfaltung der Wissenschaften in der ersten Hälfte des 18. Jahrhunderts ist zudem festzuhalten, daß die Ergebnisse der Expeditionen kaum veröffentlicht wurden, denn die europäischen Mächte standen in einem Wettbewerb um die Entdeckung und Erforschung unbekannter Welten. Dabei ist es verständlich, daß es nicht nur um das Verdienst ging, einen unbekannten Kontinent oder ein unbekanntes Territorium zu »entdecken«, sondern auch und vor allem um dessen Inbesitznahme und in deren Folge darum, ohne lästige Konkurrenz möglichst lange und möglichst alleine von den »Naturschätzen« zu profitieren.

Geheimhaltungen allerdings gelangen selten. Spätestens mit dem Beginn des 18. Jahrhunderts entfaltete sich eine immer engere Beziehung der Wissenschaftler und Forscher, die in einen immer intensiveren Gedankenaustausch traten. Dazu trugen zum einen die Gründung und Verbreitung gelehrter Gesellschaften bei, zum anderen die ständige Verbesserung der Postwege und der innereuropäischen Reisemöglichkeiten[71].

Aus St. Petersburg verbreiteten sich immer wieder Gerüchte über russische Forschungsreisen und Entdeckungen nach West- und Mitteleuropa. Ende 1721 gelangte der französische Vertreter in St. Petersburg, Jacques de Campredon, zu der Meinung, der Seeweg vom Ob' nach Japan sei bereits gefunden worden[72]. So wurde die gebildete Welt äußerst hellhörig, als zu Beginn der 1730er Jahre die ersten Nachrichten von einer bevorstehenden neuen Expedition in die pazifischen Gewässer und nach Sibirien veröffentlicht wur-

---

71 Vgl. dazu u. a. Alexandre DUŢU u. a. (Hg.), Brief und Briefwechsel in Mittel- und Osteuropa im 18. und 19. Jahrhundert, Essen 1989; Hermann BAUSINGER u. a. (Hg.), Reisekultur. Von der Pilgerfahrt zum modernen Tourismus, München 1991; B. I. KRASNOBAEV u. a. (Hg.), Reisen und Reisebeschreibungen im 18. und 19. Jahrhundert als Quellen der Kulturbeziehungsforschung, Berlin 1980.
72 MAIER, Wissenschaft und Staatsinteresse, S. 438.

den. Bereits im Februar 1732 berichteten die »Hallischen wöchentlichen Relationen«:

»Die Entdeckungen, welche die von dem Russ. Kayser, Petro dem Ersten zu Petersburg angelegte Academie der Wissenschaften von der wahren Beschaffenheit der Fahrt durch Norden, wodurch man in das Meer der Tartarey kommt, gemacht hat, nebst denen Erzählungen einiger Reisenden, die dieselbe Fahrt gemacht haben, haben die itzregierende Russ. Kayserin unlängst in der Entschließung veranlaßt, einige wohlerfahrene See-Officiere mit 2 dasigen Academicis zu Lande nach der Küste abzuschicken, welche alles genau untersuchen sollen«[73].

Ein gutes Jahr später schrieb die gleiche Zeitung: »Es wird dies Frühjahr abermal ein Commando nach Kamtschatka abgehen, um die dortigen Grenzen, wie auch dieses zu erforschen, ob nicht von der aus ein Weg nach Amerika zu finden sei. Der Capitän Bering, der hiebevor dergleichen Reise v. Jahre 1725–1730 getan hat, wird diesmal wiederum dahin gehen«[74].

Wenn auch Berings erste Reise kein durchschlagender Erfolg gewesen war, so hatte seine Expedition doch nicht geringe neue Erkenntnisse erbracht. Die neuen Karten enthielten weitaus genauere Angaben zu den Breiten- und Längengraden und dienten noch James Cook in den 1770er Jahren als Grundlage seiner eigenen Reisen. Er fand Berings Karte weitaus präziser als die späterhin von Gerhard Friedrich Müller entworfene. Die Lage der Halbinsel Kamčatka ebenso wie die der Čukotka-Halbinsel konnten präzise dargestellt werden. Dies wurde auch im übrigen Europa bekannt und fand Niederschlag in neueren geographischen Werken und Karten[75].

---

73 Zit. bei Ulrich GRABOSCH, Von ›Merckwürdigkeiten‹ über Rußland zu einer wissenschaftlichen Rußlandkunde im Verlauf und als Ergebnis der Aufklärungsepoche, Dissertation B, Humboldt-Universität, Berlin 1983, S. 152.
74 Zit. ebd.
75 Doris Posselt (Hg.), Die Große Nordische Expedition von 1733 bis 1743. Aus Berichten der Forschungsreisenden Johann Georg Gmelin und Georg Wilhelm Steller. Nachwort von Folkwart Wendland,

Bering wandte sich bald nach seiner Rückkehr mit einem Memorandum an die Kaiserin und schlug eine weitere Expedition vor, die von Kamčatka aus nach dem amerikanischen Kontinent suchen, zugleich aber auch nach der Mündung des Amur und nach einem Weg nach Japan forschen sollte. Die Kosten bezifferte er, ausschließlich der Gehälter, der Verproviantierung und der Materialien für zwei Schiffe, auf etwa zehn- bis zwölftausend Rubel[76]. Spätestens Anfang des Jahres 1731 setzten die ersten Vorbereitungen für eine erneute Expedition Berings ein[77].

Federführend bei den Planungen und Vorbereitungen waren der Senat und das Admiralitätskollegium sowie die Akademie der Wissenschaften. Beteiligt waren wohl auch der Sibirskij prikaz, also die in St. Petersburg für Sibirien zuständige Verwaltungsbehörde, und das Kommerzkollegium[78]. Die leitenden Persönlichkeiten des Projekts waren neben Bering der Obersekretär des Senats, Ivan K. Kirilov, und der Präsident des Admiralitätskollegiums, Vizeadmiral Graf Nikolaj T. Golovin. Während von seiten Berings und wohl auch der meisten anderen Beteiligten der Landweg nach Kamčatka bevorzugt wurde, schlug Golovin in einem Projektentwurf vom Oktober 1732 vor, zusätzlich zwei Schiffe von St. Petersburg aus um Kap Hoorn und Japan nach Sibirien zu schicken, obwohl der Seeweg von Japan nach Kamčatka unbekannt war[79]. Golovin bot sich dabei selbst als Leiter einer solchen Expedition an.

Leipzig/Weimar 1990, S. 352; FISHER, Bering's Voyages, S. 85ff.; DERS., Voyage of Dezhnev, S. 209ff.; DIVIN, Russian Navigator, S. 50f.
76 GOLDER (Hg.), Bering's Voyages, Bd. 1, S. 26; FISHER, Bering's Voyages, S. 108ff.; vgl. auch DIVIN, Russian Navigator, S. 60ff.
77 FISHER, Bering's Voyages, S. 109ff; GOLDER (Hg.), Bering's Voyages, S. 26.
78 Maier, Wissenschaft und Staatsinteresse, S. 439; Fisher, Bering's Voyages, S. 109ff.
79 DMYTRYSHYN u. a. (Hg.), Russian Penetration, S. 90–95: Vorschlag Golovins vom 1. Oktober 1732; GOLDER (Hg.), Bering's Voyages, Bd. 1, S. 27; MAIER, Wissenschaft und Staatsinteresse, S. 439; FISHER, Bering's Voyages, S. 120ff.; POSSELT (Hg.), Große Nordische Expedition, S. 353; DIVIN, Russian Navigator, S. 65ff.

Solche Vorschläge sind jedoch nicht weiter berücksichtigt worden. Mehr und mehr schienen nicht mehr ausschließlich geographische und maritime Entdeckungen im Vordergrund zu stehen, sondern wissenschaftliche und kommerzielle Interessen, die keinesfalls deckungsgleich waren, aber sich doch miteinander verbinden ließen. Am 17. April 1732 erfolgte der erste Ukaz der Kaiserin Anna über die »Abfertigung« einer erneuten Expedition, der vom Senat veröffentlicht wurde. Am 2. und 15. Mai dieses Jahres folgten weitere Ukaze des Senats an das Admiralitätskollegium zur Vorbereitung der Expedition und zur Einsetzung von Vitus Bering als Kommandeur[80]. Schließlich wurde am 2. Juni des Jahres 1732 die Akademie der Wissenschaften durch einen Ukaz des Senats aufgefordert, für die an der Expedition beteiligten Akademiemitglieder ihre Instruktionen zu erstellen[81].

Die zweite Hälfte des Jahres 1732 verging mit den Vorbereitungen der Unternehmung, die alle bisher bekannten Dimensionen überstieg. Senat und Admiralitätskollegium waren sich darin einig, daß erneut die Suche nach einem Seeweg nach Amerika und nach der Nordostpassage im Vordergrund stehen sollte. Hinzu kam die Klärung des Küstenverlaufs der sibirischen Nordküste und einer schiffbaren Route von der Ob'-Mündung zum Enisej, zur Lena, zur Kolyma, zum Anadyr' und zum Kamčatka-Fluß. Ein weiterer Teil der Expedition unter dem Kommando von Martin Spanberg sollte den Seeweg nach Japan erkunden[82].

Damit standen zunächst drei Gruppen innerhalb der Expedition fest, die sich im Verlauf der Unternehmung noch um eine vierte Gruppe erweitern sollte. Berings Aufgabe bestand darin, mit den Professoren der Akademie über Land bis nach Ochotsk und von dort per Schiff nach Kamčatka zu reisen und möglichst umfassende wissenschaftliche Forschungen

---

80 POSSELT (Hg.), Große Nordische Expedition, S. 353; GOLDER (Hg.), Bering's Voyages, Bd. 1, S. 28f.; FISHER, Bering's Voyages, S. 126.
81 POSSELT (Hg.), Große Nordische Expedition, S. 353.
82 Admiralitätskollegium an Senat, 16.Oktober 1732: Dmytryshyn u. a. (Hg.), Russian Penetration, S. 96–100.

zu betreiben. Bering sollte darüber hinaus bis zu den Küsten Nordamerikas segeln. Eine zweite Gruppe bekam den Auftrag, von unterschiedlichen Punkten aus die sibirische Nordküste zu bereisen und kartographisch zu erfassen. Die dritte Abteilung unter Spanberg sollte gleichfalls den Landweg bis Ochotsk nehmen und von dort aus einen Weg nach Japan finden. Im Verlauf der rund zehn Jahre dauernden Unternehmung, die als Große Nordische oder Zweite Kamčatka-Expedition in die Geschichte der Wissenschaften eingegangen ist, spaltete sich in Gestalt der Akademieprofessoren Johann Georg Gmelin und Gerhard Friedrich Müller eine Untergruppe der sogenannten Akademischen Gruppe ab, die zumeist gemeinsam weite Teile Sibiriens erforschte.

Dieser akademischen Gruppe kam innerhalb der Gesamtexpedition eine gewisse Sonderrolle zu. Zwar lag die Gesamtleitung in den Händen von Vitus Bering, der als Kapitän-Kommandeur fungierte und die gesamte Koordination übernommen hatte, doch besaßen die Akademiemitglieder, die an der Großen Nordischen Expedition teilnahmen, bestimmte Sonderrechte. Über die allgemeinen Instruktionen für die akademische Gruppe hinaus verfaßten die Mitglieder ihre Forschungspläne weitgehend selbst.

Als Teilnehmer war auch vorgesehen Louis De L'Isle de la Croyère, dessen Halbbruder Joseph Nicolas Delisle an der Akademie als Professor für Astronomie tätig war. Louis De L'Isle sollte auf Empfehlung des Bruders für die astronomischen und physikalischen Untersuchungen verantwortlich sein. Die astronomischen Beobachtungen sollten zur Bestimmung der geographischen Länge und Breite möglichst vieler Orte beitragen.

Die naturgeschichtlichen Forschungen lagen in den Händen von Johann Georg Gmelin und die ethnologischen und historischen Arbeiten sollte Gerhard Friedrich Müller durchführen[83]. Gmelin verwandte besonderes Augenmerk auf das

---

83 HINTZSCHE/NICKOL (Hg.), Große Nordische Expedition, S. 77; POSSELT (Hg.), Große Nordische Expedition, S. 362f.

Auffinden von Mammutknochen und deren Lagerungsverhältnisse. Auch richtete er ein spezifisches Interesse auf die Halbinsel Kamčatka, die er nie erreichen sollte. Doch flossen diese Instruktionen später in die Anweisungen für Stepan Krašenninikov und Georg Wilhelm Steller ein[84].

Der aus Herford stammende Historiker Gerhard Friedrich Müller sollte, so sahen es die allgemeinen Instruktionen vor, sich mit der Geschichte, der Religion, den Sitten und Gebräuchen, dem Handel, den militärischen und politischen Institutionen und der Sprache in allen Regionen, die bereist wurden, befassen. Müller selbst ging es vor allem um die Erforschung der Geschichte Sibiriens, wobei ein Schwerpunkt auf den russischen Eroberungen lag. So wollte er die Gründung jeder bereisten Stadt untersuchen. Zu diesem Zweck wurde in den vorhandenen Archiven eine Unmenge an Materialien entweder von Müller selbst exzerpiert oder von Kopisten abgeschrieben, deren Bearbeitung er auch nach Jahrzehnten noch nicht abgeschlossen hatte. Ein weiterer Schwerpunkt lag auf der Beschreibung der zahlreichen Völker Sibiriens. Müller gab diese Anweisungen später an Johann Eberhard Fischer weiter, der im Jahre 1740 zur Expedition stieß[85]. Solche Instruktionen waren äußerst umfangreich und detailliert. Im vorliegenden Fall enthielt sie mehr als eintausend Punkte. Das von Müller gesammelte ethnographische Material konnte er selbst kaum auswerten. Es liegt bis heute immer noch nicht vollständig erschlossen im Archiv der

---

84 Materialy dlja istorii Imperatorskoj Akademii Nauk, Bd. 6, S. 263–268; HINTZSCHE/NICKOL (Hg.), Große Nordische Expedition, S. 77.
85 Instruktion G. F. Müllers für den Akademiker-Adjuncten J. E. Fischer. Unterricht, was bey Beschreibung der Völker, absonderlich der Sibirischen in acht zu nehmen, in: Beiträge zur Geschichte der ethnographischen und anthropologischen Sammlungen der kaiserlichen Akademie der Wissenschaften zu St. Petersburg, hg. von Fr. Russow, St. Petersburg 1900, S. 37–109; Dahlmann, Kalmücken, S. 33f.; Hintzsche/Nickol (Hg.), Große Nordische Expedition, S. 303–305; J. L. Black, G.-F. Müller and the Imperial Russian Academy, Kingston/Montreal 1986, S. 52f.

St. Petersburger Abteilung der nun wieder russischen Akademie der Wissenschaften[86].

Zur akademischen Gruppe kamen noch hinzu die Studenten Stepan Krašeninnikov, Aleksej Gorlanov, Luka Ivanov, Vasilij Tretjakov und Fedor Popov, der Übersetzer Ilja Jachontov, vier Geodäten, ein Instrumentenmacher und zwei Maler[87].

Ende Dezember 1732 legte der Senat in einem Bericht an Kaiserin Anna, der mit Unterstützung des Admiralitätskollegiums erarbeitet worden war, die Aufgaben der Expedition unter Vitus Bering noch einmal zusammenfassend dar[88]. Aus ihm geht das Interesse auf russischer Seite nach einer territorialen Erweiterung und einer Verbesserung der Wirtschaftskraft durch Ausdehnung des Handels deutlich hervor. Hinzu trat die Erwartung, neue Bodenschätze zu finden und Gebiete zu entdecken, die eine reiche Beute an Tierpelzen versprachen[89]. Festzuhalten bleibt, daß es sich um eine umfangreiche Unternehmung handelte, welche die Kenntnisse über Sibirien und die angrenzenden Territorien möglichst umfassend erweitern sollte. Den Verhältnissen der Zeit entsprechend sollten die Expeditionsteilnehmer fremden Mächten gegenüber die tatsächlichen Ziele geheimhalten, sich stets friedlich verhalten, möglichst erschöpfende Informationen einholen und nur offenlegen, daß die Erkundung des Seeweges nach Amerika beziehungsweise Japan, wie dies bereits von Peter I. angeordnet worden sei, alleiniger Gegenstand der Expedition sei[90]. Alle Teilnehmer an der Expediti-

---

86 Aleksandr Ch. ELERT, Die Völker Sibiriens in der Sicht Gerhard Friedrich Müllers, in: Berliner Jahrbuch für osteuropäische Geschichte, 1996, Nr. 2: Sibirien: Kolonie – Region, S. 37–54.
87 HINTZSCHE/NICKOL (Hg.), Große Nordische Expedition, S. 78.
88 DMYTRYSHYN u. a. (Hg.), Russian Penetration, S. 108–125; GOLDER (Hg.), Bering's Voyages, S. 28–32; FISHER, Bering's Voyages, S. 123ff.; vgl. auch POSSELT (Hg.), Große Nordische Expedition, S. 353f.; HINTZSCHE/NICKOL (Hg.), Große Nordische Expedition, S. 77f.
89 FISHER, Bering's Voyages, S. 123ff. und S. 146f.; HINTZSCHE/NICKOL (Hg.), Große Nordische Expedition, S. 76; MAIER, Wissenschaft und Staatsinteresse, S. 442f.
90 DMYTRYSHYN u. a. (Hg.), Russian Penetration, S. 120; MAIER, Wissenschaft und Staatsinteresse, S. 439f.

on mußten sich zudem verpflichten, Veröffentlichungen darüber nur mit Genehmigung der Akademie beziehungsweise anderer zuständiger Institutionen vorzunehmen.

Der Senatsbericht diente zugleich als generelle Anweisung für die Leiter und Teilnehmer der Expedition. Die endgültigen Instruktionen des Senats und des Admiralitätskollegiums an Bering als den »Capitaine-Commandeur« und an Martin Spanberg als seinen Stellvertreter erfolgten am 28. Februar und am 16. März des folgenden Jahres[91].

Für die Vorbereitung der Gesamtunternehmung, die zur größten wissenschaftlichen Expedition Rußlands bis ins 20. Jahrhundert hinein werden sollte, konnte über die bereits erwähnten Berichte hinaus auch auf eine Reihe weiterer Nachrichten über Sibirien und den Pazifischen Raum zurückgegriffen werden. Vor allem lag Berings eigener Bericht über seine erste Expedition vor; außerdem existierte eine Reihe weiterer Mitteilungen von Militärs, Kosaken und den Promyšlenniks. Bering ging bei seinen eigenen Überlegungen davon aus, daß zwischen Asien und Amerika keine Landbrücke bestand. Ungeklärt war außer diesem Problem die Frage der Existenz eines nördlichen Kontinents oder von größeren Inseln, die als »Compagnieland«, »Esso- oder Jesso-Land« und als »da-Gama-Land« bezeichnet wurden. Diese Inseln tauchten auf der Karte, die Joseph Nicolas Delisle im Auftrage der Akademie entwarf, südlich, südwest- und südöstlich von Kamčatka auf und warfen für die Seereisenden Bering, Čirikov und Spanberg nicht unerhebliche Schwierigkeiten auf[92].

---

91 Iz istorii osvoenija Severnogo morskogo puti. Ėkspedicija Beringa 1732–1743gg. [Aus der Geschichte der Entdeckung des nördlichen Seewegs. Die Expedition Berings in den Jahren 1732–1743], in: Krasnyj Archiv, Bd. 71, 1935, S. 146–169 und Bd. 72, 1935, S. 160–181. Vgl. auch FISHER, Bering's Voyages, S. 127ff.
92 FISHER, Bering's Voyages, S. 136ff.; HINTZSCHE/NICKOL (Hg.), Große Nordische Expedition, S. 84; vgl. dazu auch die Ausführungen Müllers in seiner »Geschichte der Akademie der Wissenschaften«, in: Materialy dlja istorii Imperatorskoj Akademii Nauk, Bd. 6, S. 253–260.

*Die Große Nordische oder Zweite Kamčatka-Expedition
in den Jahren von 1733 bis 1743*

Die ersten Vorauskommandos der Expedition unter Führung von Martin Spanberg verließen St. Petersburg im Februar 1733. Mitte April des Jahres folgte Bering gemeinsam mit Aleksej Čirikov, nun auch zum Kapitän befördert, und im Laufe des Sommers 1733 verließen die verschiedenen Gruppen der Großen Nordischen Expedition wohlversehen mit ihren Instruktionen die russische Hauptstadt[93]. Die Gesamtzahl aller Beteiligten, einschließlich der Soldaten und der Seeleute dürfte bei rund 3000 Personen gelegen haben[94]. Ihre Aufgabe bestand nicht nur in der Entdeckung und Erforschung, sondern vor allem im Aus- und Aufbau von Straßen und Wegen, von Postrouten und Handelsverbindungen. Schnellere und bessere Verbindungen von St. Petersburg zum Pazifik sollten erkundet und die Kommunikation über die riesigen Distanzen hinweg erleichtert werden.

Aus den Erlassen der Zarin Anna Ivanovna und des Senats aus dem Jahre 1732 ging deutlich hervor, daß die gewaltige Unternehmung »zum Nutzen des Staates und zur Erweiterung seiner Interessen« durchgeführt wurde[95]. Die Ziele waren also weitgesteckt und überstiegen die Möglichkeiten und die Fähigkeiten der meisten Teilnehmer bei weitem. Die Entdeckungsfahrten aus der Sicht der Europäer waren kein Selbstzweck und Wissenschaft diente allgemeinen, im wesentlichen staatlichen Zwecken. Entdeckung und Erforschung waren Mittel dazu, die Staatsgrenzen zu erweitern, den Handel zu fördern und damit die Staatseinkünfte zu verbessern. Dies alles trug zur Steigerung der Macht und zur Erhöhung des Ansehens Rußlands bei.

---

93 GOLDER (Hg.), Bering's Voyages, Bd. 1, S. 32f.; LANGE, Land hinter den Nebeln, S. 138f.
94 HINTZSCHE/NICKOL (Hg.), Große Nordische Expedition, S. 77.
95 Text des Erlasses zitiert bei FISHER, Bering's Voyages, S. 147.

Solche Überlegungen lagen allerdings nicht nur den russischen Entdeckungs- und Forschungsreisen zugrunde. Auch Engländer, Spanier und Franzosen betrieben diese Unternehmungen nicht als reinen Selbstzweck, sondern zielgerichtet und absichtsvoll. Die Ziele und Absichten von russischer Seite ließen sich kaum verwirklichen, weil den Planern in St. Petersburg und auch den Forschungsreisenden selbst die Dimensionen ihres Tuns kaum bekannt waren. So war denn auch die Expedition mit allen möglichen Anweisungen wohlversorgt, sollte kostensparender vorgehen als bei der ersten Bering-Expedition und sich mit dem Gouverneur, dem Vizegouverneur und den Voevoden in Sibirien möglichst einigen[96].

In jedem Falle mußte ein Großteil der schweren Ausrüstung über Land nach Ochotsk gebracht werden. Bering erreichte mit seinem Teil der Expedition im Oktober 1734 Jakutsk. Dort lag er für die folgenden drei Jahre fest und organisierte den gewaltigen Bedarf an Lebensmitteln und Ausrüstungsgegenständen, die von dort nach Ochotsk transportiert werden mußten. Hier war Spanberg im Jahre 1735 eingetroffen, doch statt der in Bau befindlichen Schiffe und der in Aussicht gestellten Verpflegung fand er so gut wie nichts vor[97].

In der Zwischenzeit waren in der deutschen Öffentlichkeit weitere Nachrichten über die Expedition erschienen. Die Leipziger »Neue[n] Zeitungen von Gelehrten Sachen« teilten im November 1733 in einem längeren Artikel eine Reihe von Einzelheiten über die Expedition mit. Nach einer knappen Erwähnung von Berings erster Expedition in den Jahren 1725 bis 1730 hieß es, daß er wieder als »Capitaine-Commandeur« auch die neue Unternehmung leite. Als weitere Teilnehmer wurden die Mitglieder der Akademischen Gruppe de L'Isle, Gmelin und Müller genannt. Diese For-

---

96 LANGE, Land hinter den Nebeln, S. 139f.
97 GOLDER, Bering's Voyages, Bd. 1, S. 32; LANGE, Land hinter den Nebeln, S. 140f.

schungsreisenden, so schrieb das Blatt, führten »sogar auf Kayserliche Unkosten eine kleine Bibliothek mit sich«. Es berichtete weiter: »Astronomische, mathematische und physikalische Instrumente und Maschinen, auch übrige nötige Materialien sind ihnen gleichfalls von der Akademie in dem vollkommensten Zustande mit gegeben worden.« Ausdrücklich hob die Zeitung die Bedeutung der Expedition hervor und schrieb: »Mit einem Worte, nur der Vorschlag zu einer solchen Expedition verdienet schon an und vor sich bewundert zu werden, aber die Ausführung dieses Vorhabens hat an Kostbarkeit und Vorsichtigkeit noch nicht ihresgleichen gehabt. Es ist zu vermuthen, und zu wünschen, daß ein ruhmvoller Ausgang der Hoffnung gleich komme, die man sich aus einem so prächtigen und klugen Anfange machen kann«[98].

Kurze Zeit später wurde die erste Lieferung von Gerhard Friedrich Müllers »Sammlungen russischer Geschichte« angezeigt und angemerkt, daß der Verfasser mit der Großen Nordischen Expedition nach Kamčatka abgereist sei[99]. Und in dem schon erwähnten ersten Artikel wußte das Blatt zu berichten, daß Müller als Mitglied der Expedition die Geographie und Historie derjenigen Länder und Völker zu beschreiben habe, die von ihr berührt würden. Es sei allen örtlichen Befehlshabern in den Provinzen »auf das nachdrücklichste befehlt worden«, Müller die Archive zu öffnen[100].

Es bleibt unklar, woher die Zeitung ihre Informationen bezog. Müller hatte in Leipzig bei Johann Burkhard Menke (Mencke) Geschichte studiert, der 1715 die in Leipzig erscheinenden »Neue[n] Zeitungen von Gelehrten Sachen« gegründet hatte. Menke verfügte zudem über gute Beziehungen zur Akademie in St. Petersburg, an die er zunächst einen

---

98 Neue Zeitungen von Gelehrten Sachen, Leipzig, Nr. 87, 2.11.1733, S. 777–781; Zitate: S. 780f.
99 Neue Zeitungen von Gelehrten Sachen, Leipzig, Nr.94, 23. 11. 1733, S. 833–835, hier: S. 833f.
100 Neue Zeitungen von Gelehrten Sachen, Nr. 87, 1733, S. 780.

Studienfreund Müllers, Johann Peter Kohl, vermittelte, dem 1725 Müller selbst nachfolgte. Der Herausgeber des Blattes beziehungsweise nach dessen Tod sein Sohn Friedrich Otto Menke besaßen offensichtlich aufgrund dieser Verbindungen direkte Informationen aus Akademiekreisen[101]. Allerdings blieben weitere Nachrichten aus. Zwar erschienen über die Arbeiten und Forschungen der Petersburger Akademie immer wieder Mitteilungen in den »Neue[n] Zeitungen« und in den gleichfalls von Menke herausgegebenen »Nova Acta Eruditorum«, doch über den Fortgang, den Verlauf und die in Aussicht genommenen wissenschaftlichen Untersuchungen der Großen Nordischen Expedition flossen doch nur spärliche Nachrichten[102].

Während dieser Zeit bereisten Gmelin, Müller und Croyère mit ihren Begleitern Tobol'sk, Omsk, Kuzneck, Tomsk, Enisejsk, Krasnojarsk, Irkutsk, Kjachta und Ilimsk. Croyère hatte sich zunächst mit Čirikov zum Ilim begeben und war dann allein nach Nerčinsk, zum Bajkal und zum Argun' gefahren. Auch in den folgenden beiden Jahren reiste Croyère, über dessen Arbeit seine beiden Kollegen wenig Gutes mitzuteilen haben, allein. Sogar die Kommunikation zwischen ihnen war offensichtlich abgerissen. So bat Müller seinen Kollegen Leonhard Euler in St. Petersburg, mit dem er in regelmäßigem Briefwechsel stand, darum, »daß mir die Resultate von allen durch H. de La Croyere und den Geodesisten Krasilnikow gemachten Observationibus für die Longitudines Locorum in Sibirien privatim oder publice möchten zugeschickt werden. Ich brauche dieselben zu Rectificirung der Landcarten«[103].

---

101 HINTZSCHE/NICKOL (Hg.), Große Nordische Expedition, S. 81; J. TETZNER, Die Leipziger Neuen Zeitungen von gelehrten Sachen über die Anfänge der Petersburger Akademie, in: Zeitschrift für Slavistik 1, 1956, Heft 2, S. 93–120, hier: S. 93f.; BLACK, G.-F. Müller, S. 4f.
102 TETZNER, Neue Zeitungen von gelehrten Sachen, S. 119f.
103 Müller an Euler, undatiert und ohne Ortsangabe, geschrieben zwischen dem 3. 9. und 6. 11. 1737, in: A. P. JUŠKEVIČ/E. WINTER (Hg.), Die Berliner und die Petersburger Akademie der Wissenschaften im Briefwechsel Leonhard Eulers, Teil 1: Der Briefwechsel L. Eulers mit G. F. Müller 1735–1767, Berlin 1959, S. 41.

Vom September 1736 bis zum Juli 1737 blieben Müller und Gmelin in Jakutsk, wo sie auch mit Bering zusammentrafen, der sie über die Schwierigkeiten, nach Ochotsk und von dort weiter nach Kamčatka zu gelangen, informierte. »Gott gebe«, schrieb Müller an Euler im Frühjahr oder Sommer 1737, »daß wir entweder möchten die Reise nach Kamtschatka machen oder zurückgehen können, um nicht so zwischen Thür und Angel zu stecken«[104]. Wie sich schließlich herausstellte, gingen Gmelin und Müller nicht nach Kamčatka, sondern entsandten im Sommer 1737 zunächst den russischen Studenten Stepan Krašeninnikov, dem schließlich im September 1740 Georg Wilhelm Steller nachfolgte. Beide leisteten auf Kamčatka herausragende Forschungen sowohl über die dortige indigene Bevölkerung als auch über Flora und Fauna[105].

Mittlerweile war auch seit dem Sommer 1734 die nördliche Gruppe in verschiedenen Abteilungen damit befaßt, den Küstenverlauf von Archangel'sk bis zur Mündung des Anadyr' kartographisch zu erfassen. Dies gelang nur teilweise und unter allergrößten Mühsalen, fast ständig von gewaltigen Eismassen bedroht. Leutnant Ovcyn erreichte im September 1737 von der Ob'mündung aus den Enisej. Noch weiter im Osten wurden gleichfalls Kartierungsarbeiten vorangetrieben. Mit Schiffen und Hundeschlitten und unter Einsatz seines Lebens erreichte Semen Čeljuskin das später nach ihm benannte Kap, die nördlichste Landspitze Asiens. Das schlimmste Schicksal erlitten die Teilnehmer jener Abteilung, die unter Führung des Leutnants Petr Lasinius (Lassenius) von der Lena aus nach Nordosten vorstieß. Ihr Füh-

---

[104] Ebd., S. 40.
[105] Zu Stellers Arbeiten vgl. HINTZSCHE/NICKOL, Große Nordische Expedition, S. 218ff. und S. 237ff.; siehe auch Leonhard H. STEJNEGER, Georg Wilhelm Steller. The Pioneer of Alaskan Natural History, Cambridge, Mass. 1936, Reprint Westmead 1970; Zu Krašeninnikov vgl. HINTZSCHE/NICKOL (Hg.), Große Nordische Expedition, S. 233ff.; siehe auch Boris P. POLEVOJ, »Foreword« zur Faksimileausgabe der Schrift von Stepan P. Krašeninnikov, Opisanie zemli Kamčatki [Beschreibung des Landes Kamčatka], 2 Bde., St. Petersburg/Petropavlovsk-Kamčatskij 1994, hier: Bd. 1, S. 30–44.

rer starb bereits im Dezember 1735 an Skorbut und ihm folgten in den folgenden Jahren weitere 35 Mitglieder der Expedition. Deznevs Weg um die Čukčenhalbinsel vermochten sie dennoch nicht zu folgen und so mußten sie das Unternehmen schließlich 1741/42 abbrechen[106].

Unterdessen konnte Spanberg in Ochotsk seine Schiffe für die geplante Fahrt nach Japan im Herbst 1737 fertigstellen, doch wegen der Witterungsbedingungen erst Ende Juni 1738 aus dem Hafen von Ochotsk auslaufen. Zwei Schiffe, die »Erzengel Michail« und die »Nadežda« (Hoffnung), wurden neu gebaut, die St. Gabriel, Berings früheres Schiff, grundüberholt. Die Fahrt verlief entlang der Kurilen-Inseln, die kartographisch nicht völlig exakt erfaßt wurden. Es kam zu keinerlei Landungsversuchen auf den Inseln, und Japan konnte nicht erreicht werden, so daß die Schiffe wieder umkehrten. Im nächsten Jahr erfolgte ein zweiter Versuch, nunmehr mit vier Schiffen, der erfolgreicher war. Nachdem sich die Schiffe im Sturm verloren hatten, gelangten Spanberg und sein aus England stammender Leutnant William Walton unabhängig voneinander zur Hauptinsel Japans (Hondo beziehungsweise Honshu). Sie nahmen dabei Kontakte mit japanischen Würdenträgern auf und trieben Handel mit Fischern und Bauern. Während Walton einmal einen Trupp an Land schickte, um Frischwasser zu holen, blieb Spanberg mißtrauisch und ließ nur vom Schiff aus handeln[107].

Der Seeweg von Kamčatka entlang der Kurilen nach Japan war somit erfolgreich erkundet und auch kartographisch erfaßt. Erstmals erreichten Europäer die nordöstlichen Küsten japanischer Inseln. Bering schickte Spanberg und Walton nach ihrer Rückkehr zur Berichterstattung nach St. Petersburg. Dort allerdings erlebten sie eine große Enttäuschung.

---

106 LANGE, Land hinter den Nebeln, S. 142ff.
107 George A. LENSEN, The Russian Push Toward Japan. Russo-Japanese Relations, 1697–1875, Princeton 1959, S. 48ff.; HINTZSCHE/NICKOL (Hg.), Große Nordische Expedition, S. 127f.; LANGE, Land hinter den Nebeln, S. 154ff.

Das Vertrauen in die alten Karten blieb größer als die Nachweise der beiden Seefahrer. Vor allem im Admiralitätskollegium, aber auch in der Akademie herrschte die Meinung vor, daß Korea, nicht aber Japan erreicht worden sei. So wurden die beiden von der Admiralität erneut beauftragt, den Weg nach Japan zu erkunden, was Spanberg mißlang. Doch erreichte Aleksej Schelting, der die »Naděžda« befehligte, auf dieser dritten Reise die Meerenge, die Hokkaido von Sachalin trennt, allerdings verhinderten dichter Nebel und widrige Winde, dies auch wahrzunehmen. Erst eine Kommission der Admiralität gelangte 1746 zu der Ansicht, daß Walton in jedem Falle, Spanberg wohl mit einiger Wahrscheinlichkeit am Ostufer der japanischen Hauptinsel entlanggesegelt war[108].

Als sich Spanberg nach seiner ersten Japanreise auf dem Weg nach St. Petersburg befand, traf er an der Lena mit Georg Wilhelm Steller zusammen. Der zeigte sich von den Berichten über Japan so fasziniert, daß er sofort ein Forschungsprogramm zusammenstellte, das er gemeinsam mit der Bitte, Spanberg auf einer weiteren Reise begleiten zu dürfen, Ende April 1740 an den Senat übersandte. Der umfangreiche Entwurf zur Erkundung und Erforschung Japans, der kaum etwas ausließ und sich mit den Gewerben der Japaner ebenso wie mit deren Geschichte, Philosophie, Sprache und Musik beschäftigen wollte, konnte trotz einer positiven Stellungnahme durch den Senat nicht realisiert werden. Denn als Spanberg im Mai 1742 erneut die Anker zur Fahrt nach Japan lichtete, überwinterte der schiffbrüchige Steller noch auf der Beringinsel[109].

Im Oktober 1738 beliefen sich die Kosten der Expedition, die Bering seinerzeit auf 10 000 bis 12 000 Rubel veranschlagt hatte, auf fast 320 000 Rubel. Der Oberste Geheime Rat wies daher das Admiralitätskollegium an, die Angelegenheit zu überprüfen, »damit der Staatsschatz nicht weiter

---

108 Lensen, Russian Push, S. 56ff.
109 Hintzsche/Nickol (Hg.), Große Nordische Expedition, S. 127f.

verschwendet wird«[110]. Zwar wies die Admiralität das Ansinnen zurück, hielt aber Bering für den Hauptschuldigen vorgeblicher Versäumnisse und kürzte sein Gehalt für fast zweieinhalb Jahre um die Hälfte[111]. Im permanenten Widerstand gegen Bering und seine Mannschaft befand sich die russische Bürokratie vor Ort, insbesondere in Ochotsk. Teilweise entluden sich die Auseinandersetzungen in Handgreiflichlichkeiten, teils drohte der Kapitän-Kommandeur mit der Folter, manchesmal mußte er unter persönlichem und wohl auch bewaffnetem Einsatz Angehörige der Expedition aus der Haft oder der Folterkammer befreien[112]. Auch unter den Offizieren kam es zu Mißstimmungen. Čirikov, der sich offensichtlich bei den Jahre dauernden Vorbereitungen nutzlos fühlte, kam um seine Entlassung ein. Vermutlich hegte er den Wunsch, allein nach der amerikanischen Küste zu suchen und teilte dem Chef der Admiralität in St. Petersburg, Graf Nikolaj Golovin mit, daß Bering wegen seiner Verbesserungsvorschläge, die er nicht für gut befunden und nicht angenommen habe, »böse auf mich ist«[113].

Schließlich konnte im Herbst 1739 der Steuermann Ivan Elagin mit einem der Schiffe Spanbergs zu jener schützenden Bucht auf Kamčatka segeln, die auf der ersten Reise Berings ausfindig gemacht worden war. Die Avača-Bucht wurde vermessen und ein Lager errichtet, aus dem die Stadt Petropavlovsk entstand[114]. Im Juni des folgenden Jahres liefen die neuen Schiffe vom Stapel; zwei Paketboote, die »Sv. Petr« und »Sv. Pavel« (St. Peter und St. Paul). Erst am 8. September verließen die beiden Schiffe, begleitet von zwei Versorgungsschiffen, der »Nadežda« und der gleichfalls neu er-

---

110 GOLDER (Hg.), Bering's Voyages, Bd. 1, S. 33; LANGE, Land hinter den Nebeln, S. 155.
111 GOLDER, ebd.
112 LANGE, Land hinter den Nebeln, S. 158f.
113 DIVIN, Russian Navigator, S. 109f.; LANGE, Land hinter den Nebeln, S. 155.
114 LANGE, ebd., S. 159.

bauten »Ochotsk« den Hafen[115]. Die kleineren Schiffe konnten aufgrund des bereits widrigen Wetters nur bis zum Bol'šaja Reka (Großer Fluß) an der Westküste mitsegeln und mußten dann zurückbleiben, während die beiden anderen Boote um Kap Lopatka herum nicht ohne Mühe die Avača-Bucht erreichten[116]. Hier überwinterten Mannschaft und Schiffe, die erst am 4. Juni 1741 beziehungsweise am 25. Mai alter Zeitrechnung zur Entdeckungsfahrt in See stechen konnten. Bering befehligte die St. Peter, Čirikov die St. Paul. Mit an Bord waren Louis de L'Isle de la Croyère auf der St. Paul als Astronom und der Arzt und Naturforscher Georg Wilhelm Steller auf der St. Peter, auf der auch Berings Stellvertreter Sven Waxell segelte[117].

Anfang Mai fand eine Besprechung der Offiziere unter Teilnahme Croyères statt, der darauf beharrte, die Instruktionen zu befolgen und das auf der Karte seines Bruders Joseph verzeichnete da-Gama-Land zu suchen[118]. Insbesondere Čirikov, der davon überzeugt war, daß es sich bei dem da-Gama-Land und dem Jesso-Land um Phantasiegebilde handelte, trat dafür ein, sofort mit nordöstlichem Kurs auf die dort vermutete amerikanische Küste zu segeln[119]. Als

---

115 Das Logbuch beziehungsweise Schiffsjournal der St. Peter und ihres Nachfolgeschiffes, das gleichfalls St. Peter hieß, ist abgedruckt in: GOLDER (Hg.), Bering's Voyages, Bd. 1, S. 36–282; vgl. auch den Bericht des Ersten Offiziers und Stellvertreteres Berings: Sven WAXELL, Die Brücke nach Amerika. Abenteuerliche Entdeckungsfahrt des Vitus Bering 1733–1743. Reisebericht seines Ersten Offiziers und Stellvertreters Sven Waxell, Olten/Freiburg 1968, S. 67ff.
116 LANGE, Land hinter den Nebeln, S. 159; DIVIN, Russian Navigator, S. 111.
117 LANGE, ebd., S. 161ff.; DIVIN, ebd., S. 130f.; FISHER, Bering's Voyages, S. 147f.
118 Das Protokoll der Besprechung ist im Logbuch verzeichnet. Abgedruckt bei GOLDER (Hg.), Bering's Voyages, Bd. 1, S. 38f.; DIVIN, Great Russian Navigator, S. 129ff.; WAXELL, Brücke nach Amerika, S. 67f.
119 LANGE, Land hinter den Nebeln, S. 162; DIVIN, Russian Navigator, S. 129; FISHER, Bering's Voyages, S. 147f.

Kompromiß wurde beschlossen, bis zum 65. Breitengrad zu segeln und falls dann kein Land entdeckt worden sei, den Kurs zu ändern[120].

Es ist hier nicht der Platz, die gesamte Geschichte der Fahrt Berings und Čirikovs zu erzählen. Doch soll sie zumindest in groben Zügen geschildert werden. Während eines Sturmes verloren sich die beiden Schiffe am 20. Juni 1741 aus den Augen. Einige Tage verbrachten die beiden Kapitäne damit, einander zu suchen, bis schließlich jeder für sich die Fahrt fortsetzte. Vor allem an Bord der St. Peter kam es immer wieder zu Disputen zwischen Steller, dem Naturwissenschaftler, und den Seeoffizieren über das richtige Vorgehen bei der Suche nach der amerikanischen Küste. Ähnliche Berichte sind über das gespannte Verhältnis zwischen James Cook und den ihn begleitenden Wissenschaftlern überliefert[121].

Mitte Juli 1741 geriet nach bangen Wochen die Küste Alaskas mit dem Mount St. Elias in Sicht. Vor der zunächst so genannten Elias-Insel, der heutigen Kajak-Insel, ging die St. Peter schließlich vor Anker. Erst nach einer durchaus heftigen Auseinandersetzung mit Bering erhielt Steller die Erlaubnis, die nach Wasser und Holz geschickten Besatzungsmitglieder begleiten zu dürfen. Er fand deutliche Hinweise auf die Anwesenheit von Menschen, darunter eine Erdhöhle mit Dörrfisch, Pfeile, Gefäße und getrocknete Kräuter. Er registrierte die Unterschiede zwischen den amerikanischen und den asiatischen Naturgegebenheiten und führte sie auf das Klima zurück[122].

Steller erlangte die Erlaubnis, noch einige Stunden auf der Insel forschen zu dürfen, doch nach 25stündigem Aufenthalt lichtete die St. Peter wieder ihre Anker. Steller, des öfte-

---

120 DIVIN, ebd., S. 130.
121 LANGE, Lande hinter den Nebeln, S. 169.
122 Georg Wilhelm STELLER, G. W. Steller's ehemal. Adjunkts der kays. Akademie der Wissenschaften zu St. Petersburg Reise von Kamtschatka nach Amerika mit dem Commandeur-Capitän Bering, Unveränderter Nachdruck der Ausgabe St. Petersburg 1793, Stuttgart 1974, S. 29ff.

ren aufbrausend und von Entdeckungs- und Forscherdrang gepackt, vermerkte bitter in seinem Tagebuch: »Die Zeit, welche hier zu Untersuchungen angewendet ward, hatte mit den Zurüstungen ein arithmetisches Verhältniß; zehn Jahre währete die Vorbereitung zu diesem großen Endzweck, zehn Stunden wurden zur Sache selbst gewidmet«[123]. Der Vorwurf war nicht gänzlich unberechtigt, doch zeigte sich bereits in den folgenden Tagen, daß ein Teil der Schiffsbesatzung an Skorbut litt. Zum Mittagessen dünne und zum Abendessen dicke Mehlsuppe, dazu Wasserknappheit führten zu der Mangelkrankheit.

Anfang September traf das Schiff auf einer Insel der Aleuten erneut auf Angehörige der indigenen Bevölkerung. Auch mit Hilfe des korjakischen Dolmetschers kam kein Gespräch zustande. Einer der Aleuten probierte schließlich Branntwein und Tabak, die von den Seeleuten verteilt worden waren. Er zeigte deutlich sein Mißvergnügen und spie beides aus. Das Ausspucken der europäischen Genußmittel kommentierte Steller, der sich bereits mit den Itelmenen auf Kamčatka beschäftigt hatte, mit den Worten: »Und eben dies würde der klügste Europäer thun, wenn man ihn mit Fliegenschwamm oder fauler Fischsuppe und Weidenrinde tractiren wollte, die doch den Kamtschadalen so lecker dünken«[124].

Schweren Stürmen war das Schiff Berings in den folgenden Wochen ausgesetzt. Mehr und mehr Mitglieder der Besatzung erkrankten an Skorbut, darunter auch der Kapitän-Kommandeur. Für die verbleibenden Matrosen und Offiziere wurde die Arbeit immer beschwerlicher. Schließlich mußte Anfang November 1741 eine Insel, später nach Vitus Bering benannt, angelaufen werden. Dort, rund 400 Seemeilen von der Avača-

---

[123] Ebd., S. 39.
[124] G. W. Stellers, vormaligen Adjunkts bey der Kaiserlichen Akademie der Wissenschaften Tagebuch seiner Seereise aus dem Petripauls Hafen in Kamtschatka bis an die westlichen Küsten von Amerika und seiner Begebenheiten auf der Rückreise, in: Peter Simon PALLAS (Hg.), Neue Nordische Beyträge, 5. Bd., St. Petersburg 1793, S. 129–236, hier: S. 195.

Bucht entfernt, überwinterte die Besatzung unter härtesten Bedingungen, denen Bering und weitere Mitglieder der Expedition nicht gewachsen waren. Sie starben im Verlaufe der Überwinterung. Die 46 Überlebenden bauten aus den Trümmern der St. Peter ein neues Schiff und erreichten Ende August 1742 Kamčatka. Auf der Bering-Insel sah Steller die von ihm ausführlich beschriebene und nach ihm benannte Seekuh (Hydrodamalis gigas, Syn.: Rhytina stelleri), die kaum 30 Jahre später bereits durch Überjagung ausgerottet war[125].

Auch die von Aleksej Čirikov geführte St. Paul erreichte nach einer Kursänderung die Küste Amerikas Mitte Juli 1741. Das Schiff ankerte bei der Necker-Insel, die zum heutigen Alexander-Archipel gehört. Zehn Mann wurden ausgesandt, um Trinkwasser zu besorgen und nach einem sicheren Hafen zu suchen. Zugleich sollten sie der eingeborenen Bevölkerung, falls sie sich zeigte, möglichst freundlich begegnen, sie nach Flüssen befragen und in Erfahrung bringen, in welche Richtung sich das Land ausdehne. Doch kehrten weder diese Männer noch vier weitere, die einige Tage später ausgeschickt wurden, jemals wieder zurück. Ihr Schicksal blieb bis heute ungeklärt[126].

Schließlich lichtete die St. Paul ihre Anker und verließ Ende Juli die nordwestliche Küste Amerikas. Das Schiff segelte an der Aleutenkette entlang. In der Nähe der Adak-Insel kam es zu einer Begegnung mit der indigenen Bevölkerung, die ohne nennenswerte Folgen blieb, denn eine Verständigung gelang nicht. Auf der Rückreise griff auch an Bord der St. Paul der Skorbut um sich, dem nicht wenige zum Opfer fielen. Auch Čirikov erkrankte schwer und konnte nicht mehr an Deck gehen. Das Schiff führte Ivan Elagin, obgleich auch er erkrankt war. Erst am 9. Oktober 1741 konnte auf der Ree-

---

125 Georg Wilhelm STELLER, Ausführliche Beschreibung von sonderbaren Meerthieren, mit Erläuterungen und nöthigen Kupfern versehen, unveränderter Nachdruck der Ausgabe Halle 1753, Stuttgart 1974, S. 48ff.; HINTZSCHE/NICKOL (Hg.), Große Nordische Expedition, S. 285ff.
126 FISHER, Bering's Voyages, S. 148f.

de von Petropavlovsk Anker geworfen werden. Am folgenden Tage starb Louis de L'Isle de la Croyère[127].

Im September des Jahres 1743 empfahl der Senat, die Große Nordische Expedition für beendet zu erklären[128]. Sie hatte herausragende Ergebnisse erbracht, aber auch zahlreiche Menschenleben gefordert. Auf der Rückreise von Kamčatka starb im November 1746 Georg Wilhelm Steller in Tjumen', dem es nicht vergönnt war, nur ein einziges seiner zahlreichen Manuskripte gedruckt zu sehen[129]. Steller wie auch Gmelin und Müller, aber auch alle anderen Wissenschaftler und Teilnehmer an der Unternehmung trugen dazu bei, daß mit »der planmäßigen und systematischen Erforschung des Naturraumes von Sibirien und Pazifik« begonnen wurde[130].

Im einzelnen gelang die Neuentdeckung, Beschreibung und teilweise Einverleibung der nordwestlichen Küste Amerikas, der Aleuten und der Kurilen, die erneute Entdeckung der Meerenge zwischen Asien und Amerika, also der Beringstraße, eine umfangreiche kartographische Erfassung der Küste des Nördlichen Eismeeres, Kamčatkas, des Ochotskischen Meeres und Japans sowie die botanische, mineralogische, zoologische und ethnographische Erforschung großer Teile Sibiriens. Damit zugleich entfaltete sich im Russischen Reich eine differenzierte Wissenschaftsentwicklung[131].

---

127 LANGE, Land hinter den Nebeln, S. 189ff.; GOLDER, Bering's Voyages, Bd. 1, Kap. 7 enthält eine englische Übersetzung des täglichen Schiffsjournals, das auf der Reise geführt wurde; Kap. 8 den Bericht Čirikovs an die Admiralität.
128 SCHMITT (Hg.), Dokumente, Bd. 2: Große Entdeckungen, S. 512–517: »Akte über die Expedition, die auf Kamtschatka entsandt wurde, mit dem Ziel, die Küsten Amerikas zu finden; über die Operationen Berings und Tschirikows und über den Abbruch der Expedition – Bericht«.
129 STEJNEGER, Georg Wilhelm Steller; HINTZSCHE/NICKOL, Große Nordische Expedition, S. 316ff.
130 POSSELT (Hg.), Große Nordische Expedition, S. 368.
131 Ebd.

Während die in neuen Karten niedergelegten geographischen Entdeckungen sowohl Eingang in den »Russischen Atlas« als auch eine allgemeine Verbreitung im übrigen Europa fanden, gelang die wissenschaftliche Auswertung der anderen Materialien nur allmählich. Die von den Wissenschaftlern und Seeoffizieren eingesandten zahlreichen Berichte durften auch von den Mitgliedern der Akademie zunächst nur mit Erlaubnis des Präsidenten eingesehen werden[132]. Erst als rund dreißig Jahre später unter Katharina II. eine neue Informationspolitik durchgesetzt wurde, konnte die strikte Geheimhaltung, die den teilnehmenden Wissenschaftlern und sonstigen Expeditionsteilnehmern durch Eid abverlangt worden war, durchbrochen werden. Eine systematische Auswertung kam auch deshalb nicht zustande, weil über einen längeren Zeitraum hinweg die Lage an der Petersburger Akademie für die Forschung keine günstigen Voraussetzungen bot[133].

Die von der russischen Regierung und der Akademieleitung in den 1740er und 1750er Jahren angestrebte Geheimhaltung ist allerdings bald durchbrochen worden. Dazu trug zum einen die schon erwähnte Berichterstattung durch gelehrte und populäre Zeitungen vor allem im deutschsprachigen Raum bei, die auch in den 1740er und 1750er Jahren fortgesetzt wurde[134]. Zum anderen bestand aber auch eine intensive Korrespondenz der Petersburger Wissenschaftler mit ihren Kollegen. So teilte Leonhard Euler dem Kaplan und Bibliothekar des Prinzen von Wales Johann Caspar Wettstein in zwei ausführlichen Schreiben vom 16. Juli und 10. Dezember 1746 zahlreiche Einzelheiten der Entdeckungen der Großen Nordischen Expedition mit und meinte, er zweifele daran, ob von seiten der Russen jemals etwas darüber publi-

---

132 MAIER, Wissenschaft und Staatsinteresse, S. 444.
133 POSSELT (Hg.), Große Nordische Expedition, S. 368f.
134 ROBEL, Wandel des deutschen Sibirienbildes, S. 413–415.

ziert würde[135]. Leonhard Euler verfügte aufgrund seiner langjährigen Freundschaft mit Gerhard Friedrich Müller, der unter anderem das Kartenmaterial bearbeitete, über ausgezeichnete Kenntnisse der Ergebnisse der Unternehmung.

Wettstein veröffentlichte Teile der beiden Briefe, ein wenig zum Ärger Eulers, in den »Philosophical Transactions« in London im Jahre 1747[136]. Die Publikation gelangte allerdings der Leitung der Akademie nicht zur Kenntnis. Möglicherweise zog sie es auch vor, den nunmehr an der Berliner Akademie tätigen Euler, der als eine Art Verbindungsmann der Petersburger Akademie in West- und Mitteleuropa fungierte, nicht zu behelligen und die Sache mit Schweigen zu übergehen.

Gmelin und Müller ihrerseits waren über den Verlauf der Fahrt Berings durch Briefe Stellers bestens informiert. Gmelin teilte sowohl seinem Freund Haller in Göttingen als auch dem englischen Botaniker Peter Collinson nähere Einzelheiten über die russischen Entdeckungen in Amerika mit[137]. Die erste russische Veröffentlichung erfolgte erst, nachdem Joseph Nicolas Delisle im Jahre 1752 eine Karte der Neuentdeckungen und eine Beschreibung dazu publiziert hatte[138].

---

135 Euler an Wettstein vom 16.7. und 10.12.1746, in: A. P. JUŠKEVIČ/E. WINTER (Hg.), Die Berliner und die Petersburger Akademie der Wissenschaften im Briefwechsel Leonhard Eulers. Teil 3: Wissenschaftliche und wissenschaftsorganisatorische Korrespondenzen, Berlin 1976, S. 259–261 und S. 263–265.
136 Ebd., S. 265; MAIER, Wissenschaft und Staatsinteresse, S. 445.
137 Vgl. u. a. STELLER an Gmelin vom 4. 11. 1742, in: Johann Georg Gmelin (1709–1755). Der Erforscher Sibiriens. Ein Gedenkbuch, München 1911, S. 128–132; auch in W H. Th. PLIENINGER (Hg.), Joannis Georgii Gmelini Reliquias quae supersunt commercii epistolici cum Carolo Linnaeo, Alberto Hallero, Guilielmo Stellero et al., Stuttgart 1861, S.181–185; Maier, Wissenschaft und Staatsinteresse, S. 444.
138 Joseph Nicolas DELISLE, Explication de la carte des nouvelles découvertes au Nord de la Mer du Sud, Paris 1752; eine deutsche Fassung: »Erklärung der Charte von den neuen Entdeckungen welche gegen Norden des Südermeeres durch Herrn von L'Isle [...] gemacht worden sind.« Aus dem Französischen übersetzt von J.V. KRAUSE, Berlin 1753.

Ihm antwortete zunächst anonym Gerhard Friedrich Müller auf Anordnung Razumovskijs, des Präsidenten der Petersburger Akademie[139]. Die Schrift wurde auch ins Deutsche und Englische übersetzt, und zugleich erhielt Müller von seiten der Akademieleitung den Auftrag, eine neue Landkarte zu entwerfen und zu publizieren[140].

Einer der Kernpunkte der wissenschaftlichen Kontroverse war dabei die Ausdehnung Sibiriens, die nach Meinung vieler west- und mitteleuropäischer Gelehrter auf russischen Karten um 20° zu weit nach Osten dargestellt wurde, um einen russischen Besitzanspruch zu erheben. Erst die Reisen und Forschungen von James Cook bestätigten am Ende der 1770er Jahre die russischen Angaben[141]. Die russischen Seereisen hatten zudem klar erwiesen, daß es keinen nördlichen Erdteil oder sonstige im Pazifik gelegenen Länder gab.

So legte die Große Nordische Expedition einerseits ein festes Fundament für alle weiteren Forschungsreisen in der

---

139 Lettre d'un officier de la marine russienne à un seigneur de la cour concernant la carte des nouvelles découvertes au Nord de la Mer du Sud, et le mémoire qui y sert d'explication publié par M. De l'Isle à Paris en 1752, traduit de l'original russe, Berlin o. J. [1753].
140 Schreiben eines russischen Offiziers von der Flotte [...], Berlin o. J. [1753]; A letter from a Russian sea-officer, to a person of distinction at the Court of St. Petersburg, London 1754, vgl. auch FISHER, Voyage of Dezhnev, S. 4f. Die Karte erschien u. d. T.: Nouvelle carte des découvertes faites par des vaisseaux russiens aux côtes inconnues de l'Amerique septentrionale avec les paies adjacents, St. Petersburg 1758. Eine englische Fassung erschien als Frontispiz zu Gerhard Friedrich MÜLLER, Voyages from Asia to America, for the completion of the discoveries of the northwest coast of America, London 1761. Bereits zuvor war eine deutsche Version erschienen: DERS., Nachrichten von Seereisen, und zur See gemachten Entdeckungen, die von Rußland aus längst den Küsten des Eißmeeres und auf dem östlichen Weltmeere gegen Javon und America geschehen sind, St. Petersburg 1758 = Sammlung Rußischer Geschichte, 3. Band, 1.–3. Stück, S. 1–304.
141 Berliner und Petersburger Akademie, Bd. 3, S. 265; FISHER, Voyages of Dezhnev, S. 8f.; vgl. auch William COXE, A Comparative View of the Russian Discoveries with those made by Captains Cook and Clerke; and a Sketch of what remains to be ascertained by future Navigators, London 1787.

zweiten Hälfte des 18. Jahrhunderts, etwa die Akademieexpedition von 1768 bis 1774, an der Peter Simon Pallas, der bedeutende Universalgelehrte, einen herausragenden Anteil hatte. Andererseits zeigte die Unternehmung den Reichtum der Ressourcen Sibiriens und der pazifischen Inselketten. Sie eröffnete zudem neue Verbindungswege und neue Häfen und ermöglichte so die Präsenz einer russischen Flotte im Pazifik und die ökonomische Entwicklung, die sich etwa in der Gründung der Russisch-Amerikanischen Kompanie niederschlug[142].

Johann Georg Gmelins Leben und Werk

Johann Georg Gmelin wurde am 12. August 1709 als Sohn des Apothekers und Chemikers Johann Georg Gmelin, d. Ä. in Tübingen geboren. Der Vater hatte bereits längere Zeit im Ausland verbracht und zwischen 1699 und 1706 in Stockholm bei dem Naturwissenschaftler und Chemiker Urban Hiärne gearbeitet[143]. Der jüngere Gmelin studierte in seiner Heimatstadt Naturwissenschaften und Medizin und beendete sein Studium 1727 mit einer Doktorarbeit über die chemischen Bestandteile einer Mineralquelle, wobei schon im Titel (vgl. Abb. 2) auf die von Hiärne benutzten Labortechniken verwiesen wurde[144].

Zu seinen akademischen Lehrern gehörten der Philosoph Bernhard Bilfinger, die Mediziner Johann Georg Duvernoy

---

142 MAIER, Wissenschaft und Staatsinteresse, S. 445f.
143 Carl-Otto VON SYDOW, Linné und Gmelin. Zur Geschichte der Beziehungen Uppsalaer und Tübinger Botaniker, in: Carl von Linné und die deutschen Botaniker seiner Zeit, Tübingen 1977, S. 15–26, hier: S. 17.
144 Robert GRADMANN, Leben und Bedeutung Johann Georg Gmelins, in: Johann Georg Gmelin. Ein Gedenkbuch, S. 3–20; SYDOW, Linné und Gmelin, S. 18; M. GMELIN, Johann Georg Gmelin, in: Allgemeine Deutsche Biographie, Bd. 9, Neudruck der 1. Aufl. 1879, Berlin 1968, S. 269–270; HINTZSCHE/NICKOL (Hg.), Große Nordische Expedition, S. 79.

und Burchard D. Mauchart sowie die Brüder Rudolf Jakob und Elias Camerarius, Mediziner und Botaniker der eine, Botaniker der andere. Rudolf Jakob Camerarius gilt als der Entdecker der Sexualität höherer Pflanzen und legte damit den Grundstock für Carl von Linnés weitere Arbeiten.

Noch im Jahre 1727, also gerade 18jährig, reiste Gmelin seinen Lehrern Bilfinger und Duvernoy nach, die an die neugegründete Petersburger Akademie berufen worden waren. Nach einer längeren Fahrt durch Deutschland ging es per Schiff im August 1727 von Travemünde nach der neuen russischen Hauptstadt, die Ende des Monats erreicht wurde. Dort erhielt er von Laurentius Blumentrost die Erlaubnis, an den Verhandlungen der Akademie teilzunehmen und auch die dortigen Sammlungen und Institute zu benutzen. Zugleich praktizierte er als Arzt. Im Jahre 1728, nach der Veröffentlichung der Dissertation, verlieh ihm die Tübinger Universität den medizinischen Doktortitel, und bald darauf wurde er von der Russischen Akademie als Adjunkt mit einem Jahresgehalt von 400 Rubeln angestellt[145]. Zwei Jahre später, 1730, erhielt er einen Lehrauftrag und zum 1. Januar 1731, keine 22 Jahre, die Stelle eines ordentlichen Professors der Chemie und der Naturgeschichte[146].

Sein Vertrag verpflichtete ihn zu Forschung und Lehre in den beiden Fächern, falls erforderlich sollte er auch »in einem ander theil der medicin« die studierende Jugend unterrichten. Das Gehalt belief sich in den ersten beiden Jahren

---

[145] Materialy dlja istorii Imperatorskoj Akademii Nauk, Bd.1, S. 649. Als »Adjunkt« wurde in jener Zeit der Assistent eines Professors, eigentlich »der Gehilfe«, bezeichnet, der zugleich die Anwartschaft auf diese oder eine andere freiwerdende Professur besaß. Vgl. Johann Christoph ADELUNG, Grammatisch-kritisches Wörterbuch der hochdeutschen Mundart, 4 Bde., Wien 1811, hier: Bd. 1, S. 169.

[146] Materialy dlja istorii Imperatorskoj Akademii Nauk, Bd. 2, St. Petersburg 1886, S. 2. GRADMANN, Leben und Bedeutung, S. 4f. gibt irrtümlich das Datum 1732. Doch ist der in den »Materialy« abgedruckte Vertrag der Akademie der Wissenschaften mit Gmelin auf den 1. Januar 1731 datiert und soll vier Jahre gültig sein.

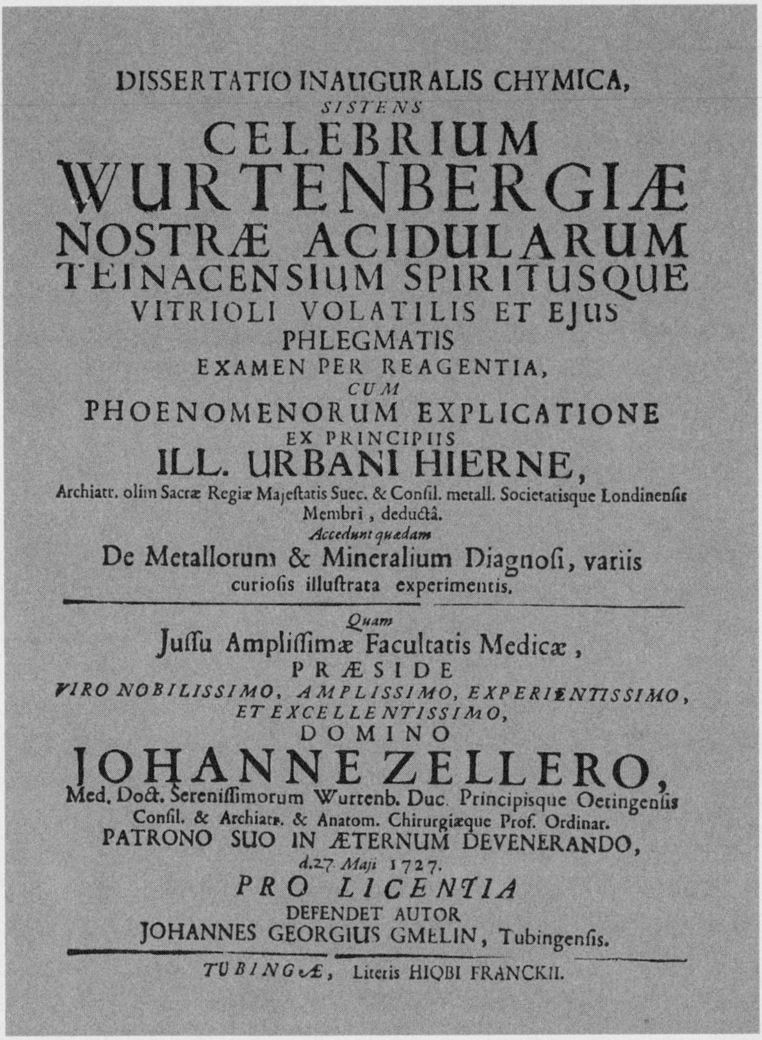

> DISSERTATIO INAUGURALIS CHYMICA,
> *SISTENS*
> ## CELEBRIUM
> # WURTENBERGIÆ
> ## NOSTRÆ ACIDULARUM
> ### TEINACENSIUM SPIRITUSQUE
> VITRIOLI VOLATILIS ET EJUS
> PHLEGMATIS
> EXAMEN PER REAGENTIA,
> *CUM*
> PHOENOMENORUM EXPLICATIONE
> EX PRINCIPIIS
> ### ILL. URBANI HIERNE,
> Archiatr. olim Sacræ Regiæ Majeftatis Suec. & Confil. metall. Societatisque Londinenfis Membri, deductâ.
> *Accedunt quædam*
> De Metallorum & Mineralium Diagnofi, variis
> curiofis illuftrata experimentis.
>
> *Quam*
> Juffu Ampliffimæ Facultatis Medicæ,
> PRÆSIDE
> *VIRO NOBILISSIMO, AMPLISSIMO, EXPERIENTISSIMO,*
> *ET EXCELLENTISSIMO,*
> DOMINO
> ## JOHANNE ZELLERO,
> Med. Doct. Sereniffimorum Wurtenb. Duc. Principisque Oetingenfis
> Confil. & Archiatr. & Anatom. Chirurgiæque Prof. Ordinar.
> PATRONO SUO IN ÆTERNUM DEVENERANDO,
> d.27. Maji 1727.
> PRO LICENTIA
> DEFENDET AUTOR
> JOHANNES GEORGIUS GMELIN, Tubingenfis.
>
> *TUBINGÆ,* Literis HIOBI FRANCKII.

Abb. 2: Die Tübinger Dissertation Gmelins über die chemische Zusammensetzung des Teinacher Mineralwassers

auf 400, dann auf 600 Rubel jährlich. Hinzu kamen weitere 60 Rubel für Heizung, Licht und Wohnung. Die Kündigungsfrist des Vertrages betrug ein Jahr und mußte jeweils bis zum 1. Januar erfolgt sein, dann sollte ihm sein Ausscheiden aus der Akademie »unter keynerley praetext« vorenthalten werden[147]. In der Folgezeit hielt der neu berufene Professor Vorlesungen über Chemie und Medizin. In den Sitzungen der Akademie trug er Vorträge zu Themen aus der Geologie und der Chemie vor.

Wegen seiner angegriffenen Gesundheit suchte Gmelin bereits im Februar 1733 um seine Entlassung nach, die ihm aber unter Hinweis auf die Fristüberschreitung, Kündigungstermin war spätestens der 1. Januar, verweigert, aber für Ende des Jahres 1734 in Aussicht gestellt wurde[148]. Bereits vor seiner Erkrankung und der darauffolgenden Kündigung war Gmelin wohl auf eigenen Wunsch als Mitglied der Großen Nordischen Expedition vorgesehen. Als er erkrankte, meldete sich der Historiker Gerhard Friedrich Müller freiwillig zur Teilnahme daran[149]. Als Gmelin wieder genas und Anfang Mai 1733 dem Akademiesekretär Schumacher mitteilte, daß er »Gott sei danck gesund und, wann es befohlen wird, zu reisen bereit« sei[150], wurde Müller als zusätzliches Mitglied der akademischen Gruppe der Expedition akzeptiert. Die Teilnahme war auch finanziell durchaus lukrativ, denn den Akademiemitglieder war ein Jahressalär von 1260 Rubeln zuzüglich der Verpflegungskosten garantiert worden[151].

Anfang Juli 1733 wurden die führenden Teilnehmer der Expedition bei Kaiserin Anna »zum allerhöchsten Handkuss« zugelassen und auf diese Weise feierlich verabschiedet. Doch es dauerte noch einen weiteren Monat, bis Gmelin mit

---

147 Materialy dlja istorii Imperatorskoj Akademii Nauk, Bd. 2, S. 2.
148 Ebd., S. 297f. und S. 312.
149 BLACK, G.-F. Müller, S. 52.
150 Ebd., Brief an Schumacher vom 5. Mai 1733, in: Materialy dlja istorii Imperatorskoj Akademii Nauk, Bd. 2, S. 328.
151 BLACK, G.-F. Müller, S. 54.

seinen Kollegen der akademischen Gruppe, dem Historiker Gerhard Friedrich Müller und dem Astronom Louis de L'Isle de la Croyère, die Hauptstadt verlassen konnte. Sie wurden begleitet von sechs russischen Studenten, zwei Malern, einem Dolmetscher, einem Instrumentenmacher, einigen Feldmessern, weiteren Hilfskräften sowie einer militärischen Bedeckung von zwölf Mann mit einem Korporal und einem Trommler[152].

Die Abreise aus der Hauptstadt erfolgte schließlich am 8. August und es ging zu Land und zu Wasser in Richtung Sibirien, dessen Hauptstadt Tobol'sk Anfang 1734 erreicht wurde. Die Reiseroute verlief folgendermaßen: St. Petersburg – Jaroslavl' – Ekaterinburg – Tjumen' – Tobol'sk – Tjumen' – Ekaterinburg – Tobol'sk – Tara – Semipalatinsk – Kuzneck – Tomsk – Enisejsk – Krasnojarsk – Irkutsk – Selenginsk – Kjachta – Selenginsk – Čita – Nerčinsk – Argun' – Čita – Ulan-Ude – Irkutsk (Überwinterung 1735/36) – Bratsk – Ilimsk – Ust'-Kut – Ust'-Ilga – Ust'-Kut – Ust'-Ilga – Vitim – Olekminsk – Jakutsk (Überwinterung 1736/37) – Kirensk (Überwinterung 1737/38) – Irkutsk – Bratsk – Ilimsk – Angara abwärts – Enisejsk – (Überwinterung 1738/39) – Turuchansk – Enisejsk – Krasnojarsk – Abakan – Krasnojarsk (Überwinterung 1739/40) – Tomsk (Überwinterung 1740/41) – Tara – Tjumen' – Tobol'sk (Überwinterung 1741/42) – Solikamsk – St. Petersburg[153].

Gmelin, Müller und de L'Isle waren nach Daniel Gottlieb Messerschmidt die ersten Wissenschaftler, die Sibirien bereisten. Gmelin kommt das Verdienst zu, nach intensiven Studien den ersten vollständigen Reisebericht über eine mehrjährige Sibirienreise veröffentlicht zu haben. Sie alle hatten die bisherige Literatur über das weitgehend unbekannte Territorium genau studiert, teilweise führten sie sie sogar mit

---

152 Johann Georg GMELIN, Reise durch Sibirien von dem Jahr 1733 bis 1743, Göttingen 1751/52, 4 Bde., hier: Bd. 1, S. 1–5; in diesem Band, S. 99–103.
153 POSSELT (Hg.), Große Nordische Expedition, S. 363f.

sich. Drei Jahre bereisten Gmelin, Müller und de L'Isle das Irtyš- und Ob'gebiet, Transbaikalien bis hinunter zur chinesischen Grenze nach Kjachta und das Lenagebiet bis nach Jakutsk. Dort ging im Jahre 1736 bei einem Brand ein Teil der von Gmelin gesammelten Materialien, der Instrumente, der Aufzeichnungen und sonstiger Gerätschaften verloren[154].

Die Forschungs- und Sammeltätigkeit bezog sich auf fast alle Wissensgebiete: Geographie, Meteorologie, Untersuchung von Bergwerken und Mineralquellen, Botanik und Zoologie sowie umfangreiche Studien zur Völkerkunde. Vor allem Gmelin und Müller sowie der ihnen 1737 nachgeschickte, aus dem fränkischen Bad Windsheim gebürtige Georg Wilhelm Steller, der mit Gmelin gleichaltrig war, verkörperten den Typus des Universalgelehrten des 18. Jahrhunderts. Dabei vertrat jeder von ihnen mit besonderem Engagement sein Fachgebiet. Bei Gmelin war es die sibirische Flora, die er sorgfältig beschrieben und analysiert hat und der er sein Hauptwerk »Flora Sibirica« widmete, das zwischen 1747 und 1769 in vier Bänden erschien. Während die ersten beiden Bände noch von Gmelin selbst zum Druck gebracht werden konnten, wurde der letzte Teil des Manuskriptes zum dritten Band erst nach seinem Tod von der Witwe an die Akademie übersandt. Die Bände drei und vier wurden schließlich von seinem Neffen Samuel Gottlieb Gmelin im Auftrage der Russischen Akademie der Wissenschaften herausgegeben und erschienen erst in den Jahren 1768 und 1769[155].

Eines der schwierigsten Probleme der Reise stellten die russischen Behörden in Sibirien dar. Nicht alleine die klimati-

---

154 GMELIN, Reise durch Sibirien, Bd. 2, S. 445ff., in diesem Band, S. 217ff.
155 LOTHAS MAIER, Die Krise der St. Petersburger Akademie der Wissenschaften nach der Thronbesteigung Elisabeth Petrovnas und die »Affäre Gmelin«, in: Jahrbücher für Geschichte Osteuropas, N.F. 27, 1997, S. 353–373, hier: S. 372; Euler an Schumacher vom 30. 5./ 10. 6. 1755, in: A. P. JUŠKEVIČ/E. WINTER (Hg.), Die Berliner und die Petersburger Akademie der Wissenschaften im Briefwechsel Leonhard Eulers, Berlin 1961, Teil 2, S. 394f.

schen Verhältnisse und die Verkehrsverbindungen behinderten das Fortkommen der Reisenden, sondern vor allem das Unverständnis, das Mißtrauen, der passive Widerstand und die offene Verweigerung zahlreicher Verwaltungsbeamter. Vielen von ihnen blieb das Tun der Wissenschaftler, die – wie etwa Müller – Einsicht in die Archive verlangten, schlichtweg unverständlich. Doch gab es auch Ausnahmen, die äußerst dankbar registriert wurden. Und immer wieder fehlten Unterbringungs- und Transportmöglichkeiten und die Kommunikationsprobleme im riesigen Russischen Reich in der ersten Hälfte des 18. Jahrhunderts taten ein übriges.

Als unmöglich erwies es sich in den Jahren 1737 und 1738, von Ochotsk aus nach Kamčatka überzusetzen, um auch dort zu forschen. Bering teilte Gmelin und Müller schon im Januar 1737 mit, daß er weder ein Schiff zur Überfahrt von Ochotsk nach Kamčatka bereitstellen, noch dort für Proviant sorgen könne[156]. So schickten sie den Studenten Krašeninnikov allein auf die Halbinsel, auf der er, wie bereits erwähnt, hervorragende Arbeit leistete. Auch de L'Isle de la Croyère begab sich nach Kamčatka und segelte mit der pazifischen Gruppe unter Bering und Čirikov.

Weder Gmelin noch seinem Kollegen und Freund Müller stand der Sinn nach weiteren Ausdehnungen ihrer sowieso schon beschwerlichen Reise. Der Historiker Müller bearbeitete im Winter 1735/36 das Archiv in Irkutsk, während Gmelin in Kirenskij Ostrog überwinterte. Überhaupt bevorzugten beide im Winter feste Quartiere, möglichst frei von Ungeziefer. Schließlich verzichteten Gmelin und Müller auf das Ziel Kamčatka und sandten 1739 noch Georg Wilhelm Steller dorthin, um Forschungen zu betreiben[157]. Insbesondere wiesen Müller und Gmelin darauf hin, daß die Arbeit in Kamčatka ihnen aus Krankheitsgründen nicht zumutbar

---

156 POSSELT (Hg.), Große Nordische Expedition, S. 366f.
157 GOLDER, Bering's Voyages, Bd. 2, S. 2f.; POSSELT (Hg.), Große Nordische Expedition, S. 367; HINTZSCHE/NICKOL (Hg.), Große Nordische Expedition, S. 143.

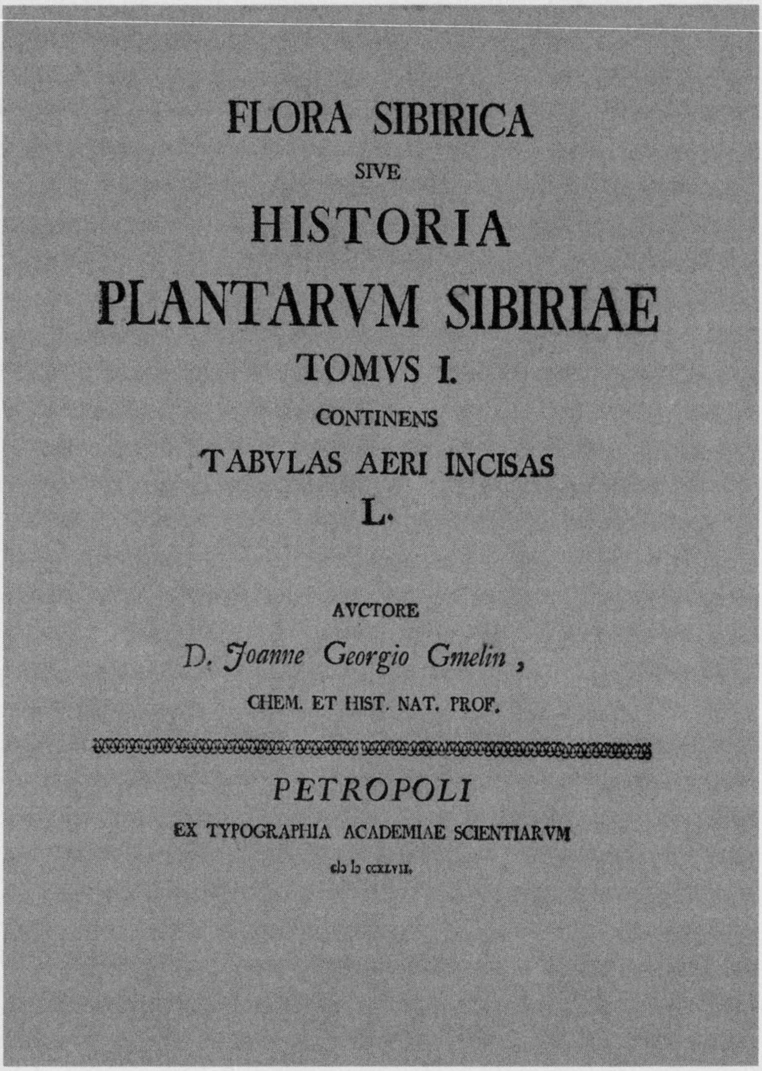

FLORA SIBIRICA
SIVE
HISTORIA
PLANTARVM SIBIRIAE
TOMVS I.
CONTINENS
TABVLAS AERI INCISAS
L.

AVCTORE
D. *Joanne Georgio Gmelin*,
CHEM. ET HIST. NAT. PROF.

PETROPOLI
EX TYPOGRAPHIA ACADEMIAE SCIENTIARVM
cIɔ Iɔ CCXLVII.

Abb. 3: Titelblatt des ersten Bandes von Gmelins »Flora Sibirica«, der 1747 in St. Petersburg erschien

sei[158]. Steller allerdings war der geborene Forschungsreisende, persönlich anspruchslos, äußerst zielstrebig, dabei wissenschaftlich hochgebildet.

Gmelin und Müller setzten in den folgenden Jahren, teils allein, teils gemeinsam ihre Reise durch Sibirien fort. Sie war in höchstem Maße anstrengend und aufreibend. Mehrmals baten beide den Akademiepräsidenten aufgrund ihrer angegriffenen Gesundheit um die Rückkehr nach St. Petersburg, die jedoch immer wieder aufgeschoben wurde. Doch betrieben beide auch in den folgenden Jahren die Erforschung Sibiriens mit äußerster Gründlichkeit. Gmelin und Müller trafen schließlich im Dezember 1742 im Ural wieder mit Krašeninnikov zusammen, der im Juni 1741 Kamčatka verlassen hatte. Schließlich kehrten sie zu dritt Mitte Februar 1743 nach St. Petersburg zurück. Sie hatten, wie sich anhand ihrer Tagesregister ermitteln läßt, rund 33 500 Kilometer im Verlaufe ihres beinahe zehnjährigen Aufenthaltes in Sibirien zurückgelegt[159].

In Rußland war die »Zeit der Deutschen« inzwischen mit dem Herrschaftsantritt von Elisabeth I., einer Tochter Peters I., im Jahre 1740 zu Ende gegangen. Die Akademie hatte an Ansehen verloren, vor allem jedoch mangelte es an Geld, so daß die Bibliothek, die Kunstkammer, das Kanzleiarchiv und der Buchladen geschlossen worden waren. Auch hatten die Professoren und anderen Angestellten im Herbst 1743 noch nicht ihr Gehalt für das vorangegangene Jahr erhalten[160].

Hinzu kamen Intrigen innerhalb der Akademie, die die Geschichte dieser wissenschaftlichen Einrichtung von An-

---

158 Vgl. Materialy dlja istorii Imperatorskoj Akademii Nauk, Bd. 4, St. Petersburg 1887, S. 317f.
159 POSSELT (Hg.), Große Nordische Expedition, S. 367.
160 Bittschrift der Professoren Gmelin, Weitbrecht, Müller, von Winsheim, Le Roy, Wilde, Richmann, Siegesbeck und Heinsius an die Kaiserin Elisabeth Petrovna vom 25. Oktober 1743, in: Materialy dlja istorii Imperatorskoj Akademii Nauk, Bd. 5, St. Petersburg 1889, S. 927–929; Maier, Affäre Gmelin, S. 356f.

fang an begleiteten[161]. Es kann von daher nicht verwundern, daß in jener Zeit fünf der elf Professoren der Akademie den Wunsch hegten, dort ihren Abschied zu nehmen. Dazu gehörte auch Gmelin. Spürbar zeigte sich auch das Desinteresse des Kaiserlichen Hofes an der Arbeit der Akademie, so daß Gerüchte über ihre baldige Auflösung kursierten[162].

In den folgenden Jahren setzten sich die Querelen zwischen den meisten Professoren und der Kanzlei der Akademie, die Johann-Daniel Schumacher leitete, fort. Darüber hinaus wurde auch erst im Juli 1747 in einem neuen Statut der Akademie ihr Etat geregelt und ein gerade 18jähriger zum neuen Präsidenten bestimmt[163]. Gmelin erhielt in jener Zeit zunächst weder ein Gehalt noch wurde er in seine alte Stelle eingesetzt. Er lebte von Zuwendungen seiner Mutter aus Tübingen und von Einkünften aus einer nebenher betriebenen Arztpraxis. Auch mußte er feststellen, daß der Botaniker Johann Amman das von ihm aus Sibirien an die Akademie geschickte Material für Veröffentlichungen schon genutzt hatte. Zudem forderte ihn die Kanzlei der Akademie stets erneut auf, alle von ihm mitgebrachten Proben, Aufzeichnungen, Bilder etc. der Akademie abzuliefern. Gmelin wies wieder und wieder darauf hin, daß er nur noch das Material bei sich habe, das er in offiziellem Auftrag gerade bearbeite[164].

Bald nach Gmelins Rückkehr nach St. Petersburg begann die direkte Korrespondenz mit dem bedeutendsten Botaniker der Zeit, dem Schweden Carl von Linné, dessen bahnbrechendes Werk »Systema Naturae« in der wissenschaftlichen Welt der damaligen Zeit heftig umstritten war. Einer der schärfsten Kritiker war Gmelins St. Petersburger Kollege Jo-

---

161 Vgl. dazu MAIER, Affäre Gmelin, S. 355f.; Berliner und Petersburger Akademie, Teil 2, S. 2ff.
162 MAIER, Affäre Gmelin, S. 357.
163 Materialy dlja istorii Imperatorskoj Akademii Nauk, Bd. 7, St. Petersburg 1895, S. 469ff.; MAIER, Affäre Gmelin, S. 358f.
164 MAIER, Affäre Gmelin, S. 359.

hannes Siegesbeck, der insbesondere die Theorie von der Sexualität der Pflanzen scharf ablehnte. Aus moralisch-sittlichen Erwägungen heraus galt ihm die Lehre von der Befruchtung der Pflanzen als unzüchtig[165]. Auch Gmelins Freund und langjähriger Korrespondenzpartner, der aus Bern stammende und in Göttingen lehrende Albrecht von Haller lehnte das Sexualsystem der Pflanzen ab und wandte sich zugleich gegen die Neuschöpfungen Linnés bei den Pflanzennamen. Schließlich kam es im Herbst 1749 zu einem Ende der rund zwölf Jahre währenden Korrespondenz zwischen Linné und Haller[166].

Gmelin hatte schon während seiner Sibirienreise von den Linnéschen Abhandlungen Gebrauch gemacht und nutzte die sich ihm Anfang 1744 bietende Gelegenheit durch Vermittlung von Bekannten Linnés eine direkte Korrespondenz mit ihm aufnehmen zu können[167]. Bei der Bestimmung der Pflanzen und in der Ansicht ihrer Fortpflanzung stimmten beide überein. Differenzen ergaben sich hinsichtlich der Ansichten Linnés über die Stellung des Menschen innerhalb der Lebewesen. Der schwedische Naturforscher reihte ihn unter die Anthropomorphen ein. Später bezeichnete er die erste Ordnung der Säugetiere als Primaten und klassifizierte auch den Homo sapiens darunter[168]. Gmelin meinte dazu in einem seiner Briefe an Linné, daß er diese Ansicht nicht teilen könne. Nach der Heiligen Schrift sei der Mensch das Abbild Gottes[169]. Linné fragte in seinem Antwortschreiben »nach einem Gattungsunterschied zwischen dem Menschen und dem Affen, d. h. wie ihn die Grundsätze der Naturwis-

---

165 SYDOW, Linné und Gmelin, S. 20; HINTZSCHE/NICKOL (Hg.), Große Nordische Expedition, S. 55.
166 Heinz GOERKE, Carl von Linné. Arzt – Naturforscher – Systematiker, 2. Aufl., Stuttgart 1989, S. 166f.
167 SYDOW, Linné und Gmelin, S. 20f.
168 GOERKE, Carl von Linné. S. 119f.
169 Carl-Martin EDMANN, Natur und Mensch im Denken Linnés und seiner Zeit, in: KLOTZ/OEHLING (Hg.), Carl von Linné und die deutschen Botaniker seiner Zeit, S. 1–14, hier: S. 7.

senschaft fordern. Ich kenne wahrlich keinen und wünschte nur, daß jemand mir auch nur einen einzigen nennen möchte«[170].

Trotz dieser Differenzen setzten beide, die sich vor allem in ihrer Feindschaft zu Siegesbeck einig waren, ihre Korrespondenz fort. Auch Gmelins Rückkehr nach Deutschland bedeutete keine Unterbrechung. Gmelin berichtete über seine Tübinger Vorlesungen und über seine Forschungen, in denen er sich am Linnéschen System orientierte. Der Briefwechsel endete 1751 ohne einen erkennbaren Grund. Linnés letzter Brief ist kurz nach dem Erscheinen der »Reise durch Sibirien« geschrieben worden. »Heute nacht«, so heißt es dort, »habe ich mit größtem Vergnügen Ihr ›Iter Sibiricum‹ gelesen. Niemand hat sich mehr um die Botanik verdient gemacht als der, welcher zehn Jahre lang durch diese barbarischen Länder gereist ist«[171].

Als Gmelins Ansprüche in St. Petersburg nicht erfüllt wurden und die Umstände sich nicht besserten, beantragte er bei der Akademie Anfang Dezember 1744 seine Entlassung. Die Kanzlei teilte ihm als Antwort mit, er müsse das gesamte sibirische Material abliefern, bevor über seinen Abschied und die Zahlung des noch ausstehenden Gehaltes gesprochen werden könne. Auch sollte er sich verpflichten, im Ausland Stillschweigen zu bewahren[172]. Die unerfreuliche Angelegenheit zog sich über mehrere Jahre hin. Gmelin arbeitete derweilen an seinem Buch über die Flora Sibiriens, dessen erster Band »Flora Sibirica sive historia plantarum Sibiriae« im Jahre 1747 erschien[173].

Zwei Jahre zuvor, im Sommer 1745, hatte Gmelin einen Ruf auf eine Professur an seiner Heimatuniversität erhalten. Die Berufung dorthin war von ihm seit Anfang 1734 – noch

---

170 Linné an Gmelin, Uppsala, 14.2.1747: Johann Georg Gmelin. Ein Gedenkbuch, S.139.
171 Zit. bei Sydow, Linné und Gmelin, S. 26.
172 Materialy dlja istorii Imperatorskoj Akademii Nauk, Bd. 8, St. Petersburg 1895, S. 489f.
173 Ebd., S 21, 32–34 und 71f.; Maier, Affäre Gmelin, S. 359f.

von Sibirien aus – betrieben worden, als er sich auf freie Professuren bewarb. Die Universität Tübingen hatte diese aber mit dem Hinweis auf seine wohl noch lange dauernde Abwesenheit abgelehnt. In dem württembergischen Herzog Karl Alexander besaß Gmelin einen Fürsprecher, der die Universität anwies, ihm die nächste freiwerdende Professur anzutragen. Schließlich erhielt er im Juni 1745 ein Berufungsschreiben des württembergischen Herzogs, mit der Aufforderung, seine Entlassung in St. Petersburg zu bewirken und nach Tübingen zurückzukehren[174].

Doch dauerte es bei fortwährenden Auseinandersetzungen zwischen Gmelin und der Kanzlei beziehungsweise dem Präsidenten der Akademie noch rund zwei Jahre, bis seine Abreise aus St. Petersburg erfolgen konnte. Der Akademie gelang es allerdings, Gmelin zuvor dazu zu bewegen, einen neuen Vertrag abzuschließen. Im Falle einer Weigerung wollte der Präsident keine Erlaubnis zu einem einjährigen Heimaturlaub geben. Der Kontrakt wurde Mitte Juli 1747 geschlossen und war auf den 1. Juli rückdatiert worden. Bevor Gmelin allerdings ausreisen durfte, mußten Gerhard Friedrich Müller und Michail Lomonosov als Bürgen fungieren, die eine Rückkehr garantierten sowie darüber hinaus einen vorgelegten Geldbetrag in Höhe von 715 Rubeln zu ersetzen versprachen und für die Wiederbeschaffung des Materials für die »Flora Sibirica« Sorge zu tragen hatten, bevor es anderweitig veröffentlicht wurde[175].

Ob Gmelin schon bei Abschluß des neuen Vertrages mit der Akademie beabsichtigte, ihn zu brechen und nicht mehr zurückzukehren, läßt sich kaum mehr klären. In einer eigenhändigen Aufzeichnung für den württembergischen Herzog aus dem Jahre 1749 schrieb er, daß er sich »zum wenigsten eine Zeit lang von dem schon Jahr und Tag gehabten Ver-

---

174 MAIER, Affäre Gmelin, S. 360f.
175 Materialy dlja istorii Imperatorskoj Akademii Nauk, Bd. 8, S. 492–495; P. Pekarskij, Istorija imperatorskoj akademii nauk, 2 Bde., St. Petersburg 1870–1873, hier: Bd. 1, S. 443f.; MAIER, Affäre Gmelin, S. 363.

druß« habe befreien wollte[176]. In jedem Falle kehrte er nicht mehr nach Rußland zurück. Nach schwierigen Verhandlungen, in die auch der württembergische Herzog Karl Eugen, der Sohn Karl Alexanders, persönlich eingriff, konnte der Vertrag mit der Akademie in St. Petersburg gelöst werden und im August 1749 trat Gmelin seine Tübinger Professur für Botanik und Chemie an[177].

Der Rektor der Tübinger Universität machte am 21. August 1749 durch öffentlichen Aushang die Übernahme der Professur von P. Bakmeister durch Gmelin bekannt. Diese Bekanntmachung enthielt zugleich eine längere Schilderung der Gmelinschen Sibirienreise, die im folgenden Monat in den »Göttingische[n] Zeitungen von Gelehrten Sachen« publiziert wurde. Am Ende des Berichtes hieß es, daß Gmelin nach seiner Rückkehr aus St. Petersburg »sich auch hier in Göttingen bey seinem alten Freunde eine zeitlang aufhielt«. Der »alte Freund« war Albrecht von Haller, der späterhin die Gmelinsche Publikation im Göttinger Verlag Vandenhoeck vermittelte[178].

Im gleichen Jahre heiratete Gmelin die Tochter des Tübinger Theologieprofessors Frommann und wurde in den folgenden Jahren Vater zweier Söhne[179]. Übrigens mußten die St. Petersburger Bürgen, Müller und Lomonosov, tatsächlich einen Abzug ihres Gehaltes hinnehmen, da Gmelin entgegen seinen Versprechungen und dem unterzeichneten Kontrakt nicht mehr zurückkehrte[180]. Zu Beginn der 1750er Jahre wurde Gmelin Rektor der Tübinger Universität.

---

176 Original im Hauptstaatsarchiv Stuttgart bzw. Staatsbibliothek Berlin, an den Großherzog abgesandt am 30. 1. 1749, zitiert bei MAIER, Affäre Gmelin, S. 363.
177 GRADMANN, Leben und Bedeutung, S. 17f.; MAIER, Affäre Gmelin, S. 364ff.
178 Göttingische Zeitungen von Gelehrten Sachen, 91. Stück, 15.9.1749, S. 723–727. Das Zitat S. 726.
179 GRADMANN, Leben und Bedeutung, S. 18.
180 Euler an Schumacher vom 16./27. 9. 1749: Berliner und St. Petersburger Akademie, Teil 2, S. 178.

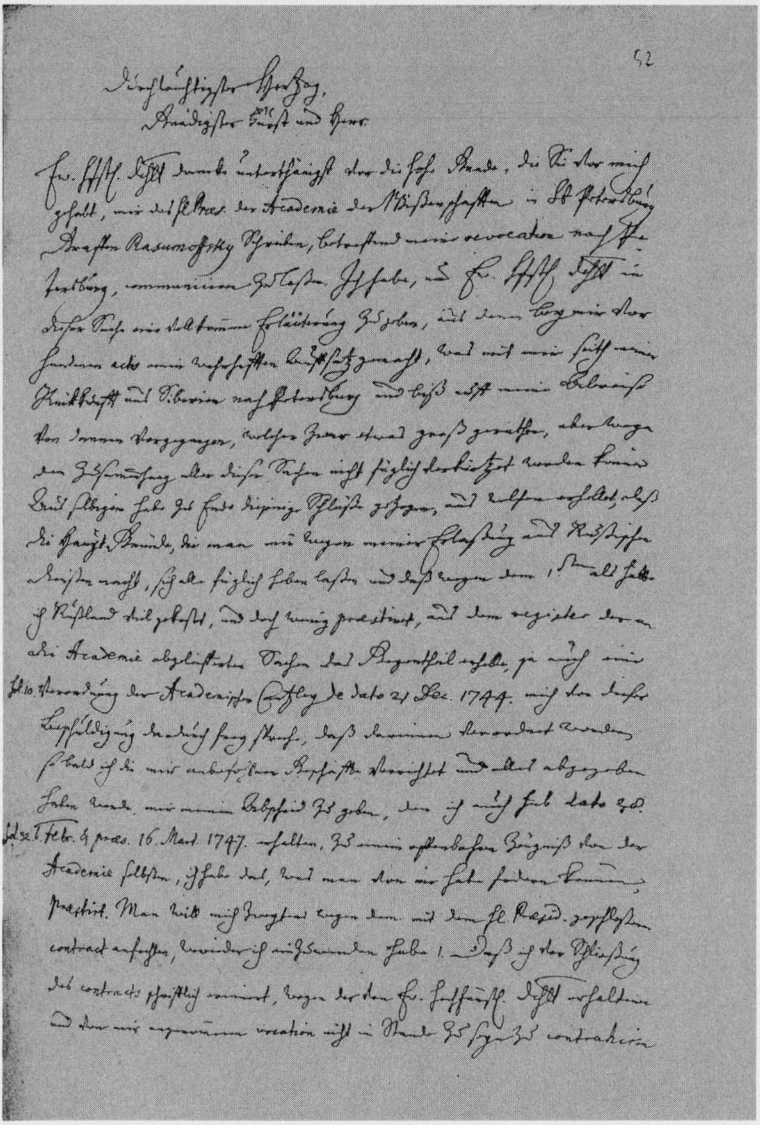
Durchlauchtigster Herzog,
Gnädigster Fürst und Herr.

Abb. 4: Erste Seite des Schreibens Gmelins an den württembergischen Großherzog vom 30. Januar 1749

Schließlich suchte er auch die Aussöhnung mit der Petersburger Akademie. Nach dem Tode seines Kollegen Krafft bewarb er sich um die auswärtige Mitgliedschaft bei der Akademie, die auch mit einer Pension verbunden war[181]. Doch starb Gmelin kurz darauf im Alter von kaum 46 Jahren am 20. Mai 1755 in seiner Heimatstadt Tübingen.

Gmelin gilt noch heute als einer der bedeutendsten Botaniker und Naturforscher des 18. Jahrhunderts, der mit fast allen Berühmtheiten seiner Zeit in brieflichem Kontakt stand. Carl von Linné meinte, Gmelin habe »sich die größten Verdienste um die Pflanzenkunde erworben. Sie haben allein so viele Pflanzen entdeckt, wie viele andere Botaniker zusammen. In botanischen Dingen erkauft keiner seine Verdienste um einen teuereren Preis, als wer ihnen auf Reisen durch unwirtliche Länder nachgeht«[182]. Noch während der Sibirienreise wurde Linnés »Systema naturae« 1735 in Leiden veröffentlicht. Wie sich aus der Korrespondenz Gmelins ersehen läßt, funktionierte der Postverkehr immerhin so gut, daß ihm sowohl diese Schrift Linnés als auch die 1737 erschienene »Critica botanica« bekannt waren[183]. Ausdrücklich hatten sich die akademischen Teilnehmer der Großen Nordischen Expedition ausbedungen, daß ihnen Neuerscheinungen, »so vielleicht auf der reyse unentbehrlich seyn möchten«, und wichtige Zeitungen wie etwa der »Mercure historique« nachgeschickt werden sollten[184].

Die wissenschaftliche Bedeutung Gmelins beruht vor allem auf der »Flora Sibirica«, für die er außer seinem eigenen Material auch Messerschmidts und Stellers Ergebnisse beziehungsweise Funde heranzog. Gmelin lieferte eine systematische Zusammenstellung der Pflanzen und erkannte zahlreiche Gesetzmäßigkeiten. In seinem Artenkatalog stell-

---

181 MAIER, Affäre Gmelin, S. 372.
182 Carl von Linné an Gmelin, Uppsala, 4. 4. 1744, in: Johann Georg Gmelin. Ein Gedenkbuch, S. 136f.
183 Georg Wilhelm Steller an Gmelin, 4.11.1742, in: ebd., S. 130.
184 Materialy dlja istorii Imperatorskoj Akademii Nauk, Bd. 2, S. 346f.

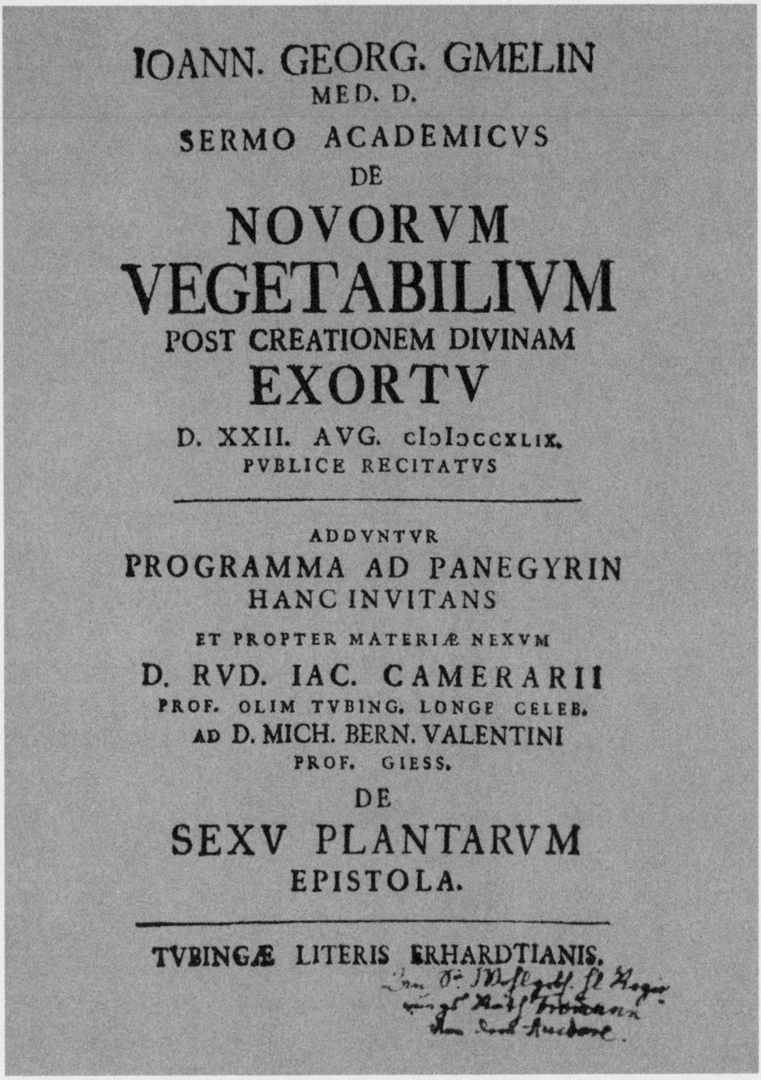

> IOANN. GEORG. GMELIN
> MED. D.
> SERMO ACADEMICVS
> DE
> NOVORVM
> VEGETABILIVM
> POST CREATIONEM DIVINAM
> EXORTV
> D. XXII. AVG. cIɔIɔccxlix.
> PVBLICE RECITATVS
>
> ---
>
> ADDVNTVR
> PROGRAMMA AD PANEGYRIN
> HANC INVITANS
> ET PROPTER MATERIÆ NEXVM
> D. RVD. IAC. CAMERARII
> PROF. OLIM TVBING. LONGE CELEB.
> AD D. MICH. BERN. VALENTINI
> PROF. GIESS.
> DE
> SEXV PLANTARVM
> EPISTOLA.
>
> ---
>
> TVBINGÆ LITERIS ERHARDTIANIS.

Abb. 5: Öffentliche Antrittsrede Gmelins vom 22. August 1749 vor der Akademie in Tübingen bei Beginn seiner Professur. Darin wurde das Problem erörtert, ob »ausser den Gewächsen, welche der höchste Schöpfer im Anfang der Welt durch sein allmächtiges Wort hervor gebracht, in Folge der Zeit noch andere entstanden seien, oder ob auch noch heutigen Tages dergleichen, ohne eine neue Göttliche Schöpfung, herfür kommen«, wie Gmelin selbst dazu bemerkte.

te er exakte Vergleiche zwischen der europäischen und der sibirischen Pflanzenwelt an. Linné rühmte »die Hingebung«, mit der Gmelin »die unscheinbarsten Staubfäden und Stempel untersucht habe«[185].

Bahnbrechend war auch seine in der Einleitung zur »Flora Sibirica« unternommene Erörterung der geographischen Grenze zwischen Europa und Sibirien. Erst am Enisej vermeinte er die Grenze nach Asien überschritten zu haben. »Bis in diese Gegend habe ich kaum irgendwelche Tiere gesehen, die nicht auch in Europa lebten, wenigstens in den weiten Steppen am Unterlauf der Wolga, auch kaum andere Pflanzen und andere Erd- und Steinarten. Das ganze Aussehen des Landes bis in dies Gebiet machte mir einen europäischen Eindruck. Doch vom Jenissei östlich so gut wie südlich und nördlich zeigte sich ein ganz anderes Bild und, ich möchte fast sagen, lauter neue, frische Farben.« Gmelin schwärmte fast von der Schönheit der Landschaft, vom reinen und klaren Wasser und dem »feinen Fleisch« der Fische und Vögel[186].

Diese monumentale Studie über Sibiriens Pflanzenwelt erschien mit Zustimmung der Akademie in St. Petersburg, nachdem Gmelin bereits von Tübingen aus darüber verhandelt hatte. Ursprünglich war ein weit umfangreicheres, sechsbändiges Werk geplant, zu dem ein weiterer über Mineralien und zwei über Tiere in Sibirien hinzukommen sollten. Schließlich einigten sich die Akademie in St. Petersburg und Gmelin unter Vermittlung Eulers auf fünf Bände einer »Flora Sibirica«, für die der Autor vom zweiten Band an je 200 Rubel Honorar erhalten sollte[187]. Gmelin arbeitete bis zu sei-

---

185 Linné an Gmelin, 4. 4. 1744, in: Johann Georg Gmelin. Ein Gedenkbuch, S. 136.
186 Johann Georg Gmelin. Ein Gedenkbuch, S. 44f.
187 MAIER, Affäre Gmelin, S. 370; vgl. die Schreiben Teplovs an Euler vom 20./31. 3. 1750, Schumacher an Euler vom 20./31. 3. 1750, Teplov an Euler, 27. 3./7. 4. 1750, Euler an Teplov vom 28. 4./9. 5. 1750, Teplov an Euler vom 22. 5./2. 6. 1750, Euler an Teplov vom

nem Tode an seinem Opus magnum. Den druckfertigen letzten Teil des dritten Bandes schickte seine Witwe an die Akademie, doch erschien er erst 1768[188].

Der hier vorliegende Reisebericht wurde zunächst ohne jede Erlaubnis der Akademie publiziert. Die Akademieleitung und wohl auch der russische Hof befürchteten augenscheinlich, daß Gmelin zu ausführlich über die Natur- und Bodenschätze Sibiriens schreiben könnte, bevor noch von seiten der Regierung überhaupt der Versuch unternommen worden war, deren Ausbeutung selbst in die Hand zu nehmen. Zudem konnte wohl befürchtet werden, daß ein intimer Kenner der St. Petersburger Verhältnisse, der sich selbst als ein Opfer von Intrigen betrachtete, zu viel über die dortigen Bedingungen ausplaudern möchte. In seiner erst 1890 erschienenen »Geschichte der Akademie der Wissenschaften« bemerkte Gerhard Friedrich Müller im Zusammenhang mit der Großen Nordischen Expedition, daß die Nachrichten, »die hierüber in öffentlichen schriften selbst durch mich, weil ich dazu keine zulängliche erlaubniss hatte, der Welt« nur unvollkommen mitgeteilt worden seien[189].

Wohl im Laufe des Jahres 1750 begann Gmelin mit der Arbeit an seinem »Reisebericht«. Die Publikation des Reiseberichts kam durch Vermittlung des mit Gmelin gut bekannten Albrecht von Haller, Botaniker und Mediziner an der Göttinger Universität, zustande. Gmelin teilte ihm mit, daß er bei der Abfassung des Werkes vorsichtig sein werde, um Vorwürfe von seiten der Petersburger Akademie zu vermeiden. Hal-

---

17./28. 7. 1750, Euler an Schumacher vom 28. 8./8. 9. 1750, Schumacher an Euler vom 6./17. 11. 1750, Euler an Schumacher vom 9./20. 2. 1751, Schumacher an Euler vom 22. 6./3. 7. 1751, Euler an Schumacher vom 13./24. 7. 1751, Schumacher an Euler vom 16./27. 7. 1751, Schumacher an Euler vom 27. 7./7. 8. 1751 und Euler an Schumacher vom 3./14. 8. 1751: Berliner und Petersburger Akademie, Teil 2, S. 195–197; 213–215; 217f.; 223; 231–233; 245–249.

188 Euler an Schumacher vom 30. 5./10. 6.1755: Berliner und Petersburger Akademie, Teil 2, S. 395; MAIER, Affäre Gmelin, S. 372.

189 Materialy dlja istorii Imperatorskoj Akademii nauk, Bd. 6, S. 252f.

ler empfahl seinem Freund, mit der Veröffentlichung doch bis zu einer Einigung mit der Akademie zu warten. Doch wartete Gmelin zu diesem Zeitpunkt immer noch auf ein Übereinkommen für die Drucklegung der »Flora Sibirica«, so daß er nicht erneut in die schwierigen Verhandlungen eintreten wollte[190].

Über die Publikation der Reisenotizen informierte Gmelin vor allem Leonhard Euler, früher in St. Petersburg sein Kollege, nun seit 1741 an der Berliner Akademie tätig, vorab. Euler gab gegenüber dem Leiter der Akademiekanzlei in St. Petersburg, Schumacher, Gmelins Meinung wieder, daß in dem Buche nur »indifferente Sachen« stünden, »welches folglich die Kaiserl. Academie nicht übelnehmen könne«[191].

Gmelin selbst befürchtete durchaus einiges Ungemach. So schrieb er, die Gefahren aus St. Petersburg übertreibend, an Albrecht von Haller, man habe ihm mitgeteilt, daß die Auslieferung seiner Person vom russischen Hofe verlangt werden könne. Er hoffe, so fuhr er fort, »daß alles nur leere Befürchtung ist und mir in Wirklichkeit nichts Böses droht«[192]. Jedoch nahmen es die führenden Persönlichkeiten der Russischen Akademie sehr wohl übel, daß Gmelin, ohne ihre Zustimmung einzuholen, seinen ausführlichen Reisebericht veröffentlichte. Der erste Teil der Gmelinschen Reise durch Sibirien wurde am 18. Oktober 1751 in den »Göttingische[n] Zeitungen von Gelehrten Sachen« ausführlich gewürdigt[193]. Leonhard Euler schickte unmittelbar nach Erscheinen ein Exemplar an Schumacher in St. Petersburg und schrieb, daß jedermann das Werk »mit Vergnügen« lese. Immerhin habe Gmelin auch »nichts von den Entdeckungen, in welchen die

---

190 MAIER, Affäre Gmelin, S. 371.
191 Euler an Schumacher, Berlin, 24. 9./5. 10. 1751, in: Berliner und St. Petersburger Akademie, Teil 2, S. 254.
192 Gmelin an Albrecht von Haller, 22. 10. 1751, in: Johann Georg Gmelin. Ein Gedenkbuch, S. 142.
193 Göttingische Zeitungen von Gelehrten Sachen, 102. Stück, 18. October 1751, S. 1009–1013.

Absicht der Reise« bestanden habe, mitgeteilt[194]. Zu Sanktionen konnte sich die Leitung der St. Petersburger Akademie zwar nicht entschließen, doch bekundete Schumacher sein heftiges Mißfallen an der Publikation und beschuldigte Gmelins Freund Müller gleichsam einer Mittäterschaft[195]. Dieser zeigte sich von einigen Bemerkungen seines früheren langjährigen Reisebegleiters wohl unangenehm berührt und bemerkte in seiner »Geschichte der Akademie«: »Mir hat nicht gefallen, dass er an einigen orten possierlich zu schreiben affectirt hat, welches durch seine Absicht, dass er nicht für den druck schrieb (weil es doch nachmals gedruckt worden ist) nicht entschuldigt werden kann«[196]. Doch hatte die Petersburger Akademie in einem Schreiben Schumachers an Gmelin vom März 1752 ein nachträgliches Einverständnis zur Veröffentlichung gegeben[197].

Die Erstbesprechung in den »Göttingischen Zeitungen« verwies darauf, daß die nächsten beiden Teile Ostern 1752 erscheinen sollten[198]. Sie wurden im gleichen Blatt unter dem Datum des 6. April und des 25. Mai 1752 besprochen. Die Anzeige des dritten Teils stellte fest, daß er noch rechtzeitig zur Ostermesse fertig geworden sei. Schließlich wurde der vierte und letzte Teil wiederum ausführlich in der Ausgabe vom 23. Oktober 1752 gewürdigt[199].

Gmelins Bericht, den er selbst als Tagesregister zu bezeichnen pflegte, folgt chronologisch seiner Reise durch Sibirien. Der Stil ist ein wenig trocken und »nicht ganz leicht zu

---

194 Euler an Schumacher vom 9./20. 11. 1751: Berliner und St. Petersburger Akademie, Teil 2, S. 260.
195 Euler an Schumacher vom 10./21. 12. 1748, Schumacher an Euler vom 18. 2./1. 3. 1748: Berliner und St. Petersburger Akademie, Teil 2, S. 153–155 und S. 158f.
196 Materialy dlja istorii Imperatorskoj Akademii Nauk, Bd. 6, S. 279.
197 Brief Schumachers an Gmelin vom 7. 3. 1752, Staatsbibliothek Berlin, Sammlung Darmstädter, zitiert bei MAIER, Affäre Gmelin, S. 372.
198 Göttingische Zeitungen von Gelehrten Sachen, 102. Stück vom 18. October 1751, S. 1013.
199 Ebd., 34.Stück vom 6. April 1752, S. 341–346; 52.Stück vom 25. May 1752, S. 525–529 und 105.Stück vom 23. Oktober 1752, S. 1037–1042.

lesen«[200]. Doch enthält er eine immense Fülle neuer Fakten und ist aus der unmittelbaren Erfahrung geschöpft. Der Empiriker Gmelin bestand darauf, daß seine Beobachtungen exakt seien. Als sein Göttinger Freund und Kollege Albrecht von Haller die ihm brieflich beschriebene Darstellung der Herstellung von »Branntwein« aus Milch ins Reich der Fabel verwies, bestand er auf dem Beweis des Augenscheins. Er habe bei den »Tataren, Buräten und Jakuten, deren Verfahren« mit eigenen Augen beobachtet »und auch nur mit einer unwesentlichen Veränderung nachgemacht«[201]. Gmelin beobachtete genau und beschrieb das Gesehene mit größtmöglicher Präzision. Wenn es möglich war, so suchte er durch das Experiment, das Gmelin als »Nachmachen« bezeichnet, den Vorgang im Labor zu wiederholen. Sein Wissenschaftsverständnis faßte Gmelin in der Bemerkung zusammen: »Wie aber die Naturforscher in ihren Untersuchungen nicht gern einen Zufall, den sie in der Natur wahrnehmen, vorbeilassen mögen, ohne ihn mit anderen zusammenzuhalten, um, wo es möglich, einige allgemeine Gesetze derselben herauszubringen«[202].

Im Prinzip gab es für einen universal gebildeten Wissenschaftler der ersten Hälfte des 18. Jahrhunderts, wie ihn Gmelin verkörpert, nichts, was ihn nicht interessierte. Eigentlich unterblieben in seinem Reisebericht nur die botanischen Beschreibungen, da sie Eingang in sein wissenschaftliches Hauptwerk »Flora Sibirica« fanden. Gmelin schilderte Natur und Landschaft, die Städte und Siedlungen, die Anlage und die Arbeit in den Bergwerken. Auch die Suche nach Fossilien, vor allem nach Mammut- und Rhinozerosknochen, nahm einen nicht geringen Raum ein. Selten sind dagegen Mitteilungen über politische und gesellschaftliche Verhältnisse im Russischen Reich, doch wird häufiger von den »Freuden« des

---

200 GRADMANN, Leben und Bedeutung, S. 11.
201 Gmelin an Haller, Petersburg, 31. 7. 1744: Johann Georg Gmelin. Ein Gedenkbuch, S. 138.
202 GMELIN, Reise durch Sibirien, Bd. 3, S. 318f., in diesem Band, S. 290.

Branntweinkonsums und dessen weiter Verbreitung sowie von der Ineffizienz der Verwaltungsbehörden berichtet.

Großes Interesse galt, wie dies bei den meisten Wissenschaftlern der Zeit der Fall war, der ethnographischen Beschreibung. Vor allem riefen die schon seit dem 17. Jahrhundert bekannten Schamanen der in Sibirien lebenden Völker und ihre Praktiken besondere Aufmerksamkeit hervor [203]. In deren Beschreibungen und in denjenigen der Feste und Riten der indigenen Bevölkerung tritt die Vorurteilsstruktur und der Eurozentrismus eines pietistischen Wissenschaftlers des 18. Jahrhunderts – wie es Gmelin war – am deutlichsten hervor. Relativierungen des eigenen Standpunktes und des eigenen Urteils waren ihm – im Unterschied etwa zu Steller – ziemlich fremd. Gmelin hat sich dennoch weitgehend um ein Verständnis der ihm fremden Welten bemüht, sich jedoch eher an äußeren Erscheinungen als am Inhalt von religiösen Ritualen und Festen der indigenen Bevölkerung interessiert gezeigt.

In jedem Falle wurde die Veröffentlichung des Reiseberichtes ein großer Erfolg. Zum ersten Mal berichtete ein Mitglied der Großen Nordischen Expedition über dieses Ereignis, das die wissenschaftliche und gelehrte Welt Europas seit den ersten Nachrichten darüber beschäftigte. Seine Arbeit über Sibirien stellte, wie Folkwart Wendland schrieb, »gegenüber den bisherigen Kenntnissen eine enorme Wissenserweiterung dar, die wesentlich über die damals im wesentlichen unveröffentlicht gebliebenen Materialien Messerschmidts und der Schrift Strahlenbergs hinausreichen«, dar[204]. Bereits sein erster Rezensent, mit einiger Sicherheit sein Freund Albrecht von Haller, hatte in den »Göttingische[n] Zeitungen von Gelehrten Sachen« im Oktober 1751 geschrieben: »Die Wahrheit und die Aufrichtigkeit, samt der genauen Betrachtung der Dinge, geben diesem Werke übrigens einen gar sehr in die Augen fallenden Vorzug vor den

---

203 DAHLMANN, Kalmücken, S. 31ff.
204 Folkwart WENDLAND, Nachwort, in: POSSELT (Hg.), Große Nordische Expedition, S. 379.

Arbeiten des Hrn. Ides und anderer, die vor dem Hrn. G. Sibirien weder mit so guter Gelegenheit, noch mit so geübten Augen durchreiset haben«[205].

Bereits am am Ende des Jahres 1752 wurde die Übersetzung ins Holländische angekündigt, deren erster Band auch am Ende dieses Jahres erschien[206]. Die anderen Bände folgten bis zum Jahre 1757, gekürzte französische Versionen wurden am Ende der 1760er und 1770er Jahre in Paris und Den Haag publiziert[207].

Zu dieser Ausgabe

Ein handschriftliches Original des Textes von Johann Georg Gmelin ist nicht überliefert. Die vorliegende Edition beruht auf der vierbändigen Ausgabe, die 1751/52 bei Abram Vandenhoecks seel. Wittwe in Göttingen erschienen ist. Der umfangreiche Text Gmelins konnte auch in dieser Ausgabe nicht annähernd vollständig abgedruckt werden. Die Kürzungen des Gmelinschen Textes und die Einfügungen des Herausgebers sind durch eckige Klammern kenntlich gemacht, in denen die ausgelassenen Seiten genannt sind. Gmelin schrieb zu jedem der vier Bände ein Vorwort, das im Original jeweils unpaginiert ist. Auslassungen dort sind daher nur durch eckige Klammern gekennzeichnet. Gekürzte und kommentierte Versionen des Gmelinschen Werkes erschienen seit 1963 im Verlag der Nation in Berlin in vier Auflagen und 1990 im Verlag Gustav Kiepenheuer, Leipzig, beziehungsweise im Münchener Beck-Verlag[208].

---

205 Göttingische Zeitungen von Gelehrten Sachen, 102. Stück, 18. October 1751, S. 1009–1013, hier: S. 1013.
206 Göttingische Zeitungen von gelehrten Sachen, 125. Stück vom 21. Dezember 1752, S. 1236.
207 Vgl. die ausführlichen bibliographischen Nachweise im Literaturverzeichnis.
208 Herbert Scurla (Hg.), Jenseits des Steinernen Tores. Entdeckungsreisen deutscher Forscher durch Sibirien im 18. und 19. Jahrhun-

In dieser Ausgabe wurde die Orthographie Gmelins behutsam modernisiert, seine Interpunktion und seine Grammatik jedoch beibehalten. Abkürzungen, soweit sie heute unverständlich sind, wurden aufgelöst oder sind im Abkürzungsverzeichnis nachzuschlagen. Die Schreibweise von Eigennamen, Topo- und Homonymen, die bei Gmelin durchaus variiert, wurde beibehalten und wo notwendig in den Anmerkungen erläutert. Gmelins eigene Anmerkungen sind gleichfalls beibehalten worden und auf der jeweiligen Seite als Fußnote mit dem Zusatz »Anm. Gmelins« wiedergegeben. Auch sie sind nötigenfalls mit Anmerkungen versehen worden.

Im Unterschied zu der lautlichen Umschreibung russischer Wörter durch Gmelin, die zudem uneinheitlich ist, wird in der Einleitung und in den Anmerkungen die wissenschaftliche Transliteration des russischen Alphabets benutzt.

Es werden gesprochen:

s   stimmlos wie muß
š   stimmlos wie sch in Schule
c   wie z im Deutschen
č   wie tsch in Peitsche
šč wie schtsch
z   stimmhaft wie Rasen
ž   stimmhaft wie Journal
ė   wie deutsches ä
y   wie dumpfes i
'   Erweichung des vorhergehenden Konsonanten
-   Erhärtung des vorhergehenden Konsonanten

---

dert, Berlin 1963, 2. Aufl. 1965, 3. Aufl. 1973, 4. Aufl., 1976, S. 43–109; Doris POSSELT (Hg.), Die Große Nordische Expedition von 1733 bis 1743. Aus Berichten der Forschungsreisenden Johann Georg Gmelin und Georg Wilhelm Steller, Leipzig/Weimar 1990 und München 1990, S. 7–193.

Danksagung

Für die Mithilfe bei der Erstellung dieses Bandes habe ich Bettina Brand, M. A., Andreas Helfer, Anke Hilbrenner, René Küpper, M. A., Julia Mannherz, Iraida Pehl und Pascal Trees besonders zu danken. Bereitwillig Auskunft auf Fragen gaben zahlreiche Kolleginnen und Kollegen in Bonn, Halle, Hamburg, Marburg, Berlin und Offenbach. Stellvertretend für viele seien hier besonders Peter Dilg, Stefan Wild, Klaus Sagaster, Birgitt Hoffmann, Helmut Keipert, Michael Hundt, Stefan Georg, Gudrun Bucher, Michael Weiers, Heike Helkau und Hermann Parzinger genannt. Für ihre freundliche Hilfe danke ich ganz herzlich. Zu danken habe ich auch Dr. Wieland Hintzsche, Halle, für stets ausführliche Antworten auf zahlreiche Fragen und Wünsche. Gedankt sei auch jenen Bibliotheken, die Abbildungen und Bildmaterial zur Verfügung stellten: der Staatsbibliothek Berlin, der Universitätsbibliothek Bonn, der Stadt- und Landesbibliothek Dortmund, der Staats- und Universitätsbibliothek Göttingen, der Universität Tübingen, dem Archiv der Akademie der Wissenschaften in St. Petersburg und den Franckeschen-Stiftungen in Halle. Für Auskünfte ist der Stadtbibliothek Herford, dem Stadtarchiv Nürnberg, dem Leibniz-Archiv in Hannover und der Herzog August Bibliothek Wolfenbüttel zu danken. Ganz besonderer Dank ist der Stadt- und Universitätsbibliothek Köln abzustatten, die mir das dort befindliche Originalexemplar des Gmelinschen Werkes über einen längeren Zeitraum zur Verfügung stellte und darüber hinaus zahlreiche Anfragen beantwortete. Freundlich bedankt sei auch Frau K. Lück vom Geographischen Institut der Universität Bonn, die einen Großteil der Abbildungen fotografierte. Von seiten des damaligen Verlages, Vandenhoeck & Ruprecht in Göttingen, wurde bereitwillig nach möglichen Materialien im Verlagsarchiv gesucht, doch blieb die Suche ergebnislos. Schließlich danke ich meiner Frau, Petra Recklies-Dahlmann, und unserem Sohn Christof, die zeitweilig im Sibirien des 18. Jahrhunderts leben mußten, ganz herzlich.

Johann Georg Gmelin

REISE DURCH SIBIRIEN
VON DEM JAHRE 1733 BIS 1743

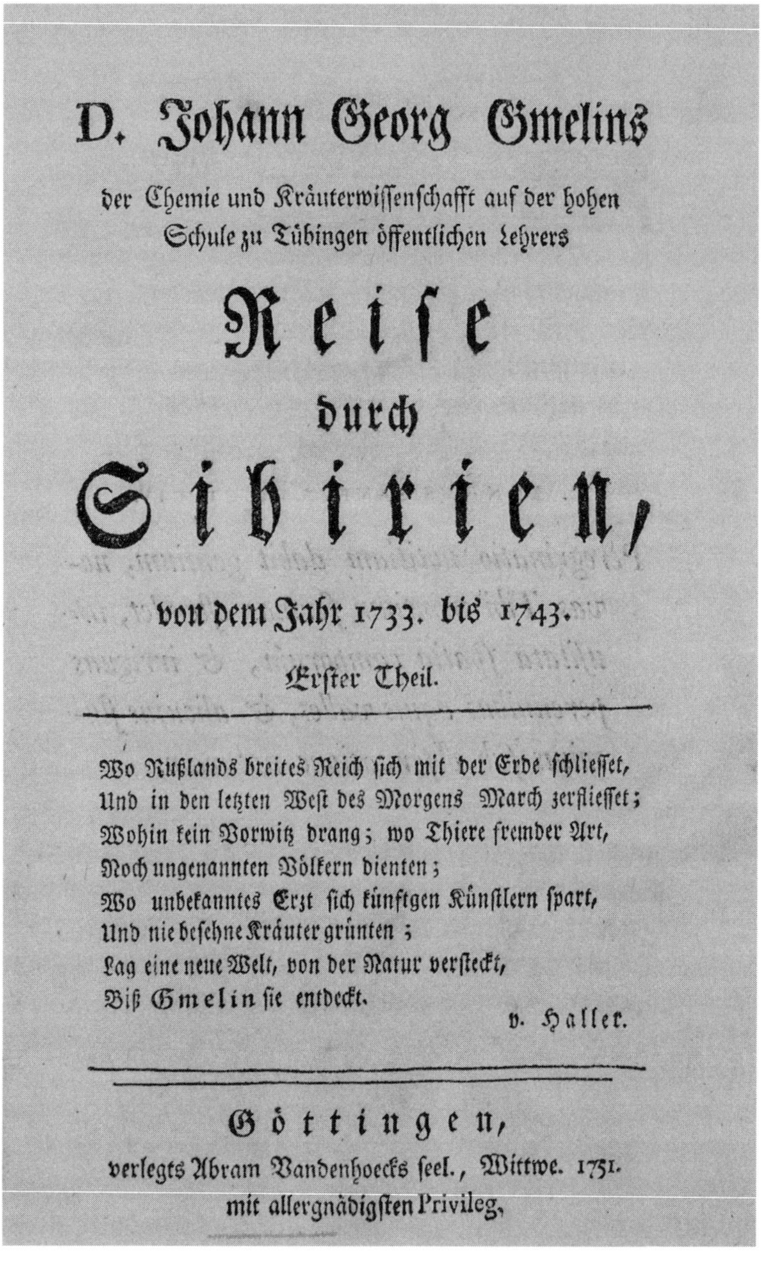

> D. Johann Georg Gmelins
> der Chemie und Kräuterwissenschafft auf der hohen
> Schule zu Tübingen öffentlichen Lehrers
>
> # Reise
> durch
> # Sibirien,
> von dem Jahr 1733. bis 1743.
>
> Erster Theil.
>
> ---
>
> Wo Rußlands breites Reich sich mit der Erde schliesset,
> Und in den letzten West des Morgens March zerfliesset;
> Wohin kein Vorwitz drang; wo Thiere fremder Art,
> Noch ungenannten Völkern dienten;
> Wo unbekanntes Erzt sich künftgen Künstlern spart,
> Und nie besehne Kräuter grünten;
> Lag eine neue Welt, von der Natur versteckt,
> Biß Gmelin sie entdeckt.
> v. Haller.
>
> ---
>
> Göttingen,
> verlegts Abram Vandenhoecks seel., Wittwe. 1751.
> mit allergnädigsten Privileg.

Abb. 6: Titelseite des ersten Bandes der Gmelinschen Reisebeschreibung

Vorrede

Ich habe die Ehre, die Beschreibung einer Reise vorzulegen, die ich in etlichen verflossenen Jahren auf allerhöchsten Befehl der Allerdurchlauchtigsten und Großmächtigsten Kaiserin von Rußland Anna Joannovna unternommen habe[1]. Es hieß diese Reise die Kamtschatkische Reise, weil der nächste Ort, von welchem aus die Untersuchungen angehen sollten, die Halb-Insul Kamtschatka war. Obwohl ich die Gelegenheit zu dieser Reise anderswo schon angezeiget habe, so will ich sie doch hier kürzlich wiederholen[2].

Der Russische Kaiser, welcher wegen der seltenen Größe der Ihm angebohrnen unvergleichlichen Eigenschaften, und der eben so großen Folgen derselben, seiner in allen Arten der menschlichen Unternehmungen scharffsinnig ausgesonnenen, und glücklich vollführten Thaten, der G r o ß e genannt wird, P e t e r der erste, beehrte in dem Jahre 1717 die Königliche Akademie der Wissenschaften in Paris mit Seiner hohen Gegenwart, und wohnte einer ihrer Versammlungen bei, erklärte sich auch einige Jahre darauf, ein Mitglied dieser Academie zu sein[3]. Von dieser Zeit an war Er mit Einführung der Wissenschafften in Seinem eigenen Reiche beschäfftigt; Außer dem gab Er sich alle Mühe, die Pflichten eines Mitgliedes der Academie zu erfüllen, doch nicht sowohl als ein bloßes Mitglied derselben, sondern als ein großer mächtiger Kayser. Die genaue Karte vom Caspischen Meere, die Er ganz neu aufnehmen, und der Königlichen Academie zuschicken ließ, war die erste Probe Seiner glücklich angewandten kostbaren Bemühungen[4]. Sein edler Eifer stieg mit den Unternehmungen. Der große Geist trachtete immer nach höheren Dingen. In den Nordlichsten Ländern war bei den Erdbeschreibern nichts als Dunkelheit. Alles Land war

Tatarei, und alle Völker selbiger Gegenden Tataren[5]. Man wußte auch nicht einmal, wie weit sich selbiges Land erstreckte, ob es bis America in einem fortlief, oder durch eine See unterbrochen wäre. Die Erörterung dieser letzteren Fragen schien dem Großen Kaiser von besonderer Erheblichkeit zu sein, wie Er dann auch in dem Handel Sich allerhand erheblichen Nutzen nicht nur vorstellen, sondern auch seinem Reiche, auf dessen Wohlfahrt Er unermüdet bedacht war, mit der Zeit verschaffen konnte, wann diese dunklen Sachen in ein Licht gesetzt werden sollten. In Rußland redet man nicht soviel von der Tatarey, als anderswo, so wie diejenigen Weltweisen, die in der Kenntnis der Natur vor anderen erfahren sind, nicht soviel von verborgenen Eigenschaften reden, als diejenigen, die noch in ziemlicher Blindheit stecken. Man bekümmerte sich also um keine Tatarei, und um diese Rätzel aufzulösen, war nur nöthig zu wissen, ob Sibirien mit der neuen Welt nordlich zusammenhinge oder ob zwischen diesen Ländern Meer wäre, durch welches man die neue Welt erreichen könnte[6].

Dieses zu erfahren, waren etliche Wege. Ein Weg, und zwar der nächste, war durch das Eißmeer. Wenn man durch dasselbe bis in das große Weltmeer kommen könnte, so würde man auch das nordliche Sibirien, und das an der äussersten Spitze befindliche, in Rußland und Sibirien unter dem Namen *Tschuketsckoi*, in den Landkarten aber *Schalaginskoinoß* bekannte Vorgebürge, ganz umschiffen können[7]; folglich wäre dadurch schon ausgemacht, daß Sibirien mit America nicht zusammen hinge. Nun hatte man zwar schon viele dießfalls angestellte unglückliche Versuche der Engelländer und Holländer vor sich, die alle bei weitem nicht so weit haben durchdringen können[8]. So viel aber war dadurch noch nicht ausgemacht, ob es unmöglich wäre durchzukommen. Ein Herr, dem die Länder würklich zugehören, die man vorbei seegeln muß, hat hierinnen mehreren Vorteil. Wenn die Zeit des Jahres mit der Untersuchung verstreicht, und das Eis nicht weiter zur See reisen läßt, hat man nicht so sehr auf die Rückreise zu denken. Man nähert sich dem Lande, man läufft etwa in einen Hafen oder Fluß ein, von dem man schon etwas Kundschaft hat, man bekömmt Hülfe von den Einwohnern, und weiß sich in alle widrige Zufälle besser zu schicken. Man überwintert an einem sicheren Orte. Bei Brechung des Eises geht man wieder in die See, hat also nicht nöthig, die Untersuchung von neuem anzufangen, sondern sie nur fortzusetzen. Alles dieses ist einem Ausländer viel schwerer. Der andere Weg ist der weiteste, aber sehr möglich, nur daß er aus vielerlei Betrachtungen beschwerlich ist. Man würde durch diesen die Linie zu befahren, und den gewöhnlichen Weg bis in Indien zu nehmen haben; man müßte Californien vorbei in das östliche Weltmeer einsegeln, und von da westwärts das Eismeer zu erreichen trachten. Hier hätte man freilich viele Meere durchzuschiffen, als die Ostsee, die Nordsee das große Weltmeer und mancherley Ländereien vorbei zu segeln, welches hin und wieder mit vielen Unbequemlichkeiten verknüpft sein würde. Der dritte Weg endlich wäre dieser, da Kamtschatka der Russischen Bothmäßigkeit unterworfen ist, und das Meer, woran es liegt, ein Theil des örtlichen Weltmeeres ist, von welchem das Eismeer nicht weit entlegen sein kann, so könnte man diese Schiffahrt von Kamtschatka aus veranstalten, und verordnen, daß man von da aus die Ländereien gegen Norden bis in die Gegend des Anadyr-Flusses[9], und weiter, so weit das Land sich erstrecken würde, vorbeisegeln sollte. Es müßte sich dann dadurch auch leichtlich geben, ob Sibirien mit America zusammenhinge, oder nicht. Der erste Weg wurde durch zwei Schiffe versucht, welche von Archangel[10] durch das weiße Meer und von demselbigen in das Nordmeer ausliefen, aus welchen sie in das Eißmeer eingingen. Es geschahe aber, was vor diesem auch geschehen war, daß das eine Schiff, wegen des starken Eisganges, in dem Meer nicht weit kommen konnte, und in dem Eis sitzen blieb; von dem andern aber hat man gar keine Nachricht bekommen, und es ist vermutlich in dem Eise zu Grunde gegangen[11]. Der andere Weg ist vermuthlich als der weitläuftigste, und gar zu vielen ungewissen Zufällen unterworfene, aufgeschoben worden.

Der dritte ist kurz vor dem höchst betrübten Ableben des glorwürdigsten Kaisers auf das Tapet gekommen. Es scheinet folglich, daß der Secretarius der französischen Academie der Wissenschaften diese Seereise darunter verstehe, wann er schreibet, daß anno 1725 in dem Anfange des Jahrs einem geschickten Hauptmann der Flotte Befehl gegeben worden, zwei andere Schiffe zu bauen und eben dieses Vorhaben auszuführen, nur daß man die genaue Nachricht davon in Frankreich nicht gehabt[12]. In der That ernannte der große Kaiser einen Seehauptmann Namens Beering, einen Dänen von Geburt, der die Sache ausführen sollte. Die Anweisung schrieb er mit Seiner eigenen hohen Hand auf. Der Hauptmann sollte mit einigen Leuten, die des Schiffbaues kundig wären, nach Kamtschatka gehen, ein paar Lieutenants zu sich nehmen, zwei Schiffe bauen lassen, und mit denselben von Kamtschatka aus gegen Norden gehen, und sehen, ob Sibirien mit der neuen Welt zusammen hinge. Der eine dieser Lieutenants war ein Däne von Geburt, und heißt *Spangberg*, der andere ein Russe, Namens Tschirikow. Die völlige Ausfertigung unterbrach die dem ganzen Russischen Reiche den Untergang drohende Krankheit des Kaisers. Die große Kaiserin, Seine Gemahlin, blieb, als der Tod des dem Geiste nach unsterblichen Kaisers erfolgte, als die würdigste Thronfolgerin nach. Von gleichem Geiste gerührt, suchte Sie alles in Erfüllung zu bringen, wovon der glorwürdigste Kaiser einen Entwurf gemacht hatte. Folglich stund auch die Abfertigung der Schiff-Gesellschafft, die nach Kamtschatka gehen sollte, nicht lange an. Gleich nach dem Tode des großen Kaisers, und noch in selbigem Winter, wurde die Gesellschaft mit der ihres Stiffters würdigen, und von Ihm Selbst verfaßten Anweisung abgefertigt. Sie brachte mit hin- und herreisen, und mit der Untersuchung bis in das fünfte Jahr zu, und kam im Anfange des Jahres 1730 zurücke[13], um die Zeit, da Kaiser Peter der andere glorwürdigsten Gedächtnisses aus dieser Welt abging, und die Kaiserin Anna Joannowna den Russischen Thron bestieg[14]. Es scheint zwar, so viel ich Nachrichten davon habe, die Frage, wegen welcher der große Kaiser die Reise angeordnet hatte, sei noch nicht völlig entschieden gewesen. Man lief von der Mündung des Kamtschatka-Stromes, allwo die Schiffe gebauet wurden, gegen Norden aus, und ging den Fluß Anadyr vorbei: ob man aber bis an die Insel Diomedes, wie sie in der Karte genannt wird, und das zunächst dabei stehende, Vorgebürge oder auch noch weiter gekommen, ist nicht eigentlich bekannt. Die Jahreszeit wurde spät, und die beständigen Nebel verhinderten die völlige Kenntnis der Ufer. Zum wenigsten glaubte man, man hätte die Sibirischen Ufer so weit verfolgt, daß man die Frage entscheiden könnte, und ging also zurücke. Die hohe Admiralität aber vermeinte, wichtige Ursachen zu haben, die Entscheidung etwas zweifelhaft anzusehen[15].

Die große Kaiserin Anna, die sich ebenfalls vorgesetzet hatte, dem hohen Willen Ihres Oheims, Peters des Großen, ein Genüge zu thun, setzte Sich also vor, die Frage zu einer gewissen Entscheidung zu bringen. Um von denen Erfahrungen der Seeofficiere, die bei voriger Reise gewesen, bestmöglichst Nutzen zu ziehen, sahe Sie ihre auf der Reise geleistete Dienste mit Gnaden an, weswegen sie ihre Würden erhöhte, den vornehmsten derselben aber, oberwehnten Beering, zum Hauptmann künftiger Reise ernannte. Sie befahl demnach eine neue Reise-Gesellschafft anzuordnen, die nicht nur im Stande wäre, Reisen zu thun, sondern auch in der Erdbeschreibung gewissen Nutzen schaffen könnte, welche die Geschichte der bisher unbekannten Länder, wordurch man reisen würde, und ihrer Völker in mehreres Licht setzen, die natürliche Geschichte, deren Wissenschaft zur Kenntnis eines Landes bei verständigen unentbehrlich ist, genau aufzeichnen, und überhaupt alles dasjenige, was auch den Wissenschafften ersprießlich wäre, wahrnehmen könnte. Sie befahl überdies, keinen Weg zu versäumen, wodurch die Haupt-Frage, weswegen der große Kaiser die erste Reise angeordnet hatte, gewiß entschieden werden könnte. Da es aber doch schon ziemlich wahrscheinlich war, daß Sibirien mit der neuen Welt nicht zusammenhing, so war die große Kaiserin auch begierig, die Lage der Länder gegen einander, und ihre Entfernung in diesen unbekannten Meeren zu wissen. Sie befahl demnach ferner, auf dieser Reise auch die Lagen von C o r ä a und J a p a n zu bestimmen, und die ganze Küste des Kamtschatkischen Meeres, wie sie sich gegen Südost nach dem Amur hin erstrecket, und die nahe dabei gelegenen Insuln auf das genaueste zu beschreiben[16]. Erhabene Vorwürfe eines Unternehmens, das der Unsterblichkeit würdig ist! Wie leicht begreifet man, daß dergleichen erstaunliche und zur Bewunderung der ganzen Welt entworfene Absichten viele Einrichtungen und viele Zeit erfordern, und daß dieselbe nicht durch wenige Leute, sondern durch ganze Gesellschaften ausgeführt werden müssen? Alles mußte mit gehörigen Anweisungen versehen werden, wohin, und wie weit, man zu gehen hätte, und wie man sich in diesen oder jenen Fällen verhalten sollte. Es gehörten auch, nur zur bloßen Einrichtung einer solchen Reise, viele erfahrene und verständige Leute. Um den Weg durch das Eismeer zu prüfen, und zu entscheiden, ob er möglich oder unmöglich wäre, wurden so vortreffliche Anstalten gemacht, daß man nicht fehlen konnte, eine Gewißheit zu erlangen. Es sollten zwei Schiffe von Archangel auslaufen, und längst den Küsten des Eismeeres bis in den Ob-Fluß[17] einsegeln. Ein anderes Schiff sollte von Tobolsk[18] aus den Irtisch und Ob hinunter gehen, und aus demselben längst den Küsten des Eismeeres bis zum Jenisei, und in denselben einlaufen. Von Irkutsk aus sollten endlich 2 Fahrzeuge abgehen, und beide den Lena hinunter bis in das Eismeer fahren: das eine sollte von dort nach Westen bis an die Mündung des Jenisei-Flusses, das andere nach Osten, längst eben diesen Küsten des Eismeeres, die Flüsse Jana, Indigirka, Kolyma vorbei, bis in das große Weltmeer, und aus selbigem nach Kamtschatka seinen Lauf nehmen. Hier waren also die beschwerlichen Reisen vertheilt, und es wurde befohlen, wann die Fahrt das eine Jahr nicht geriethe, daß man sie das andere und dritte Jahr, und so lange zu versuchen hätte, bis man entweder durchkäme, oder von der Unmöglichkeit überzeugt sein würde[19]. Zum Behuf dieser Reise wurden von Sibirien aus die Veranstaltungen gemacht, daß bei den Mündungen der Haupt-Flüsse, die in das Eis-Meer fallen, bei jedem 1., 2. bis 3. Obelisci, (große Haufen von zusammen geworfenen Trieb-Holz,) aufgerichtet wurden, um diese Mündungen daran zu erkennen, wenn man in eine solche Gegend kommen würde. Der andere Weg, wobei man die Linie zu befahren hätte, war würklich auch entworfen, und er wäre vermuthlich zur Erfüllung gekommen, wo nicht eine unvermuthete Hindernis darzwischen gekommen wäre. Er stehet aber noch allezeit offen, besonders wann die übrigen Umstände, die man durch den dritten Weg eben so gut erfahren kann, zeigen werden, daß er einigen Nutzen schaffen könne. Der dritte Weg, da die Untersuchung von Kamtschatka aus geschehen sollte, war derjenige, worauf gleichsam alles vereiniget wurde, was außer der Schiffahrt nützliches auf dieser Reise ins Werk gesetzt werden sollte. An dieser Reise hatte die Academie der Wissenschaften in Petersburg auch ihren Teil[20]. Weil man, um nach Kamtschatka zu kommen, auf dieser Reise Sibirien nach der ganzen Länge durchzugehen hatte, so war es die schönste Gelegenheit, auch dieses bisher unbekannte Land zu beschreiben, ja es wurde als der Haupt-Endzweck mit angesehen, warum die Academische Reise veranstaltet wurde. Zwar wurde schon in dem Jahre 1719 ein gelehrter Danziger Medicus Daniel Gottlieb Messerschmidt zur Untersuchung der natürlichen Geschichte nach Sibirien versandt, welcher erst in dem Anfange des Jahres 1727 von dannen zurückgekommen ist, und es muß diesen Manne das gebührende Lob gegeben werden, daß er auf seiner Reise ungemein arbeitsam gewesen ist, und seine Geschicklichkeit nicht nur in allen Theilen der natürlichen Geschichte, sondern auch in Untersuchung der Altertümer, ja auch in Abmessung der Polhöhen zur Genüge gezeiget hat. Er mußte aber alles allein thun, ohne den geringsten Handlanger, er mußte selber die Zeichnungen verrichten, alles allein abschreiben, wobei er dann nothwendig vieles hat unterlassen müssen, welches er bei mehreren Hülfsmitteln vermutlich gerne hätte leisten mögen. Zu dem waren einige wichtige Beschreibungen darunter, von deren Gewißheit man gerne hätte mehrere Zeugen haben mögen[21]. Diese vorhergegangene Reise also hinderte nicht nur die Anstalten zu der neuen Reise nicht, sondern gab ihr noch einen neuen Nachdruck. Es wurde demnach der Academie der Wissenschaften aufgegeben, nicht nur die astronomischen Wahrnehmungen und die Beschäftigung der Meßkunst, sondern auch die Beschreibung der politischen und natürlichen Geschichte, durch ganz Sibirien sowohl als in Kamtschatka, zu besorgen. Ein jeder der dazu Abgeordneten bekam, so wie die See-Officiers vom Admiralitäts-Collegio, seine weitläuftige Vorschrift von der Academie, was er zu thun und zu untersuchen hatte. Es wurde der Academischen Gesellschaft die Gnade erwiesen, daß man sie keineswegs von dem Haupt der See-Reise abhängig machte, als nur in so ferne sie nöthig hatte, mit den Seeleuten zu Schiffe zu gehen, da dann auch die Academische Gesellschaft so gedacht war, daß sie von dem See-Commando alle Hülfeleistung, und die nötige Bequemlichkeiten zu hoffen hatte. Zudem waren die Professoren, welche die politische und natürliche Geschichte zu beschreiben hatten, nicht weiter als bis Kamtschatka zu gehen beordert, nur der Professor der Sternkunde sollte mit zu Schiffe weiter gehen, damit er sowohl die Länge als die Breite des Ortes, da man anländen würde, durch Astronomische Wahrnehmungen bestimmen möchte[22].

Wie nun alles dieses erfüllet worden, wird die Welt zu seiner Zeit erstaunen, wenn sie die wahre Erzehlung davon erhalten wird, welches von dem einzigen hohen Willen der jetzt regierenden großen Kaiserin Elisabeth[23], abhänget, unter Deren weisesten Bemühungen und beglücktester Regierung dieses große Werk seine Endschaft erreichet. Mir ist das wenigste davon bekannt, und ich würde eine strafbare Kühnheit begehen, wenn ich auch das wenige, was mir von den See-Reisen bekannt ist, ohne allerhöchste Genehmigung in die Welt schreiben würde[24]. Ich werde mich also hauptsächlich an unsere Reise halten, nemlich an die Academische Reise, die jedermann überhaupt wissen darf, und welche fast

Abb. 7: Der französische Astronom Louis de L'Isle de la Croyère (um 1688–1741). Teilnehmer der Großen Nordischen Expedition. Er starb unmittelbar nach der Rückkehr der Expedition nach Kamčatka

eine Folge der obenerzählten Messerschmidtischen ist, deren Anfang der scharfsinnige Kaiser, Peter der erste, glorwürdigsten Andenkens, aus eigenem hohen Triebe an die Königliche Academie der Wissenschaften in Frankreich mitzuteilen befohlen, und den Erfolg der ganzen Reise ferner zu überschicken allergnädigst versprochen hat[25]. Jedoch müssen besondere und vollständige Abhandlungen nicht ohne hohe Erlaubnis öffentlich bekannt gemacht werden, damit die unsäglichen Kosten, die Rußland zu seinem ewigen Ruhme darauf gewandt hat, wenigstens dadurch erstattet werden, daß die Welt die Bekanntmachung des Wahrgenommenen der Gnade der Kaiserin zu danken habe.

Das, was ich hier mittheile, ist ein Tage-Register von unsrer Reise durch Sibirien biß Jakutsk, und von dannen wieder zurück biß nach Petersburg, das ich mir bloß zu meinem Vergnügen aufgesetzt habe. Es begreift also diejenigen Reisen, die der Herr Prof. Müller und ich, da wir meistens beisammengewesen, mit einander oder einzeln gemacht haben; dann wir sind nicht weiter gekommen. Die großen Beschwehrlichkeiten der Reise, die Langwürigkeit derselben, und eine wohl gegründete Sorge, unsere ganze Gesellschaft möchte den nöthigen Nahrungsvorrath in Kamtschatka nicht vor sich finden, hat uns veranlasset, einen Theil der Gesellschaft, als den jetzigen Herrn Professorem Botanices in Petersburg, Herrn Krascheninnikov, den seel. Adjunctum Steller, den Maler Berckhan, und den Studenten Gorlanov dahin abzufertigen, die denn die politische und natürliche Geschichte der Ochotskischen Gegend und des Kamtschatkischen Landes bestmöglichst besorgt haben[26]. Der Prof. de l'Isle de la Croyere aber ist mit einigen Feldmessern daselbst gewesen, um seiner ihm besonders gegebenen Vorschrifft ein Genügen zu leisten, auch eine Seereise mit zu thun[27]. Zu dem so ist auch noch der politischen Geschichte wegen ein Adjunctus, jetziger Professor der Kaiserlichen Academie der Wissenschaften, Fischer nachgeschickt worden, welcher bei nahe die Ochotskischen Gegenden erreicht, und von dannen wieder zurückgekehret ist[28]. In meinem Tageregister habe ich die Beschäftigungen, die wir auf den Reisen gehabt, nur überhaupt angeführt, die Örter, Flüsse, Seen, Ländereien, Völker, ihre Sitten, und Ceremonien aber in so weit beschrieben, als sie etwa ein jeder aufmerksamer Reisender beschreiben würde. Die besonderen Abhandlungen aller, oder zum wenigsten der meisten dieser Sachen, sind von der geschickten und beliebten Feder des Herrn Prof. Müllers in einer Vollkommenheit zu erwarten, die hier nicht gesucht werden muß, weil meine Beschreibungen bloß zu meinem besonderen Unterricht und aus Erzählungen, die seinige aber auf hohen Befehl, und aus gewissen Urkunden verfertigt sind[29]. Indessen hoffe ich doch, es werde meine Arbeit bei manchem Leser Beifall finden. Eben weil es ein Tageregister ist, so ist es ein Mischmasch von unzähligen Begebenheiten, von allerlei Arten von Ländern, von vielen Völkern, von unterschiedlichen menschlichen Neigungen, von Sitten, von Gewohnheiten, von der Natur, sowohl der gekünstelten als ungekünstelten. Ich denke noch immer mit Vergnügen an die Jahre, in welchen ich Gelegenheit gehabt habe diese Reise zu thun, und bilde mir ein, ein Tagebuch, das die Reise nach der Reihe mit allen politischen und natürlichen Begebenheiten erzchle, müsse in einem Leser, der nicht gar zu allem gleichgültig ist, ein fast ähnliches Vergnügen im kleinen erwecken.

Allenthalben, so viel es möglich war, habe ich gesucht, mich verständlich auszudrücken, und mich keiner Schminke der Worte bedienet. Vielleicht hat mich diese Reise ungeschickt darzu gemacht, oder wenn ich es glimpflicher geben will, so hat mich diese Reise aller Wohlredenheiten enthoben, weil ich so viele Gelegenheit darauf gehabt habe, die Schönheit der sich überlassenen Natur, sowohl in leblosen als in lebenden, sowohl in vernünftigen Geschöpfen als unvernünftigen Geschöpfen, zu sehen und zu bewundern. Indessen hat es mich doch hin und wieder Mühe gekostet, mich verständlich zu machen. Da ich an die 20 Jahre in dem russischen Reiche zugebracht habe[30], so sollten mir wohl die meisten Russischen und Sibirischen Bedienungen bekannt sein, zum wenigsten habe ich geglaubt, einen ziemlichen Begriff davon zu haben. Da ich aber das Buch in deutscher Sprache schrieb, so fiel es mir zuweilen schwehr, gleichgültige Wörter in dieser Sprache zu finden. In diesen Fällen habe ich mich durch kleine Anmerkungen deutlicher zu erklären gesucht. Sollte ich hin und wieder gefehlt haben, so wird der Fehler an sich selbst nicht groß, und in Ansehung anderer Reisebeschreiber, die von diesen Ländern geschrieben haben, unendlich klein sein. Man wird finden, daß ich meine Reisen hin und wieder, auch in den entferntesten Ländern, mit großer Bequemlichkeit habe verrichten können. Es ist mir daher unmöglich gewesen, da, wo keine Beschwehrlichkeiten sind, solche anzugeben, und die alte Klage von dem wilden und rauhen Wesen Sibiriens zu erneuern.

Mein Tageregister ist nach der alten Zeitrechnung geschrieben, die noch bißher in Rußland üblich ist[31]. Die Entfernungen der Örter sind in Wersten angezeigt, deren hundert und vier und eine halbe einen Grad, oder fünfzehn teutsche Meilen, ausmachen. In kleinern Maaßen habe ich mich der rußischen Maaßen, Saschen oder Klaffter, Arschin oder Elle, und Werschock bedient. Fünfhundert Klaffter machen eine Werste oder 3500 Englische Schuhe aus, ein Klaffter sieben Englische Schuhe, drei Ellen machen ein Klaffter, und ein Werschock ist der sechzehnte Theil einer Elle. Auch habe ich das russiche Gewicht beibehalten. Ein Pud macht vierzig Pfund, welchen fünf und dreißig Nürnberger Pfund nebst zwei und einem halben Loth gleich sind[32].

Der erste Theil meiner Reisebeschreibung, den ich hiermit liefere, gehet von Petersburg bis an die Stadt Selenginsk, und die in der Nähe befindliche Chinesische Grenze. Damit man sich überhaupt einen Begriff von der Reise machen könne, so habe ich mir vorgenommen, jedem Theil eine Land-Charte beizufügen, die aus den allerneuesten Charten, nemlich dem Atlas des Russischen Reichs, genommen ist, wobei ich doch einige Örter mehr, besonders solche, die auf der Reise vorgekommen sind, angezeiget habe. Es ist also eine Charte zu diesem Theile gezeichnet worden, die aber nicht weiter als bis Tobolsk geht, weil sie sonst entweder für ein kleines Buch zu groß, oder für die deutliche Bemerkung so vieler Örter zu klein geworden wäre. Die Leseart darauf ist nach dem teutschen, oder auch nach dem lateinischen eingerichtet, weil die polnische Leseart, welche in dem russischen Atlas beibehalten ist, in Deutschland wenigen bekannt ist[33]. Unsern Reiseweg biß Tobolsk und noch etwas weiter, so weit es nemlich die Charte zuließ, habe ich auf eben diese Charte bemerket, und dieses wird auch künftig wahrgenommen werden.

Tageregister der Kamtschatkischen Reise.
Erster Theil.

Nachdem Herr Professor Müller, Herr Prof. la Croyere und ich auf hohen Kaiserlichen Befehl eine Reise nach Kamtschatka bei Gelegenheit der schon in dem Frühjahre dahin angestelleten Schiffahrt[34], zu unternehmen hatten; so wurden uns auf unsere Vorstellungen sechs Studenten, ein Dolmetscher, fünf Feldmesser, ein Instrumentenmacher, alle Russischer Nation, und ein Maler nebst einem Zeichenmeister, beide Teutscher Nation, zugegeben. Eines Studenten aber, eines Feldmessers und des Instrumentenmachers wurden wir durch Unglücksfälle folgender maßen beraubt.

Als an dem Namensfeste Ihro Kayserl. Majestät Anna Joannowna welches den 3ten Febr. einfällt, die Studenten des Abends zusammen in Gesellschaft an den Fluß hingingen, um das Feuerwerck, welches zu Ehren dieses Tages abgebrannt wurde, mit anzusehen; so fiel ein Racketenstock so unglücklich auf den Kopf eines der Studenten, daß er ein paar Stunden darauf den Geist aufgab. Das andere Unglück ereignete sich den 27ten April des Abends vor dem hohen Krönungsfeste Ihro Kayserl. Majestät, und kostete den Instrumentenmacher von dem Gefolge das Leben. Er war in einer Schenke, und machte sich daselbst mit Singen nach seiner Art lustig. Einem Soldaten aber, der in diesem Hause im Quartier stund, und sein Gewehr auf den folgenden Tag ausputzte, gefiel das Singen nicht; er meinte dadurch an seiner Arbeit gehindert zu werden, und wollte es nicht vertragen. Der Instrumentenmacher glaubte seiner Seits für das Geld, das er verzehrete, die Freiheit zu singen zu haben, und fuhr

Abb. 8 (folgende Doppelseite): Karte aus dem ersten Band der Gmelinschen Reisebeschreibung

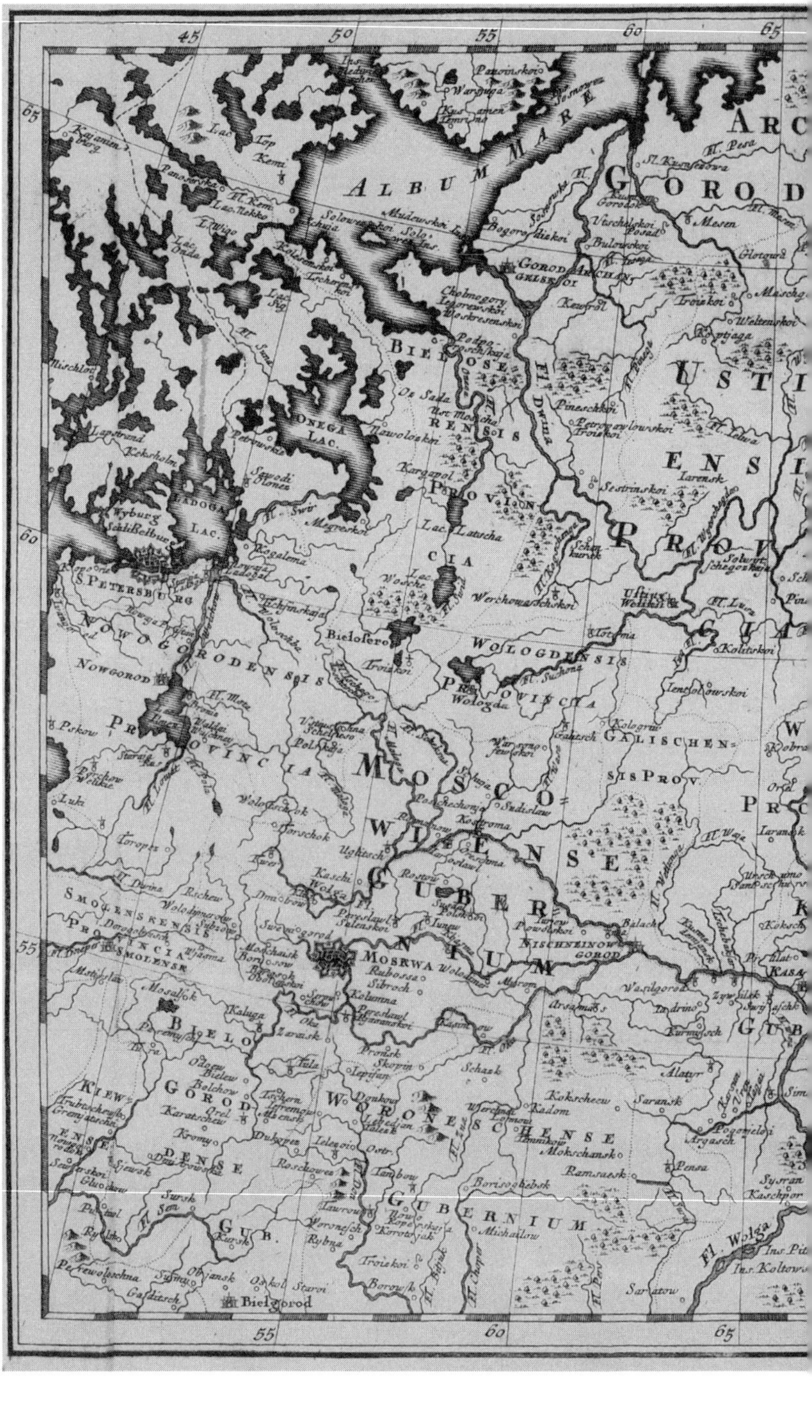

Mappa Geogr.
Continens partem
RUSSICI IMPERII
inter gradus lat. 52 et 68
et inter grad. longitud. 45
et 90 gradus longitudine
primos computando ab
Insula Ferro.

METROPOLIS
Castellum
Urbs insignis
Mercatoria
Urbs non ignobilis
Urbs vulgaris
Monasterium
Vicus
Pagus
Lineæ punctatæ per totam mappam gemino ordine ductæ denotant viam, quam in itinere emensi sumus.

A. Reinhardt sc.

in seiner angefangenen Lustbarkeit fort. Nach wiederhohlten Erinnerungen drohet ihm der Soldat, daß er ihn todt schießen wollte, wofern er nicht nachlassen würde. Er nimmt es aber nicht für Ernst auf. Indessen ladet der Soldat seine Flinte, setzt sie dem Instrumentenmacher auf die Brust, und erschießt ihn auf der Stelle. Dieser Verlust ward durch einen Instrumentenmacher-Jungen, wiewohl schlecht, ersetzt. Endlich nahm uns der Tod einen der tüchtigsten von den fünf Feldmessern unseres Gefolges, ohngefehr acht Tage nach gemeldetem unglücklichen Schusse durch eine Krankheit hinweg. Nach diesen geschehenen Unglücksfällen bestund unsere Gesellschaft in folgenden Personen:

Professoren: Gerhard Friedrich Müller, Ludewig de L'Isle de la Croyere, Johann Georg Gmelin.

Studenten: Stepan Krascheninnikow, itziger Professor an der Acad. zu St. Petersburg, Feodor Popow, Alexei Gorlanow, Luca Iwanow, Alexei Tretjakow.

Dolmetscher: Ilja Jachontow.

Feldmesser: Andre Krassilnikow, Moses Uschakow, Nikifor Schekin, Alexander Iwanow.

Instrumentenmacher-Junge: Stepan Owsjannikow.

Maler: Johann Christian Berckhan.

Zeichenmeister: Johann Wilhelm Lürsenius[35].

Wir waren gegen den Anfang des Julius reisefertig, weswegen wir auch um selbige Zeit eine Bedeckung von zwölf Gemeinen, einem Corporal und einem Trommelschläger bekamen.

Es schien mir eine solche wichtige und weitläufige Reise wohl so viel zu verdienen, daß man alle besondere Zufälle derselben fleißig aufzeichnete, um von denselben, wenn wir durch die Gnade Gottes wieder zurück kommen sollten, ein süßes Angedenken zu haben. Dann die Schicksale, so wiederwärtig sie auch zuweilen sein, verlieren ihre Widerwärtigkeit, wann sie vorbei sind, und ihr Andenken ist eher lieblich als widrig; die angenehmen Schicksale aber behalten allezeit ihre Annehmlichkeit. Ich habe mir also vorgenommen, ein Tage-Register von unserer Reise zu halten, worinnen ich doch nichts aufzeichnen werde, als was ein jeder aufmerksamer Reisender thun würde, der von den Wissenschaften gar nichts verstehet: allezeit aber werde mich der Wahrheit befleißigen. Den 7ten Julius hatten wir die hohe Gnade, bei Ihro Kayserl. Majestät zum allergnädigsten Handkusse gelassen zu werden, wobei uns dieselbe Dero allerhöchsten immerwährenden Kaiserl. Gnade versichert haben. Gleiche Gnade widerfuhr uns die folgende Tage auch bei der überigen Kaiserlichen Familie. Nach solchem gnädigen Abschiede wünschten wir nichts, als unsere Reise anzutreten. Unsere Geräthschaft war alle gepackt, und es fehlte uns nichts, als Pferde, um sie fortzubringen. Allein entweder der Mangel an Pferden, oder eine nicht allzugroße Gewogenheit des Secretärs von der Fuhrmanns-Kanzlei[36], machte uns Hindernisse in unserem Vorhaben. Bald wurden wir auf etliche Tage vertröstet; bald sollten wir zu Wasser abgehen. Durch große Bemühungen brachten wir es endlich dahin, daß aus dem hohen dirigirenden Senate gedachtem Secretär ein Befehl zugesandt ward, kraft dessen er uns aufs schleunigste abfertigen sollte. So sehr wir auch wieder die Wasser-Reise gestritten, und so große Versicherung wir aus dem Senate hatten, daß es nicht geschehen sollte, so schickte uns doch dieser Secretär ein Fahrzeug, welches uns bis Bronnitz[37] zu Wasser bringen sollte. Dieses Fahrzeug war nicht wider Wind und Regen verwahrt; und wofern wir damit hätten abgehen müssen, so wären wir gezwungen gewesen, beständig in denen Reisewägen, die wir der ferneren Reise wegen mitzunehmen hatten, liegen zu bleiben, und hätten folglich eine so lange Zeit, als eine solche Reise dauret, sehr unnütze zubringen müssen. Deswegen thaten wir neue Vorstellungen dagegen, brachten aber wegen der Abwesenheit des Hofes nur so viel zuwegen, daß uns dreien Professoren erlaubt wurde zu Lande zu gehen, und vier Soldaten zur Bedeckung mit zunehmen. Die übrigen von unserm Gefolge mußten mit der Geräthschaft auf das Fahrzeug, und gingen den 3ten August nachmittags um ein Uhr ab. Sie hatten den Newa Fluß aufwärts, von da in den Ladogaischen Canal und aus demselben in dem Wolchav-Fluß[38] biß Novogrod zu gehen. Der Zeichenmeister Lürsenius, in dessen Aufführung wir vor andern gute Hoffnung setzten, wurde von uns ernennt, Ordnung unter diesem abgesonderten Gefolge zu erhalten. Es verzögerte sich bis zum 8ten August, des 1733 Jahres, biß wir unsere Land-Reise völlig eingerichtet hatten. Selbigen Tag Abends um 5 Uhr verließen wir Petersburg, und kamen unter häufigem Regen des Nachts um halb ein Uhr nach Ischora an der Newa. Hier legten die widrigen Schicksale das erste Probestücke an uns ab. In dem Hause, da wir Nachtlager halten wollten, trafen wir einen unfreundlichen Wirth an, welcher die Thüre seines Hauses nicht selbst aufmachen wollte, sondern dieselbe lieber durch unsere Soldaten mit Gewalt erbrechen ließ. Und da wir auf solche Art endlich hinein kamen, so wurde uns doch dadurch wenig geholfen. Der Wirth gab uns unsern Durst zu löschen nichts als Wasser. Ein Unglück, woran wir aber selbst Schuld hatten, war dieses, daß wir den Schlüssel zu unserem Eßkorbe aus Petersburg mitzunehmen vergessen hatten, und also war unser Vorrath an Eßwaaren und Getränke verschlossen. Wir trösteten uns mit Geduld, legten uns schlafen, und hielten den andern Morgen dafür, daß wir mit vollem Magen vielleicht nicht so gut würden geschlafen haben.

[Im Original folgen die Seiten 7 Mitte bis 39 unten.]

Die Stadt Balachna siehet ziemlich schlecht aus, ist aber ungemein lang und wegen der Salzquellen, die darin sind, berühmt. Diese Quellen sind so reich, daß beständig über 50 Salzkoten daselbst unterhalten werden. Das Ufer dieser Stadt ist überall mit Salz beleget, weil wegen besagter Salzkoten eine große Menge desselben aufgehet. Unsere Leute versorgten sich daher mit einem Vorrathe von diesem Salze, welches sie eingesalzen nannten, weil es zu den Salzkoten gehörete. Wir haben auf unserer Wasserreise eine sehr große Menge Holzes verbrauchet. In der Cajüte brannte beständig ein Caminfeuer, und auf den zween Feuerheerden ward den ganzen Tag gekocht und gebraten. Das Holz, das wir in Twer gekauft hatten, war kaum auf zween Tage hinlänglich. Das übrige alles, was wir verbrauchten, fanden unsere Leute an dem Ufer schon gefällt und klein gehauen. Wir machten uns anfänglich ein Gewissen, dergleichen Holz zu brennen, was dem Eigenthumsherrn nicht bezahlet worden war. Allein da wir in einige Dörfer, um es zu kaufen schickten, so kam allezeit die Antwort zrücke, die Bauren verkauften kein Holz. Hieraus mußten wir schließen, daß sie sich ein Gewissen daraus machten Geld für ihr Holz zu nehmen: wir aber wollten nicht gern irgend eines Menschen Gewissen verletzen.

Wir hatten von Balachna bis Nischnei-Novogrod[39] nicht mehr als 25 Werste, und es hatte das Ansehen, als würden wir die ganze Nacht hindurch unsre Fahrt fortsetzen können. Deswegen fragte der Bootsmann, ob er, wann er bei Nischnei ankommen würde, Anker werfen, oder fortgehn sollte? Wir befahlen das letztere, in Erwegung, daß wir bisher so vieles Ungemach von dem widrigen Winde ausgestanden hatten, und erachteten derohalben für nöthig, uns alle günstigen Winde zu nutze zu machen, und uns lieber des Vergnügens zu berauben, eine so schöne Stadt zu besehen, indem die späte Jahreszeit uns nicht erlaubte unsrer Reise zu verzögern. Allein so gut auch unsere Absicht war, es ward sie doch übel ausgedeutet. Einige von unserm Gefolge wollten ihre Freunde in Nischnei besuchen; einige wollten Proviant kaufen, und gaben vor, sie hätten nichts mehr zu essen. Beide verlangten, daß man bei Nischnei stille liegen sollte. Den erstern stelleten wir vor, daß das gemeine Beste dem besonderen vorzuziehen sei, und den andern, daß Slaboden[40] und Flecken genug wären, bei deren einem uns gewiß ein widriger Wind anhalten, und sie alsdenn Zeit genug haben würden an Land zu gehen. Mit diesen Antworten war keine Partei zufrieden sondern, sie stießen hinter unserm Rücken verschieden Schmähreden wider uns aus, die uns aber von andern wieder erzählet wurden. Dem Bootsmann ward deswegen nochmahls ernstlich befohlen, nirgends ohne unser Wissen anzuhalten, der Wache aber, keinen Menschen aus dem Fahrzeuge zu lassen. Wir gingen also des Nachts die Flecken Saussolie, Bolschoi-Kosino, Kopotzowo und die

Mündung des Flusses Linda vorbei. Als wir diese vorbei waren, so stieß das Fahrzeug an das Ufer an, und der Bootsmann meldete uns, daß es wegen des widrigen Windes nicht thunlich sei weiter zu gehen. Wir fanden nicht rathsam, bei den schon vorhandenen Bewegungen mehrere auf unsrem Fahrzeuge zu machen, und ließen es geschehen. Des andern Morgens frühe, nachdem wir den Flecken Gordiewska und die Mündung des Flusses Oka[41] vorbei gegangen waren, kamen wir vor Nischnei-Novogrod. Es scheinet als wenn es mit dem Bootsmann so wäre verabredet worden. Indessen ließen wir keinen Argwohn deswegen spüren, blieben aber bei unsern vorigen Befehlen, keinen Menschen aus dem Schiffe zu lassen, und nirgends anzulegen, als wo es die höchste Noth erfordern würde. Wir fuhren des Morgens sehr viele Krautländer vorbei, und das Erdreich ist dem Wachstum des Kohles so günstig, daß ganze Fahrzeuge damit beladen werden, welche bei hunderten nach andern Örtern abgehen. Die Insel Duban 20 Werste jenseits Costroma[42] ist wegen dieser Fruchtbarkeit sonderlich berühmt.

Nischnei-Novogrod ist groß und hat ein sehr schönes Ansehen. Von uns ist niemand darin gewesen, als Herr Prof. Müller, welcher einige historische Nachrichten daselbst zu sammeln hoffte. Die Kramläden in dieser Stadt sind sehr schön eingerichtet, und ist sowohl von einheimischen als ausländischen Waaren ein großer Vorrath vorhanden. Alle Lebensmittel sind wohlfeil, das Mehl aber wohl viermahl wohlfeiler als in Petersburg. Herr Prof. Müller behielte die Schalupe bei sich; wir andern aber gingen die Stadt vorbei, ferner die Podnowia-Sloboda, die Flecken Stolbischa, Xrowa, Weliki Wrak, Beswodna. Hier kam der Herr Prof. Müller wieder zu dem Fahrzeuge. Wir fuhren die ganze Nacht, und kamen durch die Flecken Radnizi, Rabotki, Tatinetz, Jurkina, am 13ten des Morgens frühe um 6 Uhr bei Makariew-Monastir und Sloboda an. Von da gingen wir noch an selbigem Tage die Flecken Prossek, Masa, Kremonki, Barmino, Sonowka, Fokino vorbei, und kamen gegen Abend, da es dunkel ward, bei Wasili-Gorod an, wovon wir aber wegen der Dunkelheit nichts als die Thürme wahrnehmen konnten. Die Nacht hindurch fuhren wir den Flecken Sumka vorbei, und kamen des Morgens am 14ten gegen die Stadt Kusma-Demianskoi, die wir aber wegen der dunkeln Nacht nicht sehen konnten. Von da gingen wir gegen 11 Uhr Vormittags noch 15 Werste weiter, bis 5 Werste oberhalb Iliinscaja Pustinka, und mußten wegen des widrigen Windes daselbst stille liegen.

Es ward uns gesagt, daß in diesen Gegenden viele Tschuwaschen wohnten[43]. Und weil der Wind heftig wehete, und wir keine Hoffnung vor uns sahen, sobald von diesem Orte zu kommen, so entschlossen wir uns, Herr Prof. Müller und ich, nebst dem Dolmetscher, zween unserer Bedienten und 4 Soldaten den Weg nach der Stadt Tschebaxar[44] in der Schalupe voraus zu nehmen, und unterwegens die Tschuwaschen zu besuchen. Ehe wir aus dem Fahrzeuge gingen, so wurde abgeredet, daß dasselbe uns so geschwinde als möglich folgen, und daß wenn es Tschebaxar vorbei gehen würde, uns durch einige Schüsse ein Zeichen gegeben werden sollte, welchem wir unserer Seits auch wieder antworten, und so gleich nach dem Fahrzeuge zurückfahren würden. Wir verließen also des Abends um 3 Uhr das Fahrzeug, und waren kaum 5 Werste gefahren, als wir in der Gegend von gemeldeter Pustinka, oben auf dem Berge, ein Feuer erblickten, und zween von unseren Soldaten, welche getaufte Tschuwaschen waren, sagten uns, daß die Tschuwaschen bei diesem Feuer ihre Andacht verrichteten. Unsere Neugierigkeit führte uns also dahin. Wir kletterten mit ziemlicher Beschwerlichkeit die Berge hinan, halfen uns durch die Wälder, so gut als wir konnten, und erreichten endlich das Feuer. Dabei fanden wir zween Tschuwaschen, und einige Schritte davon ein an einen Baum gebundenes Pferd, dessen sie sich zu Verrichtung der Reise nach diesem heiligen Orte bedienet hatten. Die Tschuwaschen waren beschäftiget einen Hammel zu schlachten, und hatten auf das Feuer einen Kessel gesetzet, in welchem sie das Eingeweide des Hammels und den Magen, den sie mit Fett, Blut und Grütze angefüllet hatten, kochten. Nahe dabei gegen Osten war ein viereckichter Platz, mit Stöcken um und um besetzet, gegen welchen diese Leute ihre Andacht verrichten. Wie sie es machen, haben wir nicht gesehen. Vermuthlich waren sie damit schon zu Ende, oder vielleicht thaten sie es noch, nachdem wir wieder fortgereiset waren. Von gemeldetem Platze ward uns erzählt, daß er von einem gewissen Mann oder Frau, welche die Tschuwaschen in ihrer Sprache Jümasse, die Russen Woroschei oder Woroscheia (Zauberer oder Zauberin) nennen[45], zu diesem Heiligthum erwehlet und angewiesen seie. Aller Beschreibung nach, die man uns von diesen Jümasse gemacht hat, müssen sie Priester sein, welche Würde bei ihnen von Personen beiderlei Geschlechts bekleidet werden kann, und ohne Wissenschaft der heiligen Schrift von allerhand Gaukeleien ihre eigene und feste Stützen hat. Ihre Gewalt und Ansehen ist sehr groß. Dann es begegnet einem Tschuwaschen keine Krankheit, ja überhaupt kein Ungemach, worin er nicht seinen Jümasse um Hülfe und Rath fraget, und ich zweifle nicht, daß er auch dafür bezahlen müsse. Ein jedwedes Tschuwaschisches Dorf hat seinen Jümasse, oder vielleicht mehrere, welches ich nicht gewiß melden kan. Der um Rath gefragte Jümasse bestimmt alsdenn das Opfer, welches der Tschuwasche zu liefern hat. Wenn es ein Hammel ist, wie dasjenige war, was wir sahen, so verfügen sie sich damit an den obenbemeldten Ort, schlachten denselben, kochen das Eingeweide und den Magen, den sie, gedacher Maßen anfüllen, und essen alsdann so viel davon, als ihnen beliebt. Darauf verrichten sie ihre Andacht, legen etwas Geld, ein jeder nach seinem Vermögen, in einen ausgehöhlten Baum, in welchem nur eine Ritze gelassen ist, und der in dem umsteckten Platze stehet, nehmen alles von dem Opfer übrig gebliebene nach Hause, und verzehren es mit ihren Freunden. Vor diesem sollen sie ihre Andacht gegen die Haut des geopferten Thieres, welche sie in dem geheiligten Platze aufhingen, verrichtet haben, dieses aber soll abgekommen sein, weil sie nunmehr nach dem Vorgeben der Russen die Häute lieber verkaufen. Sie verehren, wie sie sagen, einen einzigen Gott, den sie Tora nennen[46]. Die Sonne halten sie für heilig, und verrichten auch gegen dieselbe ihre Andacht. Es fehlet ihnen aber auch nicht an andern kleinern Göttern, welche sie mit den Heiligen der Christen vergleichen. Ein jedwedes Dorf hat seinen eigenen Götzen, und dessen Wohnung ist in dem oben gedachten heiligen Orte. Das Dorf, wovon unsere zween Tschuwaschen waren, hatte einen Namens Borodon[47]. Wir sahen seine Hütte, konnten aber nichts heiliges daran erblicken. Zu welchem Endzwecke das geopferte Geld angewendet werde, haben wir nicht erfahren können; vielleicht ist es zur Unterhaltung ihrer Jümasse bestimmt. So viel haben wir vernommen, daß es nach einer gewissen Zeit von einem vertrauten Mann des Dorfes ausgenommen wird. Mehr konnten wir von ihren Gebräuchen, Sprache, Sitten und Lebensart nicht erfahren, weil unsere zween Tschuwaschische Soldaten gegen ihre Nation noch eine ziemliche Zuneigung zu haben, und also mit Fleiß ihre Geheimnisse uns zu verbergen schienen. Nachgehendes vernahmen wir noch dieses davon, daß es ein sehr sparsames Volk sei, und aus diesem Grunde dem Brandtweinsaufen nicht nachhinge. Man sagt, daß sie die Pferde mit ungemeiner List und Geschicklichkeit denen Russen zu stehlen wissen, und dieser listige Diebstahl soll bei ihnen nichts ungewöhnliches sein. Wir sahen in Tschebaxar den Tag darauf zween aneinander geschlossene Tschuwaschen, deren einziges Verbrechen darin bestund, daß sie Pferde gestohlen hatten. Wir hätten gerne mehreres von ihnen hören mögen; allein es war Abend, und wir hatten noch 20 Werste bis Tschebaxar zu fahren. Deswegen eilten wir nach unserer Schalupe, und stiegen in dieselbe bei der Pustinka[48] ein. Zwischen diesem Orte und Tschebaxar däuchte uns, als wenn der Wind für unser zurückgelassenes Fahrzeug günstig worden wäre, und wir hofften also, es würde in der Nacht bei Tschebaxar ankommen. Wir langten an diesem Orte des Nachts um 8 Uhr an, und nachdem wir bei der Schalupe eine Wache gesetzet hatten, welche auf das zurückgelassene Fahrzeug Achtung geben sollte, suchten wir uns in der Stadt ein Quartier. Das erste aber, was man uns wies, war uns das beste; denn wir hofften in etlichen Stunden wieder abzugehen, und verlangten uns nur ein wenig zu wärmen. Ein Schneider mit seiner Frau, Mutter und Tochter, und wir nebst einer Menge Wanzen und Tarakanen[49], machten die Stubengesellschaft aus. Bei unserer Ankunft waren wir ziemlich hungerig, und erbettelten endlich von unserer Wirthin Eier und Milch, welche wir uns auf hölzernen Tellern mit hölzernen Löffeln wohl schmecken ließen. Die Schlafstätte, nämlich die bloße Bank, war unserem armseligen Zustande gemäß, und wir schliefen sanft; denn die Hoffnung, die wir hatten aufgeweckt zu werden, war vergebens, weil uns den andern Morgen von der Wache gemeldet ward, daß kein Fahrzeug vorbei gegangen sei. Wir befanden uns in ziemlich schlechten Umständen. Wir waren fast mit nichts versehen. Zwar fiel uns gleich ein, daß wir vielleicht bei dem Woiwoden[50] des Orts unserm Mangel würden abhelfen können: allein wir hatten nichts auf dem Leibe, als ein jeder eine mit Pelze gefütterte Weste und einen Mantel, und stunden an, ob wir in dergleichen Kleidung einen ehrlichen Mann besuchen sollten. Zu unserm besondern Glücke aber fand ich diesen Morgen ohngefähr in der Tasche meiner Weste ein Stück Chocolade. Diese verzehrten wir mit Milch gekocht als eine Morgensuppe, und aßen uns davon ziemlich satt. Darauf gingen wir aus, um uns Essen zu unsrer Mittagsmahlzeit zu kaufen. Von Gewürze fanden wir nichts, als Pfeffer, von Eßwaren nichts, als Rind- und Hammelfleisch. Allein Geschirre, um etwas darinnen zu kochen, konnten wir nicht so gleich bekommen; wir gingen also zu dem Woiwoden und erzählten ihm unsere Umstände. Er nahm uns freundlich auf und bat uns zum Mittagsessen, welches uns besonders angenehm war, weil wir dergleichen Höflichkeit nöthig hatten.

In den Unterredungen über die Tschuwaschen erzählte uns der Woiwode, daß diese eine sehr große Nation sei: In dem Bezirk von Tschebaxar wären über 18 000, in dem von Kusmademianski über 10 000, in dem von Sirilsgorod über 12 000, in dem von Swyaschk über 60 000, und in dem von Kotschaisk über 400. Wir fragten, ob man denn diese Leute nicht zu dem christlichen Glauben zu bekehren suchte, worauf uns geantwortet ward, daß man zwar damit umgehe, indem man in allen Russischen Städten dieser Gegenden Schulen vor junge Tschuwaschen angeleget hätte, in welchen man ihnen die Grundsätze der Christlichen Religion beizubringen suche, damit diese mit der Zeit in dem Stande sein mögten, ihre ganze Nation zu bekehren: Man wäre aber damit noch nicht weit gekommen, und müßte man erst inskünftige einen bessern Fortgang hoffen, weil es bisher an tüchtigen Leuten gefehlet hätte, die die rechte Art mit den jungen Tschuwaschen umzugehen verstünden, welcher Schwierigkeit man nach und nach abzuhelfen bemühet sei. Es wären zwar schon viele Tschuwaschen getauft worden, aber meistentheils Leute, deren sich die Christliche Religion nicht viel rühmen könne; denn sie hätten dieselbe angenommen, entweder einer wichtigen Strafe, womit sie hätten belegt werden sollen, zu entgehen, oder die Vortheile, welche man solchen Neubekehrten gäbe, zu genießen, und deren sie sich bloß zu Ausschweifungen bedienten, die ihnen, als Heiden vorher nicht erlaubt gewesen wären[51].

[Im Original folgen die Seiten 50 Mitte bis 67 oben.]

Den 22sten frühe ließ uns der Statthalter zu wissen thun, daß selbigen Tag der Casanischen Mutter Gottes[52] zu Ehren ein Fest würde gehalten werden, dessen feierliche Begehung mit anzusehen er uns einladen ließ. Wir verfügten uns sogleich nach seinem Hause, trafen ihn aber schon auf der Treppe von dem Unterstatthalter und den übrigen Vornehmen des hiesigen Ortes begleitet an. Es war 10 Uhr vormittags. Er war eben im Begriff sich nach der Hauptkirche zu begeben, und wir gingen in seinem Gefolge auch dahin. Der Archimandrit[53] war zu gegen, und vertrat die Stelle des hiesigen Erzbischofs, welcher damahls in Petersburg war. Es befanden sich noch zween Äbte, (Igumeni)[54] und einige Diaconi[55] gegenwärtig, welche wie der Archimandrit in ihrer feierlichen priesterlichen Kleidung erschienen. Die ganze Geistlichkeit fing bald nach unserer Ankunft an sich in eine gewisse Ordnung zu stellen. Das Evangelium und einige gemalte Bilder wurden herzugebracht, und man fing die Procession an. Vor dem Archimandriten wurde das Evangelium und die Bilder hergetragen. Hinter der ganzen Geistlichkeit aber ging der Statthalter mit oben gemeldetem Gefolge, worunter auch wir waren. Die Procession ging nach dem Kloster der Casanischen Mutter Gottes. Und da man zu dem Thore desselben gekommen war, wurde stille gehalten und etwas aus dem Evangelio verlesen und geräuchert. Dieses Kloster ist mit lauter Nonnen besetzt, und unter währender Andacht kamen die Äbtissin und einige Nonnen mit dem Casanischen Marienbilde an. Es ist auf einer Tafel gemalt, hält das Kind Jesus in der rechten Hand, und ist mit einer Krone und Halsbande geziert, deren Pracht so groß ist, daß allein die Juwelierarbeit daran 300 Rubel gekostet hat. Die Gestalt desselben ist ehemahls einem hiesigen Geistlichen im Traume erschienen, und hat sich ihm so lebhaft vorgestellt, daß er, weil er die Zeichenkunst verstund, im Stande gewesen ist es den andern Morgen mit allen Farben abzumalen. Ich muß hier anmerken, daß es unter der Geistlichkeit allezeit Leute gibt, welche so viel von der Malerei verstehen, daß sie zu dem Gottesdienste hiesigen Landes erforderte Bilder zu zeichnen, und sich dadurch einen ziemlichen Vortheil zu machen wissen. Nachdem die weibliche Geistlichkeit bei dieser Gelegenheit auch dem Hrn. Statthalter ihr Compliment gemacht hatte, so gab dem Casanischen Marienbilde den Platz gerade vor dem Archimandriten, vor welchem es in der Procession bis in die Kirche hergetragen wurde, die zu dem Kloster gehöret, und worin sein gewöhnlicher Aufenthalt ist. Es ward hier an seinen gewöhnlichen Platz gebracht, und sodann einem jeden erlaubt nicht nur sich tief davor zu bücken, sondern es auch zu küssen. Bald darauf ging eine Predigt an, welche zu Ehren der Casanischen Mutter Gottes von einem gemeinen Priester gehalten wurde. Derselbe ward zuweilen vor Liebe gegen das Casanische Marienbild dergestalt entbrannt, daß er sich nicht enthalten konnte zu ihm zu gehen und es andächtig zu küssen. So lange der ganze Gottesdienst währete, wurden häufige Wachskerzen von unterschiedlicher Größe zugeschleppet, welche sogleich angesteckt und in die Stelle derjenigen, die vorhin gebrannt hatten, gesetzet wurden. Solchergestalt war hier ein beständiges Wechseln der Lichter. Die alten wurden alle in eine Kiste zusammen gelegt. In diesen Kerzen sollen alle Einkünfte des Klosters bestehen. Es wird für ein gutes Werk gehalten der Kirche Kerzen zu schenken, und nach der Menge der andächtigen Seelen findet dieselbe ihren Unterhalt. Nach geendigter Predigt wurde die Liturgie gehalten, und die gewöhnlichen Gebete verrichtet, worauf alles auseinander ging. In der Kirche bat uns der Ober-Commissarius der Casanischen Admiralität[56], Nefet Miquititz Kudraßzow, zu sich zu dem Mittagsessen, wohin wir uns auch gleich aus der Kirche verfügten, weil es eben Mittag war. Wir fanden daselbst eine große Versammlung, welche in zwo Stuben vertheilt war. In der inneren waren die Frauen, und in der äusseren die Mannsleute. Man setzte sich ohne viele Verweilung, eine jede Gesellschaft besonders zu Tische. Die Speisen waren nach dem hiesigen Geschmacke. Zu Trinken wurde einem jeden auf sein Verlangen Bier gereichet. Es wurde auch fleißig Wein, sowohl weißer als rother herum gegeben. Der weiße war ein guter Franzwein, der rothe Astrachanischer Wein, dessen Geschmack zum wenigsten mir ziemlich zuwider war, warum, weiß ich nicht. Vielleicht war die Ursache diese, daß er gar keinen Geschmack hat. Es wurden auch Pocale mit Wein auf Ihre Kaiserl. Maj. und der Kaiser. Familie Gesundheit ausgebracht, und nachgehends noch andere in kleineren Gläsern als des Statthalters[57], der gegenwärtig war, des Fürsten Tscherkaski und des Kniäs[58] Demitri Michailowitz Galitzin, als eines Verwandten des Statthalters. Nach dem Essen wurden Arbusen[59], Nüsse und dergleichen aufgesetzt, und Punch aus schlechtem Brandtwein und Citronensaft herum gegeben. Wir hatten einen Wirth, der uns nicht nur auf das beste bewirthete, sondern auch die Eigenschaft besaß, uns auf das freundlichste zuzusprechen. Da er die ganze Gesellschaft schon ziemlich weit gebracht hatte, so ließ er seine Frau kommen, welche ganze Biergläser voll Punch herum gab, und diese auszuschlagen würde als eine große Unhöflichkeit angesehen worden sein. Nachgehends ward die Frau General-Majorin Witwerin, als die vornehmste von der weiblichen Gesellschaft, von dem Wirthe um ein gleiches ersucht, und sie verrichtete es eben so wohl. Die ganze Zeit hindurch, die wir da waren, ließ sich eine Musik von Flöten, Violinen und Fagotten so schön hören, als sie von gemeinen Regiments-Musicanten gemacht werden kann. Nachdem die Gäste sich nicht weiter zu trinken nöthigen lassen wollten, so fing man an Französisch und Polnisch zu tanzen[60]. Hier bekamen wir Gelegenheit die Schönheiten, die bißher in einer andern Stube waren, zu sehen. Einige davon waren von der Schminke übel zugerichtet. Die Lustbarkeit währete, wie wir den andern Tag vernahmen, bis um Mitternacht; wir aber gingen um 7 Uhr weg. Den 23sten des Abends bezogen wir unsere Quartiere, die uns von dem Rathhause angewiesen worden, weil die Polizei nur schlechte Quartiere zu vergeben hat. Es waren lauter Kaufmannshäuser; und ob sie gleich voller Wanzen und Tarakanen waren, so hatten wir doch Raum darin. Unsere erste Sorge war eine Küche zu bauen, und wir kamen in einem paar Tagen damit zu Stande, und richteten innerhalb dieser Zeit unsere Haushaltung ein.

Den 26sten fuhren wir nach dem Silandowo-Kloster[61], welches ohngefehr zwo Werste von der Stadt an der Casanka gelegen ist. Wir trafen darin einen Archimandriten an, welcher mit uns lateinisch redete, und kürzlich aus Kiew gekommen war, allwo er die Stelle eines Professors bekleidet hatte. Er sahe uns für Philosophen an, und sprach uns gleich vieles von einem Philosophen vor, den er aus Kiew mitgebracht hätte. Wir waren begierig ihn kennen zu lernen, und es wärete nicht lange, so sahen wir in der Stube eine die Gestalt eines Cylinders habende Maschine, über welcher ein Roquelor[62] hing; sie hatte einen Kopf; an demselben war eine schmale Stirne, spitzige Nase und blasse Wangen. Um diese Maschine, die nachgehends für den Philosophen ausgegeben wurde, stunden Tschuwaschische, Tscheremissische, Mordunische, Calmuckische und Tatarische[63] Knaben, welche von obgemeldeter Maschine täglich in der Philosophie unterrichtet werden. Sie können zwar noch wenig Russisch, die Maschine aber hat ein Mittel ihnen mit der Sprache auch die Philosophie beizubringen. Mit diesen Knaben hat es folgende Bewandtniß. Es ist in diesem Kloster, wie in vielen andern, eine Schule angelegt, in welchem die Russische Sprache, die Gründe der Christlichen Religion nebst der Lateinischen Sprache und der Philosophie gelehret werden sollen. Die Knaben werden aus allen diesen Nationen von verständigen Leuten ausgesucht und den Eltern weggenommen[64]; man siehet dabei auf diejenigen, welche die aufgewecktesten zu sein scheinen. Man hoffet mit der Zeit solche Leute aus ihnen zu machen, die ihre Nationen zu dem Christlichen Glauben bekehren sollen. Zu diesem Ende werden sie niemahls mit denen von Russischer Nation zusammen gelassen, und außer den Stunden des Tages, da sie unterrichtet werden, läßt man sie unter einander allezeit in ihren Sprachen reden. Der Archimandrit machte uns das Vergnügen, einen jedweden dieser Knaben einige Verse in Russischer Sprache mit den Kiewischen Rednergeberden hersagen zu lassen, welches sie mit besonderer Fertigkeit, und ohne die den Rednern sonst gewöhnliche Blödigkeit verrichteten. Wir hatten aber auch Lust sie in ihren eigenen Sprachen zu hören, und dieses Verlangen ward gleichfalls erfüllt, ohngeachtet wir nicht klüger dadurch wurden. Es waren ein paar Burschen darunter, deren Munterkeit wir ungemein bewunderten, und aus welchen durch gute Anführung vielleicht was großes zuwege gebracht werden könnte. Wir verließen unsern leutseeligen Archimandriten mit vielem Vergnügen, und kehrten, weil die Nacht schon vor der Thüre war, nach der Stadt zurücke.

Viele folgende Tage kamen wir wenig aus dem Hause. Wir mußten warten, biß wir von der Regierungskanzlei diejenigen Dolmetscher bekamen, die uns mit den hier befindlichen fremden Nationen umzugehen behilflich sein könnten. Indessen wandten wir diese Zeit an um unsere Beobachtungen in Ordnung zu bringen.

Den 9ten November verfügten wir uns nachmittags um 1 Uhr nach einer Tatarischen Metsched oder Kirche[65]. Es sind deren vier in der Tatarischen Sloboda, welche ein wenig von der Stadt ab und nahe an dem See Bulak gelegen ist. Die Metsched, die wir sahen, und deren Bauart mit der hier gewöhnlichen übereinkommt, war ein viereckichtes hölzernes Gebäuide, auf welchem ein Thurm mit einer Galerie aufgeführet ist, ohne Glocken und Kreuze. Sie stehet in einer Reihe mit den andern Häusern, doch ist auf beiden Seiten etwas Raum dazwischen gelassen. Man steiget von der Seite, da die Straße ist, eine kleine Treppe von 4. biß 5. Stuffen hinauf, und gehet alsdann durch eine kleine Thüre in eine kleine Stube hinein, die man das Vorhaus der Kirche nennen kann. Sobald ein Tatar dahin kommt, legt er seine Schuhe ab, und gehet ohne dieselben durch eine Thüre, die der gedachten gerade gegen über ist, auch in Größe mit derselben übereinkommt, in die Metsched hinein. Nachdem wir die Menge der Schuhe in der Vorkirche und die Geschicklichkeit sie wieder auseinander zu lesen, und die Gelegenheit an statt schlechter gute zu bekommen, bewundert hatten, so gingen wir ohne weitere Ceremonien hinein. Es war ein viereckichtes Zimmer, welches viele Fenster und genugsames Licht hatte. Zur rechten Seite der Thüre war ein Ofen, von welchem das Zimmer eine feine Wärme bekam. Es ruhete auf vier Pfeilern, welche zwei und zwei in der Länge gesetzt waren. Oberhalb der Thüre war eine kleine Vorkirche, auf welcher die Sänger stunden. Gerade gegenüber der Thüre, und also in der Mitte der gegenüber stehenden Wand, war ein besonderer Ort, worin der Tatarische Abiß (Priester)[66] stund, welcher mit dem Gesichte gegen die Gemeine sahe. Ihm zur linken und also dem Ofen gegen über war ein erhabener Stand, auf welchen man durch einige Stuffen gehen muß, und auf diesem Stande ein Pulpet[67], auf welchem die Kirchenbücher lagen. Ueber diesem Platze war in der Wand ein Fenster außer der Ordnung der übrigen befindlich, welches sein Licht auf das Pulpet warf. Der Boden der Metsched war so weit mit Tapeten belegt, als die Säulen gingen. So weit nämlich halten sie den Ort für heilig, und es war uns nicht erlaubt, mit unsern Schuhen dahin zu gehn, und ohne dieselben hatten wir keine Lust es zu thun. Wir fanden die Metsched ganz voll, die Tataren waren alle wie in Schlachtordnung gestellet. Von dem Abiß an saßen sie auf beiden Seiten, eine Reihe hinter der andern, bis an die zwo hintersten Säulen nahe bei der Thüre. Sie saßen aber mit übereinander geschlagenen Füßen nach Türkischer Mode, und hatten insgesammt die Mützen auf dem Kopfe. So bald ein Tatar in die Metsched hineinkam, ging er zu der nächsten Reihe, die noch nicht voll war, fiel auf die Knie und setzte sich. Wir kamen eben hinein, als der Abiß etwas vorlas, oder vielmehr vorsang, und stelleten uns nahe bei der Thüre mit bedecktem Haupte. Unter währendem Lesen des Abiß waren die Tataren ganz stille und hatten nur die Hände gefalten. Nach einer kleinen Weile fingen die Sänger an zu singen, welches nicht lange daurete, aber nicht übel klang. Darauf verfügte sich der Abiß, welcher mit einem priesterlichen Kleide angezogen war, nach dem für ihn zur linken aufgerichteten erhabenen Platze und las aus einem Arabischen schön geschriebenen Buche etwas ab. Ich weiß nicht, ob es die Art der Sprache so mit sich bringt, oder ob der Mann einen Fehler an der Zunge hatte; denn er zwang die Wörter so aus dem Munde, als wenn ihn sonst eine Noth triebe. Währendem Lesen stieg er zuweilen eine Stuffe höher hinauf, zuweilen ging er wieder eine herunter; und ich würde mich fast hierdurch in meiner vorigen Muthmaßung bestärket haben, wofern ich nicht gesehen hätte, daß er nach diesem noch über eine Stunde in der Kirche blieb. Er hörte endlich auf zu lesen, stieg von diesem Schauplatze herunter, und begab sich nach der vorigen Stelle. So gleich fingen die Sänger wieder an, und machten es ziemlich lange. Endlich schien die völlige Andacht ihren Anfang zu nehmen. Der Abiß brummte einige Wörter her. Kein Regiment kann so wohl zu den Kriegsübungen abgerichtet sein, als die Tatarn bei Hörung dieser Wörter waren. In einem Augenblicke stunden sie kerzengerade da, und es fehlten nur die Flinten, sonst hätte man sie für rechte Soldaten gehalten: so aber sahen sie nur neugeworbenen Kriegsleuten gleich. Nach dieser Handlung machten sie ihre Übungen nicht mehr gleich. Man merkte wohl, daß sie beteten; denn man hörte das Murmeln davon. Es hatte auch ein jeder ein Paternoster[68], nach welchem er sich richtete. Ob alle eine gleiche Anzahl Gebeter beten, und gleich viele Uebungen machen müssen, ist mir nicht bewußt. Sie beteten alle mit einerlei Ceremonien; die Ordnung derselben aber habe ich nicht behalten: und weil ich nicht weiß, was sie zu bedeuten haben, so will ich sie nur beschreiben, wie einer, der die Sache nach seinen bisherigen Begriffen einsiehet. Zuweilen schien es, als wann eine Canone unter Leuten, die es nicht gewohnt sind, abgeschossen werden sollte: denn sie hielten in jedes Ohr einen Finger eine ziemliche Zeit lang, bis vielleicht der Schuß vorbei wäre. Zuweilen war es, als wenn sie sich den Bart streichen wollten, oder sich satt gegessen hätten. Dann sie fuhren mit der ganzen Hand in einem halben Cirkel über das Gesicht, und vornehmlich über das Maul. Zuweilen stelleten sie sich an, als wenn ihnen etwas zum Munde heraus wollte; dann sie hielten beide Hände in gerader Linie vor den Mund, so daß dieselben sich nur mit dem mittlern berühreten. Dieses thaten sie am meisten, wann die Wörter *Lailaha illalahu Mahammeden rasululja*[69] gesungen wurden, vielleicht auch wenn sie diese Wörter stille vor sich aussprachen. Zuweilen kam es mir vor, als wäre ihnen was auf die Erde gefallen; denn sie bückten sich mit dem halben Leibe gegen dieselbe, richteten sich aber wieder auf; sodann war es, als hätten sie sich besonnen, und fielen ganz und gar nieder; sie bleiben eine Weile mit dem gegen die Erde gewandten Angesichte liegen, richteten sich hernach wiederum halb auf, und warfen sich noch einmahl nieder. Kurz darauf schien es, als hätten sie das gefunden, was sie suchten, und ihr Gebet schien alsdann bei nahe aus zu sein. So bald ein jeder damit fertig war, ging er fort. In einer Viertelstunde war fast die ganze Kirche leer, biß auf einige wenige gläubige Seelen, die sich nach und nach rund um den Abiß setzten. Es war schon etwas dunkel, und wir konnten nicht deutlich sehen, was vorging. Es schien, als spielten sie mit Kluckern[70]. Vielleicht waren es Korallen[71], deren sie sich zu ihren Paternostern bedienen. Dieses Spiel dauerte so lange, daß wir darüber verdrießlich wurden und fort gingen, ohngeachtet es nicht lange mehr dauren konnte. Wir liefen noch durch die ganze Tatarische

Sloboda und von da durch eine Russische Sloboda, die mit jener in einem fortgehet, und von derselben nur durch Ragatten[72] unterschieden ist, führen. Wir hätten gerne biß zum Ende des Sees Bulak fahren wollen, wenn die Wege dazu geschickt gewesen wären. Daher gingen wir gerade durch beide Sloboden zurücke. Wir sahen hiebei noch, wie man nach Tatarischer und Türkischer Art die Leute zu dem Gottesdienste zusammen bringt. Es stund ein Mann auf dem Thurme der Metsched (welcher nach der Tataren Sprache Maasin heißt)[73] und schrie mit vollem Halse, man kann auch sagen, er sung mit vollem Halse, oder er schrie singend, oder er sang schreiend. Sein Schreien währet nicht gar lange, und man sahe die Leute häufig nach der Metsched laufen. Wir fragten bei dieser Gelegenheit, wie oft des Tages bei den Tataren der Gottesdienst gehalten würde, und es ward uns geantwortet, fünfmahl: das erste mahl, wenn es Tag wird, das anderemahl gegen 10 Uhr, das drittemahl gegen Mittag, das viertemahl gegen 4 Uhr, das fünftemahl gegen 6 Uhr.

Den 14ten bekamen wir Gelegenheit Jakuten[74] zu sehen. Es waren ihrer zween, ein Mägdlein und ein Knabe. Das erstere war ohngefähr 14 Jahr, der andere 11 Jahr alt. Sie waren aus ihrem Vaterlande auf Befehl des Hofes gebracht worden, reiseten schon gegen drei Jahre lang, und sollten in ein paar Tagen nach Petersburg abgehen. An den Kleidern würde man sie für keine fremde Nation gehalten haben; denn sie hatten sich schon vorher in Tobolsk ein paar Jahre aufgehalten, allwo sie mit guten und hier zu Lande gebräuchlichen Kleidern waren versehen worden. In der Gestalt des Gesichts glichen sie den Kalmucken. Sie hatten nämlich eine platte Nase, kleine Augen, und ein fast rundes Angesicht; die Haare waren schwarz. Ihr Gesicht war mit unterschiedlichen Figuren bemahlt, welches sonst unter den Jakuten gar nicht üblich ist, an diesen aber deswegen war verrichtet worden, weil man keinen Tungusen[75], unter denen diese Mode gebräuchlich ist, hatte erhalten können, und doch dergleichen bemahlte Leute waren verlangt worden. Die Figuren sind sehr fein und regelmäßig, und blaulicht von Farbe. Der Herr Prof.

La Croyere zeigte uns bei dieser Gelegenheit hin und wieder an seinem Leibe unterschiedliche Figuren von eben dieser Art und Farbe, welche ihm die Americanischen Wilden mittels dreier sehr feiner und festzusammen gehaltener Nadeln, deren Ende sie mit Schießpulver gefärbet, in die Haut bis auf das Fleisch eingeritzet hatten[76]. Die Figuren dieser Jakuten aber sollen, wie mir für gewiß gemeldet ward, mit Zwirne genähet sein. Wie es eigentlich geschehe, habe ich nicht recht erfahren können. In dem Gefolge dieser Jakuten befanden sich auch einige Stücke fremder Thiere, welche in dem Jamischewischen[77] ihren ordentlichen Aufenthalt haben. Wir konnten sie wegen der Dunkelheit der Nacht nicht genug sehen, und hörten nur, daß sie auf Russisch Marali[78] genennt wurden. Den 17ten ließen wir diese Thiere nach unserem Quartiere bringen. Es waren in allem sieben Stücke, sechs männlichen und eines weiblichen Geschlechts. Sie sahen gelblich von Farbe aus. In ihrer ganzen Gestalt und den Hörnern kamen sie mit den Hirschen überein, und sind auch für nichts anders zu halten.

[Im Original folgen die Seiten 80 unten bis 89 Mitte.]

Wir verließen die Tataren mit vieler Zufriedenheit, und kamen den 15ten [Dezember 1733] des Morgens frühe um 7 Uhr zu Bolschoi Saramak, und denselben Nachmittag um 1 Uhr in Makan Pilga, des Nachts um 1 Uhr aber in Kariä an. In dieser Nacht um 10 Uhr regnete es sehr stark. Des folgenden Tages als den 16ten Vormittags um 9 Uhr erreichten wir Sirijes[79]. Alle genannte Dörfer sind Wotjackisch[80]. Bei den Einwohnern derselben bekamen wir wieder allerlei Neuigkeiten zu sehen. Sie haben, sowohl Männer als Weiber meistens rothe Haare. Die Kleidung der Männer ist Russisch. Ihre Haare aber sind kurz abgeschnitten; die Weibsleute haben nach den drei verschiedenen Hauptaltern eine unterschiedliche Tracht. Die alten Weiber sind Russisch gekleidet; die jungen haben zwar einen Russischen Rock, die Ermel aber sind nach Polnischer Art[81] gegen die Hälfte zu eingeschnitten, wodurch sie die Hände heraussstecken; den herunterhängenden Theil aber stecken sie in die Scherpe, die um den Leib gehet. Auf dem

Kopfe haben sie eine enge Haube von Birckenrinde, an deren beiden Seiten oben eine ohngefähr zween Finger breite und gegen hinten zu abhängige Schindel fest gemacht ist, welche etwas hinterwärts, weit mehr aber vorwärts gehet, und an beiden Seiten sowohl als vorne zuweilen mit einem durchlöcherten Zeuge, zuweilen mit schlechten Fransen besetzt ist. Dieser Aufsatz hat eine große Ähnlichkeit mit den Fontangen[82], welche das Europäische Frauenzimmer vor diesem getragen hat; außer daß die Europäische Fontangen zu dem feiertäglichen Schmucke gerechnet wurden, da die Asiatischen beständig getragen werden. In Kari, da wir in der späten Nacht ankamen, krochen die Weiber aus ihren Betten hervor; doch ließen sie sich nicht anders als mit ihren Fontangen sehen, welche sie, wann sie schlafen gehen, neben sich legen. Sie tragen ihre Haare vorne übergeschlagen, und hinten in einen Bürzel zusammengedreht. Ueber die Haare ist noch eine Binde fest gemacht, die hinten weit herunter hängt. Die Wotjackischen Dirnen haben ein weiches Käpplein auf dem Kopfe, welches unten in der Rünbde noch mit sechs Reihen Bänder besetzt ist, die mit Korallen gezieret sind, zwischen welchen eine Reihe silberner und zinnerner Copeken eingestickt ist. Oben gehet das Käpplein spitzig zu, und ist der Länge nach mit 8 Bändern in der Reihe herum besetzt, welche bei einigen auch mit Korallen gezieret sind. Die Haare sind nach Russischer Art geflochten, so daß sie zuletzt zwo Schnüre ausmachen, die sich in so vielen Quasten endigen, welche in die Scherpe um den Leib eingesteckt werden. Die Weiber sowohl als die Dirnen sind sehr scheu, und wir würden keine Gelegenheit gehabt haben sie zu betrachten, wofern wir uns nicht etwas ernsthaft dabei aufgeführt hätten. Der Wotjacken Religion ist bei nahe gar keine. Sie glauben wohl an einen Gott, den sie Jumar nennen, und dessen Aufenthalt ihrer Meinung nach in der Sonne sein soll[83]; große Ehrenbezeugungen aber erweisen sie ihm nicht. Wenn sie ein Anliegen haben, so wenden sie sich zu einem Manne, den sie Dona[84] nennen, und der so viel als der Tschuwaschen Jümasse ist. Demselben klagen sie ihre Noth und erhohlen sich bei ihm Raths. Wir ließen einen solchen Mann kommen, und Herr Prof. Müller wollte ihm Gelegenheit geben seine Künste zu zeigen. Er sagte ihm, daß er einen silbernen Becher verlohren hätte, und fragte ihn, ob er ihm nicht anzeigen könnte, wo solches geschehen wäre. Darauf nahm dieser Dona, dessen wahrhaftiger Name Ischak war, etwas Rauchtoback in die Hand, rührte ihn mit den Fingern hin und her, murmelte einige Worte, und sagte darauf, der Becher wär in der vorigen Station vergessen worden; unser gewesene Wirth wäre deswegen sehr bekümmert, und wünsche, daß wir ihn wieder mögten abhohlen lassen. In der That war der Becher nicht verlohren; jedoch ließen wir uns nichts merken, sondern belustigten uns an dem schlauen Betragen dieses Mannes, welcher sich wohl einbilden konnte, daß man nicht so weit zurücke schicken würde, und also durch seine Antwort theils den Wirth des vorigen Dorfes, seinen Glaubensgenossen, theils unsere Leute, welche seine Possen mit anhörten, außer Argwohn setzen wollte. Herr Prof. Müller klagte ihm seine Noth noch ferner, und sagte ihm, daß er große Schmerzen in der Seite hätte und gerne wissen mögte, ob diese Schmerzen bald aufhören würden, und ob man dieselben nicht bald stillen könnte. Er nahm seinen Toback wieder hervor, rührte ihn eben so wieder um, und fragte nach dem Namen des Kranken, worauf man ihm einen falschen nannte. Endlich gab er die Antwort, der Kranke sollte zu einem Tatarischen Abiß gehen, welcher ihm aus dem Koran etwas vorlesen und ihm dadurch helfen würde. Allein Herr Prof. Müller lag dem Dona ferner an, daß er ihm selbst helfen mögte. Dieser forderte hierauf eine Schaale mit Brandtwein, und nachdem man ihm solche gereichet hatte, so rührte er den Brandtwein mit einem Messer lange in die Runde herum und murmelte dabei beständig einige Wörter. So dann gab er dem Kranken die Schaale, damit er davon trincken mögte. Dieses aber wollte derselbe nicht thun, sondern bat den Dona statt seiner zu trinken, welches er auch, weil er vielleicht ein Liebhaber des Brandtweins war, mit vielen Freuden verrichtete, und alsdenn den Ausspruch that, daß der Schmerz bald nachlassen würde. Als man ihn fragte, was für Wörter er ausgespochen hätte, so sagte er, die Cur würde nicht anschlagen, wann er sie offenbarte. Es wurde ihm mit noch mehreren Fragen scharf zugesetzt, welche ihn so verwirrten, daß er sich was schlimmes befürchtete, und sich durch kein Bitten länger halten ließ. Die Wotjaken haben keine Festtage, sondern als ich einen deswegen befragte, erhielte ich die Antwort, es sei bei ihnen Festtag, so oft sie Bier und Brandtewein hätten. Da ich mit meinem Wotjacken in dem Gespräche von Festen begriffen war, so fragte er mich, wenn unser Roschdowy[85] wäre? Ich verstund ihn nicht gleich, aber endlich merkte ich, daß er Weihnachten meinte. Ich fragte ihn dagegen, was ihn dieser Tag anginge, und er antwortete, dieses wäre der einzige Tag, den die Wotjacken feireten, es läge ihnen aber nicht viel daran, ob es ein paar Tage früher oder später geschähe; denn zuweilen wüßten sie den Tag nicht genau, zuweilen würde ihr Bier früher oder später gebrauet. Als ich ihn weiter fragte, ob er denn wisse, was dieser Tag bedeute, so sagte er nur so viel, man müsse an demselben wacker saufen. Ich fing an ihm vorzustellen, daß wir diesen Tag GOtt zu Ehren feierten, weil derjenige, der uns die ewige Glückseeligkeit erworben hätte, an diesem Tage gebohren wäre. Allein das war dem Blinden eine Thorheit. Wir verstunden beide nicht viel Russisch, und ich konnte ihn von nichts überzeugen. Sonsten fehlet es diesen Leuten nicht an natürlichem Verstande. Ich wies einem eine Taschenuhr und sagte ihm, wie man hieraus allezeit wissen könnte, in welcher Stunde des Tages man wäre. Es muß also, versetzte er, eine Solnzuschka[86], eine kleine Sonne, sein. Sie sind arm, welches wir auch daran merken konnten, daß, da wir vorher in keiner Station gewesen waren, da man uns nicht ein kleines Geschenke gegeben hätte, uns von ihnen nirgends als in Makanpilga eine Gans gebracht wurde. Ihre meiste Beschäftigung bestehet in der Jägerei. Wenn ein wenig Frost kommt, so gehen sie in die Wälder aus, und schießen Bären, Füchse, Wölfe, Hasen, Eichhörner, einige mit Bogen, andere, wiewohl sehr wenige, mit Flinten oder Büchsen.

Der Schauplatz änderte sich bald. Wir reiseten noch denselben Tag von Sirijes ab, und kamen des Abends um 4. Uhr nach Werchnoi Pobju D. einem Tscheremissischen Dorfe, allwo wir beinahe nichts anders als besoffene Leute von beiderlei Geschlechte antrafen. Es war an diesem Tage eine Hochzeit in dem Dorfe, welche zu dieser Lustbarkeit Anlaß gegeben hatte. Desto leichter war es uns, die besondere Kleidung etwas genau zu betrachten. Die Mannsleute sind durchgehends Russisch gekleidet. Die Weibsleute richten sich hierin, wie die Wotjacken nach den verschiedenen Altern. Alte Weiber gehen in Russischer Tracht: junge kleiden sich auf zweierlei Art; doch bestehet der Unterscheid unter sich sowohl als unter den alten Weibern nur in dem Kopfputze. Bei einigen siehet man an dem Kopfe zween Ringe, deren eine den Kopf von vorne bis hinten, und der andere von oben bis unten umschließt. Der erste Ring ist viel breiter, als der andere, und mit einer Reihe Copeken gezieret, welche sich zwischen zwoen zackigt gesetzten Reihen Korallen befindet. Außer diesen Copeken hängen an dem äußeren Ende noch andere herunter. Hinten, da der Ring länglicht und enger zu werden anfängt, sind dessen gegen einander überstehende Seiten durch ein O verband, welches mit zwoen Reihen Copeken und Korallen besetzt ist, vereiniget. Von da endiget sich dieser Ring in einem Schweife, welcher aus einem zween Zolle breiten Bande bestehet und bis auf den Hintern herunter hängt, wiewohl er bei allen denen, die wir sahen, hinten in den Rock eingesteckt war. Von seinem Anfange an bis zu dem dritten Theile der Länge siehet man neun Reihen Rechenpfennige, von denen die fünf ersteren größer, und vier und vier nebeneinander, die übrigen aber kleiner, und nur drei und drei neben einander sind. Zwischen einer jeden Reihe Rechenpfennige befinden sich so viele Reihen Korallen, von denen die oberste die grösten, und bis auf die vierte Reihe blaue, die übrigen aber immer kleinere und aus verschiedenen Farben bestehende Korallen haben. Der andere Ring, welcher von dem Obertheile des Kopfes herunter gehet, schließt sich unten an dem Halse. Er ist mit lauter Kreuzen, die von kleinen Korallen zusammen gesetzt sind, gezieret. Die Korallen sind grün, außer daß in der Mitte und an den Enden eines jeden Kreuzes allezeit eine einzelne weiße Koralle ist. An der Stelle unter dem Ohre zur rechten Seite hängt von diesem Ringe ein dünner nach Verhältniß eines Ohrringes ziemlich weiter Ring herunter, welcher sich nicht zusammen schließet; das eine Ende ist mit einem weißen geschliffenen kleinen Kristall, welcher durch einen messingenen Stift daran fest gemacht ist, gezieret. Dieser messingene Stift gehet von dem Kristalle noch weiter herunter, ist mit messingenem Drate dicht umwunden und endiget sich in einem kleinen messingenen Ringe. Durch das andere Ende des obgemeldeten Ringes ist ein Stückchen von einem Hasenschwanze gezogen. An der linken Seite war der Ohrring wirklich an dem Ohre fest gemacht, und die übrigen Umstände waren eben so. Von den beschriebenen zween Ringen gehet eine Mütze gerade aufwärts in die Höhe, die ihrer Gestalt und Höhe nach bei nahe mit einer Grenadiermütze übereinkommt. Sie gehet jedoch nicht ganz spitzig zu, sondern ist oben ohngefähr noch einen Zoll breit. Sie ist vorne fünf Zoll lang, und von oben gegen unten zu mit Copeken dicht besetzet. Von der letzteren Reihe der Copeken hängen der ganzen Breite der Mütze nach, welche daselbst ohngefähr von 3 Zollen ist, Reihen von grünen und gelben von fünf zu fünfen sich abwechselnden Korallen in der Länge von 3 Zollen herunter, welche oben und unten mit einer Reihe großer silberner Copeken besetzt sind. Auf den Seiten und hinten hängen anstatt dieser Korallen grüne und rothe seidene Fäden herunter, von denen die hintere bis an den Ring, der den Kopf von oben nach unten zuschließt, die auf den Seiten aber so weit als die Korallen reichen. Die Haare gehen vorne über die Mütze hervor, und sind hinten in einen Bürzel zusammen gebunden. Eine andere junge Frau hatte nur ein rundes Käpplein auf dem Kopf, welches mit drei Reihen Copeken und so viel Reihen Korallen besetzet war. Das Käpplein endigte sich in einem Schweife, welcher aus einem einen Zoll breiten Bande bestund. Er war von seinem Anfange an mit sechs Rechenpfennigen drei und drei nebeneinander besetzt. An den Ohren hing zu beiden Seiten ein silberner

Ring, welcher in seinen übrigen Zierraten mit den oben beschriebenen Ohrringen übereinkam, außer, daß von beiden Ringen eine Reihe Korallen herunter hinge, welche sich vorne an der Brust in eine Reihe zusammenschlosse. Zwischen diesen Korallen hingen noch vorne an der Brust zwo Reihen großer Korallen herunter. Eine Dirne von ohngefähr 15 Jahren, die wir besahen, hatte nichts auf dem Kopfe als ein Tuch, welches hinten nach Art der Persianischen Teppiche gestickt war, und in ein Dreieck ausginge. Vorne an der Brust hingen ein paar Reihen Korallen herunter, und auf der Brust unter dem Rocke hatte sie einen Korallen-Panzer. Diese Dirne sahe ziemlich wohl aus, und war eben denselbigen Tag von ihrem Vater zu verheiraten ausgeboten; allein es wollte keiner mehr Kalün für sie geben, als fünf Rubel, und der Vater verlangte zehen. Er wollte sie also lieber auf bessere Zeiten noch bei sich behalten. Wir boten ihm im Scherze zehen Rubel dafür; aber er schien dazu nicht geneigt zu sein. Sonsten nahmen wir noch unterschiedliche kleine Veränderungen in Trachten wahr, worunter diese wohl eine der lächerlichsten ist, daß einige Weiber unten an den Füßen kleine Schellen hatten. Es fehlte mir aber an Geduld mehrere derselben zu beschreiben. Der Tscheremissische Zauberer (Woroschei,) nach dem wir schickten, wollte sich nicht sehen lassen, und es ward uns gemeldet, daß er verreiset wäre.

Des Abends um 8 Uhr verließen wir Werchnei Pobju D. und langten des andern Morgens als den 17ten December frühe um 8 Uhr, in Kötscho pilga, einem Wotjackischen Dorfe an. Diese Wotjacken, kamen uns sowohl in dem Dorfe selbst als unterwegens, was ihren Umgang betrifft, ganz anders vor, als die vorigen. Ich kann sie hierin mit nichts besser als Finnischen Bauren vergleichen, welche in der Hartnäckigkeit wenig ihres gleichen haben. Auf hundert Fragen antworteten sie kaum ein Wort; ja es schien, daß sie sich stelleten, als wenn sie fast kein Wort Russisch verstünden, da doch die vorigen sich rechte Mühe gaben sich gegen uns zu erklären, vielleicht, weil sie von den benachbarten Tataren mehrere Leutseeligkeit gelernet hatten. Die Tataren sind, wie ich schon oben gemeldet habe[87], leutseelige Menschen, und diejenigen, die über 30 Jahre sind, sprechen meistentheils ziemlich Russisch und Tscheremissisch. Die Tscheremissen sprechen dagegen wieder Tatarisch und Russisch. Die Wotjacken reden auch Tatarisch und Russisch, allein, wie sie uns sagten, so können sie kein Wort Tscheremissisch, weil sie mit den Tscheremissen wenig Umgang haben. Was ihre Reinlichkeit betrifft, so sind die Tataren die reinlichsten, hernach die Tscheremissen, die Wotjacken aber leben säuisch. Doch haben alle diese Nationen keine Schwarzstuben[88], sondern solche, als ich oben bei den Tataren beschrieben habe. Jedoch diese hindert nicht, daß die Stuben nicht eben so wie bei den gemeinen Russen voller Rauch sein sollten; denn sie brennen keine Lichter, sondern an statt derselben, wie die Russen Pergel[89]. (Lutschinki.) Zu ihren Fleischspeisen gebrauchen sie das Fleisch von Pferden, Kühen, Bären und Eichhörnern. Die Wotjacken und Tscheremissen essen auch Schweinfleisch, allein sie halten selten Schweine; den Muhamedischen Tataren ist es in ihrer Religion verboten.

[Im Original folgen die Seiten 110 oben bis 115 unten.]

Den 8ten Januarius 1734 gingen Herr Prof. Müller und ich in dem Gefolge des Herrn General-Lieutenants von Hennin nach den Polewaischen Kupferwerken[90], welche 52 Werste von Catharinenburg[91] entfernet sind. Wir traten unsere Reise des Morgens um 5 Uhr an, und kamen durch die Uktus-Schelesnja-Sawode[92] und Derewna noch des Vormittags um 11 Uhr in Polewa Sawode und Derewna an. Nachdem wir zu Mittag gespeiset hatten, fuhren wir in das Kupferbergwerk ein, welches noch in dem Bezirke der zur Verteidigung gegen die Baschkiren[93] ausgeführten Werke befindlich ist. Wir befuhren nicht den gemeinen Schacht, der von den Bergleuten befahren zu werden pfleget, sondern gingen durch eine wohlgemachte Treppe hinein. Ob es gleich weiter hinein immer mühsamer zu befahren wird, so kommt es doch derjenigen Beschwerlichkeit nicht bei, die man in deutschen Bergwerken auszustehen hat. Das Gebirge ist nicht sonderlich

Abb. 9: Gerhard Friedrich Müller (1705–1783), aus Herford stammender Historiker und Universalgelehrter, der die erste wissenschaftlich fundierte Geschichte Sibiriens schrieb

fest, jedoch kann es ohne Stütze nicht gut gewonnen werden. Das Erz bricht nicht in Gängen, sondern nur in Nestern, ist kiesichter Art, und gibt eines in das andere 3 Pfund auf den Centner. Es bricht in einer schwärzlichen etwas alaunhaften[94] Erde, hat aber nun angefangen abzusetzen, und ist fast ohne Hoffnung eines fernerhin ergiebigen Nutzens. Weil die Erze nicht sonderlich tief fallen, so hat man auch selten nöthig die Werke über 100 Faden tief zu bauen. Daher hat man keine sonderliche Noth vom Wetter, und die Wasser werden durch Pumpen, die von dem Polewa-Flusse getrieben werden, ausgezogen. Von dem Bergwerke gingen wir in die Kupferhütten, allwo alle diejenige Öfen erbaut sind, welche Rohstein, und aus demselben Kupfer zu machen nöthig sind. In eben dieser Hütte sind auch zwei Puchwercke, ein gemeines mit vielen Stempeln, und eines mit einem einzelnen Puchhammer[95]. Alles aber wird von dem schon besagten Polewa-Flusse, welcher durch einen Damm aufgeschwellet ist, getrieben. Eine besondere Hütte ist noch zum rösten; das aus dem Rohstein ausgeschmolzene Kupfer aber wird nach Catharinenburg gebracht und erst daselbst, nachdem es seine völlige Reinigung bekommen hat, in Stücken gegossen. Jetzo, da sich die Erze starck absetzen, so ist voriges Jahr ein hoher Ofen gebaut worden, um allenfalls, wenn sich kein neuer Anbruch der Kupfererze zeigen sollte, eine Eisen-Schmelzhütte anzulegen, weil Eisenerze daselbst in großer Menge brechen. Nachdem wir alles besehen hatten, reiseten wir wieder ab, und kamen des Nachts um 8. Uhr nach Catharinenburg zurücke.

[Im Original folgen die Seiten 117 Mitte bis 151 unten.]

Ehe ich zu unserer Abreise komme, will ich noch etwas von der Stadt Tobolsk und ihren Einwohnern melden. Dieselbe liegt unter der Breite von 58Gr.12M. an dem Irtisch-Strome, und ist die Hauptstadt von ganz Sibirien. Sie ist in die obere und untere Stadt getheilet. Die obere Stadt liegt auf dem hohen östlichen Ufer des Irtisch-Flusses, und die untere auf dem Felde, welches zwischen dem hohen Ufer und dem Irtisch ist. Diese beiden Städte zusammen haben einen sehr großen Bezirk, die Häuser aber sind alle von Holz. In der oberen Stadt, welche die eigentliche Stadt heißet, ist die Festung, welche beinahe viereckicht, und von dem ehemahligen Statthalter Gagarin von Steinen erbauet worden ist. In derselben ist ein Kaufhaus, welches sowohl als die Regierungskanzelei und der Erzbischöfliche Pallast ebenfalls von Steinen aufgeführet ist. Nahe bei der Festung ist des Statthalters Haus. Der jetzige, welcher schon in das vierte Jahr hier ist, heißt Alexei Lwowitz Pleschtscheew. Außer obgemeldetem Kaufhause ist in der oberen Stadt noch ein Markt für Eßwaaren und allerhand Kleinigkeiten. Um diese ganze obere Stadt auf der östlichen Seite, die landeinwärts ist, lässet der jetzige Statthalter einen Erdwall aufführen, welcher auch diesen Sommer zu

Stande kommen soll, indem nicht viel mehr daran zu bauen übrig ist.

Die untere Stadt hat ihren eigenen Markt, und dabei einige Kramläden, worin man allerhand Kleinigkeiten zu kaufen haben kann. Wenn man aber sowohl hier als in dem Kaufhause der oberen Stadt etwas kaufen will, so muß man im Winter des Morgens sobald als der Tag anbricht, bis 11 Uhr, im Sommer von des Morgens um 5 Uhr bis 11 Uhr, des Nachmittags aber zur Winterzeit von 2 bis 4 Uhr, und des Sommers von 4 bis 8 Uhr kommen. Außer diesen Stunden trifft man nichts an. Während denselben aber ist das Gedränge von Leuten so groß, daß man nicht anders, als mit vieler Mühe durchkommen kan, weil der Weg von der untern nach der obern Stadt, besonders des Sommers, gemeiniglich über diesen Markt genommen wird. Die meisten Eßwaaren, sowohl die in der unteren als oberen Stadt nöthig sind, werden hier gekauft, und alle Trendelkramereien[96] muß man hier suchen.

Die Geistlichkeit scheinet sich hier noch nicht nach der in den Russischen Städten üblichen Art eingepfarrt zu haben[97], dann in der Festung sind nur zwo steinerne Hauptkirchen, und außerhalb derselben drei hölzerne Kirchen, und ein Kloster, Roschdestwenskoi Monastir[98]. Die untere Stadt hat nicht mehr als 7 Kirchspiele, und ein steinernes Kloster, mit dem Beinahmen Snamenskoi[99].

Was endlich die Bequemlichkeit einer jeden Stadt ins besondere betrifft, so hat die obere diesen Vortheil, daß sie keinen Überschwemmungen unterworfen ist; dagegen ist dieses eine große Beschwerlichkeit darin, daß alles Wasser, was man oben nöthig hat, von unten den Berg herauf geholt werden muß. Der einzige Erzbischof hat mit großen Kosten einen Brunnen von 30 Klaftern graben lassen, welcher aber niemand außer seinem Pallaste zu statten kommt. Eine andere große Ungemächlichkeit ist dieses, daß von der Seite des Berges gegen den Irtisch meistens alle Jahre große Stücke abfallen, wodurch die Einwohner öffters genöthiget werden, die nahe an dem Ufer stehenden Häuser abzubrechen und anders wohin zu setzen. Ich vermuthe nicht, daß jemand ein Haus hart an dem steilen Ufer bauen wird, und doch habe ich gesehen, daß einige Balken von der Grundlage eines Hauses, das damahls daselbst stund, schon über das Ufer hervorragten. Ja man hat mich versichern wollen, als wann ehemahls das Kaufhaus nahe bei dem Ufer gewesen wäre, und wegen Einfallung des Ufers hätte abgebrochen werden müssen. Der ehemahlige Statthalter Fürst Gagarin hatte dieses Übel genug eingesehen und dafür gehalten, daß solches eigentlich daher rührte, daß die Mündung des Tobol-Flusses, wovon die Stadt den Nahmen führet, sich gerade gegen die Festung ergösse. Er ließ daher durch die damahls gefangene Schweden eine andere Mündung weiter hinauf durch einen dazu gegrabenen Canal machen, welches auch vieles geholfen. Doch hat die Erfahrung nach der Hand gelehret, daß dieses Mittel noch nicht zureichend sei. Ich glaube, daß man noch eine Ursache in dem leimichten Erdreiche, woraus das Ufer bestehet, suchen müsse. Das Ufer fällt nur zur Frühlingszeit ein, und eben dieses ist die Zeit, da der Irtisch aufschwellt. Ich vermuthe also, daß die Gewalt des Wassers das Ufer unten aushöhle und den Leim, daraus es bestehet, wegführe, wodurch nothwendig der Fall des darauf stehenden zuwege gebracht werden muß. Daß diese Ursache ziemlich wahrscheinlich sei, kann man leicht erkennen, wenn man von der oberen Stadt längst dem Ufer gegen Norden gehet. Man wird daselbst nicht nur verschiedene Durchbrüche finden, die das Regenwasser nach und nach gemacht hat, und die von dem Irtisch wohl über eine halbe Werste ostwerts in das Land gehen, sondern man wird auch viele kleine Seen nicht weit von einander antreffen, die bloß von dem Regenwasser, welches das Erdreich ausgehöhlet hat, entstanden sind. Wenn nun das Regenwasser in diesem Erdreiche eine so große Wirkung thut, solte denn nicht die Gewalt des Flusses eine gleiche oder eine grössere haben? Man könnte daher vielleicht dem künftigen Übel durch Einrammlung von Pfählen unten an dem Ufer, und durch Anpflanzung von Weiden u. d. g. auf der ganzen Fläche des Ufers, die gegen den Fluß ist, glücklich zuvorkommen. Die untere Stadt hat den Vortheil, daß sie das Wasser in der Nähe hat, dabei aber ist sie den Überschwemmungen sehr unterworfen; jedoch erfähret sie dieselben nicht alle Jahre. Denn obwohl der Irtisch alle Frühjahre anwächst, so leidet die Stadt doch nicht allezeit davon Noth. Die Einwohner geben es für eine allgemeine Wahrheit aus, daß alle zehen Jahre eine solche Überschwemmung geschehe, welche die ganze Stadt unter Wasser setze. Das vorige Jahr hatte man das Exempel, daß nicht nur die Stadt, sondern auch die ganze niedrige Gegend um den Tobol-Fluß biß Tjumen[100] unter Wasser war gesetzt worden. Vor 11 Jahren soll es eben so gewesen sein, und einige, welche die Erzählungen ihrer Voreltern bis auf diese Zeiten verwahret zu haben vorgeben, sagen, wie ich schon gemeldet habe, daß sich weiter zurück auch alle zehen Jahre dergleichen ereignet hätte. Ich weiß aber nicht, ob man diesen Nachrichten völligen Glauben zustellen könne. Denn wie es mir in dem Winter erzehlet ward, so wurde dabei gesagt, daß eine solche Überschwemmung alle 10 Jahre, 2 Jahre nach einander geschehe, und daß man folglich dieses Jahr noch unfehlbar eine Überschwemmung haben würde. Die Prophezeiung ist nicht eingetroffen, und daher vermuthe ich, daß die Beobachtung sich nicht weiter als auf 10 Jahre erstrecke, da man ohnedem Sibirien nicht als ein Land anzusehen hat, allwo, und besonders in den Städten beständige Leute wohnen.

Die beiden Städte haben untereinander durch drei verschiedene Wege eine Gemeinschaft. Der erste gegen den Fluß ist der steileste. Er gehet gerade nach der Festung, und ist von dem ehemahligen Statthalter Gagarin angelegt worden. Man bedient sich desselben meistens im Sommer und im Frühlinge, weil er gebrückt ist. Hierbei merke ich an, daß dieser gebrückte Weg unten in der Stadt biß an das Snamenskoj-Kloster, und oben bis an das andere Ende der Stadt, nämlich bis an den Erdwall in einem fortläuft. Es ist eine große Beschwerlichkeit in Tobolsk, an einem andern Orte, als an dem gebrückten Wege zu wohnen. Dann da das Erdreich durchaus leimicht ist, so enstehet daher in dem Frühlinge ein solcher Koth, daß man kaum durchkommen kann; ja es soll auch im Sommer niemahls recht trocken werden, ausser in der oberen Stadt, da die Hitze der Sonne eine größere Würkung hat. Der andere oder mittlere Weg wird weder des Winters noch des Sommers viel gebraucht, weil er ziemlich steil und nicht gebrückt ist. Der dritte ist derjenige, dessen man sich des Winters am meisten, des Frühlings gar nicht, des Sommers aber nur zuweilen bedienet. Er ist nach und nach abhängig, und folglich bei weitem nicht so steil, wie die andern. Ob er gleich nicht gebrückt ist, so gehet doch von seinem unteren Ende eine bebrückte Straße biß an die obgedachte Brücke, und vereinigt sich mit derselben bei dem Markt, oder an dem untern Ende des ersten Weges.

Wenn ich nach Art der deutschen Städte der Stadt Tobolsk ein Wahrzeichen geben solle, so müßte es meines Erachtens eine Kuh sein. Ich habe noch keinen Ort gesehen, wo mehrere Kühe in den Straßen herumlaufen, als hier. So gar des Winters, wo man geht und steht, sieht man Kühe, jedoch im Frühjahr und Sommer noch mehrere. Von den Katzen habe ich noch dieses als was besonderes angemerket, daß sie hier meistens roth sind.

Der Hauptfluß, der Tobolsk vorbei fließt, ist der Irtisch. Sein eigentlicher Ursprung ist sehr weit in der Kalmuckei[101]. Nachdem er schon vieles Land durchgeflossen, gehet er noch in der Kalmuckei durch einen auf Kalmuckisch Nurr-Saissan genannten See[102], von wannen er bis Tobolsk in einem Erdstriche von ohngefehr 2000 Wersten noch verschiedene große und kleine Flüsse, unter welchen der Ischim und der Tobol die vornehmsten sind, zu sich nimmt, und endlich 400 Werste unterhalb Tobolsk bei Samarowskoi Jam sich in den Ob ergießt. Der Tobol-Fluß hat seine Mündung, wie schon gemeldet, etwas oberhalb der Stadt, auf dem westlichen Ufer. Das Wasser des Irtisches ist allezeit trübe und leimicht. Die Reisebeschreiber melden[103], daß das Wasser des Tobol-Flusses viel klarer und reiner sei, und wohl eine Meile weit unterhalb seiner Mündung von dem Irtisch-Wasser könne unterschieden werden. Ich habe dieses nicht wahrnehmen können. Um davon eine größere Gewißheit zu erlangen, ließ ich mir Wasser aus dem Tobol hohlen. Es war wo nicht eben, doch bei nahe so trübe, als das Wasser in dem Irtisch, und hat auch eine gleiche Schwere. Ob es sich, wenn etwa lange Zeit stilles Wetter anhält, anders befinde, kann ich nicht sagen. Darin aber irren sich die Reisebeschreiber unstreitig, daß sie dem Irtisch einen sehr schnellen Lauf zuschreiben. Ohne des Eises zu gedenken, welches bei dem Aufgehen des Flusses sehr langsam treibet, haben wir durch die Leine befunden, daß der Fluß binnen einer Stunde nicht mehr als eine Werst in seinem Lauf vollende. Außer diesen Flüssen gehen noch durch die untere Stadt einige kleine Bäche, als Kurdjamka, Monastirska, Katschalowka, Piligrimka und Soljänka, in den Irtisch. Die Stadt Tobolsk hat sehr viele Einwohner, davon fast der vierte Theil Tataren sind. Die übrigen sind Russen, meistens aber solche, die entweder selbst wegen ihrer Verbrechen hieher verschickt sind[104], oder welche von Vorfahren, die aus gleicher Ursache hieher geschickt worden, abstammen. Gleichwie alles hier spottwohlfeil ist, so daß ein gemeiner Mann des Jahrs von 10 Rubel gar wohl leben kann; also herrschet hier das Laster der Faulheit in dem aberhöchsten Grade. Ohnerachtet es hier allerhand Handwerker gibt, welche fast alles zu machen im Stande sind, was man nur verlangen kann, so hält es doch damit so schwer, daß man sich sehr glücklich zu schätzen hat, wann man etwas gearbeitet bekommt. Und dieses geschieht selten, ohne daß man Gewalt gebraucht, und die Leute unter Wache arbeiten läßt. Wenn sie etwas verdienen, so muß dasselbe vorher versoffen sein, ehe man wieder etwas von ihnen bekommen kann. Der wohlfeile Preis des Brodts ist an allem Schuld. Denn gleichwie diese Leute zufrieden sind, wann sie nur nicht Hungers sterben, also bekümmern sie sich um den morgenden Tag im geringsten nicht, und suchen also nicht einen Copeken zu ersparen, dessen sie sich, falls sie auf das Krankenbette oder sonst in Noth kommen sollten, bedinen könnten. Wann sie nichts mehr haben, so arbeiten sie wieder ein paar Stunden, und dafür können sie wieder eine ganze Woche faulenzen. Unter dem hiesigen Statthalter stehet der Irkutzkische Unterstatthalter mit allen Sibirischen Woiwoden, doch so, daß er keinen darzu machen kann, sondern sie annehmen muß, wie sie von der Sibirischen Kanzlei, (Prikas) welchen ihren Sitz in Moscau hat[105], ihm zugeschickt werden. Er ziehet, so wie der hiesige Unterstatthalter, und die übrige Kanzleibedienten, eine Besoldung von Ihro Kaiserlichen Majestät, welches bisher nicht gebräuchlich gewesen, auch in Ansehung der Statthalter anderer Provinzen und der Sibirischen Woiwoden bis jezto noch nicht gebräuchlich ist. Es sind hier zween Secretäre bei der Regierungskanzelei, welche, ohngeachtet die Statthalter abgewechselt werden, doch beständig bleiben. Sie sind deswegen in einer solchen Hochachtung, daß sich große und kleine vor ihnen bücken. Ja es scheinet, daß ein Wink von ihnen mehr vermöge, als zehn mündliche Befehle des Statthalters. So gar die vornehmsten Officiere der Besatzung müssen sich nach ihren Befehlen richten, wie sie denn über die ganze Stadt ein fast uneingeschrancktes Regiment führen.

[Im Original folgen die Seiten 161 Mitte bis 249 Mitte.]

Diesen Abend langte hier[106] eine kleine Caravane von Urungai-Kalmucken an. Das Wort Urungai bedeutet so viel als Jasatschnoi[107], und sie sind Kalmuckische Bauren, die in dem Kriege nicht dienen. Sie haben einen kleinen Fürsten über sich, den sie Omba nennen[108], und waren ehemahls in diesen Gegenden wohnhaft gewesen; daher kamen sie auch bei der ersten Anlegung der Kupferhütten hieher, um dawieder ihre Beschwerden anzubringen. Sie haben sich aber von hier weggezogen, weil sie von der Casackischen Horde[109] zweimahl überfallen und ausgeplündert worden. Sie wohnen jetzo an dem Ursprunge des Tscharüsch-Flusses[110], ohngefähr 3 Tagereisen von hier. Ihre Ansprüche haben sie bald fahren lassen, und bisher, wie alle übrigen Kalmucken, sich sehr friedlich gegen Rußland bezeugt, so daß sie auch das vorigen Jahr, da sie von den Streifereien der Casackischen Horde einige Nachricht hatten, die hiesigen Bewohner davor warneten. Es war auch nicht ohne Ursache; denn die Casackische Horde unterstund sich, bis nahe an die hiesige Festung zu kommen. Weil man aber auf der Hut war, so bekam man einen von ihnen gefangen, und die übrigen wurden weggejagt. Wir ließen die Kalmucken den folgenden Morgen zu uns kommen. Sie hatten meistens rothe runde Mützen auf, die mit Rauchwerk besetzt waren, und oben eine gelbe Quaste hatten, sie waren klein von Leibe, hatten kleine Augen, dicke Backen, und ein langes Kinn. Sie trugen lange Röcke, die Haare waren ganz abgeschoren, hinten aber hatten sie so viel stehen lassen, als zu einem Zopfe nöthig ist. Derselbe Zopf hing lang herunter. Ein paar unverheirathete, die darunter waren, hatten ein jeder vier Zöpfe[111]. Sie waren hieher gekommen, um Proviant zu kaufen. Nachdem wir eine Weile mit ihnen gesprochen hatten, so ließen wir sie mit ihren Pfeilen, welche ziemlich breit und stumpf waren, nach einem Ziele schießen. Sie trafen alle in einer Weite von 7 bis 8 Faden. Darauf wurden allerhand Ziele auf der Erde gemacht, welche sie, so schnell als die Pferde laufen konnten, vorbeireiten, und im Reiten einen Pfeil nach einem jeden Ziele schießen sollten. Es war zu bewundern, mit was für einer Fertigkeit sie dieses verrichteten. Man sahe nicht leicht, daß einer fehl geschossen hatte, da sie doch bloße Bauren sind, und zu den ritterlichen Übungen vermuthlich keine Anleitung von jemand bekommen hatten. Sie sitzen sehr kurz zu Pferde, haben auf der rechten Seite den Köcher, und auf der linken den Bogen hangen. Sie wiesen uns auch ein paar Kriegspfeile, welche viel schärfer und spitziger sind, als die andern, die sie hatten, und welche nur die Thiere zu fällen gebraucht werden.

Den 23sten August ritten wir nach dem Kolywanka gora (Kolywanischer Berg). Derselbe liegt den Kupferhütten meistens süd- und ein wenig westlich, und ist der erste Berg, worauf Akinfi Nikititz Demiedow[112] hat graben lassen. Es ist auch an dem Fuße desselben die erste Hütte nebst einem Ostrog[113] angelegt worden, wovon jetzo bloß die Überbleibsel noch zusehen sind, weil man sie, da man den gegenwärtigen Ort bequemer gefunden, gleich das folgende Jahr, als 1729, eingehen ließ. Oben auf dem Berge sind noch die Überbleibsel eines Schachtes von 17 Lachtern tief zu sehen, und es fället einem so gleich ein fünf Schuhe mächtiger Gang in die Augen, dessen Erz, welches 24 pro Cent gibt, und das reichste in diesen Gegenden von Gehalt ist, blau und grün aussiehet. Man hat indessen seit 1732 an dieser Stelle kein Erz mehr gefördert, weil in benanntem Jahre nicht nur diese, sondern auch alle Gruben hiesiger Gegend, durch einen Brand, der von dem Irtisch an biß nach dem Ob sich erstreckte, ausgebrannt sind. Seit dieser Zeit hat man bloß in Pichtowa und Ploskaja gora gearbeitet, weil die Kolywanische und Woskresenskische Erze nicht in Stein gehen wollen, welches aber die Pichtowische wegen des in sich haltenden Kupferkieses thun. Nicht viel über eine Werste, etwas mehr südlich von diesem Berge, liegt ein anderer, den man Sinaja Sopka nennet. Sopka heißet in Sibirien ein jeder einzelner Berg, der auf einem Gebirge oder dem platten Lande stehet[114]. Weil dieser Berg von weitem blau aussiehet, so hat er den Zunamen Sinaja (blau) bekommen. Er ist von einer ungemeinen Höhe, und soll bei klarem Wetter von Ust-Tschumüsch aus, welches eine Weite von ohngefehr drittehalb hundert Wersten beträgt, können gesehen werden; daher er in hiesigen Gegenden sehr berühmt ist, und den Reisenden zu einem Wegweiser dienet. Es sollen sich auch auf demselbigen eine Art kleiner schwarzer, nicht gar langhärichter Zobel aufhalten[115], welchen aber nachzugehen allhier verboten ist, damit die Hüttenarbeit nicht darunter leiden möge. Eben eine solche Art Zobel soll sich von dort an weiter in das Gebirge, und auch bei den Urungai-Kalmucken, davon ich oben gehandelt habe[116], wie ich denn wirklich einige dergleichen Felle gesehen, die gedachte Kalmucken hieher gebracht haben. Sie sind unter dem Namen der Kankaragaischen Zobel bekannt.

[Im Original folgen die Seiten 253 Mitte bis 272 oben.]

Den 16ten [September 1734] nachmittags begaben wir uns nach einem Dorfe, welches nur 3 Werste von hier entlegen, und mit Theleutischen Tataren[117] besetzt ist. Wann man von Iliinskoi pogost hieher reiset, läßt man es zur linken liegen. Das Dorf bestehet aus zweierlei Art Häusern, in der einen wohnen sie des Sommers, in der andern des Winters. Die Winterhäuser sind, wie diejenigen, die wir in Kaltirak gesehen hatten[118]. Die Sommerhütten sind von Figur rund, und oben zugespitzt; sie halten unten in dem Durchschnitte ohngefähr 3 Klaftern. Ein kleines mit einer Thüre versehenes, und in allen diesen Jurten[119] auf der östlichen Seite gemachtes Loch, ist zu dem Eingange gelassen. Oben in der Mitte ist ein anderes rundes Loch, wodurch der Rauch gehet. Inwendig sind breite Bänke rund herum gemacht; in der Mitte ist die Erde etwas ausgehöhlt, und an dieser Stelle wird gekocht. Der Bauzeug dieser Häuser ist Schilf, welches an die inwendig zusammen verbundenen dünnen Stöcke angeflochten ist. Damit der Regen nicht durchschlagen möge, stecken sie zwischem dem Schilfe und den Stöcken Birkenrinde ein. Wir kamen in eine Jurte, da Brandtwein destilliret wurde. Dies geschahe auf dem gewöhnlichen Kochplatze. Auf einem Dreifuße stund ein eiserner Kessel, welcher mit einem hölzernen Decken, der sowohl in der Mitte als zur Seiten ein Loch hatte, zugedeckt war. Das mittlere Loch war zugestopft. Um das Loch an der Seite ging eine hölzerne krumme Röhre, und diese wieder in ein kleines Gefäß, welches in einem andern nach Art unserer Schweintröge gebildeten hölzernen Gefäße stund, das mit Wasser angefüllt war. Der Brandtwein wird aus Pferdemilch gemacht, welche sie vorher säuren lassen[120]. Das Gefäß, worin sie gesäuert wird, ist von Leder, und siehet alles sehr schweinisch aus; daher auch der Brandtwein, ohngeachtet er stark zu sein scheinet, einen sehr üblen Geruch hat. Sie loben dieses an ihrem Brandtwein, daß wenn man sich darin besäuft, einem der Kopf davon nicht wehthue, welches eben so wenig von dem Kornbrandtwein geschehen soll, da hingegen der Weinbrandtewein dieser guten Eigenschaft beraubt sei. Diese Tataren sind nicht Muhammedaner[121]. Ihre Religion hat keine gewisse Form, und es scheinet, daß sie selbst nicht wissen, was sie glauben. Sie glauben einen GOtt, den sie dadurch verehren, daß sie sich alle Morgen gegen der Sonnen Aufgang wenden und dieses Gebet voller Andacht hersagen: schlag mich nicht todt[122]. Bei ihrem Dorfe sind etliche Plätze zu sehen, die sie in ihrer Sprache, welche von der gemeinen Tatarischen unterschieden ist, Taülga nennen[123]. Es sind vier in einem Vierecke eines Fadens lang von einander gerade in die Erde gesteckte Pfähle von Birkenbäumen, bci welchen sie alle Jahre zum wenigsten ein- auch zuweilen mehrmahl eine Ceremonie verrichten[124]. Sie schlachten ein Pferd, ziehen demselben die Haut ab und verzehren das Fleisch nahe bei dem Taülga, allwo sie sich zu diesem Ende in einem Kreise herumsetzen. Die Haut stopfen sie aus, und setzen das ausgestopfte Pferd, welches in dem Maule ein oder ein paar mit Blättern versehene Reiser haben muß, oben auf den Taülga, der deswegen mit Querstöcken belegt ist. Das Gesicht des Pferdes wenden sie gegen Osten, so wie auch der Taülga gegen Osten gebauet ist. Sie haben gemerkt, daß die Russen ihre Häute besser zu gebrauchen wissen; deswegen bauen sie ihre Taülga jetzo allzeit nahe bei dem Dorfe. Zur Seite des Taülga bemerkten wir noch 3 Stöcke von Birken, die in einer Linie, ohngefähr einen Faden weit von einander stunden und unter sich mit einem quer durchgehenden Stricke befestiget waren. Die zween äußeren Stöcke hatten ein jeder an seinem oberen Ende ein kleines viereckichtes horizontal befestigtes Brett, in dessen jeder Ecke ein etliche Zolle lang gerade in die Höhe stehendes hölzernes, und mit Pferdehaaren umwickeltes Stöcklein eingemacht war. An dem Stricke waren viele Bänder von unterschiedlichen Farben, die nur ein paar Zoll lang herunter hingen, feste gemacht. Ich zählte zwischen jeden zween Stöcken 14 Bänder. Überdem war an des mittleren Stockes oberstem Ende ein Hasen- und nächst dabei zwischen dem ersten und andern Stocke an dem Stricke ein Hermelinfell angebunden. Das Fleisch dieser Thiere war auch ein Gerichte dieser Mahlzeit. Und da wir die Leute fragten, ob auch andere Thiere hierzu tauglich wären, so konnten wir aus der

Antwort wohl merken, daß sie dieser Thiere nur fast allein für heilig hielten. Sie sagten, daß der Fuchs dazu nicht tüchtig wäre, weil er in die Erde wühlte. Es ist aber ihr Taülga ein geheiligter Ort, weil ihrer Einbildung nach die Bälge, die sie darauf legen, Gott zu Ehren und zu einem Opfer darauf gelegt werden, wie sie denn auch während oberwehnter Ceremonie öfters dahin ihre Andacht verrichten. Ihr Priester heißt in ihrer Sprache Kam[125], und von selbigem hänget die ganze Anordnung der Ceremonie ab. Sie sagen von ihm, daß er zuweilen ganze Nächte auf dem Felde sitze und ausstudiere, was er ihnen anbefehlen solle. Ein solcher Priester kann wie sie, weder lesen noch schreiben, und Merkmahle, wodurch er zu diesem Amte tüchtig erkannt wird, bestehen in Verstellungen des Leibes, wie unsere Besessene zu machen pflegen. Er sagt während seinen Vorstellungen, daß ihn GOtt (vielleicht scheueten sie sich vor uns zu sagen, daß der Teufel diese Kraft gebe) zum Priester geordnet habe, und sie glauben es. Ist er einmahl als Priester erkannt, so kann er schon hexen. Er hat eine Zaubertrommel, durch welche er das Verlohrne wiederschaffen, Kranke gesund machen und viele Dinge vorher sagen kann. Doch gestehen die Leute, daß seine Prophezeiungen und Curen nicht allezeit die richtigen seien. Wir hätten gerne etwas von der Hexerei sehen wollen; allein die Leute waren so klug, daß sie sageten, es wäre kein Kam vorhanden. Was ihre übrigen Gebräuche betrifft, so ist die Vielweiberei bei ihnen erlaubt; sie essen kein Schweinefleisch, trinken aber Brandtwein und besaufen sich nicht selten darin. Ihre Weiber sind nicht schön und wissen schon lange Zeit so wohl zu leben, daß sie auch Toback rauchen. Da mich eine derselben eine Pfeife stopfen sahe, so kam sie gleich mit ihrer Pfeife hervor, und forderte von mir Toback. Nachdem sie dieselbe angesteckt hatte, so verschluckte sie allen Rauch, und gab die Pfeife in kurzem einer andern, welche es eben so machte. Wir merkten dies überall bei jungen und alten Leuten an. Die Mode aber den Tobacksrauch hinunter zu schlucken ist bei diesem Volke allgemein. Einige verbrennen ihre Todten, andere aber vergraben sie. Außer der oben erzehlten Ceremonie haben sie keinen andern Festtag, als welchen der Vorrath von Brandtwein bestimmet. Ich zweifle nicht, daß noch viel besonders von ihnen gesagt werden könne; allein sie sind so listig, daß sie ihre Gebräuche auf alle Art verbergen. Ich hoffe noch ins künftige unter mehr dergleichen Leute zu kommen, da ich denn Gelegenheit haben werde, ein mehreres nach und nach zu erfahren.

[Im Original folgen die Seiten 277 oben bis 340 unten.]

Die Stadt Jeniseisk liegt an dem linken oder westlichen Ufer des Jenisei-Flusses, welcher daselbst anderthalb Werste breit ist[126]. Er hat seinen Ursprung in der Mungalei[127], und nachdem er ohngefähr 3000 Wersten lang geflossen ist, ergießt er sich in das Eismeer. Die Stadt ist neuer, als Kusnetzk[128]. Zuerst wurde nur ein Ostrog, als wie bei den meisten Städten Sibiriens, angeleget, welcher aber wegen der sehr bequemen Lage des Orts bald in eine Stadt verwandelt wurde. Die Stadt Jeniseisk ist längst dem Flusse Jenisei gebauet, und viel länger als breit. In ihrem Umkreise hat sie ohngefähr 6 Werste. An öffentlichen Gebäuden befinden sich hier die Hauptkirche, das Woywoden Haus, die alte und neue Kanzlei, ein Zeughaus und einige kleine Hütten. Diese Gebäude stehen alle innerhalb eines Ostrogs, der von der ersten Anlegung des Orts noch übrig, aber meistens verfallen ist. In dem übrigen Theile der Stadt, welche 704 Privathäuser enthält, sind noch an öffentlichen Gebäuden drei Pfarrkirchen, zwei Klöster, das eine ein Mönchs- das andere ein Nonnenkloster, ein Pulvermagazin und ein Provianthaus, welche beide letztere mit einem besonderen Ostroge umgeben sind. In dem Mönchskloster wohnt der hiesige Archimandrit. Fast mitten durch die Stadt fließt ein kleiner Bach, welcher von einer Mühle, die ehemahls daran gestanden der Mühlbach (Mjelnitschnaja rietschka)[129] genannt wird. Zunächst oberhalb der Stadt ist ein Klosterhof (Dworez) des Mangaseischen Troitzkoi-Klosters[130]. Sonst ist dieses nach Tjumen die erste Sibirische Stadt, welche wir in der Ebene, und nicht auf Bergen gesehen haben.

Die Einwohner der Stadt sind meistens Kaufleute, welche einen guten Handel zu treiben Gelegenheit haben. Das Laster der Sauferei und des Müssiggangs ist hier eben so gemein, als in den beschriebenen Sibirischen Städten. Die Liebesseuche[131] wütet hier ebenfalls in dem höchsten Grade. Unter den Sibiriaken[132] werden die Jeniseer für schlaue und betrügerische Leute gehalten, deswegen sie auch den Beinamen Skwosniki haben, welches Leute bedeutet, die eine Sache durch und durch sehen können[133].

[Im Original folgen die Seiten 342 Mitte bis 353 unten.]

Der gegenwärtige Woywode in Jeniseisk war kein großer Patron des Saufens, und daher ging auch das Weihnachtsfest ziemlich ruhig vorbei, nicht als wenn man sich nicht mit Trinken in demselben ergötzt hätte, sondern weil die Freudensbezeugungen nicht so öffentlich geschahen, als wie es sonst in anderen Sibirischen Städten bei Gelegenheit großer Feiertage zu sein pfleget. Ich hatte hier währendem Weihnachtsfeste ein Andenken von dem in Teutschland üblichen Gebrauche, da man drei verkleidete heilige drei Könige mit ihrem Stern herumziehen und den heil. Christ durch sie verkünden läßt. Es gingen Sänger mit einer sehr großen Laterne herum, welche zwo Abtheilungen hatte, in deren jede man durch mit Fleiß dazu gemachte Thüren einsehen konnte. In der obersten Abtheilung war das Kindlein JEsus in der Krippe, an welcher auch das Öchslein und das Eselein stunden, zu sehen. Die Mutter Gottes und der alte Pflegvater Joseph waren als Zuschauer vorgestellet. Die untere Abtheilung enthielte die heiligen drei Könige, die Hirten auf dem Felde, Ochsen, Pferde, Kameele, Esel sc.sc. und vor ihnen war ein Stern aufgerichtet. Damit aber die Vorstellung natürlich wäre, so war es so eingerichtet, daß durch beständiges Herumdrehen eines Holzes alle Personen dieser unteren Abtheilung sich beständig fortbewegten, und sahe es also in der Laterne ohngefähr wie eine Caravane aus. Die Sänger sangen und hielten zugleich währender Vorstellung Reden.

Wir erfuhren hier zuerst, daß es wahr sei, was unterschiedliche Reisebeschreiber von der strengen Kälte in Sibirien melden[134], denn ohngefähr in der Mitte des Decembers fiel eine solche grimmige Kälte ein, dergleichen wie wir gewiß wissen, zu unserer Zeit niemahls in Petersburg gewesen ist. Die Luft schien wie gefroren zu sein. Wenn es in unsern Ländern so aussiehet, als wie es damahls hier aussahe, so sagen wir, es sei ein Nebel. Allein ich besinne mich nicht, jemahls einen Nebel zu dieser Zeit und bei dem heitersten Wetter den ganzen Tag hindurch gesehen zu haben. Dabei war dieses merckwürdig, daß besagter Nebel den aus den Caminen aufsteigenden Rauch nicht in die Höhe gehen ließ. In dieser Kälte fielen die Sperlinge und Häher[135] als todt aus der Luft, und erfroren auch so gleich, woferne man sie nicht in eine warme Stube brachte. Noch war ein Umstand bei dieser ungemeinen Kälte, welcher uns genug zu schaffen machte. Alle Leute empfanden, sobald die Öfen eingeheizet waren, große Kopfschmerzen, und man sahe an ihnen die gewöhnliche Wirkungen des Schwefeldunstes, den man auf Russisch Tschad oder Ugar nennt[136]. Wir hatten eines der besten Häuser in der Stadt inne, und ohngeachtet der Ofen von außen geheizt wurde, und wir alle mögliche Vorsicht brauchten, so mußten wir doch leiden. Es ist gewiß nicht die Ursache, die sonst den Dunst macht, und die in dem Schwefel der Kohlen bestehet, sondern ich stelle mir vor, daß hier eben eine solche Ursache statt haben mußte, als wovon einem der Kopf in einer frisch gewaschenen Stube wehe thut. Denn je strenger die Kälte von außen ist, desto mehr Dünste sind in einer Stube, desto heftiger dehnen sie sich darin aus, und desto größer ist ihre Gewalt. Wenn man in dieser Kälte eine Stube öffnete, so war es, als wenn nahe bei der Stube plötzlich ein Nebel entstünde, da doch sowohl vorher als hernach alles heiter war. Die Fenster waren inwendig in der Stube innerhalb 24 Stunden wohl einen viertel Zoll dick mit Eis zugefroren, aus welchem das obige noch mehrere Wahrscheinlichkeit bekommt. Bei Tage, so kurz die Tage auch gewesen, waren beständige Ringe (halones)[137] und Nebensonnen um die Sonne, und bei Nacht Nebenmonden und Ringe um den Mond zu sehen, welches mir auch einen starken Zusammenhang mit besagter Kälte zu haben scheinet. Genug, die mercurialischen Thermometer[138] lassen uns an dieser großen Kälte nicht den geringsten Zweifel übrig, weil sie dem Betruge der Sinne nicht unterworfen sind. Auf 120 Grade der Fahrenheitschen Eintheilungstafel[139] zog sich das Quecksilber von der Strenge der Kälte tiefer herunter, als man es biß dahin in der Natur wahrgenommen hat.

Ich kann nicht umhin, allhier noch eines Gemähldes zu gedenken, welches die heilige Dreieinigkeit vorstellen sollte, und welches in dem Hause, da wir uns befanden, aufgehängt war. Das Bild hatte einen Hals, auf welchem drei Köpfe, mit vier Augen, drei Nasen, drei Bärten und zwei Ohren stunden[140]. Dieses Bild erinnert mich eines in Tomsk[141] befindlichen Gemähldes, welches den Herrn Christum vorstellt, wie er den Satan überwindet. Der HErr Christus sitzet zu Pferde mit Pfeil und Bogen, und der Teufel liegt zu den Füßen des Pferdes in Gestalt eines Drachen. Nach selbigem schießt der HErr Christus mit Pfeil und Bogen, aber so unglücklich, daß der Pfeil neben dem Satan vorbeigehet. Noch muß ich ein Wunder der Natur anführen, welches ich bei dem hiesigen Woywoden gesehen habe. Es war ein Zwerg, der nicht höher als etwa eine Arschin, und über 50 Jahr alt, welcher schon die zweite Frau und 5 Kinder am Leben hat. Er ist ein Schreiber bei dem Kraßnojarskischen Zolle, und war wegen einiger Untersuchungen hieher geschickt worden. Er soll mehr fressen und saufen, als ein wohl gewachsener Einwohner hiesiger Länder.

Unter den fremden Nationen, so in dem Jeniseischen Gebiete sind, befinden sich zweierlei Arten Ostiaken, nämlichen die Narimmische und Jeniseische[142], ferner Tungusen, so an dem Tunguska und dem Tschun-Flusse wohnen[143], und endlich die Assanische Tataren, welche sich an dem Ussolka und dem Ona-Flusse aufhalten[144]. Die Ostiaken und Assanische Tataren leben in einer großen Armuth; die ersteren sind alle getauft. Von den Assanischen Tataren sollen nur noch ungefähr zwölf übrig sein, von welchen aber nur noch zween oder drei ihre Sprache wissen. Vor diesem

Farbtafel 1: Ein Schamane aus Kamčatka, 1780

Farbtafel 2: Porträt von Johann Georg Gmelin, um 1750

Farbtafel 3: Büste von Vitus Bering, des aus dem dänischen Horsens stammenden Oberbefehlshabers der Großen Nordischen Expedition

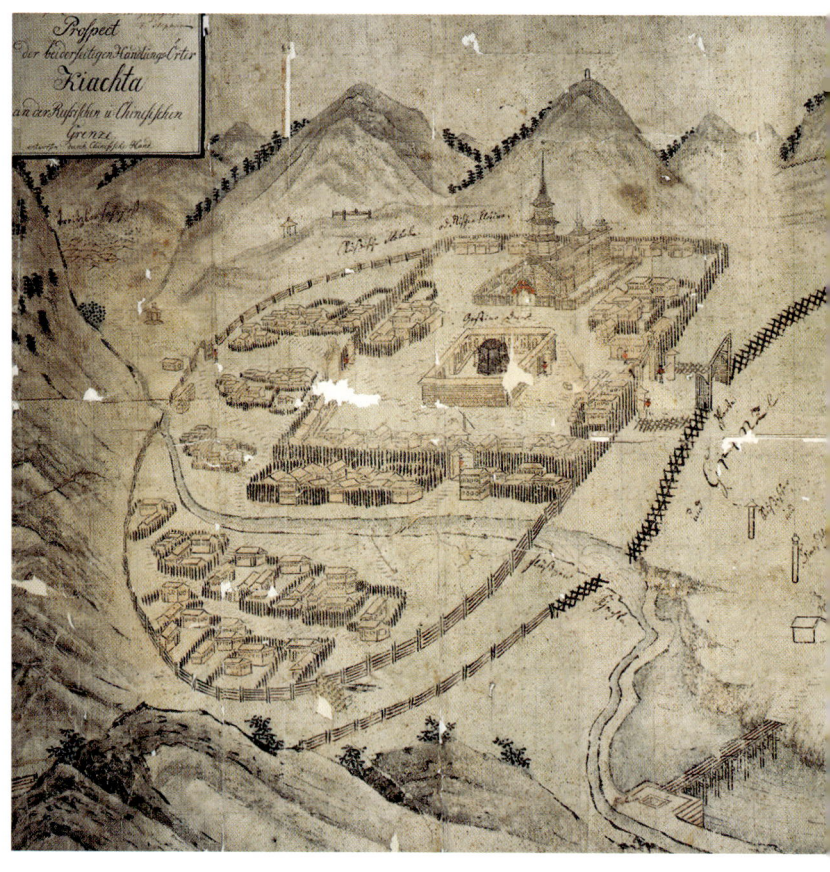

Farbtafel 4: Kjachta, Handelsort an der chinesisch-russischen Grenze. Zeichnung des Apothekers Karl Sievers (1762–1795)

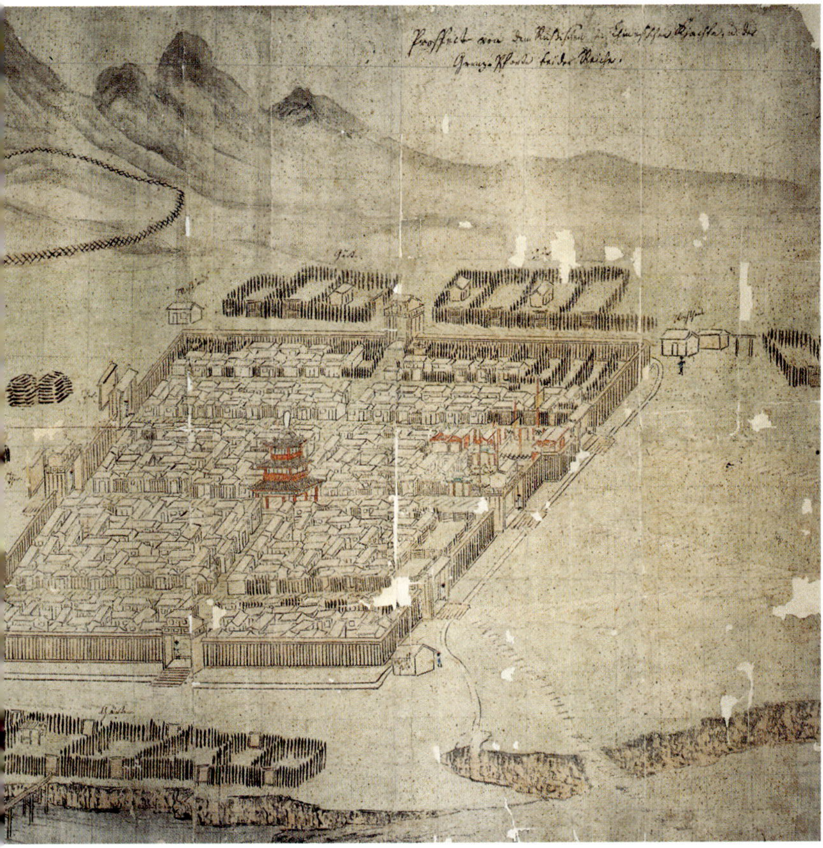

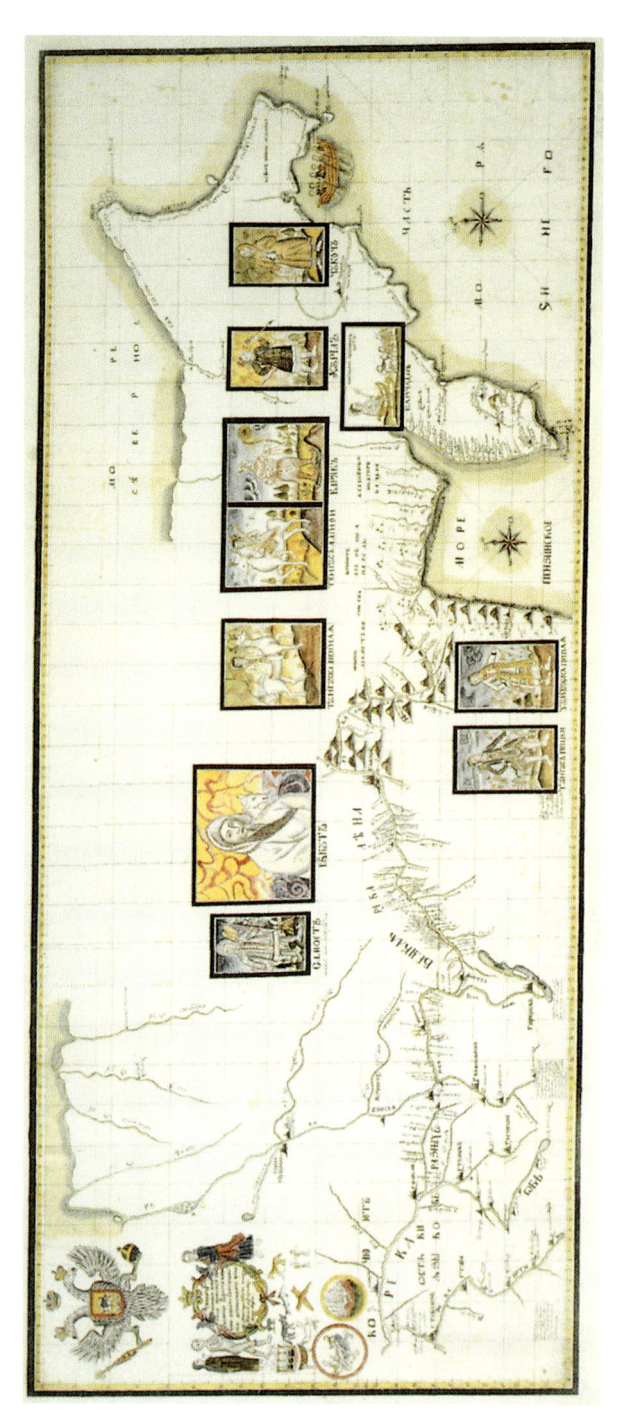

Farbtafel 5: Karte des Reisewegs der Ersten Kamčatka-Expedition von Tobol'sk bis nach Kamčatka mit ethnographischen Darstellungen, vermutlich von dem Leutnant zur See Petr Čaplin 1729 verfertigt. Zu sehen sind von links nach rechts und von oben nach unten: ein Samoede, eine Jakutin, zwei Tungusen, ein Korjake, ein Kurile, ein Čukče, ein Kamčadale, ein Tunguse und eine Tungusin

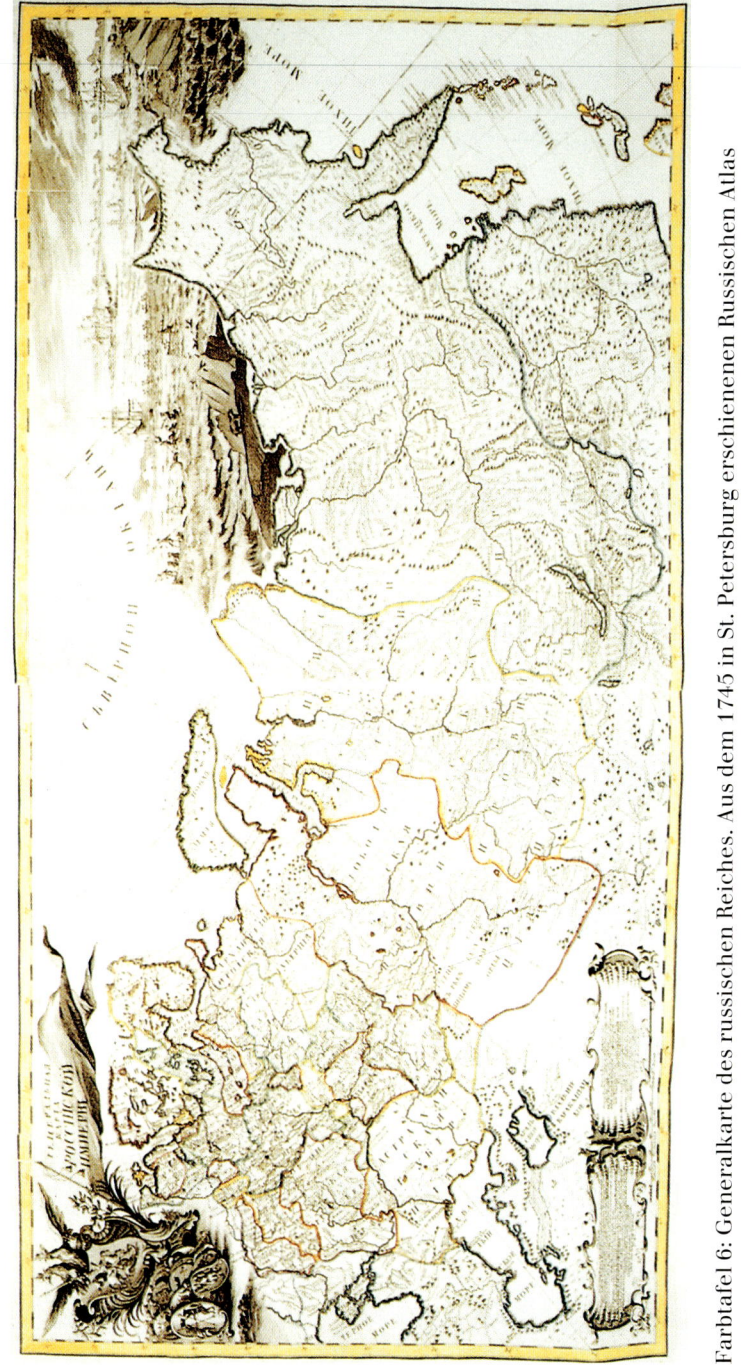

Farbtafel 6: Generalkarte des russischen Reiches. Aus dem 1745 in St. Petersburg erschienenen Russischen Atlas

Farbtafel 7: Der östliche Teil Jakutiens mit dem größten Teil Kamčatkas.
Aus dem 1745 in St. Petersburg erschienenen Russischen Atlas

war es ein großer Stamm. Die Tungusen haben bishero noch auf keine Art zu der Christlichen Religion gebracht werden können; sie sind ziemlich begütert, und ihr Reichthum besteht in Vieh. Sie haben den Gebrauch, in ihre Gesichter Figuren zu nähen[145], welche aus dem blauen in das schwarze fallen. Doch thun sie es nicht alle; denn sie halten es nur für einen Zierrath, welcher eben nicht allen nöthig zu sein scheinet, und mit welchem sie auch nur Kinder zu versehen pflegen.

[Im Original folgen die Seiten 358 Mitte bis 379 unten.]

Des andern Tages [6. Februar 1735] darauf that ich mit dem Herrn Prof. Müller eine Spatzierfahrt zu den hiesigen Tataren[146], um sie in ihren Jurten zu sehen, und dadurch von ihrer Lebensart mehr unterrichtet zu werden. Wir erwehlten die nächste Uluß[147], und fuhren den Katscha-Fluß[148] hinauf durch das Dorf Torokina nach derjenigen Tatarischen Uluß, die Mungar genennet wird. Dieselbe Uluß bestehet aus sechs oder sieben Jurten, welche alle so beschaffen sind, als wie ich sie bei den Kusnetzkischen Tataren beschrieben habe[149]. Der Bauzeug bestehet in Stöcken, die durch Querhölzer verbunden, und Birkenrinde, womit die Stöcke überzogen sind. Diejenigen Jurten, darin reiche Leute wohnen, sind noch hin und wieder mit einem Felle von Rehen bedeckt. Diese Jurten haben auch zwei Löcher, eines oben für den Rauch, und eines unten gegen Osten zu dem Eingange, vor welchem gemeiniglich ein Rehfell ist. Wir gingen in verschiedene Jurten, und sahen in allen in der Mitte ein Feuer brennen, um welches groß und klein, Mann, Weib und Kinder herum lagen. Die Hunde, womit die Tataren viel auf die Jagd ausgehen, leisteten ihnen dabei Gesellschaft. Die Jurten waren voll Rauch, und wir konnten nicht lange darin bleiben, aus Furcht zu ersticken, diese Leute aber sind schon dazu gewohnt. Sie haben des Winters keine andere Wärme, als von dem Feuer, das in der Jurte brennt; jedoch haben einige Reiche sich Schwarzstuben gebauet, worin sie sich im Winter aufhalten, im Sommer aber wohnen sie allezeit in den Jurten. Dieses thaten sie auch wie wir da waren, weil die Kälte nicht mehr so heftig war, als mitten in dem Winter, ohngeachtet wir sie noch stark genug empfanden. In einer Jurte bot man uns Pferde- Rind- und Hammelfleisch sc. an: allein wir hatten zu diesem kein Belieben. Sie essen was ihnen vorkommt, und trinken theils Wasser, theils Kumüß[150], oder Molken von Pferdemilch. Sie bauen auch das Feld, und bedienen sich der Früchte desselben zu ihrer Nahrung. Gleich den übrigen Krasnojarskischen fremden Nationen nähren sie sich auch von einem in dortigen Gegenden häufigen Erdgewächse, oder vielmehr von den Wurzeln derselben, welche da sie aus vielen kleinen rundlichten Wurzeln, die durch eine dünne Faser zusammen hangen, bestehen, in der Russischen Sprache Erdnüsse genennet werden und den Zwiebeln des gemein[151], und eines Zinnoberrothen Türkischen Bundes[152], wie auch einer andern Art Lilien[153]. In ebengemeldeter Jurte war ein blindes Weib, welches an einer Kunkel[154] spann, und Meister in der Jurte zu sein schien. Sie war neugierig, that verschiedene Fragen, und beantwortete alles, warum wir ihren Mann fragten, vermuthlich weil sie sich verständiger dünckte in seinem Namen. Diese Leute haben keine Religion, doch glauben sie, daß ein Gott sei: und weil sie mit den Russen viel Umgang haben, so bringen sie zuweilen Lichter nach den Russischen Kirchen, um dadurch ihr Vertrauen in den Russischen Gott anzuzeigen. Unter der Hand aber wenden sie sich doch auch an ihre Kamme[155], und es scheinet, als wenn sie noch sehr weit entfernt wären die Christliche Religion anzunehmen. Ihre Einwürfe, die sie machen, wenn man mit ihnen davon spricht, sind diese, 1) daß ihre Voreltern ohne die Christliche Religion sehr gut gelebt haben; 2) daß die Christliche Religion allzusehr eingeschränkt sei; man dürfe kein Pferdefleisch essen, und zu Fastenzeit sei man verbunden, Sachen zu essen, die sie nicht wüßten, wo sie dieselbe hernehmen sollten. Außer dem aber, was sie ohne Scheu sagen, weiß man noch aus andern Umständen, daß ihnen die Russische Lebensart, außer welcher und ihrer eigenen sie keine kennen, sehr unglückselig vorkommt; denn in ihren Jurten sollen sie, wenn sie sich was böses anwünschen wollen, sich dieses unter ihnen ganz gemeinen Ausdruckes bedienen: Ei daß du nach Russischer Art leben müßtest! Wir kamen des Abends mit der Nacht nach der Stadt zurücke.

Außer der Tatarischen Nation sind in dem Krasnojarskischen noch andere fremde Völker, als Arinzi, Kotowzi, und Kamatschinzi[156]. Von den Arinzen sind über 10 Personen nicht mehr am Leben, da sie doch vor diesem ein Hauptstamm gewesen sein sollen, und die wenigsten derjenigen, die noch übrig sind, wissen die Arinzische Sprache. Die Kotowzi wohnen in der Gegend von Abakansk und Kansk, die Kamatschinzi aber an dem Mana und dem Ursprunge des Kan-Flusses[157].

[Im Original folgen die Seiten 383 Mitte bis 395 Mitte.]

Das Alter ist das merkwürdigste an diesem Ostrog[158]; dann er ist laut einer Aufschrift auf einem hölzernen Kreuze, welches bei Anlegung dieses Ostrogs nahe dabei aufgerichtet worden, 1644 gebauet. Sonst ist er sehr klein, und sind auch keine andere Wohnhäuser darin, als um die Wache zu halten, und außer diesen noch etliche hölzerne Kammern. Der Befehlshaber hat seine Wohnung an einer Seite des Ostrogs, und nahe dabei ist ein hölzernes Gebäude, worin die Pelzwerke, die von der Sammlung des Tributs einkommen, verwahret werden. Das Dorf aber bestehet nur aus 4 Häusern, und diese mußten unsere Gesellschaft so lange beherbergen, bis die uns nöthigen Pferde beisammen waren. Indessen verkürzten uns die um den hiesigen Ostrog häufig vorhandene Buräten, welche von den Russen Bratski genannt werden[159], die Zeit um ein gutes. Wir ließen Dirnen, Weiber- und Mannsleute kommen, und besahen sie in ihrem Staat. Die Männer haben meistens die Haare auf dem Kopfe abgeschnitten; ihre Kleidung aber hat vor der gemeinen Russischen nichts besonders. Der meiste Zierrath der Weiber bestehet in den Haaren; sie flechten solche in zween Zöpfe[160], die sie vorne über die Achseln herunter hängen lassen, und um ihre Dicke und Länge zu vermehren, öfters Pferdehaare darunter mischen. Fast an dem Ende der Zöpfe sind ziemlich breite Cylinder, durch welche die Haare durchgezogen sind. Überdem tragen sie eine Stirnbinde, welche gemeiniglich von Bratskischer Arbeit, und hinten in dem Nacken zusammen gebunden ist. Von dieser Binde hängt ein breites Halsband von eisernen Gliedern herunter, welches unter dem Kinne liegt. Noch tragen sie ein anderes solches Halsband, welches an dem Halse fest anliegt. Die Kleidung des Leibes bestehet aus einem langen Pelze, über welchem noch ein Rock von gefärbtem Leder und Kitaika[161] ohne Ermeln, und vorne offen stehend getragen wird. Ihre Ohrringe halten auf zween Zolle im Durchmesser. Die Dirnen haben, wie bei Tataren, die Haare in mehr als zween, und nach der Menge ihrer Haare, öfters in zwanzig Zöpfe geflochten. Eine von vornehmem Stande wurde zu uns gebracht. Diese hatte hinten an fünf Bändern, die von einem an den Schultern festgemachten Leder herunter hingen, fünf kleine Glocken hangen, welche wir auch klingen hörten, da sie noch weit unserer Behausung war. Noch hatte sie ganz um die Mitte des Leibes einen breiten Gürtel von Porcellanmuscheln, der mit eisernen Blechen bedeckt, und mit vielen messingenen Ringen behangen war. Diese beiden Stücke, als die Glocken und den Gürtel muß sie ablegen, wenn sie einem Manne gegeben wird. An einen Mann abgeben heißt nicht: sie das erstemahl bei einem Manne schlafen lassen; denn diese Dirne war wirklich schwanger[162]. Ein Burät gibt seine Tochter, wie die Tataren, für eine gewisse Summe Geldes oder Viehes ab; und wenn er mit dem Tochtermann einig worden ist, so kann dieser von selbiger Zeit an bei der Tochter schlafen. Nur läßt der Vater die Tochter nicht eher aus seiner Jurte, als bis der Tochtermann den letzten Heller bezahlet hat[163].

Des Abends hatten wir eine andere Kurzweile. Wir ließen drei Schamanen, welche in der Burätischen Sprachen Bö heißen[164], zu uns kommen. Ihre Kleidung, dergleichen wir noch bei keinem Sibirischen Schaman gesehen hatten, sollte einem schon Schrecken einjagen. Sie bestehet aus einem ledernen Rock, der hin und wieder mit Adlers- und Eulenklauen, über und über aber mit vielem Eisen behangen ist, wovon der Rock eine ungemeine Schwere bekommt, und wenn man damit gehet, ein solches Gerassel macht, daß wer sich von dem mit Ketten und Banden gefesselten Teufel keine lebendige Vorstellung machen kann, durch Anschauung und Anhörung eines solchen Schamans den lebendigsten Begriff davon bekommt. Die Schamansmütze ist in Gestalt einer Grenadiermütze oben zugespitzt, und mit Adlers- und Eulenklauen besteckt. Dergleichen drei fürchterliche Schamanen sahen wir auf einmahl, und sie kamen des Abends, weil ihrem Vorgeben nach die Zaubereien des Tages nicht geschehen können. Sie erwehlten sich den Hofplatz, da wir stunden, und in welchem ein Feuer angemacht war, zu ihrem Zauberplatze. Wir verlangten, sie sollten alle drei zugleich zaubern; allein sie sagten, es ginge nicht an. Endlich fing einer an mit seiner Trommel zu spielen, welche bei nahe eben so wie die vorigen beschaffen war, nur daß sie größer, und der Trommelschlägel als wie eine Handbürste, woran ein Eichhornfell statt der Bürsten angeleimt ist, gestaltet war. Die Ceremonien waren alle mit den vorigen Hexereien, die wir gesehen hatten, so wie auch der Ausgang einerlei, nämlich schelmisch und betrügerisch. Wir fragten sie z.E. nach jemanden, der in Moscau wohnte, ob er noch lebte oder nicht, und der Zauberer antwortete nach verrichteter Arbeit, der Teufel könnte einen solchen weiten Weg nicht thun, (denn wie sie vorgeben, sagt ihnen der Teufel alles dasjenige, was man von ihnen zu wissen verlangt). Wir hatten bei allem dem, da wir sahen, daß die ganze Zauberei in einem bloßen Blendwerke und Betrügerei bestund, doch ein besonderes Vergnügen, diese Kerls spielen zu sehen. Denn sie verdrehen das Gesicht, machen tausenderlei Sprünge und Bewegungen des Leibes, schreien als wie rasende, rasseln als wie der Teufel, und bei der großen Last des eisernen Rockes, den sie auf dem bloßen Leibe tragen, müssen sie nothwendig nicht wenige Schmerzen leiden: daher sie auch ungemein schwitzen und schäumen. Alles dieses thun sie für gute Bezahlung, die ihnen ihre Gemeine geben muß; uns mußten sie es umsonst thun, und wir ließen, um sie ihres verdammten Handwerkes wegen ein wenig zu martern, die Comödie etliche mahl von neuem spielen. Derjenige von dem ich oben gesagt, daß er sich mit der weiten Entfernung zwischen hier und Moscau entschuldigte, spielte auf eben diese Frage auf unser Verlangen von neuem, und nachdem er wieder eine Weile getobet hatte, fragte er, ob die Person, von der die Frage war, schon grau wäre; wir antworteten ihm darauf mit ja. So dann trommelte und sprung er noch ein wenig, und sagte, man könnte sicher glauben, die Person wäre todt. Wir hatten aber, weil wir die ganze Sache für Narrenpossen halten, nach einer Person, die schon seit 50 Jahren gestorben war, gefragt. Mir scheint es noch nicht begreiflich, wie es vernünftige Leute gebe, die an dergleichen Possen einen Glauben haben; ja ich kann auch nicht begreifen, wie es andere einer Religion zugethane Leute gebe, welche glauben, daß diese Schamanen wirkliche Hexenmeister wären, und mit dem Teufel wirkliche Unterredungen hielten, oder in irgend einem Verständnisse mit ihm stünden. Ich halte dafür, daß sie so viel von dem Teufel als von GOtt wissen, nämlich ganz und gar nichts, und daß alle diese Gaukeleien eine Betrügerei sind, wovon diese Leute, als wie andere von ihrer Handarbeit leben. Daß die Bratski daran glauben, ist kein Wunder. Sie nennen die Russen Mungut. Mungut aber ist so viel als ein Lieschi oder Waldteufel[165]. Können sie nun vernünftige Menschen für Waldteufel halten, wie leicht kann sich die Vernunft bei ihnen so weit irren, daß sie einen Thoren oder Taschenspieler für einen Zauberer halten?

Den 28sten [Februar 1735] besahen wir die Pelzwerke, die in der Casse waren. Sie bestunden in Füchsen, Bären, Wölfen, Zobeln und Eichhörnern. Unter den Zobbeln waren einige sehr schön, auch sahe man von Füchsen einige schöne Stücke. Die vornehmsten waren Tscherno-buri und Siwo-duschi[166]. Zwei Tscherno-buri, die ich sahe, waren beinahe ganz schwarz, außer daß das hintere Theil des Rückens bei dem einen graulicht, bei dem andern weiß gelblich aussahe. Der eine war nicht ganz schwarz auf dem Rücken, sondern vorne bis auf den dritten Theil der Rückenlänge hatte er nur in der Mitte einen schwarzen Streifen; die Seiten aber waren als wie der Hintertheil des Rückens weißgelblich. Was zwischen dem Streifen und dem gelblichen Hintertheile liegt, war schwarz mit grauen Haaren vermischt. So wie der Rücken bei beiden war, so war auch der Leib unten. Nur hatte der ganz schwarze Fuchs, zuöberst auf der Brust, einen weißen Fleck eines Thalers groß. Der andere war vorne an der Kehle meistens grau, und hatte keinen solchen Flecken. Beide hatten schwarze Füße, und einen schwarzen Schwanz, dessen Ende schneeweiß war. Der Siwo-duscha war auf dem ganzen Rücken fuchsfärbig, die Kehle, der innere Theil der Füße und der ganze Bauch hatten in der Mitte einen schwarzen Streifen; das übrige hatte eine Fuchsfarbe. Der Schwanz war unten und auf der Seiten eben so fuchsfärbig, aber oben in der Mitte schwärzlich.

[Im Original folgen die Seiten 401 unten bis 425 unten.]

Bis ich so viele Nachrichten sammle, woraus ich eine kleine Beschreibung dieser Stadt[167] machen kann, will ich mich mit Erzählung desjenigen aufhalten, was seit unserer Anwesenheit allhier vorgefallen ist. Wir hatten in Erfahrung gebracht, daß sich nicht weit von hier an dem Tschikoi-Flusse[168] ein Taischa oder Prinz von Mongolischer oder Dalai-Lamaischer Religion befände[169], welcher vor diesem selbst ein Mongolischer Priester gewesen wäre, und da er um heiraten zu können, sein Priesteramt aufgegeben, noch gegenwärtig einen Mongolischen Priester bei sich hielte. Weil wir von der Mongolischen Religion vieles bei ihm zu erfahren hofften, so entschlossen wir uns ihn zu besuchen, und Herr Prof. Müller und ich traten mit unserem Russischen und einem Mongolischen Dollmetscher den 11ten April gegen Mittag unsere Reise dahin an.

[Im Original folgen die Seiten 426 Mitte bis 432 oben.]

Der Taischa führte uns gerade in die Jurte des Gelüns[170], als welche die nächste war. Die Bauart aller dieser Jurten ist so wie bei der letztbeschriebenen beschaffen[171]. Doch sahe es in dieser ziemlich rein aus. Innwendig war sie rund herum mit Türkischen Teppichen belegt, worauf wir uns nieder zu setzen genöthigt wurden. In einem Winkel der Jurte war ein Aufsatz von einigen lackierten Kisten gemacht. Die unterste Kiste stund etwas hervor, und in der Mitte des hervorstehenden Theils derselben brannte eine Öllampe, auf deren jeder Seite ein Oberthecschälchen, das mit zubereitetem Bratskischen Thee angefüllt war, und neben demselben zur rechten noch drei Theeschälchen, zur linken aber zwo stunden, die alle mit reinem Wasser angefüllt waren. Alle diese Theeschälchen waren von Silber, und innwendig verguldet. Über der Lampe stund auf einem anderen kleinen Kasten ein von gelbem Metalle gegossener Burchan[172], der über einen halben Schuh hoch und außer dem Kopf und der rechten Brust, welche man bloß gelassen hatte, mit seidenem Zeuge umwickelt war. Es wurde uns Erlaubniß gegeben, den ganzen Burchan zu entblößen. Der Kopf ist oben als mit einer von eisernem Drahte geflochtenen Mütze bedeckt. Die rechte Brust ist sehr aufgeschwollen. Die Füße sind nach Bratskischer Art übereinander geschlagen, und die rechte Hand ruhet auf dem rechten Beine. In dem Schooße ist ein kleines volles Töpfchen angebracht: doch ist diese Ausfüllung mit eben dem Metalle, woraus das ganze Götzenbild bestehet, vorgestellt. Zu den Seiten dieser Kasten hing an der Wand der Jurte ein viereckichtes Stück Solomjanka[173], das wohl drei Viertel einer Arschin hoch und eine halbe Arschin breit, und über und über mit ohngefähr funfzehn Heiligen bemahlet war; derjenige Gott aber, den sie für den vornehmsten halten, hatte den obersten Platz.

Wir hatten mit diesem Gelün oder Mongolischen Priester allerlei Unterredungen, die diese Religion betrafen; und wo der Gelün uns in allem recht berichtet hat (denn er war nur von der geringeren Gattung der Geistlichen, und konnte man daher leicht vermuthen, daß er die Gründe seiner Religion nicht allzu vollkommen inne hätte,) so scheinet es, als wenn die Mongolische oder Dalai-Lamaische Religion ein unächter Zweig der ehemaligen Catholischen wäre[174]. Von dem oben beschriebenen metallenen Götzenbilde berichtete der Gelün, daß es den Sohn des wahren Gottes vorstelle, welcher in die Welt gekomnen sei, um die Menschen zu unterrichten, und darnach wieder in den Himmel gefahren wäre. Die volle Schüssel, welche dieser Götze in dem Schoße hielte, bedeutete, wie er sagte, daß, da dieser Sohn Gottes sich bei seinem Aufenthalt in der Welt von der Guthätigkeit der Leute hätte ernähren müssen, er allen denen einen völligen Überfluß versprochen hätte, die ihm allezeit seine Schüssel anfülleten. Weiter fuhr er fort, habe dieser Sohn Gottes eine Mutter, welche auch noch jetzo denenjenigen, die ihr Bildniß bei sich trügen, besonders den reisenden, großen Trost in allen ihren Widerwärtigkeiten gäbe. Er zeigete uns auch eine solche, welche wie Terra sigillata[175] aussahe, denn sie war auf eine Art von Erde gestempelt. Doch um den Werth derselben anzuzeigen, war sie noch mit Goldfolien bedeckt, in Baumwolle eingewickelt, und in ein kupfernes Futteral eingeschlossen. Er beschenkte den Herrn Prof. Müller mit einem solchen Bildniß der Mutter Gottes, nachdem er versichert worden war, daß man es nicht misbrauchen wollte. Ferner, sagte er, habe der Sohn Gottes einen Vater und Großvater, dieser aber sei der vornehmste; sonst erkennten sie keine Götter, wohl aber würde ein frommer Lama oder gerechter Regent unter die Götter versetzt, welches so viel als canonisirt ist. Die Tage, daran sie ihre Andacht verrichten, fangen sie mit einem jeden Monate an, wie denn dieser Tag, daran wir unsere Besuche ablegten, ein solcher war, weswegen auch die Lampe brennte. Der Gottesdienst aber war schon vorbei, da wir ankamen, als welcher allezeit des Morgens gehalten wird. Von diesem ersten Tage an sind alle 5 Tage wieder Betstunden, nur den 30sten als den letzten Tag des Monats ausgenommen. Wenn die Leute sich zu dem Gottesdienst versammlen sollen, läßt der Priester durch die Kirchendiener auf einem gewissen Instrument blasen[176]. Solches hat die Gestalt einer Schalmei, der Vordertheil von ihrer Mündung bis an das Rohr ist von Messing, das übrige von Holz, und sie hat Löcher, durch welche die verschiedenen Töne hervorgebracht werden. Das Mundstück ist aus Messing, allein das Instrument läßt sich nicht blasen, wo man nicht in das messingene Mundstück ein Schilfrohr steckt. Währendem Gottesdienst bedient sich der Priester zuweilen einer kleinen Glocke, welche er in der linken Hand hält, und von Zeit zu Zeit damit klinget. Zu gleicher Zeit aber, da er mit der Glocke zu thun hat, hält er in der rechten Hand einen messingenen Griff, der so gestaltet ist, wie derjenige, daran er die Glocke hält[177]. Er faßt diesen Griff mit dem Zeigefinger und dem nächsten an dem kleinen; den Daumen legt er oben darauf, und die zween übrige hält er ausgestreckt, weil der Sohn Gottes, da er auf der Erde gelebt, und die Menschen unterrichtet und geseegnet hätte, seine Finger ebenso gehalten haben soll. Außer der Glocke wird auch zuweilen eine Trommel gerührt, die ihrer Gestalt nach den Zaubertrommeln der hiesigen heidnischen Nationen ziemlich gleich ist. Dasjenige, was währendem Gottesdienst ausgesprochen wird, sind die Wörter: Ommani podmuchum, welches so viel sein soll als das Russische: Gospodi pomilui (Herr erbarme dich!)[178]. In der letzten Todesstunde haben die Priester eine Art von Pillen, die sie dem Kranken eingeben, welches der Mongolische Dollmetscher, den wir bei uns hatten, mit unserm Abendmahl verglich[179]. Überdem haben sie auch eine besondere Art von Weihrauch, davon zu gleicher Zeit einige Stücklein auf Kohlen gestreuet werden. Ein jeder eifriger Mongol nimmt diese Sachen, wann er verreiset, mit sich, damit er sich derselben im Fall der Noth selbst bedienen könne. Weil es aber für etwas heiliges gehalten wird, so verwahren sie es gemeiniglich in einem silbernen Büchslein. Der Priester unterscheidet sich auch durch die Kleidung von seinen übrigen Religionsverwandten. Er trägt keine Quaste auf der Mütze, und diese ist oben ganz platt. Er flicht auch die Haare nicht in einen Zopf, wie seine meisten Glaubensgenossen thun. Ferner trägt er einen Rosenkranz[180] um den Hals, welchen jedoch auch andere angesehene Leute tragen können. Vornehmlich aber führen denselben die Mongolische Mönchen und Nonnen. Denn die Mongolische Religion kommt auch hierin mit der Papistischen[181] überein, daß einige Leute sich des Ehestandes enthalten, ganz und gar kein Fleisch essen, und mehr als andere Leute beten. Es gibt ferner unter den Mongolen, gleich wie unter den Papisten, verschiedene Stufen unter der Geistlichkeit. Der Dalai Lama ist in der Mongolischen Religion, was der Papst in der Catholischen ist. Er hat das geistliche und weltliche Regiment zugleich. Nur hat er noch einen Gehülfen, welcher in der Mongolischen Sprache Kutuchta heißet[182], doch aber bisher ihm unterwürfig gewesen ist. Man könnte ihn für einen Unterpapst halten. Von dem Dalai Lama sagen sie, zufolge den von ihren Vorfahren erhaltenen Nachrichten, daß er unsterblich sei, das ist, daß die Seele eines Dalai Lama in seines Nachfolgers Seele fahre. Unter der Hand hörte man, daß die Tanguten[183], bei denen der Sitz der morgenländischen Weisheit ist, allezeit Kinder auferziehen, welche sie durch eine gute Anführung zu dem Amte eines Dalai Lama tüchtig machen. Wenn nun ein Dalai Lama stirbt, so muß gleich einer von diesen Lehrlingen, den sie für den geschicktesten halten, sagen, die Seele des verstorbenen Dalai Lama sei in ihn gefahren; und alsdann wird er dafür erkannt; doch sollen sich auch zuweilen einige finden, die dieses wider der Tanguten Willen vorgeben, und soll es in solchem Falle große Streitigkeiten setzen. Allso soll auch eben wegen solcher vorgefallenen Händel, da ihrer zween sich zugleich für Dalai Lama ausgaben, gegenwärtig kein Dalai Lama sein, sondern sie haben nur einen Kutuchta, welcher sich nach und nach durch seine Beredsamkeit ebenfalls zur Unsterblichkeit geschwungen hat, und weil er siehet, daß ihm die Leute zugethan sind, auch den einem jeden Menschen angebohrnen Neid, da niemand gern einen andern neben oder über sich leidet, an den Tag leget, indem er den Kindern seiner Kirche den Rath gibt, keinen von allen beiden Dalai Lama anzunehmen. Der Gelün, von dem ich bisher erzählet habe, sagte, daß sie die Mongolen, die Buräten ganz und gar nicht für rechtgläubige, sondern für solche Leute hielten, die bloß dem Teufel anhingen, und nach Gott nicht fragten[184]. Denn, sagte er, ob schon die Tanguten auch Schamanen haben, so ist dieses doch ein ganz verschiedenes Handwerk, das nicht zu dem Gottesdienste gehöret, und ein rechtgläubiger hält nichts davon. In der That sind die Buräten Heiden, wie alle Menschen nach dem Falle[185] im Anfange gewesen sind. Ihre Sprache aber ist Mongolisch. Also können die Mongolische Priester durch die Übereinstimmung der Sprache bei ihnen viel ausrichten und sie bekehren

zuweilen auch einen und den andern zu ihrer Religion. Diese sind alsdann gleichfalls nach ihrer Art zu denken rechtgläubige.
[Im Original folgen die Seiten 439 oben bis 444 unten.]
Kjächta oder Kjächtinskoi Krepost, oder Kjächtinskaja torgowaja Sloboda[186] machet die Gränze mit den Chinesern gegen Süden aus, so wie sie der Graf Sawa Wladislawitz Ragusinski in dem Jahre 1727 durch einen Vergleich festgesetzet hat. Vor diesem war die sowohl Russischer als Chinesischer Seits muthmaßlich angenommene Gränze der Fluß Bura, welcher ohngefähr 8 Werste weiter gegen Süden liegt[187]. Denn in den ehemahligen Zeiten hatten die Chineser die Russischen Gesandten jenseits des Bura empfangen. Diese Grenze war auch der Natur gemäß, und dem Russischen Reiche um ein vieles vortheilhafter, als jetzo, da dieselbe blos willkührlich und quer durch die Steppe über die Berge gezogen ist, so daß auch keine andere Kennzeichen der Gränze sind, als die von Menschen aufgerichtete Steine, welche Majaken genennt werden[188], und welche, weil sie zuweilen sehr unordentlich durch einander laufen, mit Zahlen haben bemerket werden müssen. Was noch das schlimmste ist, so hat man die Slobode auf die Gränze gesetzt, da bloß eine wüste Steppe ist, die nichts hervorbringet, so daß man daselbst kaum die Pferde futtern, und tränken kann. Diejenigen, die der hiesigen Gegend kundig sind, meinen, wenn man eine Kaufmanns-Slobode an der Gränze hätte anlegen wollen, sollte man die Gränze an dem Bura gemachet haben, wo das Erdreich für sehr gut gehalten wird, und würden die Chineser diesen, als einen vorher schon vermutheten Gränzort, ohne sonderliche Widerrede abgetreten haben. Diese gar nicht vortheilhafte Lage der Slobode macht, daß alles daselbst sehr theuer ist. Ein Huhn kostet 50 Copeken, ein Lamm 120 Copeken[189] sc. Durch diese Veränderung der Gränze ist den Russen überdies noch ein großer Vortheil entgangen. Man hat in allen diesen südlichen Gegenden sich viele Mühe gegeben als ein gutes Eisenerz zu finden, aber ganz vergebens. Hingegen befinden sich an dem Bura ganze

Berge voller Eisenerze, welches nicht nur sehr reich ist, sondern auch das köstlichste Eisen gibt, dessen sich aber die Russischen Unterthanen gegenwärtig weiter nicht bedienen können, wofern sie sich nicht in die Gefahr begeben wollen, ertappt und wegen Verletzung der Grenze gestraft zu werden, welches einige jedoch zuweilen wagen.

Die Sloboden sind 1727 gebauet und angelegt, und ich will sie kürzlich beschreiben. Es sind ihrer zwo, die Russische und die Chinesische. Jene liegt nordlich, diese südlich, und beide sind nur 120 Faden von einander entfernet. Zwischen beiden doch näher bei der Chinesischen Slobode sind zwo hölzerne Säulen ohngefähr anderthalb Faden hoch aufgerichtet, auf deren einer, die nämlich diesseits stehet, mit Buchstaben geschrieben ist: Rossiiskoi Krai-torgowoi Slobody (der Russischen Gränze Handlungsslobode)[190].

Auf der andern, die jenseits, jedoch nicht über einen Faden davon ist, siehet man einige Mansurische[191] und Chinesische Zeichen, welche in der beigefügten Kupfertafel abgebildet sind[192]. Zwischen beiden Sloboden sind auf dem dortigen Gebirge die Gränzwachen, welche beiderseits gute Acht haben, daß die Gränze nicht übertreten werde.

[Im Original folgen die Seiten 447 oben bis 462 oben.]

Wir hielten in Strielka unsere Mittagsmahlzeit, und nachdem wir, wie in der Hinreise, über den Tschikoi mit Kähnen gesetzt hatten[193], kamen wir über die Sandberge des Abends um 5 Uhr wieder glücklich in der Stadt Selenginsk an.

Die Stadt Selenginsk liegt an dem rechten oder östlichen Ufer des Selenga-Flusses[194], und ist in dem Jahre 1666 anfänglich als ein bloßer Ostrog nach Landesgewohnheit angelegt worden; etliche und zwanzig Jahre hernach aber wurde die Festung, die noch jetzo steht, erbauet und derselben hat der Platz seine fernere Aufnahme zu danken. Die Stadt liegt längst dem Flusse, und hält in der Länge ohngefähr zwei Werste, ist aber sehr schmal, welches man leicht daraus abnehmen kann, daß nicht mehr als 151 Wohnhäuser darin gezählt werden. Sie schließt die oben erwehnte Festung ein, welche von hölzernen Wänden gemacht, und ohngefähr

50 Faden ins Gevierte hält. Auf der Seite des Flusses ist in einer Ecke derselben ein Schießthurm angebracht, und in dem andern steht die Kanzlei; in der Mitte dieser Wand aber ist ein Thor, und auf demselben eine Tschassownja (Bethaus)[195]. Auf der Bergseite, welche gedachte Seite am Flusse gegen über ist, sind in beiden Winkeln Schießthürme und ein kleines Thor. Unter den Gebäuden der Festung befinden sich noch fünf Kornhäuser, ein Pulverkeller, zwei Häuser zu der Tributscasse, und unter einem derselben noch ein Pulverkeller, und ein Artilleriehaus, darin 5 metallene Canonen, wovon drei der Stadt, zwo aber dem Regimente gehören, und fünf eiserne ebenfalls dem Regimente gehörige Canonen liegen. Außerhalb der Festung sind an öffentlichen Gebäuden zwo Kirchen von Holz, des Brigadiers Haus und die Hauptwache, die Regimentscanzlei, das Spital, eine Pulverkammer für das Regiment, zwei Kornhäuser, ein Brandtweinkeller, einige Kaufbuden, und zwo Schenken. Um diese Gebäude und Privathäuser sind auf der Bergseite Nadolobi gezogen[196], die sich an den Selenga schließen.

Der Fluß ist bei der Stadt ohngefähr 200 Faden breit, und hat unterschiedliche Inseln. Noch vor 8 Jahren konnten die Schiffe hart an der Stadt anlegen; der Strom aber hat sich seitdem mehr westwärts gezogen, so daß er an dem östlichen Ufer sehr untief ist. Die ganze Gegend der Stadt ist sehr bergicht und unfruchtbar; 15 Werste unterhalb derselben aber ist guter Ackerbau. Kaum hat man bei der Stadt einen Platz, da man die Pferde weiden oder Gartenfrüchte ziehen kann. Eine Insel oberhalb der Stadt, welche Konny Ostrow genennet wird, ist der einzige Ort, dessen man sich hierzu bedienet[197]. Weil aber dieselbe nicht selten überschwemmt wird, so gehet auch öfters die Hoffnung des Jahres in dem Wasser verlohren. Dann es ist in Sibirien nicht der Gebrauch, daß man ein schlechtes Land durch Düngung oder Anfahrung guter Erde zu bessern suchen sollte. Wer nicht ein Stück Land besitzt, das keine Bearbeitung nöthig hat, der lebt lieber in Bedürfniß, weil er meint, dasjenige sei nicht von Gott beschert, was man durch der Hände Arbeit erzwingen müsse. Doch dieses rühret nicht sowohl aus einem Grundsatze der Frömmigkeit, als vielmehr von der Faulheit her. In Sibirien beobachtet man gar selten die Gewohnheit, daß Gläubiger, wenn ihm der Schuldiger seine Schuld abgetragen hat, demselben dafür eine Quittung oder seine bisher in Händen gehaltene Schuldverschreibung heraus gibt, sondern, wenn etliche Jahre verflossen sind, und der Mann Geld nöthig zu haben meint, so fordert er die abgetragene Schuld noch einmahl. Wenn der angebliche Schuldner einwendet, die Schuld wäre bereits abgetragen, so wird die Sache dem Rechtsspruche des Woywoden überlassen, welcher dieselbe auf unterschiedliche Art zu entscheiden gewohnt ist. Noch vor kurzem geschahe es, daß ein Bargusinischer[198] Bauer den andern wegen einer Schuld todtschlug, die er dem erschlagenen schon zweimahl abgetragen, und nun zum drittenmahl hatte abtragen sollen[199]; denn er besorgete, daß wenn der Kerl lang lebte, er die Schuld noch oft würde bezahlen müssen. Überhaupt wann ein Sibiriak durch Schelmerei und Betrügerei zu etwas gelangen kann, so erwählt er diesen Weg lieber als die Arbeit. Die Selenginsker haben auch diesen Vortheil, der ihrer Faulheit zu statten kommt, daß ihre Lebensart von der Bratskischen nicht sehr unterschieden ist. Sie essen in der Stille, was ihnen vorkommt, sie trinken ihren Thee nach Bratskischer Art, und also fällt es ihnen leichter sich zu ernähren, als wenn sie sich, wie an andern Orten Rußlands, an gewisse Speisen binden wollten. Denn der Selenga ist nicht fischreich; man hat zwar Stöhre, Tschebanki[200], Taimeni[201] und eine Art Forellen, die Lenki genannt werden[202], auch Gründlinge, aber alles in geringer Anzahl. Der Hauptfisch, den man daselbst haben kann, sind die Omuli[203], eine Art eines Weißfisches, der zu Ende des Augustmonats in ungeheurer Menge aus dem See Baikal aufsteiget, und womit sich die Einwohner auf das ganze Jahr versehen.

Wir haben während unserm ganzen Aufenthalt in der Stadt es kaum so weit bringen können, daß wir zuweilen etwa Milch zum Thee bekommen hätten. Die Leute sind viel zu faul, als daß sie in den schönen Gegenden unterhalb der

Abb. 10: Johann Georg Gmelin, Flora Sibirica, Band 1, Tafel 18, Figur 1: Dreispaltige Binse (Juncaceae-Binsengewächse)

Stadt des Sommers so viel Futter sammlen sollten, daß sie einiges Vieh in der Stadt damit ernähren könnten. Sie lassen lieber ihr Vieh im Sommer und Winter an den Orten herum laufen, wo Weide ist. Es sind in der Stadt einige Kaufläden, darin aber ist bei nahe nichts zu haben. Wie leicht wäre es einem Selenginsker, mit allerhand Kleinigkeiten, die er in der Bude halten könnte, etwas zu erwerben. Aber er liegt lieber 51 Wochen des Jahrs hinterm Ofen, und die 52ste reiset er nach Kjächta; und davon ernährt er sich das ganze Jahr.

Während daß wir uns in dieser Stadt aufhielten, hatten wir mehrentheils schlechtes Wetter, fast beständige und heftige Nordwinde, auch zuweilen Regen, welches letztere die Einwohner als etwas sehr seltenes ausgaben, indem es sonst fast niemahls vor dem Augustmonate regnen soll[204].

Wir machten uns einen guten Nachmittag zu Nutze, an welchem uns der Herr Brigadier Bucholz zu Wasser an die Stelle führte, wo man den neuen Ort Nowo-Selenginsk anzulegen beschlossen hatte. Derselbe liegt ohngefähr 3 Werste oberhalb der Stadt an dem linken Ufer der Selenga, und die Gegend ist unstreitig etwas besser, als die Gegend der Stadt Selenginsk, wie sich denn auch die Lage zu einer Festung noch einiger Maßen schickt. Allein, da man den Ort anlegen wollte, fand man solche Schwierigkeiten, daß man auch nicht einmahl den Anfang gemacht hat. Das Erdreich daselbst ist steinicht, aus kleinen Kieseln und grobem Sande gleichsam zusammen gepreßt, und es würde unsägliche Unkosten erfordern, wenn man darauf bauen wollte; ja mit den in Sibirien bei dem bauen üblichen Werkzeugen, wäre es eine unmögliche Sache. Vermuthlich hat derjenige, der es angegeben, nicht gewußt, daß man bei Anlegung einer Festung auch auf das Erdreich zu sehen habe. Schade ist es, daß zwo in selbiger Gegend zu beiden Seiten des Flusses für die Pferde der Dragoner, welche in der neuen Stadt zur Besatzung liegen sollten, mit ungemeinen Kosten erbaute Stallungen, nun ganz und gar ohne Nutzen da stehen.

[Ende des ersten Bandes]

Abb. 11: Titelblatt des zweiten Bandes der Gmelinschen Reisebeschreibung

[Der Originaltext beginnt mit einer dreißigseitigen Vorrede, die den Band zusammenfaßt. Sie ist datiert: Tübingen, den 31sten Januar 1752.]

Fortsetzung des Tageregisters der Kamtschatkischen Reise

Bei Endigung des ersten Theils dieses Tageregisters waren wir in Selenginsk, und wünschten nur immer gut Wetter, um nicht lange daselbst stille zu sitzen. Nach und nach ließ es sich auch dazu an, und wir rüsteten uns zu der Abreise, luden unsere Geräthschaft auf 2 Schiffe, die dem Brigadier Buchholz zugehörten, und uns von ihm in Ermangelung anderer zur Reise gegeben wurden, und gingen damit den 23sten Mai 1735 um Mittagszeit von Selenginsk ab. Den Studenten Tretjakow ließen wir in der Stadt zurück, um in unserer Abwesenheit Wahrnehmungen über das Wetter daselbst zu machen. Wir fuhren bis an das Dorf Sui, welches 16 Werste unterhalb der Stadt liegt, woselbst wir zu Mittage aßen. Von da wollten wir des Abends noch weiter fahren, allein ein heftiger Nordwind hinderte uns. Nach hiesiger Gewohnheit hatten die Schiffe kein ander Steuer, als einen Balken, mit dem man bei ganz stillem Wetter das Schiff einiger massen regieren, bei einem nur geringen Winde aber nichts verrichten kann, insonderheit, wenn das Fahrzeug etwas groß ist. Wir mußten also bis zu dem andern Tage stille liegen, und nachdem wir bei dem Dorfe Ribalina, welches an dem östlichen Ufer des Selenga gelegen ist, angekommen waren, und daselbst zu Mittage gegessen hatten, ein gleiches als den Tag vorher erfahren; denn der Wind ließ uns nicht viel über eine

Abb. 12 (folgende Doppelseite): Karte aus dem zweiten Band des Gmelinschen Reisewerkes

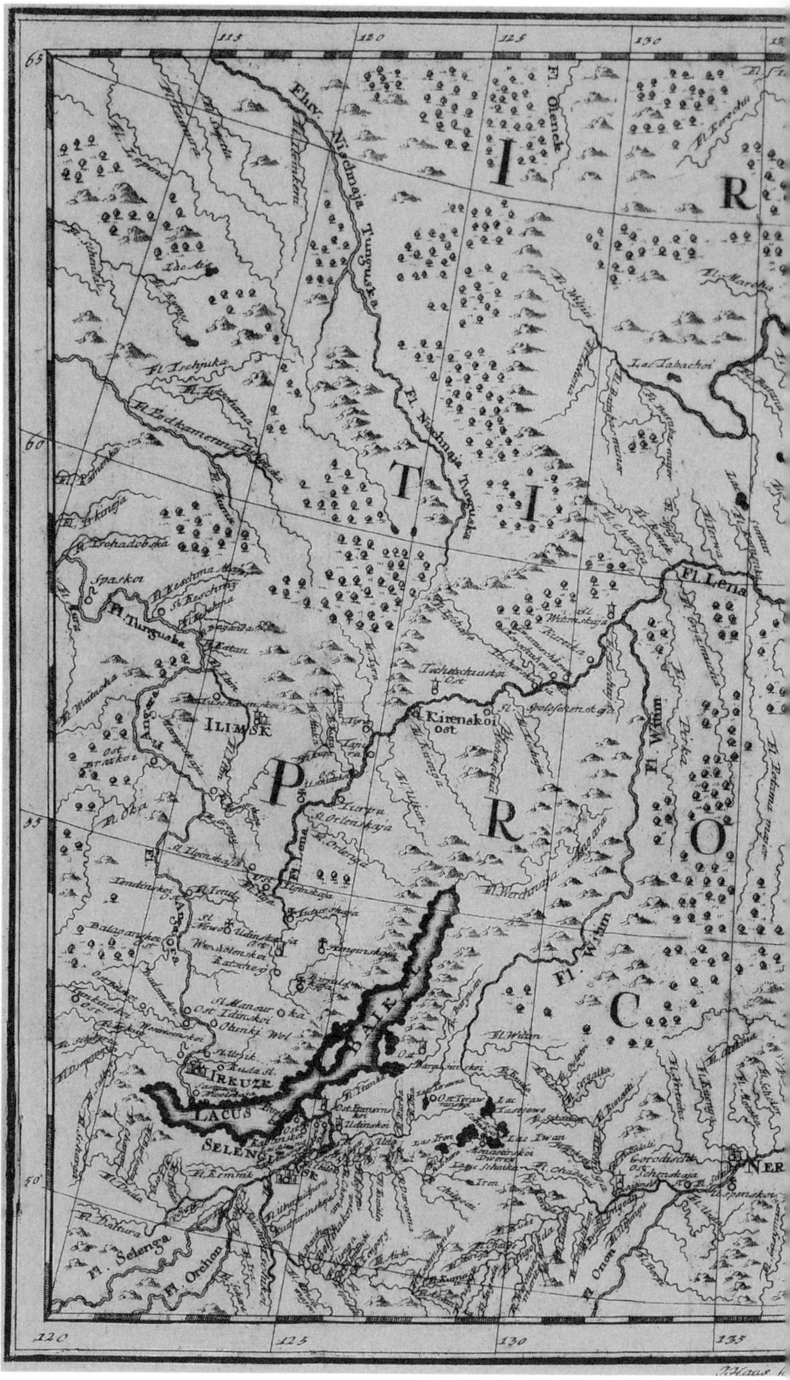
115
120
125
130
135
65
60
55
50
I
R
T
I
P
R
O
C
Fl. Olenek
Fl. Lena
Fl. Witim
Fl. Turguska
ILIMSK
Kirenskoi ost
Spaskoi
IRKUZK
LACUS
SELENG
Fl. Selenga
Fl. Orchon
Fl. Onon
NER

PROVINCIA
IRKUTENSIS
cum Ilimiensi, Selen-
giensi, Nertschiensi, Ja-
kutensi territoriis

halbe Werst weiter kommen. Wir sahen uns genöthiget einem jähen und wilden Felsen, der hart an dem Flusse ist, und den Namen Baran hat, gegen über Halte zu machen. Der Wind hatte jedoch nur eine so geringe Macht, daß ich und einige unsers Gefolges mit einem sehr schlechten Kahn über den Fluß fahren und den Felsen besteigen konnten. Abends um 7 Uhr legte sich der Wind, und wir fuhren weiter, kamen Aransina D. vorbei, und im 9 Uhr lagen wir wieder stille; denn die Leute wollten wegen der Nacht nicht weiter fahren, was wir auch immer dawieder einwenden mogten. Und weil wir diese Leute durch Gunst des Brigadiers Bucholz hatten, so ließen wir ihnen den Willen, ob wir gleich genug versichert waren, daß bloß die Sibirische Faulheit daran schuld war. Den 25sten machten wir uns wieder auf, und kamen, nachdem wir den Uda-Fluß etwas aufwärts gegangen, und über denselben gerudert hatten, um Mittagszeit nach der Stadt Udinsk[205], woselbsten wir zu der Landreise Anstalten machen, und ein paar Tage stille liegen mußten. Der Dörfer und Simowjen[206], die wir auf der Wasserreise vorbei gegangen waren, ist zwar eine ziemliche Anzahl; sie sind aber von keiner sonderlichen Erheblichkeit, und liegen meistens auf dem westlichen Ufer des Selenga. Den folgenden Tag kam der Herr Prof. La Croyere gegen Mittagszeit ebenfalls in Udinsk an, und setzte nach einer Verweilung von etlichen Stunden seine Reises nach Irkutsk allwo er den Sommer hindurch zu verbleiben willens war, weiter fort. Er eilte auch so, daß wir von seiner Ankunft nichts erfuhren, als bis er schon wieder abgereiset war.

[Im Original folgen die Seiten 3 Mitte bis 33 Mitte.]

Wir schlugen an der Nertscha unser Zelt auf, aßen daselbst zu Mittage, luden die Flöße ab, schickten in die Stadt, welche nur eine Werst davon liegt, nach Karren und Pferden, und fuhren mit aller Geräthschaft des Abends um 4 Uhr in die Stadt Nertschinsk[207] ein.

Nertschinsk ist in dem Jahre 1658 an dem linken Ufer der Nertscha erbauet. Die Festung, welche der Stadt den Anfang gab, ist 85 Faden lang und 70 breit, und nunmehr sehr verfallen, indem die Wasserseite von den Überschwemmungen der Nertscha einen Thurm und ein Stück von der Wand verlohren hat. Sie bestehet aus einem Vierecke, das an jedem Winkel mit einem Schießthurm versehen ist. Ferner hat eine jede Wand ohngeführ in der Mitte noch einen Wachthurm, der unten sein Thor hat. Das weggeschwemmte Stück ist so lang mit Pallisaden ersetzt worden; denn obschon der Befehl da ist, die Festung wieder aufzubauen, so erwartet man doch noch einen Befehl, wo sie hingebauet werden soll, weil sie an dem alten Orte dem Schicksale weggeschwemmt zu werden, nach wie vor, unterworfen sein würde. Innerhalb der Festung ist noch alles von dem Wasser unversehrt geblieben. Es befinden sich darin die neue und alte Kanzlei, des Woiwoden Haus, die Casse, ein steinerner Pulverkeller, ein Stückhaus, Wachhaus, Salzvorrathskammer, sieben Provianthäuser und ein Zeughaus. Das zu der Festung gehörige Geschütze bestehet aus 32 metallenen und einer eisernen Canone von verschiedener Größe, und zween Mürsern. Die Festung hat keine Kirche, außerhalb der selben aber, nämlich in der Stadt, ist eine steinerne und eine hölzerne. Von öffentlichen Gebäuden sind hier noch einige Kaufmannsbuden, das Rathhaus, der Zoll, zwei Backhäuser und ein Brauhaus. An Privat-Häusern befinden sich daselbst in allem 150, welche aber, wenige ausgenommen, so schlecht sind, daß, wer es nicht wüßte, meinen sollte, es wären die ärmsten Bauerhäuser. Alles, was noch gutes an der Stadt ist, hat man denenjenigen Zeiten, da dieselbe im Flor war, das ist, da die Chinesische Caravane durch dieselbige ging, zu danken[208]. Bis dahin gab es noch Leute darin, die sich als gute Bürger aufführeten, und ein gutes Haus baueten. Nachdem aber vor ohngefähr dreißig Jahren der Befehl ergangen ist, daß keine Caravane mehr durch Nertschinsk gehen sollte, so haben die Leute vor Faulheit angefangen sich den allerschändlichsten Lastern, als der Hurerei und dem Saufen, auf das äußerste zu ergeben, so daß ihre einzige Arbeit darin bestehe. Verliert jemand sein Haus durch Feuer, so verlangt er kein anderes dafür aufzubauen; wird ein Haus baufällig, so verlangt es niemand zu stützen; man ziehet aus, und läßt das Haus völlig verfallen und verfaulen; denn dazu ist man zu nachläßig, daß man das Holzwerk noch zu nützen suchen sollte. Es sind wenig Häuser in der Stadt, da nicht die Lustseuche[209] sein sollte; und weil die Leute ganz und gar keinen Beistand von einem Arzte haben, so sind ihrer einige so erbärmlich zugerichtet, daß man sie wohl lebendig todt nennen kann. Und so lange keine Anstalten deswegen werden gemacht werden, so lange ist zu besorgen, daß das Übel von Tag zu Tag mehr einreißen werde. Der Woiwode bekümmert sich wenig darum; denn es trägt ihm mehr ein, wenn er es nicht thut. Er siehet allein auf seinen Vortheil, und wenn er auch auf die schändliche Weise dazu gelangen sollte, so macht er sich kein Bedenken daraus[210]. Er bekommt das ganze Haus voll von Lebensmitteln, die ihm die Einwohner schenken, und wovon er die allerbeste Tafel halten könnte; allein er und seine Frau essen nicht mehr, als was sie nöthig haben, um nicht Hungers zu sterben, und dem Gesinde geben sie nicht einmahl so viel. Er gehet entweder zu Fuße, oder läßt sich von dem elendesten Pferde außerhalb seinem Hause ziehen, um die Leute zur Barmherzigkeit zu bewegen, damit sie ihm gute Pferde bringen mögen, ohnerachtet er etliche hundert der auserlesensten hat. Verwichenes Jahr reisete er aus, um sein Gebiet zu besehen, und kam mit 1000 Schaafen, 100 Pferden und 80 Kameelen zurück, welches alles er den Leuten ohne Geld oder Waaren dafür zu geben, abgepreßt hatte.

[Im Original folgen die Seiten 36 Mitte bis 44 Mitte.]

Vor meiner Abreise hatte ich noch das Vergnügen die Gauckeleien eines Tungusischen Schamans in hiesiger Gegend zu sehen. Er kam auf unser Verlangen den 26sten des Abends zu uns, und wie wir von ihm foderten, daß er seine Künste zeigen sollte, so bat er, die Nacht zu erwarten, in welches wir gerne willigten. Des Nachts um 10 Uhr führte er uns etwa eine Werst weit von der Stadt auf das Feld, und legte daselbst ein großes Feuer an, um welches er uns rund herum in einem Kreise sitzen ließ. Er selbst zog sich bis auf die bloße Haut aus, und seinen Schamanrock an, welcher von Leder, und mit allerhand eisernen Werkzeugen behangen war. Auf einer jeden Schulter war ein zackigtes eisernes Horn zu mehrerem Schrecken angeheftet. Er hatte keine Trommel, wovon er diese Ursache anführte, daß ihm der Teufel noch nicht anbefohlen hätte, eine zu gebrauchen[211]. Der Teufel aber sagen sie, befiehlet es nicht eher, als bis er sich entschließet, mit dem Schaman den genauesten Umgang zu haben. Und zwar ist es der oberste Teufel, der dieses befehlen muß. Es sind, sagen sie noch sehr viele Teufel, und ein jeder Schaman hat seine eigene, und wer die meisten hat, kann seine Künste am sichersten ausüben; jedoch soll ein ganzes Heer solcher kleinen Teufel in seinem ganzen Leibe nicht so viel haben, als in dem kleinen Finger des obersten Teufels stecke. Dies war der Eingang, womit unser vermummter Zauberer[212] seine Hexereien anfing. Dahei lief er innerhalb des Kreises, den wir ausmachten, längst dem Feuer, und um dasselbe ganz cavalierement[213] hin und her, und stimmte durch das Rasseln seiner eisernen Tändeleien die höllische Musik dazu an. Endlich, ehe er zum Werke schritte, sprach er uns einen Muth ein, daß wir dasjenige fest glauben sollten, was er uns auf unsere Fragen antworten würde, und versicherte dabei, daß ihn seine Teufel noch nimmer betrogen hätten. Wir fürchteten uns zwar vor allen seinen Teufeln nicht, baten ihn aber doch, daß er währenden Gaukeleien seine eisernen Werkzeuge nicht zu nahe gegen unsere Köpfe fliegen lassen mögte. Er fing endlich an zu springen und zu schreien, und wir hörten bald einen Chor, der mit ihm einstimmete. Er hatte von seinen Glaubensgenossen ein paar mit sich genommen, die sich unvermerkt in unsern Kreis mit eingeschlichen hatten, und mit ihm sungen, damit es die Teufel desto besser hören mögten. Endlich nach vielem Gauckeln und Schwitzen wollte er uns weiß machen, daß die Teufel da wären, und wollte daher hören, was man von ihm zu wissen verlangte. Wir legten ihm, wie wir bisher gethan hatten, eine erdichtete Frage vor, und darauf machte er seine Künste, wobei ihm die andern beiden halfen. Durch das Ende wurden wir von neuem in unserer Meinung bestärkt, daß alles Betrügerei wäre, und wir hätten wohl gewünschet, ihn und alle seine Gottlose Mitbrüder mit in die Argunische Silberwerke[214] zu nehmen, um sie daselbst zu einer ewigen Arbeit verdammen zu können.

[Im Original folgen die Seiten 46 Mitte bis 73 oben.]

Ich war kaum in dem Ostrog angekommen, so überlief mich auf Anstiften des Hüttenverwalters eine große Menge von Kranken. Ich konnte in der Geschwindigkeit alle Hauptkrankheuten dieser Gegenden betrachten, als da sind die fallende Sucht[215], die Lustseuche, und eine besondere Krankheit, welche Wolossez genannt wird[216], und die Russen sowohl als die Tungusen hiesiger Gegenden häufig anfällt. Alle diese drei Krankheiten sind sehr gemein. Von der erstern hat man diese Einbildung, daß wenn ein Kind davon das erstemahl überfallen werde, und man dasselbige nicht anrühre, sondern nur wohl zudecke, so werde es die Krankheit nicht mehr bekommen, wofern es aber angerührt werde, so sei das Übel unheilbar; zwar sollen wenige Kinder daran sterben, sie behalten es aber ihr Lebtage. Von der Lustseuche übel zugerichtete Leute beiderlei Geschlechts, Männer und Weiber, alte, junge und Kinder, habe ich solche Arten gesehen, daß es einem, der dergleichen zu sehen nicht gewohnt ist, nothwendig ein Entsetzen machen muß. Das ganze Argunische Gebiet ist davon so viel, daß man mit Wehmuth an die künftigen Folgen denket. Man hat keine andere Cur, als daß man die Rinde von weißen Espenbäumen mit Alaun kocht, und das Decoct[217] trinkt. Einige machen sich auch ein Decoct von Lerchenbaumrinde. Wie man sich nun durch die erstere Arzenei das Übel nothwendig mehr in den Leib hinein treibt, so daß die innerlichen Theile eher angegriffen werden, also sterben viele daran; die aber nicht sterben, führen ein so elendes Leben, daß es bitterer, als der Tod sein muß. Wann deswegen keine gute Anstalten gemacht werden, so siehet es mit hiesigen Gegenden übel aus. Das Land ist eines der fruchtbarsten und gesundesten Länder; allein die vielen hieher verpflanzten Bauren sterben nach und nach aus, und die übrig bleiben, sind zur Arbeit untüchtig, und werden in der Fruchtbarkeit von Hunger sterben müssen, da ohnedem, wie schon oben gemeldet ist, die Jahre nicht gleich sind. Wäre nicht der Handel mit den Chinesern, so würde es schon in vorigen Jahren schlimm ausgesehen haben. Dieser Handel machte, daß, da in den Jahren 1713, 1714, 1715 der Solotnik sein Silber hier vor 7 Cop. zu kaufen war, man es gegenwärtig mit 10, 11 bis 12 Cop. bezahlt. Wolossez wird als eine Krankheit beschrieben, die sich durch ein Geschwür äußert, in welchem die Materie zu Haaren wird. Ich habe verschiedene gesprochen, welche mir erzähleten, daß ihnen aus dergleichen Geschwüren ganze Büschel von Haaren, welche als Menschenhaare aussehen, gezogen worden. Die etwas feiner urtheilen wollen, sagen, daß in den hiesigen Wassern Würmer sein, welche vollkommen wie Haare aussehen, und von denen Haaren, die sich die Leute abschneiden, und ins Wasser werfen, entstehen. Diese Würmer sagen sie, haben die Natur an sich, daß sie sich den Leuten, die sich baden, wo sie nur zukommen können, ansetzen, und in die Haut hineindringen, unter welcher sie so lange kriechen, biß sich viele Theile verletzt befinden, woraus anfänglich ein Geschwulst mit ungemeinen Schmerzen, und alsdenn ein Geschwür entstehe, aus welchem die daselbst eingeschlichenen und unter der Haut vermehrten Würmer herauskommen müßten, ehe man hoffen könnte gesund zu werden. Was die Cur betrifft, so sagen sie, daß derjenige, der ein solches Geschwür habe, sich alle Morgen und Abend in warme Lauge setzen müsse, in welche etwas von dem Gänserichkraut[218] geleget worden; davon sollen die Haare oder Würmer ausgehen; doch müsse sich der Kranke wohl hüten dieselben zu sehen, widrigenfalls würde die Cur nicht anschlagen. Die Probe, daß man genug gebadet, ist, wenn man keine Schmerzen mehr in dem Geschwür fühlet. Diejenigen, welche diese Cur lange Zeit anstehen lassen, sollen die allerschlimmsten Geschwüre bekommen, die wie ein Krebs um sich fressen. Unter denen Kranken, die bei mir gewesen, war nur einer, der diese Kranckheit hatte, und ich sahe nichts als das Geschwür bei ihnen. Weil er zugleich die Masern hatte, so konnte er nicht in die Lauge gesetzt werden, ohne welche die Würmer nicht herausgehen sollen. Er ist schon 3 Jahre von diesem Übel geplagt, und seine Ärzte, die Russen und Tungusen sind, sagen ihm allezeit, daß Haare ausgehen; er aber darf sie aus obgemeldeter Ursache nicht ansehen. Die Wasserwürmer habe ich gesehen; sie bewegen sich in dem Wasser sehr geschwinde, können den Leib sehr zusammen ziehen, und ungemein ausdehnen, und sehen in der That, wie Haare obenhin betrachtet aus; wenn man sie aber genau betrachtet, so gehören sie zu den Würmern, weil sie aus unendlich vielen Ringen bestehen, wiewohl man diese Ringe zu unterscheiden ein gutes Vergrößerungsglas nöthig hat. Sonst scheinet das Ende gegen den Kopf zu fast spitziger und dünner zu sein, als der übrige Leib, hingegen das hintere Ende war etwas dicker und stumpf, wiewohl der Leib so dünne ist, daß er ein dickes Haar nicht übertrifft. Die längsten, die ich gesehen, waren etwa eine Spanne, und kürzere auf 5 Zoll lang. Sie sehen weißgelblich aus, haben längst dem Rücken einen braunen Strich, an beiden Enden aber sind sie schwärzlich. Ihr Mund ist mir als der Blutigel gestaltet vorgekommen.

Wir waren begierig die Grenzsäulen zu besehen, welche von den Chinesern alle Jahre an dem Argun auf ihrer Seite gesetzt werden[219]. Jedes Jahr werden aus der Stadt Mergen[220] einige Offizieren, und einige andere aus Peking abgeschickt, welche die Grenze beschauen müssen. Die Pekingische kommen bei Zuruchaitu[221], die Mergenschen aber bei dem Argunskoi Ostrog[222] aus, und richten ihre Reise so ein, daß sie ohngefähr zu gleicher Zeit in diesen Gegenden eintreffen. Sie besuchen alsdann einander, und da, wo die Säulen sein sollen, richten sie alle Jahre zwo neue Säulen auf, auf welche eine jede Partei etwas schreibt, allem Vermuthen nach zum Zeichen, daß sie da gewesen sind; denn diejenigen, die das folgende Jahr dahin kommen, können alsdenn sehen, wer das vorige Jahr da gewesen sei, und sie müssen oben dergleichen zwo neue Säulen zur Nachricht derjenigen setzen, die das folgende Jahr kommen werden. Wir gingen also mit Kähnen über den Fluß, und ritten von dort ohngefähr 3 Werste an demselben hinauf, und fanden 8 Säulen, jede einen Faden lang, von denen einige über dem Haufen lagen; die meisten aber stunden noch. Unter den stehenden waren zwo ganz neue, die dieses Jahr gesetzt sind. Was seltenes konnte man daran nicht sehen. An der Stelle, da geschrieben war, welche gegen den Berg hinsahe, und über eine Arschin in der Länge ausmachte, war die Säule etwas ausgehauen, so daß beide Enden weiter hervorstunden, wodurch man vermuthlich hat zuwege bringen wollen, daß der Regen die Schrift nicht beschädigen sollte. Diese war Mansurisch[223] und mit Chinesischem Tusch[224] geschrieben. Wir ritten etwa noch 100 Faden weiter, so konnten wir sehen, wo der Argunische Ostrog in alten Zeiten, und vor dem Friedenstractat, den der Russische Gesandte Fedor Alexiewitsch Golowin 1689 mit den Chinesern errichtet, gestanden hatte[225]. Wie er ausgesehen habe, kann man noch heutiges Tages sehr genau erkennen; denn er ist nach geschlossenem Vergleiche so, wie er gewesen, an den Ort gebracht worden, da er jetze stehet. Er war ins Gevierte gebauet, und ohngefähr so groß als Jerawinskoi Ostrog[226]. Er hatte an der Wasserseite statt der Wand, die Kanzlei und eine Wachtstube. Wir gingen den vorigen Weg nach dem Ostroge weiter zurück, wovon ich noch melden muß, daß man nunmehr angefangen habe, ihn sowohl seiner Länge als Breite nach zu vergrößern. Außerhalb dem Ostroge ist eine gute hölzerne Kirche, und auf 20 Wohnhäuser. Wir fragten daselbst was für eine Hoffnung zur Erndte gegenwärtiges Jahr wäre? Allein man wollte uns nichts bestimmen, sondern fragte nur, daß, wenn von dem 20sten Juli an bis auf den 6ten August alle Morgen ein Nebel wäre, man keinen die Erndte verderbenden Frost zu befürchten hätte; wann aber der Nebel einmal ausbliebe, so sei es gefährlich. Daß im übrigen die Kälte, auch zuweilen mitten im Sommer, in diesen Gegenden ungemein groß sein müsse, ist leichtlich daraus abzunehmen, daß die Erde an gar vielen Orten nicht über anderthalb Arschinen aufthauet. Man wollte in einem Hause des Argunischen Ostroges, das etwas weit vom Flusse abstund, einen Brunnen graben, und thauete nach und nach die Erde über etliche Faden tief auf, so daß man alsdann schon beinahe anderthalb Faden unterhalb der Horizontallinie des Argun-Flusses war, konnte aber doch kein Wasser bekommen. Ich vermuthe aber, daß hieran eben auch die Kälte Schuld hat. Dieselbe ist in dem oberwehnten Vorrathskeller bei den Silberwerken so groß[227], daß, wenn man nur die Thüre aufmacht, man sich wegen der Kälte schon weiter zu gehen scheuet. Das Eis, welches sich in dem Winter darin sammlet, thauet den Sommer über nicht auf; doch ist die Kälte des Winters noch größer darin, als des Sommers. Gegenwärtig ist sie noch nicht so stark, daß sie das Wasser zu Eise machen sollte, als ich es durch ein Thermometer untersuchte. Es fehlt aber nur wenig daran. Sonst ist das Argunische Gebiete ordentlicher Weise des Frühjahrs einem gelinden Erdbeben unterworfen. Noch ein anderes Erdbeben soll sich im Anfange des Winters einfinden[228]. Man sagt, daß sich die Erde alsdenn allmählich und ganz gelinde hebe, daß solches bis etwa in den November währet, da sie wohl bis auf ein viertel Arschin gehoben sein soll, im Frühjahre aber soll sie sich nach und nach wieder setzen. Diese letztere Art kommt mir sehr schwer zu begreifen vor, und meiner Meinung nach muß sie vorher durch genaue Wahrnehmungen bestättiget werden, ehe man es wagen kann darüber zu urtheilen. So viel die erstere betrifft, so mag demjenigen wohl nachgedacht werden, was ich bei Gelegenheit dergleichen Untersuchungen in Erfahrung gebracht habe, daß nämlich vor vielen Jahren eine Russische nach China gehende Carawane sich in der Gegend der Chinesischen Stadt Naun[229], eben zu einer solchen Zeit befunden hätte, als ein Erdbeben entstanden, wobei sehr vieles Wasser so dünn als ein Staub aus der Erde mit ziemlicher Gewalt herausgedrungen wäre.

[Im Original folgen die Seiten 80 oben bis 99 oben.]

Diesen Abend sahen wir noch die Art der Tungusen ihren Brandtwein zu destilliren, welche von derjenigen, so die heidnischen Tataren beobachten, und die ich in der Kuznetzkischen Reise beschrieben habe[230], etwas abgehet. Sie setzen die gesäuerte Milch in einen niedrigen eisernen Kessel über das Feuer. Auf den Kessel decken sie einen von beiden Seiten offenen Zylinder von Birkenrinde oder von Holze zusammen geflochten, der etwas enger als der Kessel ist. Nicht gar in der Mitte des Zylinders, etwas mehr gegen unten zu, ist inwendig quer über, ein Holz ohngefähr einer Hand breit, auf der unteren Seite etwas erhaben, auf der oberen eingebogen, und mit vielen Ritzen, die von beiden Seiten des Randes schief gegen die Mitte des Holzes gehen, versehen. Der ganzen Länge nach ist in der Mitte ein größere Ritze, in welche sich diese klein Ritzen endigen; die größere aber endiget sich in einer einen oder anderthalb Zoll langen Rinne, welche durch ein in den Zylinder geschnittenes Loch ausgesteckt wird. Unterhalb dieser kleinen Rinne wird eine größere von mehr als zweenen Schuhen lang, und die gegen unten zu etwas gekrümmt ist, in eben dieses Loch eingesteckt. Sie gehet mit dem andern Ende in ein Gefäß, welches den aus der Rinne laufenden Brandtwein empfängt. Endlich wird noch der Zylinder oben mit einer eisernen Schüssel bedecket, und die Fugen daselbst mit Woelocken[231] vermacht. In die Schüssel wird währendem Destilliren Wasser gegossen, welches, so bald es warm worden, wieder mit kaltem verwechselt wird. Das Destilliren hat nicht besonders an sich, als daß sie Feuer unterlegen, und so lange damit fortfahren, als das übergehende noch stark ist, und aufhören, wenn es anfängt, säuerlich zu gehen. Das, was in dem Kessel übrig bleibt, gießen sie in einen woelockenen Sack, und lassen das Wasser ablaufen. Den Käse trocknen sie, und verwahren ihn als eine Eßwaare unter dem Namen Arza[232]. Sie destilliren diesen Brandtwein nicht nur aus Pferde- sondern auch aus Kühemilch, und beider soll von gleichen Kräften sein. Wir haben wirklich gesehen, daß derjenige, den sie in in unserer Gegenwart aus Kühemilch destillirt hatten, so stark war, daß er sich anzünden ließ.

[Im Original folgen die Seiten 100 Mitte bis 124 Mitte.]

Die Pferde, die wir in Tschitinsk[233] zur Abwechslung haben sollten, hielten uns daselbst eine Zeitlang auf. Und weil wir von hier aus die Tungusen wenig mehr zu sehen bekommen, so finde ich für nöthig ihrer noch mit wenigem zu gedenken, und zu beschreiben, auf was für Art wir die Reise durch ihr Land verrichtet haben. Alle diejenige Tungusen, durch deren Land wir von den Argunischen Silberwerken an gereiset, werden, weil sie sich in ihrem Jagen der Pferde bedienen, Konnie Tungusi genannt; denn in dem Anfange, als man die Tungusen unter Russische Bothmäßigkeit gebracht hatte, bemerkte man, daß ihrer einige mit Pferden, einige mit Rennthieren und einige mit Hunden herumzogen. Daher kommt der Unterschied unter Konnie, Olennie und Sabatschie Tungusi (Pferd- Rennthier- und Hunds-Tungusen)[234].

Wie ungereimt aber dieser Unterscheid sei, sieht man an den zu dem Jerawinskoi Ostrog gehörigen Tungusen, welche vor diesem mit Rennthieren herum zogen, und daher Olennie Tungusi genennet werden, jetzo aber, da ihnen alle ihre Rennthiere ausgestorben, und sie in große Bedürfnis geraten, mit Pferden herum zu ziehen genöthiget sind, und deswegen Konnie Tungusi genennt werden, eben als wäre dadurch ein ander Volk aus ihnen geworden. Ihrem Gesichte nach sehen sie den Kalmucken[235] sehr ähnlich, wiewohl es scheinet, als wenn die breiten Gesichter nicht so stark unter ihnen, als bei jenen Mode wären. Überhaupt dünkt mich, daß unter ihnen mehr kleine Leute, als von mittelmäßiger oder großer Leibesgestalt gefunden werden. Von Haaren sind sie alle schwarz, und die meisten tragen sie, wie die Chineser hinten in einen Zopf zusammen geflochten; doch ist dieser Gebrauch nicht so allgemein, daß nicht zuweilen einer oder der andere davon abgehen sollte. Ich haben einen gesehen, der alle Haare abgeschnitten, und nur vorne rund um die Stirne ein paar Schöpfe hatte stehen lassen. Er sagte, daß er dieses wegen der Sommerhitzen gethan hätte. Man findet nicht leicht bei einem Tungusen, so wie bei allen diesen Völkern, einen Bart; denn sobald sich derselbe einfindet, so raufen sie die Haare aus und bringen es endlich dahin, daß keine mehr nachwachsen. Zu ihrer Kleidung bedienen sie sich eines Pelzes, der bei Reichen mit Kitaika oder Seidenzeuge überzogen ist, einer Mütze, Hosen und Stiefel. Den Pelz ziehen sie auf den nackenden Leib an; in heißen Tagen aber, wenn sie in und um die Jurten leben, lassen sie auch den Pelz liegen, und gehen ein Geschlecht wie das andere nackend, nur daß sie die Hosen anbehalten, und um einen gewissen Ort noch etwas umbinden. Eben so, wenn sie sich des Nachts, es sei in der Jurte oder auf dem Felde, um ein Feuer herum legen, um zu schlafen, ziehen sie den Pelz aus, und bedecken damit nur diejenige Seite des Leibes, die nicht gegen das Feuer gewandt ist. Indem sie aber nicht auf einer Seite liegen bleiben, sondern sich oft umwenden, so thun sie dieses mit einer solchen Geschicklichkeit, daß der Pelz allezeit auf die Seite zu liegen kommt, wo kein Feuer ist. Die Mütze ist gemeiniglich roth und mit Pelz bebrämt. Um den Pelz tragen alle noch einen Gürtel von Bratskischer Arbeit, an welchem ihr Feuerzeug, Tobacksbeutel und Pfeife befestiget ist. Das weibliche Geschlecht bedienet sich zu einer Zierrath der gewöhnlichen Ohrringe und Corallenmuster. Sie essen alles, was ihnen vorkommt. Zwiebeln von Türkischem Bund[236], und andern bei ihnen wachsenden Lilien, die Wurzel der Bistorta[237], Milch, Käse, Rindvieh, Pferde, Schaafe, Rehe, Hirsche, Wölfe, Füchse, Bären, Murmelthiere, alles dieses verzehren sie mit gleich großem Vergnügen. Von zahmen Thieren werden sie nicht leicht eines schlachten, und sie essen nur diejenigen, die verreckt sind. Brodt essen sie mit großer Begierde, und pflegen auch wohl Durchreisende darum anzusprechen, absonderlich für ihre Kinder, denen sie es als einen großen Leckerbissen geben. Ihr Getränk ist Thee, den sie mit Milch und Butter kochen, und Kumüß, oder saure Milch; und in Sommertagen auch Brandtwein, den sie aus Milch destilliren. Sie halten große Heerden von Rindvieh, Pferden, Schaafen und Ziegen; ja mancher Tunguse hat gegen 500 Pferde, und die Reichen haben auch Kameele. Von ihrem Viehe verkaufen sie alle Jahre so viel, daß sie mit dem, was sie daraus lösen, den Tribut bezahlen und sich und ihre Weiber und Kinder kleiden können. Unter den Pferden verkaufen sie die weißen nicht gerne, und unter den Schaafen sind sie auf diejenige am meisten erpicht, die schwarze Köpfe haben, so daß man öfters große Heerden siehet, die alle, nur sehr wenige ausgenommen, am Kopfe schwarz sind. Ihr einziges Geschäfte bestehet im Jagen. Wenn sie nichts mehr zu essen haben, so gehen sie auf die Jagd, und ehe das gefällete Wild verzehret ist, denken sie an keinen neuen Vorrath. Die Murmelthiere verfolgen sie gemeiniglich bis in ihre Höhlen, da sie dann an der Mündung Feuer anlegen, und solche wohl herum zumachen, daß sich aller Rauch in die Höhle ziehen muß. Wenn so dann das Thier aus Furcht zu ersticken heraus will, schlagen sie es todt; ersticket es aber in der Grube, so hohlen sie es mit einer langen Stange heraus. Alle ihre Jagden geschehen zu Pferde, und wie sie ein herumschweifendes Volk sind, so bringen sie auch alles zu Pferde von einem Orte zum andern, so gar auch ihre Jurten, davon ich schon oben eine Beschreibung gemacht habe[238]. Sie haben die alte heidnische Religion, die hier in Sibirien vor diesem allgemein gewesen ist. Sie nehmen kraft derselben so viele Weiber, als sie wollen, doch gibt es selten Männer, die mehr als zwei haben. Sie müssen ihre Weiber auf eben die Weise, als ich schon von andern heidnischen und Tatarischen Völkern zum öftern gemeldet habe, kaufen. Ihre Götzen nennen sie Schewüki, und deren gibt es hölzerne und kupferne[239]. Alle stellen ein unförmliches Gesicht vor, und die kupfernen sind in Leder eingefaßt, dergestalt, daß das Kupfer nur auf der Seite, da das Gesicht ist, gesehen werden kann. Um die ihnen nöthige Hülfe von ihren Götzen zu erhalten, so futtern sie dieselben, und streichen ihnen etwas Milchrahm oder sonst etwas fettes zu Zeiten um den Mund, welches sie auch zuweilen zur Danksagung verrichten, wenn ihre Jagden gut abgelaufen sind. Sie verehren auch die Sonne. In den wichtigsten und schwersten Angelegenheiten aber nehmen sie ihre Zuflucht zu ihren Schamanen. In Krankheiten wenden sie sich zu den Mongolischen Lama, die bei dieser Gelegenheit nicht selten Neubekehrte machen[240]. Wie wir unter ihnen reiseten, so waren ihrer viele an den Augen krank. Die Masern aber wüteten ungemein, und viele sturben auch daran. Sie leben unter sich sehr friedlich, und kommt es gar selten, daß einer den andern bei der

Russischen Obrigkeit verklagt, weil sie ihre Streitigkeiten, die ohnedem sehr geringe sind, gemeiniglich unter sich abthun. Sie sind in Geschlechter abgetheilt, wie schon aus dem obigen zu ersehen ist, und über eine gewisse Anzahl Geschlechter ist ein Saissan gesetzt, welcher unter sich einen Schulinga hat. Eine gewisse Anzahl Saissans aber stehet unter einem Taischa[241]. Alle diese Leute, welche ebenfalls, als wie ihre untergebenen Tungusen sind, werden von Ihro Kaiserl. Majestät[242] verordnet und besoldet, daher sie Acht zu geben haben, daß alle kaiserliche Befehle von den unter ihnen stehenden Tungusen beobachtet, und Ordnung und Gehorsam unter ihnen erhalten werde. Sie haben auch die Gewalt kleine unter ihnen vorfallende Streitigkeiten abzuthun, können aber keine größere Strafe, als Badoggi[243] zuerkennen. Indessen scheinen alle diese Völker mit der Russischen Regierung sehr zufrieden zu sein; man hört von keinen Flüchtlingen nach der Mongolei, wohl aber ist bekannt, daß die Mongolen sich bei nahe alle gerne unter Russischen Schutz begeben mögten, wenn man sie nur annehmen wollte[244]. Gegen uns bezeugen sie sich in allen Stücken sehr willig, so daß wir auch nicht die geringste Gewalt wider jemand zu gebrauchen nöthig hatten. Sie sind gar nicht gewohnt mit Wagen und Karren zu fahren, und wissen kein Pferd anzuspannen. Daher hatten wir aus dem Argunskoi Ostrog zehen Russische Fuhrleute mit uns genommen, die bis Tschitinsk beständig bei uns bleiben, und die Tungusen zu recht weisen mußten. Ihre Pferde waren meistentheils, wenn man sie einspannen wollte, so unbändig, daß es viele Mühe kostete sie dazu zu gewöhnen; doch wenn sie einmahl in dem Gange waren, so konnte man schon mit ihnen zu rechte kommen. Es ist selten, daß sie etwas Russisch verstehen; deswegen mußte bei einem jeden Wagen ein Russischer Fuhrmann sein, um sie anzuweisen, wie sie fahren sollten. Die Russischen Einwohner dieser Gegenden aber reden alle Tungusisch oder Mongolisch. Weil die Tungusischen Pferde des Ziehens nicht gewohnt sind, so werden sie auch bald müde; daher allezeit eine Heerde von mehr als 100 Pferden (Ta-

Abb. 13: Ein Schamane aus Kamčatka, um 1740

bun)²⁴⁵ neben den Karren und Wagen hergetrieben wurde, um die ermüdeten abzuwechseln. Den 11ten des Abends um 4 Uhr verließen wir Tschitinsk, und kamen durch die in der Hinreise gemachten Wege des Abends um 7 Uhr in dem Dorfe Serkowa, den folgenden Tag des Vormittags um 10 Uhr bei dem See Schakscha in dem Monastirskoi Dworcz²⁴⁶, des Abends um 7 Uhr bei den Kondinskie Werschini, allwo die Russischen Pferde mit Tungusischen abgewechselt wurden, den 13ten Vormittags um 10 Uhr bei den Udinskie Werschini²⁴⁷, und des Abends um 6 Uhr in Jerawna an. In dem Monastirskoi Dworez machten wir uns mit dem Daurischen Schwärmer²⁴⁸ wieder etwas zu schaffen, und wollten bei ihm Eisen schmelzen: allein er entschuldigte sich, daß, da er einmahl weggewesen, innerhalb dieser Zeit Schmiede gekommen wären, die allen seinen Vorrath von Erze und Kohlen verbraucht hätten. Kurz, ehe wir bei den Kondinskie Werschini anlangten, kamen wir ein Torfland vorbei, welches lichterloh brannte. Bei den

Udinskie Werschini hatten wir großen Mangel an Wasser; dann außer einer einzigen Pfütze war seit unseres Hierseins alles ausgetrocknet. Und mit dieser Pfütze mußte sich unsere ganze Gesellschaft und alle Pferde begnügen. In Jerawna mußten wir bis zum folgenden Tage, weil die Pferde zur Abwechslung noch nicht beisammen waren, liegen bleiben. Nachmittags um 2 Uhr reiseten wir mit Russischen und Tungusischen Pferden ab, und kamen des Abends um 7 Uhr zu dem Bache Pogromna, und den 15ten Vormittags um 8 Uhr zu dem Popereschma, allwo uns die Bratski[249] unsere Pferde wechselten, nachmittags um 2 Uhr langten wir an dem Uda bei dem Berge Schibetu-Chadda[250], und des Abends um 9 Uhre bei dem Bach Ona, da wieder Bratskische Abwechselung war, des folgenden Tages zu Mittage an dem Uda, 6 Werste jenseits der Kolpinnie Osera[251], und des Abends um 7 Uhr an dem Bache Kurba an. Der Ummukei-Nor [252], über den wir kurz vorher gingen, war nicht, wie ehemahls trocken, sondern voll Wasser. Von dem Onon an hatten wir fast alle Abend schwere Donnerwetter mit häufigem Regen; absonderlich war eines, welches wir auf der letzten Station jenseits des Kurba hatten, sehr heftig, und ein solcher ungemeiner Sturm aus Süden darbei, daß wir alle an dem Gezelte, worunter wir waren, genug zu halten hatten, damit es nicht über den Haufen geworfen würde. Ohngefähr 12 Werste ehe wir zu dem Ona kamen, sahen wir eine entsetzliche Wirkung von dergleichen Donnerwettern in der Steppe. Wir waren noch weit davon, als wir einen großen Gestank verspürten; und wie wir nahe dazu kamen, sahen wir, daß besagter Gestank von einem Pferde, das daselbst auf ein solches hölzernes Gestelle, als wir bei Kusnetzk gesehen hatten[253], gelegt war, herrührte. Es waren keine Jurten in der Nähe, daß wir hätten denken können, das Pferd wäre hier zu einem gewöhnlichen Opfer hingelegt. Es ist auch bei dergleichen Opfern niemahls gewöhnlich, daß man die Pferde mit allem Fleische so hingibt; denn diese Völker essen lieber das Fleisch selbst und lassen dem Teufel nur die Haut und Knochen. Wir erfuhren endlich, daß dieses Pferd vor ungefähr 3 Wochen von dem Donner an eben dieser Stelle, worüber das hölzerne Gerüste jetzo stehet, erschlagen wäre. Gleichwie die Bratski glauben, daß der Teufel der Urheber des Donners sei; also glauben sie auch, daß dasjenige Vieh oder auch die Menschen, welche von dem Donner erschlagen werden, Opfer sein, welche der Teufel mit Gewalt haben wolle. Da sie nun dem Teufel gerne alles zu Gefallen thun, um ihn zum guten Freunde zu haben, so richten sie so gleich an dem Orte ein Gerüste auf, und opfern das erschlagene mit großem Vergnügen. Vier Werste, ehe wir zu Schibetu-Chadda ankamen, waren in der Steppe sehr viele alte Gräber [254]. Und weil die von uns bereits kurz zuvor veranstaltete Untersuchung solcher Gräber bei dem Dorfe Gorodischtsche so schlecht abgelaufen war, daß wir mehr an der Sorgfalt und Behutsamkeit unsers Abgefertigten zweifelten, als glaubten, daß sein Bericht wahrhaftig sei, so versorgten wir uns von Jerawna aus mit Schaufeln, um, wo es sich schicken würde, die Sache selbst in Augenschein nehmen zu können. Diesen Ort fanden wir bequem dazu, weil er nicht weit von der Stelle war, wo wir futtern wollten. Die Gräber hatten, wie alle übrige in diesen Gegenden, die Gestalt eines länglichten Vierecks, und um dieselbe herum waren große Feldsteine in eben solcher Gestalt ausgerichtet. Die längsten waren kaum drei Faden lang, und einen Faden breit. Die östliche Seite hatten insbesondere zween sehr große Steine, die sowohl der Höhe als Breite nach die übrigen übertrafen. Die Gräber erstreckten sich ihrer Länge nach ohngefähr von Osten nach Westen, wenn man sie aber mit dem Compaß untersuchete, so fand es sich, daß die Himmelgegenden selten genau getroffen waren. Wir ließen zwei dergleichen Gräber aufmachen, eines, um welches ziemlich niedrige Steine herumstunden, und ein anderes, das wegen Größe der Steine etwas prächtiger aussahe. Es fanden sich bei beiden gleich im Anfange große Hindernisse, weil sie mit Steinen aufgeschüttet waren. Als wir bei dem prächtigen Grabe anfingen dergleichen Steine wegzuräumen, so zeigte sich dann und wann ein Pferdeknochen. Doch wurden ihrer so wenige gefunden, daß mehr als neunzehn Theile zu einem Pferdegerippe fehlten. Die Knochen die zu den obern Theilen des Leibes gehörten, fanden sich in der östlichen, und die untern Knochen fanden sich in der westlichen Gegend des Grabes. Von diesen Knochen an, welche fast ganz oben lagen, hatte man noch gegen eine Arschin tief Steine auszuräumen; an dem Ende der östlichen Seite aber lag ein ungeheurer Stein in die Quere, mit dem man viel zu thun hatte, bis man ihn heraus brachte; und dennoch konnte man nicht anders damit zu rechte kommen, als daß man ihn in Stücken zerschlug, und stückweise herausnahm. Unter diesem Steine war etwa ein paar Zoll tief aufgeschüttete Erde, und unter derselben lagen Menschenknochen von einem erwachsenen Kerl gleichfalls so, daß die Knochen, die zu dem Untertheile des Leibes gehörten, gegen Westen, und die übrigen gegen Osten lagen, jedoch konnte man eben keine allzu ordentliche Lage herausbringen, denn der Körper lag etwas schief gegen die linken Seite, und die Armbeine und kleinen Armröhren lagen fast neben einander, beide aber erreichten mit ihren Enden die Hüftbeine. Aber es fehlte wieder sehr viel an dem ganzen Gerippe. Von den Händen waren nur einige wenige Knochen da, von den Rippen und Wirbelbeinen fehlten viele, von Schulterblättern war nichts zu sehen, welches alles vielleicht der Verwesung zuzuschreiben ist, durch welche die dünnen und gebrechlichen Knochen vermodert sind. Im übrigen aber waren die vorhandenen Knochen noch sehr frisch und hart. Allein von dem Kopfe war nicht ein Merkmahl zu sehen, auch so gar nicht ein Zahn, der doch keiner Verwesung leicht unterworfen ist. Wir ließen an unseren Fleiße nichts ermangeln, und noch tiefer und so lange unter den übrigen Knochen graben, bis man deutlich sehen konnte, daß die Erde schichtweise lag, und wir folglich gewiß versichert waren, daß sie daselbst vor diesem niemahls aufgegraben gewesen; allein es wurde weiter nichts gefunden. In dem andern Graben fand man keine Pferdeknochen; die Menschenknochen aber fanden sich in einer Tiefe von ohngefähr drei viertel Arschin in eben einer solchen Lage, und wiederum auf eine eben so wunderliche Art, daß verschiedene Knochen des Gerippes fehlten, von dem Kopf aber nicht das geringste Merkmahl vorhanden war. Von dem großen in die Quere liegenden Steine war hier nichts zu sehen.

Ob man uns gleich berichtet hatte, daß wir über die Kurba ohne Floß gehen könnten, so war es doch schon zu dunkel, um den Ort der Durchfahrt zu suchen. Den andern Morgen fanden wir zwar denselben bald; allein das Wasser war doch so hoch, daß wir alles aus den Wagen auspacken lassen mußten, um ohne Schaden durchzukommen. Des Morgens um 7 Uhr waren wir mit aller Geräthschaft herüber, und kamen mit frischen Pferden noch vormittags um 11 Uhr an den Nochoi-Gorochon, des Abends aber um 6 Uhr in der Stadt Udinsk an.

[Im Original folgen die Seiten 136 unten bis 158 unten.]

Irkutzk ist um das Jahr 1661 angelegt worden, und hat ebenfalls, wie andere hiesige Städte, einen geringen Anfang gehabt, bis sie nach und nach zu einer Stadt erhoben worden[255]. Nach Tobolsk und Tomsk ist sie eine der ansehnlichsten und größten Städte in ganz Sibirien. Sie liegt an dem östlichen Ufer der Angara in einer schönen Ebene; und weil ihr gegen über der Fluß Irkutzk in den Angara fällt, so hat sie davon den Namen bekommen. Es sind darin 939 Wohnhäuser, alle wohl beschaffen, und ist nicht leicht eines, welches neben der Schwarzstube nicht noch eine ordentliche Wohnstube ohne Rauch hätte; jedoch sind sie alle von Holz. Der Graf Sawa Wladislawitz hat diese Stadt, wie die übrigen in diesen Gegenden, mit Pallisaden ins Gevierte umziehen lassen, nur die Seite an dem Flusse ausgenommen, welche von Natur befestiget ist[256]. Der ganze Raum, worauf die Pallisaden stehen, enthält 1277 Faden oder Klafter. Um die Pallisaden ist ein Graben, und um diesen Spanische Reuter [257]. Innerhalb den Pallisaden sind vierzehn kleine Schanzen aufgeführet. Eine jede Seite der Pallisaden hat ihr Thor. Die eigentliche Festung der Stadt befindet sich hart an dem Ufer der Angara. Sie hat hölzerne Wände, und 90 Faden in der Länge und 70 in der Breite. Sie ist in dreien Winkeln mit dreien Schießthürmen, und an der Seite gegen den Fluß und in derjenigen, welche mit dieser unten zusammen hängt, mit Thoren und Wachthürmen versehen. Eine steinerne Kanzelei, die alte hölzerne Kanzelei, und des Unterstatthalters Haus von Holz sind an der Wasserseite der Festung angebracht. Auf der gegenüberstehenden Seite ist eine steinerne Hauptkirche, und der dazu gehörige Glockenthurm der in der unteren Seite der Festung ist, hat auch eine Schlaguhr. Sonst sind noch in den Wänden der Festung einige Zimmer, und unter besagten Gebäuden allerhand Keller und Vorrathskammern gebauet. Innerhalb der Festung sind ein Pulverkeller, Hauptwache und eine alte Rechenkammer des ehemahligen Kämmerers. Die Artillerie der Festung bestehet aus drei großen metallenen, zwo etwas kleinern eisernen, und elf kleinen eisernen Canonen. Zunächst unterhalb der Festung ist eine andere Sobornaja Zerkow (Hauptkirche)[258] von Stein mit einem steinernen Glockenthurme. Und außer dieser sind 4 hölzerne Pfarrkirchen an verschiedenen Orten der Stadt. Zunächst oberhalb der Stadt aber ist die fünfte, gleichfalls von Holz, und unterhalb ein Diewitschei Monastir (Jungfraukloster)[259], und in demselben ebenfalls eine hölzerne Kirche. Zwischen diesem Kloster und der Stadt fällt ein Bach, der den Namen Uschakowka oder Ida führet, in die Angara, an welchem 3 Mühlen gebauet sind. Sonst sind noch an öffentlichen Gebäuden in der Stadt das Rathaus, das Kaufhaus, und in einer Wand desselben das Zollhaus, in der Mitte aber ein Brandtweinkeller, der Fleischmarkt, der Trödelmarkt, ein Regimenthaus, das Policeihaus, das Gefängnüß, ein Pulvermagazin, welches um und um mit einer hölzernen Wand umgeben ist, ein Brauhaus und Bierschenke, zehn Brandtwein und Methschenken, eine Badstube für die Kaufleute, und drei Salzvorrathskammern.

Die Einwohner dieser Stadt sind meistentheils Kaufleute, Sluschiwie, Dieti bojarskie[260], Dworjänini[261], auch verschiedene Handwerksleute. Die meisten sind aus andern Provinzen entloffen, wie denn fast ganz Sibirien keine andern Russischen Einwohner hat. Sie leben so, wie es in ganz Sibirien

Mode ist. Sie sauffen, sie sind Liebhaber des Müssigganges und der Hurerei, und empfinden auch die allgemeine Folgen davon. Die Luststeuche ist hier so stark eingerissen, so gar, daß es rar ist, einen wircklichen eingesessenen der Stadt zu finden, der nicht davon angesteckt wäre. Ich habe bei der Sibirischen Venusseuche vieles gelernt, was man in andern Ländern noch nicht will wahrgenommen haben. Ich kenne Weiber, die alle Zufälle dieser bösen Seuche haben, die alle Nacht mit ihren Männern in einem Bette schlafen, und das ehliche Werk mit ihnen verrichten; und ungeachtet dieser schon einige Jahre so fort gedaureten Lebensart ist doch der Mann von dem geringsten Zufalle dieses Übels ganz frei geblieben. Im Gegentheil habe ich Männer gesehen, welche das Übel im höchsten Grade gehabt, und deren Weiber nicht angesteckt worden sind. Ich sage nicht, daß diese Krankheit hier gar nicht ansteckt; dann ich habe klägliche Exempel gesehen, daß sie es sehr geschwinde thun kann; nur sehe ich, daß sie nicht alle Leute ansteckt. Und wann die gemeine Erzählung wahr wäre, daß man auch ohne das ehliche Werk zu verrichten leicht angesteckt werden könnte, so sollte niemand unter uns sein, der es nicht schon empfunden hätte. Wie leicht sollte es nicht durch den gewöhnlichen Kuß, durch Trinken aus einerlei Gefäße sc. können mitgetheilet werden? Ich habe einmahl bei einem gewissen Mann drei Wochen lang gewohnt, und mich mit ihm eben desselbe Abtrittes bedient. Er hatte die Venusseuche im höchsten Grade; der ganze Hintere war mit Venusbeulen, deren einige offen waren, bedeckt, und überdem war der Abtritt an dem Orte, da man sitzt, mit Woelocken beschlagen. Wie leicht wäre es bei diesen Umständen gewesen, mir das Übel mitzutheilen? Und gewiß, wenn ich diese Umstände gewußt hätte, so würde ich mich in Acht genommen haben. Allein ich habe doch nicht die geringste üble Folge davon gespüret. Daß aber mein Wirth wirklich dergestalt angesteckt gewesen sei, habe ich hernach augenscheinlich wahrgenommen. Was die Cur anbetrifft, so ist sie mit der gemeinen einerlei. Ich habe vier Personen durch den gewöhnlichen Speichelfluß[262] glücklich zu rechte bracht. Bei der einen war dieses was besonders, daß sie nicht zu dem Speichelfluß zu bringen war, ohngeachtet sie dreimahl so viel Mercur[263], als sonst gewöhnlich ist, eingenommen hatte, und noch überdem mit mercurialischen Sachen stark und öfters geräuchert worden war. An statt des Speichelflusses aber bekam sie einen solchen häufigen Urinfluß, durch welchen des Tages bei etlich und zwanzig Pfund Urin von ihr ging, welches mich, da es die Person sehr schwächte, endlich bewog mit dem Mercur nachzulassen. Sie wurde aber durch diese Cur eben so gesund, als durch den Speichelfluß. Nach der Cur nahm ich an eben dieser Person wahr, daß sie von heftigen abführenden Arzeneien wenig oder gar nicht angegriffen war, da sie doch vor der Cur deren Wirkung sehr leicht empfand. Ich ließ ihr bis auf ein Drachma Gummi Guttä[264] geben, und sie hatten kaum zween Stuhlgänge darvon. Sollte der Mercurius wohl eine solche Unempfindlichkeit in den Fasern der Gedärme machen können? Vielleicht bei einigen, aber nicht bei allen.

Die Stadt Irkutzk hat einen Unterstatthalter, welchem die ganze Provinz unterworfen ist. Unter ihm stehen die Woewoden von Selenginsk, Nertschinsk, Ilimsk, Jakutzk, und die Befehlshaber von Ochotzk und Kamtschatka[265]. Seine Einkünfte sind weit größer, als des Statthalters von Tobolsk, unter welchem er stehet, und ich glaube, daß die Vortheile, die er sich jedes Jahr außer seinem Gehalte macht, wohl nicht unter 30 000 Rubel geschätzet werden können. Die unter ihm stehenden Woiwoden müssen sich vor ihm fürchten: allein er hat so leicht nicht zu besorgen, daß er zur Verantwortung werde gezogen werden, weil Tobolsk zu weit entfernt ist.

Noch gehöret zu dieser Stadt ein Bischof, welcher jedoch bisher seinen Sitz nicht in derselben, sondern 5 Werste davon in einem Kloster, welches auf der westlichen Seite der Angara erbauet ist, gehabt hat[266]. Es gehet aber die Rede, daß künftigen Sommer ein Haus für ihn in der Stadt gebauet werden soll. Unter ihm stehen alle geistliche Stiftungen, die in der Irkutzkischen Provinz sind, und alle Bediente derselben.

Die Stadt hat auch ihre Policei, und ist in diesem Stücke

ziemlich gut eingerichtet. Alle Hauptstraßen sind mit Spanischen Reutern versehen, und haben auch ihre Nachtwächter. Überdem gehen des Nachts die Bedienten der Policei herum, welche alles, was sich auf den Straßen ungebührlich aufführt, in Verhaft nehmen, und auf die verdächtige Häuser Acht geben sollen. Indessen geschiehet es doch sehr oft, daß die Schenken, wider die durch das ganze Russische Reich gemachte Verordnung, die ganze Nacht hindurch voller Leute sind.

Die Gegend um die Stadt ist angenehm, aber bergicht. Insonderheit gibt es auf der westlichen Seiten der Angara guten Wiesewachs. Um die Stadt wird kein Korn gebauet. Allein solches wird aus den ebenen Gegenden der Angara, aus den Sloboden an dem Irkut-Flusse und an dem Konda, und aus dem ganzen Ilimskischen Gebiete im Überfluß zugeführet. An Wilde ist kein Mangel, und man findet hier Elende[267], Hirsche, wilde Schweine und Rehe. Von Federvieh hat man Auerhahnen, Birk- Reb- und Haselhühner. An Fischen ist die Angara sehr arm, allein der See Baikal versiehet die Stadt im Überfluß. Überdem werden die Omuli so häufig von Udinsk, und den am Selenga liegenden Flecken und Dörfern, hieher verführt, daß der Pöbel sich damit zur Genüge für einen geringen Preis versehen kann. Seit dem die Chineser das Vieh nicht mehr so häufig aufkaufen, ist auch das Fleisch ziemlich wohlfeil worden, so daß man ein Pud gutes Rindfleisch zu 50 Cop. haben kann, welches noch verwichenen Winter für einen Rubel und 20 Cop. verkauft worden ist. Ausländische Waaren, ohne die Chinesischen jetzo zu betrachten, welche hier nicht viel theurer als in Kjächta sind, hat man hier zuweilen, absonderlich im Frühjahr, sobald das Wasser ausgegangen ist, fast so wohlfeil, als in Moscau und Petersburg. Dieses verursachet der Chinesische Handel. Es ist keine Stadt in Rußland, aus welcher nicht Kaufleute hieher kommen, und ihre Waaren mitbringen, um sie gegen Chinesische zu vertauschen. Die feinsten Tücher, ausländischer Sammet, Zucker, allerhand Gewürze sind in dieser Zahl mit begriffen. Die Kaufleute kommen mit Anfange des Winters, oder auch mitten im Winter hier an, und den Winter hindurch währet der Handel mit den Chinesern. Können sie nun während dieser Zeit nicht alles absetzen, indem sie, so bald das Wasser aufgehet, zurück reisen müssen, so schlagen sie ihre Waaren los, so gut als sie können, und geben sie öfters wohlfeiler, als sie in Moscau oder Petersburg zu bekommen sind. Hierzu kommt noch, daß sie, wann sie zurückreisen wollen, Münze haben müssen, um den Zoll und die Arbeitsleute auf den Fahrzeugen zu bezahlen, so daß sie in dieser Nothwendigkeit Geld anzuschaffen, gemeiniglich diejenigen Waaren, welche sie bei den Chinesern nicht abzusetzen hoffen, hier einem Bevollmächtigten zurücke lassen, der sie in einem Kramladen, so gut er kann, verhandelt. Doch gibt es auch einige, welche mit den von den Chinesern ihnen überlassenen Waaren nach Jakutzk gehen, und sie dort anzubringen suchen. Und so thut mancher Kaufmann eine lange Reise, ehe er wieder nach Hause kommt. Er reiset zum Exempel im Frühjahr von Moscau ab, und kommt in dem Sommer auf den Makarischen, und mit dem Anfange des Jahrs auf den Irbitischen Jahrmarkt[268]. Auf dem ersteren sucht er einige seiner Waaren gegen solche zu vertauschen, welche ihm in Irbit besser Vortheil zuwegebringen können. In Irbit hingegen hat er seine Absicht auf den Chinesischen Handel. Wann er eine Waare übrig behalten hat, die er hier nicht gut anzubringen hofft, so sucht er sich derselben in Tobolsk, den Winter hindurch zu entledigen. In dem Frühjahre gehet er von dort ab, treibt seinen Handel durch ganz Sibirien, und kommt im Spätjahre hieher; oder wenn ihn das Eis nicht so weit kommen läßt, so trifft er hier doch ohnfehlbar mit dem Anfange des Winters ein. Sodann gehet er nach Kjächta, allwo er seine Jakutischen Waaren abzusetzen sucht. Im Frühjahre reiset er hieher, und kommt in dem Spätjahre nach Tobolsk, besucht in dem Winter, und dem darauf folgenden Sommer, den Irbitischen und Makarischen Jahrmarckt, und kommt nach fünftehalb Jahren wieder nach Moscau, in welcher Zeit er zum wenigsten, wenn er ein guter Handelsmann ist, und Glück hat, 300 pro Cent gewinnen muß.

[Im Original folgen die Seiten 168 oben bis 206 unten.]
Wir hielten uns in der Stadt Ilimsk[269] eine geraume Zeit auf, theils, weil Herr Prof. Müller hier viele Nachrichten in dem Archiv fand, und viele Zeit darauf wenden mußte, theils, weil wir nicht sonderlich zu eilen hatten, um noch mit Schlittenbahn nach der Lena zu kommen. Den 5ten Merz besuchte ich die Tungusen, welche nur eine Werst von hier an dem Wege und in dem Walde ihre Jurten haben. Selten sind über 5 Jurten beisammen, öfters aber wenigere. Eine jede bestehet aus vielen langen Stangen, die in die Runde herumgesetzt und oben zusammen gebunden werden. Diese Stangen werden über und über fast bis an die Spitze mit Birkenrinden bedeckt. Der Kreis der Stangen wird nicht voll gemacht, damit Platz zum Eingange übrig bleibt; auch werden sie zunächst der Spitze ohngefähr ein paar Schuhe von derselben gegen unten zu nicht verdeckt, damit der Rauch einen Ausgang habe. Der Eingang, welcher in den Wäldern gemeiniglich gegen den Weg, an den Flüssen aber gegen die Flüsse gemacht ist, wird des Winters mit Woeloken oder Thierfellen behangen. In der Mitte der Jurte wird Feuer angelegt, und um dasselbe sitzt und liegt die Tungusische Familie. Weil sie von Viehe nichts als Rennthiere haben, dieselben aber allezeit in dem Walde ihrer Nahrung wegen herum gehen lassen, so ist die Jurte von lauter menschlichen Creaturen bewohnt. Sie bleiben nicht lange an einem Orte; wenn sie aber weg ziehen, so lassen sie die Stangen an dem Orte zurück, weil sie allenthalben wieder dergleichen finden. Die Birkenrinden, welche in der Länge von einem bis zween Faden, und in der Breite von ohngefähr einer Arschin zusammen geneht sind, rollen sie zusammen, und führen sie mit sich. In der Gestalt ihres Gesichtes gleichen sie den Bratski und den Nertschinskischen Tungusen[270]; viele derselben aber sind in dem Gesichte mit mancherlei blauen Figuren ausgezieret, ohngefähr wie die Jakuten, die ich bei unserem Aufenthalt in Casan beschrieben habe[271]. Itzt habe auch vernommen, daß es der Tungusischen Nation eigen sei sich dergleichen Mahlerei in die Gesichter machen zu lassen, und sie ist unter den

Jakuten im geringsten nicht gebräuchlich. Gemeiniglich gehen an beiden Seiten von dem äußeren Augenwinkel bis an den Winkel des Mundes über die Wangen zween drei bis vier dünne Streifen, deren äußerer von oben bis unten an der äußeren Seite zackicht ist; bei einigen gehet noch ein einfacher Strich mit einigen Zacken von den Streifen über das Auge. Dabei sind auf der Stirne ein paar Querstriche, und diese haben gegen unten zu theils einfache, theils dreizackichte Striche. Eben so ist auch bei den meisten das Kinn bemahlt, nur daß die Zacken aufwärts stehen. Eine Art dieser Malereien zeiget die beigefügte Figur [272]. Sowohl Kinder, als Erwachsene von 12 bis 20 Jahren beiderlei Geschlechts werden also bemahlet. Nicht ein jeder Tunguse kann dieses verrichten, sondern es sind besondere Meister dazu. Die Streifen sollen mit einer Nadel, durch welche ein mit Ruß schwarz gefärbter Zwirn gehet, ausgenehet werden. Wie es aber eigentlich geschehe, habe ich noch nicht erfahren können. Sonst leben diese Tungusen des Winters einzig und allein von der Jagd, und dieses ist die Ursache warum sie ihre Jurten so oft verändern; zu Fortschaffung ihrer Sachen aber haben sie bloß Renntthiere, welche sie entweder als Lastthiere oder auch, um einen leichten Schlitten zu ziehen, gebrauchen. Sie bedecken den Rücken der Rennthiere mit einer Woelok, darüber legen sie ein paar schmale Bretter ohngefähr anderthalb Schuhe lang, zwischen welchen ein paar Handbreit Raum gelassen ist. An beiden Enden sind diese kleinen Bretter unter sich mit einem dünnen Knochen, welcher ohngefähr wie der Steg an einer Geige ausgeschnitten ist, und etwa 4 Zoll in die Höhe stehet, verbunden. Diese Bretter und Stücke Knochen zusammen machen den Sattel aus, welcher entweder dazu dienet, daß man allerhand Geräthschaft daran fest findet, oder Kinder und kranke Weiber darauf setzt. Es kann zwar ein Rennthier nicht stark beladen werden, aber es gehet auch desto geschwinder. Der Zaum bestehet aus einem Riemen, welcher den Rennthieren um den Hals gehet, und der Schnee mag so tief sein, als er will, so gehen sie darüber hin, und fallen nicht ein, welches theils daher kommt, daß sie ihre Klauen im Gehen sehr weit auseinander dehnen, theils, weil sie dieselben etwas schief in die Höhe halten. Durch das erstere erhalten sie den Vortheil eines breiten Schrittschuhes, durch das andere verhindern sie, daß die Last des Leibes nicht auf der ganzen Fußsohle gleich liegt, sondern mehr auf den Hintertheils derselben fällt. Reichen die Rennthiere nicht zu ihre Geräthschaft zu tragen, so spannt sich der Tunguse selbst vor einen Schlitten, worin der Rest liegt. Er gehet aber sowohl in diesem Falle, als in dem andern, da er genug Rennthiere hat, auf breiten Schrittschuhen. Wenn er nun an den verlangten Ort gekommen ist, und seine Jurte aufgeschlagen hat, so jagt er dort in der Nähe herum, und bedient sich wiederum dazu der breiten Schrittschuhe. Wenn er kein Wild mehr findet, so ziehet er mit seiner Familie in eine andere Gegend, und diese Lebensart setzt er den ganzen Winter fort. Die beste Jagdzeit ist im Anfange des Jahres bis etwa in den Merzmonat. Denn weil in dieser Zeit wenig Schnee fällt, der gefallene aber sich feste setzt, so kann er alsdenn die Fußstapfen der Thiere am längsten sehen, und ihnen folglich gut nachspüren. Er wohnet deswegen um besagte Zeit meistens mitten in den Wäldern, und unter dem Wilde. Sowohl des Sommers als im Herbst und Nachherbste nähret er sich meistens von Fischen, und schlägt daher seine Jurten an den Flüssen auf. Zu der Wasserfahrt bauen sich die Tungusen selbst Kähne, die an beiden Enden sehr spitzig, und nach Verhältniß der Länge sehr schmal sein. Ihre größten Kähne sind kaum viertehalb Faden lang, und in der Mitte, da sie am breitesten sind, eine Arschin breit. Die kleinsten sind etwa einen Faden lang, und 6 Werschok[273] breit. Sie sind aus Birckenrinden zusammen genehet; und damit sie Wasser halten mögen, so werden sie an Örtern, da genehet ist, und wo Risse und Löcher sind, mit Theer bestrichen. Überdem werden sie oben an dem Rande mit solchem Holze, als man zu Reiffen braucht, eingefaßt. Dergleichen Reiffe kommen auch in der Breite des Kahnes, und andere, die diese durchschneiden, in der Länge hart an einander zu mehrerer Befestigung zu liegen. In den größten

Kähnen können vier Kerls liegen, und in den kleinsten einer. Sie können damit auf den Flüssen sowohl auf- als abwärts mit ungemeiner Geschwindigkeit fahren; wo aber der Fluß eine große Krümme nimmt, oder wann sie Lust haben, in einen andern Fluß in der Nähe zu gehen, so nehmen sie den Kahn auf die Achsel, und tragen ihn zu Lande, bis es ihnen gefällt wieder zu Wasser zu gehen. So viel der Kahn Leute einnehmen kann, so viele Ruder hat er auch. Diese Ruder sind an beiden Enden breit; denn man rudert und steuret damit, und ist folglich genöthiget, sie fast beständig bald auf der einen, bald auf der andern Seite anzulegen. Ihre Art zu fischen hat nichts besonders; sie fangen ihre Fische mit gemeinen Netzen. Jedoch setzen sie deswegen im Sommer die Jagd nicht ganz und gar hindan, sondern wo sie wissen, daß die Erde Salzblumen[274] hat, da lauren sie auf das Wild, welches gern an solche Stellen geht. Die Ilimskische Tungusen sind meistentheils sehr arm, weil das Wild schon allzusehr ausgefangen ist. Ihr Reichthum wird aus der Anzahl ihrer Rennthiere beurtheilet. Wer 50 Rennthiere hat, ist ein sehr reicher Mann, 20 machen einen ziemlich reichen, 10 einen habhaften, und 6 einen gemeinen aus. Es soll gegenwärtig wenige geben, die über 6 haben, viele aber, die noch weniger, und manche, die gar keine besitzen. Ihre Kleidung ist bequem, und gar nicht mühsam, oder aus vielen Stücken künstlich zusammen gesetzt. Sowohl im Sommer als Winter tragen sie auf dem bloßen Leibe einen Pelz, gemeiniglich von Rennthierfellen, der vorne mit Schnüren zugemacht werden kann. Sie tragen das rauhe der Felle von außen, um dem Wilde dadurch etwas ähnlicher zu werden. Die Weiber haben eben dergleichen Pelze, nur daß das rauhe innwendig ist. Sie gehen ihnen nicht viel über die Knie, und sind mit allerhand unnützen Fäden hin und wieder behangen. Wenn sie im Staate gehen[275], so haben sie über diesem Pelze noch einen Oberrock an, der sowohl hinten als vorne den Leib bedeckt, doch nicht viel über die Hüften herunter gehet. Vorne in der Gegend der Brust stehet er von einander. Der Stoff dieses Rocks sind gemeiniglich Rehfelle, davon das rauhe auswärts gekehret ist. Die Vielweiberei ist diesen Tungusen, wie allen heidnischen Nationen, nach den Grundsätzen ihrer Religion erlaubt, jedoch die Armuth verstattet den meisten nicht, mehr als ein Weib zu nehmen. Ohne ein Weib können sie nicht wohl sein, dann wenn sie auf die Jagd ausgehen, muß das Weib die Hausgeschäfte besorgen. Es ist auch ein Geschäfte der Weiber, auf die Rennthiere acht zu haben, und sie in den nöthigen Fällen herbei zu schaffen; folglich bringt es die Tungusische Haushaltung so mit sich, daß der Mann ein Weib haben muß. Einem alten sechzigjährigen Tungusen starb etwas vor zween Jahren sein Weib. Er heirathete wieder, beging aber die Thorheit eine zu nehmen, die nicht den dritten Theil so alt war, als er. Die junge Tungusische Frau fand bei dem guten alten wenig Vergnügen. Sein in der vorigen Ehe gezeugter Sohn merkete das Misvergnügen seiner Stiefmutter, und gerieth mit ihr in eine unerlaubte Vertraulichkeit. Die Sache ging lange in der Stille zu, bis der Vater endlich den Sohn darüber ertappte. Die Frau und der Sohn fanden sich hiedurch so beleidiget, daß sie den alten Mann wacker abprügelten. Diese Geschichte ist während meinem Aufenthalte allhier vorgegangen, und zeiget, daß weder die eheliche Treue, noch die kindliche Ehrerbietung, diesen Völkern allzusehr an das Herz gewachsen sei, und daß ungleiche Ehen, so wie bei allen bisher bekannten Völkern, also auch bei den Tungusen niemahls allzu vortheilhafte Folgen für den Mann haben, besonders, wenn er des Weibes Vater oder Großvater sein könnte. Ich habe noch von der Religion dieser Tungusen zu melden, daß sie von der Nertschinskischen Tungusen ihrer darin unterschieden ist, daß jene von den Bratski und Mongolen vieles angenommen haben, diese aber noch in einer urprünglichen Blindheit stecken. Überdem fehlet es diesen auch, weil sie außer den Rennthieren kein ander Vieh halten, an den Bedürfnissen zu den Opfern. Sie haben hölzerne Götter, welche sie sich selbst so gut, als sie können, schnitzen, und welche zuweilen eine halbe Arschin lang sind. Die Bildhauerei daran ist sehr schlecht, und stellet die Glieder so vor, als sie bei den woelockenen Götzen, die ich bei den jenseit des Sees Baikal wohnenden Bratski und Tungusen beschrieben habe[276], aussehen. Die Augen werden auch, wie bei jenen, eingesetzt. Diese Götzen bringen ihnen ihrer Meinung nach Glück. Wenn die Gegend, da man jagen oder fischen will, ausersehen ist, so wird noch alle Morgen und Abend vorher dem Götzen etwas zugeschrien, daß er eine reiche Jagd oder reichen Fang geben möge. Wenn die Jagd ihren Anfang genommen hat, so wird das erste Thier, das man fällt, dem Teufel an derselben Stelle geopfert, dergestalt, daß die Opfernden das Fleisch fressen, das Fell für sich behalten, und die Knochen auf einem Gerüste aussetzten. Dieses Opfer geschiehet, damit der Teufel in der ferneren Jagd keine Hinderniß in den Weg legen möge. Ist die folgende Jagd oder Fang glücklich, so wird der Götze nach der Zurückkunft in die Jurte auch bedacht, und auf das zärtlichste geliebkoset, auch aus Dankbarkeit hin und wieder mit einem Flecken von dem Blute der Thiere beschmiert. Ist aber die Jagd nicht gut ausgefallen, so muß der Götze dafür büßen. Er wird entweder hin und her geworfen, und auf eine ziemliche Zeit lang nicht verehrt, oder sie versaufen ihn auch wohl gar[277]. Die Heiraten geschehen bei diesen Tungusen, wie bei allen übrigen heidnischen Völkern. Der Anwerber muß bei den Eltern der Braut eine gewisse Anzahl Rennthiere, oder Felle von allerhand Thieren schenken; alsdann ist der Vertrag gemacht, und der Tunguse schläft bei seiner Braut ohne weitere Ceremonien. Wenn jemand von ihnen stirbt, so wird er entweder auf einen Baum, oder auch nur auf die bloße Erde, oder, wenn der Todte besonders geehrt werden soll, auf ein hözernes Gerüste, und seine Bogen und Pfeile nebst andern Kleinigkeiten neben ihm dahin gelegt. In allen Fällen aber wird er sorgfältig mit Holz und Gesträuchen zugedeckt, damit er den Vögeln unter dem Himmel nicht zur Speise dienen möge. Sie hüten sich auch ihre Todten nahe an einen Weg zu legen; denn da sie ihnen allerhand Geräthe mitgeben, worunter auch zuweilen Kessel sind, um in jener Welt kochen zu können, so gibt es Leute, die nicht ihres Glaubens sind, welche das Hausgeräthe in diesem Leben nützlicher halten, und es den Todten abnehmen. Sie suchen also für ihre Todten solche Örter, von denen sie vermuthen, daß nicht leicht andere, als ihre Glaubensgenossen dahin kommen werden. Was endlich die Sitten dieser Tungusen anlangt, so sind sie ein unreinliches, rauhes und grobes Volk. Sie haben keine großen Laster, doch, wie ich glaube, mehr aus Mangel der Gelegenheit dazu, als einem natürlichen Abscheu vor denenselben. Denn wenn sie z. E. in Russische Städte oder Dörfer kommen, so ist ihnen ein Brandtweinrausch die liebste Sache von der Welt. Sonst sind sie redlich, doch mehr deswegen, weil sie in keinen andern Geschäften als in ihrer Jagd den Verstand zu üben Gelegenheit haben, als aus einem besondern Triebe zur Redlichkeit. Insgemein gibt man sie für tumm aus, weil man sie leicht betrügen kann; allein ich glaube, andere Völker sind in Ansehung ihrer auch tumm, und man müßte auf diese Art einen jeden Menschen tumm nennen, der in denen Sachen, welche zu hören oder zu sehen er wenig Gelegenheit hat, nicht sonderlich beschlagen ist. Bei den meisten Völkern erkennt man den natürlichen Verstand in ihren gewöhnlichen Arbeiten und Einrichtungen. Daß also die Tungusen ihren Verstand in denen Sachen nicht geübt haben, die ihnen unbekannt sind, ist kein Wunder. Sie sind in ihrer Art eben so witzig, als derjenige, der am besten zu betrügen weiß, oft in dem Jagen, welches sie sehr wohl verstehen, tumm ist.

[Im Original folgen die Seiten 216 unten bis 249 oben.]

Den 30sten April [1736] ging der Ilga und den 4. Mai der Lena-Fluß auf. Wir erwarteten nun mit Schmerzen die in Wercholensk und Katschega von unserer Gesellschaft zurückgelassenen, um die Zeit zu reisen nicht zu versäumen. Die Einwohner hiesiger Gegenden nehmen dieselbe sehr wohl in Acht. Die beste Zeit ist gleich nach dem Aufgehen des Flusses; dann das Eis, welches darauf herunterwärts treibt, verstopft sich hin und wieder den Weg, und darvon schwellen die Wasser in den oberen Gegenden ungemein auf. Es geschiehet dieses alle Jahr, doch ein Jahr mehr als das andere, ja zuweilen werden dadurch große Überschwemmungen verursachet. Wann diese Zeit vorbei ist, so ist theils der häufig in den Bergen schmelzende Schnee, theils der sodann nicht ungewöhnliche Regen eine andere Ursache des Anwachses der Wasser. Solchergestalt ist den ganzen Maimonat die Fahrt ziemlich bequem, und im Anfange dieses Monats am bequemsten, weil die Wasser einen desto schnelleren Lauf haben, je mehr sie zunehmen. Wir veranstalteten daher alles, was zur Beförderung unserer Reise nur einiger Maßen gereichen konnte, mit großem Fleiße, ohngeachtet die Kanzeleien, welche deswegen scharfe Befehle hatten, sich der Sache mehr als wir anzunehmen, schuldig gewesen wären. Allein man ist weit von Petersburg und pflegt alle diejenigen Befehle geringe zu achten, die keinen Nutzen bringen. Wenn wir es auf die Anordnung der Irkutzkischen Kanzelei hätten ankommen lassen, ohne uns selbst um die Beschleunigung unserer Abreise zu bekümmern, so glaube ich, wir würden in Ewigkeit in Ust-Ilga haben bleiben müssen.

Den 15ten kam der Feldmesser Krassilnikow aus Ilginskoi Ostrog an, und den 18ten der Feldmesser Swistunow, und brachten die für unsere Gesellschaft daselbst erbaute 3 Fahrzeuge (Kajuken)[278] mit sich. Den 22sten kam Herr Prof. la Croyere mit unserem ganzen übrigen Gefolge aus Katschega und Wercholensk an, und es war nun sowohl die ganze academische Gesellschaft[279], als alle Fahrzeuge für dieselbe beisammen, als 6 Doschtschenniken[280] und 6 Kajuken. Nur fehlten uns noch Leute, um die Fahrzeuge zu führen. Das See-Commando, welches verwichenes Jahr abgegangen war, hatte auf einem jeden Doschtschennik 12 Arbeitsleute, und 2 Steuermänner, auf einer Kajuke aber (ein kleines Doschtschennik) 6 Arbeiter und gleichfalls 2 Steuermänner (Kormschtschiki)[281], und hiernach mußten wir unerfahrne Seeleute uns richten. Die Irkutzkische Kanzlei meldete uns zwar, daß sie uns 96 Leute geschicket hätte, allein 23 Irkutzkische Schluschiwie, die unter dieser Zahl sein sollten, haben wir niemahls mit unsern Augen gesehen, und wir waren gezwungen diese 23 Mann, und den übrigen Mangel mit

Bauren zu ergänzen, welches wir nicht anders als mit großem Verdrusse thaten; dann diese Gegenden sind noch nicht so bevölkert, daß der Abgang von 50 Leuten darin nicht einen großen Mangel verursachen sollte. Wer bauet das Land, wenn die Bauren zu andern Verrichtungen gebraucht werden? Man hält die Schluschiwie zu dergleichen Arbeiten und zu Verschickungen; allein sie kaufen sich davon los, und gehen nur dahin, wo etwas zu schneiden ist, welches sie von den Befehlshabern leicht erhalten können, weil dieselben keinen andern Endzweck haben, als sich zu bereichern. Ich könnte hievon ungemein viele Exempel anführen; aber das Andenken davon ist mir schon verdrießlich.

Wir sahen, seitdem das Wasser aufgegangen war, viele Flöße Ust-Ilga vorbei gehen. Die Einwohner dieser Gegenden sind viel zu faul, als daß sie Fahrzeuge bauen sollten. Sie pflegen alle Jahre eine große Menge Mehl nach Jakutzk zu führen, weil es daselbst theurer verkauft werden kann. Einen Floß zu bauen kostet den Bauren wenig; denn das Holz dazu haben sie gleichsam vor der Thüre und umsonst, und das Bauen verrichten sie selbst. Sie können auf einen Floß 1000 bis 2000 Pud Mehl laden, nachdem sie ihn groß bauen. Solches aber laden sie nicht in Säcken auf, sondern machen dazu eine Hütte von Brettern mitten auf dem Floß, in welche sie alles Mehl einschütten. In Jakutzk verkaufen sie nicht nur das Mehl, sondern auch den Floß, welchen die dortigen Einwohner zu Brennholz gebrauchen, und weil sie frühe von ihren Dörfern abfahren, so kommen sie auch noch selbigen Sommer zurücke. Es soll zwar zuweilen geschehen, daß die Jakutzkische Einwohner ihnen nicht alles Mehl abkaufen wollen, wenn sie allzuviel dahin führen; in diesem Falle aber wird es von der Kanzlei aus Ihre Majestät Casse um einen billigen Preis gekauft, damit die Bauren nicht abgeschreckt werden mögen, inskünftige wieder zu kommen. Sie kommen also allezeit mit einem guten Gewinn zurücke; und da sie auch durch den Eichhornfang ein ziemliches verdienen, so haben die Bauren an der Lena keine Ursache sich über ihr schlechtes Auskommen zu beschweren. Und wie sollten sie wohl ohne gute Mittel ihrer Üppigkeit und Schwelgerei ein Genügen thun können? Ein jedes Bauerweib hat, wenn es in seinem Staat ist, seidene Kleider, und die Männer sauffen bei aller Gelegenheit. Diese Gewohnheit der Lenischen Bauren alle Jahre Mehl nach Jakutzk zu führen, war eine Ursache der vielen Flöße, die wir sahen; die andere rührte von der Kamtschatkischen Reise her. Denn weil für die dahin gehende Mannschaft nicht Proviant genug nach Jakutzk geschafft worden war, so mußte noch dieses Jahr vieles dahin gebracht werden; und darzu wurden ebenfalls Flöße gebraucht, in Meinung daß die Fracht der Casse nicht so hoch, als sonst würde zu stehen kommen. Ich mag darüber nicht urtheilen; ich merke nur so viel an, daß ein Floß, der aus der Casse bezahlt worden, und gleiche Größe mit einem Baurenfloß hat, nur die Hälfte soviel als ein Baurenfloß aufnimmt, zu geschweigen, daß ein schlechter Floß von der Casse viel theurer, als ein guter von Privatleuten bezahlt wird. Überdem ist kein Floß, so Ihro Majestät zugehöret, mit weniger als 8 Leuten, aber wohl mit mehreren besetzt, da doch ein Bauer niemahls mehr als vier Leute, und mit dem ersten Wasser nicht mehr als zwene braucht. Endlich ist noch zu besorgen, daß, da bei guten Flößen vieles Mehl während der Fahrt naß wird und verdirbt, bei so schlechten Flößen noch viel mehr zu Grund gehen werde. Ich habe noch bei Gelegenheit dieser Flöße anzumerken, daß um sie an dem Lande anzuhalten, keine gewöhnliche aus Hanf gemachte Taue gebraucht werden. Man flicht aus dünnen Reisern eine Art eines Taues mehr als Armes dick zusammen; und ein solches Tau hält gewiß so fest, daß man keine Exempel hat, daß es gebrochen wäre.

Bis zu dem 27sten Mai wurden unsere Fahrzeuge endlich mit allem fertig, und die nöthige Anzahl von Arbeitsleuten herbeigeschafft. Des Abends um 5 Uhr fuhren wir ab, und um 9 Uhr erreichten wir Grusnich D. wo wir übernachteten. Weil die Lena in diesen Gegenden sehr seichte ist, so unterstehen sich die Leute nicht des Nachts zu fahren, und wir hatten auch übrigens keine Ursache zu eilen. Die Art die Fahrzeuge zu regieren, ist hier etwas bequemer, als an andern Orten Sibiriens, und auf der Wolga. Man leget an dem Hintertheile des Fahrzeuges in der Mitte einen langen Balken an, der mit einem Ende in das Wasser reicht, und daselbst als ein gemeines Schiffruder behauen ist. Ein solcher Balken thut die Wirckung als ein Ruder; wenn man ihn gegen die rechte Seite bewegt, so gehet das Schiff nach links, und umgekehrt. Man kann hier damit wohl zu rechte kommen, weil auf der Lena keine gefährliche Stellen sind, da man das Fahrzeug bald auf die eine, bald auf die andere Seite in einer geringen Entfernung zu lenken hätte. Wider den Strom aber kann man mit einem solchen Ruder nicht fortkommen, und man bedient sich alsdann eines gemeinen Steuerruders.

[Im Original folgen die Seiten 254 unten bis 282 unten.]

So gesegnet nun die Kirengische Gegend[282] in dem Überflusse sowohl geistlicher als weltlicher Güter ist, so muß ich doch einer Plage gedenken, welche ich daselbst an der Lena zu erst bemerket habe, wiewohl ich sonst gehöret, daß sie auch weiter oben, jedoch in viel geringerem Grade sei. Ich verstehe[283] die Kröpfe[284], deren ich hier zween, einen an einer Weibsperson, den andern an einem jungen Kerl sahe, und welche den ansehnlichsten Kröpfen in der Welt nichts nachgeben. Hier ließe sich mit größerem Rechte, als in vielen andern Ländern behaupten, daß derjenige Mensch alsdann erst alle seine Glieder hätte, der mit einem Kropfe begabt wäre. Dann da die Natur in Zeugung der Pflanzen hie vor andern Gegenden fruchtbar ist, so könnte man sagen, daß sie auch das Thiergeschlecht in größerer Vollkommenheit hervorbrächte. Man hat in diesen Gegenden nicht allein unter den Menschen Exempel, sondern man soll auch nicht selten an Ochsen und Kühen Kröpfe finden. Wer will hier die Berge anklagen? Die Kühe gehen auf keine Berge, und das weibliche Geschlecht in diesen Gegenden bemengt sich auch mit keiner Arbeit, die außer dem Hause geschiehet; es kann also die Kröpfe nicht von dem Besteigen der Berge haben. Nur gemeldeter kröpfigter Kerl erzählte mir einen merkwürdigen Umstand von seinem Kropfe. Als dieser Kropf in der besten Blüte seines Alters war, ging er in die Gegend des Anga-Flusses, und lebte daselbst ein Jahr lang. In diesem Jahre verminderte sich der Kropf um ein merkliches; allein er bekam seine vorige Größe wieder, als der Kerl sich eine Zeitlang in der Gegend von Kirenga wieder aufgehalten hatte. Es ist hier auch eine gemeine Rede, daß die Kröpfe durch die Zeugung fortgepflanzet werden, und man soll nicht selten kröpfichte Kinder sehen; doch sind nicht alle, und insonderheit diejenigen nicht dieser Meinung, welche noch nicht verheiratet sind, und doch Kröpfe haben.

Während unserm Aufenthalte in Kirenga regnete es öfters; jedoch war es allzeit warm Wetter. Wir blieben daselbst bis an den 11ten Juli stille liegen, und ließen den Studenten Tretjakow, den wir schon von Ust-Ilga aus, um Wahrnehmungen über das Wetter zu machen, hieher abgefertiget hatten, und der auch schon über 3 Wochen vor uns angekommen war, hier zurücke, um diese Wahrnehmungen noch bis in den September fortzusetzen, damit wir gleichstimmende mit denen haben mögten, die Herr Prof. la Croyere in Jakutzk, und wir unterwegens machen würden. Denselben Abend um 6 Uhr gingen wir ab, und fuhren die ganze Nacht in einem fort; wir kamen unterschiedliche Dörfer vorbei, und des Morgens um 7 Uhr bei Tschetschinskoi Ostrog an. Besagter Ostrog liegt an dem rechten Ufer der Lena, ist ins Gevierte von 20 Faden gebauet, und gleicht dem Kirengischen Ostrog darin sehr, daß er meistens verfallen, und davon nur noch ein Thurm mit einem Thore auf der Seite gegen den Fluß übrig ist. Inwendig hat er eine Kirche, ein Kornhaus, und eine Geräthschaftskammer für die Kirche. Außerhalb des Ostrogs sind 16 Bauernhäuser, die Gerichtsstube, ein Zollhaus, welches zugleich eine Brandtweinschenke ist, und unter sich einen Brandtweinkeller hat, nebst einer Bierschenke. Die Gegend des Ostrogs ist fruchtbar; doch wird sie nicht so wie die Kirengische gerühmt. Das Alter des Ostrogs läßt sich einiger Maßen aus einer Aufschrift, die in der Kirche des Ostrogs von Erbauung derselben zu lesen ist, abnehmen, worin der December 7175sten Jahres[285], d. i. des 1666sten nach Christi Geburt angegeben wird.

Von hier ist ein gebahnter Weg nach der Tunguska, die nicht weit oberhalb Turuchansk[286] in den Jenisei fällt. Weil in der Geographie von Rußland vieles darauf ankommt, daß man wisse, gegen welche Gegend dieser Fluß in Ansehung der Lena liegt, und wie weit sie von einander entfernet sind, so fertigten wir den 13ten frühe jemand zu Pferde dahin ab, welcher geschickt war die nöthige Nachrichten deswegen zu sammlen. Derselbe kam den folgenden Tag des Abends wieder zurück, und sein Bericht zeigete, daß das ganze Erdreich zwischen der Lena und der Tunguska nicht mehr als 40 Wersten breit wäre.

Bis hieher hat man sich wegen der häufigen Dörfer nicht zu befürchten, daß man an Lebensmitteln einigen Mangel leiden werde. Von hier aus aber sind die Dörfer schon etwas dünner gesäet. Einige sagen, daß dieses die Ursache sei, warum schon in Kirenga und hier einige unsere Sluschiwie und Ssilni[287] das Reißaus nahmen. Dieses verursachte uns viel Mühe und Beschwerlichkeit. Dann je weiter man kommt, je weniger hat man Hoffnung den Abgang der Flüchtlinge ersetzen zu können. Wir machten zwar so gute Anstalten, daß nach unserer Meinung niemand leicht sollte entlaufen können. Es war keinem erlaubt etwas von dem Fahrzeuge zu tragen; niemand durfte ohne Begleitung eines Soldaten in ein Dorf gehen, und wer durchgehen wollte, mußte alle Sachen, als Proviant, Kleider, und was er nicht gut im Sacke bergen konnte, zurücklassen. Die Ausreißer aber fragten nicht darnach. Die meisten liefen unter dem Vorwande ihre Nothdurft an dem Ufer zu verrichten davon, und ließen alles das ihrige im Stiche. Man hat dieses und das vergangene Jahr wegen der vielen Flüchtlinge, die es bei der nach Kamtschatka reisenden Gesellschaft gab, an der ganzen Lena bei allen merkwürdigen Dörfern Galgen aufrichten lassen, woran diejenigen, die durchgehen würden, zur Stunde aufgehängt werden sollten. Es sind aber schon viele durchgegangen, und noch keiner ist aufgehängt worden. So scharf die Befehle sind, daß niemand Leute ohne Paß beherbergen soll, so wenig werden sie doch gehalten. Wir haben an alle Ecken und Enden herumgeschickt, wir haben alle Häuser durchsuchen lassen, man hat niemand wieder bekommen. Nach einer kleinen Zeit melden sich diese Flüchtlinge wohl selbst bei den Schultheißen (Prikaschtschiken)[288], von denen sie abgegeben worden, und kaufen sich von der Strafe los. Wenn sich der Schultheiß nicht unterstehet den Flüchtling los zu lassen, und ihn nach Irkutzk liefert, so kommt er dort ohnfehlbar los, wann er nur etwas Vermögen hat, und den Leuten in diesen Landen fehlt es daran gar selten. Jedoch dieses Verfahren mögte man ihnen noch verzeihen, wann es nicht bei Leuten geschähe, die deswegen besonders besoldet werden, damit man sie zu Verschickungen gebrauchen könne, als wie die Sluschiwie sind. Einer unter denen, die bei uns durchgingen, war ein Wercholenskischer Sluschiwoi, und alle seine Mitbrüder setzten in ihn und in seine Ehrlichkeit ein großes Vertrauen. Er wußte sich so zu verstellen, daß ihm viele ihr Geld, was sie hatten, in Verwahrung gaben. Wie er ohngefähr 30 Rubel beisammen hatte, ging er mit dem Gelde ohne Mütze und in einem bloßen Camisole[289] davon. Von nun an ließen wir keinen Menschen mehr von den Fahrzeugen ohne Begleitung. Keine Güte, keine Gelindigkeit, kein freundliches Zureden hilft bei einem Sibiriaken etwas, sondern es muß die äußerste Schärfe gebraucht werden, wenn er gut thun soll. Das schlimmste für uns war, daß wir alles erst durch die Erfahrung lernen mußten, und niemand hatten, der uns an die Hand ging. Es fanden sich tausend Sachen, an die wir bei dem Antritte unserer Reise nicht gedacht hatten. Wir fanden einen merklichen Unterschied unter den Reisen der Gelehrten. Doch dergleichen Betrachtungen sind noch zu frühe.

Ich habe bei Gelegenheit dieses Weglauffens etwas gelernt, welches ich hier anzuführen nicht umhin kann. Als ein Sack eines dieser Flüchtlinge aufgemacht wurde, fand man darin unter andern Sachen ein Säckgen mit bloßer Erde angefüllt. Man berichtete mich, daß es bei denenjenigen, welche von ihrem Geburtsorte an einen andern reiseten, gebräuchlich wäre, etwas von der Erde oder dem Sande, so man in selbiger Gegend fände, mit sich zu nehmen, und an dem fremden Orte etwas davon in das Trinkgeschirr zu legen, daraus sie das Wasser solches Ortes trinken wollen. Dieses verwahrete sie vor allen Krankheiten, und hätte die Wirkung, daß sie keine zu große Sehnsucht nach ihrer Heimath hätten. Den Ursprung dieses Aberglaubens soll man nicht Sibirien zu danken haben, weil diese Gewohnheit, wie mir gesagt ward, schon lange vorher in Rußland üblich gewesen wäre[290].

Den 17ten [Juli 1736] um Mittagszeit reiseten wir mit einem sehr heftigen völlig wiedrigen Winde ab, welcher verursachte, daß wir ziemlich langsam gingen. Der Wind legte sich gegen 4 Uhr etwas, und des Abends um 7 Uhr kamen wir bei Spoloschenskaja Sloboda an. Sie liegt an dem rechten Ufer der Lena, hat ein Kirchspiel und 28 Bauerhäuser, und ist folglich bei nahe eines der bewohntesten Dörfer an der Lena. Ein paar Werste unterwärts an dem linken Ufer liegt oberhalb der Mündung des Flusses Piluda noch ein Dorf von 10 Bauerhöfen. Es sind in diesen Gegenden sehr schöne Felder und köstliches Ackerland; bei unsrer Ankunft ward das Gras geschnitten. Die Bauren an der Lena schneiden es des Jahrs nur einmahl, weil sie das Vieh sehr lange auf der Weide gehen, und das nach dem abgeschnittenen wieder wachsende Gras von demselben verzehren lassen. Sie schneiden es auch nicht mit solchen großen Sensen, wie sonst gewöhnlich ist; die Sensen, deren sie sich bedienen, sind nicht viel über zwo Spannen, und das Holz daran kaum drei Spannen lang, und etwas gekrümmt. Sie schneiden damit wechselweise eine Seite um die andere, und wenden die Sense allezeit so, daß der schneidende Theil beständig gegen sie gekehret ist. Dieser Ort ist auch wegen der Kröpfe berühmt. Vier Werste weiter herauf in einem Dorfe von 16 Häusern, Suknevskaja D. genannt, ist eine berühmte Dirne, welcher der Kopfzierrath nicht erlaubet, auf die Erde zu schauen; sie ist so erschaffen, daß sie wider ihren Willen beständig den Himmel ansehen muß.

Den 18sten dieses [Monats] hatten wir kaum zu Mittage gespeiset, als wir von vielen Schlägereien höreten, wovon die Vorbot ein ungemeines Lärmen und Geschrei waren, welches meistentheils auf dem Kirchhofe gehöret ward. In den Festtagen, welche die Kirche ins besondere angehen, ist es gebräuchlich, daß der älteste der Kirche Bier brauet, welches er an dem Feste allen denen, die ihm etwas in die Büchse legen, austheilt, damit es nicht das Ansehen habe, als wann er es verkaufte. Er schenkt den Leuten das Bier, und sie schenken ihm das Geld. Jedoch weiß er sich wohl in acht zu nehmen, daß er in dem Gegengeschenke nicht zu kurz komme, und die Kircheneinkünfte, zu welchen es geschlagen wird, nicht darunter leiden. Dieses Bier heißt in hiesiger Sprache Kanun, welches sonst in Rußland die Speise bedeutet, die man jährlich auf dem Grabe seines Anverwandten zum Gedächtnis zu verzehren pflegt[291]. Kanun bedeutet auch in gemeiner Sprache den Tag, so vor einem Feste ist, den die Teutschen Vesper nennen, oder auch einen jeden Tag, der vor einem andern hergehet. Jedermann, der bei gemeldetem Lärmen war, brauchte das Wort nach den gegenwärtigen Umständen, und sagte, er hätte Kanun getrunken. Es war aber noch kein besonderer Festtag, außer, daß es Sonntag gewesen war. Der Tag, weswegen der Kanun gebrauet worden, war Ilyna-Tag[292], der auf den 20sten erst einfällt. Allein gleichwie sie allezeit gerne Bier trinken mögen; also macht das Bier schon einen Festtag aus. Es blieb jedoch noch so viel übrig, daß auch der 20ste in aller Lustbarkeit begangen werden konnte. Um Mittagszeit hatte der Älteste der Kirche schon alles Bier verkauft. Das Sauffen und Lärmen aber in den Bauerhäusern währte bis zum andern Morgen.

[Im Original folgen die Seiten 291 oben bis 299 oben.]

Wir hatten die Nacht hindurch, wie die Lenische Witterung es um diese Zeit mit sich bringt, einen sehr starken Nebel. Weil aber der Fluß allenthalben eine genugsame Tiefe hat, so gingen wir die ganze Nacht durch; und obwohl fast niemahls gerudert wurde, erreichten wir doch des Morgens um 6 Uhr Schalagina oder Kureiskaja D. Seit Iwanuschkowa war kein Dorf, und auch dieses hatte nur ein einziges Haus, und ist das erste des jakutischen Gebietes. Gegen Mittag sahen wir sehr viele Tungusen, theils in Kähnen, theils mit Rennthieren an der andern Seite des Flusses. Wir schickten ihnen zwar gleich nach, in der Absicht einige zu bewegen, daß sie zu uns kämen. Allein, die in Kähnen waren, warfen dieselbe an das Land, und zogen sich nach den Wäldern; und die mit den Rennthieren flohen auch. Wir stießen gegen 2 Uhr ab, und erblickten bald darauf an der linken Seite des Flusses ohngefähr 40 Tungusen, Weib und Kinder mit eingerechnet, wie sie eben auf dem Wege begriffen waren, sich aber gleich darauf in einem nahe dabei gelegenen Walde, um zu futtern, niederließen. Sie sahen von weiten einer Menge wandelnder Schornsteine gleich; dann währendem Zuge trug eine jede Person ein irrdenes Töpflein, so mit Birkenrinden umgeben war, auf dem Rücken, in welchem einige rauchende Sträuche lagen, um die Mücken abzuhalten. Ein Liebhaber der Alterthümer, welcher dergleichen Leute ohngefähr angetroffen und niemand gehabt hätte, der ihm hätte erklären können, was es wäre, würde diese Tungusen vielleicht für auferstandene alte Römer angesehen haben, welche zur Erinnerung ihrer Sterblichkeit den Todtenkrug[293] mit sich schleppen wollten. Wir schickten sogleich zu ihnen, und nachdem wir mit unseren Fahrzeugen an das Land gegangen waren, folgten wir ihnen selbst nach. Allein sie flohen. Nur ein altes graues Weib und ein paar junge Weiber, nebst noch einer Weibsperson, welche die vergangene Nacht gebohren hatte, und ohngefähr 20 Rennthiere und einige Hunde blieben von dem ganzen Haufen zurücke. Ein paar Tungusen ließen sich von weiten sehen, allein mit gespannten Bogen und bloßen langen Messern. Sie ließen sich auch nicht näher kommen. Wenn man auf sie zu ging, so flohen sie weiter den Berg hinauf, und ich glaube, daß wenn man sie mit Gewalt zu fangen gesucht hätte, sie sich gewehrt haben würden. Wir baten sie zu uns zu kommen; allein sie waren durch kein Zureden dazu zu bewegen. Sie gaben vor, sie hätten nichts, womit sie uns beschenken könnten, und schämten sich ohne dergleichen vor uns zu kommen. Wir ließen ihnen sagen, daß wir nicht gekommen wären, um Geschenke von ihnen zu empfangen, sondern ihnen zu geben. Es half aber alles nichts; es schien, als sahen sie uns für Sluschiwie an, welche diese armen Leute bei aller Gelegenheit ausplündern. So schwarz und unfläthig auch die Weiber aussahen, so waren sie doch freundlich genug, und suchten uns mit einem Gespräche zu unterhalten; allein sie konnten sehr wenig Russisch, und die Sluschiwie, die etwas Tungusisch verstunden, waren mit den Männern beschäftiget. Die Weiber hatten alle einen kurzen Oberrock von Leder, der sowohl vorne als hinten zu war, und nicht viel über die Hüften herunter ging, unten aber mit allerhand Schnüren, und daran gehenkten eisernen und messingenen Ringen beschweret war. Wann sie gingen, so gab es ein Rasseln, das dem Rasseln der Schamanen nicht unähnlich war. Sie hatten ferner lange lederne Strümpfe, die ihnen die Füße und Schenkel bis an die Hüften bedeckten. Sie sollen auch eine besondere Art von ledernen Hosen haben, die man zwar auch anzieht, wie wir unsere Hosen; sie sind aber sehr kurz, und gehen kaum so weit, als die Strümpfe reichen. Sie bedecken bloß die Scham, und vorne sind sie mit einem Riemen zusammen gebunden. Die alten Weiber tragen diese Art von Hosen noch kürzer, als die jungen. Bei den jüngeren gehen sie zwar nicht weiter herunter, aber weiter hinaus. Denn die älteren scheuen sich nicht ihren Hintern der ganzen ehrbaren Welt zu zeigen[294]. Die Weiber sowohl als die Männer rauchten Sinesischen Toback. Sie trugen deswegen an ihren Hosen ein ledernes Säcklein, worin der Toback ist, und daran war auch das Feuerzeug und die Pfeife befestiget. Das kleine neugebohrne Kind war in Birkenrinden eingewickelt, und lag in einem kleinen Kasten von Birkenrinden. Wir luden die Weiber zu uns auf die Fahrzeuge ein, woran sie anfänglich nicht gerne wollten. Wir versprachen ihnen aber Toback, Mehl und Brodt, und sie folgten uns nach. Es war eine Lust anzusehen, mit was für Begierde sie alles annahmen. Den Toback wickelte man ihnen in Papier; zu dem übrigen zogen sie ihre Strümpfe aus, und packten alles durcheinander darein. Weil sich aber dieses Volk niemahls wäscht, so ist leicht abzunehmen, wie rein ihre Strümpfe sein müssen. Wir ließen ihnen, nachdem sie eingepackt hatten, einen freien Abzug, und verlangten, daß sie ihren Männern sagen sollten, daß wir ihnen gleiche Geschenke zu geben Willens wären, und warteten also bis nach 5 Uhr; aber es kam keiner. Der eigentliche Aufenthalt und der väterliche Sitz dieser Tungusen ist an der Nischnaja Tunguska. Mit dem Anfange des Winters gehen sie auf die Jagd aus, und begeben sich nach und nach zu den Flüssen und Bächen, die in die Lena fallen, an welchen sie sich der Zobeljagd wegen bis in das Frühjahr aufhalten. Alsdann gehen sie auf einem dieser Flüsse bis an seine Mündung herunter, (dieses Jahr haben sie den Tschaja erwählt) und von da der Lena hinauf, an welchem sie den ganzen Sommer zubringen, um Elendthiere zu fangen. In diesen Gegenden geschieht dieses auf zweierlei Weise. Im Sommer werden sie in die Flüsse hineingejagt, und ihnen mit Kähnen nachgesetzt, welche geschwinder gehen, als die Elendthiere schwimmen können. Im Winter, wann tiefer Schnee fällt, in welchem diese Thiere nicht schnell laufen können, werden sie mit Hunden gejagt. Man hat folglich in diesen Gegenden nur diejenigen Winter gerne, da tiefer Schnee fällt. Und also ist nicht leicht etwas in der Welt, dessen beide Gegentheile nicht ihre Liebhaber finden. Im Herbste ziehen die Tungusen wieder nach der Tunguska, und bleiben so lange da, bis die Zeit zu jagen wieder kommt. Bei dieser Gelegenheit will ich erzählen, was ich durch Nachforschen von den Betheuerungen dieser Völker unter sich gehöret habe, weil doch Isbrand Ides die Sache auf eine ganz anderer Art beschreibt[295]. Ein gewöhnlicher Schwur unter ihnen soll Olimni sein, und so viel bedeuten, als wann man in Deutschland GOtt zum Zeugen anruft[296]. Es gibt aber auch unter den Tungusen Leute, welche diese Betheuerung nicht glauben. Es kommt dabei oft auf eine Sache von Wichtigkeit an, und vielleicht schlägt einen jeden sein eigen Gewissen und erinnert ihn, wie oft er sich nichts daraus gemacht habe, falsch zu schwören; er vermuthet also eben dieses von seinen Brüdern, und will ein wichtigeres Zeugniß der Wahrheit haben. Ich halte dafür, es sei gleichgültig, ob ein solches Zeugniß andern Völkern albern oder unzulänglich vorkomme, oder nicht? Genug wann es bei dem Volke, da es eingeführet ist, für so heilig gehalten wird, daß auch der ruchloseste Mensch unter diesem Volke einen Glauben daran hat. Es wird also, wie man mir gesagt hat, ein Feuer angemacht, und bei demselben ein Hund vor den Kopf geschlagen, daß er davon todt zur Erde niederfällt. Dieser Hund wird auf das Holz gelegt, davon das Feuer brennt; aber an dem Orte, da derselbe hingeleget wird, muß doch das Feuer nicht brennen. Der Hund wird so fort in die Gurgel geschnitten, und ein Gefäß darunter gesetzt, daß das Blut darein auslaufe. Unterdessen thut der Beschuldigte, um seine Unschuld zu zeigen, einen Schritt über das Feuer und säuft gleich darauf ein paar Schlücke von dem ausgelaufenen Geblüt aus, das übrige Blut wird in das Feuer gegossen, und zu gleicher Zeit der Hund auf ein Gerüst bei der Jurte in die freie Luft gelegt, und der Schwörende spricht: so wie dieses in das Feuer gegossene Blut brennt, so wünsche ich, daß das jenige, was ich hinunter getrunken habe, in mir brenne; und wie dieser auf dem Gerüste liegende Hund mit der Zeit zusammen schmoren wird, so will auch ich zusammen schmoren, wann ich an diesem oder jenem Schuld habe. Allein die Nachrichten, die ich hievon habe, sind nicht einstimmig. Ob es von dem schlechten Dollmetscher herrühre, oder ob wirklich verschiedene Arten sein seine Unschuld zu bezeugen, kann ich nicht bestimmen; dann zu einer andern Zeit hat man mir von andern Tungusen erzählt, daß man ohne einen Scheiterhauffen zu machen, einen Hund, ohne ihn vorher vor den Kopf zu schlagen, auf die Art und Weise, wie die heidnischen Völker ihr Vieh schlachten, behend umbringe, indem man ein Loch zwischen den Brustknorpeln in die Brust steche, mit der Hand hineinfahre, und die große Schlagader abreiße. Sodann schneide man den Hund auf, gieße das Blut, welches sich in der Höhle der Brust gesammlet, in ein Gefäß, und lasse den Beschuldigten einen Theil desselben trinken; darauf lege man den Hund auf ein besonders außerhalb der Jurten dazu angezündetes Feuer, und verbrenne ihn, wobei der Schwörende spreche: Wie der Hund jetzo zusammen schrumpfet, so mag ich auch in Jahresfrist zusammen schrumpfen, wann das wahr ist, dessen man mich beschuldiget.

[Im Original folgen die Seiten 305 unten bis 342 Mitte.]
Wir blieben hier bis in den andern Tag [15. August 1736] liegen, und gingen nachmittags um 2 Uhr ab. Sowohl diesen als den folgenden Tag war es allezeit trübes regnichtes und windichtes Wetter, doch war uns beide Tage der Wind meistens günstig, und einige Fahrzeuge, die kleine Seegel zusammen geflickt hatten, kamen denen, die mit Rudern gingen, durch die bloße Hülfe ihres Seegels ohne Ruder nach. Es ist auch gewiß ein bloßer Eigensinn, daß man sich keiner Seegel die Lena herunter bedient, absonderlich in diesen unteren Gegenden, da der Fluß allenthalben eine überflüssige Tiefe hat. Ohngefähr um Mitternacht kamen wir den von der linken Seite einfallenden Bach Kamenka, auf Jakutisch Ukschakan-ürjak[297], vorbei, bis zu welchem von Kirenga bis Jakutzk insgemein die Hälfte des Weges gerechnet wird. Den andern Tag ganz frühe fuhren wir den von der rechten Seite mit zwoen Mündungen einfallenden Bolschaja Patoma rietschka, bald hernnach einen andern viel kleinern von eben selbiger Seite einfallenden Bach gleiches Namens, insgemein Menschaja oder Suchaja Patoma, auf Jakutisch Koorü Patoma vorbei[298]. Um 10 Uhr vormittags kamen wir noch einen merkwürdigen auch von der rechten Seite einfallenden Bach Tulukulak-ürjak vorbei, und gegen 2 Uhr erreichten wir die Guselnie gori, auf Jakutisch Ogljung-Kaja, welche zunächst unterhalb dem Bache Perejemnaja (auf Jakutisch Artuik-ürjak) liegen[299]. Es sind zween dreieckichte Berge, die zunächst an einander und hart an dem rechten Ufer stehen; von dem oberen Ende des oberen bis an das untere Ende des unteren ist es ohngefähr etwas über 2 Werste. Sie bestehen aus verschiedenen sich einander abwechselnden Lagen eines dunkel rothen und grünen in das blaue fallenden Mergels[300]. Die Lagen sind fast horizontal, doch die von dem oberen Berge neigen sich ein wenig gegen die Gegend, die

dem Fluß hinauf ist, und die von dem unteren Berge gegen die gegenseitige; die rothen Lagen sind viel dicker. Quer durch diese Lagen gehen grüne Striche, welche nichts anders sind, als der grünblaue Mergel, der viel weicher als der rothe ist, und von dem Regen abgespült und den Berg hinunter geführt wird. Es ist schwer zu errathen, ob diese von ungefähr und verwirrt durch einander gehende Striche, oder die sich abwechselnde Lagen den zuerst in diese Gegenden gekommenen Russen als Saiten vorgekommen sein, so daß sie mit Zuziehung der Figur des Berges, welcher dem in Rußland üblichen musicalischen Instrumente Gusli, wovon ich bei Gelegenheit der Casanischen Tataren etwas gemeldet habe[301], einigermaßen gleichet, sich dergleichen Gusli vorgestellt, und diese Berge davon benennet haben. Zum wenigsten sind dergleichen Benennungen gemeiniglich so abgeschmackt, daß, wenn man ihren Ursprung nicht von einer abgeschmackten Sache herleitet, man gemeiniglich in Ergründung derselben auf schlechte Muthmaßungen geräth. Was Ogljungkaja bedeutet, habe ich nicht erfahren können, jedoch hörte ich, da ich deswegen nachfragte, daß eben diese Berge in der älteren Jakutischen Geschichte sehr berühmt sind[302]. Es ist unter den Jakuten eine alte Erzählung, daß ihre Voreltern in den obersten Gegenden der Lena gewohnt hätten, und durch die Buräten so gedrückt und verfolgt worden wären, daß sich ein großer Haufen derselben gutwillig mit allem, was sie gehabt, mit Vieh, Weib und Kind, die Lena herunter gezogen habe. Ein Theil aber sei zurückgeblieben, und habe sich den Buräten nach Möglichkeit widersetzt; endlich aber wären sie so verfolgt worden, daß sie alles im Stiche lassen müssen, und nicht einmahl Zeit gehabt die Reise in Kähnen anzutreten, sondern den ersten Balken, den sie bekommen können, ergriffen hätten und darauf die Lena hierunter gefahren wären; worauf sie sich mit ihren Landsleuten, die schon von der unteren Gegend der Lena Besitz genommen, vereinbaret hätten. Ob sie nun gleich in der größten Armuth gewesen wären, so hätten doch sehr viele theils durch Heirathen, theils durch ihre Arbeit einen gleichen Reichthum mit den übrigen erworben. Und weil sie, die Jakuten, ein sehr kriegerisches Volk gewesen wären, so hätten die reichen diejenigen von ihren Landsleuten, die zu keinen rechten Mitteln gelangen können, vollends ausgeplündert, und sie zu Sklaven gemacht. Wie sie aber unter sich nichts weiter zu rauben gehabt, und gehört hätten, daß die Patomische Tungusen begüterte Leute wären, so hätten sie dieselben von der Gegend aus, da jetzo die Stadt Jakutzk liegt, und da ihr, der Jakuten, eigentlicher erster Sitz gewesen sein soll, mit Krieg überzogen, auch in der Gegend der Guselnie Gori eine große Partei geplündert und umgebracht. Noch jetzo sollen die Patomischen Tungusen und die in derselben Gegend an der andern Seite der Lena wohnenden Jakuten noch beständig unter sich Streit haben[303]. Die Jakuten halten dafür, daß die Gegend des Patoma ihnen so gut als den Tungusen zugehöre, und gehen deswegen auch dahin auf die Jagd; allein die Tungusen treiben sie öfters weg, wie denn jetzo ein Tunguse 10 Jakuten leicht verjagen könne, weil er das Bogenschießen weit besser verstehe.

[Im Original folgen die Seiten 346 Mitte bis 392 unten.]

Alles aber, außer mir, seufzete nach Jakutzk[304]; die Leute hatten keinen Proviant, und schon heute bei nahe nichts mehr zu essen. Wir fuhren also gerade nach der Stadt. An eben dem Orte, da der Changalaiskoi Kamen einen andern Strich annimmt[305], theilt sich die Lena in 3 Hauptäste, davon der eine längst dem Kamen, der andere längst dem rechten Ufer, und der dritte in der Mitten fließet. Der linke Arm, welcher seinen Lauf längst dem Keltegei Kamen, (dies ist der Name, den der Changalaiskoi Kamen nach verändertem Striche annimmt), fortsetzte, und die Stadt am nächsten vorbei fließt, war vor diesem der tiefste; jetzo aber ist er fast ausgetrocknet, und kann nur im Frühjahre befahren werden, wann die Wasser angewachsen sind. Der Arm zur rechten ist seit einigen Jahren am tiefsten; wann man aber nach der Stadt fährt, so kann man demselben nicht folgen. Wir gingen also nach dem mittleren Arme; allein kaum hatten wir uns von dem Ufer, das uns eine Zeitlang geschützet hatte, ein wenig entfernet, so verfolgte uns der Wind aufs neue. Jedoch wir widerstunden ihm mit verdoppelter Arbeit, und erreichten die Mündung des gedachten Armes um 11 Uhr. Von dort ruderten wir viele Inseln vorbei, und mußten bald zur rechten bald zur linken fahren, um die Sandbänke zu vermeiden, welches ohne einen guten Wegweiser nicht geschehen konnte, und als wir nicht weit von der Stadt waren, so liefen wir in denjenigen Arm ein, welcher, wie ich kurz vorher angemerkt habe, der nächste bei der Stadt ist; und solchergestallt erreichten wir bei Sonnenuntergang den unteren Theil der Stadt. Ganz nahe an der Stadt ist ein kleiner blinder Ast (Kurja)[306] von erwehntem Arme, der aber jetzo bei nahe ganz ausgetrocknet war. Ich traf hier meine Herren Collegen bei guter Gesundheit an, und die academische Gesellschaft befand sich wieder beisammen. Herr Professor de L'Isle de la Croyere war hier den 29sten Juni, Herr Prof. Müller aber den 31sten August angekommen. Von dem Seecommando[307] befanden sich hier der commandirende Hauptmann Beering, der Lieutenant Waxel, der Stabswundarzt Butzkovski, und bald nach meiner Ankunft fanden sich noch der Lieutenant Jendaurow, der Wundarzt Feige und der Schiffer Bieli ein, welche nach den Flüssen Aldan, Maja und Judoma, um Proviant zu hohlen, geschickt waren. Der Lauf des Flusses war seit Olecminskoi Ostrog[308] meistentheils östlich und nordöstlich; die erste Hälfte des Weges ging mehr ostwärts, die andere mehr nordostwärts, und die letztere ohngefähr 20 Werste meistens nordwärts. Einiger Berge, die auf dieser Reise merkwürdig waren, habe ich schon gedacht[309]. Überhaupt ist zu merken, daß sie nicht so groß, als die in den oberen Gegenden sind, und daß man gar selten an beiden Ufern Berge findet, sondern das Land ist gröstentheils eben. Von den Stolbii[310] an ist außer dem Changalaiskoi Kamen, weiter nichts von Bergen zu sehen. Das Erdreich ist meistens sandicht, und die Kiesel, die man an den Ufern der Flüsse hin und wieder zerstreuet findet, sind an Farbe meistentheils grau, und nicht dünne gesäet. Das Holz, woran bisher noch kein Mangel gewesen ist, soll sich noch ziemlich weit an dem Flusse herunter erstrecken, und zwar bei weitem nicht so dicht, als in den mittleren Gegenden, doch von allerlei Gattung sein. So wie in den oberen Gegenden der Lena die Weiden häufig waren; also sieht man auch in diesen unteren Gegenden deren sehr viele, wiewohl nicht leicht von der großen Art. Und eben so als schon seit Olecminskoi Ostrog an den Ufern eine große Anzahl Felder ist, so sind sie hier auch in großer Menge. Diese verschafften den Jakuten den Vortheil, daß sie ihr Vieh hier den ganzen Winter auf der Weide gehen lassen können, so wie ihre Voreltern es vor diesem in den oberen Gegenden thaten. Es wird zwar nicht allzu fett darauf, allein es stirbt auch nicht leicht vor Hunger, besonders, wann der Winter so vorüber gehet, daß entweder kein tiefer Schnee fällt, oder derselbe von keiner langen Dauer ist. Denn das ist die größte Heimsuchung Gottes, die einem Jakuten begegnen kann, wenn ein tiefer Schnee fällt, der lange anhält. Er will hierin nicht besser, oder vielmehr nach seiner Denkungsart nicht schlimmer, als die übrigen heidnischen Völker in Sibirien sein; er verlangt kein Futter zum Vorrath; das Vieh mag es suchen, wo es dasselbe findet, nicht daß er ein so großes Vertrauen auf Gott setze, welcher allerdings auch für das Vieh sorget, sondern, weil er zu faul ist, Futter für dasselbe einzusammlen.

Alles was sich auf den Schiffen befand, sehnte sich nach den Quartieren. Es schien, als wollte die Kälte deswegen rechtschaffen zunehmen, damit sie uns ungeduldiger darnach machen möchte; allein es ließ sich gar nicht dazu an, daß wir gute bekommen sollten. Die Quartiere werden in allen Russischen und Sibirischen Städten von der Polizei angewiesen. Weil sich aber der commandirende Hauptmann der Kamtschatkischen Seereise[311] hier aufhielt, und viele Officiers von der Flotte bei ihm waren, so verlangte er von der Kanzlei, daß die Vergebung der besten Quartiere in der Stadt ihm überlassen werden mögte, welches auch bei unserer Ankunft schon also ausgemacht war. Als wir also Quartier von dem Woewoden verlangten, so meldete er uns, daß diejenigen Quartiere, die er noch zu vergeben hätte, alle schlecht wären, daß er aber die allerbesten, über die er zu sagen hätte, uns anweisen lassen wollte. Was meine Person betrifft, so bekam ich gleich des andern Tages ein gutes Quartier, welches ich auch so gleich bezog; aber dem Maler, den Studenten, Dollmetscher, und Unterwundarzte wurden so schlechte Wohnungen angewiesen, daß es nicht wohl möglich war, einen ganzen Winter darin auszuhalten. Ich habe schon anderswo von den Unbequemlichkeiten der Schwarzstuben gesagt, daß sie für einen Gelehrten, oder auch für einen, der eine reine Arbeit zu verrichten hat, gar nicht tauglich sein[312]. Das Papier, worauf man schreibt, wird vom Ruße schwarz, die Farben der Maler müssen nach ganz andern Regeln gemischt werden, weil sich viele Schwärze nothwendiger Weise darunter mischt; einige Farben können gar keine Schwärze vertragen, und nach aller angewandten Mühe hat man doch beschmierte Zeichnungen. Dem ungeachtet wurden uns meistens solche Stuben angewiesen. Die andern Stuben, welche man uns anwieß, hatten entweder keine Öfen, oder gaben, wenn sie eingeheizt wurden, einen beständigen Qualm von sich, daß einem der Kopf davon hätte zerbersten mögen. Ein jeder, dem dergleichen Stuben angewiesen wurden, wollte zwar darein ziehen, aber mit der feierlichen Erklärung, daß es ihm nicht zur Last geleget werden mögte, wann er seine Arbeiten versäumen würde. Wir hatten zwar Befehle bei uns, daß man uns allenthalben die besten Quartiere geben sollte. Und weil es was ungewöhnliches war, daß die Polizei von einem durchreisenden Officier der Flotte abhangen solle; so verlangten wir von der Kanzlei, daß sie, als das Haupt der Polizei, uns bessere Quartiere schaffen und die Befehle, die wir bei uns hatten, besser beobachten möchte. Wir thaten dieses, um uns in unserer Unabhängigkeit von dem Seecommando nichts zu vergeben, damit wir es nicht zu späte bereuen mögten. Es halfen uns aber unsere Vorstellungen und Vorsichten nichts. Wir sahen endlich, daß der Woewode Alexei Jeremeitsch Saborowskoi, so gut er sich auch gegen uns anstellte, als ein friedliebender Mann, mit dem commandirenden Hauptmann nicht gerne anbeissen wollte, und daß bloß wir und die so nöthige, und uns besonders an das Herz gehende Arbeiten, unserer Untergebenen darunter leiden müßten, wenn wir auf unserem Vorsatze bestehen würden. Wir suchten also, so viel möglich, den gelindesten Weg zu erwählen, und thaten gütliche Vorstellungen, daß man aus eiteln Betrachtungen einer Eifersucht das gemeine Beste nicht leiden lassen mögte, welches wir alle zu befördern schuldig wären. Dieses fruchtete so viel, daß wir für unsere Leute nach und nach gute Quartiere bekamen, darin sie ihre Geschäfte verrichten konnten. Indessen aber, da wir befürchten mußten, es möchte uns weiter hin in Ochotzk und Kamtschatka noch schlimmer gehen, so statteten wir von dieser Aufführung gegen uns an den regierenden Senat, und an die Academie der Wissenschaften unsern Bericht ab, und baten, an das Seecommando geschärftere Befehle abzuschicken, daß dasselbe uns ins künftige in unsern Geschäften nicht hinderlich, sondern vielmehr beförderlich sein mögte. Es ist öfters betrübt, was für Kleinigkeiten zuweilen Ursache sind, daß Leute, die eine gewisse Sache ausführen, und also gemeinschaftlich arbeiten sollen, einander solche Hindernisse machen, als wenn sie einander schnurstracks zuwider laufende Absichten ausführen sollten. Der eine meint, daß, wenn er schon seine Arbeit, die zu dem ganzen abzielt, nicht vollkommen gut macht, es schon genug wäre, wann er sie nur besser machte, als ein anderer die seinige. Er legt also dem andern allerlei Hindernisse in der Weg, damit er nicht im Stande sein möge das seinige zu thun, und hofft einen Ruhm zu erwerben, wenn man seine eigene Arbeit nur besser befindet. Ein anderer, der eine Sache gemeinschaftlich zu Stande bringen soll, will von allen Leuten dafür angesehen sein, als wann die Anstalten dazu von ihm abhingen.

[Im Original folgen die Seiten 399 Mitte bis 445 unten.]

Den 8ten November [1736] war ich nebst dem Herrn Prof. Müller und verschiedenen Seeofficieren zu dem commandirenden Hauptmann eingeladen; und nachdem wir den Tag und einen Theil der Nacht zu unsern Geschäften angewandt hatten, so fuhren wir des Abends nach sieben Uhr dahin. Um neun Uhr hörte man Sturm läuten, und es hieß, daß Feuer ausgekommen wäre; bald darauf wurde gesagt, es brennte das Haus, worin ich wohnte. Wir eilten alle dahin, aber alle Hülfe war vergeblich; das Haus stund in voller Flamme, so daß man sich demselben nicht einmahl nähern konnte. Zu allem Glücke war es windstill; weil sonst auch des Herrn Prof. Müllers Behausung, welche zunächst dabei war, in der größten Gefahr gewesen wäre. Wer konnte bestürzter sein, als ich? da ich mich auf einmahl aller Hülfsmittel zu künftigen Wahrnehmungen, vornehmlich der Bücher und Instrumenten, aller meiner vorher verzeichneten Beschreibungen, und verfertigten Aufsätze, auf einmahl beraubet sahe; da mir nichts als das Kleid, das ich auf dem Leibe trug, übrig blieb; da nicht nur meine, sondern auch des Herrn Prof. Müllers Baarschaft bei mir verwahret stund, die ich hier wahrscheinlicher Weise auch verlieren mußte; da ich endlich um alle die Wahrnehmungen, die ich verwichenen Sommer gemacht, weil sie noch nicht ins reine gebracht waren, in so kurzer Zeit kommen mußte. Ich hatte aber selbiges Jahr sehr vieles gethan. Die Bequemlichkeit der Wasserreise, und die in einem paar Jahre erlernten Vortheile bei einer immerwährenden Unruhe doch das seinige zu thun, hatten mir vor den vorigen Jahren eine reiche Erndte zuwege gebracht. Ich verschweige die übrigen Nachtheile, die mir diese Feuersbrunst verursachte, weil alles schon geschehen und vorbei ist, und meine Leser nicht den geringsten Nutzen von einer weitläufigen Erzählung dieser traurigen Begebenheit schöpfen können: nur muß ich öffentlich bekennen, daß ich von meinen Herren Collegen, von dem ganzen Seecommando, dem Woiwoden, auch von den einheimischen, auf alle Art und Weise Hülfe und Beistand genossen habe. Das Feuer konnte nicht gelöschet werden, sondern das ganze Haus brannte von Grund aus ab. Und weil nicht das geringste währendem Brande oder vor demselben ausgetragen war; so setzte der commandirende Hauptmann der Flotte so gleich um das ganze Haus eine Wache von Soldaten, denen ein paar Unterofficiere von bekannter Redlichkeit zugegeben wurden, welche verhindern sollten, daß auch nach dem Brande nichts weggetragen werden könnte. Wir bekamen solchergestalt in der That mehr als die Hälfte unserer Baarschaft, theils geschmolzen, theils ohne Beschädigung des Gepräges wieder. Man ließ die Asche alle durchsieben und waschen, durch welches Mittel nicht leicht etwas verlohren gehen konnte, als was etwa durch ungetreue Hände gelaufen ist, wie wir dann auch hievon überführende Proben von unseren eigenen Leuten hatten. Ohngeachtet man zu Tilgung der Glut beständig Schnee hineinwarf, so war doch nicht eher möglich in der Asche herumzusuchen, als den dritten Tag, da ich dann von einigen wohlgeschlagenen Büchern noch ziemlich gute Überbleibsel bekam, die mir ins künftige bei meiner Armuth an Büchern dienen konnten; darunter war fast die ganze Historica plantarum Clusii, Jonstons historia naturalis, Listeri historia conchyliorum[313]. Sie waren zwar an dem Rande hin und wieder beschädiget und verbrannt, ich flickte sie aber ohngefähr in einem Monate wieder zusammen. Der Verlust von Tourneforts Institutionibus rei herbariae[314] ging mir gar zu nahe. Ich erfuhr aber von ohngefähr, daß der im Anfange des Jahres 1728 nach Sibirien in das Elend geschickte Italiänische Graf Santi[315], der sich gegenwärtig in Schigani befand, dieses Buch besaß. Diesen bat ich in einem offenen Schreiben in Russischer Sprache, das ich der Jakutischen Kanzlei zur Bestellung übergab, er mögte mir das Buch auf einige Zeit leihen, und verband mich, es ihm wieder zuzustellen, so bald ich ein Exemplar von der Academie geschickt bekommen würde. Er hatte die Gewogenheit mir das Buch zu überschicken, ich aber hielte auch mein Wort um desto heiliger, und sandte es, wie ich es nicht mehr nöthig hatte, mit einer Erkänntlichkeit zurücke. Wir fertigten auch in wenigen Tagen nach dem mir zugestoßenen Unglücke eine Post an den regierenden Senat, und an die Academie der Wissenschaften ab, und baten um schleunige Hülfe durch Überschickung der mir nöthigen Bücher und Instrumenten. Auch hier muß ich das aufrichtige Bekenntnis ablegen, daß man weder von der einen noch der andern Seite im geringsten ermangelt hat alles vorzukehren, was zu meinem Heil und Trost nöthig und nützlich war. Was diese Feuersbrunst verursachet habe, ist mir verborgen geblieben, ohngeachtet ich einen Bedienten zu Hause gelassen hatte, und den Schlüssel zu meiner Stube bei mir trug. Vor derselben stund eine Wache von Soldaten, die ordentlich abgelöset wurde. Es blieb kein Licht in der Stube nach, sondern mein Bedienter ging mit dem Lichte voran, und ich folgte ihm und schloß die Thüre zu. Die Wache und der Bediente wurden gleich den andern Tag in die Woewodenkanzlei gebracht, und eine Untersuchung mit ihnen angestellt; auch wurden andere Leute, die in dem Haus wohnten, wie auch einige in das Elend verwiesene Leute, die der Wirth des Hauses zur Arbeit brauchte, und gerade unter meiner Stube wohnten, dieserhalb befragt; es kam aber aus allen Fragen und Antworten nichts heraus. Sie sagten einmüthig, das Feuer wäre auf einmahl ausgekommen, und sie wüßten nicht, wo es zuerste entstanden wäre. Man suchte mich zu bereden, als wenn die in das Elend geschickte vielleicht aus einer boshaften Hoffnung bei Gelegenheit des Brandes Beute zu machen, es mit Fleiß angelegt hätten. Es sind dieses freilich Leute, die alles böse zu unternehmen im Stande sind; denn sie sind gleichsam die Hefen des Pöbels, und wegen der allerliederlichsten Thaten in das Elend geschickt. Wenn man aber auch das Geständniß von ihnen herausgebracht hätte, so konnte es doch weiter zu nichts helfen. Mein Schaden konnte mir durch sie, die nichts anders haben, als was sie täglich verdienen und erbetteln, nicht ersetzt werden.

[Im Original folgen die Seiten 450 Mitte bis 469 oben.]

Die Lebensart der Jakuten ist von der Lebensart anderer Sibirischen heidnischen Nationen nicht sehr unterschieden. Sie bekümmern sich um kein Brodt. Sie essen die Wurzeln von dem Gänserich[316], (Jak. Kääjengeß,) von Pimpernell[317] (Jak. Emüjach) von der kleinen Natterwurz[318] (Jak. Mjäka-Arschin) von Ondschula oder Kjölassa[319], von den bei ihnen wachsenen Linien (Korun)[320] von einem Hedysaro mit blaß-

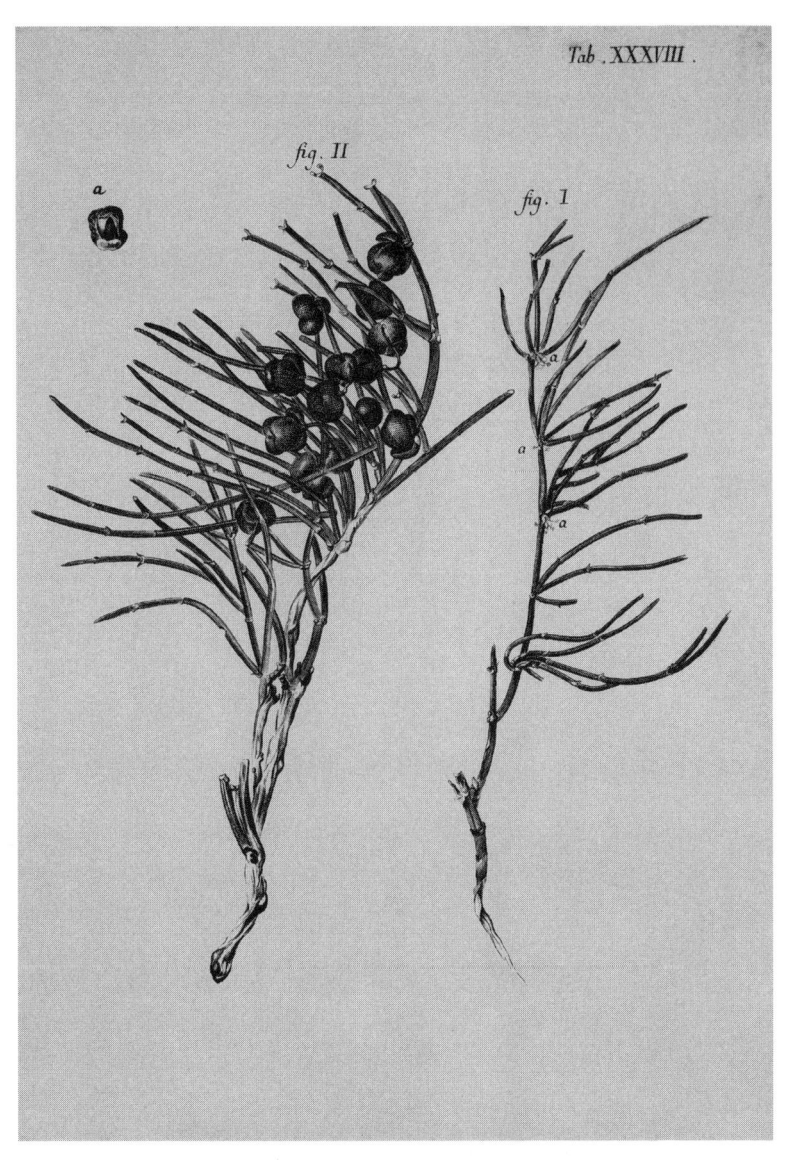

Abb. 14: Aus Johann Georg Gmelins »Flora Sibirica«, Band 1, Tafel 38, Figur 2: Meerträubel (Ephedraceae)

gelber Blüte (Jak. Sardana), das zwar nicht in der Gegend um Jakutzk, aber desto häufiger an dem in das Eismeer fallenden Jana-Flusse wächst, von wannen es ihnen ihre Brüder, die dort wohnenden Jakuten zum Gruße mit bringen; von einem andern Hedysaro mit purpurfarbener Blüthe, das in Sibirien und auch um Jakutzk wächst, und in der Gegend von Nertschinsk mit einem Russischen Wort Tschumoroß, am Irtisch-Flusse Kopeischnik, in der Gegend der Stadt Mangasea[321] von den Samojeden Badük und Bakü, von den Russen Badui, von den Tungusen Schenika[322] genannt wird. Die zwo ersten Wurzeln essen sie roh, alles aber, nur die erste ausgenommen, meistentheils getrocknet und zu Pulver gestoßen, in welcher Gestalt sie dieselbe unter gekochten Brei, auch unter den Milchrahm mischen. Sie haben öfters das Glück die Pimpernell und kleine Natwurz in Mäuselöchern häufig anzutreffen, weil diese Thiere, so wie die Jakuten, an diesen Wurzeln ein großes Belieben haben. Alle Arten von Knoblauch und Zwiebeln, die wild um Jakutzk wachsen, sind ihnen ebenfalls angenehme Speisen, besonders auch die Blätter des breitblätterichten Knoblauches[323]. (Russ. Tscherunscha) Sie schaben auch die innere Rinde von den jungen Fichten, trocknen sie, und nachdem sie dieselbe zu Pulver gestoßen, mischen sie selbige unter die Speisen, und lassen sie sich wohlschmecken. Von Thieren essen sie erstlich ihre Hausthiere, als Pferde, und Kühe: und die Milch von denselben; doch thut es ihnen leid, sie zu schlachten, sie warten meistentheils, wie oben gemeldet ist, bis sie etwa von Krankheiten verrecken, oder sonst durch einen Zufall umkommen. Das Pferdefleisch ist ihnen angenehmer als Kuhfleisch, und das Füllenfleisch finden sie schmackhafter, als das von einem erwachsenen Pferde. Schaafe halten sie nicht, weil die dortigen Hunde ihnen sehr aufsätzig sind, so daß auch die Russen, die sie seit einigen Jahren zu halten angefangen, nicht genugsam klagen können, wie viel ihnen von Hunden zerrissen werden. Dieses Thier schickt sich auch nicht so gut in die kalte Luft, in welcher es seine Nahrung, ohne sein Leben in Gefahr zu setzen, nicht wohl finden könnte. Schweine ziehen sie auch nicht, weil sie keine Liebhaber des Schweinefleisches sind, von welchem sie sonst kein Aberglauben oder Religionseifer abhält. Von wilden Thieren ist ihnen alles recht, was ihnen vorkömmt. Doch halten sie die Mäuse, die etwas groß sind, damit sie das Maul ausfüllen können, wie auch die kleinen obenbeschriebenen Murmelthiere[324] für ihre gewöhnliche und angenehme Speise, als welche zu fangen ihnen nicht viel Mühe macht, indem sie nur alle Tage die Fallen besehen, und wieder stellen dürfen. Ich habe öfters mit vielem Vergnügen zugesehen, wie lustig sie sich dabei machten. Wenn ich bei einigen dieser Thiere innere Theile betrachtet, und sie einige Tage bei mir behalten hatte, so daß sie schon etwas von der Fäulung angegangen waren, so pflegte mein Bedienter einige vorbeigehende Jakuten zu rufen, und ihnen solche anzubieten. Es brannte gemeiniglich zu Kochung der Speisen in dem Hofe ein Feuer; da waren sie gleich fertig, schnitten sich von Holz einen kurzen Spieß, steckten, nachdem sie ihnen das Fell abgezogen hatten, die Maus oder das kleine Murmelthier daran, und hielten sie gegen das Feuer. So bald etwas davon ein wenig braun aussahe, schnitten sie es ab, und aßen es; sie fuhren fort den Rest an das Feuer zu halten, und zu essen, bis die ganze Maus verzehrt war. Und das geschahe in sehr kurzer Zeit; dann gar zu rösch[325] verlangten sie es nicht. Sie gehen dem ungeachtet auch auf die Jagd, und fällen allerlei Wild; jedoch gehören sie unter die Nationen, die etwas faul sind, welches man besonders bei dem Zobelfange wahrnimmt. Sie laufen diesen Thieren bei weitem nicht auf so große Entfernungen nach, als die Russen und Tungusen, weswegen sie auch selten was recht schönes fangen. Dann es ist eine ausgemachte Sache, je näher die Wohnungen der Menschen sind, desto weniger Zobel gibt es, und desto schlechter sind sie. Sie fressen jedoch diese, auch so wie Füchse, Hermeline, Eichhörner, Hasen, Rehe, Elende, Rennthiere, Bären, Vielfraße. Bei den Vögeln machen sie ebenfalls keinen Unterschied, außer daß sie die größten am liebsten mögen. Im Früh- und Spätjahre, da in diesen Gegenden der Zug der Enten und Gänse überaus zahlreich ist, lauren sie diesen auch auf, und schießen sich eine große Anzahl zum Vorrath, den sie nach und nach verzehren. Wenn ihnen ohngefähr ein Reiger[326], Kranich, weißer oder schwarzer Storch, Schwan sc. aufstößt, so nehmen sie solche gleichfalls mit. Ich habe gehört, daß sie auch große Raubvögel, als Adler, Weihen, nicht zur Kost verachten.

In ihren Wohnungen finde ich nichts besonders, als dieses, daß sie nicht so gar viel herumziehen, wie die übrigen heidnischen Nationen. Ihre Winterjurten sind gemeiniglich von dünnen Balken gemacht, die sie alle Winter wieder beziehen, und oben mit Erde und Leimen vermachen. Die Öffnungen zwischen den Balken stopfen sie mit Mooß aus. Zum Eingange ist ein Loch gelassen, vor welchem eine Thür gemacht ist, und im Dache ist ein Loch für den Rauch. Die Sommerjurten aber ändern sie, und diese sind von den Tungusischen nicht unterschieden, indem sie von Stecken gemacht sind, die unten aus einander stehen, und oben als eine Pyramide zusammen laufen, von außen aber mit Birkenrinden bedeckt sind. Der Heerd ist bei den Sommer- wie bei den Winterjurten in der Mitte, weil das Loch, wo der Rauch ausgehet, auch oben in der Mitte ist, woselbst immer ein Feuerhaken von oben befestiget wird, daran man einen eisernen Kessel hängen kann. Dieser hängt auch meistentheils daran, und ist mit Speisen angefüllt, weil man so wenig bei dieser, als bei andern heidnischen Nationen, die Leute an eine gewisse Zeit bindet, in der sie essen müssen, oder ihnen eine gewisse Menge von Speise anweiset, über die sie nicht gehen dürften, sondern ein jeder ißt, wann und wie viel er will. Ihre Kessel schmieden sie sich gemeiniglich selbst, oder haben sie zum wenigsten vor diesem geschmiedet, wie sie dann auch zu Ersparung des Eisens die Wände dieser Kessel meistentheils nur von Birkenrinden machen, welche sie mit dem Eisen so wohl zu verbinden wissen, daß nicht leicht was dazwischen ausgeschweißet ist. Sie schmelzen das Eisen aus dem Erze selbst. Man kann sich davon leicht einen Begriff machen, wenn man sich desjenigen erinnert, was ich in dem ersten Theile von der bei den Kondomischen Tataren in der Gegend von Kußnetzk gewöhnlichen Art das Eisen zu schmelzen gemeldet[327]. Ich habe keinen Unterscheid, als in ihren Blasbälgen bemerkt, welche sehr unbequem sind. Sie bestehen aus zween ledernen Säcken, an deren einem eine eiserne Röhre ist, welche an das Feuer gebracht wird, das man anblasen will; der andere Sack hat mit diesem eine Gemeinschaft durch ein enges Loch, und außerdem hat auch die äußere Luft einen freien Zugang, weil er kein gewöhnliches Loch hat, wiewohl solches auch etwas enger ist, als es sonst zu sein pflegt. Dieses Loch wird bei dem Blasen wechselweise zugehalten, und von da die Luft nach dem andern Sack getrieben, der keine andere Öffnung, als nach der Röhre hat, durch welche das Feuer angeblasen wird. Es gehört eine starke Übung dazu, wenn man sich eines solchen Blasbalges bedienen will. Mir kam es vor, als wenn sie eine schlechtere Würkung als die unsrige thaten; aber die Jakuten befinden sich wohl dabei. Daß sie im Schmieden nicht schlechte Meister sein müssen, habe ich theils aus ihren Kesseln, theils aus allerlei Beschlägen, die sie gemacht haben, ersehen. Sie wissen die Kasten recht schön zu beschlagen, und die Willuischen Jakuten[328] sind darin besonders berühmt, als welche Kuffer[329] zugleich mit der Schreiner-Arbeit verfertigen, die auch nicht übel ist.

Sie haben eine große Anzahl von Götzen; allein diese Götzen gehen nicht so nackend, wie die Tungusischen, und sind nicht aus einem so groben Stoffe geschnitzt. Einen hölzernen Götzen halten sie für gar nichts. Ein solcher würde schon eine Rauhigkeit von sich blicken lassen, so bald man ihn nur anrührte. Es müssen vermuthlich Puppen von Deutschen Völkern ehemahls bei den Jakuten angelangt sein, welche weicher sind als hölzerne Bilder. Diese haben sie nachzuahmen gesucht, und ich glaube, daß sie die ersten sind, welche sie so groß gemacht haben, wie man die Puppen heutiges Tages siehet. So wie sie also die Puppen nachahmeten, also scheinet es, daß einige Deutsche Nationen von ihren Götzen ein Ebenbild zu ihren Puppen genommen haben[330]. Man findet nämlich unter den Jakuten eine große Menge Götzen, welche wir, wenn wir nicht eines andern berichtet wären, alle für Puppen ansehen, und ihnen nicht die allergeringste Ehrerbietung erweisen würden; denn sie sind von unsern Puppen in nichts unterschieden, als daß, anstatt daß die unsrigen gemahlte Augen haben, bei den ihrigen runde rothe Corallen, oder kleine Bleikügelein anstatt der Augen eingesetzt sind, welche die Augen etwas lebhafter vorstellen sollen. Sie sind im übrigen von Lumpen zusammen gestopfet, und etwas plumper gemacht, als unsere Puppen, genießen aber alle die Ehrenbezeugungen, die man den Götzen anderer heidnischer Völker erweiset. Der Rauch von Fett oder fettem Fleisch ist für sie ein lieblich Opfer. Man schmiert ihnen auch das Maul mit Fett oder Blut von einem Thiere, und ich glaube, es ist bei diesen Jakutischen Götzen besser angelegt, weil sie, wie bei einigen Völkern die Amtleute, ein sehr schwammichtes und von lauter Lumpen und Lumpereien zusammengesetztes Fleisch haben, das fremdes Blut nicht nur einlassen, sondern auch aussaugen kann. Daher riecht auch ein Jakutischer Götze viel stärker, als ein hölzerner, dergleichen andere Völker haben.

Die Jakuten beerdigen heutiges Tages insgemein ihre Todten, welches sie vermuthlich von den Russen gelernet haben. Sie glauben, ein jeder Ort sei dazu gut, und haben deswegen keinen besondern Kirchhof. Ein Jakute hält gar viel auf einen schönen Baum; und wann einer ihm besonders vor andern gefällt, so zeigt er öfters den seinigen an, daß er bei diesem Baume beerdiget zu werden wünsche. Vor diesem sollen sie die Todten auch verbrannt, oder auf Bäume gelegt, oder in den Jurten, darin sie gestorben waren, gelassen haben, die übrigen Leute aber alle daraus weggezogen sein. Bei vornehmen Jakuten sei auch der Gebrauch gewesen, daß einer von den liebsten Bedienten des Verstorbenen sich in einem besonders dazu angemachten Feuer mit Freuden verbrannt habe, um seinem gewesenen Herrn auch in jenem Leben zu dienen[331]. Seit aber die Jakuten dem Russischen Scepter unterworfen sind, so ist dieser heidnische Gebrauch völlig abgeschafft, und es soll so lange die Russen über sie geherrschet haben, nur ein Exempel sein, daß hierin gegen den Kaiserlichen Befehl gehandelt worden sei. Dies aber ist eine völlige Unwahrheit, was der Hr. von Strahlenberg[332] vorgibt, als wann die Jakuten, die in der Stadt Jakutzk sterben, auf den Gassen liegen bleiben, daß die Hunde zum öftern die todten Körper fräßen, gerade als wenn die Russen dergleichen Greuel leiden würden. Es ist aber auch wider alle Jakutische Gebräuche; sie gehen mit einem todten Menschen nicht, wie mit dem verreckten Vieh um.

Ich hätte noch vieles von den Jakutischen Gebräuchen zu sagen, so wie ich schon oben unterschiedliches gesagt habe. Doch weil auch noch unten etwas vorkommen wird, das ich selbst mit angesehen, so will ich lieber aus diesem, was ich gesehen, den Leser die Schlüsse auf die Gebräuche der Nation machen lassen, als sie selbst daraus ziehen. Nur dies einzige kann ich nicht mit Stillschweigen übergehen. Wann eine Jakutische Frau ein Kind gebiert, so gibt der erste, der zu ihr in die Jurte kommt, dem Kinde den Namen; die Nachgeburt aber, besonders den Mutterkuchen, eignet sich der Vater des Kindes als einen großen Leckerbissen zu. Er kocht denselben, ladet seine allerbesten und nächsten Freunde darauf zu Gaste, und lebet bei diesem Gerichte herrlich und in Freuden[333].

[Im Original folgen die Seiten 478 Mitte bis 507 unten.]

Wir hatten lange gewünscht auch die Ceremonie eines Thieropfers bei den Jakuten mit anzusehen[334], und erfuhren endlich, daß den 19ten Juni [1737] des Abends ein dergleichen Opfer ungefähr acht Werste unterhalb der Stadt an dem Lena-Fluß sein sollte. Wir fuhren also zu Wasser dahin, und erreichten den Opferplatz in kurzem, allwo wir eine Gesellschaft, welche vermuthlich die Früchte dieses Opfers genießen wollte, und einen Zauberer antrafen, der würklich alle Anstalten zum Opfer eines Kalbes, das daselbst angebunden war, zu machen im Begriffe stund. Der Zauberer schien nicht eben der witzigste, noch in seinen Schelmereien sehr geübt zu sein, wiewohl wir ihn nicht mit der Trommel spielen sahen[335]. Jedoch wir sahen es nicht ungerne, daß er etwas einfältig war. Die meisten sagen, daß sie Gott opfern; dieser aber gestund, daß sein Opfer dem Teufel gewidmet sei, nicht daß ich das letztere für besser, als ersteres hielte, sondern weil ich diese Nachricht, als wahrhafter ansehe. Er ließ sich ohne viele Umschweife das Kalb von vier Jakuten halten, that einen Einschnitt in die Brust, riß die große Ader an dem Herzen ab, worauf das Kalb gleich todt war; von dem Blut sammlete er etwas, und machte damit drei unförmliche Gesichter an dem Stamm einer Fichte, in einer solchen Zeichnung, als ohngefähr die Kinder das Gesicht malen, nämlich ein länglichtes Oval, ein paar Ringlein für die Augen, einen länglichen Strich dazwischen für die Nase, und einen Querstrich für das Maul. Alsdann lösete bald er, bald die Jakuten das Fell ab. Wie sie hiemit fertig waren, so wurde die Haut auf ein Gerüste ausgebreitet, das auf vier Stützen stund, und auf einen Faden von der Erde erhöhet war. Gleich darauf zerfetzten einige das Fleisch, und zerbrachen die Knochen; andere drückten den Saft ein wenig aus dem Magen und den Därmen des geschlachteten Kalbes. Endlich warfen sie alles zusammen in einen Kessel, der auf dem Feuer hing, und kochten es. Als es halb gar war, so ging der Zauberer nach den drei blutigen Gesichtern, bückte sich gegen sie, und murmelte einige Worte. Darauf setzte er sich mit den Jakuten in einen Kreis, und aß, so wie sie, mit großer Begierde, was einer aus dem Kessel herbeibrachte. So wie aber nach und nach gekochtes Fleisch herbeigebracht wurde, so ward auch wieder frisches, das nicht in den Kessel gegangen war, hineingeworfen, und damit so lange fortgefahren, biß alles darin lag. Mit dem Essen fuhren sie inzwischen auch fort, bis alles verzehrt war, da denn auf die letzte auch noch die Brühe herhalten mußte, als welche alles leckerhafte vom Magen und den Gedärmen noch in sich hatte. Es waren in allem zehen Kerls, welche zu dieser Mahlzeit ohngefähr eine Stunde brauchten. Der Zauberer ging nach der Mahlzeit wieder zu seinen schönen Gesichtern, bückte sich noch einige mahl gegen dieselben, und murmelte einige Wörter, wie bei dem Anfange. Hiermit hatte das Opfer ein Ende. Wir begaben uns also wieder in unser Fahrzeug, und kamen eine Stunde nach Mitternacht in der Stadt an.

Einige Tage vor gedachtem Opfer ging ich in der Gegend der Stadt spazieren, und traf einen Jakuten an, welcher ein kleines Stecklein in der Hand hielte, und dasselbe hin und her bewegte. Ich hatte eben einen Kosacken[336] bei mir, der gut Jakutisch reden konnte; er wußte mir gleich zu sagen, was dieses zu bedeuten hätte, und der Jakute selbst, den ich dieserhalb anreden ließ, machte gar kein Geheimniß daraus. Es war ein sehr heißer Tag; und weil er noch weit bis zu seiner Jurte zu gehen hatte, so wollte er sich Wind machen. Ein Jakute verfährt hiebei folgender maßen. Er nimmt einen Stein, den er von ohngefähr in einem Thiere oder Fische gefunden hat, wickelt ihn mit einem Pferdehaare etliche mahl um, und bindet ihn an ein kleines Stecklein, welches er hin und her gegen die Luft und zu sich beweget, und zu dem daran gebundenen Stein folgende Worte spricht: Ich sage ab Vater und Mutter, und wünsche deine Kraft zu sehen. Sodann legt er gedachten Stein mit dem Stecklein in die Quere auf den Zweig eines Baumes. Es soll darauf ein kühler Wind entstehen, und den Reisenden die große Hitze sehr erträglich machen[337]. Hierzu gehört ein überaus starker Glaube.

[Im Original folgen die Seiten 511 oben bis 523 unten.]

Ich war in Jakutzk sehr begierig den feuerspeienden Berg, der in der Gegend dieser Stadt sein soll, zu sehen. Der Hr. von Strahlenberg schreibt davon in seinem schon mehrmahls angeführten Buche S. 379 unter dem Titel Jakuhtskoi also: »Nicht weit von dieser Stadt Jakuhtskoi, gegen Westen, ist ein Strom, Namens Wilgui, an dessen Ursprung ein Feuer speiender Berg ist, welcher zugleich eine Asche auswirft, die man für flores salis armoniaci hält, davon unter dem Titel von Bergen bereits zwar gedacht, aber es ist der Ort und das Lager dieses Berges daselbst unrecht in der Eil genannt worden«[338]. Dieser in Eil unrecht genannte Ort stehet S. 324, da ein Feuerspeiender Berg am Chatanga-Strom, nicht gar ferne vom Eismeere und dem Fluß Jenisei angegeben wird[339]. Es scheinet, daß der Herr von Strahlenberg vor der Herausgebung seiner Landcharte, die etwas später ist, als das Werk[340], seine erste Verbesserung auch in Eile gemacht habe. Denn in der Charte, welches die zweite Verbesserung ist, stehet dieser Berg zwischen den Flüssen Lena und Olenek, in der Höhe von Schigan, welchen letztern Ort der Hr. von Strahlenberg Ostr. Sgyganga, so wie den Fluß Olenek, Olenets nennt. Derjenige Ort, den der Hr. von Strahlenberg in Eile unrecht genannt heißet, ist es, der noch am allerwahrscheinlichsten ist, wie ich bald hernach sagen werde. Denselben konnte ich aber nicht bei Jakutzk suchen. Den Strom Wilgui habe ich gleich ausgefragt. Das ist nemlich der Wilui, der fünfhundert Werste unterhalb der Stadt Jakutzk sich in die Lena ergießt, worin freilich ein kleiner Fehler ist, daß dieser Schriftsteller siebenzig deutsche Meilen für eine nicht weite Entfernung hält. Indessen ist dieser Fluß den Jakutischen Einwohnern sehr wohl bekannt, und man findet auch unter ihnen Leute genug, welche in allen seinen Gegenden bis an den Ursprung hin sehr bewandert sind. Auch diejenigen von unserer Gesellschaft, die wir des quellenden Salzes wegen dahin geschickt hatten, waren in den oberen Gegenden gewesen, folglich hatte ich gute Gelegenheit wegen des brennenden Berges Nachfrage zu thun: allein ich konnte am ganzen Wilui-Flusse nichts davon erfahren. Es war mir gleichfalls leicht, Leute, die in Schigan eine Zeitlang gewohnet, auch solche, die von da die Reise nach dem Olenek gethan hatten, zu sprechen, und dennoch wollte kein Mensch von diesem Berge etwas wissen. Endlich fragte ich nach einem solchen Berge am Chatanga: da sagte mir ein Kosak, er hätte davon gehört, wäre aber niemahls da gewesen, auch von der wahren Beschaffenheit desselben gar nicht unterrichtet. Ein mehreres konnte ich in Jakutzk von diesem Berge nicht erfahren. Ein paar Jahre hernach vernahm ich erst die eigentlichen Umstände davon in Jeniseisk und Mangasea, da man viele Leute findet, die an dem Chatanga gewohnt haben, und alle dortige Gegenden kennen. Es schickt sich am besten, daß ich die Erzählung davon hier einrücke, wobei ich aber doch meinen Leser ersuche mir den Sprung von der

Lena nach dem Chatanga, wozu mich der Hr. von Strahlenberg genöthiget hat, nicht nachzumessen. An dem Chatanga, über hundert Werste unterhalb Krestowskoje Simowje zehen Werste oberhalb dem Nowa reka[341], der von der östlichen Seite in den Chatanga einfällt, ohngefähr eine Werste unterhalb Ponomarewa Simowje, ist das östliche Ufer des Chatanga auf acht bis zehen Werste lang gegen die See hin, und auf funfzehen Faden hoch. Dessen untere Lage scheinet bloßer Sand zu sein; darauf kommen Steinkohlen, die an einigen Stellen drei bis vier Faden dick auf einander liegen, sodann folget Sand, welcher endlich mit Erde bedeckt ist. Aus der Höhe dieses erhabenen[342] Ufers siehet man hin und wieder Rauch aufsteigen; und wenn man sich dergleichen rauchenden Stellen nähert, so siehet man auch Feuer, jedoch nicht anders, als wie wenn eine Kohle glimmte. Man kann sich diesen Stellen ohne Gefahr nähern. Denn obwohl das erhabene Ufer den Winter hindurch mit Schnee bedeckt ist, so kann man doch den über den brennenden Stellen liegenden Schnee von dem übrigen leicht unterscheiden. Er siehet fast wie ein Reif aus, weil er kaum einen Messerrücken dick ist, deswegen hat man ihm einen besondern Russischen Namen Kursjak[343] gegeben. Vor diesem waren etliche brennende Stellen, an deren Rändern man, wie auch der Hr. von Strahlenberg meldet, köstlichen schneeweißen Salmiak, auch noch überdem eine röthliche Materie fand, aus welcher man Salmiak auskochte. Die Jeniseischen und Mangaseischen Silberschmiede und Zinngießer ziehen überhaupt diesen Chatangischen Salmiak dem ausländischen weit vor, weil er ihrer Meinung nach reichlicher ausgegeben. Besagte Stellen aber, da man vor diesem den Salmiak sammlete, sind völlig ausgebrannt. Ob nun gleich neue Stellen sind, welche brennen, so fallen sie doch, so wie sie allmählich ausbrennen, beständig wieder mit Erde zu, welches da es vor dem nicht geschehen, muthmaßen läßt, daß die brennende Materie in den vorigen Stellen bis an die Oberfläche der Erde gereicht, und keine Erde über sich gehabt habe. Dieses ist vermuthlich die brennende Stelle, die der Hr. von Strahlenberg verstanden haben will, sie gehört aber zu den Feuer speienden Bergen, die schon in dem ersten Theil dieser Reise an dem in den Tom fallenden Abaschewa-Flusse beschrieben sind[344]. Man hat an dem Chatanga nimmer etwas von einem Erdbeben gespürt, keinen Bimmstein oder von Feuer ausgeworfene Schlacken gesehen, auch das Feuer dieser erhabenen Stellen nimmer anders, als glimmend wahrgenommen, und es schienen überhaupt die glimmende Steinkohlen solches zu verursachen. Denn eben diese Leute haben mir auch erzählt, daß die Steinkohlen in diesen nordlichen Gegenden sehr gemein sein, und daß die Ufer der See, die sich von dem Jenisei-Flusse ostwärts gegen den Lena hin erstrecken, voller Steinkohlen, und zwar, in einer solchen Tiefe stecken, daß sie von dem Seewasser angespühlt werden[345].

[Im Original folgen die Seiten 528 oben bis 641 oben.]

Ich suchte in der übrigen Winterszeit [Januar 1738] auch Beschäftigungen, welche sich für den Ort schickten, darin ich wohnte. Und weil der Fluß Nischnaja Tunguska nicht weit von Kirenga war, an welchem, wie ich wußte, viele Tungusen wohnten, so hoffte ich schöne Gelegenheit zu haben, die Gegenden dieses Stroms, und die in denselben von beiden Seiten einfallenden Flüsse und Bäche zu bereisen. Es fehlte mir nur an Leuten, die mit diesen Tungusen bekannt waren, oder die einiges Ansehen hatten, von ihnen zu erhalten, daß diejenige unter ihnen, welche alles und jedes mit seinem Namen zu nennen wußten, sich zu mir begeben möchten. Es fand sich aber bald eine erwünschte Gelegeneheit dazu. Der Fluß Nischnaja Tunguska fället nahe bei Turuchanskoi Troizkoi-Kloster, nicht weit oberhalb der Stadt Mangasea[346], in den Jenisei-Fluß. Also stehen die daran wohnenden Tungusen alle unter dem Mangaseischen Gebiete, welches alle Jahre Leute an sie ausschickt, die den Tribut von ihnen einfordern. Dieses geschiehet bald nach dem Anfange des Jahres, weil es zur selbigen Zeit bequem in diese Gegenden zu reisen, und dieses Volk in seinen Wäldern nur im Winter anzutreffen ist, indem sie des Sommers den Flüssen und den Rennthieren, wo sie hin und wieder die Flüsse durchschwimmen, nachziehen und al-

Abb. 15: Ansicht der Stadt Mangazeja von Johann Wilhelm Lürsenius, einem der Zeichner der Großen Nordischen Expedition; erste Hälfte des 18. Jahrhunderts

so wenig an einem Orte sind. Die Tributeinnehmer, welche, wie ich schon anderswo gemeldet habe[347], sonsten Jasaschnie Sborschtschiki genannt und aus den Kosacken genommen werden, heißen in dem Mangaseischen Gebiete Baschlaki[348]. Diese kamen gegen das Ende des Jenners[349] in diese Gegenden, und meldeten sich bei mir. Sie versprachen mir solche Tungusen zusammen zu bringen, die mir alle diejenigen Nachrichten, die ich von ihnen verlangen könnte, geben würden. Vor diesem soll dieses so leicht nicht gewesen sein, weil noch vor weniger als vierzig Jahren eben diese Tungusen sich wider ihre Tributeinnehmer öfters zur Wehre gesetzt, ja sie gar umgebracht haben sollen. Diese Sache ist so bekannt, daß niemand daran zweifelt[350]. Aber man höret unter der Hand, daß gemeiniglich einige Ungerechtigkeit von Seiten der Baschlaki vorhergegangen wäre, indem sie entweder einen größern jährlichen Tribut, als gewöhnlich gewesen, oder denselben auch für vergangene Jahre, in welchen derselbe schon bezahlt worden, noch ein oder mehrere mahle gefordert hätten[351]. Die Tungusen stehen in dem Ruf, und nach den wenigen Umständen, in denen ich sie kennen gelernt habe, kommt es mir sehr wahrscheinlich vor, daß sie brave Leute sind, die einen Abscheu vor Betrügereien haben, auch selbst keinen

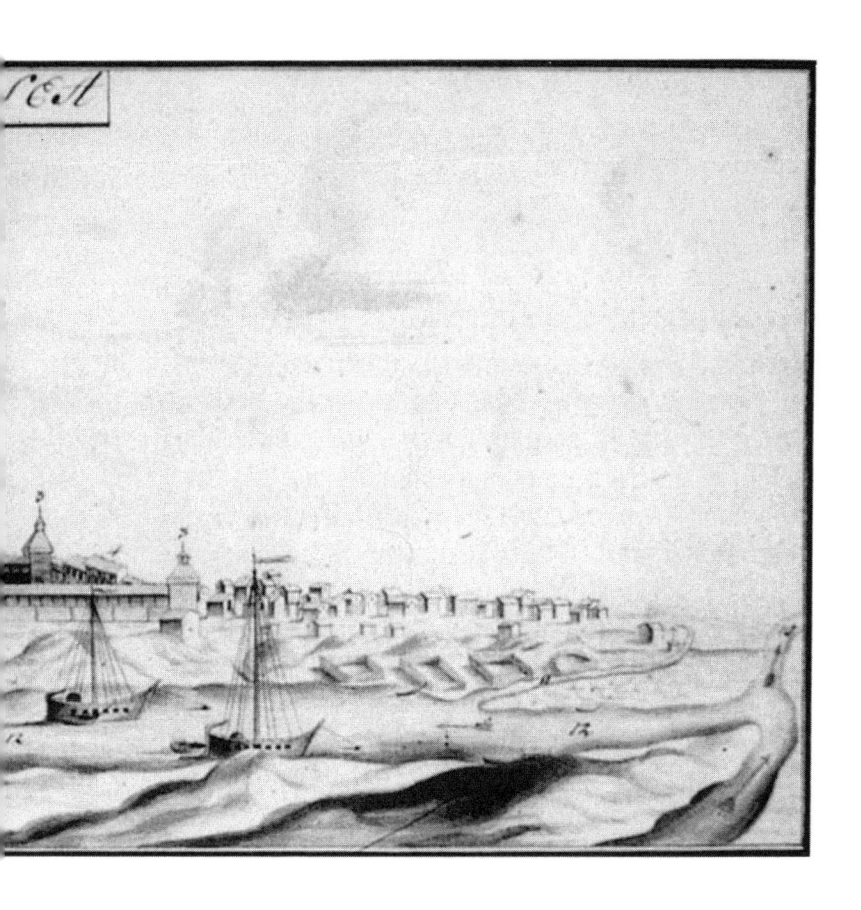

Betrug oder Ungerechtigkeit leiden, ohne sich, wann sie nur können deswegen zu rächen, oder zum wenigsten zu wehren. Als sie noch nicht unter Russischer Bothmäßigkeit stunden, sollen sie ein freies in verschiedene Stämme getheiltes Volk gewesen sein, und ein jeder Stamm zusammen gehalten haben, wobei es dann öfters geschehen, daß einige Stämme in Mißhelligkeiten gerathen, und gegen einander zu Felde gezogen wären. In diesen Kriegen hätten sie sich gepanzert, derjenige Theil der die Oberhand behalten, hätte dem andern Gesetze vorgeschrieben, welche auf der Stelle in die Erfüllung gesetzt worden; und hiermit wären die Händel abgethan gewesen[352]. Ihre Waffen waren keine andere, als Pfeile, wie es denn auch noch jetzo wenige gibt, die Schießgewehr haben. Sie brauchen in ihren Zügen weder Hunde noch Rennthiere (ich rede von denen, die am Nischnaja Tunguska wohnen), folglich müssen sie alles, was sie bei sich haben, selbst tragen, und alles Schießgewehr ist schwerer als Pfeile, worin vermuthlich die Ursache stecket, daß es bei ihnen nicht in Ehren ist. Ihre Panzer aber waren, wie bei den Krasnojarskischen Kosaken[353], zweierlei, nämlich aus Blechen, oder Ringen von Eisen zusammengesetzt. Allein, da diese Tungusen nimmer mit den Krasnojarskischen Kosaken einen Umgang gehabt, so haben weder die Kosaken von den Tungusen, noch diese von jenen den Gebrauch dieser Panzer lernen können. Vielleicht ist diese Rüstung bei allen heidnischen Völkern Sibiriens üblich geworden, und sie scheinet allerdings gegen die Pfeile ziemlich zureichend zu sein. Die Krasnojarskischen Kosaken fochten ehemahls wider die Kirgisischen Kosaken, bis sie dieselben endlich nach der Kalmuckei zurückgetrieben haben. Diese Kirgisen[354] sollen sich solcher Panzer bedient haben, von welchen sie die Krasnojarskischen als einen sichern Schutz wider die Pfeile angenommen; und vermuthlich sind von diesen Zeiten her noch einige dieser Panzer zu sehen. Ich muß aber hier noch gedenken, daß bei den Tungusen diese Panzer ziemlich in Abgang gekommen sein, und daß man sie bei ihnen auch nicht anders zu sehen bekommt, als wenn sie jemand eine Seltenheit zeigen wollen. Seit dem sie sich unter der russischen Oberherrschaft befinden, sind sie in ihren Sitten viel milder worden. Sie haben bessere Exempel gesehen, und wann sie durch Exempel nicht klug werden wollten, so wurden sie durch Gesetze zurückgehalten gegen einander mehr Feindseeligkeiten auszuüben, indem sie nun alle zusammen Glieder eines Leibes worden sind, die unter einer allgemeinen und gnädigen Obrigkeit stehen. Solchergestalt sind bei ihnen nach und nach die Panzer aus der Mode gekommen, welches in Ansehung ihrer was gutes ist, weil sie damit nur in ihr eigen Eingeweide wüteten, und sich damit nicht nur zu beschützen, sondern auch ihre Brüder, die mit solcher Rüstung nicht versehen waren, desto ungehinderter und gewisser umzubringen suchten. Überdem sind sie hierdurch einer Last entlediget worden, die sie vermuthlich, da sie nicht anders als zu Fuße streiten konnten, öfters beschweret hat. Indessen bleibt es doch wahr, daß auch noch bisher die Tungusen muntere und belebte Leute sind, bei denen nicht nur eine natürliche Liebe zur Gerechtigkeit, sondern auch eine Ruhmbegierde herrschet, wie sie dann auch in ihren Zusammenkünften sich mit lauter Histörchen von einigen uralten Tungusen unterhalten sollen, die sich durch große Kämpfe mit Menschen oder Thieren besonders hervorgethan, und dadurch einen großen Ruhm erworben hätten[355]. Ich habe schon bei verschiedener Gelegenheit gemeldet, daß es diesem Volke eigen sei, sich allerhand blaue oder schwärzliche Figuren in das Gesicht machen zu lassen[356]. Man hat mir insgemein gesagt, daß diese Gewohnheit der Tungusen daher rühre, daß sie diese Figuren in dem Gesichte für etwas schönes halten, eben so wie die Tschukschi, welche in den nordöstlichen Gegenden von Sibirien an dem Eismeere wohnen, einen Wallroßzahn, den sie an den Backen jeder Seite durch ein besonders dazu schon in der Kindheit in die Backen gemachtes und erhaltenes Loch, durchstecken[357], oder wir Europäer in Locken gelegte und gepuderte Haare als einen Zierrath ansehen. Ich habe aber nunmehr in Erfahrung gebracht, daß man vor diesem bei den Tungusen, besonders die Sieger, und zwar nicht nur im Gesichte, sondern auch auf dem

Leibe mit solchen Figuren beehret habe. Das waren ihre Lorbeeren, welche nur den Helden gebührten, und vielleicht sind diese Zierraten hernach allgemein worden. Denn derjenige, welcher sie hatte, war geehret; das Volk gewann daher nach und nach eine Liebe dazu, und hielte sie endlich gar für schön. Sind dann nicht die meisten Begriffe, die sich der Pöbel von Schönheiten macht, wann man nur so glücklich ist allemahl den Ursprung zu finden, gemeiniglich in solchen abgeschmackten Sachen gegründet? Diese Ausschweifung haben die Tributeinnehmer veranlasset, zu denen ich also wieder zurücke gehe. Die jetzigen sind entweder ehrlicher, als die ehemaligen waren, oder die Tungusen sind auch durch mehreren Umgang mit andern Menschen leutseeliger geworden, so daß sie nun mehr Menschenliebe als Rachbegierde haben. Man hört zum wenigsten nicht mehr von gefährlichen Nachstellungen womit sie ihre Tributeinnehmer verfolgten, und noch viel weniger von Todtschlägen, die sie würklich gegen sie ausübeten. Sie bezahlen ihren Tribut ohne Weigerung, und vielleicht fordern die Baschlaki nicht mehr, als was bei der ersten Einnahme des Landes ausgemacht worden ist. Die diesjährigen Baschlaki haben mir in der That gehalten, was sie versprochen hatten, und mir solche Tungusen zugeführt, die ihr Land, das sie bewohnen, sehr wohl kannten, auch nicht die geringste Schwierigkeit machten, mir alles und jedes, was sie davon wußten, auf das genaueste und ausführlichste zu erzählen. Weil es aber meistens zur Erdbeschreibung gehörige Nachrichten waren, so habe ich sie nicht aufbehalten, sondern dem Herrn Prof. Müller mitgetheilt, bei welchem die Schatzkammer aller dergleichen Nachrichten war[358]. Ich ließ bei eben diesen Tungusen nachforschen, ob sie mir nicht Gelegenheit machen könnten zu sehen, wie sie die Figuren, die sie an ihren Gesichtern hatten, in die Haut brächten, wozu sie sich auch willig bezeigten, und mir sagten, daß wirklich ein Kind weit von Kirenga wäre, dessen Eltern beschlossen hätten, es mit diesem Zierrate zu versehen. Sie versprachen mir zugleich ihr Bestes zu thun, um die Eltern zu bereden, daß sie zu mir kommen, und dieses in meiner Gegenwart verrichten möchten; jedoch würde es, fügten sie hinzu, nicht anders wohl geschehen können, als wenn ich der ganzen Familie erlauben würde, zu mir zu kommen. Ich nahm die Bedingung gleich an, und beschenkte meine Unterhändler, versprach ihnen auch, daß ich die Familie bestens bewirthen, und wenn ich dasjenige gesehen haben würde, was ich verlangte, derselben auch Geschenke geben wollte, womit sie gewiß zufrieden sein würde. Es verflossen nur wenige Tage, so kam die Tungusische Familie bei mir an, die in einem Manne, einer Frau und drei Kindern, nebst einem Hunde bestund. Der Mann hatte nur diese einzige Frau. Denn ohngeachtet es nicht wider dieses Volkes Gesetze ist, mehrere zu nehmen, so wird man doch gar wenige unter ihnen finden, die mehrere hätten, weil sie nicht viel zum besten haben. Ja, wenn sie auch mehrere ernähren könnten, so sind sie nicht im Stande, den Eltern so viel für ihr Mägdgen zu bezahlen, als sie dafür zu fordern pflegen. Ich gab dieser Familie in meinem Hause eine Schwarzstube ein; sie war aber kaum etliche Stunden darin, so kam der Mann zu mir, und bat um Erlaubniß, daß er und seine Familie in dem Hofe des Hauses wohnen dürfte, weil ihnen die Hitze der Stuben unerträglich wäre. Er hatte sehr geschwinde einige Stöcke beisammen, die er in Gestalt einer Pyramide zusammen setzte, an statt der Thüre band er eine von Lindenbast verfertigte Decke daran, die ich ihm dazu gab, in der Mitte der Hütte machte er ein Feuer auf. Ich gab ihm noch ein paar solche Decken, welche nebst einem paar Rennthierfellen, die er bei sich hatte, ihm und seiner Familie statt eines köstlichen Bettes dienten, und er lebte auf diese Art recht herrlich und in Freuden. Ich schenkte ihm genug Chinesischen Toback zum rauchen, nebst einer neuen Chinesischen Pfeife von Messing. Hiernächst ließ ich ihm Fleisch, das er sich selber kochen konnte, Gersten dazu, und so viel Milch als er wollte, geben. Er war auch vollkommen zufrieden, und blieb zehen Tage lang in meiner Kost. Die Frau hatte etwas zu nehen mit sich genommen; denn sie machte für ihren dreizehnjährigen Sohn einen Pelz, den sie mit zerspaltenen Rennthiersehnen zusammen nehete, wie es bei diesen, und bei vielen andern heidnischen Völkern gebräuchlich ist; dazu schenkte ich ihr einige Chinesische Nehnadeln, welches für sie etwas sehr angenehmes war. Sie war sowohl als ihr Mann und jetzt gemeldeter Sohn, eine große Liebhaberin von dem Tobacksrauchen. Die neue Pfeife, die ich dem Mann verehrt hatte, mochte wohl die Lust dazu vermehret haben. Der Mann stopfte sie ein, zündete sie an, that einige Züge daraus, gab sie darauf der Frauen, diese dem Sohne, dieser wieder dem Vater, und so ging sie herum, bis sie ausgeraucht war. Gleich den andern Tag nach ihrer Ankunft ging es an die Arbeit, um derentwegen die Familie zu mir gekommen war. Man konnte bald merken, daß sich das Weib derselben annehmen mußte. Sie hatte schwarze Kreide, die hin und wieder an dem Nischnaja Tunguska in erhabenen Ufern bricht. Diese rieb sie auf einem Handschleifsteine, und bediente sich statt des Wassers ihres eigenen Speichels dazu. Als sie davon genug gerieben zu haben meinte, so nahm sie gemeinen Zwirn, fädmete[359] ihn ein, zog ihn durch die zu einem Brei geriebene schwarze Kreide, und fing damit an ein sechsjähriges Mägdlein, Stich an Stich zu nehen, und den gefärbten Faden immer durch die Haut zu ziehen, bis die Zeichnung, die sie sich vorgesetzt hatte, zum Ende gebracht war. Der Vater mußte das arme Kind halten, welcher es in seinen Schooß legte, und den Kopf zwischen seine Hände faßte. Das Kind litte dabei entsetzliche Schmerzen, und schrie unter beständigem Zuspruche seiner Eltern erbärmlich. Das Schreien währte auch mit großer Heftigkeit in einem fort, so daß ich daher, als beide Backen ausgenähet waren, und noch das Kinn und Stirne fehleten, ich sie bat, das übrige auf eine andere Zeit zu verschieben. Sie sagten zu meinem und des Kindes, vielleicht auch ihrem eigenen Troste, daß wann es noch lange anstehen sollte, man doch in der Farbe der neueren und älteren Figuren keinen Unterschied finden würde. Nach verrichtetem Nehen sahe man doch hin und wieder Blut aus den Stichen hervorquillen, und die Frau rieb das ganze Gesicht, vermuthlich, um die Farbe desto besser einzureiben. Es währte aber keine halbe Stunde, so lief das ganze Gesicht gar sehr auf, und wurde entzündet, worüber aber die Tungusen im geringsten nicht befremdet oder erschrocken waren, sondern nur das Gesicht mit etwas Schweinsfett, das ich ihnen geben ließ, schmierten. Bei sich selbst aber halten sie eine jede Fettigkeit dazu tauglich. Hernach schwoll es zween bis drei Tage lang noch mehr auf, und fing an zu schwären. Ich gab ihnen den Rath das Kind in der warmen Stube zu halten, und außerdem, daß sie es ein paarmahl des Tages mit Fett schmierten, noch warme Läppchen mit Brandtwein darüber zu schlagen. Dieses thaten sie und dadurch ward eine große Geschwärung verhindert. Die Eltern schienen darüber sehr vergnügt zu sein, daß das Kind in acht Tagen beinahe völlig geheilt war, womit sie sonst ihrem Vorgeben nach zum wenigsten vierzehen Tag zu thun hätten. Auch die Zeichnung der Figuren war gut ausgefallen; sie sahe hellblau aus, die Tungusen aber sagten, sie würde in kurzer Zeit noch dunkler werden. Sie schienen, als ich sie von mir ließ, völlig mit mir zufrieden zu sein, und ich hatte meine Neubegierde in so weit gestillet, daß ich nun würklich das vollzogen sahe, woran ich immer gezweifelt hatte. Ich habe noch gehört, daß die Materie, womit der Faden gefärbt wird, nicht allemahl schwarze Kreide sein soll. Sowohl die Tungusen als die Russen, die oft dem Ausnehen der Tungusen zugesehen hatten, haben mich versichert, daß die meisten sich, um den Zwirn zu färben, des Russes bedienten, der sich an ihren eisernen Kochstellen von außen ansetzte. Solchen rieben sie gleichfalls mit Speichel, und richteten ihn eben so zu, als wie die oben beschriebene schwarze Kreide. Isbrand Ides[360] sagt von den Tungusen, die an dem Flusse Tunguska wohnen, der noch oberhalb der Stadt Jeniseisk in den Jenisei fällt, daß sie ihren Faden zum Gesichter ausnehen mit einer schwarzen Fettigkeit färbten, welches ich zwar an seinen Ort gestellt sein lasse, doch aber bekennen muß, daß ich es niemals gehört habe.

[Ende des zweiten Bandes]

D. Johann Georg Gmelins,

der Chemie und Kräuterwissenschaft auf der hohen
Schule zu Tübingen öffentlichen Lehrers,

Reise

durch

Sibirien,

von dem Jahr 1738 bis zu Ende 1740.

Dritter Theil.

mit Römisch Kayserl. auch Königl. Pohl. und
Churf. Sächs. allergnädigsten *Privilegiis.*

Göttingen,

verlegts Abram Vandenhoecks seel. Wittwe, 1752.

Abb. 16: Titelseite des dritten Bandes der Gmelinschen Reisebeschreibung

[Im Original beginnt Band 3 mit einer unpaginierten, achtzehnseitigen Vorrede.]

Des Tageregisters der Kamtschatkischen Reise Dritter Theil

Weil ich den zweiten Theil dieses Tageregisters unserer Reise mit meinen Geschäften an der Lena beschlossen habe, so muß ich da wieder anfangen, wo ich geblieben bin. Ich bekam in Kirenskoi ostrog, wo ich mich bisher aufgehalten hatte, von dem Herrn Professor Müller aus Irkutzk die unangenehme Nachricht, daß gar keine Hoffnung wäre künftiges Jahr den so lange verlangten Proviant an Ort und Stelle zu schaffen[361]. Da ich nun schon zween Sommer an der Lena zugebracht hatte, so hielte ich es für unverantwortlich, auch den dritten daselbst zuzubringen. Hingegen gab mir die schöne Gegend von Irkutzk, worin ich treffliche Felder, Wälder, Berge, trockene, morastige und nasse Örter hatte, die beste Hoffnung daselbst in dem Pflanzenreiche neue Entdeckungen zu machen, worinn ich mich auch nicht geirret habe. Ich konnte mir schon etwas davon zum voraus vorstellen, weil ich einen Theil des Herbstes 1735 dort zugebracht hatte, da ich bereits einige seltene Kräuter in ihrem reifen Saamen sahe. Ich holete hierüber auch das Gutachten meines Herrn Collegen ein, und dieser billigte mein Vorhaben vollkommen. Gegen das Ende des Hornungs machte ich mich mit meiner ganzen bei mir habenden Gesellschaft reisefertig. Die Fahrzeuge, welche hier stunden, überlieferte ich mit aller Geräthschaft dem Schultheißen des hiesigen Ortes; die Kosaken aber entließ ich nach Irkutzk, um sie der dortigen Kanzlei, von der wir sie empfangen hatten, wieder abzugeben. Es hieß, der Weg wäre schlecht, weswegen ich, um denselben etwas zu bessern, den 26sten Hornung einen

Theil meiner Geräthschaft voraus schickte, welche von den Malern begleitet wurde.

[Im Original folgen die Seiten 3 bis 17 Mitte]

An dem Unterstatthalter Bibikov[362] fanden wir einen freundlichen und verständigen Herrn, dem wir nun mit unserm vereinigten Zuspruche anlagen; die Überbringung unsers Proviants nach Kamtschatka zu besorgen. Gewiß wir gingen ihm so zu Leibe, daß ich glaube, er hätte uns, wann es in seinem Vermögen gewesen wäre, gerne abgefertiget, um nur unsers unverschämten Bittens enthoben zu sein. Er zeigte uns deutlich, was nur das Seecommando[363] von ihm forderte, dem er doch auch zum Willen sein müßte. Dieser Vorrath aber war so groß, daß man sehr wahrscheinlich einsehen konnte, wie es kaum künftigen Sommer möglich sein würde, ihn nach Jakutzk zu übringen. Er gab uns endlich so viel zu verstehen, daß er zuerst das Seecommando versorgen müßte, und daß hernach unsere Gesellschaft seine erste Sorge sein sollte.

Zugleich machte er uns Hoffnung, es wäre möglich, daß er von dem Proviant, den das Seecommando gefordert hatte, etwas an uns abgeben könnte, wofern die Lieferung, die dieses Frühjahr auf dem Urak geschen sollte, glücklich ablaufen würde. Wir sahen nach und nach ein, daß sich unsere Reise ungemein in die Länge ziehen würde; dann es ging schon in das fünfte Jahr, daß wir darauf begriffen waren, und wir hatten dem ungeachtet noch keine Hoffnung bald an denjenigen Ort zu gelangen, von dem wir wieder zurücke reisen dürften. Wir konnten daher leicht schließen, daß vielleicht mehr als sechs Jahre, vom Anfang der Reise an zu rechnen, verfließen mußten, bis wir dahin kämen, und daß wir hernach zum Dableiben und zur Rückreise auch auf sechs Jahre zu rechnen, folglich kaum jemals eine Erlösung aus diesem Lande zu hoffen hätten, da man uns doch bei unserer Abfertigung aus Petersburg mit der Hoffnung geschmeichelt hatte, daß wir in fünf Jahren wieder zurücke sein könnten. Die Begierde viel neues zu sehen, bewog uns zu dieser weiten und beschwerlichen Reise. Wir waren in solchen Jahren, da wir hoffen

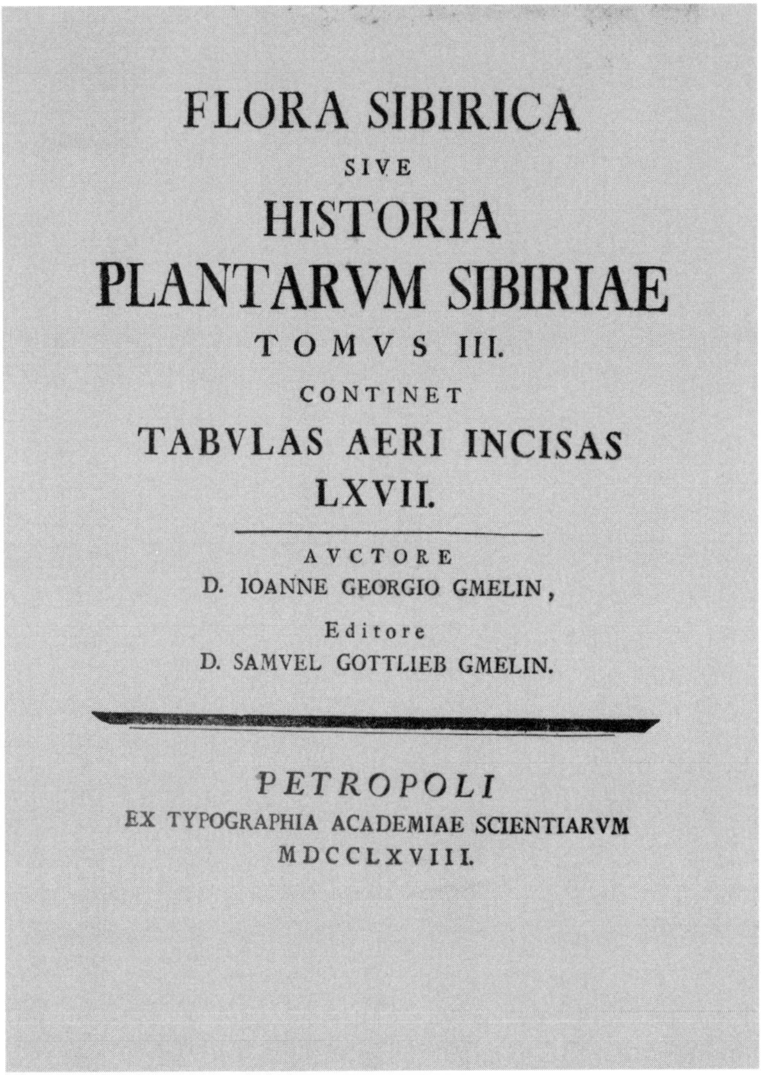

FLORA SIBIRICA
SIVE
HISTORIA
PLANTARVM SIBIRIAE
TOMVS III.
CONTINET
TABVLAS AERI INCISAS
LXVII.

AVCTORE
D. IOANNE GEORGIO GMELIN,

Editore
D. SAMVEL GOTTLIEB GMELIN.

PETROPOLI
EX TYPOGRAPHIA ACADEMIAE SCIENTIARVM
MDCCLXVIII.

Abb. 17: Titelseite des dritten Bandes von Gmelins Hauptwerk, der »Flora Sibirica«. Es erschien in vier Bänden zwischen 1747 und 1769 in St. Petersburg

konnten, das damit verknüpfte Ungemach auszustehen. Die Begierde hatte sich noch nicht verloren; die Kräfte waren, zum wenigsten bei mir, noch zureichend. Nur allerlei kleine Widerwärtigkeiten, die kein unerfahrner voraus sehen konnte, die aber von unserer Reise unzertrennlich waren, begegneten uns zuweilen. Diese greifen zuerst das Gemüth, und hernach den Leib an, wiewohl nicht bei allen Menschen auf gleiche Weise. Sie würken bei dem einen viel geschwinder, als bei dem andern. Ich schrieb die Krankheit des Herrn Prof. Müllers denen Widerwärtigkeiten zu, die ihm auf der Reise begegnet sind. Mein Gemüth hatte weniger Empflindlichkeit; dieses machte, daß ich den Widerwärtigkeiten länger widerstund, und zum wenigsten in dem Körper von ihnen keine Veränderung litte. Doch konnte ich weder ausrechnen noch ausmessen, wie lange meine Unempfindlichkeit währen würde. Mein Hr. College, den eine würkliche Krankheit dazu nöthigte, (dann sie war noch nicht vorbei, ohngeachtet sie sich in etwas gelindert hatte,) ich aber aus Besorgniß vor den künftigen Zeiten und ihrem Ausgange, kamen also auf den Einfall, bei dem hohen regierenden Senat Ansuchung zu thun, daß man uns die Rückreise nach Petersburg erlauben möge. Ich hatte mir schon in dem Frühjahre von der Academie einen Gehülfen ausgebeten, weil ich mich öfters an einem Orte aufhielte, alles merkwürdige zu beschreiben, und weil auch die Mannigfaltigkeit der Sachen so groß wäre, daß diese einen erforderte. Ich hatte schon Nachricht, daß man auf diese meine Bitte den Hrn. Steller dazu erwählt, und daß dieser schon zu Ende des Jahres 1737 von Petersburg diese Reise zu mir angetreten hätte[364]. Ich stellte also in der Bittschrift vor, es könnte, das was ich in Ochotzk und Kamtschatka zu thun hätte, theils durch den Hrn. Prof. Krascheninnikow[365], der würklich dort wäre, theils durch den Hrn. Steller, der mit neuen Kräften ankäme, und dahin reisen könnte, verrichtet werden. Überdem wären noch so viele Gegenden, von Sibirien von mir im Sommer noch nicht bereiset worden, die doch aller Untersuchung würdig wären, und im Winter nicht hätten untersucht werden können; diese alle erböte ich mich im Fall einer gnädigen Willfahrung meiner Bitte allenfalls noch zu bereisen, und die natürliche Geschichte davon aufzuzeichnen. Der Herr Prof. Müller konnte sich der meisten erstgemeldeten Vorstellungen auch bedienen, und er hatte die wichtigste, der er zwar gerne überhoben gewesen wäre, ich meine, seine Krankheit vor sich, die ich mit einem kräftigen Zeugniß unterstützte. Von Kamtschatka hatte er schon selbst viele historische Nachrichten gesammlet; er konnte sich auch vieles von gedachtem Hrn. Krascheninnikow versprechen; daher gab er endlich zu überlegen, ob man nicht so gut einen Gehülfen in der politischen Geschichte abfertigen könnte, als man würklich einen der natürlichen Geschichte wegen abgefertiget hatte[366]. Unsere Bittschriften gingen in dem Monat Mai ab; wir konnten aber freilich keinen so geschwinden Bescheid darauf vermuthen. Ich hatte schon viele Freude an den neuen Kräutern, die ich täglich zu sehen bekam, und wollte meine Bittschrift oft, ehe sie abgeschickt wurde, wieder zu mir nehmen, weil ich bei Erblickung eines neuen Krautes gleich besorgte, diese Freude würde mir durch baldige Erhörung meiner Bitte gar leicht verkürzt werden können. Es war noch viel Muth bei mir, so oft ich nur den gegenwärtigen Zustand bedachte.

Wir machten uns auf unsere wichtige Sorgen, nach Abschickung unserer Bittschriften, eine Veränderung durch eine Lustreise nach den Bratskischen Jurten, allwo, wie wir hörten, eben ein solches Fest würde begangen werden, als wir bei den Jakuten verwichenes Jahr gesehen hatten, da man nämlich den Göttern opfern, und sich dadurch ein glückliches Jahr zuwege bringen wollte[367]. Sie, die Bratski, unsere großen Freunde[368], luden uns auch zu sich zu Gaste, so daß wir gedoppelte Ursache hatten, sie zu besuchen. Dergleichen Feste verdienen bei verschiedenen Völkern gesehen zu werden, um zu erfahren, ob nicht hin und wieder ei-

Abb. 18 (folgende Doppelseite): Karte zum dritten Band des Gmelinschen Reisewerkes

IENISENSIS
Provincia
cum adjacentibus
TOBOLIENSIS & IRKU-
TENSIS provincia-
rum partibus
*inter gradus latitudinis
50 & 66, longitudi-
nis 80 et 130.*

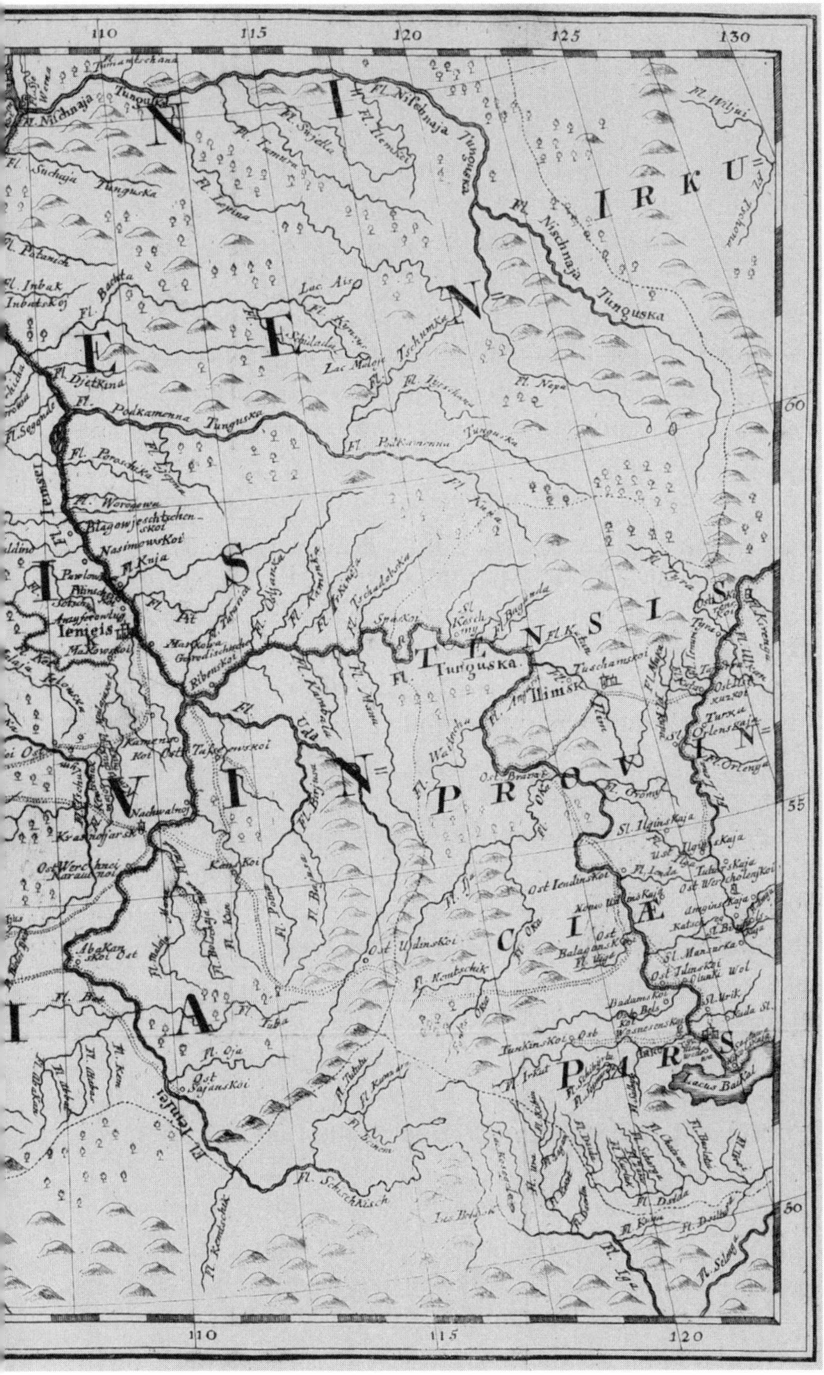

niger Unterscheid ist. Wir gingen den 25sten Mai nachmittags um ein Uhr aus Irkutzk ab, fuhren durch die Sloboden Rudinskaja und Ojezkaja bis Kamennoi Kapsal, und kamen des Nachs um zehen Uhr daselbst an, allwo wir eine ziemliche Anzahl Bratskischer Jurten antrafen. Die Ceremonie dieses Festes ging bald nach Aufgange der Sonnen an[369]. Es war eine Reihe Birken, ohngefähr zwei Klafter lang, gerade dem Aufgange der Sonnen gegen über, längst dem Bache Kuda, dessen ich in meiner Hierherreise gedacht habe[370], gepflanzet. Etwas hinter diesen Bäumen waren zur linken Hand noch ein paar andere, und hinter ihnen drei Bratski, davon der eine in Ansehung der andern etwas vorwärts niederkniete, und ein Birkenreis horizontal in der Hand gegen den Aufgang der Sonne hielte, und dabei mit ziemlich erhabener Stimme vieles herplauderte. Seine Glaubensgenossen sagten mir, daß er die Götter zusammen riefe. Die zween andern stunden aufrecht, und ein jeder hielte eine hölzerne Schaale, deren jede mit einem vermischten Tranke, der aus gleichen Theilen gesäuerter Pferdemilch (Kumyß) und aus derselben destillirten Brandteweins beständig angefüllt war. Sie gingen halb etwas vorwärts, warfen ihre Schaalen, die sie in den Händen hielten, in die Luft, und murmelten unter dem beständigen Murmeln des vor ihnen knienden Götzenpriesters, auch einige Worte her. Dieses thaten sie zum andern und drittenmahl, schenkten so gleich, als sie zum drittenmahl die Schaalen in die Höhe geworfen hatten, wiederum ein, und warfen ihre Schaalen vorwärts. Es hieß, ihr Hauptgott wäre auf das eifrige Zurufen des Götzendieners zu ihnen über den Bach herüber gekommen, dem wären sie entgegen gangen, und hätten zum Opfer, und um ihre Ehrerbietung gegen ihn zu bezeugen, die Schaalen dreimal in die Luft geworfen; damit wäre er zufrieden gewesen, und wieder umgekehrt, worauf sie, um ihm auch ihre Freude über seine Ankunft zu bezeugen, ihm ihre Schaalen nachgeworfen hätten. Inzwischen hielte ein Kerl zur linken Seite der Bäume ein Schaaf, und als die vorgeschriebene Ceremonie aus war, wurde dem Schaaf, das den Göttern geopfert werden sollte, um es noch mehr einzuweihen, etwas von obbesagtem aus Brandtewein und Milch vermischten Tranke auf den Kopf gegossen, und ohne Verzug zum Schlachten desselben geschritten. Zu diesem Ende wurde es niedergeworfen, und von zweenen Kerlen gehalten, da immittelst der dritte ihm in der rechten Seite, etliche Finger unter dem Zwerchfell, einen Schnitt beibrachte, durch welchen er mir der Hand in den Leib fuhr, das Zwerchfell durchbrach, und ein paar Finger darüber die große Pulsader entzwei riß; worauf es den Augenblick starb. Der Fleischer war sogleich beschäftiget, die in währendem Schlachten herausgefallenen Därme wieder in den Leib zu bringen, und verhinderte dadurch, und durch das Zuhalten der Wunde, daß kein Blut auf die Erde auslaufen konnte. Als der Hammel erkaltet war, wurde alles Eingeweide herausgenommen, und das Blut sorgfältig in eine hölzerne Schüssel gesammelt, sodann die Haut abgezogen, der linke vordere und der rechte Hinterfuß in dem Gelenke entzwei gebrochen, und die zween andere an eben selbiger Stelle wurden gar abgeschnitten. Insonderheit lösete er oberhalb dem Brustbein ein dreieckichtes Läpplein mit Haut und Haar ab, und schnitte hierauf alles Fleisch von dem Leibe hinweg, wobei auch hin und wieder ein Knochen mitkam. Das Fleisch wurde alles in einen Kessel gelegt, wozu man auch alles Eingeweide warf, nachdem man es vorher ein wenig gereiniget, und besonders aus dem Magen und Därmen den Unflath zwischen den Fingern ein wenig ausgedruckt hatte. Die Knochen wurden mit dem aufgesammleten Blute in eine Grube geworfen, mittlerweile aber das Fleisch gekocht, und das dreieckichte Brustläpplein auf Kohlen geröstet. Das Läpplein war zuerst fertig, und die vornehmsten, als der Götzendiener, und seine zween Gehülfen, und noch ein paar der Vornehmsten, verzehrten es mit der größten Begierde. Alsdann ging es über das Fleisch her, und was noch darunter war, als das Eingeweide, Magen, Gedärme, und der übrige Unflath. Man kann sich nicht leicht vorstellen, wie geschwinde alles verzehrt worden sei. In einem Augenblicke war nichts zu sehen, als noch ein paar Knochen, die ohngefähr an dem Fleische hiengen, die man zu den andern in die Grube warf, sogleich Feuer dazu angelegt, und die Grube mit Holz zudeckte, um die Knochen zu verbrennen. Das Fell des Schaafes, das noch allein übrig war, wurde den Göttern zur Schau aufgehangen. Um das Fest vollkommen zu begehen, wurde auch der vorräthige Brandtwein und Pferdemilch ausgesoffen. Es war aber nicht sonderlich viel, auch befand sich keine große Menge Volkes dabei, und alles geschahe ohne viele Ceremonien. Die Weibsleute bekamen auch etwas. Doch bemerkte ich weder unter diesem, noch unter dem andern Geschlechte, betrunkene Leute. Die Weibsleute hatten ihre Tänze und Gesänge, die Mannsleute ihre Kämpfe und Sprünge, und im übrigen war nichts besonders dabei. Um vier Uhr nachmittags war die ganze Lustbarkeit aus, und wir wären alsdann gerne zurückgekehret, wann wir nicht den Bratski versprochen hätten, ein paar Nächte bei ihnen zuzubringen. Sie baten darum gar sehr, und wir ließen uns bewegen, insonderheit, da sie uns versprachen, einen Hexenmeister die Nacht auf eine Art spielen zu lassen, als wir vielleicht noch nicht würden gesehen haben. Mit dergleichen Versprechungen waren wir leicht zu gewinnen.

Wir sahen, als es Nacht geworden, bei einem Feuer in einer Jurte, einen sogenannten Zauberer in dem gewöhnlichen ledernen, schwer mit Eisen behangenen Zauberkleide, und in einer mit Eulenklauen ausgezierten Narrenkappe. Er hatte keine Zaubertrommel, wie dann bei den Bratski viele Zauberer sein sollen, denen die Teufel dergleichen prächtige Werkzeuge, besonders im Anfange ihrer Handthierung, nicht so gerne erlauben[371]. Er war mit zween langen Stöcken versehen, die er anstatt zu trommeln immer in einem fort, und zwar ins Kreuz zusammen schlug. Darbei brummte er und that seine Sprünge, als wie diejenigen, die mit der Trommel spielen, zu thun pflegen. Wie er seine Stöcke genug zusammengeschlagen, und seine Glieder durch das Springen genug ermüdet hatte, so kündigte er die gewöhnliche Botschaft an, daß die Teufel beisammen wären, und fragte, was wir zu wissen verlangten. Weil wir aber schon ziemlich von ihrer Unwissenheit überführt waren, so verlangten wir nichts zu wissen. Mithin hatte die Comödie bald ihr Ende erreicht. Es regnete diese ganze Nacht hindurch in einem fort, wie auch noch den 27sten des Morgens. Uns stund das Leben bei unseren Bratski nicht mehr an. Wir gingen mit wahrer Danksagung, weil sie uns ihre Heimlichkeiten so offenherzig hatten sehen lassen, des Morgens um neuen Uhr von ihnen, kamen durch eben die Dörfer die wir in der Hinreise durchreiset waren, und erreichten die Stadt Irkutzk des Abends um sechs Uhr.

Wir ruheten wieder ein Weile aus, und ich hatte endlich in der Nähe von Irktuzk genug zu thun, ohne daß ich mir gar viele Ruhe verstatten durfte. Den 25sten Juni aber traten Hr. Prof. Müller und ich wiederum zusammen eine Reise an, fast aus keinem andern Beweggrund, als wiederum ein solches Götterfest zu sehen. Wir setzten über den Fluß Angara, und fuhren ihn auf dem jenseitigen Ufer abwärts durch Schilkina d. bis zu einem blinden Arm desselben, woran ein Klosterhaus des Irkutzkischen Wosdnesenskischen Mönchenklosters liegt[372], da wir unsere Pferde futtern konnten. Wir kamen dahin durch ein schönes Feld, so mit trefflichem Grase bewachsen war. Nach Untergang der Sonne verließen wir unsern angenehmen Futterplatz, und setzten unsere Reise weiter fort, und hatten einen überaus schlimmen, meistens durch Waldung gehenden Weg. Wir erreichten endlich des Nachts um elf Uhr abermahls ein Klosterhaus an dem Flusse Kitoi, woselbst wir den Tag erwarteten, mit dessen Anbruche wir den 26sten über gedachten Fluß setzten, etliche Werste längst demselben fuhren, und des Morgens um fünf Uhr bei den Bratskischen Jurten ankamen, wo alles schon munter war, und in feiertäglichen Kleidern erschien.

Unsere Wirthe nahmen uns freundlich auf, weil sie sich auf uns gefaßt gemacht, und uns zu ihrem Feste eingeladen hatten. Ich kann nicht sagen, daß ich zwischen dem vorbeschriebenen Feste, und diesem den geringsten Unterschied bemerket hätte. Die Einladung der Götter, die Empfangung des Hauptgottes mit zwoen dreimahl in die Höhe geworfenen

Schaalen, die mit Brandtwein und Pferdemilch gefüllt waren, der Abschied mit zwoen nachgeworfenen Schaalen eben dieses Getränkes, das Schlachten und Verzehren eines Schaafes, seine Einsegnung mit diesem Getränke, und alle dabei wahrgenommenen Ceremonien waren mit vorigen einerlei. Nur weil mehr Brandtwein und Pferdemilch vorhanden war, hatte man mehr zu sauffen, und daher geschahen auch mehrere Ausschweifungen, denen wir nicht gerne den ganzen Tag bis in die späte Nacht zuzusehen Lust hatten. Wir entschlossen uns demnach, als die Lustbarkeiten unserem Bedünken nach zu weit getrieben wurden, einen Spazierritt nach der in der Nähe gelegenen Telmischen Tuch- und Eisen-Fabrik zu thun[373], wozu wir uns bei den Bratski gute Reitpferde aussuchen ließen, und die Reise um fünf Uhr des Abends antreten wollten. Der Hr. Prof. Müller saß kaum zu Pferde, als sein Pferd mit ihm hinter sich stürzte, welches mich fast ebenso, als ihn selbst in die größte Unruhe brachte. Die einzige Ursache lag an dem Stangenzaume, der bei des Hrn. Prof. Müllers Sattel war, und wozu die Bratskischen Pferde nicht gewöhnt sind. Er hatte kaum den Zaum etwas anzogen, so richtete sich das Pferd gerad in die Höhe, und stürzte auf den Rücken. Es blieb auch geduldig liegen, und viele in der Geschwindigkeit dazu gekommene Leute machten auch, daß es sich nicht rühren konnte. Die Reise ging dennoch vor sich. Ich konnte nirgends eine Verrenkung oder Bruch eines Beines wahrnehmen, auch war nigends Blut zu sehen, nur daß der Hr. Professor einige Schmerzen im Kreuz und Rücken von der Verschellung[374] spürte; daher rieth ich ihm in dem Wagen zu fahren, ich aber ging zu Pferde mit. Unser Weg ging längst der Landstraße, die nach Krasnojarsk führet. Wir kamen bald ein schönes Feld vorbei, das von einem Buräten, der sich zur Griechischen Kirche[375] gewandt, zu einem Landgute angelegt und gebauet wird. Er ist mit seinem Zustande sehr wohl zufrieden: wie denn die Bratskische Neubekehrten es darin gut haben, daß sie von ihren Brüdern, den Heiden, nicht verfolget worden. Daher hatten sie auch großes Mitleiden mit ihrem ehemaligen Glaubensgenossen, daß er sich unter eine solche Sklaverei begeben, da er jetzo fasten muß, und nicht alle Tage essen darf, was er will, auch nur mit einem Weibe vorlieb nehmen soll. Ein Muhamedischer Tatar, der zur Christlichen Religion übergeht, hat es schon um ein gutes schlimmer. Er wird von seinen ehemaligen Brüdern angefeindet, und für ein Scheusal gehalten, und wo sie im Stande sind, ihm heimlich schlimme Streiche zu spielen, so ist es ihnen eine große Freude. Sie sagen zwar gemeiniglich, es gehe keiner von ihnen zu den Christen über, als der gerne Brandtwein saufen mögte, welches in ihrem Gesetze verboten sei. Allein zu geschweigen, daß manche eifrige Muselmänner unter den Tataren öfters Brandtwein, auch andere berauschende Getränke, vornehmlich Meth trincken, so merkt man wohl, daß sie dieses bloß sagen, um ihren Widerwillen gegen einen solchen Neubekehrten bezeugen zu können, ohne dieserhalb gestraft zu werden. Nach dem Felde war das meiste, was wir auf dem Wege antrafen, Waldung, und wir kamen um 7 Uhr nach der Fabrik. Ich habe schon im zweiten Theile meiner Reise dieser Fabrik als einer Eisenhütte, die ehedem wegen der Kamtschatkischen Seereise sollte angelegt werden, gedacht[376], und es war mir folglich angenehm, mehrere Kundschaft davon zu bekommen, als ich bisher hatte. Doch das erste, was ich hier nach unserer Ankunft veranstaltete, war, daß ich eine Badstube einbrennen ließ. Der Hr. Prof. Müller klagte noch über Schmerzen, besonders im Kreuze, wo es auch etwas aufgelaufen zu sein schien. Ich hatte gar keine Arzneien bei mir, wir waren auch nicht sonderlich mit Betten versehen; jedennoch glaubte ich, ein guter Schweiß würde dem Hrn. Professor Linderung verschaffen. Sobald also die Badstube geheizt war, ging er hinein und schwizte, und der Erfolg zeigte, daß es nicht übel gethan war.

Man rechnet von Irkutzk bis hierher nach dem geraden Wege sechzig Werste. Der Telma ist ein Bach, der des Winters nicht frieret[377], da alle übrigen Flüsse und Bäche dieser Gegenden sonst zufrieren, folglich ist er zu allen Wasserwerken, die man in diesen Gegenden anlegen will, vor anderen geschickt. Als man demnach das Eisenerz, das in dem Dorfe Baschmakowa schon vor langen Zeiten her in Handöfen geschmolzen worden, zum Behuf der Kamtschatkischen Reise im Großen schmelzen wollte[378], so konnte in der That kein besser Bach zu Anlegung einer Eisenhütte vorgeschlagen werden, als der Bach Telma. Es wurde also daselbst zuförderst ein Damm nebst einigen Häusern gebaut. Als aber die Hütte bald zu Stande war, wurde das Eisen dieser Gegenden schlecht, hingegen das an der Lena besser und bequemer befunden. Man schickte also einen Befehl diese Hütte eingehen zu lassen. Die Unkosten aber waren schon aufgewandt. Anstatt der Eisenhütte legte man daher zwo Mühlen an, die eine zunächst bei den Häusern, die andere weiter oben. Diese Mühlen sollten fast alle Unkosten wieder eingebracht haben, die auf den Damm, und auf dem Bau der Häuser, haben verwendet werden müssen. Den Einwohnern der Stadt Irkutzk sind diese Vortheile wohl bekannt gewesen. Deswegen reiseten ihrer vier nach Moscau, welche diese Werke, nebst der Freiheit eine Tuchfabrik hier anzulegen, voriges Jahr von der Sibirischen Prikas[379] vor tausend und funf hundert Rubel erhalten haben. Wenn sie die Sache recht angreifen, und es ihnen nicht am Verlage[380] fehlt, so können diese Werke mit der Zeit in einen blühenden Zustand gelangen. Man legt würklich die dritte Mühle an. Schon seit dem vorigen Herbste wird Wolle gesponnen, und jetzto Tuch gemacht. Nur fehlt es noch an einem tüchtigen Färber. Eben jetzo wird auch eine Mühle, darin das Tuch gewalket wird, fertig. Nur ist schade, daß der Telma ein so kleiner Bach ist, daß die Räder nicht anders als von dem oben aufschießenden Wasser getrieben werden können. Vielleicht aber kann auch dieser Unbequemlichkeit mit der Zeit, durch Anlegung einiger Teiche und Versammlung einer größeren Menge Wassers, abgeholfen werden. Es regnete die ganze Nacht, und den ganzen Vormittag des andern Tages, welches uns leicht bewegte, auf dieser Fabrik so lange zu verweilen.

Da es zu regnen aufhörte, so gingen wir am 27sten wieder nach unsern Bratski, von denen wir noch nicht Abschied genommen hatten; sie hatten uns gestern versprochen heute ein Pferd einzuweihen[381], damit wir auch diese Ceremonie sehen konnten. Sie erwarteten uns deswegen sehnlich. Zwar stehen sie in den Gedanken, daß diese Einweihung, wofern sie anders kräftig sein soll, vor Mittage geschehen müsse; es war aber schon fünf Uhr nach Mittage. Hier äußerte es sich, was der Glaube bei einfältigen Leuten vermag. Es war genug, daß der Götzendiener sagte, es wäre noch nicht Mittag, so stunden sie in aller Andacht da, und sahen der Einweihung mit einem gerührten Herzen zu. Es war ein Schimmel, (dann die weiße Farbe hat schon vor sich etwas heiliges an sich,) über welchem einige Worte von dem Götzendiener gemurmelt wurden, und der indessen von einem Kerl gehalten ward. Endlich gab ihm der Götzendiener mit der Hand einen ganz gelinden Streich, und der Kerl, der ihn hielte, mußte ihn laufen lassen. Dieses Pferd wird sein Lebtage nicht geritten, und hat immer gute Tage. Stirbt der Herr, der es hat einweihen lassen, so gibt es ein Opfer ab, ich weiß nicht für die Götter, oder für die Teufel, zum wenigsten lassen die Götzendiener und die übrige Lebenden, sich gute Brocken davon abschneiden, und wohl dabei sein. Nun waren wir der Bratskischen Merkwürdigkeiten vor dieses mahl satt, und eilten unsere Rückreise anzutreten. Wir gingen noch bei gutem Tage über den Kitoi[382], aber wegen der durch häufigen Regen und den dadurch verursachten Einfall der Brücke überaus verschlimmerten Wege, kamen wir erst um Mitternacht in Schilkina d. an, woselbst wir in Archireiskoi dworez übernachteten. Den 28sten vormittags aber waren wir wieder gesund und wohl in der Stadt Irkutzk.

[Im Original folgen die Seiten 34 Mitte bis 69 unten.]

Es war hier so gar viel nicht zu sehen, und ich kam bei meinem Fahrzeuge gleich nach Mittage wiederum an, säumte auch nicht lange wieder abzufahren, und langte ohne alle Hinderniß des Abends um sechs Uhr vor Balagansk an, woselbst ich den Hrn. Prof. Müller schon vor mir fand. Wir bestellten hier alles, was wir uns nächstens nützlich zu sein glaubten, und blieben hier bis den 6ten nach Mittags um zwei

Uhr liegen, um welche Zeit wir abfuhren, und bald darauf bei den Braskischen Jurten ankamen, welche zunächst unterhalb dem Unga-Flusse sechs Werste unterhalb dem Ostroge, auf eben demselben Ufer liegen[383]. Es waren hier bei unserer Ankunft schon fünf so genannte Zauberinnen versammlet, nicht daß wir gewünscht hätten, von ihnen bezaubert zu werden; dann wir waren von ihrer Redlichkeit und Unwissenheit überzeugt, daß sie uns nichts böses thun würden, sondern vielmehr, daß wir auf den Abend ein kleines Schauspiel haben mögten. Sie waren alle bereit, uns ihre Comödie zu spielen; wir begnügten uns aber die Gaukeleien eines einzigen Zauberers mit anzusehen, zumal wir bloß zu wissen verlangten, ob dieselben etwa von den anderen, die wir schon gesehen hatten, unterschieden wären. Denn wir dachten, ein Schelm lernte sie von dem andern, wann sie nicht gar zu weit von einander wohnten. Einer von diesen machte also seine Zaubereien, und wir fanden keinen besonderen Unterscheid zwischen diesen und den vorigen. Darauf trat eine Zauberin auf, welche nicht, wie der Zauberer mit der Trommel, sondern mit zween Stöcken eben so, wie der Zauberer an dem Kuda[384], spielte. Nachdem sie ihre Sprünge vollbracht hatte, nahm sie ein Messer, das sie sich unter den kurzen Rippen in den Leib stechen wollte[385]. Sie war aber, welches sie vielleicht selber am besten weiß, in ihrer Kunst so unerfahren, daß man deutlich sahe, wie sie den Rücken des Messer auf den bloßen Leib ansetzte, und ihn längst dem ungemein eingezogenen Leibe fortschob, welches sie doch durch einige fürchterliche Verdrehungen des Gesichtes zu verbergen suchte, und die Anwesenden glauben machen wollte, als wenn das Messer tief in den Leib eingegangen wäre. Nachgehends zog sie das Messer wieder hervor, und wies ihren bloßen Leib, um zu zeigen, daß keine Wunde darauf wäre. Das erweckte bei den Bratski, welche vom Aberglauben geblendet, die ungeschickte Einsetzung des Messers nicht wahrgenommen hatten, eine Verwunderung. Wir hatten bei nahe schon genug, die Bratski aber glaubten, sie hätten noch einen Zauberer, der uns von den Teufelskünsten gewiß überzeugen würde, und sie ärgerten sich recht, daß wir so klare Beweise nur zu verlachen und zu verspotten schienen. Daher thaten wir ihnen den Gefallen, und erlaubten, daß sie noch mehr Künste zeigen mögten. Es trat ein Zauberer mit der Trommel auf, der in Rührung derselben, in seinem fürchterlichen, und mit dem Ton der Trommel einstimmenden Brummen und Zischen, in der Kunst sein Gesicht mannigfältig zu verdrehen, in künstlichen Sprüngen, und in dem Gerassel, das er durch Hülfe der an seinem ledernen Rocke angeneheten Eisen und einigen Rollen in die bisherige Töne mit einzubringen wußte, auch in der Fertigkeit seinen Leib jeden Augenblick in eine andere Stellung zu bringen, nicht viele seines gleichen haben mag, und uns gleich anfänglich in Schrecken und Grauen setzen sollte. Ja hätten wir diese Schauspiele nicht mehrmals gesehen, so mögte der Zauberer seinen Endzweck vielleicht erhalten haben. So aber sahen wir alles dieses als gleichgültige Dinge an. Nach diesem Vorspiele sollten ihm die Teufel zu Gebote stehen; und alle Bratski glaubten es mit der größten Zuversicht. Er wusch sich mit Feuer, und lief auch auf dem Feuer mit bloßen Füßen herum. Es ging aber alles ganz natürlich zu. Er nahm die Hände voll Asche und glühende Kohlen durcheinander, und wußte, in dem er sich damit dem Gesichte näherte, die Asche und Kohlen so in der Geschwindigkeit von einander zu scheiden, daß er sich mit der Asche allein wusch, und die Kohlen fallen ließ. So kam uns die Sache vor, wie wir sie ohne Vorurtheile und ohne Aberglauben ansahen. Ich meine, wann unsere Taschenspieler vor diesen Heiden spielen sollten, sie würden von ihnen noch für künstlicher[386] als die Teufel gehalten werden. Das Ausstehen des Feuers auf den bloßen Fußsohlen ist meines Erachtens von keinem künstlich zubereiteten Wasser oder Safte, wie insgemein dafür gehalten wird, herzuleiten. Man darf gewiß bei diesen Leuten dergleichen Künste nicht suchen. Theils durch ihre Sprünge, die sie bei ihrem Handwerke machen, theils durch ihr öfteres barfuß gehen, machen sie ihre Fußsohlen dickschwartig, und verlieren dadurch beinahe alle Empfindung, so daß sie so gar vor siedendem Wasser nicht bange sein dürfen[387].

Die Bratski waren hier so aufgeräumt, daß wir hofften, wir könnten zu guter letzte alle ihre Ceremonien, die wir bisher noch nicht gesehen hatten, zu sehen bekommen; wir ließen uns also unseren Aufenthalt allhier nicht leid sein, und wohnten den 7ten vor Mittage einem Bratskischen Feste bei, welches unter ihnen den Namen Tailga hat[388]. Es soll den Göttern der Erde zu Ehren gehalten werden, wie mich unser Dollmetscher versicherte, der ein überaus schlauer und listiger Kerl, auch aller Bratskischen Ceremonien ungemein kundig war. Und wenn ich nicht aus gar vielen Proben seine Aufrichtigkeit gegen uns erfahren hätte, so würde ich geglaubt haben, er hätte uns, aus Liebe zu den Bratski, die er so wie sich selbst zu lieben schien, etwas weiß machen wollen, weil er wohl wußte, daß er sie durch Feste, die sie den Göttern zu Ehren feierten, beliebter machen könnte, als durch diejenigen, die den Teufeln gewidmet waren. Ich lasse diese Sache auch noch völlig dahingestellt sein. Ich will das Fest beschreiben, und mich nicht um seine Deutung bekümmern. Es wurden acht Schaafe und ein Füllen auf die schon oft erwähnte Art geschlachtet, und eben so, als wie das Schaaf am Kuda verzehret. Der aus Pferdemilch und Brandtwein zusammen gemischte Trank wurde wie bei dem Feste, das sie im Frühjahre den Göttern zu geben pflegten, verschwendet. Sie selbst vergaßen sich keineswegs dabei, ja sie waren auch gegen das schöne Geschlecht freigebig, und gönnten demselben nicht nur einige Züge, sondern auch die übrigen sonst gewöhnlichen Lustbarkeiten, die ich deswegen nicht beschreiben mag, weil sie schon öfters vorgekommen sind. Die abgenagten Knochen wurden nicht in Gruben geworfen, sondern auf ein besonders darzu erbautes hölzernes nicht hohes Gerüste, und unter die Knochen noch etwas Brennholz gelegt, und sodann das Gerüste mit den Knochen verbrannt. Dies war das Ende des Festes.

Weil die Bratski hier herum an allerlei Vieh keinen Mangel hatten, so wünschten wir noch eine Art Braten zu sehen, welche jenseit dem See Baical sehr gebräuchlich ist, und darin bestehet, daß das Fleisch eines Thieres in der Haut eben desselben Thieres gebraten wird[389]. Die hiesigen Bratski wußten nichts davon; aber unser Dollmetscher hatte es genug bei den jenseit des Sees wohnenden Bratski gesehen, und mit verzehren helfen, so daß er sich gleich anbote, bei diesem Gerichte Koch zu sein. Er nahm ein Ziegenlamm, und drehte ihm etlich mal den Kopf herum, bis kein Leben mehr in ihm war. Alsdann lösete er ihm die Haut ab, dergestalt, daß keine Wunde darein kam. Er fing von den Hinterfüßen an, und lösete solche gegen Kopf zu ab, welchen er daran sitzen ließ, nachdem er das Wirbelbein abgeschnitten hatte. An der Haut ließ er fast überall etwas Fleisch, um derselben dadurch ein größere Dicke zu geben. Das von der Haut abgelösete Fleisch und Knochen wurden nach den Gelenken in viele kleine Stücke geschnitten. Netz, Leber und Brustbein legte man besonders. Mittlerweile wurden Kieselsteine auf einem Holzfeuer heiß gemacht, doch nicht so starck, daß sie geglühet hätten. Nach diesen Vorbereitungen wurde das abgezogene Fell so gehalten, daß der Kopf gegen unten sahe, und ein großer kalter Kiesel hineingelassen; hart an diesem ward das Fell zugebunden, welches deswegen geschiehet, damit der Kopf gänzlich geschlossen sei, und keine Wärme durch ihn herausgehen könne. Alsdann goß man ein paar Schaalen kalt Wasser in das Fell, warf darauf heiße Steine ein, nach denselben Fleisch, dann wieder Steine u. s. f. bis das Fell mehr als halb voll war. Dann wurde dasselbe bei dem Hinteren fest zugeschnürt und hin und her gezogen, und gewergelt. Es brannte bald ein Loch durch, welches man, so gut es sich thun ließ, mit Steinen zuhielte; mit dem Hin- und Herziehen desselben aber fuhr man noch eine Weile fort, bis die Haare gelb und los zu werden anfingen. Der Koch hatte es darin versehen, daß er nicht allenthalben Fleisch genug an der Haut hatte sitzen lassen; dann dardurch würde er verhindert haben, daß das Fell nicht so geschwinde durchgebrannt wäre. Diesen Fehler gestund er selbst, und wo er nicht geschehen wäre, so würde, wie er hinzusetzte, nach einigem Hin- und Herziehen des Fells ein großer Knall entstanden sein, welcher seiner Versicherung nach anzeiget, daß das Fleisch gar sei. Hier wurde es ohne diesen Knall gar. Die Haare wurden um und um an dem Felle ausgezogen, und der Leib aufgeschnitten, in welchem man einiges Fleisch gekocht, anderes gebraten, beides aber in einer guten fetten Brühe schwimmend fand. Das gebratene und gesottene mit der Brühe und dem Felle, darin es zubereitet war, wurde alles zusammen verzehrt, der Kopf aber weggeworfen. Während dieser Zubereitung wurde das Fleisch, das nicht in das Fell hinein ging, wie auch die Eingeweide, in einem Kessel gekocht. Das Brustbein und die Leber wurden jedes besonders an einem kleinen Stocke, der in die Erde eingesteckt, und gegen das Feuer geneigt war durch öfters Umwenden gebraten, und ersteres als ein Leckerbissen verzehret, die Leber aber in kleine Stücken geschnitten, und je zwei oder drei Stücklein in einige abgeschnitttene Stücke des Netzes gewickelt, von neuem gebraten, und erst alsdann gegessen. Die Russen in den Gegenden, da dieses Braten im Gebrauche ist, nennen es Tulunit[390]. Dann Tulun heißt das Fell eines solchen Thieres, wo mir recht ist, in der Tatarischen Sprache, aus welcher es in die Russische aufgenommen ist; Tulunit aber ist die Russische Endigung eines daraus gemachten Zeitworts[391].

[Im Original folgen die Seiten 77 oben bis 147 Mitte.]

Inzwischen wird mir erlaubt sein, eines und das andere, das ich noch von diesen nordlichen Ländern gesammelt habe, allhier mitzutheilen. Insonderheit sind die vielen Knochen, die man hin und wieder in Sibirien in der Erde findet, eine Sache von solcher Wichtigkeit, daß ich glaube, es werde manchem Leser angenehm sein diejenigen Nachrichten, welche bisher noch gemangelt haben, bei einander zu finden. Peter der Große machte sich besonders auch hierin um die gelehrte Welt verdient; und gleichwie er den verborgenen Wegen der Natur allenthalben nachzuspüren suchte, also gab er in dem Jahre 1722 unter andern sehr merkwürdigen Verordnungen auch diesen Befehl, daß, wann sich irgendwo Mammontshörner antreffen ließen, man äußerst bemühet sein sollte, alle zu diesem Thiere gehörige übrige Knochen, kein Glied ausgenommen, ganz und unversehrt zusammen zu bringen, und nach Petersburg zu schicken.

Dieser hohe Befehl wurde in alle Städte Sibiriens, und unter anderen auch nach Jakutzk geschickt[392].
[Im Original folgen die Seiten 148 oben bis 152 Mitte.]
Alles dieses, was ich von dergleichen Nachrichten gesammlet habe, betrifft meistentheils einerlei Art Knochen, und zwar 1) alle diejenigen, die in der kaiserlichen Naturalienkammer in Petersburg unter dem Namen Mammontsknochen vorhanden sind, welchen kein Mensch, der sie mit den Elephantenknochen zusammen halten wird, eine vollkommene Ähnlichkeit mit diesen absprechen kann. 2) Siehet man aus den obigen Erzählungen, besonders des Spiridon Portnjagin[393], daß man zuweilen auch Köpfe von einem ganz anderen Thiere, als von einem Elephanten, in der Erde gefunden habe, welche insonderheit in Ansehung der Gestalt der Hörner, eher einem Ochsen- als einem Elephantenkopfe ähnlich gewesen sind. Dieses Thier kann auch nicht so groß gewesen sein, als ein Elephant, wie ich dann einen Kopf davon in Jakutzk gesehen habe, welcher aus Anadirskoi Ostrog[394] geschicket, und dem von Portnjagin gefundenen vollkommen ähnlich gewesen sein soll. Ich habe auch einen von Ilainskoi Ostrog gehabt, welcher den itzt erwehnten nicht weniger ähnlich gewesen, und eben in diesem Ostroge aus der Erde gegraben ist, den ich auch, da wir noch in Sibirien auf der Reise begriffen waren, nach der Kaiserlichen Kunstkammer in Petersburg absandte. Endlich habe ich vernommen, daß an dem Ufer des Nischnaja Tunguska nicht nur hin und wieder dergleichen Köpfe, sondern auch andere Knochen, die gewiß keine Elephantenknochen sind, als Schulterblätter, heilige Beine, ungenannte Beine, Hüft- und Schienbeine gefunden werden sollen, welche vermuthlich zu eben dieser derjenigen Art Thiere gehören, denen man obgemeldete Köpfe zueignen muß, und die unstreitig nicht von dem Ochsengeschlecht auszuschließen sind. Ich habe Schien- und Hüftbeine von dieser Art gesehen, von denen ich nichts besonderes sagen kann, als daß sie in Ansehung ihrer Dicke ungemein kurz gewesen sind. Man findet also in Sibirien zweierlei Arten von Knochen in der Erde, von denen

man zwar von alten Zeiten her gar keine, als bloß diejenigen geachtet hat, die den vorstehenden Elephantenzähnen vollkommen gleich sind; doch scheint es, daß man, seitdem der Kaiserliche Befehl von Aussuchung der Knochen nach Sibirien gekommen ist, alle Knochen angesehen und betrachtet habe, und wie die ersteren schon zu einer Fabel vom Mammontthiere Gelegenheit gegeben hatten, so wurden nun die andern auch mit dazu gerechnet. Denn ob man gleich mit einer geringen Aufmerksamkeit wahrnehmen konnte, daß sie von einem ganz anderen Thiere, als die ersten wären, so wurden sie doch mit selbigen vermengt.

Es ist auch ein falscher Wahn, als ob, wie Isbrand Ides vorgibt, und die meisten Leute glauben, bloß diejenigen Gebirge, die von dem Ker-Flusse nach Nordosten liegen, folglich auch die Gegenden um Mangasea und Jakutzk voll von diesen Elephantenknochen wären[395]. Sie finden sich nicht nur in ganz Sibirien, und in den südlichsten Gegenden desselben, wie in der oberen Gegend des Irtisches, Toms und des Lena-Flusses, sondern auch hin und wieder in Rußland, ja an gar vielen Orten in Teutschland, allwo sie, wie in vielen andern Ländern, unter dem Namen des ausgegrabenen Elfenbeines (eboris fossilis) bekannt sind, und zwar mit dem größten Rechte; denn alles Elfenbein, das in Teutschland verarbeitet wird, ist von den Elephantenzähnen, die wir aus Indien erhalten: das ausgegrabene Elfenbein aber ist eben diesen Zähnen vollkommen ähnlich, nur daß es vermodert ist. Die Zähne, oder Hörner, wie sie in Sibirien genannt werden, sind im geringsten nicht davon unterschieden. Wo noch wenig warme Himmelsstriche sind, da sind sie auch schon mürbe, und in ein ausgegrabenes Elfenbein verwandelt; wo aber das Erdreich unaufhörlich gefroren ist, wie in den unteren Gegenden der Flüsse, die in das Eismeer fallen, oder an den Ufern der süßen Seen, die nicht gar zu weit vom Eismeer liegen, da findet man sie meistentheils noch sehr frisch; wie dann leicht davon die Fabel entstanden sein mag, daß man gar oft diese oder andere Knochen in der Nähe noch blutig gefunden habe, welches Mährlein schon Isbrand, und nach ihm Müller[396] anführen, denen es andere Schriftsteller nachgesungen haben, als ob daran gar kein Zweifel wäre. Und wie eine Erdichtung selten allein ist, so hat dieses blutige Wesen der Knochen auch zur Erdichtung des Mammontthieres Gelegenheit gegeben, welches in Sibirien unter der Erde leben, daselbst zuweilen sterben, und unter dem Schutt begraben werden soll, damit man das blutige an den Knochen erklären könne. Der gute Müller beschreibt das Mammontthier vier bis fünf Ellen hoch und ohngefähr drei Faden lang, graulicht von Farbe, mit einem langen Kopfe, und einer sehr langen Stirne. Zu beiden Seiten, gerade über den Augen, hat es, wie man ihm gesagt Hörner, die es bewegen, und nach Belieben kreuzweise übereinander schlagen könne. Im Gehen soll es sich sehr weit ausdehnen, sich aber auch in einen kleinen Raum zusammen ziehen können. Seine Füße sollen der Dicke nach Bärenpfoten gleich sein. Isbrand Ides ist so redlich, daß er gestehet, so viel er auch Leute darum befragt hätte, so hätte ihm doch niemand sagen wollen, daß er einen lebendigen Mammont gesehen hätte[397]. Ich bin deswegen niemals bekümmert gewesen; dann die Zeit der Greifen, Phönixe und anderer poetischen Thiere und Fische ist nicht mehr. Diejenigen Köpfe und übrige Knochen, so mit den Knochen eines Elephanten übereinkommen, sind vor diesem ohnfehlbar würkliche Theile eines Elephanten gewesen. So leicht man einem alten Gemälde, einer alten Münze, einem alten Holz- oder Kupferstiche in den Alterthümern einigen Glauben beimißt, eben so wenig dürfen wir auch diesem so erstaunlichen Vorrathe an Elephantenknochen allen Glauben absprechen. Diese Arten von alten Münzen sind vermutlich nicht nur älter, sondern auch wichtiger und gewisser, als alle alte Münzen der Griechen und Römer, wie der sinnreiche Hr. Fontenelle und aus ihm Hr. Scheid an einem Orte ausdrücket[398]. Da sie auf unserer ganzen Erde zerstreuet sind, so zeiget dieses ohnfehlbar eine große Veränderung an, die ehemals auf derselben vorgegangen ist. Ich vermuthe, die Elephanten haben sich von denen Orten, da sie zu Hause gewesen sind, um ihrem Untergange zu entgehen, verlaufen, so weit als es geschehen können; ihr Schicksal ist verschieden gewesen; einige sind gar weit weggekommen, einige haben vielleicht, da sie schon todt waren, durch den Zufall einer Flut noch weit fortgebracht werden können; die noch lebenden aber, wenn sie sich gar zu weit nach Norden verlaufen hatten, mußten nothwendig wegen ihrer Zärtlichkeit ihr Leben lassen; andere hingegen, die nicht so weit gekommen waren, konnten in einer Fluth ersaufen, oder für Müdigkeit umkommen. Aus einer Veränderung, die mit unserer Erde durch die Veränderung der Meere in Land, und des Landes in Meere vorgegangen ist, läßt sich hier nichts erklären. Diese Veränderungen, welche nothwendig und ohne alles Wunderwerk geschehen sind, eröffnen uns einen zierlichen Weg unendlich viele Erscheinungen in der Natur zu erklären, die wir ehedem nicht zu erklären wußten. Nur müssen wir nicht verlangen, daß alles dadurch erkläret werden könne. An einem Woodward oder Scheuchtzer war es eben so unrecht, daß sie alles von der allgemeinen Sündfluth herleiteten, so wie an andern, die alles nur besonderen Überschwemmungen zuschreiben[399]. Der Italiäner Morus nimmt sich auch zuviel heraus, wann er die Leute bereden will, es komme alles von feuerspeienden Bergen oder großen Erdbeben her[400]. Eine sehr alte Meinung des Theophrastus, Plinius, Agricola, Libavius u.s.w. als wenn das ausgegrabene Elfenbein wüchse, ist wie Herr Scheid in der Vorrede zu Leibnitzens Protogaea sagt[401], eben so wider die Natur und ihre uns bekannte Gesetze, als wenn jemand sagen wollte, diese Thiere selbsten wachsen, wie Pfeben[402] und Pilzen, aus der Erde. Doch ich bekümmere mich hier nicht darum, wie sie dahin gekommen. Es ist genug, daß sie da sind, und daß es Elephantenknochen sind. Ihre Größe darf uns nicht abschrecken. Die hervorragenden Zähne sind bis vier Arschin lang, und auf sechs, Herr von Strahlenberg sagt gar, neun Zolle in ihrem Durchmesser dick, und im Gewichte findet man die größten sechs bis sieben Pud schwer[403]. Ich habe schon an einem andern Orte[404] gezeigt, daß es auch frische von dem Elephanten genommene Zähne gebe, die acht bis zehen Schuhe lang sind, und im Gewichte hundert, hundert und vierzig, hundert und funfzig, hundert und sechzig und hundert und acht und sechzig Pfunde haben. Auch das Gerippe von sechs und dreißig Ellen lang, das, wie Herr von Strahlenberg vorgibt[405], von einem alten Maler Remessow in der Baraba an dem See Tschana gesehen worden, ist nicht so ungeheuer, daß man den Ursprung derselben von einem Elephanten herzuleiten Bedenken tragen, oder einem ehrlichen Landsmann, Oloff Erichson Willmann wegen desjenigen, was er an lebendigen Elephanten gesehen, den Glauben absprechen sollte. Glückseelig sind diejenigen Elephanten, welche in der Gegend des Eismeeres ihre Grabstätte gefunden haben. Es geht ihnen daselbst nicht schlimmer, als Peyrere[406] von den Todten in Grönland sagt:»Diejenigen, welche vor dreißig Jahren begraben worden, sein noch so schön und unverwesen, als wenn sie erst selbigen Augenblick verschieden wären. Überhaupt sei Grönland ein treffliches Land für die Todten, die daselbst keiner Verwesung unterworfen wären.« Die Elephantenknochen, die vor vielen hundert Jahren noch frisch in die Gegend des Eismeeres gebracht worden, müssen nothwendig noch heutiges Tages eben so frisch vorhanden sein. Dieser Unverweslichkeit haben wir es zuzuschreiben, daß zwischen dem Elfenbeine und dem aus dergleichen Sibirischen Zähnen verarbeiteten Beine fast kein Unterscheid ist, und daß man das eine für das andere vollkommen brauchen kan. Man hat zwar auch einiges, welches gelblich aussiehet, oder mit der Zeit gelblich wird, auch einiges, das braun, wie Cocusnüsse, oder heller, und endlich einiges, das schwarzblau ist. Daß es aber alles von einerlei Knochen herkomme, ist außer allen Zweifel. Was nicht wohl in der Erde eingefroren, und der Würkung der Luft eine zeitlang ausgesetzt ist, wird leicht mehr oder wenig gelbe, braun, oder bekommt auch andere Farben, nachdem noch zu der Luft eine Feuchtigkeit kommt, die darauf wirket; ja das schwarzblaue wird oft, wie auch Herr von Strahlenberg sagt, von vermoderten und verfaulten Zähnen ausgeschnitten, wie es an den Wurzeln zu geschehen pflegt, die meistens verfault sind, aber noch einige Stücke von besonderen Farben in sich haben, die zum Auslegen des Schreinwerks taugen. Für die natürliche Geschichte wäre zu wünschen, man wüßte für die andere Art Knochen, die in Sibirien gefunden werden, die Art des Thieres eben so groß, als für die Mammontsknochen, wozu aber keine Hoffnung ist, als wenn man die Gerippe allerhand fremder Thiere, besonders aus dem Ochsengeschlechte fleißig mit diesen Knochen zusammen hält. Unterdessen empfehle hierzu vor andern die Bisamochsen, welchen Hr. Jeremie zwischen der riviere Danoise und riviere du Loup marin, die beide in Hudsons Meerbusen fallen, ihren Wohnplatz anweiset, die kleiner als die Europäischen Ochsen sind, hingegen eine unvergleichliche Wolle haben sollen[407].

Ich habe aber doch noch nicht alles gesagt, was bei Gelegenheit dieser Mammontsknochen entdeckt worden ist. In dem Jahre 1724 den 16ten April meldete ein Jakutzkischer Sin Bojarskoi Semen Kurilow in der Jakutzkischen Woiwoden-Kanzlei, daß ein Jakutzkischer Sluschiwoi, Iwan Tschernejew, in der am Indigirka gelegenen Ujandinskoje Simowje ein gewundenes Horn eines ganz unbekannten Thieres liegen hätte, worauf ein Befehl nach Saschiwerskoj Ostrog erging, solches Horn mit einem Boten aus Ujandinskoje Simowje abholen zu lassen, und nach Jakutzk zu schicken. Es kam solches schon den 29sten Oktober desselben Jahres in Jakutzk an, und wurde sogleich nach Irkutzk weitergeschickt[408]. Vermuthlich ist dieses Horn in der Gegend des Indigirka in der Erde gefunden worden, obwohl in den davon sowohl in der Jakutzkischen als Irkutzkischen Kanzlei vorhandenen schriftlichen Nachrichten nicht das geringste von diesen Umständen befindlich ist. Von diesem gewundenen Horne habe ich durch Nachfragen sowohl in Irkutzk als Jakutzk so viel herausgebracht, daß es vollkommen, als das Horn des Wallfisches Narhwal[409] ausgesehen habe, welches in alten Zeiten in der ganzen Welt sehr hoch geschätzet ward, ehe man wußte, daß es das Horn eines Wallfisches war. Es mußte das Horn des Einhornes sein, dessen die heilige

Schrift an so unterschiedlichen Orten gedenket, und ihm erstaunliche Kräfte zuschreibet, so daß auch Moses von GOtt sagt, daß seine Kräfte, wie des Einhornes sein[410]. Auch in der Arzneizunft hielte man es damals sehr hoch, und glaubte, daß es nicht nur allen Giften auf das kräftigste widerstünde, sondern auch in allen giftigen Krankheiten ein gewisses Mittel sie zu vertreiben wäre, wie denn besonders das Zeugnis der Augspurgischen Ärzte, so Wormius anführt, einen fast hiervon überführen sollte. Man hat es deswegen schon von alten Zeiten her in der materia medica unter dem Namen wahres Einhorn (unicornu verum) und alle Apotheker und Materialisten, die es aus Holland unter diesem Namen verschreiben, bekommen dafür den Zahn des Narhwal[411]. Das Horn zu St. Denis, das so viele Wunder in Frankreich gethan haben soll, ist kein anderes Horn, als der Zahn dieses Fisches[412]. In Rußland, Engelland, Holland, Italien und Deutschland hat man eben diesen Zahn gar lange Zeit für das Horn des Einhornes ausgegeben. Aber endlich hat man aller Orten die wahre Beschaffenheit erfahren. Schon im Jahre 1646 ist die obenangeführte Erzählung von Grönland geschrieben worden, worin gemeldet wird, daß ohnlängst die Gesellschaft von Neugrönland zu Coppenhagen jemand nach Moscau mit allerlei auserlesenen Stücken von erwehntem Horne an den Großfürsten gesandt hätte, bei dessen Vorfahren diese Hörner in großem Ansehen gewesen wären; der Großfürst hätte sie seinem Arzte gewiesen, und dieser ihm so gleich gesagt, daß es Stücke von gewaltigen Fischzähnen wären, worauf auch der Gesandte zurück gegangen wäre, ohne daß er das geringste verkauft hätte[413]. In Sibirien scheint es doch, daß man es für das Horn eines überaus seltenen Thieres gehalten habe, und daß dieses Thier in den dortigen Meeren sich nicht aufhalten müsse. Herr Fischer, jetziger Professor bei der Kaiserlichen Akademie der Wissenschaften in St. Petersburg, hat mir 1741 aus Jakutzk geschrieben, daß ein solches Horn, dessen Wendungen von der rechten gegen die linke Seite gegangen, nach Jakutzk aus Anadirskoi Ostrog gebracht worden sei, allwo man es im

Morast in der Erde liegend gefunden hätte[414]; es wäge elf Pfund, und sei fast gegen drei Arschin lang, und man habe es nach Irkutzk geschicket. Dieses nun dienet zur Bestärkung des Beweises, daß dieses Horn, oder vielmehr dieser Zahn wirklich auch in Sibirien in der Erde gefunden worden sei, wiewohl es vielleicht sehr zweifelhaft ist, ob er auf eben die Art, als die Elephantenknochen dahin gekommen sei. Denn da mir nicht mehr, als diese zwei einzige Exempel vom Indigirka und Anadir Flusse bekannt sind, welche beide man für Flüsse eben derselben See halten muß, so wäre ich fast geneigt zu glauben, es sei auch vor diesem ein Narhwal, vielleicht nur als ein Fremdling, dann und wann in der See gewesen, der etwa seinen Zahn abgestoßen hätte. Denn dieses habe ich schon oben gesagt, daß viele Spuren vorhanden sind, daß das Eismeer sich vor diesem viel weiter nach Süden erstrecket habe, als in jetzigen Zeiten; folglich ist es kein Wunder, wann man heut zu Tage Überbleibsel von Seethieren weit von der See im trockenen findet.

Ich habe aber noch etwas von dergleichen Knochen beizufügen. Als ich mich in Jakutzk aufhielt, erfuhr ich bald, daß ein Kosack daselbst wäre, welcher von einer gewissen Art Knochen, die man aus Anadirskoi Ostrog brächte, Täflein schnitte, womit er Kästlein überlegte, die ein überaus schönes Ansehen hätten. Ich ließ mir solche Kästlein weisen, die ziemlich weiß, aber wie gemarmelt aussahen; ich erfuhr auch bald, daß sie von Wallroßzähnen gemacht wären, die man von Zeit zu Zeit aus Anadirskoi Ostrog brächte. Ich schaffte mir selbst dergleichen Zähne an, und ließ ein solches Kästlein für die kaiserliche Kunstkammer[415] verfertigen. Das Thier, davon diese Zähne sind, wird im Russischen Morsch, von den Samojeden, die an dem Tasseewischen Meerbusen[416] bei der Mündung des Ob wohnen, Tiute, von den Deutschen Wallroß, von den Franzosen Vache marine genannt[417]. Sie sind um Nowa Semlja, um die Meerenge Weigatz und auf allen Inseln bis an den Ob hin, wovon schon oft berührter Recueil des voiages au Nord Tom. I. p. 29 Tom. II. p. 269, 274. Tom. IV. P.II. p. 61 & p. 92 nachgesehen werden kann[418]. Es soll auch noch bis in die Gegend des Jenisei-Flusses einige geben; ja man soll vor diesem bis an den Pjasida[419] hin zu Zeiten einige gesehen haben, jetzo aber soll an letzt berührtem Ort keines mehr zu sehen sein. Sie sind hernach wieder häufig um die Spitze Schalaginskoi bei den Schuktschi[420], wo sie groß fallen, daß diese Völker von den größten Zähnen dieser Art Schlittensohlen zu machen pflegen; von den kleinen aber setzen sie Stücken in den Nacken zum Zierrath, oder, wann sie, wie z.E. im Kriege, fürchterlich aussehen wollen, zum Schrecken ein, machen davon auch Messer, so wie von den großen Äxte und dergleichen Hausrath. Es ist glaublich, daß sie von dort aus bis an den Anadir-Fluß in einem fort häufig sind, wie dann alle diejenigen, die man nach Jakutzk zum Verkaufe bringt, von Anadirskoi herkommen. Man findet sie auch in der Hudsonischen Meerenge auf der Insel Phelipeaux[421], wo sie eine Ellen lang, und so dick wie ein Arm sein, und auch beinahe so schönes Elfenbein als der Elephant haben sollen[422]. Die Anadirskischen werden im gemeinen Handel und Wandel in Tschetwernje, Pjaternje, Schesternje sc. eingetheilt[423], das ist, in solche, deren vier, fünf, sechs sc. auf ein Pud gehen. Es gibt auch solche, von denen acht Stücke ein Pud ausmachen, nicht daß es noch viele kleinere geben sollte, sondern weil es nicht der Gebrauch ist, dergleichen kleine Knochen zween bis drei Monate lang zu Lande zu führen, in welchem Falle die Unkosten des Überbringers nicht bezahlt würden. So wie es aber kleinere gibt, als acht auf ein Pud, so gibt es zu Zeiten auch noch größere, als vier auf ein Pud. Auch solche, von denen nur drei auf ein Pud gehen, sind gar nicht so selten. Ja man hat mich bei meiner Anwesenheit in Jakutzk versichern wollen, daß man daselbst einmal einen Zahn gehabt, welcher fünf und dreißig Pfund gewogen hätte. Ich habe selbst nicht wenige, die auf fünf viertel Russische Ellen, und ein paar die anderthalb Ellen lang waren, gesehen. Sie sind meistentheils breiter als dick. Diejenigen, welche von erwähnter Länge sind, kann man wohl in der Dicke mit einem mageren Arm vergleichen; sie sind aber auf vier Zoll breit und noch breiter, besonders gegen das untere Ende. Das maserichte (Schtschadrina)[424] an diesen Knochen ist fast dasjenige, was in Rußland und Sibirien am höchsten geschätzt wird. Es siehet gelblich aus, und ist mit weißlichen sehr harten auf allerlei Art durch einander laufenden Adern untermengt. Dieses allein wird auch nur zu denjenigen Täfelein gewählt, womit man die obgemeldete Kästlein auslegt, und man findet es von den Wurzeln dieser Zähne an bis ohngefähr zwei drittheil gegen die Spitze hin, oder auch etwas weiter hinaus; die Spitze aber und die äußere Rinde rund herum ist ganz weiß und sehr hart, so daß es an Weiße und Härte auch das Elfenbein übertrifft. Aus diesen werden in Rußland gemeiniglich Schachspiele gedrehet; in Frankreich, Engelland und Deutschland aber dienet es wegen der großen Härte zu falschen Zähnen, die davon geschnitten und eingesetzet werden. In den Zusätzen zu den Reisen der Hauptleute Wood und Frid. Martens[425] lieset man aus der Erzählung eines Norwegers Namens Octher, die er seinem Oberherrn Alfred, König in Engelland that, daß der Wallroßfang schon vor acht hundert Jahren, bloß wegen der Zähne, die man sehr geschätzet habe, üblich gewesen sei. In dem Jahre 1704 hat man auf einem Schiffe, das einem Englischen Kaufmann Welden zu gehörete[426], bei der Insel Cherry unter dem vier und siebzigsten Grade fünf und vierzig Minuten nördlicher Breite eine solche Menge Wallrosse angetroffen, daß sie wie die Ferkel auf einander gelegen haben. Die Schiffleute aber hatten unter mehr als tausenden, die bei einander gewesen waren, mit drei Flinten nicht mehr als fünfzehen Stücke erlegt, doch aber eine große Menge einzelne Zähne gefunden, womit sie ein ganzes Faß hätten anfüllen können. Noch ehe der 13te Juli vorbei war, haben sie noch bei hundert dergleichen Thiere erlegt, davon sie aber nichts, als die Zähne mit sich nahmen. In den folgenden Jahren haben die Engelländer viel mehrere Geschicklichkeit erlangt, diese Thiere zu erlegen, als wovon sie auch das Öl zu nutzen lernteten. Im Jahre 1705, wie es an eben diesem Orte heißt, haben sie den 6ten Juli eine große Menge, 1706 in sechs Stunden sieben bis acht hundert, 1708 in sieben Stunden über neun hundert, 1710 in einem Tage achthundert Wallrosse erlegt. Ein einziger Mann tötete ganz allein in einem Tage vierzig Stücke mit einer Lanze. Ich habe nicht gehört, daß man bei Anadirskij Ostrog jemals auf den Wallroßfang ausgegangen sei, um die Zähne, die man so häufig von daher bringt, zu bekommen, sondern daß man sie auf niedrigen Ufern des Meeres von dem Körper der Thiere abgelöset findet, und also nicht nöthig hat die Wallrosse vorher zu erlegen[427]. Entweder müssen diese Thiere ihre Zähne in gewissen Zeiten ihres Alters schieben, und gewisse Örter des Meeres erwählen, da sie dieses am liebsten zu thun pflegen; oder sie müssen sich dieselben zu Zeiten aus Unvorsichtigkeit oder vielleicht gar im Kampfe abstoßen. Man könnte vielleicht auch noch dieses sagen, daß von allen Thieren, wann sie in diesen Gegenden umkommen, die Zähne liegen bleiben. Ich bin nicht im Stande zu bestimmen, was wahrscheinlicher ist. Ich habe kurz zuvor angeführt, daß die Engelländer auf der Insel Cherry auch dergleichen einzelne Zähne liegend gefunden haben; ich weiß auch aus mündlichen Erzählungen der Jakutischen Kosacken[428], daß auch bei den Tschuktschi einige Stellen seien, wo diese Zähne in solcher Menge gefunden werden, daß sie bei ihnen nicht nur zu allerhand Hausgeräthe und zu ihren Backenzierrathen, sondern auch zu Opfern gebräuchlich wären. Sie sollen große Haufen derselben zusammen werfen, um sich ihren Göttern oder Teufeln beliebt zu machen. Es scheinet, daß sie hierin eine gleiche Gewohnheit mit den Lappen haben. Denn so wie diese ihre Rennthierknochen zu allerlei Hausgeräthe und Opfern anwenden, so machen es jene mit den Wallroßzähnen, die sie fast so häufig haben müssen, als jene ihre Rennthierknochen[429]. Schon verschiedene Liebhaber natürlicher Dinge haben mich sowohl schriftlich als mündlich befragt, ob ich nicht dafür hielte, daß die Anadirskischen Wallrosse eine ganz andere Art von Wallrossen wären, als diejenige, die sich in der Nordsee und im westlichen Eingange des Eismeeres befände[430]? Da man von dem Pjasida an, längst der ganzen nordöstlichen

Küste, um die Flüsse Tamura, Chatanga, Olenek, Lena, Karaulach, Jana, Indigirka, bis Kowyma[431] niemals Wallrosse gesehen hat, so scheinet es wohl, daß die Grönländischen, und bei dem westlichen Eingange des Eismeeres, befindlichen Wallrosse mit denjenigen, die sich östlich von Kolyma und bei der Spitze Schalaginskoi, und weiter hin bei Anadirskoi aufhalten, gar keine Gemeinschaft haben, und nicht zusammen kommen, folglich läßt sich hieraus keine Wahrscheinlichkeit erzwingen, als wären sie von einerlei Art. Allein eben so wenig darf man hieraus schließen, daß es zweierlei Arten sein. Ich sehe auch keine Möglichkeit, wie die Wallrosse von der Meerenge Hudson zu den Anadirskischen oder Tschuktschischen kommen können, und deswegen läßt sich auch nichts von ihrer Ähnlichkeit oder Unähnlichkeit bestimmen. Überhaupt ist dieses gewiß, daß die meisten, welche man in Deutschland in den Naturalienkammern[432] ausweiset, und die meistens von Grönland herkommen, in Ansehung derer sehr klein sind, welche aus Anadirsk gebracht werden. Auch diejenigen, die von Archangel gebracht, und in der Gegend von Kola[433] gesammlet werden, sind weit kleiner, als die Anadirskischen. Und diesen Kolischen kommen diejenigen bei, welche die Juraken[434] und Samojeden in der Gegend der Obischen Mündung zu Zeiten sammleten. So viel ich jedoch aus mündlichen Erzählungen erfahren habe, so bleibt jedermann dabei, daß die Anadirskischen Wallrosse in ihrer Größe und äußerlichen Gestalt von den westlichen Wallrossen des Eismeeres nicht unterschieden sind, allwo man sie auch wegen ihrer ungeheuren Größe in den nordischen Reisebeschreibungen als Seeelephanten nennet[435]. Es scheint also auch, daß die Zähne nicht so merklich unterschieden sein sollten. Alle die Zähne, die man heutiges Tages bei uns in Europa hat, sind entweder die Asiatischen aus Anadirskoi, oder rühren von den Grönlandsfahrern, auch etliche wenige von den Obischen Samojeden und aus Kola her. Nun sind dergleichen Plätze, da man viele Wallroßzähne, wie um Anadirsk, beisammen fände, nicht bekannt, und aus den übrigen gemeldeten Orten hat man keine andere, als die Zähne von erschlagenen Thieren. Ziehen sich nicht die Wallrosse, wann ihre Zähne anfangen groß und wankend zu werden, in gewissen Gegenden, woselbst sie bleiben, bis sie ihnen ausfallen, oder sie dieselben abstoßen können? So bald ihnen aber neue gewachsen, wagen sie sich auch wieder an die Orte, da sie mit ihren Zähnen mehr Widerstand thun können? Sind also nicht vielleicht deswegen die Zähne erschlagener Thiere, als die sich auf die Stärke ihrer festen Zähne verlassen, und sich nirgends zu verstecken Ursache zu haben meinten, immer kleiner, als die diejenigen, die von Thieren liegen geblieben sind, welche sie, als sie selbige in ihrer größten Länge geschoben, abgelegt haben. Man kann hierwider einwenden: So müßte man doch in Grönland, um Kola und in der Meerenge Weygatz[436] dergleichen zahlreiche Stellen finden! Es kann wohl sein, daß dergleichen da sind, wie ich dann oben auf der Insel Cherry einen solchen Ort angezeiget habe. Wie viele Inseln aber können noch in diesen Meeren sein, die uns noch gar nicht bekannt sind?

[Im Original folgen die Seiten 172 Mitte bis 180 unten.]

Der Dollmetscher Ilia Jachontow, der von Anfange der Reise bis jetzo bei uns gewesen war, und sich allezeit so aufgeführet hatte, daß ich nicht weiß, daß er uns jemals nur den geringsten Verdruß vorsetzlich gemacht hätte, und der uns allezeit mit vieler Treue und Redlichkeit zugetan gewesen, wurde bald nach dem H. drei Königstag krank; jedoch schien seine Krankheit von keiner sonderlichen Gefahr zu sein. Er hatte anfänglich einen starken Catharr, der sich aber, als er sich einige Tage zu Hause hielte, bald legte, so daß er wieder ausgehen konnte. Er mußte aber nach einem paar Tagen wieder zu Hause bleiben, bekam nach und nach starke Hitze, wowider ihm in kurzer Zeit zweimahl eine Ader geöffnet, auch Blaser[437] gezogen, und die gehörige innerliche Arzneien eingegeben wurden. Es schien zuweilen eine Besserung vorhanden zu sein. Endlich aber bekam er einen Schmerzen, den er unten in dem rechten Auge zu sein vorgab, wozu bald auch ein Harnbluten, und endlich eine völlige Verstopfung des Harnes kam. Ein Brennen durch den ganzen Leib und ein paar darauf erfolgte gichterische Anfälle, auch eine langsame Erstarrung der Glieder, und zuletzt ein Schlagfluß, machten ihm den vierten Merz den Garaus. Das Angedenken dieses wohlgesitteten, Christlichen und redlichen Menschen, der jedermann geliebet, niemand vorsetzlich beleidiget, in seinem Amte treu und fleißig gewesen, und GOtt über alles geehret und gefürchtet hat, soll bei mir allezeit im Seegen bleiben.

Dieser Tod war uns sehr empfindlich. Wir konnten uns diesem Menschen in allen Uebersetzungen wohl vertrauen. Wir hatten allerlei Leute unter uns, aus deren verschiedene ein wachsames Auge zu halten nötig war. Der Verstorbene war sowohl bei seinen Landesleuten als bei den Deutschen beliebet; jedermann konnte ihn leiden, und deswegen wußte er immer die Handlungen eines jeden am besten. Er war viel zu klug, als daß er diesen oder jenen hätte angeben sollen. Er ermahnte lange, und strafte mit Worten in der größten Sanftmut mit Bitten, ohne die geringste Anmaßung einiges Vorzugs, welchen er wegen seiner guten und unsträflichen Lebensart in der Tat allezeit genoß. Wenn er nichts mehr ausrichten konnte, so sahe er, wie er es uns beibrachte, doch immer mit der größten Vorsicht, daß wir nicht wahrnehmen mogten, daß es von ihm herkäme. Viele verdrießliche Sachen sind dadurch abgewendet worden. Ach diesen Menschen hatten wir nun verlohren! Seine Sorgfalt im Abschreiben und der Fleiß in Suchung der Russischen Wörter, die ein Deutsches Wort ausdrücken sollten, hatte seines gleichen nicht. Unsere Schriften mit dem regierenden Senate und allen Kanzeleien in Sibirien wurden alle in Russischer Sprache gewechselt. Dieses konnten wir nicht ändern. Mit dem guten Jachontow gingen uns alle Hülfsmittel ab. Zwar hatten wir noch einen Studenten, Alexei Gorlanow, der sowohl das Russische als Lateinische fertig schrieb, aber die Russische Wortfügung verstund er nicht aus dem Grunde, und gab sich auch die Mühe nicht den Wörtern nachzuforschen. Jedoch da er hierin nach dem Jachontow der beste war, so hielten wir für nötig, ihn dem Herrn Steller mitzugeben, und wollten nach jenes Tode unser Wort nicht zurücke ziehen. Wir nahmen uns von der Zeit vor uns selbst darauf zu legen, daß wir Russische Aufsätze machen könnten, und dieses gelung uns auch in kurzer Zeit sowohl, daß man unsere Aufsätze bald verstehen konnte; die beständige Übung brachte auch in kurzem mehrere Geschicklichkeit zu wege.

[Im Original folgen die Seiten 183 oben bis 213 oben.]

Ich habe oben gesagt[438], daß eine von den Absichten unserer Reise hieher darin bestund, daß Hr. Prof. Müller verschiedene heidnische Nationen hier anzutreffen, und vieles von ihren Gebräuchen und Sprachen zu erlernen hoffte. Überdem sollte auch hier eine Art Jahrmarktes sein. Die Hauptgelegenheit dazu ist die Jagd, auf welche diese Völker den ganzen Winter an dem Nischnaja Tunguska, und in der unteren Gegend des Jenisei, als an dem Kureika, Chantaika, Dudina und anderen Bächen und Flüssen mehr, ferner an dem Chatanga, wie auch westlich an dem Tas und Ob, und den darin fallenden Flüssen und Bächen ausgehe[439]. Man sucht alsdenn diese Pelzwerke mit Vortheil und viel auf einmahl abzusetzen. Daher kommen theils die Jäger selbst hieher, theils vertrauen sie ihre Waaren besonders dazu abgeordneten Leuten. Von den Heiden kommen zwar nicht viel um etwas zu verkaufen; sie verhandeln ihre Sachen lieber vorher an Russen, die ihnen wohl bekannt sind, weil sie besorgen, sie müßten solche aus Ehrfurcht gegen angesehene Leute zu wohlfeil weggeben. Doch fehlt es deswegen nicht an Heiden, weil es hier gebräuchlich ist, von denen verschiedenen Völkern allemahl einige Geisel (Amanati)[440] hier zu behalten, die man nicht eher wegläßt, als bis um selbige Zeit des Jahres wieder andere gebracht werden, da man dann die alten wieder ihre Wege gehen läßt. So ließ sich alles gut dazu an. Die Jäger von Chantaika waren hier. Die vom Chatanga hatten ihren Priester in ihrem Namen abgefertiget, der den Abend vor Petri und Pauli ankam. Die Tungusische Geiseln waren mit den Tributeinnehmern schon im Frühjahr angekommen, die nicht weit von der Stadt wohnende Samojeden brachten den Tribut zu unserer Zeit nach der Stadt, die Tributeinnehmer von dem Tas kamen etliche Tage vor Petri und Pauli an. Auch waren verschiedene Russische und Tungusische Kaufleute aus der Stadt Jeniseisk angekommen, die ihren Kram in etlichen Kramläden auslegten. Sobald verschiedene Parteien bei einander waren, ging der Handel an, aber alles heimlicher und fast verstohlner Weise, teils, damit ein Kaufmann dem andern etwas vor der Nase wegschnappen konnte, teils auch, damit es niemand in Sinn kommen möchte, einen oder den andern, der etwa mit vielen Waaren käme, seines Reichtums wegen anzufechten. Die meisten Waaren, welche man hieher zum Verkaufe bringt, sind Zobel, weiße und blaue Füchse (peszi)[441] dergleichen junge Füchse, die noch nicht ausgewachsen sind (nedopeski und nomiki)[442] weiße Wölfe, Bärenfelle, meistentheils weiße, oder Seebären, zu Zeiten auch von dem Nischnaja Tunguska junge Bärenfelle fast wie Silberfarbe, eben daher auch Felle von Vielfraßen, gemeine Füchse, auch zuweilen schwarze und graue sc. Noch eine Waare pflegt von dem Awam[443] zu kommen, nemlich Semisch Leder[444], das die dortige Heiden von jungen Renntieren geben, und das in Weiche nicht seines gleichen haben soll. Die Peszi, weiße Wölfe und Seebären, die man an dem Jenisei fängt, haben den Ruhm, daß sie alle die, so von andern Orten herkommen, an Größe um ein merkliches übertreffen; deswegen sind sie auch allemahl im Preise höher, als diejenigen, welche vom Ob oder von dem Lena herkommen. Man schreibet ihnen auch bessere und dickere Haare zu; daher kommt es, daß sich die Russen an keinem Flusse mehr niederlassen, als an diesem. Von Mangasea bis an die See, ja gar an dem Ufer der See bis an den Pjasida, und bis an den Chatanga und längst dem Chatanga, sind allenthalben häufige Russische Wohnungen, die einige zuweilen verändern, einige aber auf ihr Lebtage behalten, und mit ihren ganzen Familien daselbst wohnen. Ledige Leute ziehen auch in großen Parteien dahin; dann der Fang obgedachter Tiere ist sehr vorteilhaft, und ein junger Kerl, der sich etwas verdienen will, und ein wenig sparsam ist, wann er gleich ganz bloß, und halb nackend dahin geht, bekommt leicht einen Herrn, der ihn annimmt, ihn kleidet, und ihm einen guten Lohn, oder etwas gewisses von dem Fange statt des Lohnes gibt, so daß er in etlichen Jahren was gutes vor sich bringen kann. Des Sommers aber, da außer den Renntieren nichts zu jagen ist, kann man einen schönen Vorrat von Fischen fangen, wobei allenfalls auch Weiber und Kinder helfen können. Und obwohl der Jenisei so gar fischreich nicht ist, wie z.E. der Ob, so kann man sich doch auch damit einen guten Teil der Nahrung verschaffen. Wer sollte glauben, daß noch auf zweihundert und achtzig Werste, unterhalb Mangasea ein Russisches Kirchspiel wäre? Dieses ist Chantaiskoi pogost[445]. Es liegt unter 68 und einem halben Grade nordlicher Breite, und bestehet zwar nebst der Kirche und des Priesterhauses nur aus etlichen Bauren- und einigen leeren Höfen; aber es hat vielen Zulauf von den herumliegenden häufigen Höfen, darin lauter Jäger wohnen. Diese Höfe sind meistenteils nur einzelne Häuser, damit keiner dem andern in seiner Jagd hinderlich fallen möge; deswegen heißen sie auch nur Simowjen. Simowje ist eigentlich ein Haus, das nur des Winters gebraucht wird. Dergleichen Häuser sind besonders, wenn weit und breit kein Dorf ist, für die Reisenden angelegt, allwo sie Futter für die Pferde finden, dergleichen ich schon viele angeführt habe. Hier in Sibirien hat man hernach diesen Namen allen denen Häusern gegeben, die einzeln an einem Orte stehen, ohngeachtet sie Jahr aus Jahr ein bewohnt sind.

Ich komme wieder auf den Jahrmarkt zurücke. Ich höre, daß ein starker Handel getrieben worden sei, ich selbst aber konnte mich nicht viel darum bekümmern, weil ich was anders zu tun hatte. Wir durften uns wegen unserer andern Geschäfte, die wir uns den Sommer über zu verrichten vorgesetzt hatten, nicht gar zu lange aufhalten. Ich will also nur noch kürzlich melden, daß ich schon den 12ten Juni [1739] eine Mittagslinie gezogen habe, um die Abweichung der Magnetnadel wahrnehmen zu können, die ich noch selbigen Abend zu verschiedenen mahlen beobachtete, und von acht

Graden gegen Osten befand. Eben so fand ich sie auch den 19ten dieses zu einer Zeit, da der Wind von Osten, und nur ein wenig schwächer war, als ein mittelmäßiger Sturm zu sein pfleget, welches ich deswegen besonders anführe, weil ich sonst an allen Orten Sibiriens, wo ich noch gewesen bin, nicht die geringste Abweichung habe finden können. Seit dem 20ten hatten wir etliche schwere Donnerwetter, die aber doch ohne allen Schaden abgingen, wie mir denn auch sowohl Russen als Samojeden erzählten, daß man sich keines Exempels besinne, als ohngefähr vor fünf und zwanzig Jahren, da der Donner einen Samojeden nicht weit von der Stadt getödtet hätte. Bäume aber soll er doch zuweilen in viele Splitter zerschlagen. Man nimmt wahr, daß je näher man dem Eismeere kommt, je weniger man von dem Donner höre. Er soll bei der See so schwach sein, daß man ihn nicht hören könne, als wenn man wohl darauf acht gebe, und soll es einem so vorkommen, als wenn etwas unter der Erde brummte. Den Blitz aber soll man auch bei der See deutlich sehen.

[Im Original folgen die Seiten 218 Mitte bis 240 unten.]

Den 25sten [Juli 1739] des Morgens kamen wir nach Anziforow lug, woselbst die Pferde abgewechselt wurden. Um neun Uhr vor Mittage fuhren wir Baschenowa D. und gegen elf Uhr Ilijnich D. vorbei, und kamen des Abends gegen fünf Uhr nach Tuschowa D. Hier ließen wir die Pferde von uns, weil man bis zu der Stadt bald auf dem einen, bald auf dem andern Ufer des Flusses fahren muß, da man dann die Pferde nicht allezeit hin und her treiben kann. Wir gingen, da wir die Fahrzeuge theils ziehen, theils rudern ließen, langsam fort, und erreichten die Stadt kurz nach Mitternacht, fuhren aber längst derselben bis an die Leder Fabrike des Kosacken-Obristen, unseres guten Freundes, Herrn Samoilow[446] herauf, woselbst wir den 26sten des Morgens um zwei Uhr ankamen, und hiemit unsere Mangaseische Reise endigten.

Schon des Abends um acht Uhr schickte uns die Kanzlei einige Packete entgegen, welche in unserer Abwesenheit aus Petersburg angekommen waren, auch andere, welche Herr

Steller aus Irkutzk[447] an uns abgefertigt hatte, und wir hatten Zeitvertreib genug, bis wir an den Ort kamen, da wir anländen wollten. Der Herr Prof. Müller wurde durch Briefe und Befehle von einer weiteren Reise durch Sibirien befreiet, mir aber befahl man länger in Sibirien zu bleiben, und so bald wie möglich nach Kamtschatka zu reisen[448]. Ich kann nicht ausdrücken, wie sehr mir diese Nachricht bei Überlegung aller schon oben gemeldeter Umstände zu Herzen gegangen sei. Die Freude über meines Freundes Glück, der die Erlaubniß bekommen hatte zurücke zu reisen, war groß. Ich habe die vielen und schweren Zufälle seiner Krankheit mit angesehen, und war überzeugt, daß sie nicht verstellet waren. Hat dieser, dachte ich, mit Vorstellung seiner erbarmungswürdigen Umstände durchgedrungen, sollte ich nicht etwa dergleichen erdichten, um auch gegen mich Barmherzigkeit zu erwecken? Dergleichen Gedanken hatte ich nicht lange. Ich wollte keine andere, als wahrhafte Bewegungsgründe anführen. Bald redete ich dem Herrn Prof. Müller zu, er möchte seine Rückreise ohne Verzug antreten, und durch seine mündliche Vorstellung die meinige zuwege zu bringen, und die Einwendungen, die man darwider machen könnte, zu widerlegen suchen. Es überfiel uns endlich der Schlaf, welcher unsere Unterredung diesen Abend unterbrach, mir aber doch nicht die geringste Ruhe ließ. Ohngeachtet ich mich zu Bette legte, so konnte ich mich doch der Gedanken wegen meines künftigen widrigen Schicksals nicht entschlagen, bald reisete ich nach Kamtschatka, bald nach Petersburg, bald kam ich an dem ersten Orte an, und litte Noth an der Nahrung, bald trieb mich mein gutes Glück nach Petersburg; man schickte mich aber eben dahin zurücke, woher ich gekommen war, und wie ich den andern Morgen erwachte, so befand ich mich so matt, als hätte ich die ganze Nacht die schwerste Arbeit verrichtet; so sehr waren die Sorgen über mich Meister geworden. Jedoch waren wir beiderseits des Morgens schon etwas gelassener, als da wir schlafen gingen. Wir merkten, als wir recht nachsahen, bald, daß man zu der Zeit, da man aus Petersburg diese Packete an uns abschickte, noch nichts von der Abfertigung des

Herrn Stellers und von den Schwierigkeiten wußte, welche die Kanzleien wegen unserer Abfertigung zu machen fortfuhren. Ich hatte also wieder gute Hoffnung, GOtt würde etwa die Herzen derjenigen, die etwas hiebei zu sagen hätten, noch lenken, daß sie nach Erwegung aller Umstände eine günstigere Erschließung für mich fassen mögten. Ich schrieb also von hieraus wieder, bezog mich auf meine vorigen Bittschriften, und erklärte mich, daß, weil ich auf selbige noch keine Antwort hätte, ich die Reise nach Kamtschatka so lange, bis ich solche Antwort erhalten würde, aufschieben, indessen aber nach unserem gemeinschaftlichen Vorhaben diesen Sommer noch die obere Gegenden des Jenisei bereisen, von dort nach Krasnojarsk zurückgehen, und daselbst gnädigen Befehl erwarten wollte. Dem Herrn Professor Müller war auch die bloße Erlaubniß, die er hatte zurücke zu gehen, höchst angenehm, und belebte ihn gleichsam von neuem. Er wollte dasjenige, was ich noch in dem eigentlichen Sibirien zu untersuchen nöthig war, gerne mitnehmen. Er hatte nun einen Befehl, kraft dessen er seine Rückreise alle Augenblicke antreten konnte. Ein Mann, der sich etwas von seiner vollkommenen Freiheit mit seinem guten Willen begeben hat, bildet sich nicht ein, seine vollkommene Freiheit wieder zu haben, ehe er nicht eine zulängliche Versicherung davon hat. Ehe er diese bekommt, zieht er sich den geringsten Schein eines Zwanges zu Herzen, und gibt seiner Krankheit fast alle Augenblicke neuen Zunder, welcher mit der schon vorhandenen Materie sich vereiniget, und bei der ersten Gelegenheit in ein Feuer ausbricht. Ganz anders ist es mit ihm, wann er von seiner wieder erlangten Freiheit eine Versicherung hat. Er läßt sich durch keinen Schein betrügen, die Versicherung, die er hat, vernichtet allen Schein; das Herz wird fröhlich; jeder Schein, den man für einen falschen Schein erkennt, gibt ein Gegentheil vom Zunder ab; wie wann man bei einer großen Glut, um sie nach und nach zu löschen, nicht nur keine weitere brennende Materie zulegt, sondern auch von Zeit zu Zeit Wasser zugießt, damit man auch der noch vorhandenen brennbaren Materie alle übrige Kraft benehme.

In dem zweiten Theile meiner Reisen habe dem Leser eine Tabelle von dem täglichen Wachsthum oder Abnahme des Wassers in dem Lena-Flusse mitgetheilt[449], damit man daraus ersehen möge, ob nicht etwa eine besondere Ordnung darin wäre, woraus man die Ursache des Zu- oder Abnehmens beurtheilen könnte, und welche vielleicht einen besondern Einfluß auf den Bau unserer Erde, entweder überhaupt oder besonders dieser Gegenden, haben mögte. Aus den mitgetheilten Wahrnehmungen hat man so viel ersehen, daß, wann sehr große Regen gefallen, oder häufiger Schnee geschmolzen, auch zur selbigen Zeit die Wasser der Flüsse zugenommen haben. Ich habe geglaubt, es wäre gut, wann dieses auch anderswo durch Wahrnehmungen bestätigt würde. Dann also könnte man schon einen näheren Schritt zu einer allgemeinen daraus herzuleitenden Regel thun; oder man würde, wofern die Wahrnehmungen damit nicht überein kommen sollten, Ursache haben einen Schritt zurücke zu gehen. So wie also der Fluß Jenisei, wie ich schon oben gesagt[450], den 8ten April aufging, also besorgte ich sogleich die tägliche Aufzeichnung der Ab- und Zunahme des Wassers. Diese Aufzeichnung geschahe nicht nur bis zu meiner Abreise von dannen, sondern auch nach derselben bis jetzo, welches die Ursache ist, warum ich damahls meine Wahrnehmungen nicht mitgetheilet, sondern sie bis hieher verschoben habe. Sie folgen demnach hiebei, mit der Versicherung, daß man ihnen vollkommen trauen darf.

[Im Original folgen die Seiten 245–251 mit einer tabellarischen Aufstellung der Zu- und Abnahme des Enisej.]

Die Nachrichten von dem Hr. Adjunctus Steller, deren ich oben gedacht habe[451], waren höchst erwünscht. Mit dem ersten Frühlinge ließ er sich die natürliche Geschichte der Gegend um Irkutsk nach allen Theilen derselben auf das äußerste angelegen sein, und überschickte verschiedene artige Beschreibungen natürlicher Dinge. Er merkte aber bald, daß, so wenig wir auch von der Irkutskischen Kanzlei für ihn verlanget hatten, und so viel er davon, damit er ja der Kanzlei nicht zu beschwerlich fallen möchte, nachließ, daß er diesen

Sommer seine Abfertigung noch nicht erhalten würde. Er suchte also, seine Zeit indessen nützlich zuzubringen, und zweifelte, ob er den ganzen Sommer hindurch so viel neue Sachen um Irkutsk entdecken könnte, weil ich auch schon da gewesen war. Er entschloße sich also, in der Mitte des Sommers über den See Baikal zu gehen, sein südliches Ufer und das Bargusinische Gebirge zu durchstreifen[452], und im Herbste wieder nach Irkutsk zurücke zu kehren, um daselbst nicht nur die gemachten Beschreibungen ins reine zu bringen, sondern auch die Anstalten der Kanzlei zu seiner künftigen Sommerreise betreiben zu helfen.

Wir wollten, da wir eben jetzo in Jeniseisk waren, auch den hiesigen Jahrmarkt mit ansehen, der hier jährlich mit dem Anfange des Augustmonats seinen Anfang zu nehmen pfleget. Die russischen Kaufleute, welche von der Grenze hieher zu Schiffe gehen, kommen gemeiniglich so früh an, daß sie sogleich eine Reise nach Mangasea thun, einige von ihren chinesischen Waaren, und was ihnen noch von den russischen übrig geblieben ist, daselbst vertauschen, und von da mit den Mangaseischen Pelzwerken hieher zurückkommen können. Diese haben demnach Chinesische und Mangaseische, und zuweilen auch noch einige russische Waaren. Andere russische und tatarische Kaufleute kommen von Tobolsk zu Wasser durch den Irtisch, Ob und Ket über das Land Makovskoi, so zwischen den Flüssen Ket und Jenisei ist[453]. Diese pflegen gegen den Anfang des Augustmonats hier zu sein, und haben meistens russische Waaren, Juchten Tücher, Tscherkassischen Toback, Leinwand, gewalkte Strümpfe, allerlei russische Zeuge, Messer, Gabel, Schuhe, Stiefel, Honig, Weine. Endlich kommen auch Kaufleute von Krasnojarsk mit schlechten Zobeln, ferner die Jeniseiskischen aus Mangasea zurückkommenden Kaufleute, allerlei Promyschlenie von unten und oben[454], so daß zuletzt eine große Menge von Leuten versammlet und ein guter Handel zu sein pflegt. Wir blieben in Jeniseisk bis den 4ten August da der Jahrmarkt würklich seinen Anfang genommen hatte, doch aber noch nicht in seinem besten war, weil noch einige

Fahrzeuge aus Mangasea und andere aus Tobolsk fehlten. Man meinte aber doch, daß er ohngefähr gegen den 12ten schon zu Ende sein müsse. Dann die aus Tobolsk kommen, dürfen sich nicht verspäten, weil sie noch gemeiniglich nach Jakutsk gehen, da sie dann, wann sie zu rechter Zeit ankommen, diesen dreifachen Vortheil haben. 1. Sie können ihre Fahrzeuge, auf denen sie aus Tobolsk angekommen sind, an die Kaufleute, die dahin zu reisen gedenken, verhandeln. Eben so können sie 2. Die Irkutskischen Fahrzeuge, mit denen sie nach diesem Orte gehen können, an sich handeln, oder die ihrigen gegen solche vertauschen. 3. Sie verspäten sich nicht mit der Irkutskischen Reise.

Wir konnten uns endlich leicht vorstellen, wie der weitere Handel gehen würde, und fanden nicht für rathsam, unsere fernere Reise des Jahrmarktes wegen aufzuschieben. Daher gingen wir mit unsern zweien Fahrzeugen, deren wir uns bedient hatten, weiter den Fluß aufwärts, nachdem wir von der Kanzlei auf ein jedes Fahrzeug zwanzig frische Arbeiter, und zween Steuerleute bekommen hatten. Wir fuhren den 4ten August des Abends um fünf Uhr in Begleitung des mehrmahlen erwehnten Meisters Koschelow[455], und einigen Jeniseiskischen Einwohnern ab, und hatten die Ehre, sie ziemlich lange bei uns zu behalten, weil sie sich vorgenommen hatten, uns bis Werchnaja d. zu begleiten. Der Wind war überaus widrig, und unsere Reise ging überaus langsam, so daß wir erst mit der Nacht bis an den bestimmten Ort kamen. Der Wind wehete zwar die ganze Nacht hindurch in einem fort, wir sahen aber gerne, daß der Anfang unserer Reise schwer war, weil insgemein aller Anfang schwer zu sein pflegt. Um ihn also schwer zu machen, gingen wir die ganze Nacht durch, und den 5ten August nachmittags um drei Uhr fuhren wir erst Goroditschtsche Sloboda, die uns zur linken blieb, und eine Stunde darauf Moklokowa d. vorbei. Wir wurden den ganzen Tag noch von dem widrigen Winde verfolgt, der bei unserer Abreise wehete. Weil er aber unsere Standhaftigkeit merkte, ward er etwas gelinder. Wir ließen wiederum die ganze Nacht die Fahrzeuge in einem fortziehen.

Am 6ten ging es eben so schwer her. Der Wind tobete den ganzen Tag über gewaltig, und blies uns noch allzeit entgegen. Etwas vor Mittage mußten wir einen ziemlich weit in den Fluß hervorragenden Felsen, (Buik)[456] längst welchem der Strom überaus schnell war, vorbeigehen. Ungefähr dreißig Leute wurden an das eine Fahrzeug gespannt, um es hinauf ziehen zu helfen, welches sie auch glücklich thaten. Bei dem andern ging es nicht so gut von statten. Ein dicker Strick, (Burunduk)[457] durch welchen der Ziehstrick ging, brach, und das Fahrzeug wurde von dem Strom zurücke getrieben. Der dicke Strick wurde wieder ergänzt, und die Leute noch einmal angespannt. Man kam ihnen auch mit Stangen von dem Fahrzeuge zu Hülfe, und brachte es endlich gleichfalls hinauf. Ein Dorf Kamenka genannt, stehet zunächst dem Flusse auf diesem Felsen. Um elf Uhr in der Nacht kamen wir nach Ust-tunguskoi pogost. Der Wind hatte sich seit einem paar Stunden gelegt, fing aber um Mitternacht mit eben der Wut an, womit er uns gestern den ganzen Tag verfolgte, welches nebst den beständigen Sandbänken, um welche wir immer gehen mußten, Ursache war, daß wir den 7ten des Morgens den Flecken noch im Gesicht hatten, und erst gegen Mittag zur Mündung des Flusses Tunguska kamen[458], welchen wir nicht anders als mit vieler Unbequemlichkeit und mit großer Mühe unserer Arbeiter vorbei kamen, weil uns der Wind so gar ungünstig und zuwider war.

Den 8ten etwas vor Tage kamen wir das Dorf Rytschkowa vorbei, woselbst die Häflte des Weges von dem Flecken Ust-Tunguskoi bis Casatschi lug gerechnet wird. Wir hatten die vorige Nacht und den heutigen Nachmittag vielen und starken Regen, und immer widrigen Wind, auch eine Sandbank über die andere. Des Abends kamen wir Paderina d. vorbei, und der Regen währte fast die ganze Nacht hindurch. Den 9ten des Morgens erreichten wir den Flecken Casatschi lug unter beständigem Regen und widrigem Winde. Wir hatten den ganzen Tag von Zeit zu Zeit Regen und heftigen Wind, und in unserer Fahrt schlimme Sandbänke und viele seichte Stellen. Die Arbeiter meinten, es wäre besser an der rechten

Seite des Flusses bis an den Wasserfall zu gehen; die Steuerleute aber blieben auf ihrer Meinung, daß die linke besser wäre, und diesen mußten wir beipflichten. In der späten Nacht kamen wir bei Podporoschnaja d. woselbst wir etwas anhielten, und Leute aus den nächstliegenden Dörfern versammlen ließen, die uns den Fall, der zunächst oberhalb diesem Dorfe ist, hinauf ziehen helfen sollten. Mit dem Tage gingen wir viele Werste weiter bis an eine Mühle, und daselbst hielten wir wieder an, um mit Gemächlichkeit alle Vorbereitungen zu machen, die um den Fall heraufzugehen nöthig waren. Kurz vorher, als wir diese Stelle erreichten, war der Strom ungemein heftig, weswegen dieselbe auch der Nachfall (Podporoschniza)[459] genennt wird. Die Leute, die uns helfen sollten, versammleten sich hier, und es kamen außer unsern Arbeitern hier über dreißig Mann zusammen.

Den 10ten vormittags um neun Uhr wurde mit dem einen Fahrzeug der Anfang gemacht, an welches ein sehr dicker Strick (gosche)[460] und an denselben ein Ziehstrick angebunden wurde; an diesen spannte man alle unsere Arbeitsleute, wie auch alle zu diesem Geschäfte versammlete Bauren an. Sie wurden damit bald fertig, und brachten das Fahrzeug ohne Anstand hinauf. Sobald es über den Fall war, gingen sie zurücke, und verfuhren mit dem andern auf gleiche Weise, und mit eben so glücklichem Erfolge. Es währte doch bis nachmittags um vier Uhr, bis sie alle beide herauf waren. Der Fall ist gar nicht so groß, und mag etwa mit Strieloschnoi an der Tunguska verglichen werden[461]. Er bestehet aus drei Absätzen, davon man den untersten für den schwersten und den obersten für den leichtesten hält. Nachdem man dieselben alle drei hinauf ist, so kömmt man nach einem paar Wersten in eine Gegend, da der Grund des Flusses felsicht ist, (zu einer Schiwera)[462] über welche zu gehen zwar nicht gefährlich, aber wegen der vielen aus dem Flusse hervorragenden Steine mühsam ist, weil sich die Stricke in denselben sehr verwickeln. Dieser Ort war Ursache, daß wir hier so lange verweileten; dann man hohlte das andere Fahrzeug nicht eher, als bis das erstere diesen Ort hinauf gegangen war; vermuth-

lich, weil man ihn auch mit zum Falle rechnet, wiewohl ich hierin keine Gewißheit habe erlangen können, indem der eine so, und der andere wiederum anders redete.
[Im Original folgen die Seiten 258 oben bis 311 unten.]
Mein Herr Kollege besahe gemeldete Gräber zu Pferde, doch nicht alle[463]. Er hatte die Güte mir vieles davon zu erzählen; und ein Kerl, der ihn auf seiner Reise begleitete, und der seit vielen Jahren in diesem Gräbergeschäfte geübt ist, theilete mir noch vielerlei allgemeine Anmerkungen mit, die er nach und nach dabei gemacht hatte, aus welchem allem ich folgendes aufgezeichnet habe. Einige Gräber sahen sehr prächtig aus, und werden deswegen Majaki (Gedenksäulen, Obelisci) genannt[464]. Sie sind rund herum mit großen aufgerichteten länglicht viereckigen Steinen umgeben, und haben einen großen Bezirk. Von den Wänden sind gegen die Mitte hin viele liegende Steine auf einander geworfen; in der Mitte aber ist das Grab, welches mit stehenden Fliesen umgeben ist. Dieses Grab ist von keiner großen Tiefe, selten beträgt sie von der Erde an bis an den Körper über eine Klafter. Der in der Mitte liegende Körper ist gemeiniglich ganz, doch sind selten alle Knochen zu sehen, und unter denselben sind die Hüften und Schienbeine meistens unter allen übrigen noch im besten Zustande, und insgemein von einer gewöhnlichen Größe; man soll sie aber doch zuweilen auch außerordentlich groß finden. Außer dem Körper, der in der Mitte des Grabplatzes ist, soll man zuweilen noch in jeder Ecke desselben Platzes entweder einen Körper, oder die Asche desselben, wiewohl nicht durchgängig bei allen finden. Und die Tataren, welche diese Gräber durchsuchen, (sie werden hier zu Lande Kurgantschiki genannt, weil man einen solchen Todtenhügel Kurgan nennt)[465] haben schon hievon ihre Kennzeichen, sie graben in diesen Ecken nur etwa eine Elle tief, und wann das Erdreich sehr fest wird, und aufgerichtete Fliesen zu sehen sind, so graben sie weiter, weil sie bei diesen Kennzeichen immer entweder einen Körper oder Asche finden. Wenn aber diese Kennzeichen nicht da sind, sondern das Erdreich vielmehr locker ist, so vermuthen sie da aus ei-

ner langen Erfahrung, nichts weiter. Es gibt ferner Leute, welche vorgeben, man fände zuweilen noch längst den Seiten dieser Grabmahle Körper, von denen zuweilen einige verbrannt, einige ganz sind. Noch habe ich von jemand vernommen, daß er einmahl außerhalb den großen aufgerichteten Feldsteinen, jedoch hart daran zwo kupferne Platten gefunden, welche die Gestalt von Flügeln gehabt hätten, auf welchen Bärenfiguren zu sehen gewesen wären. In dieser Art Gräber findet man selten was anders, als Gold und Silber, theils in Gefäßen, theils in Gürteln, theils in Ohrringen, theils in Armbändern. An den Ohrringen ist sehr oft eine große Perle, die Ohrringe und Armbänder aber sind allezeit von Golde. Man findet zuweilen Gürtel, da der untere Theil Leder ist, der obere grüner Sammet. Darauf sitzen viereckige Plättgen, deren jedes auf sieben bis acht Solotnik hält; diese sind vermuthlich bei dem ganzen und unvermoderten Gürtel auf dem Sammet angenehet gewesen. Von Gefäßen sind Schüsseln die seltensten. Silberne Töpfgen rundlich mit oder ohne Deckel sind die gemeinsten. Die meisten sind glatt, auf einigen siehet man ausgeschnittene Figuren. Einige sind vergüldet, einige aber von lauterem Golde. Bei ganzen Körpern stehen die Gefäße allemahl bei dem Kopfe. Man findet auch irdene Töpfe, einige, wie Schmelztiegel gestaltet, doch unten platt, einige wie die Sinesischen großen Töpfe mit engen Hälsen. Diese letzteren sind von einer sehr festen und guten Erde, und einige davon, so viel ich aus der Beschreibung lesen kann, sind mit einer Glasur überzogen. Ja man soll Stücke von Porcellan gefunden haben, dergleichen ich auch unter dem Schutt von den ehemaligen sieben Pallästen am Irtisch angemerkt habe[466]. Bei dem Kopfe eines Körpers, findet man öfters zur rechten Seite einen Pferdekopf, dessen Rüssel in die Erde gesteckt ist, in dem Munde des Pferdekopfes aber öfters ein Zaum, und zwar einen Stangenzaum, wie ohngefähr die Deutschen Zäume gemacht sind, daran der Riemen mit silbernen Puckeln[467] beschlagen zu sein pflegt. Dergleichen Pferdeköpfe findet man auch ohne Zäume. Zuweilen liegt auch neben dem Gerippe des Kopfes das

Gerippe eines Schaafkopfes, das zuweilen mit einer goldenen Platte wie mit Flittergolde bedeckt ist. Die Körper liegen mit dem Kopfe gegen Mitternacht[468]. Man findet zuweilen Steigbügel, welche allezeit von Eisen sind, und in ihrer Gestalt mit den Steigbügeln bei Deutschen Satteln auf das genaueste übereinkommen; diese sind zuweilen mit dicken Silberblechen überzogen, welche nur wie angeküttet[469] zu sein scheinen. Einer von denen, die diese Gräber durchsuchen, versicherte mich, daß er in einem mit vielen Reichthümern erfüllten Grabe einmahl ein eisernes Messer von Sinesischer Form gefunden hätte, auf dessen Klinge eine güldene Schlange angelötet gewesen wäre. Außer den Gefäßen, die jedesmahl um den Kopf herum gelegt sind, liegt alles übrige bei den Füßen zur linken Seite. Bei verbrannten Knochen ist das Gold in kleinen Stangen öfters mit den Knochen vermischt, öfters aber an der linken oder östlichen Seite des Grabes mit andern Sachen zusammen geworfen.

Es gibt noch eine andere Art von Grabmahlen, welche man Slanzi nennt[470]. So nennt man sonsten in Russischer Sprache ein Gestein, das in dünnen Schichten bricht. Ein solches Grabmahl ist über und über mit horizontal liegenden Fliesen bedeckt, und man siehet von außen keinen einzigen aufrecht stehenden Stein. Unter den Fliesen ist etwa eine Hand hoch Erde, und darunter hin und wieder Gräber, die mit aufrecht stehenden Fliesen umgeben sind, deren Höhe etwa anderthalb Ellen beträgt. In dergleichen Gräbern sind gar selten andere als verbrannte Knochen, doch sollen zuweilen auch ganze Körper darin gefunden werden. Der obgedachte Selenga[471] hat sich lieber an diese Art Gräber als an andere gehalten, weil er vieles Gold und Silber und zwar meistens in gegossenen Stangen darin gefunden hat. Man findet aber auch, wiewohl selten, Gefäße darinnen, auch irdene Töpfe und Steigbügel, und zwar diese letztern mehr in denjenigen Gräbern, da verbrannte Knochen liegen. Als eine große Seltenheit führen diese Leute an, daß sie die Knochen auch zuweilen in einem schlechten Topfe zusammen geworfen gefunden hätten.

Die dritte Art der Gräber ist unter dem Namen Semljanie Kurganie (Todtenhügel von Erde) bekannt[472]. Es ist eine Art eines Erdhügels, in welchem ein, zwei bis drei Gräber sind. Ein solcher Hügel ist rund herum in einer großen Weite mit sehr hohen Feldsteinen umgeben, und es sollen zuweilen ein bis zween Mühlsteine darauf liegen. Die gewöhnliche Tiefe dieser Gräber ist von zwo bis vier Klafter, man soll aber auch schon einige zwölf Klafter tief gefunden haben. Die Nachforscher[473] dieser Hügel stellen sich vor, daß bei Anlegung derselben in jeder Ecke hölzerne Pfeiler wären eingelassen worden, zwischen welche man den Todten gelegt hätte. Diese Pfeiler wären nachgehends durch Querbalken verbunden, und darauf Birkenrinde gelegt, auf die Birkenrinde aber Erde geschüttet, und endlich dadurch dem Hügel seine äußerliche Gestalt gegeben worden. Sie versichern hievon deutliche Spuren und Merkmale währendem Ausgraben gefunden zu haben. In diesen Gräbern sollen die Körper ganz gelegt worden sein, wie man denn auch in verschiedenen Särgen von Lerchenbaumholze, die mit eisernen Nägeln versehen gewesen, und worin die Körper gelegen, gefunden hätte. Weder in den Särgen aber, noch in der bloßen Erde hat man jemahls die geringste Spur von Silber gefunden, öfters aber viele dünn geschlagene viereckichte Platten Gold, merklich dicker als Flittergold, welche wie es scheint, an dem Körper zuweilen rund herum angelehnet worden; zuweilen soll auch das Gesicht damit wie bedeckt gefunden worden sein. Man findet auch in diesen Gräbern gegossene wilde Schaafe[474], theils von Glockenspeise[475], theils von Kupfer und verguldet, kupferne Leuchter auch zuweilen kupferne Messerplatten, wie die Sibirischen Zauberer auf ihren Berufskleidern tragen[476], und kleine Fetzen von seidenem Zeuge.

Unter der vierten Art werden die Tworilnie Kurgani verstanden, wobei ich keine Ursache des Beiworts Tworilnie anzugeben vermag[477]. Ein Platz von vier bis fünf Klaftern ins Gevierte[478] ist mit aufrecht stehenden Fliesen umgeben, die aber bei nahe etwa eine Klafter tief in die Erde eingesunken sein sollen, daß man selten über der Erde etwas davon hervorstehendes sehen soll. In der Mitte dieser Fliesen ist ein Grab, das fast ohngefähr in eben der Ebene liegt, als die Fliesen weit hinunter gehen; zu den Seiten aber hat man noch niemahlen eines wahrgenommen. Zwischen dem wirklichen Grabe, da der Körper liegt, und den Fliesen pflegt man gar selten was von Steinen zu sehen, es ist meistens alles Erde. Das Grab aber ist zuweilen mit Fliesen belegt, zuweilen auch nicht. In dieser Art Gräber sind keine andere als ganze Körper zu finden. Sie ist an dem Abakan unterhalb dem Tastüp sehr gemein, aber auch bei dem gemeinen Mann in großer Verachtung, weil man meistentheils nichts als Kupfer darin findet, vornehmlich kupferne Spieße und Streithammer, auch irdene kleine Töpfe in Tiegelform. Zwar sollen in der Gegend des Kopfes auch zuweilen dünn geschlagene Goldbleche gefunden werden, die aber so klein und dünne sein sollen, daß man die viele Mühe, die man mit dem Graben habe, nicht bezahlt bekomme. Wem daran gelegen ist, daß er nach seinem Tode ungestört bleibe, kann hieraus lernen, was er für eine Verordnung dieserhalb zu machen habe. Er könnte allenfalls auch die kupferne Werkzeuge und das Gold weg lassen.

Die fünfte Art wird mit dem Namen Kirgiskie Mogili belegt[479], weil man vermuthlich dafür hält, daß dieses Grabmähler der Kirgisen sein, die man alle für gemeine Leute, und für eine Art Kosacken gehalten hat. Hier ist das Grab vom Körper an bis zuöberst an die Oberfläche der Erde noch mit einer Zugabe von Steinen angefüllt, so daß das Grab noch über der Erde etwas erhaben aussiehet, und einem kleinen Hügel gleichet. Alles, was man darin findet, sind Überbleibsel von Stiefeln und Pfeilen. Folglich schicken sich die bei der vorigen Art gehabte zufällige Gedanken auch hieher.

Wie aber die Naturforscher in ihren Untersuchungen nicht gerne einen Zufall, den sie in der Natur wahrnehmen, vorbei lassen mögen, ohne ihn mit andern zusammen zu halten, um, wo es möglich ist, einige allgemeine Gesetze derselben herauszubringen: also habe ich gemerkt, daß die Gräberforscher auch einige allgemeine Gesetze wahrgenommen, nach welchen die alten ehemaligen Tataren mit ihren

Todten zum wenigsten in dieser Gegend verfahren sind.
1. Sie haben die armen Leute nahe bei Wäldern, die reichen aber auf freien angenehmen Feldern begraben; diejenigen Felder aber kamen ihnen angenehm vor, die eine freie Aussicht besonders nach Flüssen haben. 2. Je näher der Abakan dem Jenisei ist, je reicher waren die Leute, die man dahin begraben hatte, je weiter er aber davon entfernt ist, desto ärmeren Leuten hat die Gegend zur Grabstätte dienen müssen[480].

[Im Original folgen die Seiten 319 Mitte bis 329 Mitte.]

Wir gingen einen Felsen Petschicha (der diesen Namen von seiner Gestalt hat, weil er wie ein Ofen ausgehöhlet ist,)[481] auf dem rechten Ufer, Batenow Buik auf dem linken Ufer, glücklich vorbei. Oberhalb des letzteren zur rechten Hand sind sehr viele zertrümmerte Felsen und Wirbel in dem Flusse. Irdschi-kaja, dessen ich oben gedacht habe[482], liegt hart an dem linken Ufer und drei Werste ohngefähr unterhalb Batenow-Buik, und währt etliche Werste lang. Auch diesen kamen wir ganz gut vorbei. Zwischen demselben und dem Buik hat D. Messerschmidt bei seiner Wasserreise in diesen Gegenden Schiffbruch gelitten[483]; man soll aber doch die Kähne, worin er gefahren, an das Land gebracht und das meiste gerettet haben, von Leuten soll auch niemand umgekommen sein. Nach dem Irdschi kamen wir bald zu der Worowskaja Protoka (Diebsarm)[484] die an dem linken Ufer und ein Arm des Flusses ist, der seinen Namen von den Kirgisen hat, die in alten Zeiten längst demselben gewohnt haben. Die Insel, die er einschließt und die wir ebenfalls zur linken liegen ließen, ist ohngefähr acht Werste lang. Unterhalb dem Ende dieser Insel, jenseits des gedachten Armes, fuhren wir an das Land, woselbst wir ankamen, als es anfing dunkel zu werden. Daselbst stunden Kastinzische Jurten, und wir hatten dahin einige Zauberer und Zauberinnen[485] bestellet, von welchen aber nur ein Zauberer von Bagdinskoi uluß, und eine Zauberin von Jastinzkoi uluß gegenwärtig waren, die uns des Nachts ein ziemlich feines Schauspiel machten. Ich will hier ein vor allemahl erinnert haben, daß sich niemand an den fürchterlichen Namen eines Zauberers und Zauberinn stoße. Nach meiner langen Erfahrung, die ich von diesen Leuten habe, bin ich allzusehr überzeugt, daß sie nichts böses im Schilde führen, noch viel weniger mit dem Teufel im Bunde stehen, noch durch dessen Hülfe etwas verrichten können, das über die Kräfte der Natur läuft. Wann der Teufel nicht mehr kann, als diese Leute, so ist er überaus ungeschickt. Sie sind also gewiß keine Zauberer. Aber sie sind Sibirische Zauberer, d. i. Leute, welche sich des bei dem Pöbel herrschenden Aberglaubens bedienen, um dadurch ohne sonderliche Mühe ihren reichlichen Unterhalt zu bekommen. Da ich nun diesen Begriff davon habe, so mögte es mir verdacht werden, daß ich sie bei aller Gelegenheit immer wieder auf das Tapet bringe. Das thue ich, um zu zeigen, auf wie vielerlei Art sie ihre Betrügereien machen, und um alle ihre Handwerksbräuche so viel möglich zu beschreiben, die zuweilen einer von ungefähr nicht alle ausübt, oder auch aus Schalkheit zu verbergen sucht. Sowohl der gegenwärtige Zauberer als Zauberinn hatten ihr Ehrenamt noch nicht lange bekleidet, welches man auch aus ihren Kleidern abnehmen konnte, die noch beinahe neu waren[486]. Des Zauberers Vater war von eben diesem Handwerk, so wie der Zauberinn Großmutter[487]. Sie hielten sich auch deswegen für vornehmer, und wollten uns einen Stammbaum aufzeichnen, worin sie uns vielleicht ihren Zauberstamm bis ins siebte Glied hätten beweisen können. Es ist in der That ein sehr ansehnliches Amt in den Augen des heidnischen Pöbels, dessen nur hohe Geister würdig sind; und in welchem das Blut so vieler würdigen Ahnen wallt, derselbe wird dazu immer für geschickter gehalten. Aber wir waren nach diesem Beweise nicht sonderlich begierig. Die Kleider waren von den bisherigen wenig unterschieden; sie hatten dieselben mit einer Menge kleiner Thierfellen, Adlersklauen, und einem paar Pud von eisernem Klapperwerke über und über behangen[488]. Die Mütze des Zauberers war mit unter sich stehenden Federn, so wie die Mütze der Zauberinn mit ungemein vielen Fäden gezieret, die so lang herunter hingen, daß wenn sie selbige auf hatte, ihr das Gesicht bei nahe ganz davon bedeckt wurde. Die ledernen Strümpfe, (Unti)[489] die zu diesem Anzug gehörten, und niemahls ohne ihn angezogen werden, waren bei der Zauberinn vorne der Länge nach mit rothem wollenem Zeuge benehet, und an den Seiten dieses wollenen Zeuges mit Roßhaaren gestickt; des Zauberers seine hatten oben auf dem Fuße eine solche Zierrath in Form eines Kreuzes. Der Zauberinn Trommel war kleiner als des Zauberers seine. Die Trommelschlägel waren bei beiden breiter, als gewöhnlich, und auf der oberen Seite, welche die Trommel nicht berührte, viele eiserne kleine Ringe zum Zierrathe, welche währendem Trommeln das Gerassel, so von dem Eisen des Kleides und der Trommel verursacht wurde, um ein gutes vermehren halfen. Die Zauberei hatte etwas an sich, das von den vorigen, die wir gesehen hatten, abgehet. Ich bitte mir von meinen Lesern so viel Geduld aus, es zu lesen, als ich habe, es zu beschreiben. Sie spielten einer nach dem anderen. Beide fingen damit an, daß sie sich nach ihrer gewöhnlichen Tatarischen Art auf die Erde setzten, und zwar der Thüre gerade gegen über. Die Trommel hielten sie aufrecht vor das Gesicht, und rührten sie ohne großes Gerassel, und mit einem leisen Brummen, welches sich nach und nach vermehrte, und wie es zu einem ziemlichen Grade gekommen, gleichsam das Zeichen zu der gleich zu erzählenden Raserei war. Sie sprangen plötzlich auf, und blieben auf eben der Stelle, da sie vorher saßen, stehen, ohne die Trommel ruhen zu lassen, die sie vielmehr auf eine fürchterliche Weise mit mancherlei Sprüngen, verschiedenen Stimmen und Geschrei, Pfeifen, Zischen und Brummen zu rühren fortfuhren. Dieses währte bei nahe eine Viertelstunde; alsdann sprangen sie gegen die Thüre hin, und etwas in der Jurte herum, welche Sprünge für Liebkosungen sollten gehalten werden, womit sie die Teufel zu sich locken wollten[490]. Bei der Thüre war der größte Lärm. Plötzlich sahen die Lärmenden von der Thüre starr in die Höhe gegen den Ort hin, da der Rauch aus der Jurte aufzusteigen und hinauszugehen pflegt, und es hieß gleich darauf, als wären die Teufel durch dieses Rauchloch hereingekommen. Die zuschauenden Tataren spritzten sogleich etliche Löffel Wasser gegen die Thüre der Jurte, und das heißt die Teufel futtern, oder tränken, damit sie sich desto leichter zu einer Unterredung mit ihren lieben Freunden, den Zauberern bewegen lassen mögen. Hierauf wurde gegaukelt und gewaltig gesprungen, und die Gaukler brachten einige Reden wie singend hervor. Dieses sollte das würkliche Gespräche des Zauberers und der Zauberin mit den Teufeln sein. Der Zauberer insbesondere ahmte öfters die Stimme eines Guckucks nach, und einige Tataren antworteten ihm von weitem mit eben der Stimme. Zuweilen schrie ihm ein Tatar überlaut ins Ohr, die er seiner Seits beantwortete, jedoch den Ton so wunderbar herauszubringen wußte, daß es lassen sollte, als hätte ihn ein Teufel von sich gegeben. Nach langem Gaukeln sprang der Gaukler und die Gauklerinn zu der Jurte hinaus, welche hinter ihnen zugemacht wurde. Die Zuschauer aber blieben alle, weil es der Gebrauch und vielleicht auch der Aberglauben so haben will, in der Jurte sitzen. Die Abwesenheit dauerte nicht lange. Bis hieher waren die Handlungen des Zauberers und der Zauberinn in keinem wesentlichen Stücke von einander unterschieden, von nun an aber wurden sie auf eine verschiedene Weise verrichtet. Nachdem der Zauberer noch ein wenig herumgesprungen war, fing er an seinen Trommelschlägel einem der Zuschauer zuzuwerfen, welcher ihn ihm wieder zurücke gab, worauf er prophezeiete, daß selbige Person ins künftige gesund sein würde. Dieses Zuwerfen und Zurückgeben des Schlägels geschahe bei allen in der Jurte vorhandenen Leuten. Nun nahete sich das Ende des Spiels heran. Nach einigem Springen und Trommelrühren fiel dem Zauberer die Mütze von dem Kopfe. Die Tataren behaupteten, dies geschehe durch die bloße Kraft der Zauberei, weil weder der Zauberer selbst, noch jemand von den Zuschauern sie los gemacht hätte. Der Zauberer legte seinen Zauberanzug ab, und seine gewöhnlichen Kleider an. Hierauf fing die die Zauberinn ihr Spiel an, und verrichtete es bis auf den Zeitpunkt, den ich schon angezeigt habe, auf gleiche Art als der Zauberer. Sie lief nicht nur einmahl aus der Jurte heraus, und kam wieder herein, sondern sie that dieses etlichemal, sie sprang und rasselte beständig dazwischen; und wie sie das letztemahl hereinkam, so sang sie, daß sie heute lange zaubern und lustig sein würde, wann es nur den Zuschauern angenehm wäre, dessen sie dann versichert wurde. Diese Erklärung that sie einigemahle, und es wurde die Versicherung allezeit wiederhohlt. Darauf wurde eine Art eines wohlriechenden Wermuths (Irben tat.)[491] ins Feuer geworfen, wodurch mehr Seegen zu der künftigen Handlung, die noch vorgehen sollte, nach der Tataren Meinung zu hoffen war. Nach und nach gab man der Zauberinn sieben Schalen von dem Wasser, das nach der Destillirung des Milchbrandtweins zurück bleibt, zu trinken, und sie sprang nach dem Austrinken einer jeden Schale zur Jurte hinaus. Hierauf bekam sie sieben Chinesische Tobackspfeifen (gansa) [492] mit Chinesischem Toback angefüllt, zu rauchen. Zwischen welchen sie ebenfalls jedesmahl zur Jurte hinaus sprang, aber so geschwinde als von den vorigen Gaukeleien zurücke kam. Bei der letzten Pfeife stellte sie sich an, als würde sie sehr ohnmächtig, sie wurde deswegen gehalten, kam aber bald wieder zu sich selber. Einmahl gab sie vor, daß ihr die Pfeife weggenommen worden, und wollte durch ihre Trommel erfahren, ob nicht vielleicht einer von den Zuschauern diesen Diebstahl begangen hätte; sie trommelte deswegen bei allen herum, konnte aber den Thäter nicht entdecken. Dennoch lief und schrie sie noch immer hin und her, und endlich hieß es, die Teufel hätten ihr diesen Streich gespielt, und die Pfeife entwandt. Als sie aber den Teufeln ihren Diebstahl mit derben Worten vorhielt, so gingen sie in sich. Zum Beweise dessen fand sich endlich die Pfeife in der Zaubertrommel, für welche sie immer einige Verehrung haben sollen. Endlich wurden sieben Holzspäne nach der Reihe angezündet, welche sie alle brennend auffraß, so daß sie nach dem Genusse eines jeden Spanes wieder aus der Jurte, wie bei den vorigen Gaukeleien hinauslief. Nach dem letzten Span rollte sie die Trommel im Hereinspringen in die Jurte, längst der Jurte hin, und sang, daß sie diese Nacht lustig sein wollte, wann sie nur die Erlaubnis dazu hätte. Man versicherte sie hiervon abermahls. Sie warf ihren Trommelschlägel etlichemahl mit untermengtem Springen und Auslaufen aus der Jurte einem Tataren zu, der sie endlich zum Tanz aufforderte. Er stund auf, und stellte sich auf die rechte, so wie sie, die Zauberinn auf die linke Seite gegen einander über, und hart beisammen. Sie hoben beide Hände einer gegen den andern auf, welche sie sich endlich gaben, und die Köpfe durch den von den Händen eingeschlossenen Raum dreimahl schwungen, wie öfters bei Deutschen Tänzen zu geschehen pfleget; alsdann sprang der Tänzer dreimal um die Zauberinn herum, und ging ab. Auf eben diese Art tanzte sie mit noch 6 andern Männern, und so auch mit 7 Weibsbildern. Es waren zwar nicht so viele da, sie tanzte aber dafür mit einigen, die da waren, doppelt, damit sieben Tänze heraus kämen. Weil einige der Tänzer und Tänzerinnen sehr ungeschickt waren, die Zauberinn aber sich ungemein aufgeräumt befand, so hatte sie mit diesen Leuten vielen Possen, die auch einen Cato[493] auf kurze Zeit zu belustigen vermochten, weil doch ein Europäischer Cato, wenn er noch so ernsthaft aussieht, an Asiatischen Narrenpossen wegen der Neuigkeit ein Vergnügen finden kann. Nach diesen Tänzen nahm unsere Zauberinn wieder die Trommel hervor, und rührte sie. Es wurde wieder von dem obgedachten Kraut etwas in das Feuer geworfen, und die Zauberinn räucherte ihre Kleider und Trommel damit durch und durch; sodann sprang sie wieder etwas und trommelte, und warf endlich, wie ihre Vorgänger, den Trommelschlägel einem jeden Zuschauer dreimahl zu, und sang auf eine etwas kunstmäßigere Art, als ihr Vorgänger, eben dergleichen Weißsagungen her. Sie stellte sich endlich überaus lächerlich hin, und erwartete, ob etwa ihre Mütze nicht von sich selbst vom Kopfe fallen wollte, und um ihren Vorgänger noch lächerlicher zu machen, schüttelte sie mit dem Kopfe, so viel sie konnte. Als aber die Kappe noch nicht herunter fiel, so meinte sie, sie würde zu lange darauf warten müssen, nahm sie also selbst ab, legte auch ihre Kleider weg, und machte hiemit dem Schauspiele ein Ende. Ob sie gleich bei vier Stunden lang in beständiger Bewegung gewesen war, so konnte man bei ihr doch keine sonderliche Müdigkeit wahrnehmen. Sie mogte uns wohl angemerket haben, daß wir genug hätten; denn es war schon Mitternacht, weswegen sie das Spiel klüglich endigte, ehe man es ihr befehlen mögte. Die Zauberer, die wir noch außer diesen hier erwarteten, auch die nach ihnen voraus geschickten Leute waren noch nicht angekommen. Daher gingen wir endlich schlafen.

[Im Original folgen die Seiten 338 Mitte bis 344 oben. Am 7. Oktober 1739 erreichten Gmelin und Müller Krasnojarsk.]

Wir konnten unsere Winterwohnungen ohne Verzug beziehen, und nahmen uns vor, an diesem Orte unsere im Sommer verrichteten Geschäfte in Ordnung zu bringen. Weil uns die Einwohner schon ehedem gesehen hatten, und mit unserer Aufführung zufrieden waren, so waren wir ihnen willkommen, ohngeachtet ich nicht zweifle, sie würden sich auch nicht gegrämt haben, wann wir sie vorbei gegangen wären, welches ich ihnen nicht so sehr verargen kann, weil man fast in der ganzen Welt nicht gerne Einquartirungen hat[494].

Die häufigen Tataren[495], unter welchen wir dieses Spätjahr gewesen, sind überhaupt von einer Gesichtsbildung, welche einem Europäer nicht mißfallen kann. Sie haben die Augen nicht tief im Kopfe, keine platte oder breite Gesichter, kleine platte Nasen, und kommen einem Europäischen Gesichte am nächsten. Sie sind meistens wohl gewachsen. Man findet nicht leicht einen krüppelichten unter ihnen, auch nicht leicht einen, der sonderlich fett wäre. Sie sind meistens hager, dabei munter und aufgeweckt, zu Geschäften aufgelegt, leutseelig, umgänglich, ziemliche Schwätzer, jedoch redlich und aufrichtig. Im Handel allein hat man sich, wie man sagt, vor ihnen in acht zu nehmen; dann sie halten es für eine Kunst, wann sie jemand betrügen können, und sagen, es müsse sich keiner unterstehen eine Waare zu handeln, die er nicht verstehe, wann er aber glaubte, daß er sie verstehe, so habe er seine Augen, so gut als der Verkäufer, und es sei eine bloße Einfalt, wenn er sich betrügen lasse. Man hat niemahls gehört, daß sie der Straßenräuberei nachgegangen wären, daß sie sich unter einander, oder die Russen bestohlen hätten, oder daß sie jemanden vorsetzlicher Weise Leid zufügten. Man hört unter ihnen nicht viel von Hurerei, oder Saufen; doch sind sie auch von diesen Lastern nicht ganz frei, wie ich dann oben auch einen angeführt habe, der von der Lustseuche durch und durch angesteckt war[496]. Weil sie ziemliche Viehzuchten, besonders von Pferden haben, so ist bei ihnen das bei andern Heiden gewöhnliche Brandtweindestilliren aus Pferdemilch üblich, da sie sich dann nicht enthalten können, nachdem sie einen guten Vorrath haben, sich damit was zu gute zu thun. Wann sie in Russische Dörfer oder Städte kommen, so pflegen sie auch zuweilen die Schenken zu besuchen, oder bei einem bekannten Russischen Freunde einige Schaalen Brandtwein und Bier mehr zu trinken, als sie vertragen können. Doch überhaupt kann man sagen, und ich muß ihnen das Zeugniß geben, daß sie der Unmäßigkeit nicht in einem großen Grade ergeben sind. Sie haben dieses mit den heidnischen Völkern gemein, daß sie, das männliche sowohl, als das weibliche Geschlecht, gerne Toback rauchen, und sie fangen diese Übung schon von ihrem zehenten oder zwölften Jahr an. Der Chinesische Toback ist ihnen der angenehmste, den Tscherkassischen rauchen nur die Armen, und sie mischen ihn mit feinen Spänen von Birkenrinde, theils aus Sparsamkeit, theils auch ihm seine Stärke etwas zu benehmen. Sie haben eine heilige Ehrfurcht gegen die Todten, besonders aber gegen ihre Voreltern. So wohl ihnen auch bekannt ist, daß man aus den Gräbern ihrer Vorfahren schon viele Schätze gegraben hat, so hört man doch nicht, daß einem die Lust angekommen wäre, auf solche Art reich zu werden, ohngeachtet sie die allerbeste Gelegenheit dazu hätten, weil sie zunächst diesen Gräbern wohnen. Sie nehmen zwo, drei bis vier Weiber, die Armen aber nehmen auch mit einem vorlieb. Der Reinlichkeit befleißigen sie sich nicht; dieses benimmt ihnen etwas von der Annehmlichkeit in ihren Gesichtszügen; und die Weibsleute, auch die, welche bei ihnen für schön gehalten werden, sehen unseren schmutzigen Viehmägden sehr ähnlich, die Mannsleute aber den Bauerknechten. Sie haben sich noch mit gar keiner Religion bekannt gemacht, sondern sind die reinsten Heiden, die gefunden werden können[497]. Kein Muhammedaner kann ihnen nachreden, daß es ihm gelungen wäre einen einzigen zu seinem Unglauben zu bringen; keine Mongole hat ihnen seine abergläubische Pillen[498] oder Kraftküchlein[499] oder andere Götzenbilder noch beliebt machen können. Dies ist zu beklagen, daß auch die christliche Religion noch eben so wenig Eingang bei ihnen gefunden habe, ohngeachtet deswegen schon einige Versuche geschehen sind. Sie weisen auf die Gräber ihrer Vorfahren, und sagen, man habe aus deren Beraubung schon genugsam erfahren, was für ansehnliche und wohl begüterte Leute unter ihnen gewesen sein müssen, und wie es ihnen in dem zeitlichen überall nach Wunsche ergangen wäre; dies sei alles bei einem Glauben geschehen, der von eben diesen ihren Vorfahren auf sie fortgepflanzt worden; nur daß sie vielleicht in einigen Sachen nicht so steif mehr auf ihre alte Sitten und Gebräuche hielten, welches ohnfehlbar ihren Verfall zuwege gebracht hätte, und noch mehr zuwege bringen könnte, wenn sie so gar große Veränderungen vornehmen würden.

Sobald wir hier in Krasnojarsk angekommen waren, sorgte Hr. Prof. Müller dafür, daß wir hier einen Katschinskischen Zauberer und Zauberinn zu sehen bekommen mögten, als nach denen wir schon auf der Reise geschickt, aber sie nicht erhalten hatten[500]. Sie sollen eine andere Kleidung anziehen, und ihr Handwerk auf eine andere Art, als die andern Zauberer treiben. Endlich kamen ihrer zween von beiderlei Geschlechte an, und bestellten uns auf die Nacht in eine Tatarische Jurte, die in der Stadt war, um uns ihre Künste zu zeigen. Wir begaben uns dahin, und trafen eine ansehnliche Versammlung von Tataren, und das paar Zauberer an. Um die Zeit nicht vergeblich zuzubringen, ließen wir sie gleich zum Werke schreiten. Das Weib, welches schon ziemlich bei Jahren war, und dieserhalb von dem Zauberer in Ehren gehalten wurde, machte den Anfang. Sie zog ihre gewöhnliche Kleidung aus, doch so, daß sie um die Ehrbarkeit nicht zu verletzen, ein häßliches Hemde, und ihre Hosen anbehielt, worüber sie die Kleider anzog. Solche bestunden in einem Kittel von blauen Kitaika (Chinesischer baumwollener Zeug)[501] der mit rothem Kitaika besetzt, und hinten auf den Schultern mit einigen langen gefärbten Fäden, daran kleine Porcellanmuscheln fest gemacht waren, behangen war[502]. Über diesen band sie eine Art von Leibriemen, welches deswegen merkwürdig ist, wie bei den Tataren nur die Dirnen und Mannsleute einen Leibriemen (Kuschik) zu tragen pflegen[503]. An den Füßen trug sie lederne Stiefel, die mit Erlenrinde roth gefärbt waren, und keine Absätze, auch sonst nichts von Zierrathen hatten. Die Mütze war rund, und gegen oben zugespitzt, von Luchsbäuchen zusammengesetzt, und mit Zobeln bebrämt. Anstatt der Quaste aber stunden Eulenfedern von der Spitze aufrecht hinaus, wie sie bei erzürnten Eulen zu stehen pflegen. Die Trommel war von den vorigen, die wir gesehen hatten, nicht unterschieden[504]. Der Trommelschlägel war mit Biberfelle überzogen. Die Art der Zauberei war mit der auf der Wasserreise beschriebenen meist einerlei[505], nur daß vieles an der Lebhaftigkeit unserer damahligen Zauberinn fehlte. Die hiesigen Zuhörer mischten auch ihren Gesang mehr mit darein, und die Zauberinn lief nur ein einzigmahl zur Jurte hinaus; dagegen aber sahe sie gar oft zu derselben hinaus. Sie schien einmahl ganz außer sich zu sein, zu der Zeit nämlich, als es hieß, die Teufel wären angekommen, weswegen sie hinten von ihren Tatarischen Brüdern gehalten, von vorne aber mit dem wohlriechenden Wermuth, dessen Würkung man auch bei der vorgemeldeten Zauberei versucht hatte, geräuchert wurde. Um aber von der Hülfe vergewissert zu sein, schob man ihr ein Messer unter die Stiefelsohle, und hob den Fuß damit in die Höhe. Es wurde auch sowohl itzt als vorher und hernach zuweilen etwas Chinesischer Toback ins Feuer geworfen, welches doch jetzo insbesondere dreimahl geschahe und zweimahl ward etwas gegen die Zauberinn hingeworfen. Und wie dergleichen Leuten ihr ansehnliches Amt eine Art von Unverschämtheit gibt, also verlangte sie, vermuthlich um den Zuschauern etwas weiß zu machen, daß man noch etwas Toback ins Feuer werfen sollte, damit die Teufel ihr desto mehr zu Gebote stehen mögten. Ihr Verlangen wurde für einen Befehl angenommen. Sie hatte es kaum bezeigt, so war der Toback schon im Feuer, worüber sie dann auch ihre Freude mit Tanzen und fröhlichem Singen bezeugte, und den Zusatz machte, daß die Herren Teufel nun ganz freundlich mit ihr umgingen, so sei es, wann man so großen Herren höflich begegne. Aus gleicher Ursache verlangte sie ein andermahl ein Hemde, welches sie vor der Thür der Jurte aufhing, und es den Teufeln zur Ergötzlichkeit versprach, wenn sie mit ihr gnädig verfahren würden. Sie konnte desto freigebiger sein, weil die Innhaberinn der Jurte das Hemde hergeben mußte, auch ihr ohnedem wohl bewust wäre, daß sie mehreren Nutzen davon ziehen würde, als der Teufel. Endlich zog sie die Kleider aus; und weil der Zauberer seine nicht bei sich hatte, so bediente er sich eben derselben, und fing sogleich sein Spiel an, welches er ohngefähr auf eben die Art machte, auch sich, so wenig als die Zauberinn, den Guckuk weder schreien ließ, noch selbst schrie. Vielleicht ließ er den Guckuk nicht mit ins Spiel kommen, weil wir ihm sagten, daß er seine Possen nicht allzulange treiben mögte, indem er sich doch eine Weile damit hätte aufhalten müssen, deswegen bekam er auch zu der Zeit keine Ohnmacht, da das Guckuksgeschrei gebräuchlich ist. Hingegen ließ er zuweilen Wasser in die Höhe spritzen, welches bei dem Spielen der Zauberinn nicht geschahe. Er so wohl als sie hielten beim Anfange ihrer Gaukeleien die Trommel etwas zum Feuer, und wandten sich hin und her, desgleichen auch die Hände und Füße, gleich als wann die Zauberei dadurch mehreren Nachdruck bekäme. Er endigte sein Spiel damit, daß er die Zauberinn starr ansahe, und sie etlichemal stark anschrie, wobei er die Trommel auf die Erde setzte, und in der Hand hielte. Die Zauberinn verdrehete darauf auch gegen ihn einge mahl das Gesicht, und machte närrische Geberden, sie stund sodann auf, sahe ihn an, und nahm ihm die Trommel, vermuthlich als eine ihr zugehörige Sache weg. Er aber legte nach einigem Lärmen endlich seine Kleider ab. Währendem Zaubern kam ohngefähr ein Hund in die Jurte, welcher so gleich auf des Zauberers Verlangen hinausgejaget wurde, weil die Hexerei (oder nach ihrer Art zu reden, das Heiligthum) dadurch beflecket würde. Ich weiß in der That nicht, was ich mir für einen Begriff von ihrem Zaubern, in Ansehung ihrer selbst machen soll; dann in Ansehung meiner weiß ich wohl, daß es, wie ich schon oft erwehnet habe, Possen und Betrügereien sind. Es kommt mir aber vor, als wann diese Leute das allerhöchste Wesen gar wenig achteten, und dafür hielten, als wäre auf der Erde den Teufeln alle Gewalt gegeben nach ihrem Belieben den Menschen gutes und böses zuzufügen. Man sieht, daß sie viel auf das Räuchern halten, wie bei einigen Christen währendem Gottesdienst gebräuchlich ist. Man siehet auch, daß einige von ihnen, als wie die Tataren im Kußnetzkischen, von ihren Opfern, die sie ohnfehlbar dem Teufel thun, bloß bei den Russen oder bei uns vorgeben, als verrichteten sie dieselben Gott zu Ehren, um durch ihren Glauben uns keine böse Meinung von sich beizubringen. Ich vermuthe also, daß alles, was sie uns von Gott vorschwatzen, von den Teufeln zu verstehen sei; oder wann sie ja das gute Wesen annehmen, so halten sie doch die bösen Geister in so hohem Werthe, als die guten, und daher kommt es auch, daß sie Zauberei und Heiligthum für eines halten. Man siehet auch an den heidnischen Kindern, die öfters bei dergleichen Zaubereien gegenwärtig sind, daß sie dieselben gar nicht für was fürchterliches halten, sondern vielmehr von Kindheit an angewöhnet werden, gegen die bösen Geister ehrerbietig zu sein. Bei jetzt erwehnter Zauberei war ein Kind von ohngefähr drei Jahren zugegen, welches dem Spiel mit so großer Aufmerksamkeit zusahe, als hätte es die größte Freude daran. Es ließ ohngeachtet alles Gerassels nicht den geringsten Schrecken von sich blicken. Es scheint also wohl, daß derjenige, welcher die Christliche Religion bei ihnen mit einigem Fortgange lehren wollte, ihnen zuerst und vor allen Dingen beibringen müsse, daß man von den bösen Geistern nicht das geringste gute hoffen könnte, und daß sie auch so viel Vermögen nicht hätten, den Menschen zu schaden, sondern in ihrer Gewalt sehr eingeschränkt wären. Alsdann müßte man ihnen begreiflich machen, daß ein einiges vollkommenes Wesen wäre, welches allein die vollkommene Macht im Himmel und auf Erden hätte, von welchem alles erschaffen wäre und erhalten würde, welches geneigt sei, allem dem, was es erschaffen, gutes zu thun, und alles böse von allen Geschöpfen abzuwenden. Hernach wäre es erst Zeit von Christo zu reden, und erstlich seine Nothwendigkeit, hernach seine Würklichkeit zu zeigen, und wann sie so weit gebracht wären, so wäre alsdann an einer schleunigen Bekehrung gar nicht zu zweifeln. Dieser Weg, der meiner Meinung nach der allervernünftigste wäre, und mit den Gesetzen der Billigkeit und Religion am meisten übereinstimmte, würde wohl in Übung zu bringen sein, wann es nur an den hierzu erforderlichen Leuten nicht fehlete. Der andere Weg, welcher, wie bekannt, der gemeinste, und zuweilen mit Grausamkeit oder doch mit einem kleinen Zwange verknüpft ist, würde vielleicht bei eben diesen Heiden, von denen ich jetzo rede, schon vor dreißig Jahren beobachtet worden sein, wann sie weniger nach dem Willen ihres Herzens lebeten, ich will sagen, wenn sie weniger begütert wären, oder wenn man genugsam versichert wäre, daß diejenigen, die man zu dem Bekehrungswerk gebrauchte, einen aufrichtigen und heiligen Eifer dasselbe nach allem Vermögen zu befördern, und keine zeitliche Nebenabsichten dabei hätten.

Den 14ten des Wintermonats[506] wurde hier ein gemeines Weib wegen eines an ihrem Manne begangenen Todschlages lebendig in die Erde, und zwar stehend bis an die Brust, und den Hals eingegraben, auch die Erde neben ihr etwas, wiewohl nicht gar feste eingestampft, weil noch viele Leute Hoffnung hatten, daß man ihr noch Gnade wiederfahren lassen würde. Sie saß schon zwölf Jahre deswegen in Verhaft, und hatte, wie es schien, viele Gönner, welche ihr Urtheil so lange verzögert hatten. Es ist das gewöhnliche Urtheil, welches nach dem Russischen Gesetzbuche allen denenjenigen Weibern gesprochen wird, die sich an ihren Männern auf gleiche Art versündigen[507]. Peter der Große hat diese Strafe ebenfalls an den Kindermörderinnen vollziehen lassen, und kurz vor seinem Absterben hat man ein sehr erlauchtes Exempel davon gehabt[508]. Ich war begierig, weil ich dergleichen Art des Todes noch nicht gesehen hatte, von Zeit zu Zeit zu erfahren, wie sich die eingegrabene Person befände, vernahm auch zu verschiedenen malen, daß, ohngeachtet eine Wache dabei gesetzt war, welche unter andern verhindern sollte, daß ihr nichts von Essen und Trinken gereichet werden mögte, sie doch immer bald eine Schale voll Brandtwein, bald etwas Bier, bald auch etwas zu essen von mitleidigen Seelen bekommen hatte. Doch dieses alles hat nicht verhindert, daß sie nicht nach und nach an Kräften abgenommen hätte, und ich vermuthe, daß man durch die Speisen und Getränke, die man ihr zuweilen gereichet, ihre Marter nur verlängert und keineswegs erträglicher gemacht habe. Etliche Tage vor ihrem Ende bekam sie eine Art von Unempfindlichkeit und bei ihrem Tode, welcher den 27ten des Abends erfolgte, schien es, als wann sie von einem Schlaf wäre überfallen worden.

[Im Original folgen die Seiten 355 Mitte bis Seite 369 Mitte.]

Die Zeit wurde mir in Krasnojarsk gar nicht lange. Ich hatte nicht nur mit meinen den Sommer über gemachten Wahrnchmungen genug zu thun, sondern auch der fleißige Briefwechsel mit dem Herrn Prof. Müller gab mir eine Art von Beschäftigung[509]. Da ich auch noch einen Dollmetscher bei mir hatte, welcher in den Sprachen, die den hiesigen Völkern wie auch den Buräten eigen sind, wohl erfahren war; so kam ich auf den Einfall zu wissen, wie die Musik und Poesie dieser Völker beschaffen, und ob solche nicht von der bei andern Völkern üblichen in dem Geschmacke etwas unterschieden wäre. Zu diesem Ende habe mir einige Bratskische, einige Katschinzische, einige Kamaschinzische und einige Kotowzische Lieder vorsingen lassen[510], und von jeder Art eins in Noten gesetzt, auch den Text derjenigen, welche ich

Abb. 19: Von Gmelin eigenhändig aufgezeichnete Noten zu den Liedern

habhaft werden konnte, aufgeschrieben und mir erklären lassen, wodurch ich im Stande zu sein hoffe sowohl von ihrer Musik, als von dem Geschmacke ihrer Lieder und Poesie meinen Lesern einen Begriff beibringen zu können. Die Melodien sind aus einer besonderen Kupferplatte zu ersehen. Das Bratskische Lied lautet in Bratskischer Sprache mit der buchstäblichen Übersetzung also:
1. Kemniche borgossine nacholchadsi baineze
    Auf dem Flusse Äste sich hin und her treiben
2. Köllebachem beemmene arichin dogalsaba
    Junger Mensch ich (bin) vom Brandtwein besoffen

3. Dallanaien adon doni zara serdi belele
   Unter siebenzig achzig[511] Pferden (ist) ein fuchsfärbiger Paßgänger
4. Abe töne baritsehe Koögötschine mordonai,
   Vater diesen fange: der Sohn setzt sich (zu Pferde)
5. Urtu Zachai termedene epzinulam ku-jagbe
   In dem vorderen Winkel hinter dem Gitter (ist) unter den Tüchern eine rote Leibbinde
6. Edsche töne baritsche Koögötschine mordonai
   Mutter diese nimm heraus: der Sohn setzt sich (zu Pferde)
7. Barjon tala ollotone Zerensibe belélé
   Bei der Thüre in der Truhe (sind) sechszig Streit-Pfeile
8. Abe töne gargaidsche Koögötschine mordonai
   Vater diese nimm heraus: der Sohn setzt sich (zu Pferde)

Das Katschinzische Lied lautet also:

1. Kulge tüschken koging di der Oi senem dschenargusch
   Auf den See ist gefallen[512] eine Merzente, sage ich, du lieber Dschenargusch[513]
2. Körub ater merging dider Oi senem dschenargusch.
   (Wenn ich sie) gesehen hätte, so hätte ich geschosssen, und nicht verfehlt, sage ich, du lieber Dschenargusch.
3. Dschinnaimnang kalbosogban Oi senem dschenargusch.
   Von meinen Lieben lasse ich nicht, sage ich, du lieber Dschenargusch.
4. Dschewalirge barbasogban Oi senem dschenargusch.
   Einen schlimmen heirathe ich nicht, sage ich, du lieber Dschenargusch.
5. Chantetürge utschedärbem Oi senem dschenargusch.
   In den Himmel flöge ich, sage ich, du lieber Dschenargusch.
6. Kartagusch tutschei därben Oi senem dschenargusch.
   (Wenn ich) wie ein Habicht fliegen könnte, sage ich, du lieber Dschenargusch.

[Im Original folgen die Seiten 372 Mitte bis 532 unten.]
Den 12ten [September 1740] brach ich aus meinem kalten Nachtlager noch vor Sonnen Aufgang auf, und kam um zehen Uhr vor Mittage bei dem Bache Scheresch[514] an. Ich hatte etliche Tage vor meiner Abreise aus der Stadt ein paar Tatarische Dollmetscher hieher abgefertiget, um Tatarischen Vorspann zusammen zu treiben. Diese hatten ihr Geschäfte sowohl verrichtet, daß ich Pferde genug vor mir fand, und die Russischen Pferde, denen die Müdigkeit schon ziemlich anzusehen war, nach der Stadt zurücke schicken konnte. Gleichergestalt waren auch von dem Dorfe an dem Isuß, das zwanzig Werste unterhalb der Überfahrt ist, fünf Karren gebracht, womit die baufälligen wieder abgewechselt werden konnten. Nachdem nun alles völlig eingerichtet war, welches nach Mittage um drei Uhr geschahe, so fuhr ich ab, und kam des Nachts um acht Uhr bei dem Bach Sjuxe an, woselbst auch eine Poststation ist. Weil aber keine Dörfer in der Nähe sind, so hatte ich von der Station weiter keinen Nutzen, als daß sich die Leute in der warmen Stube daselbst wärmen konnten, welches ihnen bei der sehr kalten Nacht wohl bekam, indem das Wasser diese Nacht so stark gefroren war, daß es die Pferde trug. Den 23ten des Morgens mit Sonnen Aufgange reisete ich weiter, und kam gegen zwei Uhr nach Mittage zu dem Bache Urjup, woselbst ich mein Mittagslager zwar aufzuschlagen gedachte, weil ich auch hier neuen Tatarischen Vorspann antraf, indem eben die Leute, die den vorigen zusammengetrieben, auch hier ihren Fleiß nicht gesparet hatten. Aber erstlich fand ich hier die Überfahrt über den Fluß sehr beschwerlich, weil der Floß, worauf die Geräthschaft übergebracht werden mußte, sich in einem überaus schlechten Zustande befand, und hin und wieder erst verbunden werden mußte; um die Geräthschaft nicht in Gefahr zu setzen. Hiernächst fing es bald nach meiner Ankunft heftig an zu regnen, wodurch wir gleichfalls aufgehalten wurden. Denn einige Karren mußten ausgebessert, und folglich vorher bepackt werden, welches aber der Regen nicht zuließ. Kurz um, ich mußte mir gefallen lassen, in dem anhaltenden

stürmischen Regen hier zu übernachten. Ich schlug zwar das Zelt auf, hatte aber wegen des nassen kalten Wetters nicht viele Freude darin. Der Regen ließ das Feuer vor dem Zelte nicht gut brennen, und der Wind setzte es fast alle Augenblicke in Gefahr, weswegen ich mich zeitig schlafen legen mußte, und nicht genug Zeit hatte mich von dem verdrießlichen Liegen etwas zu erhohlen.

Den 14ten etwas nach Sonnenaufgange ließ der Regen und Sturm ein wenig nach, und ich setzte meine Reise fort, hatte aber einen ungemein verdrießlichen und beschwerlichen Weg, weil man durch sehr viele Moräste fahren mußte, wodurch die Wagen nicht ohne viele Arbeit gezogen werden konnten. Diese Beschwerlichkeit währte bei vierzig Werste, und acht Werste hernach kam ich an dem Tuss-jul bei Kalmatzkie jurti an[515], welches erst des Abends um fünf Uhr geschahe, so daß das Mittagsessen eben um diese Zeit bereit war, als es Nacht zu werden anfing. Ohngeachtet also Tatarische Pferde zur Abwechslung fertig stunden, so mußte ich hier doch übernachten. Einem Kerl begegnete kurz vorher, ehe ich mich schlafen legen wollte, ein unglücklicher Zufall. Er band die Kasten auf einen Karren zusammen; der Karren aber wurde von des Kerls Gewichte überwogen, und schlug hinter sich, worauf der darauf beschäftigte Kerl rücklings auf die Erde geworfen wurde. Dieses beraubte ihn sogleich aller Sinnen. Ich lief sogleich hinzu, schmierte ihm Hirschhorngeist[516] unter die Nase, brach ihm den Mund auf, und goß ihm auch von diesem Geiste etwas ein, merkte aber darauf noch keine Änderung. Außer dem Athem und einem schwachen Puls war keine Spur eines Lebens zu merken. Ich konnte nirgends an dem Kopfe eine Wunde entdecken. Doch, ehe ich ihn verließ, schlug ich ihm eine Ader an dem Arme, und ließ ohngefähr zehen Unzen Blut aus. Hierauf fing er an heftig aus dem Munde zu schäumen. Ich befahl ihn die Nacht über mit dem Hirschhorngeist öfters anzustreichen, und alle drei Stunden ihm etwa zwanzig Tropfen einzugeben. Den folgenden Morgen fing er an sich zu rühren und zu wenden, und einige Wörter zu reden, allein man konnte bald merken, daß er in dem Verstande etwas verrückt war. Der Kopf war hinten sehr aufgeschwollen. Wäre es kein Tatar gewesen, so hätte ich ihm daselbst einen Einschnitt gemacht; weil ich aber mit keinem Trepan[517] versehen, auch zu schüchtern war, die Operation vorzunehmen, so ließ ich ihm einen guten Theil des Hirschhorngeistes, und ihn selbst in der Jurte zurück. Ich verordnete ihn warm zu halten, empfahl ihm Gott, und wünschte, daß die Einsaugung des auf seinem Gehirne vielleicht liegenden ausgetretenen Blutes ganz kräftig bei ihm sein möchte, hinterließ auch ein paar Purganzen[518], davon man ihm die eine den folgenden, und die andere ein paar Tage hernach geben sollte, wenn er etwa bis dahin das Leben behalten sollte. Wegen seiner Jugend und guten Leibesbeschaffenheit hatte er noch einige Hoffnung. Die Geräthschaft ließ ich schon des Morgens um 6 Uhr mit meinem, und des Hrn. Martini[519] Reisewagen gerade nach dem Kia gehen. Ich aber mußte einen Umgang nehmen, um ein gewisses Erz zu sehen, welches vielleicht eines der ersten ist, das in Sibirien zu den Erzuntersuchungen Anlaß gegeben hat[520]. Einige Griechen nebst andern Arbeitsleuten haben sich wegen dieses Erzes bei drei Jahre von 1698 bis 1701 hier herum aufgehalten, und so viele durch diese Gegenden reisende hatten mir so mancherlei Erzählungen davon gemacht, daß ich schon lange recht begierig gewesen war die wahren Umstände davon zu erfahren. Um diesen erzhaltbaren Ort zu sehen, ritte ich ungefähr um neun Uhr, nachdem ich bei meinem Kranken alles bestellet hatte, mit dem Hrn. Martini von den am Tuss-jul gelegenen Kalmatzkischen Jurten auf fünf Werste weit nach einem Berge, der etwa vierzig bis funfzig Klaftern hoch war, und sich mehr als eine Werste von Südosten nach Nordwesten erstrecket. In diesem Berge waren einige Schurfen in verschiedener Höhe, die ich wieder aufschürfen, auch noch ein paar neue Schurfe werfen ließ. Gleich unter der Erde war wie ein Geschütte eines fetten Mergels, gelb, roth, zuweilen braun und grünlich, mehrenteils weich, zuweilen auch wie Schiefer. Dieses Geschütte erstrecket sich etwa ein paar Schuhe in die Tiefe. Darauf folgte tiefer ein gelblicher Lett[521], aber nichts mehr von gedachtem Mergel. So ist der ganze Berg von oben bis unten. Der Berg siehet meistens kahl aus, wie man es insgeheim von einem Erzberge haben will. Unten am Fuße des Berges siehet man ein paar Klippen, die aus hartem und gutem Kalkstein bestehen. Auch findet man hin und wieder große Spathsteine. Das Erz kann mit bloßem Hauen gar leicht gefördert werden. An dem Fuße des Berges läuft der Bach Chaschtat[522] nach eben dieser Richtung als der Berg, dessen ich jetzt erwehnt habe, und auf dessen südlichem Ufer, dem Berg gegen über, ist ein erhabener viereckichter Platz mit einem Graben umgeben, der bei siebenzig Schritte ins Gevierte hält, und gegenwärtig ganz bewachsen ist. In dem Winkel, der von der westlichen und nordlichen Seite gemacht wird, waren Überbleibsel des oSchmelzofens zu sehen, nämlich Ziegelsteine und Schlakken. Hin und wieder fand man vertiefte Stellen, woselbst Häuser gestanden zu haben schienen. Man sahe auch hin und wieder den Stump eines verfaulten Balkens hervorragen. Dieser Ort hat eine ziemlich vortheilhafte Lage zu einer Festung; denn an der nordlichen Seite fließt, wie gedacht, der Bach Chaschtat, so etwa drei Werste davon in den Tuss-jul fällt; auf der westlichen aber ist ein Morast, der den Zugang sehr schwer machen würde. Jenseit dieses Morastes ist noch ein Berg, der eben so, wie der vorbeschriebene aussiehet. In demselben waren auch ein paar Schurfen zu sehen, dahin ich mich aber nicht wagen wollte, um mich in meiner Reise, die ich mir noch heute bis an den Kia vorgesetzt hatte, nicht zu verspäten[523].

[Im Original folgen die Seiten 538 Mitte bis 580 unten.]

Tomsk ist voll guter Häuser; aber es gehet hier so, wie an allen Orten der Welt. Kein Mensch hat gerne Leute, absonderlich die eines andern Glaubens sind, im Hause, weswegen ein jeder, der ein gutes Haus hat, den Woiwoden überläuft, daß er ihn mit der Einquartirung verschonen möge. Es trägt auch dem Woiwoden etwas ein; denn der Besitzer des Hauses läßt es, um sich einer solchen Last zu entledigen, an Geschenken nicht ermangeln; jedoch, da sich der Woiwode einem, der in kaiserlichen Geschäften reiset, nicht allzu plump widersetzen darf: so ist es eine Kunst beides den Bürgern und den Reisenden zu Gefallen zu sein, und zugleich sich in seinen Einkünften nichts zu vergeben. Ich bekam eine Wohnung, womit ich zufrieden war, und es kam mir vor, als wenn mein Wirth mich nicht gerne eingenommen hätte. Es geschah erst des Abends um fünf Uhr, daß ich die Wohnung bezog.

Herr Fischer[524] kam schon den 26sten des vorigen Monats hier zu Wasser an, er war bereits bei Ausgange des Winters in Tobolsk und mit dem Anfange des Jahrs aus Petersburg abgefertiget. Er sollte dasjenige, was an des Herrn Prof. Müllers Untersuchungen in der Geschichte der Sibirischen Völker noch fehlte, ergänzen. Er hatte auch das Glück gehabt, Herrn Prof. Müller auf dem Ob unterhalb der Stadt Narim[525] zu begegnen, und sich mit ihm zu besprechen, er empfing von ihm alle Hülfsmittel schriftlich aufgezeichnet, die er durch eine vieljährige Erfahrung ausgefunden hatte, und denen man auch mit gutem Grunde zutrauen durfte, daß sie einen Schreiber dieser Geschichte tüchtig machen könnten, in das innere derselben zu dringen. Es war hauptsächlich auf die Geschichte von Kamtschatka angesehen, von welcher Hr. Fischer Hoffnung hatte schon vieles, das von den Herren Krascheninnikow und Steller gesammlet war[526], daselbst vor sich zu finden, und bis er dahin kam, hatte er Gelegenheit sich zu diesem Werke tüchtig zu machen. Er blieb auch einige Monate in Tomsk, dem Orte meines Aufenthalts, da ich dann auch das Vergnügen hatte, mir seine Gesellschaft zu Nutze zu machen, und ihn dagegen von einigen Sibirischen Umständen zu unterrichten, welche ihm noch nicht sonderlich bekannt waren.

Ich war noch nicht lange hier, so kam ein Kaiserlicher Befehl an, worin kund gethan wurde, daß Ihro Kaiserliche Majestät Schwestertochter, Anna, vermählte Prinzessin von Braunschweig-Lüneburg von einem Prinzen entbunden worden, der Ivan genannt wurde[527], und den Ihro Majestät zum Großfürsten und künftigen Thronfolger erklärten; wobei zugleich anbefohlen wurde, daß alle Inwohner des Russischen Reichs ihm huldigen sollten. Diese Huldigung wurde auch ohne Anstand in der Tomskischen Hauptkirche verrichtet. Etwa zwanzig Tage hernach kam die betrübte Nachricht von dem Ableben Ihro Kaiserlichen Majestät Anna Ioannowna, glorwürdigsten Andenkens und zugleich die Ankündigung des neuen Kaisers Ivan Federowitsch nebst der testamentlichen Verordnung der verschiedenen Kaiserinn, wodurch der Herzog von Kurland, Ernst von Biron, zum Regenten des Russischen Reiches währender Minderjährigkeit des Kaisers ernennet wurde[528]. Ein jeder mußte also nun wieder von neuem huldigen. Man sahe aus den Gesichtern, daß nicht jedermann mit dieser Verordnung zufrieden war. Doch war meines Wissens das Murren nur heimlich, und öffentlich ging doch alles ohne Widerrede ab. Nach zwanzig Tagen kam wieder ein neuer Befehl an, worin kund gethan wurde, daß der Herzog von Curland von der Regentschaft des Russischen Reiches abgesetzt und nach Sibirien verschicket wäre, und daß man ihm also in keiner Sache mehr zu gehorchen hätte. Als dieser Befehl auch in der Kirche bekannt gemacht wurde, so waren die Gesichter weit heiterer, als bei dem vor erwehnten, und das heimliche Murren hörte völlig auf. Wie mir dabei zu Muthe gewesen, habe ich niemandem gesagt. Was man mich huldigen hieß, habe ich mit redlicher Treue gethan; dann derjenige, welcher dergleichen Dinge in einem Lande befehlen kann, ist der höchste Befehlshaber; dem aber bin ich zu gehorchen schuldig. Ein jeder aber kann leicht erachten, wie die Gedanken eines Menschen, der so landfremd als ich in Sibirien war, bei so wichtigen Veränderungen beschaffen sein müssen. Gar zu ruhig sind sie nicht; doch habe ich mir auch niemahls eine überaus große Gefahr vorgestellet. Dabei hatte ich auch immer den Herrn Fischer um mich, in dessen Umgange ich die sorgsamen Gedanken ein wenig zerstreuen konnte.

Allein mitten im Winter, nämlich den 23. Jenner 1741 befand Herr Fischer wegen seiner übrigen Reisen, die er weiter hinein in Sibirien zu thun hatte, für nöthig diese Stadt zu verlassen. Er wollte von hier noch diesen Winter nach Irkutzk reisen. Und da er eine starke Familie bei sich hatte, so ging eine solche Reise nicht so gar geschwinde; folglich durfte er auch nicht länger warten, so gerne er auch einen Dollmetscher, der uns nach dem Verlust desjenigen, der in Jeniseisk bei unserer Gesellschaft war, von dem hohen Senat auf unser Verlangen vergünstiget worden[529], vorher abgewartet hatte. Solcher aber kam in Tomsk erst den 16ten Hornung an, und reisete den 22ten dem Hrn. Fischer weiter nach. Er war eigentlich an Hr. Prof. Müller und mich geschickt, weil wir einen verlangt hatten; binnen der Zeit aber, als wir mit keinem versehen waren, hatten wir beiderseits so viel Russisch gelernt, daß wir uns allenfalls auch ohne einen Dollmetscher behelfen konnten. Er hat den Hrn. Prof. Müller in Tobolsk gesprochen, der daselbst von seiner verwichenen Sommer nach Beresow gethanen Reise zu Wasser angekommen war[530]. Weil er sahe, daß er seiner entbehren konnte, so fertigte er ihn weiter zu mir ab. Ich hatte seiner auch nicht so sehr nöthig; und da ich glaubte, daß er dem Hrn. Fischer gute Dienste leisten könnte, weil derselbe in der Russischen Sprache noch ziemlich unerfahren war: so ließ ihn gedachtem Herrn Fischer weiter nachziehen. Sein Name war Lindenau, und ich weiß nicht, ob er aus Liefland oder Schweden war[531]. Aus der Sprache habe ich ihn für keinen gebohrnen Deutschen gehalten, und ihn auch nach der Zeit nicht mehr gesehen.

ENDE

D. Johann Georg Gmelins,
der Chemie und Kräuterwissenschaft auf der hohen
Schule zu Tübingen öffentlichen Lehrers,

Reise
durch
Sibirien,
von dem Jahr 1740 bis 1743.
Vierter Theil.
Mit Kupfern.

Mit Römisch Kayserl. auch Königl. Pohl. und
Churf. Sächs. allergnädigsten Privilegiis.

Göttingen,
verlegts Abram Vandenhoecks seel. Wittwe, 1752.

Abb. 20: Titelseite des vierten Bandes der Gmelinschen Reisebeschreibung

Des Tageregisters der Kamtschatkischen Reise Vierter Theil

Den dritten Theil meiner Reisebeschreibungen habe ich in Tomsk beschlossen. Bei meinem weiteren Aufenthalt ist mir nicht viel sonderliches begegnet, das diesem Tageregister einverleibt zu werden verdiente. Der Winter war hier in Tomsk sehr gelinde; weswegen ich auch eine Einladung des Woiwoden annahm, der den zehenden Jenner auf etliche Tage lang so wohl in einige Russische Dörfer als Tatarische Jurten fuhr. Ich hoffte allerhand neues zu sehen; und da der Woiwode selbst dabei war, so glaubte ich auch, daß mir nirgends der Zutritt versagt werden würde. Ich konnte die Absicht dieser Reise bald merken: denn die Russen so wohl als die Tataren fanden sich mit Gelde, so in Papier gewickelt war, ein; ja einige boten so gar auch mir, der ich nur ein Zuschauer war, dergleichen an. Weil ich aber eine ganz andere Absicht hatte, so wandte ich, was meine Person betraf, alle solche Gaben ab. Ich kann auch nicht sagen, daß ich sonst viele Seltenheiten oder mir bisher unbekannte Gebräuche gesehen hätte. Bei den Tataren ließ es sich sehr gut übernachten. Sie sind alle in dem hiesigen Bezirke Mahumedaner, und ihre Stuben fanden wir sehr reinlich, vermuthlich, weil der Woiwode nur bei den vornehmen einkehrte. In diesen Stuben brannte allemal ein helles und großes Caminfeuer, und dieses ließen sie so lange brennen, bis man ihnen sagte, man wolle sich bald schlafen legen. Alsdann wurde weiter kein Holz angeleget, und man ließ das Feuer rein ausbrennen, bis keine blaue Flamme mehr zu verspühren war. Endlich wußten sie den Camin so feste zuzumachen, daß keine Wärme dadurch weiter hinaus konnte. Man brauchte dazu einen Pack Wolle, der in einem Sacke war, und so gedrang in die Öffnung des Kamins einging, daß man ihn einzwingen mußte. Hiedurch blieb die ganze Stube die Nacht hindurch auch bei durchdringender Kälte, die wir einsten eine Nacht hindurch hatten, so warm, daß niemand darin gefroren hatte. Wir kamen von unserer Reise den 14ten Jenner [1741] wieder ziemlich vergnügt zurücke.

Den Winter über waren hier in Tomsk viele Feuersbrünste, zum wenigsten sechse, bei welchen jedoch niemals mehr als ein Haus abbrannte, so schlecht auch die Anstalten immer sein mochten. Bei einigen war ich gegenwärtig, um die Anstalten mit anzusehen. Einmal wunderte ich mich, daß man ein Haus, welches schon in voller Flamme stund, und wo kein Wasser helfen wollte, nicht eingriffe, da es doch überaus leicht einzureissen und dadurch ohnfehlbar der weitere Fortgang der Flamme zu verhindern. Ich sagte es einigen umstehenden, die aber gleich erwiederten, man gehe schon lange damit um, die Werkzeuge dazu, als Haken, herbeizuschaffen, sie wären aber eingefroren, und man könnte sie nicht losmachen. Ich war begierig die Wahrheit dieses Vorgehens einzusehen, ging an den Ort hin, wo sie liegen sollten, und fand unterschiedliche Leute dabei, welche beschäftigt waren die Haken auszuhauen. Sie waren in ihrer ganzen Länge tief eingefroren, weil sie unter dem freien Himmel lagen. Ohngeachtet man nun hieran hätte klug werden können, so hat sich bei einer etliche Wochen darauf erfolgten neuen Feuersbrunst, wie ich gewiß erfahren habe, eben diese Unbequemlichkeit befunden, und sie wird noch so lange dauern, als man über die Feuerhaken kein Dach bauen wird. Vielleicht ist sie auch schon viele Jahre gewesen, da es doch in Sibirien, da man das Holz fast umsonst hat, nicht viel kostet ein Dach zu bauen. Es gehet auch in keinem Lande leichter an die Häuser einzureissen, als hier, da man bei einem Bau wegen Überfluß des Holzes nicht das geringste Mauerwerk anzubringen sucht, sondern die Häuser alle von liegenden Balken bauet, da es dann eine leichte Sache ist, einen Balken nach dem andern abzuheben, als welches mit wenigen Leuten, ohne sonderliche Gewalt geschehen kann. Ich kann nicht leugnen, daß eine jede Feuersbrunst seit dem in Jakutzk gehabten Unglücke, welches schon das andere in meinem Leben war, tief in meine Seele gedrungen sei[532]. Ich wollte mich an dem 22sten April, nach Mittage um drei Uhr eben zu Pferde setzen, um einen Spazierritt auf das Feld hinaus zu thun, als ich Sturm läuten hörte, und geschwinde zu dem Hause, darin ich wohnte, hinauslief, um zu erfahren, wo es brannte. Ich war aber kaum etwas vor dem Hause, so sah ich, daß das Feuer ganz nahe war. Das Haus, das ich bewohnte, war ein Eckhaus an einer Hauptstraße gelegen; über diese Straße hinüber war ein anderes Eckhaus, und das nächste Haus daran in der Reihe mit meinem Hause brannte. Ich dachte anfänglich nicht, daß ich etwas zu befürchten hätte; doch entschloß ich mich, wegen aller unversehenen Fälle zu Hause zu bleiben. Das nächste Haus wurde gleich ergriffen. Doch hoffte ich, da ich dieses Haus brennen sahe, daß das meinige ohnfehlbar verschont bleiben würde; denn der Wind trieb das Feuer von dem brennenden Hause schief nach einer andern Linie, die zwar meinem Hause auch gegen über war, durch die Richtung des Windes aber davon abgeführt wurde. Den Anfang dieser Linie machte eine Kirche, die der Erscheinung Christi gewidmet war, ein starkes und mächtiges Gebäude, welches das Feuer endlich ergriff. Ohngeachtet nun die Gasse auch ziemlich breit war, und das Dach von dem Hause, da ich wohnte, stark mit Leuten bestetzt war, welche Tücher ausbreiteten und dieselben beständig, soviel als möglich, benetzten, so wurde doch endlich die Hitze von dem in vollen Flammen stehenden Kirche so groß, daß die auf dem Dache stehenden Leute sie nicht ertragen konnten, und das Haus brennen lassen mußten. Als die Kirche schon brannte, rettete ich von meinen Sachen, was ich konnte. Ich fing an in den Garten, der bei dem Hause war, und mir allenfalls sicher zu sein schien, zu flüchten; denn die Noth war schon so groß, daß, so oft ich auch nach dem Woiwoden, um von ihm einige Pferde und Karren zu erhalten, schicken mochte, ich doch keine bekam. Ich konnte auch keine Wache bekommen, die auf die in den Garten geflüchtete Sachen Acht gegeben hätte: also mußte ich selbst die Wache sein, und die Leute nur immer zutragen lassen. Und wäre nur alles dahin gekommen, so würde ich vermuthlich gar keinen Verlust gehabt haben. Endlich kamen doch ein paar Karren an. Meine Soldaten glaubten, mittelst dieser könnte man die Sachen vor die Stadt hinaus bringen, indem es das Ansehen hätte, als würde die ganze Stadt im Feuer aufgehen. Sie brachten also vieles fort; einer mußte daselbst Wache halten, die andern liefen nach den Sachen. Dadurch geschahe es nun, daß meine Geräthschaft verteilt wurde, und ich doppelte Wache halten mußte, und daß in einer solchen Verwirrung ich nichts von den Soldaten, und sie nichts von mir wußten. Währendem Hinausfahren ging vieles verlohren, das von den Karren auf die Straße fiel; vieles wurde auch, theils währendem Ausräumen, theils auch unterwegs gestohlen. Wie ich endlich erfuhr, wohin die Soldaten die übrigen Sachen geflüchtet hätten, so zog ich mit dem, was ich gerettet hatte, ihnen nach, damit meine Sachen endlich zusammen kommen mögten, weil daselbst ein freier Platz war, und ich ein Zelt aufschlagen, und alles aus einander lesen konnte. Indem ich aber durch die Stadt fuhr, sahe ich ein Weib, das einen meiner Schlafröcke, den ich vor wenigen Tagen ganz neu hatte machen lassen, unter dem Arme trug. Sie wies mir ihn ganz frei und sagte, das wäre mein Schlafrock, sie hätte ihn gerettet, und würde mir ihn den anderen Morgen bringen, wenn ich wieder in Ordnung sein würde. Ich rief ihr zu, sie sollte ihn nur jetzt hergeben, ich wollte ihn schon in Acht nehmen. Sie aber sagte, ich würde schon finden, daß ich Schaden genug hätte, es wäre ihr allzu empfindlich, wenn ich noch dieses dazu verlieren sollte. Ich hatte niemand ihr nachzuschicken, und fremde Leute führten meine Geräthschaft, denen ich sie auch nicht vertrauen durfte; also konnte ich dem Weibe nicht nachlaufen. Ich bekam sie aber weder den andern, noch die folgenden Tage, weder mit, noch ohne den Schlafrock mehr zu sehen. Endlich als ich meine Geräthschaft wieder beisammen sahe, so vermißte ich allerlei Sachen, die etwa in dem Vorhause gelegen hatten, oder aufgehängt, oder hin und wieder irgend in einem Winkel der Wohnstube versteckt waren, deren einige entweder mit verbrannt, oder gestohlen worden sind. Ich brauchte gleich anfänglich die nötige Vorsicht meine schriftlichen Sachen und Bücher und alles, was zu meinen Wahrnehmungen gehörte, so wie auch meine Haupthabseligkeiten in meiner Gegenwart unter meinen Augen fortzuschaffen, woran ich also nicht den geringsten Verlust erlitte, außer einigen wenigen Kräutern, deren zusammengebundenen Päcke aufgingen, und aus dem Kothe, soviel sich thun ließ wieder gesammelt wurden, welches auch mein größter Trost bei diesem Unglücke war. Ich sahe auch bald, daß kein Mensch an den Keller gedacht hatte, in welchem ich allerlei Fleisch, das ich für meine Sommerreise hatte räuchern lassen, aufgehänget, auch allerlei Getränke, als Bier, Meth, Brandwein, Wein darin liegen hatte. Nachdem ich alles zusammen gerechnet hatte, so konnte ich meinen Verlust etwa auf vierhundert Rubel schätzen. Ich war hiemit wohl zufrieden, weil ich das meiste wieder bekommen konnte, außer dem Weine, davon ich schon lange nichts würde übrig gehabt haben, wenn ich nicht bisher so häuslich damit verfahren wäre. Aber auch diesen Verlust konnte ich nicht allzu hoch achten, weil ich durch meine bisherige Sparsamkeit schon gewohnt war eine Zeitlang ohne Wein zu sein. Ich schickte zwar noch des Abends auf die Brandstätte um zu sehen, ob nichts mehr aus dem Keller zu retten wäre, der nicht unter, sondern neben dem Hause war. Man konnte sich aber demselben auch von weitem nicht nähern, weil alles voller brennenden Kohlen lag. Des Abends um acht Uhr endigte sich endlich der Brand, welcher außer den öffentlichen Gebäuden, nämlich obengemeldeter Kirche und den daran stoßenden Kramläden, deren Anzahl gegen vierzig war, drei öffentlichen Schenken, zwo Salzvorratskammern, und einer öffentlichen Badstube, zwei hundert und vierzig Wohnhäuser in die Asche gelegt hatte[533]. Das Feuer lief von dem Markte schief bis an den Bach Uschaika hin, welcher den ferneren Lauf hinderte. Ich ging sehr nüchtern schlafen, weil meine Getränke alle in dem Keller geblieben

Abb. 21 (folgende Doppelseite): Karte zum vierten Band der Gmelinschen Reisebeschreibung

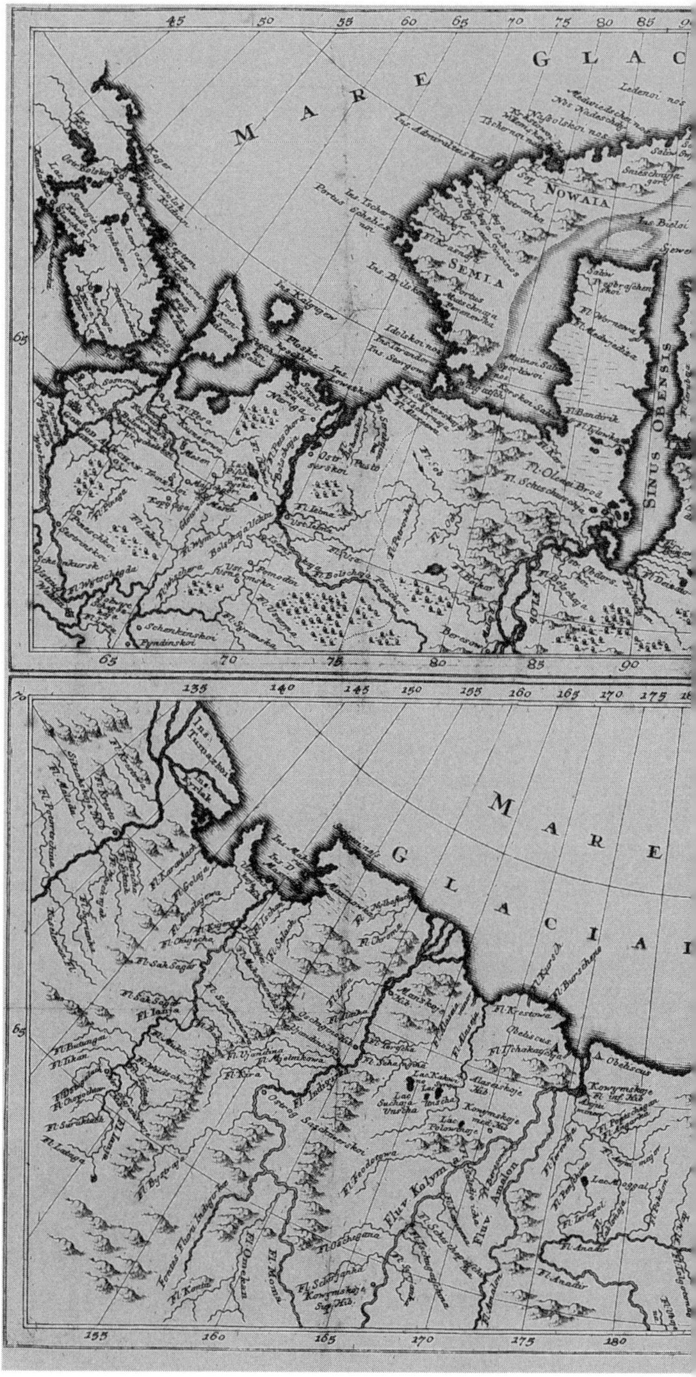
M A R E
G L A C
NOWAIA
SEMLA
SINUS OBENSIS
Ins. Kolgujew
Fl. Petschora
M A R E
G L A C I A L
Fluv. Kolyma
Fl. Anadir
Fl. Indigirka
Lac. Koggai

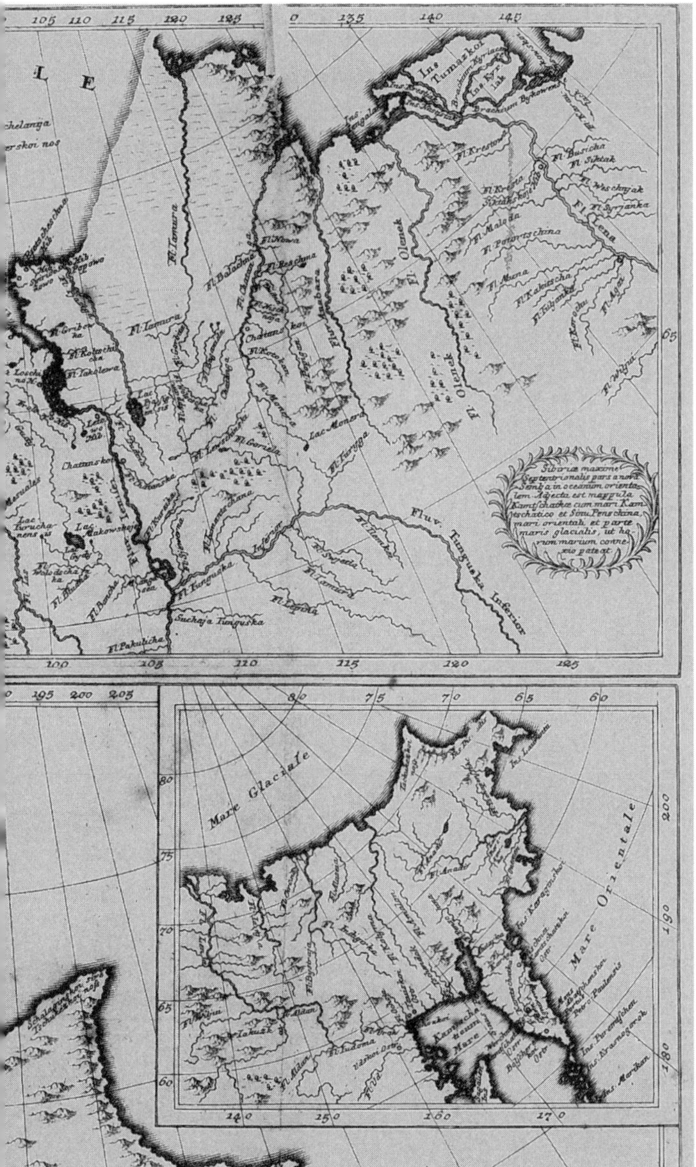

waren, und blieb bei meiner Geräthschaft auf dem Feuer unter einem Gezelte.

[Im Original folgen die Seiten 9 oben bis 69 oben.]

Ehe ich nun aber völlig aus Tomsk wegziehe, muß ich doch noch eine kleine Geschichte von dem Bilde der Mutter GOttes, mit dem Zunamen Odegitrj[534], welches an dem Ob-Flusse in Bogorodskoje Selo seine gewöhnliche Residenz hat[535], erzählen. Der ein und zwanzigste Maimonat ist dazu bestimmt, daß es daran alle Jahr die Stadt Tomsk mit seiner Gegenwart beehren soll. Ein hiesiger Sinbojarskoi[536] also wurde etliche Tage vorher dahin abgefertiget, um es in Gesellschaft des Priesters dasigen Fleckens hieher zu bringen. Der Woiwode und viel anschnliche Bürger der Stadt, setzten über den Fluß Tom, damit sie es in völliger Procession nach der Stadt begleiten mogten. Es war eben ein starkes Regenwetter, welches aber die Andacht im geringsten nicht zu stören vermogte; ein jeder ließ sich, in Hoffnung das Bild bald ansichtig zu werden, mit Vergnügen durchregnen. Sie gingen eine Meile zu Fuße dem Wege zu, da das Bild hergebracht werden sollte, bekamen aber von demselben nicht die geringste Nachricht, konnten auch in der Weite nichts davon sehen. Wer war begieriger als die Leute der Stadt die Rückkehr der dem Bilde entgegen gegangenen Personen abzuwarten, als woraus sie bisher zu schließen pflegten, das Bild käme auch? Man sahe den Rückzug dieser sich heilig dünkenden Seelen, als ein Zeichen des ankommenden Bildes an. Das Frohlocken darüber kam bald bis zu den Küstern. So gleich wurde mit allen Glocken geläutet. Alle Straßen, wodurch das Bild gebracht werden sollte, wimmelten von Leuten, und ein jeder brannte vor Begierde, das Bild bald zu sehen. Endlich landete ein Schiff, worauf die heilige Waare befindlich sein sollte, an. Man sahe gleich in ihren Gesichtern nicht viel heiteres, endlich aber bekam man auch von ihnen das Geständnis heraus, daß sie diesmal kein Bild brächten; ja einige davon brachen in Scheltworte aus, bald wider den Priester des Fleckens, da das Bild verwahret wird, als wann ihn das Saufen verhindert hätte, das Bild hieher zu begleiten, bald gegen die hiesige Geistlichkeit, daß sie unterlassen hätte, einen Befehl an den Priester des Fleckens zu schicken, daß er das Bild überbringen sollte, wie dieses sonst alle vorhergehende Jahre üblich gewesen war. Weil sie mein Haus vorbei gingen, so konnte ich mich auch ein wenig an ihren Nasen ergötzen, die seit der Überfahrt über den Tom einen ansehnlichen Zuwachs, doch mehr in die Länge, als in die Breite bekommen hatten. In der That schickte die hiesige Sakas (so wird das geistliche Amt genennet, in dessen Geschäfte sich das weltliche nicht zu mischen hat)[537], in wenig Tagen einen Befehl an den Priester des Fleckens, daß er das Bild auf den 28sten dieses hieher liefern sollte, an welchem Tage es auch mit voller Pracht und Herrlichkeit seinen Einzug hielt, und in die Hauptkirche gebracht wurde. Warum aber das geistliche Amt die Vollziehung des ihm gegebenen Befehls um acht Tage aufgeschoben habe, davon konnte ich nichts erfahren, als dieses, daß sonst die Woiwoden, ehe sie den Sin Bojarskoi nach den Flecken schickten, ihm befahlen, sich vorher bei dem hiesigen geistlichen Amte zu melden, welches ihm dann den Befehl an den Priester mitzugeben pflegte. Dieses aber soll dies Jahr unterblieben sein, weil der Woiwode geglaubt hatte, der Priester würde seinen mündlichen Befehl, den er dem Sin Bojarskoi gegeben, in Ehren halten. Der Priester aber, der wohl wußte, wessen Befehlen er Gehorsam schuldig sei, hatte sich dessen geweigert, und ohne seinen Befehl vom geistlichen Amte, mit dem Bilde nicht abreisen wollen.

Den 1sten Juni wurde ich endlich mit meinen Anstalten zur Reise fertig. Um vier Uhr nach Mittage reiste ich bei sehr heißem Wetter aus der Stadt ab, und ging vier Werste längst dem Tom aufwärts bis an den auf dem Ufer des Tom-Flusses vorhandenen Felsen, den man schlechthin Kamen oder den Felsen nennet[538]. Auf dem Felde aber, das zunächst dabei ist, ließ ich das Zelt aufschlagen, und die Zeit über, worin die Karren, Reisewagen und Pferde auf einem großen Kahne über den Tom-Fluß nach und nach gebracht wurden, nahm ich von dem Woiwoden und einigen andern, die mich von der Stadt aus hieher begleiteten Abschied. Die Überbringung meiner eigenen, und meines Gefolges Geräthschaft, währte bis nach Mitternacht, weil nicht mehr als zween Karren oder ein Wagen auf einmal über gebracht werden konnten. Gegen Abend donnerte es ein wenig, und es fiel ein starker Regen, welcher doch von keiner langen Dauer war. Ich ging gleich nach Mitternacht zu meiner Geräthschaft über den Fluß, mußte aber, als ich schon herüber war, auf die Pferde warten, und mich noch einige Stunden aufhalten, bis ich meine Reise fortsetzen konnte.

Des Morgens um drei Uhr fuhr ich endlich mit der ganzen Geräthschaft ab. Die Reise ging dem Tom aufwärts theils über Felder, die mit Grase, theils über solche, die mit Birken dünn bewachsen waren. So lange bloße Felder ohne Bäume waren, so war weder von einem Dorfe noch Flusse etwas zu sehen. Längst denen mit Bäumen bewachsenen Felde mußte ich Burlakowie jurti, die Bäche Casatschja Tschernaja, und Kaptantschikowa, auch ein Dorf Kaptantschiwa und Kalbaiskie jurti theils durch theils vorbei zu fahren, bis ich Kalgaiskoi Stanetz vor Mittags gegen halb zehn Uhr erreichte, wo ich Mittagslager hielte. Die Hitze war ungemein, dewegen verweilte ich hier bis nach Mittage um drei Uhr. Die fernere Reise von hier bis an die nächste Station ging mit frischen Pferden durch einen von Birken und Fichten vermischten Wald, und der Weg war theils wegen seiner Enge, theils weil er voller Baumwurzeln war, sehr beschwerlich. Wir fuhren durch die Bäche Kurelek, Kusmina, Bolschaja Tschernaja, Malaja Tschernaja, und kamen des Abends um sieben Uhr in das Dorf Warjuchina. Wegen meiner Verrichtungen, und der nöthigen Verzeichnung dessen, was ich unterwegs angemerkt hatte, mußte ich mich bequemen, hier zu übernachten. Ich hatte den ganzen Tag große Plage von Mücken und Bremsen; gegen Untergang der Sonne aber wurde es kühl. Die Nacht war sehr kalt, und sie würde ohne Holz sehr beschwerlich gewesen sein.

[Im Original folgen die Seiten 73 unten bis 100 unten.]

Den 17ten [Juni 1741] fuhr ich mit Aufgange der Sonne ab,

und den See Kan um, und kam den Flusse Kargat gegen über[539], doch in einer Entfernung von vier bis fünf Wersten, und fuhr längst demselben herunter, bis ich endlich mich und meine Geräthschaft überbringen ließ. Diese ward mittelst eines kleinen dazu verfertigten Flosses verrichtet, auf welchen nur ein Karren gesetzt werden konnte. Es ging dem ungeachtet damit geschwinde genug von statten, weil man den Floß nur hin und her ziehen durfte, indem der Fluß nicht über vier Klaftern breit war. Auf dem nordlichen Ufer des Flusses hielte ich Mittagslager. Sein Ursprung ist ohngefähr sechzig Werste von dannen in Südosten, und er ergießt sich in den großen See Tschana.

Des Nachmittags um vier Uhr setzte ich die Reise fort, und kam abermahls einen großen See Kargan vorbei, den ich zwei bis drei Werste zur rechten hatte. Ich war von dem westlichen Ende dieses Sees noch ohngefähr auf zwo Werste entfernet, als ich über einen großen Sumpf fahren mußte. Man legte eine Menge Reiser darüber, um mit den Karren und Wagen nicht allzutief einzusinken. Längst dem nordlichen Ufer des erwähnten Sees gehet der Winterweg, und die Tataren von der Wolost Terine haben ihre Sommerjurten, deren zwanzig an der Zahl sind, auf eben demselben Ufer. Von dem westlichen Ende des Sees Kargan hatte ich zur linken einen kleinen See Taktamysch, welcher unter allen in diesen Gegenden das reinste Wasser führen soll. Weil ich einen Zauberer der Barabinischen Tataren[540] hieher bestellet hatte, so hielte ich hier Nachtlager. Sonst hatte ich heute den ersten erträglichen Tag dieser Reise seit ich Tomsk verlassen hatte. Ein beständig starker Wind auf Nordosten hielte das Ungeziefer so zurücke, daß es sich kaum von weitem sehen ließ. Die Salzblumen[541] waren auch von dem Dschjulim[542] an bis hieher häufig zu sehen. Das Wasser des jetzt gemeldeten Sees ist röthlich, hat aber doch einen ziemlich reinen Geschmack.

Bei meiner Ankunft stund der Zauberer aus obengemeldeten Jurten zu demjenigen Schauspiele schon fertig, das diesen Abend gespielet werden sollte. Er sahe keinem großen

Hexenmeister gleich, schien auch noch etwas zu jung dazu zu sein, um die Auftritte mit derjenigen Veränderung zu machen, die einem geübten Comödianten anständig sind; denn gewiß bei diesem Handwerke macht das Alter ein besonder gutes Ansehen. Er bat sich, wie gewöhnlich, die Demmerungszeit aus, und lud sodann seine Zuschauer ein. Es wurde ein Feuer in freier Luft angelegt, und weil es sehr kalt war, so hatten die Zuschauer an dem großen Feuer eine große Freude, um nicht zu frieren, wowider der Zauberer, der hier wie bei den Krasnojarskischen Tataren Kan heisset[543], seine Protestation einzulegen auf dem Sprunge war. Allein er spürte auch, daß er Wärme nöthig hatte, und diese Empfindung überwog seine Protestation. Er setzte sich endlich nach seiner gewöhnlichen Tatarischen Art, und stellte die Zaubertrommel vor sich hin; das Gesicht aber hatte er nach Süden gewandt. Er fing das Spiel mit einem ganz leisen Trommeln an, welches er eine gute Weile fortsetzte. Sodann vermehrte er den Ton, brummte dazwischen als ein junger Ochs, und zuweilen als ein Bär, er pfiff auch zuweilen, sang sehr wenig; einmal lachte er, rutschte hin und her, sprang dann und wann auf, und tanzte etwas herum, doch waren seine Künste Proben einer schlechten Übung. Endlich sagte er, als wann es ihm von Herzen ginge, seine Teufel stünden ihm diesmal nicht zu Gebote, weil so viele Russen da wären, vor deren Kreuzen, welche sie an sich trügen, die Teufel sich ungemein fürchteten, ja sogar davor flöhen. Alle Russen gingen daher weg, und er trommelte von neuem; er hatte aber wieder Ausflüche, und gab vor, das Feuer wäre zu groß und für die Teufel, welche die Finsterniß lieben, viel zu hell. Auch hiehin wurde gewillfahret; man verminderte das Feuer um ein merkliches, worauf er die Trommel abermals rührte, und bald darauf sagte: Einer seiner Teufel wäre angekommen, aber sein anderer Hauptteufel wollte nicht kommen, auch der gegenwärtige wäre so halsstarrig, daß er die zu seinem Gebote stehende Teufel nicht herbei kommen ließ. Ich hatte hieran genug, wenigsten schon so viel, daß ich mir einen Begriff von der Zauberei dieser Tatarischen Teufelsbanner machen konnte. Denn was alle diese Spielwerke bedeuten, wußte ich längstens. Als ich ihn fragte, wie dann seine zween Hauptteufel hießen, so nannte er sie Tasch und Aitan[544]. Die Zaubertrommel war rund, mit zween Querstäben versehen, einem oberen von Holz und einem unteren von Eisen. So war auch, wie gewöhnlich, ein breiteres Holz, das besagte Stäbe in der Mitte senkrecht durrchschnitte, und an diesem war oben die Gestalt eines platten Gesichts mit einer langen Nase und Augen ausgeschnitten. Das übrige des Holzes dienete, die Brust, den Unterleib und die Füße vorzustellen. Dieser Theil war mit allerlei Lumpen bekleidet, die in der Gegend der Brust etwas dicker waren, und unten statt des Rockes sich in viele Fetzen endigten. Die Trommelhaut war von einem gegerbten Pferdefell, und der Trommelschlägel, so die gewöhnliche Figur hatte, war mit dem Stück eines Pferdefelles, das rauhe außen gewandt, überzogen. Die Kleidung des Zauberers war von der Kleidung eines anderen Tataren in nichts unterschieden. Dieses letztere nebst der Runde der Trommel und dem Götzen in derselben, oder zum wenigsten einem Gleichnisse davon unterscheidet einen Barabinischen Zauberer überaus merklich von den heidnischen Zauberern anderer Sibirischen Völker.

Den 18ten mit anbrechendem Tage setzte ich die Reise weiter fort, und mußte ohngefähr sechzehen Werste von meinem Nachtlager quer durch einen Birkenwald fahren, der nicht über funfzig Klaftern breit ist, und von dem See Übü, davon gleich Meldung geschehen soll, gerad nach Süden bis nahe an den Fluß Kargat hinläuft. Die Tataren haben ihn wegen seiner Länge und Schmäle einer Hengstmähne verglichen, und nennen ihn deswegen Lügari-jal[545]. Nach dreizehen und einer halben Werst kamen wir zu dem westlichen Ende des großen Sees Übü. Dieser See erstreckt sich von Westsüdwesten nach Ostnordosten auf funfzig Werste lang, und ist bei zwanzig Klaftern breit. Ich hatte den See auf eine Werst zur rechten, und der Winterweg gehet nahe vorbei, und gerade auf Ubinskoi Paß zu, welcher nur zwo und eine halbe Werst davon entfernet ist. Allein die vielen Moräste, die daselbst sind, erlauben dieses zur Sommerzeit nicht. Wir mußten gleichsam mit der Kirche ums Dorf fahren, bis wir bei Ubinskoi Paß ankamen[546], welches um neun Uhr vormittags geschahe.

Dieser Paß ist von dem Bache Dschjulim gerades Weges vier und achzig, von Tschauskoi Ostrog aber zweihundert und sieben Werste entfernt. Es ist ein runder Platz, im Umkreise von drei und achzig Klaftern, der mit einem schmalen und untiefen Graben rund herum versehen ist, außerhalb welchem Nadolobi[547] sind und um diese Spanische Reuter. Zu diesem Passe ist ein Eingang von Osten und ein anderer von Südwesten gemacht. Innerhalb dem Graben ist ein von ganz dünnen liegenden Balken ins Gevierte aufgeführter Ostrog, Mannshoch, in dessen südlichen und östlichen Wand fünf elende Casernen angebracht sind. Man unterhält darin eine Besatzung von funfzig Mann theils Russen, theils Tataren. Er stehet unter Kainskoi Paß wie dann der Befehlshaber nicht hier, sondern in Kainskoi Paß seine Wohnung hat. Die Lage davon ist in einem sehr freien und ebenen Felde, nur ist kein anderes Wasser dabei, als das man aus einem Ziehbrunnen bekommt, den man gefunden hat, nachdem man nicht viel über eine Klafter tief gegraben hatte. Das Wasser darin aber riecht etwas nach Schwefel und schmeckt ein wenig salzicht, und recht so, wie das Wasser der vielen Sümpfe, durch die wir nicht weit von dem Ostroge durchgefahren waren. Die Kosacken haben deswegen schon seit fünf Jahren eine Bittschrift eingegeben, man mögte ihnen erlauben, diesen Paß nach dem Flusse Kargat zu verlegen, wo das Wasser gut und mehr Holzung in der Nähe, auch in der That viele Bequemlichkeit zu leben sei. Allein sie haben noch keine Antwort bekommen, und diejenigen die hier sind, leben schon sechs Jahr hier ohne Weib und Kinder, auch ohne alles Vieh, und essen des Sommers nichts als Karauschen, und des Winters, was ihnen die gütige Natur ohngefähr und mit gutem Glücke an Wild in ihre Gegend zuführet. Ein paar Werste von hier halten sich Tataren von der Barabinischen Wolost auf, welche einen Kan bei sich haben. Da ich schon so viele ihr

Handwerk hatte treiben sehen, so bekam ich wegen der Nähe Lust, auch dessen Gaukeleien anzusehen, und er fand sich auch des Abends auf mein Verlangen ein. Er ist ein eisgrauer Mann, dem das Alter sein Gesicht schon bei nahe geraubet, und der vermuthlich die Teufel, von denen er vorgibt, daß sie ihm in seinem Amte zu Gebote stehen, auch für blind hält. Er hat drei Hauptteufel, Prodai, Altrig-Chan, und Akinek[548], welche er in seinen und anderer Leute Angelegenheiten um Rath fraget, und selten von ihnen mit gutem Rath verlassen wird. Es war kaum Abend, so sagte er, es wäre Zeit zu dem Werke zu schreiten; dann bei hellem Tage hatte er nur einen geringen Schein in den Augen, und wann die Sonne untergegangen, siehet er beinahe nichts mehr. Es war ihm auch gleich viel, wo man den Schauplatz hierzu erwählen wolle, weil er hoffte und von sich die gute Meinung hatte, er wüßte so mit den Teufeln umzugehen, daß sie ihm ohnfehlbar zu Gebote stehen würden, es mögten so viele Kreuze in der Nähe sein, als immer wollten. Deswegen durften seiner und seiner Teufel wegen alle Russen, die bei mir waren, ohne Anstand zusehen. Das müssen verhärtete Teufel sein! Seine Trommel war so rund, als des gestrigen seine; die menschliche Gestalt in dem Langholz und die Kleidung daran war in nichts unterschieden; nur hatte sie zwei Queerhölzer, eines nahe bei dem oberen, und das andere bei dem untern Theile der Trommel, und unter dem oberen war eine eiserne Queerstange, und daran zur rechten Seite des Langholzes sieben eiserne Ringe. Der Trommelschlägel war von bloßem Holz und mit nichts überzogen. Die Kleidung des Zauberers war wieder mit der gewöhnlichen Kleidung der andern Tataren einerlei. Seine Gaukeleien waren lustiger anzusehen, als des gestrigen seine. Er setzte sich, wie der gestrige, mit dem Angesichte gegen Süden. Seine Einladung mit dem Trommelschlag währte nicht lange. Er fing bald an hin und her zu rutschen, aufzuspringen, herum zu gaukeln, Lieder zu singen, und das wie er sagte, um die Teufel zu ergötzen. Er nennte dieselben mit Namen, machte tiefe Verbeugungen gegen sie, rief ihnen zu, sie möchten doch bald kommen, und als sich ihm einer zeigte, so rief er dem andern zu: Warum kommst denn du nicht? Ist es doch Nacht, und es sind ja lauter brave Leute hier vorhanden! Auf diese Art lud er auch den dritten zu sich. Er war barfuß, und machte öfters ein Zwischenspiel. I. E. er lief durch das Feuer über die Kohlen, oder hielte auch den Fuß lange über das Feuer. Dies, sagte er, wollen die Teufel zu ihrer Ergötzlichkeit haben. Der Mann war sehr beredt, und machte mit den vielen Beugungen seines Leibes wunderliche Einladungsarten, Wälzen auf der Erde, plötzlichem Aufstehen, Herumspringen, Veränderung der Stimme allerhand Aufzüge, so daß sein Spiel nicht melancholisch war. Zuweilen schmatzte er, einmal lachte er aus vollem Halse; aber pfeifen habe ich ihn nicht gehört.

Die allgemeinen Grundsätze dieser heidnischen Zauberei haben sie mit den bisherigen Völkern, bei denen ich gewesen bin, gemein, wie z. E. es könnte sich keiner selbst zu einem Zauberer machen, sondern der Teufel müsse ihn dazu erkiesen und berufen, auch müsse sich der Zauberer keine Trommel ohne seinen Befehl machen, er müsse ihr auch eine solche Gestalt geben, wie es der Teufel haben wolle. Sie wissen deswegen den teufelischen Beruf sehr hoch aufzumutzen, besonders gegen die, welche ihrem Berufe nicht so scheinbare Gründe anzuführen wissen. Darin gab er was besonders vor, daß die Teufel nicht nur von Abend, sondern von allen Ecken und Enden, wo es ihnen beliebte, herkämen, und sich ihm in unterschiedlicher Gestalt, nämlich eines Menschen, Thieres oder Vogels darstellten, doch sei der ganze Leib über mit Haaren bedeckt, wann auch die Gestalt menschlich sei. Diese letztere habe ich auch schon von vielen vernommen, und es scheint wohl, daß das gar zu haarichte Wesen fast allen Menschen als was gräßliches von Natur eingeprägt sei.

Um den Leuten, die mit mir reiseten, etwas Ruhe zu geben, und meine auf dieser Reise gemachte Sammlungen und Verzeichnisse einigermaßen in Ordnung zu bringen, blieb ich hier den 18ten und 19ten liegen. Ich konnte auch hier herum erst einen rechten Begriff bekommen, was für die natürliche Geschichte in dergleichen Erdreich zu hoffen stünde. Die Tage über, die ich mich hier aufhielte, waren von dem Ungeziefer, davon ich bishero so vieles erlitten hatte, ziemlich frei und erlaubten mir also, fast zu jeder Stunde des Tages auszugehen, und der Wind, welcher das Ungeziefer wegjagte, linderte auch die Hitze ungemein.

Den 20ten mit anbrechendem Tage reisete ich von hier ab. Ich kam zwo Werste davon einen See Kara-Kal genannt vorbei, der mir zu rechten blieb, derselbe hält ungefähr funfzig Klaftern im Durchschnitte. An dem östlichen Ende nimmt er den Bach Kara-eure ein, der auf anderthalb Werste von dannen aus dem Übü läuft. Auf dem westlichen Ende aber stehen Sommerjurten, Schukur-aul[549] von der Barabinischen Wolost. Noch ließ ich zur rechten liegen die Seen Tabany, Ykly, Kystägä, Kytschy-kru, und kam endlich an den See Ulukru, woselbst ich anhalten ließ, um Mittagslager zu halten. Der Weg bis hieher war meistentheils sehr eben und bequem, ohne Moräste und Sümpfe, und das Land sehr fruchtbar. Der See, woran wir lagen, ist ohngefähr dritthalb Werste breit und doch führt er gar keine Fische. Als eine Ursache davon gibt man folgendes an. Man behauptet nämlich, es sei dieser See einmal des Winters bis auf den Grund ausgefroren, wovon alle Fische gestorben sein sollen. Um fünf Uhr nach Mittage setzte ich die Reise weiter fort, und kam die Seen Orus und Otro vorbei, und endlich zu dem See Jelanbasch, der etwas zur linken lag, zu welchem ich fuhr, um Nachtlager zu halten. Dem See Orus gegen über zur rechten des Weges war ein ganz kleiner, aber sehr dichter Espenwald, dergleichen Art von Waldung im Russischen Kolok, dieser aber Ossinowoi Kolok[550] heißt. Er erstreckt sich vom Wege ab gegen Nordnordwesten auf sechzig Klaftern, die Breite aber ist nicht über zwanzig Faden. Der See, woran ich Nachtlager hielte, führt ziemlich reines Wasser, und ist bei zwo Werste lang und eine Werst breit.

[Im Original folgen die Seiten 110 Mitte bis 125 Mitte.]

Den 25sten [Juni 1741] fand ich ebenfalls nöthig stille zu liegen. Theils waren die Pferde sehr müde, theils war hier ziemliche Gelegenheit den Kräutern nachzuspüren. Der

Wind war den ganzen Tag über heftig, daß man weder von den Mücken noch Bremsen geplagt wurde. Zuweilen donnerte es; aber es brach kein rechtes Donnerwetter aus. Auf der erhabenen Stelle, da ich stund, waren einige alte Gräber[551], und an der südlichen Seite, daran ich bisher von Kainskoi Paß an bis hieher gefahren war, befanden sich viele solche Gräber, deren einige von merklicher Höhe, als wie Hügel, doch von lauter Erde waren. Die Stellen, darauf dergleichen Gräber sind, pflegen allezeit erhaben zu sein. Es zeigten sich auch hin und wieder Salzblumen auf dem Erdreiche.

Weil ich nunmehr bald von den Barabinischen Tataren Abschied nehmen mußte, so hätte ich gerne wieder einen Zauberer zu mir kommen lassen, um von ihren Thorheiten einen gründlichen Begriff zu bekommen: allein ich konnte keinen auftreiben; die Tataren gaben vor, ihr Zauberer wäre vor einiger Zeit gestorben. Sie sagten mir aber gleich von einem andern Manne unter ihnen, Jacuteräter (ich zaubere mit dem Bogen)[552] der auch vieles von der Hexerei verstünde. Das war mir beinahe eben so lieb, nicht als ob ich mir Hoffnung gemacht hätte, durch seine Künste von diesem oder jenem Nachricht zu bekommen, sondern weil sie mich versicherten, ich würde eine neue Art einer Prophezeiung zu sehen kriegen, wovon ich bisher nicht gehört hätte. Ich ließ ihn zu mir kommen, und seine Künste vor mir ohne Weitläufigkeit machen. Ehe er sie aber anfing, so hatte er die Bescheidenheit mich vorher zufragen, was ich wissen mögte. Ich gab ihm auf vorher zu sagen, ob die Kasatschja-Orda[553] künftigen Herbst in diese Gegenden kommen würde. Er nahm so gleich die Sehne des Bogens in die rechte Hand, und hielt sie mit den Enden des Daumen und Zeigefingers, hart vor sich, und fing an dem Bogen durch Hülfe dieser Finger einige Bewegung zu geben. Wann sich derselbe gegen den Propheten und hin und her, doch daß er immer das letzte mal wieder gegen ihn hingehet, bewegt, so ist es ein gutes Anzeigen; (nämlich in gegenwärtigem Falle, daß die Kasatschja-Orda nicht kommen werde,) bewegt sich aber der Bogen zu den Seiten, oder stehet gar stille, so hält es der Prophet für eine schlimme Vordeutung. Man nimmt gemeiniglich wahr, daß er sich so bewegt, wie es die Leute wünschen, weswegen einige vermuthen, es stehe bei dem Jacuteräter, daß der Bogen sich so bewegen müsse, wie er es haben wollte, zumal er immer von den Wünschen derer, die ihm zugethan sind genugsame Versicherung hat. Bei meiner Aufgabe bewegte sich der Bogen auf die gute Art, folglich war die Weissagung nach dem Herzen seiner Zuschauer, der heidnischen Tataren. Doch vernehme ich, daß sich der Bogen auch zu Zeiten wider den Wunsch derer, die etwas wissen wollen, bewege. Der Jacuteräter würde allen Glauben verlieren, wann er den Bogen immer auf einerlei Art spielen ließe. Wann die Wünsche seinen Zuschauern nicht so gar auf dem Herzen liegen, oder der Jacuteräter einem Zauberer etwas rechtschaffenes zu verdienen geben will, daß er die Teufel lenke, um das Böse abzuwenden, so läßt er seinen Bogen verkehrte Bewegungen machen, darüber die Tataren den Kopf schütteln. Ein Zauberer kann auch zugleich Jacuteräter sein, in welchem Falle er desto lieber den Bogen einen ungünstigen Ausschlag geben lassen wird, weil er alsdann noch als Zauberer etwas zu verdienen hoffen kann. Doch halten die Zauberer dieses schlechte Amt gemeiniglich der Hoheit und Würde ihres Standes unanständig. Sie bereden ihre Anhänger, ein mündlich Gespräch und vertrauter Umgang mit den Teufeln sei viel kräftiger alles verborgene zu erfahren, da bei einem Jacuteräter bloß eine verborgenen Kraft würke, von der man nicht gewiß wisse, wie weit sie sich erstrecke.

[Im Original folgen die Seiten 128 Mitte bis 152 oben.]

Ich habe oben gesagt[554], daß ich allerlei wichtige Bewegungsgründe hatte mich eine Zeitlang hier in Tara aufzuhalten. Einer dieser Bewegungsgründe war auch ein medizinisches Buch, welches ich durch die unermüdete Sorgfalt des Herrn Prof. Müllers bei seinem Aufenthalt in Tobolsk erhielt. Er hörte schon lange unter den Tataren von demselben reden; sie beriefen sich immerdar auf dieses Buch, wenn von Arzeneisachen die Rede war. Nach vielem Bitten und Wünschen bekam er endlich das Buch zu sehen, welches ihm schön geschrieben vorkam, und worin nach seiner Hoffnung viele Arzeneikünste enthalten sein konnten. Er sahe wohl, daß die Sprache, darin es geschrieben war nicht einerlei war, und konnte sich auch bei niemanden Raths erholen. Und da ihm bekannt war, daß man durch die Tobolskischen[555] Tataren schon ehedem seltene Handschriften erhalten hatte, so gab er sich alle Mühe dieses zu erhandeln. Er war auch so glücklich seine Absicht zu erreichen, und schickte es mir nach Tomsk mit einem Briefe vom 13ten Februar 1741. Es wurde von den Tataren das Arzneibuch Jusuphie genannt[556], welcher Verfasser desselben sein sollte. Jusuphi aber ist so viel als Joseph. Dieses Verfassers soll in dem Koran gedacht sein. Desto härter hielte es das Buch zu bekommen; denn der Name eines Menschen, dessen der Koran gedenkt, ist schon bei den Muselmännern in großen Ehren. Die Handschrift stammt aus der Büchersammlung eines Jerkenischen Chans aus der kleinen Bucharei her[557], wie dann die zu Anfange und an einigen Orten in der Mitte befindliche Siegel von demselben Chane sind. Bei Einnehmung der kleinen Bucharei haben die Kalmucken das Buch entwandt und nach Tobolsk gebracht, da es dem damals dasselbst gegenwärtigen Achunawasbakeew zu Theil geworden[558], einem in allen Arten der arabischen und mit ihr verwandten Sprachen sehr bewanderten Manne, welcher zu diesem Ende auch als nachmaliger Besitzer auf dem ersten Blatt sein gewöhnliches Siegel hinzugethan, das er auf erst gedachtem Blatt angeleimet, auch hin und wieder von seiner Hand etwas beigeschrieben hat. Nun sind zwar auch in Tomsk ziemlich viele Muhammedanische Tataren; man findet aber bei dem gemeinen Mann nicht viele, die eine andere als Türk-Sprache, d. i. diejenige, die sie reden und schreiben, verstehen, in welcher doch das wenigste diese Buches geschrieben ist. Ich ließ auch einen ihrer berühmtesten Mulla (Priester)[559] kommen, dem ich das Buch wiese. Er bewunderte es, sagte mir aber auch, daß er sich nicht getrauete es zu erklären, weil das meiste in Persischer Sprache geschrieben wäre, die er nicht inne hätte. Ich hoffte also, in Tara glücklicher zu sein, berief die ganze Mahummedanische Geistlichkeit, welche zwar auch die Sache so viel möglich abwandte, sich aber doch endlich dazu bereden ließ, daß sie das Buch mit mir durchgehen, um zum wenigsten die verschiedenen Titel der Bücher, die darin enthalten wären, nebst dem was sie lesen und verstehen könnten, mir erklären wollte, damit ich zum wenigsten einigen Begriff von dem Buche bekäme. Diese Erklärung hat mich viele Tage bei diesen Leuten aufgehalten, und ohngeachtet ich nicht gar viel neues gelernet, so will ich doch einen kleinen Auszug von dem, was ich gelernet habe, geben.

Das ganze Buch ist in länglicher Form, groß Octav, und bestehet aus unterschiedlichen Büchern. Das erste Buch ist in persischer Sprache zwischen goldenen und blauen Linien geschrieben, hat eine Cartouche im Anfange, die mit Golde wie auch roth und blau bemalt ist, und bestehet aus 42 Blättern. Sein Verfasser ist Jusiph, ein Sohn Mahamets, welcher ein Sohn des Jusiph war, ein Arzt. Dieses Buch ist ebenfalls Persisch, aber nicht zwischen Linien, auch nicht so prächtig, als das vorige, meistentheils mit schwarzer Tinte, mit untermengten rothen Buchstaben geschrieben. Es sind demselben elf Blätter beigefügt, die gedachter Jusiph einem Mulla Schaban in die Feder gesagt hat[560]. Die Art der Schrift ist, was ihre Zierrathen betrifft, mit der vorigen einerlei. Endlich folgen zwei Blätter, darin die Leute ermahnet werden vorgemeldete Bücher zu lesen, wofür ihnen die Gnade GOttes versprochen wird. Darauf kommt ein Phall[561] in Persischer Sprache, nur von drei Blättern. Phall ist ein Glücksrad, wodurch man künftige Dinge erforschet. Es sind in der That auch viele Räder, wie in unsern Büchern von dieser Art darin abgebildet, und in den verschiedenen Fächern ist etwas geschrieben. Nicht ein jeder weiß es zu gebrauchen. Dieses Geheimniß ist nur einem sehr gelehrten Achun[562] vorbehalten, wie mich die obenberührte Geistlichkeit versicherte. Ferner ist darin 1. in sechs Blättern ein Wunsch, daß GOtt einem Glück geben, und ihm große Herren günstig sein mögten, in Persischer und Arabischer Sprache, nebst der Versicherung, daß, wenn man den Wunsch tausend und achzig mal lesen würde, das Glück erfolgen werde; 2. ein angeleimtes Blatt, kleineren Formats als das Buch mit den bloßen Persischen Namen Persischer Arzneien; vorher aber gehet ein Blatt, darin eine Lobrede auf den Mann ist, der ebengenannte Arzneien bezeichnet hat, wobei noch zu der einen Seite der Schrift etwas in Arabischer Sprache geschrieben ist; 3. Scheuchul-ißlam[563], Scheuch bedeutet in Türkisch- oder Tatarischer Sprache, worin die folgenden sechs Blätter geschrieben sind, einen in einer Stadt oder Wüstenei wohnhaften Mann, der sehr viel betet, ein heiliges Leben führt, und nach keinem Geld oder Gute trachtet. Er unterrichtet die Leute, die zu ihm kommen, in allem guten, und gibt ihnen auch zuweilen eine Anweisung in Sachen, welche die Cur der Krankheiten angehen. Also bedeutet der Titel dieses Buchs einen Scheuch für das Volk. In dieser kurzen Abhandlung sind viele Arzneien beschreiben, davon ich hiermit den Anfang mittheile.

1. In Hundsbissen Haare von dem Kopfe eines Menschen zu Asche verbrannt, und die Asche auf die Wunden gestreuet ist ein bewährtes Mittel.

2. In allen offenen Schäden, sie mögen so alt sein und Namen haben, wie sie wollen, eben diese Asche mit Essig vermischt aufgelegt, ist bewährt. Auch in Hundsbissen so wohl bei den Menschen als bei dem Vieh kann sie gebraucht werden.

3. Eben berührte Asche mit Essig auf einen kranken Zahn gelegt lindert die Zahnschmerzen.

4. Einem Wahnwitzigen soll man den Urin eines Menschen mit Frauenmilch vermischt zu trinken geben, so wird er seinen Verstand wieder bekommen.

5. Spulwürmer wohl getrocknet und gestoßen, und das Pulver davon in das Auge gelassen, vertreiben den Staar.

Dergleichen läppisches, albernes Zeug steht noch vieles darin, womit ich die Geduld meiner Leser nicht misbrauchen mag. Es sind in eben diesen sechs Blättern auch allerlei Arzneien von dem Weltweisen Bukerat, auch von einem namens

Mahamet, Zachariä Sohn, wie auch einem Weltweisen Dschalinüß beschrieben, die ohngefähr von eben dergleichem Schlage sind[564]. Zwischen diesen ist auch ein kurzes Gebet untergeschoben. Auf diese sechs Blätter folgen zwei leere Blätter, und 4. eine Seite, worauf ein Trauungsgebet stehet, in Persischer Sprache, mit der Arabischen vermischt; 5. eine Seite aus einem Buche, das hier ohne Anfang ist, in Persischer Sprache. Die Blätter waren schon zerissen, und sind auf frisch Papier geleimt. Dergleichen sind noch sieben. 6. Eine Seite, worauf etwas weniges von medicinischen Sachen in Persischer Sprache geschrieben. 7. In Türkischer Sprache wird das Blut eines Frosches wider ein Haarauge angepriesen, wie auch wider die Taubheit der Saft des Pferdemistes[565], welche Mittel auch weiter oben schon gerühmet worden sind. Es stehen noch etliche andere Mittel dabei. 8. Ein Phall in Persischer Sprache, um zu wissen, ob Regen oder Schnee fallen, oder ob es helles Wetter werden werde. Dies nimmt eine Seite und wenige Linien von der andern ein. Das übrige derselben Seite ist leer. Hierauf folgen zwo leere Seiten. 9. Eine Seite, worauf ein Wort, das Mahomet geredet, und ein Gebet in persischer Sprache geschrieben sind. Hierauf kommt wieder eine leere Seite und 10. sieben Blätter und ein halbes in Türkischer Sprache, welche zuerst eine Lobrede auf den Verfasser enthalten, der ein Arzt ist, und seine Weisheit aus vieler Weltweisen Schriften gesammlet zu haben vorgibt. Er gibt, wie in der Vorrede einige Regeln, wie sich ein Arzt gegen einen Kranken, zu dem er gerufen wird, aufführen soll, und hält dafür, daß man wider einen Arzt, der dem Kranken eine untaugliche Arznei gibt, wovon er stirbt, Recht suchen solle, und so man etwa wieder ihn kein Recht bekäme, soll man sich damit trösten, daß er dafür in jener Welt bezahlen müsse. Hierauf sind ein paar Linien in Arabischer Sprache, welche den schon oben gedachten Mahamet Zachariä Sohn als Verfasser dieses Buches anzeigen. Er zählet sieben Krankheiten des Hauptes, und handelt auch von den Nasen- und Ohren- Augen- Zähn- Mund- und Halskrankheiten. Er handelt auch von den Brust- und Unterleibskrankheiten, und hat noch besondere Krankheiten, die von überflüssiger Wärme und überflüssiger Kälte entstehen. Hierauf folgt 11. Eine Seite mit lauter Namen von Arzneien, der noch ein Blättlein beigelegt ist, das wieder nichts anders als dergleichen Namen enthält. 12. Eine Seite, darin angezeiget ist, welcher Tag gut oder Böse ist, und wenn es gut zu reisen sei, in Persischer Sprache. 13. In zwoen und einer viertel Seite in Persischer Sprache wird gelehret, welche Stunde gut oder böse sei. 14. Näsem[566], Persische Lieder, ein Blatt und drei viertel einer Seite. 15. Welchen Tag es gut sei, Kleider zuzuschneiden[567], und sie zum erstenmal anzuziehen. 16. Zwo Seiten in Persischer Sprache, worauf ein Phall, daraus ein Mensch bei einer ihm zustoßenden Krankheit wissen kann, ob er leben oder sterben werde? was er für eine Krankheit habe, was er für Allmosen austheilen müsse, um das Leben zu erhalten? Auf der zweiten Seite sind noch einige Zeilen, worin angezeigt wird, um welche Zeit des Tages es gut zu reisen sei? 17. Nasim drei Seiten[568], worauf in Persischer Sprache eine Unterweisung für unartige Leute geschrieben ist. 18. Eine Seite mit zwei Recepten in Türkischer Sprache wider die Krätze, die so kräftig sein sollen, daß wenn auch jemand diese Krankheit vierzig Jahre lang gehabt hätte, er doch durch den Gebrauch dieser Arzneien ohnfehlbar werde geheilet werden. 19. Die letzte Seite, die weiter nichts merkwürdiges hat, als eine Nachricht, daß in diesem Buche hundert und sieben und siebenzig Blätter enthalten sein.

Ich halte dafür, daß die Arzneizunft aus diesem Buche wenig Nutzen ziehen werde. Das Alterthum ist dem Aberglauben sehr ergeben gewesen, alles aber in dergleichen Büchern enthalten, ist noch aus dem Alterthum. Es scheinet, als wenn die Araber und Perser fast nicht mehr schreiben könnten; in einen solchen Verfall sind die Wissenschaften unter ihnen gerathen. Nach ihnen richten sich auch die Mahomedischen Tataren, die vielleicht von ihrem Aberglauben noch was dazu setzen. Mir fielen bei einer besondern Gelegenheit etliche geschriebene Blätter eines Tatarischen Büchleins in die Hände[569], die ich mir von eben dieser Tatarischen Versammlung erklären ließ. Ich schäme mich fast diese Erklärung hierher zu setzen. Doch damit man mich nicht in Verdacht halten möge, als wann ich obiges ohne genugsamen Grund sagte, so will ich einige Recepte aus diesem Büchlein hierher setzen: 1. In offenen Schäden ist das, was bei der Geburt eines Kindes vom Nabel abgeschnitten wird, ein gewisses Mittel, wann man es trocknet, stoßet und aufstreuet: allein das Kind, dessen Nabelschnur so treffliche Würkung thut, muß von einer Jungfrau ohne Zuthuung eines Mannes geboren sein. 2. In der Geschwulst der Hoden soll man das Stirnbein eines längst verstorbenen Menschen, dergleichen man zuweilen aus den Gräbern wirft, zu Pulver stoßen, das Pulver mit Essig mischen, und den nothleidenen Theil damit beschmieren. 3. Wann ein Mensch lange Zeit, doch nicht über die maßen kränkelt, und nicht deutlich sagen kann, was ihm fehlet, so soll man von einem Rettig eine Scheibe abschneiden und denselben aushöhlen, und in die Höhlung sieben Pfefferkörner und eine Hand voll Karni aryk (eine Chinesische Waare, die größer als Pfefferkörner und wie gespalten ist)[570] legen. Darauf soll man den Rettig mit der Scheibe, die man im Anfange abgeschnitten hatte, wieder zudecken und ihn über und über mit Pferdemilch umgeben in einen Topf legen, etwas Wasser dazu gießen, und acht geben, wann ein Dampf davon aufzusteigen beginne. So bald man dieses wahrnehme, soll man dem kränklichen Menschen solchen Dampf von unten in den Leib gehen lassen, so und dergestalt, daß nicht zu den Seiten hinausgehen könne; dieses werde ihm wieder zu seiner vorigen Gesundheit verhelfen.

Ich bitte dieser Ausschweifung wegen um Vergebung. Ich habe von der Anwendung meiner Zeit in der Stadt Tara Rechenschaft geben müssen. Die Kräuter hatten mir zwar auch einige Beschäftigung verursacht, doch weniger, als ich mir eingebildet hatte. Ich fand nicht viel neues daselbst, und ich konnte die meisten Wahrnehmungen, so ich daselbst gemacht hatte, kaum zu etwas anders, als zur Bestätigung der alten gebrauchen.

[Im Original folgen die Seiten 162 unten bis 172 unten.]

Den 20ten [August 1741] ging ich mit anbrechendem Tage ab. Der Weg ging noch allezeit längst dem Ajew [571] aufwärts über eben Land, das hin und wieder höckericht und morastiges Erdreich hatte. Aber meistentheils fand man schöne schwarze Erde, die mit Birkenbäumen dünn bewachsen war. Gegen elf Uhr vor Mittage kam ich durch das Dorf Sudilowa, und bald hernach nach einem andern Dorfe Tschernoluzkaja oder Podowoloschnaja, woselbst ich um das Mittagslager zu halten stehen blieb. Das erstere Dorf liegt an dem Bache Kalturicha, der in den Ajew ohngefähr eine Werst unterhalb fällt, das andere aber an den Ajew. Noch vor kurzer Zeit war in dem obenberührten Sudilowa eine Poststation: allein seit dem 4ten Juni dieses Jahres stehen diese beiden Dörfer ganz leer. Denselben Tag oder vielmehr in der Nacht zwischen dem vierten und fünften thaten einige Räuber der Casatschja Orda einen unvermutheten Anfall auf diese zwei Dörfer, sengten, brannten, raubten, und nahmen alles gefangen, was zu erhaschen war. Diejenigen, welche sich wiedersetzten, wurden mörderischer Weise ums Leben gebracht, und einige auch verbrannt. Etliche wenige entwischten der Gefangenschaft und dem Tode, und brachten die betrübte Zeitung hievon an die nahgelegenen Örter. Seit dieser Zeit haben sie sich weiter unten an dem Ajew niedergelassen. Nach den hierüber verfestigten schriftlichen Urkunden haben diese Schelmen drei erwachsene und ein Kind männlichen Geschlechts, und ein Weib todt geschlagen, drei erwachsene und vier Kinder männlichen Geschlechts, acht Weiber und neun theils Mägdgen, theils Kinder weiblichen Geschlechts verbrannt, einen erwachsenen und vier Kinder männlichen Geschlechts, drei Mägdgen und fünf Kinder weiblichen Geschlechts gefangen und mit sich fortgeschleppt. Ein alter Mann soll sehr erbärmlich hingerichtet worden sein. Er hatte sich, wie erzählt wird, vor den Räubern unter dem Stubenboden versteckt, welches dieselben zwar wahrgenommen hatten, aber den Ort nicht finden konnten, wo der Mann hinunter gekommen war. Sie sollen ihm deswegen zugerufen haben, er sollte hervorkommen. Allein er traute ihrem Zurufen nicht. Daher hieben sie den ganzen Stubenboden in Stücke, zogen den alten Mann hervor, schleppten ihn auf das Feld, und hackten ihm daselbst Hände und Füße ab, wovon er sich zu Tode blutete. An Vieh sollen sie neunzig Pferde, die Füllen mit eingerechnet, an Hornvieh groß und klein, hundert und drei und funfzig Stück weggetrieben haben. Der Major des hiesigen Dragoner Regiments machte sich mit einem Hauptmann, einem Lieutenant, einem Wachtmeister, zween Capitain d'Armes[572], einem Unterfähnrich, fünf Corporalen, einem Trommelschläger, und ein und neunzig Dragonern, wie auch drei hundert und siebzig Wüpisnie Casaki[573] den 9ten Juni wider diese Räuber von Abazkaja Sloboda auf, und schlug schon den folgenden Tag in ihre Fährte ein. Den 11ten fand er in der Steppe fünf und dreißig Stück groß und kleines Hornvieh, welches die Räuber in der Eile nicht hatten fortbringen können. Von da setzten sie dem Gesindel noch sechs Tage nach, und trafen dasselbe endlich den 17ten des Morgens an einem See unter einem Gebürge in der Gegend Sarai-bor an[574], und überfielen es, konnten ihm aber wegen der Festigkeit des Ortes nicht recht beikommen. Drei Dragoner, zween Wüpisnie Kasaki, vier Dragoner- und elf Kosacken Pferde wurden hiebei todtgeschoßen, ein Corporal, neuen Dragoner, acht Kosacken, vier Dragoner- und elf Kosacken-Pferde verwundet, Was von dem Feinde umgekommen sei, weiß man nicht. Es wurden von ihm vierhundert und sieben und zwanzig Pferde, die Füllen mitgerechnet, erbeutet, und zehen Menschen Russischer Nation, die von den Räubern nicht fortgeschleppt werden konnten, aus der Barbarischen Gefangenschaft befreiet. Mündlichen Nachrichten zufolge hat man die Räuber in einem tiefen Schlafe angetroffen, und auch zu selbiger Zeit ihre Pferde weggenommen. Die meisten sind der Meinung, man hätte ihnen in der Stille auch alles Gewehr abnehmen, und darauf alles niedersäbeln oder gefangen nehmen können. So aber hätte man die Sache mit allzugroßem Lermen angefangen, wovon der Feind aufgewacht wäre, und sich zur Gegenwehr gefaßt zu machen Zeit gewonnen hätte. Dieser Bösewichte Gewehre sind Turki, eine Art von Büchsen[575], welche wohl dreimahl so weit als eine Wintovka (Russische Büchse)[576] reichen sollen, so daß man ihnen nicht hätte nahe kommen können, ohne Gefahr zu laufen viele Manschaft dabei zu verlieren. Sie sollen sodann mit ihrem Gewehre tapferen Widerstand gethan haben; und weil ihre, des Raubgesindels Pferde schon alle weggetrieben waren, so wurden einige von ihnen beordert, die Russischen Gefangenen, die sie mit sich führten, in das Gebürge zu treiben, weil sie besorgten, sie mögten zu den Russen überlaufen; der meiste Theil aber blieb zurück, und hielte die Dragoner und Kosacken mit ihrem Schießgewehr ab. Diesem allen ohngeachtet sollen viele der Russischen Kosacken um Erlaubniß gebeten haben, den Räubern nachsetzen zu dürfen, als welche alle zu Fuße waren; man hätte sie aber mit Schlägen zurück gewiesen. Denn der Major befürchtete, es mögte noch mehr räuberisches Gesindel von eben dieser Art hin und wieder in den Gebürgen verstecket sein, und ihn mit seinem ganzen Gefolge ohne Köpfe zurücke schicken. Hieraus entstund eine neue Sorge, sie mögten mit den Köpfen auch das Gesichte verlieren. Eine Probe schien ihm gefährlich. Er ging also den sichersten Weg, und begleitete sein Heer mit seinem und des ganzen Heeres Köpfen nach dem Flusse Ischim in Korkina Sloboda[577], allwo er mit oben erzählter Beute den 22ten Brachmonat[578] glücklich ankam. Ich habe schon oben gesagt, daß man von Tara aus wider eben diese Räuber auch Kriegsvolk ausgeschickt hatte[579]; ich habe aber jetzo erst den wahren Verlauf dieses Feldzuges erzählen gehört. Es wurden anfänglich vier hundert Mann ausgeschickt, sie nahmen aber bald wieder ihren Rückweg nach der Stadt, und der Kosacken-Obrister, ihr Anführer berichtete der Kanzlei, es wäre kein Feind zu sehen. Man schickte ihn deswegen zum andernmal aus, und verstärkte sein Heer. Er kam im Anfange des Juli wieder zurücke, und berichtete, daß er gegen Sarai-bor fortgerückt und davon nur eine Tagereise entfernt gewesen wäre, er hätte dahin auch ein kleine Anzahl seines Kriegsvolkes abgefertiget, um den Feind zu erkundigen; es wäre aber nichts von ihm zu erfahren, und schiene es, er sei in die Gebürge gejagt worden, wie man dann noch hin und wieder ein Überbleibsel von feindlichen Jurten gesehen hätte, und wie dergleichen Lügen mehr waren.

Es ist unbeschreiblich, was die Russische Gränze seit vielen Jahren her, absonderlich aber seit dem Jahre 1728[580], von diesen Räubern erlitten hat. Die ganze Barabinische Steppe, die Dörfer oberhalb der Stadt Tara am Irtisch, die Dörfer am Osch, Ajew, Wagai, Jamurtla, und alle Sloboden in der oberen Gegend des Tobol sind durch solche Überfälle ungemein mitgenommen worden; und wann man sich die Mühe geben wollte es zusammen zu rechnen, so würde eine größere Menge erschlagener und gefangen weggeführter Menschen beiderlei Geschlechtes und Viehes, auch anderer geraubten Haabseeligkeiten herauskommen, als man sich sonst vorstellen könnte. Man macht mit diesen Schelmen eine Menge Verträge. Sie stehen nicht unter einem Haupte. Wenn also Streitereien geschehen, und man sich bei denen, welche mit der Russischen Regierung Verträge gemacht haben, über solche Gewaltthätigkeiten beschweret, so bekommt man allezeit zur Antwort, es sei von ihrem Volke den Verträgen nichts zuwider geschehen, sondern von andern Völkern, die nicht von ihren Befehlen abhängig wären[581]. Da muß man sich dann mit dieser Antwort abspeisen lassen. Die Schelmen aber, die unter der Casatschja Orda stehen, sind einander alle gleich. Wer kann sie von einander unterscheiden, und wissen, unter wessen Bothmäßigkeit sie stehen? Daher ist keine Hoffnung sie durch Verträge zu zwingen, wo man nicht mit allen ihren so genannten Häuptern Verträge macht, und von allen Geiseln zur Versicherung nimmt. Es würden aber alsdann so viele Geisel zusammen kommen, daß man sich vor ihren Räubereien auch zu fürchten haben würde. Meines Erachtens also müßte man lieber gegen sie immer auf guter Hut sein, und wenn man sie auf dem Raube anträfe, nachdrückliche Strafen an ihnen vollziehen, damit sie durch dergleichen Exempel von ihren Räubereien abgehalten würden. Es ist zu besorgen, daß, wenn man diesem Übel nicht mit dem größten Nachdruck zu begegnen sucht, es immer größer werden dürfte. Unter den vielen gefangen weggeführten sind vermuthlich auch Schelme, die dem Raube so gerne nachhängen, als gebohrne Räuber, und sich kein Gewissen daraus machen, ihr Vaterland zu verrathen. Der Überfall in den vorerwehnten Dörfern ist in selbiger Gegend vor diesem was unerhörtes gewesen. Es ist also zu vermuthen, daß ein ehrlicher Landsmann die Räuber dahin geführet habe. Laut den Aussagen derer, die aus der Gefangenschaft befreiet worden, ist der Heerführer dieser Räuber ein entloffener Jesaschnoi Tatar[582]. So hat man auch Nachricht, daß Barabinische Tataren dahin entlaufen sind, wodurch meine Muthmaßung wahrscheinlich wird; und endlich sagt man auch, daß diese Schelmen so gar Russische Wegweiser haben.

[Im Original folgen die Seiten 179 Mitte bis 220 unten.]

So gleich nach unserer Ankunft [in Tjumen'][583] fiel ein heftiger Regen. Den 5ten [Oktober 1741] war ziemlich gutes und den 6ten hell und klares Wetter; die Nacht darauf war dunkel, und von elf Uhr an in der Nacht bis um den Mittag des 7ten war in einem fort Schnee, der aber noch selbigen Tag wieder kalt bei einem starken Ostwinde, der zwischen dem 8ten und 9ten in der Nacht den Bach Tjumenka mit Eis belegte.

Den 11ten wurde allhier der Sieg, so von der Russischen Armee über die Schwedische bei Wilmanstrand erfochten worden[584], durch ein Dankfest und viele Canonenschüsse feierlich begangen. Diesen und den folgenden Tag war eine große Kälte. Die drei folgenden Tage aber war das Wetter trübe und gelinde. Weil uns die Zeit etwas lang wurde, und es sich noch zu keiner Schlittenfahrt anlassen wollte, so entschlossen wir uns noch in unsern gewöhnlichen Reisewagen nach Tobolsk zu gehen. Wir hatten beiderseits allerlei daselbst zu verrichten, besonders aber Herr Prof. Müller, welchem man noch viele Nachrichten aus der Kanzlei schuldig war, die er nicht anders als gegenwärtig zu erhalten Hoffnung haben konnte. Ich hingegen wünschte bald in Tobolsk zu sein, weil fast meine ganze Geräthschaft dort stund. Wir hatten also gleichen Trieb unsere Reise dahin zu beschleunigen. Ich will inzwischen bis die Anstalten dazu gemacht sein werden, mich mit einer kleinen Beschreibung der Stadt Tjumen beschäftigen, welche bei meinem gedoppelten Aufenthalt in derselben, zu Anfange des 1734sten Jahres[585], wegen der kurzen Zeit, die ich darin war, hatte versäumen müssen.

Tjumen liegt auf dem südlichen Ufer des Flusses Tura, und noch ein kleiner in der Nähe aus verschiedenen Quellen entspringender Bach, so sehr hohe Ufer und den Zunamen Tjumenka hat, fließt quer durch die Stadt , und fällt bei derselben von der südlichen Seite in den Tura. Die Lage der Stadt Tjumen ist auf einer angenehm erhabenen Ebene, ohngefähr zehen Klaftern höher, als der Tura. Über die Tjumenka ist eine große Brücke geschlagen, die drei und achzig Klaftern lang und fünf Klaftern breit ist. Zunächst unterhalb dieser Brücke befindet sich eine innere Festung, die ins Viereck mit Pallisaden umgeben ist, aber jetzo eine ganz unregelmäßige Gestalt hat, weil das Wasser an der Seite, gegen den Tura, von Anfang der Stadt bis jetzo vieles davon weggespület hat, so daß man genöthiget worden immer weiter in das Land hinein zu rücken. Die Länge der Festung beträgt längst dem Ufer des Flusses Tura achzig Klaftern, längst dem Bache Tjumenka drei und siebenzig. Die Breite bei der Brücke macht funfzehen, und gegen über auf der andern Seite zwischen dem Tura und Tjumenka vier und sechzig Klaftern aus. Sie hat von der unteren und oberen Seite des Flusses zwei Thore mit Thürmen, deren der eine Jegorievskaja, der andere Spaskaja Baschnja[586] heißt. Zwischen Spaskaja Baschnja und dem Tura stehet eine steinerne Hauptkirche zur Verkündigung Mariä, und vertritt daselbst mit ihren Mauern die Stelle der Festungswand. Eine alte fast verfallene hölzerne zur Geburt Mariä stehet daneben in der Festung, in welcher sich auch noch des Wojeweden Haus, die Kanzlei, das Zeughaus, und zwei Salzhäuser befinden. Außerhalb der Festung sind gegen die untere Seite des Tura hin sechs hölzerne Kirchen, ein Nonnenkloster mit einer Kirche, ein Marktplatz mit einigen Kramläden, ein Rathhaus, ein Zollhaus und fünf hundert andere Höfe der Einwohner. Alle diese Gebäude nehmen der Länge nach einen Platz von sechs hundert und sechzehn Klaftern ein. An dem unteren Ende ist die Stadt viel breiter, als bei der inneren oberwähnten Festung. Daselbst ist ein Ostrog mit zween Thor- und zween Eckthürmen, die fast in gerader Linie vom Tura bis an den Tjumenka um die Stadt gebauet, und mit Wällen, Graben und Spanischen Reutern versehen sind. Oberhalb dem Tjumenka auf eben demselben Ufer ist Jamskaja Sloboda, welche aus zweihundert und sieben und vierzig Höfen bestehet, aber nicht von lauter Fuhrleuten[587], sondern von Leuten allerlei Standes bewohnt wird; vielleicht aber ist sie daher so genannt worden, weil der Platz gleich anfänglich den Fuhrleuten angewiesen wurde. Am Ende der Slobode ist ein mit einer Ringmauer versehenes Mönchskloster, Troizkoi genannt, wiewohl diese Mauer von der Flußseite noch nicht ganz ausgebauet ist. Es befinden sich auch daselbst noch drei steinerne Kirchen, verschiedene steinerne, und einige hölzerne Klostergebäude. Dieses Kloster gibt der Stadt eine besondere Zierde. Eine andere Vorstadt liegt auf dem nordlichen Ufer des Tura, der Stadt gerade gegen über, die theils von Russen, theils Muhamedanischen Tataren und Bucharen bewohnt ist. Die ersteren haben hundert und funfzehen, die Tataren und Bucharen sieben und zwanzig Höfe. Jene sind zu ihrer Andacht und GOttesdienst mit einer Kirche, diese mit einer Metsched[588] versehen. Weil aber das Ufer, wo diese Vorstadt stehet, sehr niedrig ist, so ist sie des öftern Überschwemmungen unterworfen. An dem Tjumenka sind noch Überbleibsel von Wällen und Graben eines alten Tatarischen Festungswerkes zu sehen, wobei mich aufzuhalten keine Ursache finde, weil es auf den Schlag der übrigen in diesen Gegenden, so man aus dem Alterthum nachgelassen siehet, angeleget zu sein scheinet. Zudem ist es eines von den bekanntesten unleugbarsten Dingen der Sibirischen Geschichte, daß in der Gegend von Tjumen ehemals eine Tatarische Stadt gewesen sei[589].

[Im Original folgen die Seiten 224 Mitte bis 233 oben.]

Den 18ten December [1741][590] war ein freudenvoller Tag. Man hörte mit Anbrechung des Tages viele Canonenschüsse aus der Festung, auch bald darauf mit allen Glocken zusammenläuten, und wir bekamen eine Einladung von dem Herrn Statthalter, daß wir uns alle nach der Kirche verfügen, und hernach das Mittagsmahl bei ihm einnehmen mögten. Wir erfuhren bald die Ursache davon. Es war noch etwas vor Tage ein Courir mit der Nachricht angekommen, daß Ihro jetzt regierende Kaiserliche Majestät den Russischen Thron bestiegen hätte[591]. Man mußte also der neuen Kaiserinn huldigen; und so viel aus den Gesichtern zu urtheilen war, deren Beurtheilung in dergleichen Fällen am wenigsten trügt, so war das ganze Volk mit dieser Veränderung wohl zu frieden, und bezeugte auch seine Zufriedenheit, so wohl diesen als die folgende Tage durch allerhand Lustbarkeiten, da ohnedem Weihnachten nahe war, und dem heiligen Christ auch einige Tage vorher begegnet werden mußte. Der Tag selbst aber, darin die Kundmachung geschahe, und daran gehuldiget wurde, bekam noch einen Zusatz der Freude durch die Ankunft des neuen Tobolskischen Metropoliten Arsenii[592]. Nach Begehung des Gottesdienstes wurde um die Festung dreimal gefeuert, auch ein recht artiges Lauffeuer[593] von den Regimentern, die hier waren, gemacht. Der Herr Statthalter hatte während seiner Anwesenheit allhier die hiesigen Soldaten fleißig in den Kriegsübungen unterrichten lassen, welches dann auch eine gute Würkung in Abfeurung des Gewehres hatte. Die Mahlzeit bei dem Herrn Statthalter war wohl eingerichtet, und ohngeachtet der Fasten[594] ziemlich prächtig; es wurde auch einigen Personen mit Wein aufgewartet.

Wir waren so wohl vor, als nach diesem Feste immer besorgt, daß wir bald von hier fortkommen mögten. Unsere Verhinderungen wurden mit den Bekanntschaften immer größer; und so ging es auch mit denjenigen, die uns zugegeben waren, daß sie bei uns arbeiten sollten. Sie waren so wenig im Stande zu widerstehen, als wir. Zu diesem Ende, und um es so viel als möglich zu verhüten, hatten wir den Maler Decker in Tjumen zurückgelassen, auch den Maler Lursenius schon im Wintermonat[595] eben dahin abgefertiget, damit sie zusammen ihre Verrichtungen daselbst ohne Hinderniß versehen könnten. Die einzige Sache, die wir in unsern Angelegenheiten zu Stande brachten, war fast nur diese, daß wir den 2ten Januar 1742 einen Soldaten mit natürlichen Dingen, fremden Kleidern, und den dazu gehörigen Beschreibungen abfertigen konnten, welcher aber, wie wir nachgehends vernahmen, noch, ehe er Tjumen erreichte, gefährlich krank wurde, so daß er erst den 18ten Januar die Reise von dort aus weiter fortsetzen konnte. Es wurde uns bei dieser Gelegenheit dieser Abfertigung allerlei Verwirrung und Verdruß gemacht, indem man verlangte, daß wir alle abzufertigende Kasten vom Zollhause besichtigen lassen sollten. Weil sie aber mit vielem Fleiße auf eine so weite Reise, als sie zu thun nöthig hatten, eingepackt waren, und wir uns die Mühe sie abermals aus- und einzupacken nicht wieder nehmen wollten, wir auch ohnedem, um allen Verdacht abzuwenden, alles geraden Weges an den regierenden Senat überschrieben, und zur Benehmung alles Zweifels verlangten, daß auch die Kanzlei mit ihrem Pettschaft alles versiegeln mögte; so blieben wir fest bei unserm Entschlusse, nichts davon besichtigen zu lassen, aber wenn man eine Besichtigung vornehmen wollte, derselben nicht beizuwohnen, weil wir die Zeit besser, als auf solche Art anwenden konnten. Und man gab endlich hierin nach.

Der andere Hauptpunkt, den wir zu besorgen hatten, war, daß man bei dem Anfange des Jahres unsere Besoldung so wohl für uns als unser Gefolge auf dasselbe Jahr auszahlen mögte, worin man uns während der ganzen Reise völlige Gerechtigkeit hat wiederfahren lassen. Dieses geschahe nun auch hier, und den 8ten Jenner wurden wir völlig befriediget. Da ich nun bald Tobolsk verlassen werde, so muß ich noch etwas Tatarisches einrücken, nämlich die Ceremonien, welche mit einem gestorbenen Tataren Mahumedanischer Religion vorgenommen zu werden pflegen, die Herr Prof.

Müller selbst mit angesehen hat, und mir von ihm mitgetheilet worden sind. Den 20sten Februar des vorigen Jahres starb ein Buchare[596] von der Kalmuckischen Gesandschaft, die sich eben in Tobolsk aufhielte, und ihre Reise weiter nach Petersburg fortzusetzen begriffen war[597], des Nachts plötzlich, entweder von übermäßigem Trinken, oder von eingenommenem Gifte, weil ihm der Aufenthalt unter den Kalmucken gar nicht gefallen wollte, und er sich öfters vorher hatte verlauten lassen, er würde gezwungen sein, sein unglückliches Leben auf eine solche Weise zu beschließen. Wobei noch ferner zu wissen ist, daß dieser Mensch in Tobolsk gebohren, und erste ein Jahr vorher den Kalmucken war ausgeliefert worden. Als dem Herrn Prof. Müller solches den Morgen darauf bekannt worden, so wollte er gleich in das Sterbehaus gehen; um die Ceremonie von ihrem Anfange an zu sehen. Allein er wurde gebeten solches nicht zu thun, weil daselbst noch eine Menge Frauen, um den Todten zu beweinen, beisammen wären, die sich vor ihm schämen würden, zumal er auch hierzu die Erlaubnis von der Kalmuckischen Gesandschaft hätte haben müssen. Er war also genöthiget in der Tatarischen Metschet zu warten, bis man die Leiche dahin bringen würde. Er kam des Morgens um zehen Uhr in die Metschet, allwo der Achun mit der übrigen Geistlichkeit und vielen Bucharen und Tataren versammlet war, welche nur auf ihn warteten, um den Totenkittel einzusegnen. Dieser bestund aus zwei Leinlaken von Tschaldar[598], das innere war weiß, das äußere gelblich. Es darf nämlich, wie der Herr von Strahlenberg und andere schon angemerket haben, nach dem Muselmannischen Gesetze, kein Todter, der dieses Gesetz in seinem Leben geglaubt hat, in einem andern Zeuge, als der von den Muselmännern bereitet ist, begraben werden[599]. Über dem inneren weißen Tschaldar lag noch ein klein Stück feiner gleichfalls weißer Tschaldar, der ohngefähr drei Arschinen lang war, und den sie das Hemde nannten. Dieses war nicht genehet, sondern nur in der Mitte nach beigehender[600] Figur ein Loch hineingeschnitten, wodurch der Kopf gestecket, und die übrige Hälfte dem Todten über den Leib geleget ward. Dieses alles wurde unter immerwährendem Beten mit Kampherwasser, (nämlich gemein Wasser, worin Kampher zerrieben worden,) eingesprengt. Man kann statt dessen auch, wie sie sagen, andere Sachen von einem starken Geruche, imgleichen Gewürze gebrauchen. Als dieses geschehen war, so wurden die Leinlaken als ein Sack zusammen geleget, und an beiden Enden zugebunden, daß es einem Mantelsack nicht unähnlich sahe. Darüber wurde in der Mitte ein Tatarisches auf einen halben Bogen geschriebenes Gebet mit Nadeln aufgeheftet, welches man sonst auch oben auf den äußeren gelben Tschaldar zu schreiben pflegt, und welches zu mehrerer Bequemlichkeit von dem Geistlichen auf Papier bereit gehalten wird. Dieses nun wurde aus der Metschet in das Sterbehaus getragen, da immittelst jedermann in der Metschet zurückblieb. Ehe man den Todten in den Kittel leget, wird derselbe gewaschen. Bei Mannspersonen geschiehet dieses Waschen von Männern, und bei Weibspersonen von Weibern; beide aber werden von Weibern im Sterbehaus beweinet, welche sonsten bei der Ceremonie nichts zu thun haben, auch der Leiche nicht zu Grabe zu folgen. Bald darauf brachte man die Leiche vor die Metschet: denn in dieselbe darf kein Todter getragen werden. Selbige wurde aus dem Sterbehause in einem Sarge mit dem Kopfe voraus getragen. Der Sarg bestund aus schlecht behauenen Brettern, die mit Bast zusammen genehet waren, ohne Deckel, statt dessen ein gewöhnlicher Teppich darüber ausgebreitet lag. So wie der Todtenkittel oben beschrieben worden, so lag jetzo der Todte darin, ohne alle andere Kleidung, und er war wieder bei dem Kopfe und zu den Füßen zugebunden, und in der Mitte um den Leib war noch ein Band. Der Achun mit seiner geistlichen und weltlichen Gesellschaft betete ein wenig über dem Todten vor der Metschet, worauf man den Sarg auf einen Schlitten setzte, und nach dem Begräbnisplatze führte. Man sagte dem Herrn Professor, die Leiche würde langsam geführt, und überdem wäre auch das Grab noch nicht fertig; daher er indessen mit guter Muße zu Mittage essen könnte. Etwa eine Stunde hernach fuhr er in Begleitung einiger Tobolskischen Bucharen[601] nach dem Begräbnisorte, fünf Werste von Tobolsk bei dem Dorfe Savstrownie jurti. Ohngeachtet ohngefähr zwanzig Tataren wechselweise an der Grube arbeiteten, so war dieselbe doch bei des Herrn Prof. Ankunft kaum halb ausgegraben, wovon die Ursache war, daß die Leichenbegleiter erst nach Ankunft der Leiche, daran zu arbeiten angefangen hatten, wie dann bei ihnen nicht gebräuchlich ist, Todtengräber zu halten oder für Geld zu dingen, sondern es verrichtet ein jeder Anwesender diese Arbeit als ein Liebeswerk. Die meiste Hinderniß war in dem stark gefrornen Erdreiche. Allein sie hatten dazu gute Werkzeuge bei der Hand. Ein dem Herrn Prof. wohl bekannter Tatar zu Medjanskie jurti, welches eine Werste von dannen zur Seiten liegt, bat ihn immittelst zu sich, um Thee zu trinken, welches er wegen der Kälte und des schneidenden Windes gerne annahm. Er hatte kaum eine Stunde bei dem Tataren gesessen, so kam ein Bote mit der Nachricht, das Grab sei bald fertig. Die Geschwindigkeit der Arbeiter mogte wohl von der strengen Kälte herkommen, welche sie vielleicht am meisten zum Fleiße angetrieben hatte. Das Grab war, wie unsere Gräber, länglich und viereckicht. Die Länge war von Nordosten gegen Südwesten, nämlich gegen Mecca hin, so wie auch die Metschete gebauet sind. Von dem Maaße der Tiefe gab man dem Herrn Prof. die Erklärung, daß ein Mensch mit aufgerichtetem Leibe in dem Grabe müsse sitzen können, wovon nächstens die Ursache angezeiget werden wird. Die Leiche stund immittelst noch auf dem Schlitten, etwa zwanzig Schritte vom Grabe. Ehe man dieselbe zu demselben brachte, nahm ein jeder Leichenbegleiter ein Stücklein von der ausgegrabenen Erde, betete darüber ganz leise, und blies daran mit einem gelinden Hauchen. Diese Stücklein wurden von einem Manne in dem Zipfel seines Rockes gesammlet, und nachmals in das Grab dem Todten zu Füßen geleget; dies geschiehet nach ihrer Meinung zur Vergebung der Sünden. Hiernächst trugen sechs Mann die Leiche von dem Schlitten auf den Schultern zum Grabe, abermal mit dem Kopfe voraus. Weil sie aber von der nordlichen Seite kamen, so dreheten sie sich bei dem Grabe um, dergestalt, daß die Füße, und mithin auch das Gesicht gegen Südwesten oder Mecca zu liegen kamen. Auf solche Weise wurde die Leiche im Sarge zur Seite bei dem Grabe, nämlich auf der nordwestlichen oder rechten Seite desselben niedergesetzet. Man nahm die Decke ab, schnitte den Bast entzwei, womit die Bretter des Sarges verbunden waren, und zween Männer fasseten die beiden zusammengebundenen Zipfel der Leiche bei dem Kopfe und den Füßen an, welche sie also in die Gruft hinunter ließen, allwo dieselbe von zween andern empfangen, und auf die bloße Erde niedergelegt wurde. Darauf wurden die Bande des Todtenkittels so wohl zu dem Kopfe und Füßen, als in der Mitte des Leibes aufgelöset, und dem Todten das Gesicht entblößet. Ein Mulla (denn der Achun war seines schwachen Alters wegen in der Stadt zurück geblieben,) hatte einen beschriebenen Zettel in der Größe eines Octavblattes; dieser wurde zwischen einem gespaltenen Stecken befestiget, und zur rechten Seiten im Grabe, der Brust gegen über, dergestalt in die Wand gesteckt, daß die Schrift gegen das Gesicht des Todten gerichtet war, als wenn er das geschriebene lesen sollte, zu welchem Ende man auch das Gesichte gegen den Zettel ein wenig auf die Seite drehete. Sie sagen, dieses sei der Todtenpaß, oder vielmehr ein Gebet, welches der Todte beten müsse, wann er gleich darauf, um sein Urtheil zu empfangen, wieder auferwecket werde[602]. Die verschiedenen Stücklein Erde, deren vorhin erwehnt worden, wurden jetzo dem Todten zu den Füßen gelegt. Nach diesem wurden Bäume herzugetragen, die so lang, als das Grab, gehauen waren; dieselben legte man der Länge nach über die Gruft, einen Baum ganz nahe an den andern, über die Bäume die von einander gelöseten Bretter des Sarges, darüber einige Arme voll Heu, und über das Heu wurde die ausgegrabene Erde in Form eines länglichten, oben zugespitzten Hügels geworfen. Man sammlete sorgfältig alle Erde auf, und warf sie auf das Grab; sodann brachte einer eine Gießkanne mit reinem Wasser, und begoß damit den Grabhügel auf jeder Seite zu dreienmalen, erst auf der rechten, hiernächst auf der linken Seite, strichweise vom Kopfe zu den Füßen[603], worauf die Ceremonie mit einem leisen Gebet aller Anwesenden sitzend beschlossen wurde. Der Herr Prof. hat nicht erfahren können, was das Gießen bedeuten sollte. Daß aber inwendig das Grab nicht mit Erde ausgefüllet, ja noch durch die Bretter und das Heu so sorgfältig verhütet werde, damit nicht zwischen den Bäumen Erde durchfalle, solches geschiehet deswegen, weil sie glauben, daß, wann die Leichenbegleiter auf der Rückkehr vierzig Schritte vom Grabe entfernet sind, zween Engel in das Grab kommen, den Todten erwecken, ihn über seinen Glauben, Leben und Wandel befragen, und ihm das Urtheil sprechen. Sie meinen ferner, daß sich der Todte bei diesem Gerichte aufrichte, und in dem Grabe sitze, welches also die Ursache von der Tiefe des Grabes ist. Sie erzählen dabei, ein Casanischer Tatar habe an der Wahrheit dieses Umstandes gezweifelt, und aus Neugierigkeit sich durch seine Freunde lebendig begraben lassen, um zu sehen, ob die Engel ankommen würden; doch hätte er dabei befohlen, daß man ihn alsobald wieder aufgraben sollte. Solches sei geschehen; man habe aber den begrabenen in großer Unordnung im Grabe todt gefunden, woraus sie schließen, daß die Engel gewiß dagewesen sein müßten, und daß der Zweifler entweder aus Schrecken, oder gerechtem Gerichte GOttes seinen Geist aufgegeben hätte. So viel sonst die Beschaffenheit ihrer Gräber betrifft, so sagen sie, daß in ihren Schriften verordnet wäre eine Grube senkrecht in die Erde zu graben, und alsdann eine Höhle zur Seiten unter der Erde von der Größe und Geraumlichkeit, als zum Behältniß des todten Körpers erfordert wäre zu machen. In diese sollte man die Leiche legen, die Mündung der Höhle mit Ziegelsteinen zuschließen, und darauf die anfängliche gegrabene Grube mit Erde ausfüllen. Auf solche Weise würden in der Bucharei, allwo die Erde sehr fest sei, die Todten begraben[604]; hier aber in Sibirien verstatte solches die Beschaffenheit des Erdreiches nicht, als welches von oben einfallen würde. Und da im Casanischen die Erde noch lockerer als in Sibirien, und sehr sandicht sei, so habe man daselbst die Gewohnheit das Grab an allen vier Seiten mit Brettern auszuschlagen.

Wir verließen Tobolsk endlich den 18ten Januar [1742] nach Mittage um halb sechs Uhr. Weil wir von einigen guten Freunden bis Medjanskie jurti begleitet wurden, so hielten wir daselbst Stille, um uns ein wenig mit ihnen zu letzen[605], welches uns bis gegen elf Uhr in die Nacht aufhielte, da wir unsere Reise weiter fort setzten, und den 19ten des Morgens um vier Uhr in Turbinskie jurti ankamen.

[Im Original folgen die Seiten 244 oben bis 263 unten.]

Mein Aufenthalt allhier[606] wäre mir bald einer der betrübtesten worden, den ich seit vielen Jahren gehabt habe. Kaum war ich ein paar Tage hier, so ward der Herr Prof. Müller, und ein paar Tage darauf Herr Martini an schweren hitzigen Catharrfiebern krank, die dieses Frühjahr fast wie eine Seuche durch ganz Sibirien herrschten. Letzterer wurde bald wieder besser, ersterer aber hatte einen von vielen Krankheiten und arbeitsamen Reisen viele Jahre hindurch abgematteten Körper, der nicht zuließ, daß sich die Krankheit so bald brechen konnte. Ich befürchtete sehr oft, die Krankheit würde die Oberhand gewinnen; deswegen gab ich mir nur alle ersinnliche Mühe, brachte bei dem Herrn Professor manche Nacht schlaflos und mit schweren Sorgen zu; ja ich mußte nicht selten, wenn ich von den gehabten Leibes- und Gemüthsbeunruhigungen eine ungewöhnliche Mattigkeit und andere kränkliche Zufälle an mir wahrnahm, meiner eigenen Haut wegen in Sorgen stehen. Ich mußte viele Zeit anwenden, die häuslichen Angelegenheiten des Herrn Prof. Müllers so viel möglich, in der Stille zu besorgen, um durch die dergleichen in Krankheiten so gewöhnliche Ärgerniß kein Feuer bei der ohnehin schweren Krankheit zuzuschüren. Das verdrießlichste war die so oft gestörte Crisis[607], die aber Gottlob immer nach Wunsch wiederkam. Nach ohngefähr drei Wochen war das schwerste der Krankheit vorbei, und ich konnte mich alsdann wieder ruhig schlafen legen. Ich behielte die Hälfte des Aprils und die Hälfte des Maimonats frei, daß ich auch an meine eigenen Geschäfte denken

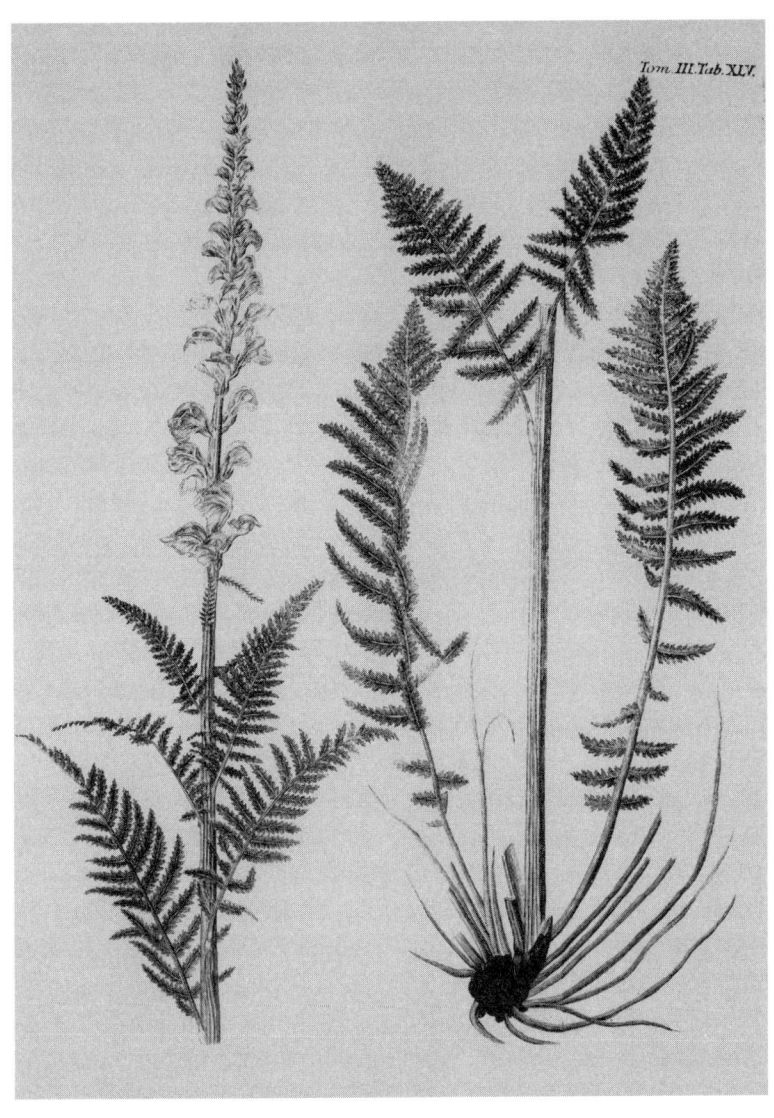

Abb. 22: Johann Georg Gmelin, Flora Sibirica, Band 3, Tafel 45: Läusekraut (Scrophulariaceae – Braunwurzelgewächse)

konnte, wie ich dann in dieser Zeit die Geschichte der Pflanzen von den beiden Jahren 1740 und 1741 bis über die Hälfte zu Stande brachte[608].

[Im Original folgen die Seiten 265 oben bis 316 oben.]

Noch vor wenigen Jahren haben sehr viele Baschkiren[609] in hiesiger Gegend gewohnet[610], und sie sollen diesen Ort ihr Herz genannt haben. Ihre Widerspenstigkeit ist Ursache gewesen, daß man sie daraus verjagt hat, und sie müssen nun in einer großen Entfernung das Gedeien der Russischen Bevölkerungen ansehen. Man begegnete ihnen Russischer Seits viele Jahre mit großer Gelindigkeit; sie hingegen wurden, wenn sich die Russen ihren Grenzen nur im geringsten näherten, so gleich in die größte Erbitterung gebracht, daß sie mit Feuer und Schwerdt droheten, auch würkliche Einbrüche in russische Örter wagten, ja Festungen zu stürmen oder zu zerstören unternahmen, wobei man sie freilich oft mit blutigen Köpfen zurück schickte. Sie aber erholten sich bald wieder, und fingen ihre vorige Räubereien und Plünderungen an, die sie in der That nicht als Diebe, sondern als böse Nachbarn anstellten. Man zwang sie zwar schon vor einigen Jahren dem Russischen Reiche einen gewissen Tribut zu versprechen; sie trugen ihn aber ab, wenn es ihnen beliebte, und keine Vorstellungen noch Drohungen konnten etwas bei ihnen ausrichten. Indessen kannte Rußland seine Macht wohl, und ließ das Maaß voll werden, da sie ihre Streitereien beständig fortsetzten. In dem Jahre 1734 hatte Rußland vor, eine Gesellschaft von einigen Personen nach den von Samara aus südwärts liegenden Gegenden zu schicken, welche auch durch die Länder, da die Baschkiren wohnen, einen Strich Weges zu reisen hatten[611]. Man sandte deswegen vorher jemand zu ihnen; sie versprachen Frieden zu halten, und es wurden so gar einige von ihnen nach Petersburg abgeordnet, welche es an dem Kaiserlichen Hofe selbst angelobten. Kaum waren einige Anstalten zu dieser Reise vorgekehret, so äußerte sich wieder der aufrührerische Geist, und sie wollten dieselbe mit aller Macht hindern. Hieraus entstund der Orenburgische Kriegszug, der einige Jahre gewähret hat[612].

Abb. 23: Johann Georg Gmelin, Flora Sibirica, Band 3, Tafel 2: Axyris amaranthoides (Chenopodiaceae – Gänsefußgewächse); eine Pflanze, die in Mitteleuropa nicht vorkommt

Man suchte die Baschkiren zu paaren zu treiben. Man fiel ihnen von vielen Seiten in ihre Länder, welche man völlig einnahm, und durch die bisher gemeldete und noch künftig zu meldende Festungen behauptete, so wie man auch durch tägliche neue Einrichtungen, welche weder Übereilung noch Grausamkeit, sondern Klugheit und Sanftmuth anzeigen, ihrer Bosheit zuvor zu kommen, und sie im Zaum zu halten sucht. Sie haben gar oft versprochen gut zu thun. Man hat ihnen auch oft geglaubet, aber endlich befunden, daß sie durch gewaltsame Mittel in Gehorsam erhalten werden müssen. Sie fühlen jetzo, daß sie gesündiget haben, und daß ihre Macht sich gegen die Russische schon seit vielen Jahren, wie die Macht eines Wurmes gegen die Macht eines Elephanten verhalten hat. Deswegen sind sie nun ziemlich mürbe, und zittern wenn Sie eines Russen ansichtig werden.

[Im Original folgen die Seiten 318 oben bis 339 unten.]

Der Jaik ist in der Gegend dieser Festung[613] ohngefähr zehen Klaftern breit, und hin und wieder zween Faden tief, an einigen Orten aber ziemlich seicht. Auf dem westlichen Ufer gegen den Ak–tüwä hin sind viele kleine Seen; die meisten sind fischreich, und viele von einer nicht geringen Tiefe. Auch der Jaik ist fischreich, und führet Hechte, Karauschen[614], Brassen, Barsche, Rothaugen, Welse, Karpfen; Rottelen[615], Groppen[616], Gründlinge, Poduski, Scherechi[617]. Er führet auch Krebse, die Wolgischen an Gestalt und Größe beikommen. Er hat zu beiden Sciten Gebürge, die jedoch hin und wieder weit davon liegen, wie denn ost- und südwärts von der Festung große Felder sind, die vortrefflich angebauet werden können. Dieses Jahr hat man mit dem Ackerbau den Anfang gemacht, und wird im Herbste für die Krone Roggen und Haber[618] säen, wozu die nöthige Anzahl von Bauren aus der Isetkischen Provinz[619] hieher geschickt ist, welche nachdem sie ausgesäet haben werden, wieder nach ihrer Heimat zurück gelassen werden sollen. Alles Bauholz, das man hier nöthig hat, wird aus dem Walde Okto-Karagai[620] zu Lande hieher geführet, welches fast die einzige Unbequemlichkeit der hiesigen Festung ist; denn sonst würde sie alle übrige an vortheilhafter Lage übertreffen. Doch diese Unbequemlichkeit betrifft nur die ersten Zeiten, bis die Gebäude fertig sein werden. Das Brennholz wird ungefähr zehen Werste weit hergeführet. Die erste Grundlegung dieser Festung geschahe in dem Frühjahre 1735 durch einen Hauptmann mit einiger Mannschaft, welcher an der Mündung des Uldsjade auf der südöstlichen Seite einen Platz von ohngefähr fünf und dreißig Klaftern ins Gevierte mit einem Walle umgab, der eine sehr bequeme Lage zu einer Festung hat. Denn der Jaik kömmt dem Platz ganz nahe, und nachdem er den Uldsjade zu sich genommen hat, fließt er noch an der untern Seite des Platzes ein gut Theil weg. Der Jaik hat sonsten gemeiniglich sehr niedrige Ufer; hier aber kommt das hohe Ufer, darauf der feste Platz war, völlig bis an das Wasser, welches bei der gegenwärtigen Festung weit davon ab ist; folglich ist die Lage der alten Festung zur Gegenwehr weit vortheilhafter als der jetzigen. Vermuthlich aber hat der enge Raum der alten zu der neuen Gelegenheit gegeben, welche weit räumlicher ist.

Den 11ten [Juli 1742] nachmittags waren drei schwere Donnerwetter nach einander mit sehr harten Schlägen, Hagel und großem Sturm. Den 12ten nachmittags donnerte es wieder ein wenig; das Wetter endigte sich bald mit einem Regen der die ganze Nacht, auch den 13ten den ganzen Tag und die folgende Nacht bis auf den 14ten des Morgens um sechs Uhr fortdaurete.

Ich hatte gleich bei meiner Ankunft die nöthigen Vorbereitungen zu Besichtigung des schon einige Zeit berühmten Magnetberges[621], da ich den Jaik unterwärts gehen mußte, vorgekehret, und den 13ten Juli dazu bestimmte; es fehlte aber an einem Wegweiser, welcher der zu bereisenden Gegenden kundig wäre. Alle Baschkiren, die sich bei der Festung aufhielten, wandten vor, sie wüßten nichts davon. Der hiesige Hauptmann aber, welcher zugleich Befehlshaber dieses Ortes ist, vertröstete mich immer auf einen Baschkiren, der stündlich erwartet würde. Derselbe war den 12ten des Abends noch nicht hier, und es war sehr zu zweifeln, ob er, wenn er auch endlich kommen sollte, nicht eben diese Sprache, wie seine Mitbrüder, reden würde. Deswegen fertigte ich selbigen Abend meinen Baschkirischen Dolmetscher nach dem Sotnik[622] der Baschkiren ab, den Jaik aufwärts, mit dem Befehle mir einen geschickten und dieser Gegenden kundigen Baschkiren zu bringen. Es währete keine halbe Stunde nach der Abreise des Dolmetschers, so kam der Baschkire, zu welchem mir der Hauptmann Hoffnung gemacht hatte an, und verstund sich auch willig zu dem was ich verlangte. Itzt aber fehlte mir der Dolmetscher, welcher, weil er einen andern Weg genommen, dem Baschkiren nicht begegnet war. Er kam erst den 13ten bei spätem Abend an, und brachte auch einen Baschkiren mit, welcher die Gegenden noch besser wußte, als derjenige, der den Tag vorher angekommen war. Ich konnte also erst den 14ten abreisen. Die göttliche Vorsehung hatte mir diese Hindernisse ohnfehlbar gemacht, denn ich würde wegen des immerwährenden Regens einen elende Reise gehabt haben, wenn ich den 13ten, wie ich vorhatte, abgereiset wäre.

Den 14ten trat ich also meine Reise nach dem Magnetberge des Morgens um sieben Uhr an.

[Im Original folgen die Seiten 343 oben bis 344 unten.]

Der große Magnetberg ist ein Gebürge, das sich von Norden nach Süden ohngefähr drei Werste lang erstrecket, und von der westlichen Seite durch acht quer laufende Thäler von verschieder Tiefe gleichsam in so viele Absätze getheilt ist. Von der östlichen Seite hat es eine ziemlich freie Steppe; der Jaik läuft ohngefähr fünf bis sechs Werste davon die westliche Seite vorbei, und an eben derselben Seite an dem Fuße des Gebürges läuft auch der vorerwehnte Bach, der ohne Namen ist, welcher endlich ohngefähr zwo Werste unterhalb diesem Berge sich nach dem Jaik wendet, und darin ergießt. Der siebende Absatz dieses Gebürges, von dem nordlichen Ende an zu rechnen, ist der höchste unter allen, und schätze ich seine senkelrechte Höhe auf achzig bis neunzig Faden. Derselbe bringt auch den besten Magnet hervor, aber nicht in der Spitze, als welche aus einem wilden jaspisartigen gelblichen ins weiße fallender Gesteine bestehet, sondern ohngefähr acht Klaftern unterhalb. Daselbst liegen sechzig bis achzig Pud schwere Steine, die von weitem nicht anders als Feldsteine aussehen, und rund herum die Art eines Magnets an sich haben. Sie sind mit Moos überwachsen, aber dem ungeachtet, ziehen sie Messer mehr als auf ein Zoll weit an sich. Die Seiten, welche dem Tage ausgesetzt sind, haben die stärkste magnetische Kraft, diejenigen aber, so in der Erde liegen, sind viel schwächer. Hingegen sind jene, weil sie die Witterung auszustehen haben, mürber, folglich zum Einfassen nicht so tauglich. Ein solcher großer Magnet bestehet aus vielen kleinen Magneten, die nach unterschiedlichen Richtungen wirken. Wenn man recht zu Werke gehen wollte, so müßte man dieselben durch Sägen von dem ganzen absondern, damit man das ganze Stück so weit sich die Kraft eines jeden besonderen Magnets erstreckt, beisammen hätte. Auf diese Weise würde man vermuthlich Magnete von großer Wirkung bekommen. Gegenwärtig werden Stücke auf gut Glück abgeschlagen, und daher kommt es auch, daß manche unter den abgeschlagenen nichts taugen, entweder weil man eben ein solches bekommt, worin kein Magnet, oder nur ein kleiner Theil eines Magneten ist, oder weil zween oder drei Magneten beisammen sind. Diese haben zwar eine anziehende Kraft; weil aber die Kräfte in solchem Falle nicht nach einen Punkte laufen, so muß die Würkung eines solchen zusammen gesetzten Magnets vielen Unordnungen unterworfen sein. Der Magnetstein dieses Berges, denjenigen ausgenommen, so ganz am Tage liegt, ist von einer großen Härte, siehet schwärzlich, ist hin und wieder drusicht[623], und hat daselbst gemeiniglich kleine eckichte Theile, so wie man sie auf der Oberfläche des Blutsteines[624] öfters siehet, von welchem sie nur in der schwarzen Farbe unterschieden sind. Öfters aber befindet sich statt derselben nur ein ockerhaftiger Mulm[625] darin. Ob man gleich Magneten hat, die viele solcher eckichten Theile in sich enthalten, und dabei von guter Wirkung sind, so findet man doch meistens, daß sie weniger magnetische Kraft besitzen, als diejenigen so dergleichen

Theile nicht haben. Sonst hat man die Magneten, so etwas drusicht sind, besser befunden, als die ganz dichten. Die Stelle des Berges, worin die Magnetsteine liegen, bestehet meisten aus einem edlen Stahlerze, das zwischen den Magnetfelsen in kleinen Stücken bricht, und derselbe ganze Absatz des Berges weiter unten hin hält lauter solches Erz, aber je niedriger es im Berge ist, desto schlechter ist es von Gehalt. So sind auch weiter hinunter von dem Magnetfelsen andere Felsensteine, die vermuthlich, wenn man sie zu Eisen schmelzen wollte, wenig Abgang leiden würden. Die Stücke, so man abschlägt, sind eisenfarbicht, von einer großen Schwere, und sehen inwendig drusicht und fast wie Schlacken aus, nur daß man der obenerwähnten eckichten Theile sehr viele darin findet. Sie sind den Magneten desselben Berges, dem äußerlichen Ansehen nach, nicht unähnlich, aber schon auf acht Faden unterhalb der Magnetfelsen besitzen sie wenig magnetische Kraft mehr. Zwischen diesen trifft man auch Felsen an, die gleichsam aus den allerkleinsten Eisentheilchen, denen sie an Farbe beikommen, zusammengesetzt sind. Das Gestein derselben ist zwar schwer, aber sehr mürbe, und sie sehen inwendig nicht anders aus, als wenn sie gebrannt wären. Sie besitzen aber keine oder wenig magnetische Kraft. Hin und wieder bricht auch braunes Eisenerz in zolldicken Schichten, so von geringem Gehalte sein mag. Der südlichste oder achte Absatz des Berges ist dem siebenden in allen Stücken gleich, nur daß er niedriger ist. Auch hat man die Magneten desselben nicht von so guter Kraft befunden. Das ganze Gebirge ist mit Kräutern und Grase bewachsen, das meistentheils ziemlich hoch ist. Man siehet auch hin und wieder in der mittleren Höhe gegen die Thäler hin kleine Birkenwälder darauf stehen. Außer den zween südlichsten Absätzen führt es nur wildes Gestein, auch hin und wieder Kalkstein.

Erst vor ohngefähr zwanzig Jahren soll den Baschkiren der Gehalt des Erzes und der Magnet bekannt worden sein, welches deswegen wahrscheinlich ist, weil der Baschkirische Name des Berges mit dem Namen übereinstimmt, welchen der nordlich davon gelegene kleine Utasse[626] hat, auf welchem noch keine Spuren eines Eisenerzes entdeckt worden sind. Sie wissen nicht einmal die Abstammung des Wortes Utasse zu geben, und glauben, daß solches von dem Namen eines ehemaligen Baschkirischen Befehlshabers, der in selbiger Gegend gewohnet habe, herkomme, so wie viele andere Berge dieser Gegend aus gleichem Grunde benennet worden. Die Baschkiren hatten noch vor wenigen Jahren an dem westlichen Fuße des Berges ihre Hütten, und schmelzten das Erz in Handöfen zu Gritzen[627], woraus kein Eisen, sondern der beste Stahl gekommen sein soll. Sie haben dazu dasjenige Erz erwählt, welches die meisten eckichten Theile hatte, und befunden, daß dasjenige, welches am Tage liegt, nicht so reich ist, als dasjenige, so etwas aus der Tiefe genommen worden. Der Jaik ist in der Gegend des Magnetberges bei zwölf Faden breit. Er hat daselbst und noch ohngefähr fünf Werste weiter unten eine Furt, von denen die letztere die seichteste sein soll. Die Casatschja Orda ist gemeiniglich in dieser Gegend über den Jaik gegangen, wann sie die Baschkiren, die meistens auf der westliche Seite des Jaiks ihren Sitz haben, hat heimsuchen wollen, wie sie dann auch gegenwärtiges Frühjahr diesen Weg genommen hatte, als sie ohngefähr zwanzig Werste oberhalb Werch-jaizkaja Krepost an einem Bache, so in den Miltäk[628] fällt, einem Baschkiren bei zwei hundert und dreißig Pferde wegtrieb. Seit der Zeit hat man in der Gegend beider Furten starke Lager von regulairem und irregulairem Kriegsvolke[629] angeordnet, welche den Weg über den Jaik versperren sollen, wozu jedoch andere Unstände auch das ihrige beigetragen haben.

Eines der vorerwähnten Lager stund auf dem Magnetberge gegen über auf der westlichen Seite des Jaiks, ohngefähr zwo Werste unterhalb Werchnei Kisyl, wohin ich schickte, und eine Verstärkung der bei mir habenden Bedeckung, die aus zwanzig Mann bestund, verlangte, welche, so lange ich mich bei dem Berge aufhalten würde, bei mir bleiben sollte. Man sahe es für gefährlich und beschwerlich an, meinem

Verlangen eine Genüge zu leisten, weil ich keinen schriftlichen Befehl aufweisen konnte, und willfahrte nur so weit, daß des Tages zehen Mann bei mir bleiben, des Nachts aber in das Lager zurückkommen sollten. Dann der Fähnrich, der das Commando hatte, glaubte mit neunzig Leuten in großer Gefahr zu sein, wenn er einen Überfall auszustehen haben sollte. Hierzu waren nothwendig hundert Mann vonnöthen, um einen hinlänglichen Widerstand zu thun. Er bedachte nicht, daß ich den ersten Anfall würde auszustehen haben, weil der Feind vorher über den Jaik gehen mußte, ehe er ihn angreifen könnte; oder er dachte vielleicht, daß an meiner Erhaltung weniger als an der seinigen gelegen wäre. Nun ist mir zwar vor einem Feinde noch niemals bange gewesen: allein, wie schon oben gemeldet[630], so habe ich mich auch niemalen unter die Waghälse zählen lassen mögen, um so viel mehr, da ich bei dem Frieden immer mehr Ruhe habe, meinen Geschäften nachzudenken. Ich entschloß mich also noch eben diesen Abend diese Rückreise anzutreten, und ging bis nach Tügeng-Assilui[631] zurücke, woselbst ich des Nachts gegen neun Uhr ankam.

[Im Original folgen die Seiten 350 unten bis 404 unten.]

Der Einwohner[632] ist eine große Anzahl, welche sich Altgläubige (Staro-Werzi) nennen[633]. Man hatte auch vor dieselbem bei meiner Ankunft viele Beachtung. Die Deutschen werden von ihnen nicht sonderlich geliebet, und Herr Demidow verschonte sie daher, daß er uns bei ihnen keine Quartiere anweisen ließ. Es war aber auch für uns eine große Bequemlichkeit. Ein Russe, so wie er heutiges Tages ist, erträgt gerne, daß ein Deutscher aus seinem Glase trinkt, und seine Gefäße gebrauchet; es ist ihm auch kein Greuel, wenn er ihn bei dem Eintritt in eine Stube nicht das Kreuz machen siehet. Hingegen ein Altgläubiger ärgert sich an diesem allen. Es war mir also sehr lieb, daß ich und die bei mir waren, bei rechten Russen Wohnungen bekamen, damit jene sich auch an uns nicht ärgern mögten. Eine Unbequemlichkeit bei meinem Aufenthalt war dieses, daß der Herr Staatsrath[634] sich selbst nicht gegenwärtig befand; denn in seiner Abwesenheit pflegt er die Führung aller seiner Werke nicht einem einzigen Befehlshaber anzuvertrauen. Es waren gegenwärtig fünf verschiedene, da es denn öfters beschwerlich fällt, zu jeder Zeit eine oder die andere Sache zu sehen. Verarbeitetes Kupfer wird in Neiwjanskoi Sawod für zwei und zwanzig und einen halben Kopeken, Messing für sieben und zwanzig Kopeken verkauft, ausgenommen Theekessel und feine Sachen, deren Preis nach der Billigkeit höher angesetzt ist. Man muß allen verarbeiteten Sachen den Ruhm lassen, daß die Arbeit dauerhaft und zierlich ist. Brandtwein ist in Neiwjanskoi bei Strafe verboten. Dieses aber hindert nicht zuweilen betrunkene Leute zu sehen. Die Liebhaber finden immerdar Gelegenheit das Gesetz zu brechen, wenn die Begierde dringend ist; sie wissen den Brandtwein heimlich in die Stadt zu bringen; und wenn alle Stricke brechen, so weiß man, daß endlich auch das Bier einen des Verstandes beraubt. Dies ist genug, um auch dem Biere im Nothfall ein Ansehen zu geben. Ein Altgläubiger hält es für eine große Sünde Brandtwein zu trinken; er sagt und bezeugt es bei aller Gelegenheit. So wohl ein Tropfen als eine gewöhnliche Schale voll können in die Hölle stürzen. Doch sagt man von ihnen, daß, wenn ihr Magen von dem Brandtwein recht durchgenetzt worden, er wie ein Magnet sei, der noch sehr vieles an sich ziehe. Wenn sie es also einmal so weit haben kommen lassen, daß der Magen schon durchgenetzt ist; so haben sie freilich eine Todsünde begangen. Da aber hernach der Magen eine anziehende Kraft bekommen hat, so können sie alsdann diesem natürlichen Triebe nicht widerstehen, und gießen wider ihren Willen mehr hinein. Hiedurch kommen sie in das Saufgeschick, und entblöden sich nicht zu einem rechtschaffenen Russen zu gehen, und ihn um Materie ihren Durst zu löschen, zu ersuchen. Sie lassen es sich mit ihm recht wohl schmecken; sie nehmen aber ihr Trinkgefäß mit. Alle Sünde, die sie durch das Saufen begehen, ist nichts gegen diejenige, die sie sich fürchten zu begehen, wann sie aus einem solchen Gefäße trinken würden, daraus ein rechtschaffener Russe getrunken hat. Sie stehen in den Gedanken, daß an einem, welcher der Griechischen Kirche[635] zugethan ist, schon alles unheilig und unrein sei; ihrer Meinung nach ist diese Unreinigkeit so ansteckend, daß sie dieselbe unfehlbar bekommen würden, wenn sie nur das Gefäße, dessen sich der unreine bedient, zu eben derselben Nothwendigkeit gebrauchten. Dem äußerlichen Scheine nach sind sie sehr ehrliche Leute; man meint, wenn man sie nicht wohl kennt, sie könnten nicht betrügen; daher geruhete auch Peter der Große sie, ohngeachtet sie verstockte Abtrünnige von der Griechischen Kirche sind, in die Schenken aufzunehmen und zu befehlen, daß nur sie allein den Brandtwein verkaufen sollten[636]. Dies geschahe vornehmlich wegen ihrer großen Ehrlichkeit, hernach auch, weil sie sich äußerlich meistentheils so anzustellen wissen, als wären es ihnen nicht möglich, auch nur einen Tropfen Brandtwein zu trinken. Dieser Schein aber ist bald vergangen. Man hat sie eine Zeitlang bei diesen Ämtern gelassen; den scharfsichtigen Augen des großen Kaisers aber verbarg sich ihre Schalkheit nicht gar zu lange. Man fand Trunkenbolde und Betrüger unter ihnen. Und gleich wie diesem gerechten Prinzen die Untugend überhaupt, und ins besondere die Scheinheiligkeit mißfiel; also verbannte er alle diese Leute aus seinen Diensten, und hielte sie für bloße Pharisäer, die sich alle Mühe gäben die Leute zu bereden, daß sie doch von der Ungerechtigkeit und allen Untugenden nicht reiner, als die Zöllner und öffentliche Sünder sind. Gleißner, welche alle ihre Züge des Gesichtes dazu gewöhnen, daß sie wie wahrhaftig ehrliche und gottesfürchtige Leute, welche alle lächerliche und schalkhafte Minen aus ihrem Gesichte verbannen, aussehen, und bei einem jeden Betruge, den sie vorhaben, auch das Gesicht in die allerehrlichsten Falten legen; die bei dem größten Meineide, den sie wirklich begehen, GOtt selbst ihre Unschuld vorhalten, und gegen ihn eine Verwunderung zeigen, warum er doch Leuten, die an ihrer Aufrichtigkeit zweifeln, dergleichen Zweifel hingehen lassen könne, kommen mir nach den Beschreibungen, die man mir von ihnen gemacht hat, vollkommen vor, wie diese Altgläubigen unter den Russen. Sie gehen auch gerne müßig, stellen sich immer als wenn ihnen Gebeter im Kopfe herum gingen, kommen auch zuweilen zusammen, um andre Menschen, die nicht so geartet sind, durchzuhecheln; und wenn sie dadurch eine Arbeit versäumen, wodurch sie ihr Brodt hätten gewinnen können, so halten sie es alsdann für keine Sünde dem Nächsten dasjenige Brodt abzuzwacken, das er durch sauren Schweiß für sich erworben hat. Denn sie glauben, ihre obengenannte Zusammenkünfte geschähen zu Verbesserung der Menschen, und wären also mehr, als so ein leichter Schweiß werth.

Ich hatte hier mit Menschen wenigen Umgang, und verlangte auch keinen, weil ich von andern Dingen mehreren Nutzen haben konnte. Die Hütten, Erze, Kräuter, Vögel gaben mir genug zu thun, und es kam mir ein jedes dieser Dinge vernünftiger vor, als die Menschen, die daselbst wohnen. Meine Vernunft ist durch die Betrachtung auch der leblosen Geschöpfe mehr geschärfet worden. So lange ich in den Hütten war, hatte ich allezeit das schönste Wetter, nur wurde ich nebst den Einwohnern durch manches Sturmläuten öfters in Schrecken gesetzt. Die lange anhaltende Dürre verursachte hier sowohl, als bei Catharinenburg manchen Brand in den Wäldern, und dieses nicht an einem, sondern an drei bis vier Örtern zugleich. Ich hielte mich aber in der Stadt Neiwjanskoi bis zu dem 31sten August auf.

[Im Original folgen die Seiten 409 Mitte bis 411 oben.]

Den 1sten September besahe ich mit anbrechendem Tage die Hütte[637], welche ebenfalls dem Herrn Akinfei Nikitisch Demidow zugehöret, und im Jahre 1720 zu bauen angefangen, 1725 aber fertig worden ist. Daselbst sind zween hohe Öfen im Gange; zween andere aber sind aus eben der schon bei den Neiwjanskischen Hütten gemeldeten Ursache vor einiger Zeit abgebrochen worden[638]. Es ist daselbst auch eine kleine Kupferhütte von einem Krummofen und einem Garheerde[639], allwo schwarz Kupfer von den Koliwanischen Werken geschmolzen und gar gemacht wird. Dabei sind einige Werkstätte, als in der Kupferhütte ein kleiner Stangen- und Stahlhammer (Kolotuschka)[640] und zwo Maschinen, und das Stangeneisen in kleinere Stäbe zu zerschneiden; eine Drahtwerkstatt, in welcher unten ein Stahlhammer, und oben zehen Drahtmaschinen sind; eine Hütte, worin ein großer Hammer und eine Kolotuschka ist. Dieses alles wird von den Wassern des Tagils getrieben, die zu solchem Ende durch einen Damm aufgeschwellet sind. Außerdem sind noch zween Glockenheerde mit Handgebläse, allwo Glocken von allerlei Größe und Gewichte gegossen werden. Vor einigen Jahren hat man allhier eine Glocke von zweihundert Pud für die Hauptkirche zu Tobolsk gegossen. An Privatwohnungen findet man hier gegen sechs hundert Höfe, mehrentheils auf dem westlichen Ufer des Flusses. Ein hölzerner Thurm mit einer Schlaguhr, so in Neiwjanskoi Sawod verfertiget worden, hilft das Ansehen des Ortes vermehren. Man hat auch schon Glocken zu einem Glockenspiele fertig; allein bisher weiß sie niemand aufzusetzen. Es ist auch allhier ein Strugenbau[641], wie dann jährlich zwei oder drei Kolominki[642] mit Stangeneisen und Kupfergeschirre nach Tobolsk und den übrigen Sibirischen Städten zum Verkauf abgeschickt, auch auf denenselben allerlei Nothwendigkeiten nach den Koliwanischen Kupferwerken des Herrn Demidow verführet werden. In der Drahtwerkstatt verrichten kleine Jungen von zehen bis funfzehen Jahren die meiste Arbeit, und zwar so gut als erwachsene Leute. Es ist eine mit von den löblichen Anstalten des Herrn Demidows, daß alles, was nur arbeiten kann, zur Arbeit angehalten wird. In der Neiwanskischen Sawod habe ich Jungen von sieben bis acht Jahren gesehen, die messingene Tassen und allerlei Gefäße von diesem Metall ausschlugen. Sie werden nach dem Maaß ihrer Arbeit bezahlet, zu welcher sie sich bringen und auch frühzeitig angewöhnet werden. Diese Kinder werden dadurch vom Müssiggange abgehalten, und geben die beste Hoffnung mit der Zeit tüchtige Meister zu werden.

Gegen acht Uhr vormittags reisete ich weiter, und machte einen kleinen Umweg linker Hand über den Berg, wovon das meiste Erz für Nischno-Tagilskoi Sawod gefördert wird. Er ist nicht viel über eine Werst von der Hütte entfernt, und sein ganzer Umkreis beträgt ohngefähr drei Werste, seine Höhe ohngefähr dreißig Lachter. Er bestehet von dem Gipfel bis an die Sohle aus einem derben Eisensteine, der sehr reichhaltig ist, und das geschmeideste Eisen unter allen Demidowischen Hütten giebet. Man hat denselben noch bis anderthalb Klaftern unter der Sohle gefunden, in welcher Tiefe er endlich abgesetzet hat. Zwischen dem Eisensteine, aber vornehmlich in der Höhe des Berges, hat man öfters gute Magneten gefunden; daher ihm schon von Alters her der Name Magnetberg beigeleget worden. Der Herr Staatsrath Demidow besitzt aus diesem Berge einen Magnet, so dreizehen Pfund wieget, und vierzig Russische Pfund ziehet. Ich habe ihn unter den Seltenheiten der Stadt Nejansk anzuführen vergessen, woselbst er in dem Wohnhause des Herrn Staatsraths eine Canone, die ein Pud schwer ist, ziehet. Ich habe ihn zwar selbst nicht gesehen; Herr Prof. Müller aber, der das Glücke hatte den Herrn Demidow anzutreffen, ist ein Augenzeuge davon. Zwischen dem Eisensteine hat man auch Kupfererz, das ziemlich gut aussahe, gefunden. Als man aber eine Probe damit machte, fand man es im schmelzen sehr strenge[643], und das davon gekommene Kupfer sehr spröde, weswegen man sich gegenwärtig gar nicht damit aufhält. Die Eisengruben sind auf der nordlichen, westlichen, und südlichen Seite des Berges, woraus man schon von vierzig Jahren her Eisenstein gefördert hat, den man vor Anlegung dieser Tagilischen anfänglich nach der Neiwjanskischen Hütte führte.

Die Arbeit in diesen Gruben ist einem, der dergleichen noch nicht gesehen hat, ganz fremde. Einige wenige erwachsene Mannsleute hauen das Erz aus; eine große Menge Mägdgen und Knaben aber von acht bis zwanzig Jahren tragen es in Haufen zusammen.

[Im Original folgen die Seiten 414 Mitte bis 484 oben.]

Der Herr Prof. Müller hatte hier auf mich gewartet, weil wir durch Briefe ausgemacht hatten, die Rückreise nach Rußland in einer Gesellschaft zu thun[644]. Mit ihm traf ich auch den Maler Lursenius an, wie auch eine neue Reisegefährtin, des Herrn Prof. Müllers Frau Liebste, mit welcher er sich in Werchoturje durch eine Catharinenburgischen Evangelischen Prediger, der deswegen besonders hieher gereiset war, verwichenen Sommer hatte trauen lassen[645].

Die Stadt Werchoturje liegt auf dem linken Ufer des Flusses Tura, der daselbst von Norden gegen Süden läuft. Sie hat den Namen daher, weil sie mit ihrem Gebiete die obersten Gegenden dieses Flusses einnimmt[646].

[Im Original folgen die Seiten 484 Mitte bis 493 unten.]

Weil zufolge den ergangenen Befehlen an diesem Orte alles, was in Sibirien ein- und ausgehet, genau besichtiget werden soll[647], so hat man, um alle Unterschleife[648] zu vermeiden, auf beiden Seiten der Stadt an der Landstraße, welche so wohl aus Rußland als aus Sibirien nach Werchoturje gehet, eine Werste von der inneren Festung, zwo Zollwachen verordnet, davon die eine jenseits des Pokrowskischen Klosters, weil sie gegen den Fluß stehet, Plesovskaja, die andere aber jenseits der Fuhrleute-Sloboda, weil man von derselben in einen Wald kommt, Borovskaja genannt wird[649]. Bei beiden sind Wachthäuser und eine Reihe von Pallisaden mit einem Thore, wo beständig von dem Zollamte Wache gehalten wird. Erstere aber an dem Ufer des Flusses Tura wird nur im Winter bereiset. Im Sommer, da der Weg in einiger Entfernung vom Tura angeleget ist, befindet sich diese Zollwache an dem Sommerwege von der Festung in gleichem Abstande, wiewohl daselbst weder Wachthaus, noch Thor, noch Pallisaden sind, und die Wache ist bloß an der Landstraße ausgesetzet.

Die Lage der Stadt kam mir angenehm vor, und die Luft daselbst scheinet gesund zu sein. Korn wächset in der Nähe nicht viel; die Dörfer am Tagil aber führen genugsamen Vorrath herbei, welches doch den Preis etwas vermehret. Man ist hier schon gewohnt sich nicht sonderlich um den Ackerbau zu bekümmern; und wenn man auch endlich Korn aussäet, so kann es doch gar leicht geschehen, daß man die Erndte nicht besorgt, oder daß man von den Äckern währender Erndtezeit fortläuft und sich in die Wälder begiebt, um eine reichere Erndte, die daselbst bevorstehet, nicht zu versäumen. Die in Sibirien so genannten Zedern[650] wachsen in der Gegend von Werchoturje sehr häufig, und wenn das Jahr der Hervorbringung ihrer Früchte günstig ist, so läßt man alles stehen, und sammlet sie. Weil sie an andern Orten auch wachsen, so ist ihr Nutzen schon bekannt. Man ißt sie aus der Hand, und dies ist wohl in Sibirien und Rußland ihr Hauptnutzen; man preßt auch ein angenehmes Öl daraus, dessen sich die Vornehmen in der Fastenzeit bedienen, um gebackenes damit zu machen oder Fische damit zuzubereiten. Also sieht man leicht ein, daß davon jährlich eine große Menge verbraucht wird. Zudem ist diese Waare durch ganz Rußland gangbar, so gar daß man sie auch bis Petersburg hin im Werthe hält. Nun ist Werchoturje der erste Ort, von welchem man sie nach Rußland bringen kann. Und man nimmt sie lieber von dem nächsten Orte, als von dem weitesten, damit man die Waare nicht gar zu weit führen darf. Man pflegt also, wenn man aus Sibirien nach Rußland reiset, dieselbe in Werchoturje, wo sie zum Verkauf gesammlet wird, einzukaufen. Wie ich da war, konnte man das Pud für funfzehen Kopeken haben, welches ein geringes Geld zu sein scheinet. Es muß aber die Menge und die große Bequemlichkeit sie zu sammlen die Ursache sein, daß man diese Erndte der Fruchterndte vorziehet. Das Hornvieh kommt hier, so wie auch die Pferde gut fort, und das Rindfleisch ist also nicht theuer. Der Tura führet hier überaus wenig Fische, welcher Mangel der Nahrung sehr empfindlich sein würde, wenn man nicht hier herum auch viele fischreiche Seen hätte, welche diesen Mangel so ersetzen, daß man denselben nicht gewahr wird. Sonsten sind die Menschen hier, weil sie vielen Umgang mit den Russischen Kaufleuten haben, die sie auch als Fremde sehen, verträglich, und überhaupt mit den Fremden umgänglich. Es geschiehet oft, daß Russische Kaufleute, die einige Jahre hindurch in Sibirien gehandelt haben, etwa mit den letzten Winterwegen hier ankommen, und mit dem ersten Frühjahr von hier nach Solikamsk gehen, um von dorten aus ihre Reise nach Rußland zu Wasser auf der Kama und der Wolga fortzusetzen. Es geschiehet auch öfters, und dieses zwar mehr, als das erstere, daß sie mit den letzten Winterwegen aus Rußland nach Werchoturje kommen, allwo sie das Frühjahr erwarten, um mit offenem Wasser nach Tobolsk zu reisen. In beiden Fällen halten sie sich in Werchoturje auf, und das gibt Gelegenheit mit den Werchoturjern umzugehen, welche dadurch erfahren, daß über dem Gebürge auch Leute wohnen, und daher unvermerkt ein etwas leutseeligeres Wesen angenommen haben, so daß ich dafür halte, daß, wenn man an einem Orte in Sibirien eine Academie der Sitten anlegen wollte, es hier am allerfüglichsten geschehen könnte. Vielleicht würde eine solche Academie manchem Sibirischen Kopfe sehr heilsam sein. Wenigstens kann ich bei meinem Ausgange aus diesem entfernten Lande nicht umhin, einigen harten Köpfen darin, welche, weil sie glauben, daß außer ihrem Bezirke nicht wohl Menschen sind, alle dahin kommende kaum für Menschen ansehen, zur Danksagung für das auch wider ihren Willen bei ihnen genossene Gute, etwas mildere Sitten und wenigere Rauhigkeit für das künftige anzuwünschen. Dies aber wäre durch eine Pflanzschule, die mittelst einer Academie am besten anzulegen wäre, am bequemsten zu erhalten.

Wir hatten uns bis gegen den Anfang des Christmonats[651] hin so ziemlich zu unserer Rückreise nach Rußland zubereitet; und weil nun unsere Reise von hier aus nach Solikamsk gehen sollte, so mußten wir das Werchoturische, oder Uralische oder das Riphäische Gebürge[652] an einem ziemlich hohen Orte übersteigen. Wir hatten große Lust die Höhe desselben, da wir keine Feldmesser mehr bei uns hatten, durch barometrische Wahrnehmungen zu bestimmen. Wir hielten aber doch für rathsam zu gleicher Zeit entweder in Werchoturje oder in Solikamsk gleichlautende Erfahrungen mit denenjenigen, die auf dem Gebürge sollten gemacht werden, anzustellen, um auf diese mehr bauen zu dürfen. Wir vertheilten demnach unsere Reisegesellschaft. Der Herr Prof. Müller reisete den 1sten des Christmonats voraus; ich aber folgte erst den 9ten eben dieses Monats nach. Wir hatten Abrede genommen, daß er auf dem Gebürge die Höhe des Barometers wahrnehmen sollte; ich wollte eben diese Höhe so lange in Werchoturje aufschreiben, bis er mir Nachricht geben würde, daß er die Höhe auf dem Gebürge wahrgenommen hätte; er sollte daher sogleich nach seiner Ankunft in Solikamsk bis zu meiner Ankunft die Höhe des Barometers aufzeichnen, da wir dann hofften, unter den Solikamskischen eine zu finden, die mit derjenigen zusammenstimmen würde, die ich mir auf dem Berge zu machen vornahm. Zufolge dieser Abrede berichtete mir der Herr Prof. Müller, daß er den 4ten dieses, von acht vor Mittage bis zwei Uhr nach Mittage, in dem Dorfe Kyria, welches westlich von dem Gebürge, aber noch sehr hoch liegt, die Höhe des Barometers sechs und zwanzig Pariserschuhe und 20/100 befunden hätte. Sie war an eben dem Tage zu eben der Zeit hier in Werchoturje 2763 und 2753[653]. Als ich dieses wußte, so packte ich meine Sachen zusammen, und machte mich auch reisefertig.

[Im Original folgen die Seiten 499 oben bis 518 unten.]

Wir lebten in der Fastenzeit[654], die schon mit dem 15ten des Wintermonats ihren Anfang nimmt, und sich erst mit dem Christtage endiget. Es war ein wenig mühsam Fleisch zur Speise zu bekommen; doch kam uns der Aufenthalt eines gewissen vornehmen Deutschen zu statten, welcher hieher in das Elend verschickt war[655], und schon die Einrichtung so gemacht hatte, daß es ihm auch in der Fastenzeit nicht an Fleische mangelte. Er schickte uns als seinen Fleischbrüdern zu Zeiten etwas von seinem Vorrath, der uns trefflich wohl zu statten kam. Der Umgang mit den hiesigen Einwohnern, als welche zu mehreren Umgange gewohnt sind, war uns auch nicht zuwider. Besonders hat uns die Höflichkeit und das freundschaftliche Bezeigen des Herrn Demidow[656] öfters zu ihm gelocket. Seine Frau besitzt eben so viele Artigkeit. Die Kinderzucht in seinem Hause ist etwas löbliches; man siehet sie selten in diesem Lande von solcher Art. Kinder von fünf bis acht Jahren sehen schon so manierlich und gesittet aus, als wenn sie weit älter wären. Sie sind auch in den Sprachen und nützlichen Wissenschaften nicht versäumet. Der Herr Demidow hat eine ordentliche Apotheke, davon er jede Arznei kennet und ihre Wirkungen weiß. Er ist auch ein großer Liebhaber der natürlichen Geschichte, besonders der Kräuterwissenschaft, wie er dann nicht nur eine große Menge in Papieren getrockneter Kräuter hat, sondern auch einen zierlichen Garten mit vielen Unkosten unterhält, in welchem sich auch eine für diese Lande gewiß königliche Orangerie befindet. Vor diesem mag wohl dergleichen in keines hiesigen Einwohners Herz gekommen sein. Er hat sich aber beinahe aus allen Vorurtheilen herausgerissen, und bekümmert sich um keinen Menschen, der ihm etwa sagen sollte: Zu was nutzet dieser Unrath; was hat man für Einkommen davon? Er weiß, daß es ihm erlaubet ist, ein unschuldiges Vergnügen an den Geschöpfen Gottes zu haben. Wir lernten auch hier einen andern artigen Mann kennen, nämlich den Herrn Furtscheninnow. Als wir 1735 an der Sinesischen Gränze in Kjachta waren, haben wir sein munteres Wesen bewundert[657]. Er hatte damahls einen Dienst bei dem Zollamte, hat sich aber seit dieser Zeit durch eine reiche Heirath in ungemeine vortheilhafte Umstände gesetzt. Er hat allerlei Kupferhütten so wohl hier in der Nähe, als weiter hin in Permien[658], und besitzt unterschiedliche Salzkothen allhier und ein für einen Solikamsker prächtiges und zierliches Haus. Er war vor kurzer Zeit aus Petersburg zurück gekommen, woselbst er von dem Kaiserlichen Bergcollegio einen Freiheitsbrief erhalten ein gelbes Metall[659], das sich wohl schlagen und unter dem Hammer ziehen läßt und an Farbe dem Golde gleich ist, zu machen und zu allerlei Gefäßen zu verarbeiten. Er hat schon einige Häuser außerhalb der Stadt dazu bequemt, und in unserer Gegenwart den Anfang mit der Arbeit machen lassen, indem er nicht nur das Metall verfertigen, sondern auch einen Spühlkumpen[660] aus demselben schlagen ließ, welcher treflich wohl ausfiel, und den ich zu mehrerer Überführung derer die daran zweifeln mögten, noch bei mir verwahre. Er wollte mich versichern, daß zu diesem Metalle nichts, als Kupfer und Zink komme, und daß er den Vortheil der Geschmeidigkeit allein einem Handgriffe zu danken habe, den er von jemanden erlernt hätte, mit dem Beifügen, daß dieser Handgriff im Schmelzen angebracht werden müsse. Ich habe aber viele Ursache dieses zu glauben, weil auch der Messing von dem Zink seine Farbe hat, indem der Galmei[661] nicht anders als ein Zinkerz ist. Der Messing aber ist auch geschmeidig. Diesen Handgriff oder Vortheil aber so zu lernen, daß es von der Willkühr des Künstlers abhängt ihn allzeit mit solchem Erfolg anzubringen, daß er durch Vermischung des Zinks mit dem Kupfer ein hoch gelbes geschmeidiges Metall hervor bringe, halte ich nach den damit gemachten Proben für schwer. Es ist mir einige mahl gelungen, ohne den Vortheil abgemerket zu haben.

Weil hier eine so große Menge von Salzkothen ist, auch das hiesige und überhaupt alles Permische Salz in Rußland für das beste gehalten und dahin häufig verführet wird, so habe ich mir viele Mühe gegeben einen völligen Begriff von dem hiesigen Salzwesen zu bekommen, und zu diesem Ende so wohl alle Brunnen als Kothen besucht, und was mir nöthig geschienen, davon aufgezeichnet. Und da ich hoffen kann, es werde diese Nachricht einigen meiner Leser auch nicht unangenehm sein, so trage ich kein Bedenken dieselbe mitzutheilen, wie sie mir bei meinem ersten Aufzeichnen in die Feder gestoßen ist. Sie folgen alle in ihrer Ordnung. Die große Kothe ist Nikitskaja, dem hiesigen Herrn Demidow zugehörig. Sie stehet auf dem rechten Ufer des Baches Usinka. Die Salzpfanne ist elf Arschin lang und zehen nebst drei Viertel Arschin breit und acht Werschok tief. Sie wird von einem Salzbrunnen unterhalten, der keinen andern Namen als die Kothe hat und im Durchschnitt bei zehen Werschok breit ist. Bis an das Wasser rechnet man von dem oberen Theil des Brunnen zehen Faden. Dieser Brunnen aber reicht nicht zu die Kothe völlig zu unterhalten, daher nimmt man die Sohle eines andern Brunnen, der Orel (Adler) heißt[662], zu Hülfe, dessen Durchmesser acht Werschok beträgt, seine Tiefe aber bis zu dem Salzwasser ist acht und ein halber Faden. Ein Salz wird in vier und zwanzig Stunden gekocht, und dieses bestehet aus acht und zwanzig Säcken. Hierzu braucht man sieben Klafter lang Holz, d. i. sieben cubische Klafter. Auf eine Salzwoche gehen achtzehn Tage, innerhalb welcher vierzehn Salze gekocht werden[663]. Bei dem Brunnen werden sechs Wassergießer, (Wodoliw) gehalten[664], welche mit einander je zween und zween alle drei Stunden abwechseln. Eine jede Partei aber liefert in dieser gesetzten Zeit 200 Eimer[665] Salzwasser zu den Kothen.

[Im Original folgen die Seiten 523 oben bis 690 Mitte.]

Den 15ten [Februar 1743] des Morgens ging der Zug wieder an. Wir erreichten bald die Mündung des Moika und den Fluß Newa, und hiemit kamen wir auch in den gebrückten Weg, so von Schlüsselburg[666] längst dem Newa bis Petersburg gehet. Wir fuhren eine Pastetenbeckerei, so an der östlichen Seite des Baches Mya erbauet ist, und von einem Matrosen gehalten wird, vorbei; hernach kamen wir durch das Dorf Petruschkina, welches von den Bedienten vieler Edelleute bewohnet wird; hierauf durch das Dorf Swjatka, an der östlichen Seite des Baches Swjatka gelegen, welcher zunächst unterhalb in den Newa fällt. Dieses Dorf hat bei zehen Bauerhöfe, die einem Edelmanne Namens Argamakow und dem General Bakow gehören, und dabei ist noch eine Pastetenbeckerei. Als wir ein wenig weiter rückten, kamen wir zu dem Dorfe Skläewa an dem Flusse Newa, das einen Bauerhof hat. Das Dorf gehöret einem Knjas[667] Dolgoruki, führet aber den Namen seines vorigen Herrn. Zunächst bei diesem Dorfe war das Dorf Toßna, an der westlichen Seite des Flusses Toßna und an dem Newa, welches bei sechs Höfe hat, die von Fischern und Pastetenbäckern bewohnet werden. Wir kamen hier erst gegen Mittag an, weil wir wieder Anhöhen antrafen, worüber unsere Pferde nicht anders als mit der größten Mühe kommen konnten. Weil wir ungemein langsam fuhren, so nahmen wir jedes brauchbare Pferd, das wir antrafen mit, wenn wir es anders habhaft werden konnten. Nachdem wir nun unterwegens auf diese Weise wieder ein paar Pferde bekommen hatten, so fuhren wir des Abends um fünf Uhr, als wir unsere Pferde trefflich gefuttert zu haben vermeinten, weiter. Man wies uns bei dem Ausfahren aus dem Dorfe einen Graben, der von einer Schwedischen

Verschanzung noch übrig sein soll, und jenseit derselben einen Bauerhof des Senators Alexandra Lwowitscha Narischkina[668]. Ein Bauerhof des Knjas Tscherkaßkoi an dem Newa-Flusse war ohngefähr sieben Werste von Toßna. Etliche Werste von dem Bauerhof des obengemeldeten Senators liegt Ischorskaja Sloboda an beiden Ufer des Ischora, welche zu den Hofgütern[669] gehört, und bei vierzig Bauerhöfe hat, ferner Kubatschia Sloboda, die auch am Newa liegt, und zu den Hofgütern gehört, von fünf und vierzig Höfen. Die Kirche darin ist zu Marien Schutz und Fürbitte. Um Mitternacht erreichen wir das Dorf Kaikuscha am Newa ein Hofgut, das bei zwölf Bauerhöfe hat, und nun waren wir von Toßna nicht mehr als zwanzig Werste weit gefahren. Mir war sehr bange, wie ich Petersburg erreichen könnte, da die Langsamkeit, mit welcher ich fuhr, nicht größer zu erdenken war. Ich kam bald hernach in die Kirpischnie Sawodi (Ziegelhütten)[670] an. Dabei wohnen bei fünfzig Meister, und fast alle Ziegelsteine, die man in Petersburg zum Bau gebraucht, werden hier gemacht. Es ist hier eine Kirche zur Verklärung Christi. Des Morgens um zwei Uhr kam ich in die sogenannte Smolenskaja Jamskaja, von dreißig Häusern, die von Fuhrleuten bewohnt werden. Ich suchte hier einige Pferde zu bekommen, und erhielte sie auch durch gute Worte; sodann erreichte ich Nevskoi Monastir[671], das ich in der Nacht zu beschreiben keine Gelegenheit hatte. Der Weg von hier aus bis Petersburg war sehr beschwerlich, weil wir bald in den Perspectivweg kamen, da anfänglich Sand, hernach bloße Steine waren. Des Morgens um fünf Uhr war ich in der Stadt St. Petersburg, und priese mit einer frohen und dankvollen Bewegung meines Gemüths den Allerhöchsten, der mich gesund hieher gebracht, und mich auf einer so langwierigen und mit allerhand Beschwerlichkeiten verknüpften Reise, so vieler Proben seiner wunderbaren Güte und wachenden Vorsehung über mich, und des Anblickes mannigfaltiger herrlicher Denkmale seiner sich allenthalben gleichen Allmacht und Weisheit in Sibirien gewürdigt hatte.

Anmerkungen

1 Vgl. dazu oben, S. 37ff. Anna Ivanovna, eine Tochter Ivans V., Halbbruder Peters I., geb. am 28.1.1693, regierte vom 15.2.1730–17.10.1740. Sie war seit 31.10.1710 verheiratet mit Herzog Friedrich Wilhelm von Kurland.
2 Gmelin bezieht sich auf den ersten Band seiner »Flora sibirica«, der 1747, und auf seine Tübinger Akademische Antrittsrede, die 1749 erschienen war. Vgl. dazu das Quellen- und Literaturverzeichnis.
3 Peter I. hatte am 19.6.1717 an einer außerordentlichen Sitzung der Akademie in Paris teilgenommen und war im Dezember des gleichen Jahres zum Mitglied »hors de tout rang« in die Akademie aufgenommen worden. Vgl. dazu Reinhard WITTRAM, Peter I. Czar und Kaiser. Zur Geschichte Peters des Großen in seiner Zeit, 2 Bde., Göttingen 1964, hier: Bd. 2, S. 208 und S. 557.
4 Diese neue Karte des Kaspischen Meeres wurde 1721 gestochen und der Pariser Akademie wohl als eine Art Danksagung für die Aufnahme übersandt. Vgl. dazu K. E. von BAER, Peter's des Grossen Verdienste um die Erweiterung der geographischen Kenntnisse, St. Petersburg 1872, Neudruck Osnabrück 1969, S. 207f.
5 Die ursprünglich nur auf einen mongolischen Stamm bezogene Bezeichnung »Tataren« wurde etwa seit dem Ende des 16. Jahrhunderts zunächst zur Bezeichnung der Bevölkerung jener Chanate, die aus dem Zerfall der Goldenen Horde hervorgingen, dann mehr und mehr zur Benennung aller turksprachigen Völker Sibiriens und Zentralasiens.
6 Vgl. dazu oben, S. 26ff.
7 Diese imaginäre Halbinsel war auf den meisten Karten der Halbinsel Čukotka verzeichnet. Erst auf der dritten Reise von James Cook konnte 1778 festgestellt werden, daß die Halbinsel in der vorgeblichen Form nicht existierte. Vgl. Raymond H. FISHER, The Voyage of Semen Dezhnev in 1648: Bering's Precursor. With Selected Documents, London 1981, Kap. 9: The Great Rocky Nos, vor allem S. 209ff.
8 Englische und holländische Reisen durch das Eismeer wurden vor allem im 16. und 17. Jahrhundert unternommen, um einen nördlichen Weg nach Indien und China zu finden.
9 Der rund 1 200 km lange Anadyr' fließt in westöstlicher Richtung in die Beringsee.
10 Archangel'sk, See- und Flußhafen an der nördlichen Dvina, wurde am Ende des 16. Jahrhunderts gegründet und war ein wichtiger Meereshafen Rußlands.
11 Vgl. dazu die Einleitung, oben, S. 47.
12 Vermutlich bezieht Gmelin sich auf die Schrift des französischen Je-

suiten Jean du Halde, der 1735 über Berings erste Reise berichtet hatte. Vgl. dazu Raymond H. FISHER, Bering's Voyages. Whither and Why, Seattle/London 1977, S. 9ff.,
13 Vgl. zu Vitus Berings erster Kamčatka-Expedition, oben, S. 26ff.
14 Vgl. oben, S. 379, Anm. 1.
15 Vgl. dazu die Einleitung, oben, S. 30ff.
16 Vgl. dazu die Einleitung, oben, S. 38f.
17 Die Lage der meisten sibirischen Flüsse und Städte ist auf der Karte im vorderen Einband einzusehen.
18 Tobol'sk wurde 1587 als russische Festung rechts des Irtyš gegründet und war zwischen 1708 und 1782 die Hauptstadt des Gouvernements Sibirien. 1621 wurde es Sitz des neu ernannten Erzbischofs von Sibirien. Der Tobol ist ein linker Nebenfluß des Irtyš mit einer Länge von 1670 km. Er entspringt im Turgai-Plateau und mündet bei Tobol'sk.
19 Vgl. die Einleitung, oben, S. 47.
20 Vgl. ebd., S. 38ff.
21 Zur Reise Messerschmidts vgl. ebd., S. 19f. und 24–26. Seine Tagebuchaufzeichnungen wurden fast ausschließlich erst im 20. Jahrhundert veröffentlicht. E. WINTER/N. A. FIGUROVSKI u. a. (Hg.), D. G. Messerschmidt. Forschungsreise durch Sibirien 1720–1727, 5 Teile, Berlin 1962–1977.
22 Vgl. dazu oben, S. 39 und 51.
23 Elisabeth Petrovna, geb. am 18.12.1709, Tochter Peters I. und Katharinas I., regierte vom 25.12.1741 bis zum 25.12.1761.
24 Zur Kenntnis Gmelins über die Seereisen Berings, Čirikovs und Spanbergs vgl. oben, S. 58. Vor allem über die Reise Berings war Gmelin durch Mitteilungen von Georg Wilhelm Steller, einem Teilnehmer der Reise, und durch Gerhard Friedrich Müller, der die Landkarten bearbeitete, gut informiert. Jedoch unterließ Gmelin weitere Mitteilungen darüber, um die Akademie der Wissenschaften, von der er im Zwist geschieden war und ohne deren ausdrückliche Erlaubnis er diesen Reisebericht veröffentlichte, nicht noch stärker zu verärgern.
25 Dieser Sachverhalt läßt sich nicht nachweisen. Weitergehende Verbindungen zwischen Peter I. und der französischen Akademie der Wissenschaften über die oben, Anm. 3, geschilderten hinaus werden von FISHER, Bering's Voyages, S. 9, Anm. 3 bezweifelt.
26 Zur Zusammensetzung der akademischen Gruppe vgl. die Einleitung oben, S. 39–41. Zu den Malern der Expedition vgl. Wieland HINTZSCHE/Thomas NICKOL (Hg.), Die Große Nordische Expedition. Georg Wilhelm Steller (1709–1746). Ein Lutheraner erforscht Sibirien und Alaska, Gotha 1996, S. 86ff.
27 Vgl. die Einleitung, oben, S. 51.
28 Johann Eberhard Fischer (1697–1771) traf 1740 bzw. 1741 Müller und Gmelin. Er verfaßte eine »Sibirische Geschichte«, die 1768 in St. Petersburg erschien, ein »Vocabularium Sibiricum«, das 1747 veröffentlicht wurde, und einen Aufsatz »Über den Ursprung der Ta-

taren« (De origine Tatarorum) im Jahre 1755. Er war ab 1750 Rektor des Akademischen Gymnasiums in St. Petersburg, dann Professor für Geschichte und Altertümer an der dortigen Akademie.

29 Gerhard Friedrich Müllers »Sibirische Geschichte« ist ein Teil seiner »Sammlung russischer Geschichte«, die zwischen 1732 und 1764 in neun Bänden in St. Petersburg erschien. Sie basierte auf den Archiv- und Quellenstudien Müllers in Sibirien und gilt allgemein als die erste Geschichte Sibiriens auf der Grundlage breiter Forschungen.

30 Gmelin lebte von 1727 bis 1747 im Russischen Reich.

31 Der bis zum 1./13. Februar 1918 in Rußland gültige Julianische Kalender lag gegenüber dem Gregorianischen Kalender im 18. Jahrhundert um elf Tage zurück.

32 Zu den Maßen und Gewichten vgl. das Verzeichnis, S. 439f.

33 Die Karten zu den vier Teilen der Gmelinschen Reisebeschreibung sind auf den S. 100f., 164f., 246f. und 320f. reproduziert. »Russischer Atlas, welcher in einer Generalkarte und neunzehn Spezialkarten das gesamte Russische Reich und dessen angrenzenden Länder [...] vorstellig macht, St. Petersburg 1745, im gleichen Jahr erschien auch eine russische Fassung dieser Karten. Vgl. dazu Peter HOFFMANN (Hg.), Geographie, Geschichte und Bildungswesen in Rußland und Deutschland im 18. Jahrhundert. Briefwechsel Anton Friedrich Büsching – Gerhard Friedrich Müller 1751–1783, Berlin 1995. Das in lateinischen Buchstaben geschriebene Polnisch gibt vor allem die Zischlaute in einer besonderen Zusammensetzung der Konsonanten wieder.

34 Gmelin bezieht sich an dieser Stelle auf das Vorauskommando unter Martin Spanberg, das St. Petersburg im Frühjahr 1731 verließ.

35 Vgl. oben, S. 41.

36 Die Bezeichnung »Fuhrmanns-Kanzlei« (jamskaja kancelarija) für die Hauptverwaltung des Post- und Transportwesens war seit 1723 üblich.

37 Gemeint ist Bronnicy, eine südöstlich von Moskau gelegene Kleinstadt an der Moskva.

38 Gemeint ist der Volchov, der Abfluß des Ilmen'- zum Ladogasee.

39 Nižnij-Novgorod, im frühen 13. Jahrhundert gegründet, war bereits seit dem 16. Jahrhundert ein wichtiger Handelsplatz an der mittleren Wolga mit einer bedeutenden Messe.

40 Russ.: sloboda; ein größeres Dorf oder eine fast schon städtische Ansiedlung.

41 Die Oka ist der größte rechte Nebenfluß der Wolga und mündet bei Nižnij-Novgorod in die Wolga.

42 Kostroma: Stadt und Fluß; ein linker Nebenfluß der Wolga; die Stadt, erstmals 1213 erwähnt, liegt am Zusammenfluß der beiden Flüsse.

43 Die Čuvašen sind ein turksprachiges Volk an der mittleren Wolga mit ostfinnischer und turktatarischer Herkunft.

44 Čeboksary ist auf dem rechten Wolgaufer gelegen, wurde um die Mitte des 16. Jahrhunderts befestigt und war im 17. und 18. Jahrhundert ein bedeutender Handelsplatz.

45 Russ.: vorožeja: Zauberer oder Zauberin. Jümasse: Yumša oder Jumsa: čuvašisch: Schamane. Gmelin bezieht sich hier und an vielen folgenden Stellen auf die Naturreligion des Schamanismus, die unter den Ethnien Sibiriens und Zentralasiens weitverbreitet war und es inzwischen teilweise auch wieder ist. Das Wort Schamane bzw. Schamanin ist mandschu-tungusischer Herkunft und bezeichnet denjenigen, der etwas weiß, den Wissenden, der zwischen der Welt der Menschen und einer gedachten Welt der Geister vermittelt. Der Schamane versetzt sich in einen Ekstasezustand, der ihn Visionen erleben läßt. Die Kleidung der Schamanen ist von Ethnie zu Ethnie unterschiedlich, aber stets voller symbolischer Gehalte. Die Platten aus Metall an der Kleidung der sibirischen Schamanen konnten den See symbolisieren, wo die als Vögel vorgestellten Hilfsgeister lebten oder der Zierat aus Kupferblech symbolisierte die mundlosen sieben bösen Geister. Ebenso besaßen die an den Gewändern des Schamanen angebrachten Gegenstände durchgängig eine symbolische Bedeutung. Die Trommel des Schamanen, das wichtigste Requisit des Ritus, ist Träger von Symbolen, aber auch selbst ein Symbol, denn sie ermöglicht die Bewußtseinsveränderung. Bei einigen Ethnien gehören auch Stöcke, die zumeist Pferde symbolisieren, zu den Requisiten des schamanistischen Rituals. Der Schamane war Priester, Wunderheiler, Ratgeber und Jagdhelfer sowie der Bewahrer der nur mündlich überlieferten Geschichten und der Geschichte seines Volkes oder Stammes. Vgl. dazu Mihály HOPPÁL, Schamanen und Schamanismus, Augsburg 1994, S. 108ff.; Hans FINDEISEN/Heino GEHRTS, Die Schamanen. Jagdhelfer, Seelenfahrer, Künder und Heiler, 3. Aufl., München 1903, S. 88ff.

46 Tura ist der Himmelsgott der Čuvašen.

47 Gemeint ist hier wohl der Hauskult, der bei fast allen finno-ugrischen Ethnien verbreitet war. Die Opferhütten, zumeist der Sippen oder Familien, dienten teils auch als Sommerwohnung, als Küche oder als Speiseräume.

48 Pustinka ist eine Einsiedlerei, da ein einziger Mensch wohnt, um von der Welt abgesondert zu leben, vielleicht auch, um bequemer betteln zu können, weil der Vorwand des Gottesdienstes, den dergleichen Leute haben, bei Vorbeireisenden besser in die Herzen dringt, als der Vorwand der Bettelei (Anm. Gmelins). Russ.: pustyn'-ka, die Einsiedelei, die Klause, auch das einsam gelegene Kloster.

49 Russ.: tarakany: Schaben

50 Russ.: voevoda, eigentlich der Heerführer; im zarischen Rußland der oberste Beamte einer Verwaltungseinheit mit militärischen und zivilen Befugnissen.

51 Vgl. dazu Andreas KAPPELER, Rußland als Vielvölkerreich. Entstehung – Geschichte – Zerfall, München 1992, S. 34–36.

52 Das Fest zu Ehren der Muttergottes von Kazan' steht im Zusammenhang mit der gleichnamigen Ikone vom Ende des 16. Jahrhunderts. Sie gilt als eine der bedeutendsten Ikonen Rußlands und mit ihr sind zahlreiche wunderwirkende Erzählungen verbunden. Der Legende

nach wurde die vergrabene Ikone am 8. Juli 1579 aufgefunden, so daß zunächst dieser Tag gefeiert wurde. Am Ende der »Zeit der Wirren« – Ende des 16./Beginn des 17. Jahrhunderts – wurde die Ikone 1612 in der Schlacht gegen die Polen zur Befreiung Moskaus mitgeführt. Nach der siegreichen Schlacht wurde der Feiertag der Muttergottes von Kazan' auf den 22. Oktober verschoben, da der Sieg der wundertätigen Ikone zugeschrieben wurde.

53 Vorsteher eines oder mehrerer Klöster.
54 Abt, Klostervorsteher.
55 Diakon, Hilfsprediger.
56 Kazan' war Sitz der Admiralität für das Wolga-System und das Kaspische Meer. Die Stadt und das Chanat, ein Nachfolgestaat beim Zerfall der Goldenen Horde der Mongolen, wurden 1552 unter Ivan IV. erobert.
57 Unter Peter I. wurde 1708 die lokale Verwaltung in Gouvernements aufgegliedert, an deren Spitze Gouverneure oder Statthalter standen.
58 Russ.: knjaz': Fürst.
59 Wassermelonen.
60 Als »französisch« wurden die streng geregelten Tanzzeremonien bezeichnet; als »polnisch« wurde beim Tanz der Rollentausch bezeichnet, wenn etwa der Herr in die Rolle eines Untertanen schlüpfte. Vgl. dazu Walter Salmen, Tanz im 17. und 18. Jahrhundert, Leipzig 1988, S. 18f.
61 Zilantov-Uspenskij-Kloster auf dem gleichnamigen Berg, etwa 2,5 km von Kazan' entfernt gelegen. Kurz nach der Eroberung der Stadt durch Ivan IV. (1552) an jener Stelle gegründet, an der das zarische Zelt und die Feldkirche standen. Bereits 1559 durch Hochwasser zerstört und danach auf dem Berg wiederaufgebaut.
62 Frz.: roquelaure: männlicher Schlechtwettermantel, auch Überrock.
63 Čeremissen, heute als Mari bezeichnet, sind ein ostfinnisches Volk an der mittleren Wolga; mordunisch, gemeint sind die Mordwinen, ein finno-ugrisches Volk in der gleichen Gegend. Die Kalmücken waren westmongolische Stämme oder Oiraten mit lamaistischer Religion, sie lebten als Reiternomaden in Stämmen [»ulus«] bzw. in Clans organisiert. Die Bezeichnung wurde erst im 19. Jahrhundert als Selbstbezeichnung benutzt. Die russische Terminologie unterschied nicht zwischen den Stämmen der Kalmücken in den Kaspischen Stämmen und jenen in der Dsungarei. Die Bezeichnung »Tataren« wurde in der Sprache der Zeit als Sammelbezeichnung für zahlreiche Völker der Steppengebiete und Sibiriens benutzt. Hier sind wohl die Nogai-Tataren gemeint, die zwischen der Wolga und dem Aralsee siedelten. Sie waren turksprachige Moslems und lebten als Reiternomaden in Clans und Stämmen.
64 Die forcierte Christianisierung der indigenen Bevölkerung setzte unter Peter I. ein und endete Mitte der 1750er Jahre.
65 Russ.: mečet': die Moschee

66 Abys bedeutet eigentlich Schreiber oder Ratgeber.
67 Engl.: pulpit; lat.: pulpitum: die Kanzel, das Katheder.
68 Vaterunser.
69 »Es ist kein Gott außer Gott und Mohammed ist sein Prophet.« Das islamische Glaubensbekenntnis.
70 Murmeln, Klicker.
71 Häufiger auch für »Muschel« gebraucht. Gmelin schreibt uneinheitlich »Koralle« oder »Coralle«.
72 Ein mit hölzernen Spitzen versehener Querbalken, dadurch man eine Straße auf- oder zuzuschließen pfleget (Anm. Gmelins).
73 Aus dem Arabischen abgeleitetes Wort für Muezzin.
74 Jakuten, in der Eigenbezeichnung Sacha, turksprachiges Volk im nordöstlichen Sibirien. Heute besteht die jakutische Republik bzw. die Republik Sacha mit der Hauptstadt Jakutsk als Teil der Russischen Föderation.
75 Als Tungusen wurden sowohl die in Ostsibirien und im Fernen Osten lebenden Ewenken und Ewenen bezeichnet als auch alle zur Gruppe der mandschu-tungusischen Sprachgruppe (Mittel- und Ostsibirien sowie nördliches China) zählenden Ethnien. Zu den Tätowierungen vgl. unten, S. 388, Anm. 145.
76 Louis de L'Isle de la Croyère verbrachte siebzehn Jahre als französischer Soldat in Kanada.
77 Die jamiševischen (Jamiševskija ozera) Salzseen befinden sich auf der rechten Seite des Irtyš in der Nähe der Stadt Pavlodar.
78 Russ.: Maral, ein sibirischer Hirsch mit großem Geweih.
79 Gmelin befand sich auf dem Weg von Kazan' nach Sarapul an der Kama.
80 Wotjaken, heute als Udmurten bezeichnet, sind ein finno-ugrisches Volk an Kama und Vjatka.
81 Gemeint ist der Kontusch (polnisch Kontusz), ein kaftanähnliches Obergewand mit nur den Oberarm umschließenden Hängeärmeln für Männer und Frauen, das vor allem seit dem 17. Jahrhundert in Polen verbreitet war.
82 Ein im 17. Jahrhundert gebräuchlicher Frauenkopfputz.
83 Gemeint ist Jumar, der Himmelsgott der Wotjaken (Udmurten). Bei den wolga-finnischen Čeremissen (Mari) heißt diese Himmelsgottheit Jumo.
84 Im Votjakischen bezeichnet »tuno« den Oberschamanen.
85 Russ.: roždestvo: Weihnachten, die Geburt Christi.
86 Ein vom russischen Wort solnce: die Sonne gebildeter Diminutiv.
87 Vgl. oben, S. 115ff.
88 Russ.: černaja komnata: Schwarzstube. Jene Stube, die geheizt wird und in der beim Heizen der Rauch aus einer Öffnung in der Decke steigt; im allgemeinen Gebrauch: fensterloser Raum.
89 D. i. dünne und lange Späne von Fichtenholze (Anm. Gmelins). Lučinka: russischer Diminutiv von lučina: der Span.
90 Die Stadt Polevskoj (bei Gmelin Polewaisch) wurde 1708 gegründet. Kupferförderung und -verarbeitung sind traditionelle Indu-

striezweige der 57 Kilometer von Ekaterinburg entfernt gelegenen Stadt.
91 Die Stadt Ekaterinburg wurde 1723 von Peter I. gegründet und nach seiner Frau Ekaterina (Katharina) benannt. Der Ostrand des mittleren Urals war zu jener Zeit ein Zentrum des Berg- und Hüttenwesens.
92 Russ.: zavod: Fabrik, auch Manufaktur, hier jedoch Eisenbergwerk.
93 Ein turksprachiges und muslimisches Volk mit einem Siedlungsgebiet zwischen Kama und Jaik (Ural), in Clans und Stämmen organisiert, von denen einige seßhaft waren. Aufgrund von Raubzügen entstand um die Mitte des 17. Jahrhunderts die Transkama-Befestigungslinie, dann im 18. Jahrhundert die Orenburg-Linie.
94 Doppelsulfat; vor allem für Kalialaun: ein Salz.
95 Auch Pochhammer: Bezeichnung für einen Schlaghammer für Erze.
96 Trödelwaren.
97 Die Pfarreien im europäischen Rußland besaßen weder in der territorialen Größe noch in der Zahl der Gemeindemitglieder eine einheitliche Ordnung, sondern unterschieden sich je nach Eparchie (Erzbistum). Gmelin zeigte sich verwundert darüber, daß offensichtlich nur wenige Pfarrgemeinden in der Stadt vorhanden waren.
98 Russ.: Roždestvenskij: Christi-Geburts-Kloster.
99 Russ.: Znamenskij: Kloster zur Erscheinung der Heiligen Jungfrau.
100 An der unteren Tura als erste sibirische Stadt von den Russen 1586 gegründet.
101 Gemeint ist hier wohl das zentralasiatische Herkunftsgebiet der westmongolischen Kalmücken.
102 Der rund 4300 Kilometer lange Irtyš entspringt im Mongolischen Altai-Gebirge und durchfließt die Saisan-Senke und den Saisan-See und mündet in den Ob'.
103 Aus den Reihen der frühen Reisebeschreiber Sibiriens sei hier Eberhard Isbrand Ides genannt, der auf das »weisse und helle Wasser« des Irtyš hingewiesen hatte. E. Yßbrants IDES, Dreijährige reise nach China von Moscau ab zu lande durch groß Ustiga, Siriania, Permia, Sibirien, Daour und die grosse Tartarei; gethan durch den Moscovitischen Abgesandten Hrn. E. Yßbrants Ides, Frankfurt/M. 1707, S. 30.
104 Die Verschickungen nach Sibirien setzten bald nach den Eroberungen am Ende des 16. Jahrhunderts ein, doch lag der Anteil der Verschickten zumeist unter 10% des russischen Bevölkerungsanteils in Sibirien, auch nach der de-facto-Aufhebung der Todesstrafe im Jahre 1753.
105 Als oberste Zentralverwaltungsbehörde bestand der sibirskij prikaz (Abteilung) zwischen 1637 und 1763 und verblieb auch nach der Verlegung der Hauptstadt nach St. Petersburg im Jahre 1712 in der alten Hauptstadt Moskau.
106 Gmelin befand sich zu diesem Zeitpunkt, Ende August 1734, in Kolyvano-Voskresensk.
107 Der aus dem Mongolischen stammende, dann auch im Türkischen

gebräuchliche Begriff »Jasak« kann sowohl Tribut als auch Steuer, Abgabe oder Dienstleistung bedeuten. Gemeint sind hier also abgabe- oder tributpflichtige sibirische Stämme. Mit »urungai« ist wohl »urijanchai« oder »uriyanqqai« gemeint. Mit diesem Wort bezeichneten die Mongolen die Tuwiner, Chöpsegöl, Altaier und Sojoten; eventuell sind auch die Keten, die ursprünglichen Einwohner des Gebietes, gemeint.

108 Vermutlich aus dem Mandschu-Wort »amban«: Großwürdenträger abgeleitete Bezeichnung für einen Clan- oder Sippenführer.

109 Das mongolische »ulus« bezeichnet die Untertanen eines Herrschers, allgemein auch Volk, Reich oder Leute und im weiteren Sinne einen Zusammenschluß zu einem Reich (»Goldene Horde«). Das Wort »orda« gelangte aus dem Mongolischen über das Persische ins Ostslavische und bedeutete ein Heer- oder Kriegslager, dann »wildes Volk«. Hier sind wohl nicht Kosaken gemeint, sondern Kasachen, die sich, dies die Bedeutung des Begriffes Horde im engeren Sinne, zu einer größeren Gruppe von Familien oder Clans zusammengeschlossen hatten.

110 Der Čaryš ist ein 547 km langer Zufluß des Ob' im Altai-Gebiet und entspringt im altaischen Korgonskij chrebet (Gebirgszug).

111 Nicht zu ermitteln.

112 Die Familie Demidov gehörte zu den bedeutendsten Unternehmern Rußlands. Nikita Demidovič Antuf'ev (1656–1725) verhüttete und verarbeitete seit 1696 in Tula Eisenerz. Unter seinem Sohn Akinfij Nikitič Demidov (1678–1745) wurde die Familie in den Adelsstand erhoben und nannte sich Demidov. Akinfij Nikitič besaß gegen Ende seines Lebens 25 Minen und metallverarbeitende Betriebe im Ural, im Altai und in Zentralrußland. Seine Erben konnten den Familienbesitz noch ausweiten. Kolyvano-Voskresensk, vor allem eine Kupferschmiede, war zwischen 1678 und 1745 in Betrieb.

113 Russ.: Festung, befestigte Ansiedlung mit Beobachtungstürmen und Palisaden.

114 Sopka bezeichnet im sibirischen Dialekt einen kleinen Vulkan oder einen einzelstehenden kegelförmigen Berg. Der Sinjaja Sopka, auch Sinjucha, ist einer der höchsten Berge des westlichen Altai.

115 Das Fell des Zobels, eines Raubmarders, das begehrteste Pelzwerk Sibiriens, ist normalerweise auf dem Rücken dunkelbraun bis schwärzlich, doch sind Farbänderungen weit verbreitet.

116 Gmelin bezieht sich auf die Seiten 249–251 (Bd. 1) des Originaltextes. Vgl. auch oben, S. 135f.

117 Die Teleuten, auch als weiße Kalmücken und Kumalinzen bezeichnet, sind ein mongolischer Volksstamm im Altai-Gebirge. Sie werden zu den südaltaischen Tataren gezählt und sprechen eine Turksprache. Wie bei vielen anderen Ethnien Sibiriens war ihr Glaubenssystem der Schamanismus.

118 Gmelin bezieht sich auf die Seiten 268f., Bd. 1 des Originals.

119 Zerlegbares Zelt mit Kuppeldach oder in Kegelform turko-mongolischer Nomaden mit Rauchloch und Filzdeckenbelag.

120 Kumys aus gegorener Stutenmilch.
121 Die Teleuten sind zwar turksprachig, werden aber ethnisch zu den Burjaten gerechnet und waren Anhänger einer schamanistischen Naturreligion. Die turksprachigen tatarischen Stämme waren zumeist Moslems.
122 Vgl. zu den Gebeten der Teleuten, die sie an ihre Götter richten, SCHMIDT, Ursprung der Gottesidee (siehe Literaturverzeichnis), Bd. 9, S. 142f., 157f. und 235f. Über die von Gmelin angeführte Gebetsform konnte nichts ermittelt werden.
123 Heilige Plätze sind bei fast allen sibirischen Völkern bekannt. Sie sind teils eingezäunt und teils durch besondere Formen – Baumstümpfe, Steine etc. – erkennbar.
124 Das Pferdeopfer gilt allgemein bei den nomadischen Steppenvölkern als das wertvollste Opfer. Die Bedeutung ist allerdings nicht immer eindeutig. Vgl. dazu Uno HARVA, Die religiösen Vorstellungen der altaischen Völker, Porvoo/Helsinki 1938, S. 562ff.
125 In den altaischen Turksprachen die Bezeichnung für den Schamanen.
126 Der 4102 Kilometer lange Enisej ist der wasserreichste Strom Sibiriens und mündet in das Karische Meer. Enisejsk wurde 1618 als befestigte Siedlung (»ostrog«) an diesem Fluß gegründet (seit 1678 Stadt) und liegt 338 Kilometer nördlich von Krasnojarsk.
127 Mongolei.
128 Novokuzneck wurde 1618 am linken Ufer der Kondoma, kurz vor deren Mündung in den Tom', gegründet. 308 km südlich von Kemerovo gelegen, ist die Stadt traditionell ein Zentrum der Metallindustrie. Bis 1931 Kuzneck-sibirskij (Sibirisches Kuzneck).
129 Russ.: mel'ničnaja rečka: Mühlbach.
130 Russ.: dvorec: Schloß, Palais; gemeint ist wohl dvor: Hof. Das 1660 gegründete Kloster wurde nach dem Mönch Vasilij von Mangazeja (Vasilij Mangazejskogo, gest. 1602) benannt. Die nahe gelegene Stadt Mangazeja, gegründet 1604, heißt seit 1782 Turuchansk, das Kloster Turuchansker Dreifaltigkeitskloster (Turuchanskij Troickij monastyr'). Zwischen Mangazeja und Archangel'sk bestand bis zur Schließung durch den Zaren Michail Romanov 1619 eine Nordmeerroute, die vor allem von englischen Seefahrern genutzt wurde. Die Schließung dieser Route erfolgte aus Furcht vor möglichen Eroberungsplänen durch den englischen König Jakob I.
131 Syphilis.
132 Sibirjak konnte sowohl den Sibirier, also die einheimische Bevölkerung bezeichnen, als auch generell jeden Bewohner Sibiriens oder auch die in Sibirien geborenen Russen.
133 Russ.: durchtriebener Schelm.
134 Yßbrant IDES, Dreijährige reise nach China, S. 51; Philipp Johann VON STRAHLENBERG, Das Nord- und Ostliche Theil von Europa und Asia, Stockholm 1730, S. 108.
135 Pica varia caudata (Anm. Gmelins). Eine Elsternart. Bei den zoologischen und den botanischen Namen benutzte Gmelin zumeist die

136 Russ.: čad: Kohlendunst, Qualm; ugar: Ofen- bzw. Kohlendunst.
137 Von griechisch »halos«, der Hof. Gmelin beschreibt die Lichterscheinungen von Ringen, wie sie durch Spiegelung, Brechung oder Beugung an Eiskristallen in der Atmosphäre entstehen.
138 Auf »Mercurius« als Bezeichnung für Quecksilber zurückgehende Benennung des erst seit Anfang des 18. Jahrhunderts üblichen Quecksilberthermometers.
139 Die noch heute in Großbritannien und den USA übliche Thermometer-Skala nach Daniel Gabriel Fahrenheit aus Danzig, der 1714 als erster übereinstimmende Thermometer konstruierte, mißt den Gefrierpunkt bei 32 Grad Celsius.
140 Diese Form der Darstellung der Dreifaltigkeit, auch der dreigesichtige Kopf (Tricephalus), erregte in der orthodoxen Kirche den Verdacht der Häresie und setzte sich nicht durch.
141 Das rund 3500 Kilometer östlich von Moskau gelegene Tomsk wurde 1604 als Festung auf einer Insel im Fluß Tom' gegründet und gehörte seit 1726 zur Provinz Tobol'sk. Sie war ein wichtiger Grenzposten vor den nomadisierenden Völkern der Steppe. Der Tom' ist ein rechter Nebenfluß des Ob' und entspringt am Westhang der Abakan-Kette.
142 Die Ostjaken, heute als Chanten bezeichnet, sind ein in Westsibirien lebendes ugrischsprachiges Volk. Ihnen stehen die gleichfalls in Westsibirien siedelnden Wogulen, heute als Mansi bezeichnet, nahe. Im Raum Narym, am mittleren Ob', leben die Selkupen, zu Gmelins Zeiten als »Ostjaken-Samoeden« bezeichnet; sie gehören gleichfalls zu den finno-ugrischen Stämmen. Weiter östlich am Enisej leben die Keten, deren Sprache keiner anderen bekannten näher verwandt ist.
143 Als »Tunguska« wurden früher drei rechte Nebenflüsse des Enisej bezeichnet: Obere Tunguska, heute Angara, Mittlere bzw. Steinige oder Gebirgs-Tunguska und Untere Tunguska. Die Čuna ist ein linker Nebenfluß der Angara in der Nähe von Enisejsk.
144 Kleinere Flüsse im Gebiet Krasnojarsk: Ona oder Birjusa mündet über die Taseeva in die Čuna, die wiederum in die Angara fließt. Die Usolka ist ein Nebenfluß der Taseeva.
145 Tätowierungen der Gesichter waren bei den Tungusen sowohl bei Männern als auch bei Frauen häufig. Sie kamen auch bei Votjaken, Čukčen, Jakuten und teilweise auch bei den Samoeden vor. Die Gründe dafür sind vermutlich religiöser Natur.
146 Gmelin und Müller hielten sich zu jener Zeit in Krasnojarsk auf. In dieser Gegend siedelten zahlreiche Stämme, die wohl samoedischen bzw. ketischen Ursprungs waren, aber bereits bis zu den russischen Eroberungen in Sprache und Lebensweise turkisiert worden waren. Sie wurden auch als »Tataren« bezeichnet; heute Schoren genannt.

147 Uluß [ulus] ist ein Tatarisch Wort, und bedeutet soviel, als etliche Tatarische Hütten beisammen, oder ein Tatarisches Dorf (Anm. Gmelins). Vgl. auch oben, Anm. 109.
148 Kača: Etwa 80 km langer Fluß, der von Nordosten kommend in Krasnojarsk in den Enisej mündet.
149 Gmelin bezieht sich auf die Seiten 272f., Bd. 1, des Originaltextes. Die Kuzneckischen Tataren gehören zu den turksprachigen nordaltaischen Völkern.
150 Kumys: gegorene Stutenmilch.
151 Lathyrus arvensis repens tuberosus (Anm. Gmelins). Eine Platterbsenart, die in einigen Ländern Südeuropas und Asiens als Tierfuttermittel, seltener zur menschlichen Ernährung dient. Unsachgemäße Zubereitung führt zu lebensgefährlichen Vergiftungen.
152 Knoblauch.
153 Wahrscheinlich ist die Saranalilie gemeint, ein Zwiebelgewächs, dessen Wurzelknollen als Nahrung dienten.
154 Spindel, Spinnrocken.
155 Vgl. oben, Anm. 125.
156 Die Arin, von Gmelin als Arinzi bezeichnet, gehören zu den oben in Anm. 142 genannten samoedischen oder ketischen Stämmen, die spätestens im 17. Jahrhundert weitgehend turkisiert worden waren. Die Kamašincy sind ein bereits zu Gmelins Zeiten fast ausgestorbener türkisch-samoedischer (heute Samoeden-Nenzen) Stamm im östlichen Sajan-Gebirge. Auch der Stamm der Kott, die wohl mit »Kotowzi« gemeint sind, war schon zu Gmelins Zeiten nicht mehr sehr zahlreich. Dieser Stamm gehört zu den Keten, deren Sprache keine Verwandtschaft mit anderen bekannten Sprachen aufweist.
157 Mana und Kan sind kleinere Flüsse, die aus südöstlicher Richtung in den Enisej münden. Das heutige Abakan wurde 1675 als befestigte Siedlung Abakansk (Abakanskij ostrog), Kansk bereits im Jahre 1628 gegründet.
158 Gmelin befand sich Ende Februar 1735 in Udinskoj Ostrog, der 1648 von Kosaken gegründet, mehrmals, das letzte Mal in den 1720er Jahren, zur befestigten Siedlung (»ostrog«) ausgebaut wurde. Das heutige, am Fluß Uda 506 Kilometer nördlich von Irkutsk gelegene Nižneudinsk (seit 1783 so genannt) war ein wichtiger Umschlagplatz für Waren aller Art.
159 Die Burjäten oder Burjaten sind ein mongolisches Volk, das östlich und westlich des Bajkal-Sees siedelt und der schamanistischen Religion anhängt. Die Bezeichnung »Bratski« stammt von jenem burjatischen Stamm »brat«, in dessen Gebiet die Stadt Bratsk 1630 errichtet wurde. Gegen die russische Expansion gab es von seiten der Burjaten bis zum Ende des 17. und teilweise noch darüber hinaus heftigen Widerstand. Einige burjatische Stämme verließen ihre angestammten Siedlungsgebiete um den Bajkal-See und wanderten in die Mongolei ab.
160 Verheiratete Frauen trugen zwei Zöpfe, welche die Gebundenheit anzeigten.

161 Glatter Baumwollstoff in verschiedenen Farben; abgeleitet von russ. Kitaj: China.
162 Als »Gürtellose« wird im Mongolischen die verheiratete Frau bezeichnet.
163 Der Brautpreis und die Mitgift richteten sich nach dem sozialen Status der Eltern des Hochzeitspaares. Bei den Burjaten und einigen anderen mongolischen Völkern handelt es sich dabei nicht um »Preise«, also um Brautkauf, sondern um den Austausch von Geschenken, deren Wert annähernd gleich sein mußte. Die junge Ehefrau verließ zwar nach der Eheschließung das väterliche Haus und begab sich in die Gemeinschaft der Familie des Ehemannes, wurde aber kein vollständiges Mitglied dieser Familie, sondern behielt gewisse Bindungen an ihre Geburtsfamilie. Die von Gmelin gemachte Beobachtung, daß die Braut erst nach einer vollständigen Abstattung des »kalym« (also der vereinbarten Geschenke) das Elternhaus verließ, jedoch ansonsten als verheiratet galt, ist zutreffend. In der burjatischen und auch anderen mongolischen Gesellschaften besaßen Frauen zahlreiche Rechte, keinesfalls wurde die Frau als Besitz des Mannes betrachtet.
164 Böö bedeutet im Burjätischen der Schamane.
165 »Mungut« könnte als das im Mongolischen bekannte vielköpfige Ungeheuer »manggus«, Pl. »manggud« identifiziert werden; russ.: lešij: der Waldgeist.
166 Russ.: černoburaja lisica: der Schwarz- oder Silberfuchs, sivoduška: sibirischer Fuchs mit dunkelgrauem Hals und Bauch. Mit »Casse« meint Gmelin die Steuerkasse, die den Tribut der sibirischen und zentralasiatischen Stämme einsammelte, der zumeist in Pelzwerk zu entrichten war.
167 Gemeint ist Selenginsk.
168 Čikoj: Rechter, 681 km langer Nebenfluß in die Selenga aus der Mongolei.
169 Tajša (russifizierte Form): Sippen- oder Stammesoberhaupt bei Kalmücken und anderen mongolischen Stämmen. Korrekt müßte die Bezeichnung »tayishi« vom chinesischen »tay-ishi« der große Lehrer lauten.
170 Mongolisch: gelüng, von tibetisch: dge-slong: höchste Stufe des Mönchtums, muß 253 Gebote einhalten.
171 Gmelin bezieht sich auf die Seiten 428f. des Originals.
172 Burchan: bei Mongolen und Burjaten Gottheit und Buddha.
173 Gemeint ist wohl eine bemalte Strohmatte, von russ.: solominka: das Strohhälmchen.
174 Diese Ansicht war im 18. Jahrhundert weit verbreitet und findet sich auch bei Leonhard Euler und Peter Simon Pallas. Sie geht wohl auf die Annahme einer Urreligion zurück, wie auch die vergleichenden Sprachforschungen des 18. Jahrhunderts nach einer der Menschheit gemeinsamen Ursprache suchten. Vgl. Dittmar DAHLMANN, Von Kalmücken, Tataren und Itelmenen: Forschungsreisen in Sibirien im 18. Jahrhundert, in: Eva-Maria AUCH/Stig FÖRSTER (Hg.), »Barba-

ren« und »weiße Teufel«. Kulturkonflikte und Imperialismus in Asien vom 18. bis zum 20. Jahrhundert, Paderborn u .a. 1997, S. 19-44, hier: S. 42.
175 Lat. gesiegelte Erde; Bezeichnung für antike rotgefirnißte Keramik.
176 Mongolisch: büriye: Blasinstrument aus Messing oder Kupfer; Trompete; für die geistliche Musik benutztes Instrument.
177 Donnerkeil und Glocke: ocir und qongya; wichtigste Instrumente des religiösen Ritus, die Mitte und Weisheit oder männlich und weiblich symbolisieren.
178 Mantra (heilige oder magische Formeln bzw. Äußerung) des Avalokitesvara (ein Bodhisattva, im Mahayama-Buddhismus ein geistlicher Lehrer, der nach vollkommener Erkenntnis und Freiheit von allen Begierden [Buddhaschaft] strebt); tibetisch: om mani podme hum.
179 Diese Pillen – tibetisch: ril bu, mongolisch: rilu – enthielten Rausch und Verzückung bewirkende Substanzen. Sie wurden wegen der ihnen entströmenden Dämpfe auch bei Krankheit und im Todeskampf gebraucht.
180 Die Gebetskette, mongolisch: erike.
181 Gemeint ist katholisch.
182 Mongolisch: qutugtu, burjatisch: chutagta: höchster Grad der buddhistischen Geistlichkeit.
183 Allgemeine Bezeichnung für Tibeter.
184 Erst im 17. Jahrhundert übernahmen vor allem die östlich des Bajkal lebenden Burjaten den tibetischen oder mongolischen Buddhismus, gaben dabei jedoch die schamanistischen Rituale nicht immer auf.
185 Sündenfall.
186 Kjachta oder, wie Gmelin schreibt, die Festung Kjachta oder der Handelsplatz Kjachta, wurde 1727 gegründet und ist 235 km südlich von Ulan-Ude gelegen. Der Vertrag zwischen Rußland und China wurde am 21. Oktober des gleichen Jahres geschlossen und fixierte sowohl den Grenzverlauf neu als auch die Handelsbedingungen zwischen den beiden Staaten. Dabei befand sich China durchaus in einer Position der Stärke gegenüber dem Russischen Reich. Für den ständigen Handelsverkehr waren die beiden auf russischem Gebiet liegenden Orte Nerčinsk und Kjachta vorgesehen. Savva Vladislavič Raguzinskij stammte aus Ragusa (Dubrovnik) und stand als Diplomat in russischen Diensten. Seit 1700 führte er den ihm von seiner Heimatstadt verliehenen Titel »Graf Illirskij«.
187 Der Fluß Buura gab dem Burinsker Vertrag vom 20. August 1727 den Namen, in dem die Grenzlinie zwischen China und Rußland vereinbart wurde.
188 Russ.: majak: Zeichen, Kennzeichen, Merkmal.
189 Im 18. Jahrhundert bestanden in Rußland erhebliche regionale Preisunterschiede sowohl im europäischen als auch im asiatischen Teil. Vgl. dazu Arcadius Kahan, The Plow, The Hammer And The Knout. An Economic History of 18th Century Russia, Chicago/London 1985, S. 53f.

190 Unklar bleibt, warum hier im Russischen ein Genitiv stehen sollte, wie Gmelin schreibt.
191 Mandschurische.
192 In diesem Bande nicht abgebildet.
193 Gmelin bezieht sich auf die Seite 441, Bd. 1, des Originals.
194 Selenga: 1480 km langer Zufluß des Bajkal-Sees. Die Selenga entspringt in der Mongolei.
195 Russ.: Časovnja: Kapelle, kleine Kirche, Bethaus.
196 Russ.: nadolba: Balken, Pfosten, Barriere.
197 Russ.: konnyj ostrov: Pferdeinsel.
198 Die barguzinischen Burjaten südlich des Bajkal-Sees.
199 Vgl. dazu David N. COLLINS, Subjugation and Settlement in 17th and 18th-Century Siberia, in: Alan WOOD (Hg.), The History of Siberia. From Russian Conquest to Revolution, London/New York 1991, S. 37–56, hier: S. 42f.
200 Russ.: čebak (cyprinus barbus): die Barbe.
201 Species Cyprini Art. Trutta Salmonata. Anm. Gmelins. Der sibirische Huchen ist ein dort weit verbreiteter Lachsfisch. Die heutige wissenschaftliche Bezeichnung lautet Hucho taimen nach russ.: tajmen'.
202 Russ.: lenok, lenka: Forellenart *(salmo lenoc)*.
203 Russ.: omul' *(coregonus omul)*: der Omul, ein besonders im Bajkal vorkommender Lachsfisch.
204 Gmelin hielt sich Anfang Mai 1735 in Selenginsk auf.
205 Die Uda ist der Oberlauf der Čuna, eines rechten Quellflusses der Taseeva. Zu Udinsk vgl. oben, S. 389, Anm. 158.
206 Russ.: zimov'e: Winterlager nomadischer Völker, auch Winterhütte.
207 Nerčinsk, am Zusammenfluß von Nerča und Šilka, war bereits im 17. und 18. Jahrhundert wegen des Silber- und Bleibergbaus bedeutend. Dort wurde 1689 der erste Grenzvertrag zwischen Rußland und China geschlossen. Später auch wegen der Gold- und sonstiger Metallvorkommen sowie weiterer Bodenschätze von großer Wichtigkeit.
208 Nerčinsk war das Zentrum des russisch-chinesischen Handels, bis es seit Ende der 1720er Jahre von Kjachta abgelöst wurde.
209 Syphilis.
210 Anspielung auf die allgemein verbreitete Bestechlichkeit aller Beamten vor allem im von der Hauptstadt weit entfernten Sibirien.
211 Der Schamanismus ist eine besondere Form des Geisterglaubens, denn die Geister wählen den Schamanen aus. Sie bestimmen daher auch, ab wann der Schamane die für seine Aufgaben notwendigen Gegenstände, wie etwa die Trommel, gebrauchen darf.
212 Mit »Zauberer« meint Gmelin stets einen Schamanen.
213 Frz.: ungezwungen, anmaßend.
214 Der Argun' ist einer der beiden Quellflüsse des Amur. Die dortigen Silberbergwerke waren berühmt. In ihnen wurden auch Sträflinge zur Arbeit eingesetzt.
215 Fallsucht.

216 Russ.: volosec oder volosatik: Faden- oder Haarwurm.
217 Abgekochter Trank.
218 Fingerkraut, Frauenmantel.
219 Ein seit der Mandschu-Zeit praktiziertes Verfahren an der russisch-chinesischen Grenze. Auf der chinesischen Seite trugen die Grenzsäulen auch den Vertragstext der russisch-chinesischen Verträge als Inschrift.
220 Heute Nenjiang (Stadt und Gebiet) am Naun- bzw. Nonni-Fluß in der chinesischen Provinz Heilongjiang benannt nach dem gleichnamigen Fluß (Schwarzer Drachen-Fluß).
221 Guruchajtuevsk südöstlich von Nerčinsk an der russisch-chinesischen Grenze gelegen.
222 Gemeint ist wohl der heutige Ort Argunsk, am linken Argun'ufer an der chinesisch-russischen Grenze gelegen.
223 Mandschurisch.
224 Tinte.
225 Fedor Alekseevič Golovin, der unter Peter I. Kriegskommissar war, leitete eine russische Gesandtschaft, die über strittige Grenzfragen mit China verhandeln sollte. Er schloß am 27. August/6. September 1689 den ersten Vertrag Rußlands mit China in Nerčinsk.
226 Dieser wird von Gmelin im Original auf den Seiten 16–18 des zweiten Teils beschrieben. Dort heißt es, der Ostrog sei sehr klein.
227 Am Argun' herrscht kontinental–ostsibirisches Klima mit Durchschnittstemperaturen von $-35°$ C im Januar und $18°$ C im Juli.
228 Die Beobachtungen Gmelins in bezug auf die Erdbeben sind nach heutigem Erkenntnisstand nur teilweise nachvollziehbar. So sind sowohl periodisch wiederkehrende Beben als auch eine sich regelmäßig hebende und senkende Erdoberfläche nicht nachweisbar. Ein sogenannter »blow-out« von Feinpartikeln und Wasser, der auch als Bodenverflüssigung bezeichnet wird, kann als Folge eines großen Drucks an einer schwachen Stelle der Erdoberfläche aber durchaus vorkommen.
229 Gemeint ist wohl der Fluß Naun (daghur-mongolisch) oder Nonni (chinesisch) in der nordchinesischen Provinz Heilongjiang.
230 Siehe oben, S. 138.
231 Russ.: voilok: der Filz.
232 Arza ist wie Kumys ein aus Stutenmilch gewonnenes alkoholisches Getränk.
233 Im Jahre 1699 entstand die Festung Čitinsk, die auf erste russische Gründungen seit 1635 zurückging. Die Stadt, 1851 in Čita umbenannt, liegt an der Mündung der Čita in die Ingoda.
234 Gmelin benutzt hier die von den Russen eingeführten Namen. Vgl. zu den Lebens- und Jagdgewohnheiten der Tungusen, in der Eigenbezeichnung Ewenken oder Ewen, James Forsyth, A History of the Peoples of Siberia. Russia's North Asian Colony 1581–1990, Cambridge 1992, S. 48–69. Die Tungusen, die Herkunft des Namens ist ungeklärt, waren in zahlreiche Clans und Stämme aufgesplittert, die gegen die russische Eroberung anhaltenden Widerstand leiste-

ten. Sie wanderten dabei im Laufe des 17. Jahrhunderts verstärkt in die russisch-chinesischen Grenzregionen.
235 Die Kalmücken (Oiraten) sind ein westmongolischer Stamm, der im 17. Jahrhundert aus der Mongolei an die untere Wolga zog. Vgl. oben, S. 383, Anm. 63.
236 Knoblauch.
237 Knöterich.
238 Vgl. oben, S. 138.
239 Ševeki oder Ševeli heißt bei den Tungusen eine Gottheit der oberen Welt. Die Götterfiguren wurden, wie Gmelin schreibt, aus unterschiedlichen Materialien hergestellt.
240 Vor allem die sog. Pferde-Tungusen südöstlich des Bajkal-Sees, wo mongolischer Einfluß dominierte, gerieten – ohne ihre schamanistische Religion aufzugeben – in enge Beziehungen zum Lamaismus.
241 Šulenga bezeichnet einen Clanführer, Zajsan und Tajša ein Sippen- oder Stammesoberhaupt bei Kalmücken und anderen mongolischen Stämmen.
242 Dem russischen Kaiser bzw. Kaiserin.
243 Stockschläge.
244 Gmelin vertrat einen stark pro-russischen Standpunkt in der Frage der Oberherrschaft Rußlands über die indigene Bevölkerung Sibiriens und Zentralasiens. Die immer noch weitgehend nomadischen Mongolen wanderten zwischen China und Rußland ohne Rücksicht auf die Staatsgrenzen. Erst mit dem Vertrag von Kjachta 1727 wurden die Grenzen zwischen beiden Staaten geschlossen, so daß die Wanderungsräume eingeengt wurden. Die Chalcha-Mongolen blieben seit dieser Zeit weitgehend auf russischem Territorium, allerdings im wesentlichen wegen der geschlossenen Grenzen.
245 Russ.: tabun: die Herde.
246 Der Šakšinskoe ozero liegt westlich von Čita. Etwas weiter nördlich findet sich der Fluß Konda, auf den sich die Kondinsker Höhen (Kondinskie veršiny) beziehen. Ein großer und fischreicher See in den Udinsker Höhen (vgl. dazu die folgende Anmerkung), an dessen Ufer ein Kloster gelegen war.
247 Als »Udinsker Höhen« bezeichnet Gmelin wohl einen Höhenzug am Fluß Uda, der westlich von Čita entspringt. An der Uda findet sich auch der Ort Poperečnoe (bei Gmelin Popereschma).
248 Gmelin bezieht sich auf die Originalausgabe, S. xx.
249 Vgl. oben, S. 389, Anm. 159.
250 Vermutlich ist der an der Uda gelegene Ort Šibetuj, der schon von Messerschmidt (siehe Literaturverzeichnis) als Dschibétho-chadda erwähnt wird, gemeint. Der zweite Teil des von Gmelin genannten Kompositums: mongolisch: qada oder burjatisch: chada bedeutet Berg.
251 Dieser See ließ sich nicht ermitteln. Der Bach Kurba allerdings ist ein linker Nebenfluß der Uda, ebenso wie die Ona.
252 Nicht zu ermitteln, jedoch schon bei Messerschmidt (siehe Litera-

turverzeichnis) als Ymmukáj-Nor erwähnt. »Nor« bedeutet im Mongolischen »See«.
253 Vgl. oben, S. 139. Es handelte sich um ein sogenanntes Stangenopfer, das nur von Familienangehörigen an einem besonderen Opferplatz für die Ahnen dargebracht wurde, in dem man Fleisch oder Pferde an Stangen aufhängte.
254 Wahrscheinlich handelte es sich hierbei um Gräber aus der Skythenzeit. Doch wurden die Grabplätze, nicht die Gräber selbst, auch von späteren Kulturen wieder benutzt.
255 Irkutsk, an der Angara gelegen, wurde 1661 als Militärstützpunkt gegründet, 1686 zur Stadt erhoben, und wuchs dann zu einem bedeutenden Handelsplatz mit der Mongolei und China. Zu Graf Savva Vladislavič Raguzinskij vgl. S. 139, Anm. 186.
256 Die Pläne zur Befestigung gingen auf den Grafen Raguzinskij, der sich von April bis Juli 1726 in Irkutsk aufhielt, zurück.
257 Spanische Reiter sind ein mit Spitzen versehenes, bewegliches Holzhindernis.
258 Russ.: sobornaja cerkov': Kathedrale, Dom oder Hauptkirche.
259 Russ.: devičij monastyr': Jungfrauenkloster, sog. Znamenskij-Kloster, gegründet 1693.
260 Russ.: bojarskie deti: Adelskinder, ein niederer Adelsrang bis ins 18. Jahrhundert.
261 Russ.: dvorjanin: Adeliger. Bezeichnete zunächst nur einen Adelsrang, dann seit der Mitte des 18. Jahrhunderts allgemein für den Adel und dessen Angehörige.
262 Die Syphilis war in Sibirien weit verbreitet. Die Krankheit ist, wie heute bekannt, nur in einem bestimmten Stadium ansteckend und wird meist durch sexuelle Kontakte übertragen, kann aber auch durch den Kontakt mit infektiösem Material ausgelöst werden. Als »Speichelfluß« bezeichnet Gmelin wohl einen verstärkten Auswurf, der als erwünschte Nebenwirkung der Quecksilberbehandlung galt.
263 Quecksilber.
264 Drachma oder Drachme ist eine Stufe des Apothekergewichtes von 3,75 Gramm. Gummi Guttä ist ein drastisch wirkendes Arzneimittel aus verdünntem Gummiharz.
265 Irkutsk wurde seit 1736 zum Verwaltungszentrum für das östliche Sibirien, nachdem zuvor die Verwaltung zentral von Tobol'sk aus fungierte.
266 1727 wurde in Irkutsk der 2. sibirische Erzbischofssitz errichtet. Die Bischöfe residierten zunächst in dem Irkutskij Voznesensko-Innokentievskij Kloster auf dem linken Angaraufer, in dem auch einige von ihnen begraben sind.
267 Rentiere.
268 Irbit, rund 200 Kilometer nördlich von Ekaterinburg, wurde 1631 gegründet und bald darauf entstand ein Jahrmarkt für den Handel mit europäischen und sibirischen Waren. In Makar'ev, etwa 180 Kilometer von Kostroma entfernt, und 1439 erstmals erwähnt, fand dreimal jährlich ein Jahrmarkt statt.

269 Ilimsk, über 850 Kilometer südwestlich von Irkutsk gelegen, wurde 1631 von Kosaken gegründet und 1672 zur Stadt erhoben. Gmelin beschreibt die Stadt auf den Seiten 216–220 des Originals, die in dieser Ausgabe ausgelassen sind.
270 Gemeint sind die sog. Pferde-Tungusen südöstlich des Bajkal, die wie die Mongolen zur Viehzucht übergegangen waren. Zu den Bratski vgl. oben, S. 389, Anm. 159.
271 Vgl. oben, S. 119f.
272 In dieser Ausgabe nicht abgebildet.
273 Ein Werschok ist der 16te Theil einer Arschin (Anm. Gmelins). Vgl. dazu das Verzeichnis der Maße und Gewichte, S. 439.
274 Feine Salzkristalle.
275 In feiertäglicher Tracht, im Sonntagsstaat.
276 Gmelin bezieht sich auf Bd. 2, S. 10–13 des Originals.
277 Geschnitzte hölzerne Figuren, die Geister oder Götter darstellten, finden sich in allen sibirischen Ethnien. Zumeist finden diese Figuren ihren Platz in der heiligen Ecke des Hauses oder Zeltes. Mit »versaufen« meint Gmelin vermutlich, daß die hölzerne Figur des Geistes ertränkt wird. Dafür allerdings lassen sich keine Belege finden.
278 Russ.: kajuk: Boot, Lastschiff.
279 Gemeint ist die Akademische Abteilung der Großen Nordischen Expedition.
280 Russ.: doščanik: Flachboot, Barke.
281 Russ.: kormčij: der Steuermann.
282 Die Kirenga ist ein linker Nebenfluß der Lena und 746 Kilometer lang.
283 »Verstehen« hier im Sinne von »meinen« gebraucht.
284 Die durch Jodmangel verursachte Kropfbildung kommt in manchen Regionen des asiatischen Hochlandes bei 60% der Bevölkerung vor.
285 Bis ins 18. Jahrhundert war in Rußland die Zeitrechnung von der Erschaffung der Welt an üblich, die in byzantinischer Tradition auf den 1. September 5509 v. Chr. datiert wurde. Um zur heute gebräuchlichen Zählung der Jahre zu kommen, sind von Januar bis August eines Jahres 5508 Jahre und von September bis Dezember 5509 Jahre abzuziehen.
286 Vgl. oben, S. 387, Anm. 130.
287 Russ.: sil'nyj: stark, kräftig, hier sind Hilfskräfte gemeint.
288 Russ.: prikazčik: Verwalter, Bevollmächtigter, auch Dorfschulze.
289 Hemd.
290 Es kommt in Rußland auch heute noch vor, daß sowohl Erde des Geburtsortes bei langen Reisen oder Umzügen gegen Heimweh mitgenommen, als auch daß besonderes Wasser, etwa heiliges oder besprochenes, gegen Krankheiten getrunken wird. Die von Gmelin beschriebene Kombination jedoch ist nicht bekannt.
291 Russ.: kanun: Vorabend, aber auch: Totenfeier, Totenspeise, Gottesdienst am Vorabend (eines Feiertages), Bier zu einem Feste.
292 Russ.: Il'inskaja, ein hoher kirchlicher Feiertag, der Elias-Tag, der am 20. Juli gefeiert wurde.

293 Urne.
294 Über diese besonders kurzen Hosen der älteren tungusischen Frauen konnte nichts ermittelt werden. Vgl. allgemein zur Kleidung der tungusischen Frauen Carl HIEKISCH, Die Tungusen. Eine ethnologische Monographie, Dorpat 1882, S. 70–72.
295 Vgl. dazu Yßbrants IDES, Dreyjährige reise nach China, S. 100f.; vgl. auch S. 62–70, 90–92, 96–101 und 235–237.
296 Zu diesem und den nachfolgenden anderen Schwüren der indigenen Bevölkerung Sibiriens vgl. David N. COLLINS, Subjugation and Settlement in 17th and 18th-Century Siberia, in: Alan WOOD (Hg.), The History of Siberia. From Russian Conquest to Revolution, London/New York 1991, S. 37–56, hier: S. 42.
297 Der Bach Kamenka findet sich nicht auf den verfügbaren Karten. Der hintere Teil des Kompositums »Ukschakan-ürjak« ist jakutisch »ürech«: Flüßchen, Bach; der vordere Teil allerdings ist nicht jakutisch und könnte tungusisch »uksi, uksikta«: Fels bedeuten. Kamenka bedeutet im Russischen einen Bach mit steinigem Grund.
298 Das Wort »Patoma« läßt sich nicht erklären. »Bol'šaja Patoma rečka« bedeutet »Großer Patomafluß«. »Suchoj« (russisch) und »koorü« (jakutisch, wohl ein Lehnwort aus dem Mongolischen) bedeuten »trocken«. Die Benennung des folgendes Baches ist nicht erklärbar.
299 Artyk-ürech ist ein Ort in Südwest-Jakutien. Vermutlich fließt dort ein Fluß gleichen Namens. Bei der vorangehenden Bezeichnung ist nur »kaja« (jakutisch: chaja) als Wort für »Fels« erklärbar. Der vordere Teil des Kompositums ist kaum zu deuten.
300 Sedimentgestein aus Ton und Kalk.
301 Vgl. im Original, Bd. 1, S. 86f. Gusli ist eine Art liegender Harfe, deren Drahtsaiten mit den Fingern gerissen werden.
302 Darüber konnte nichts ermittelt werden. Zum jakutischen Nationalepos vgl. SCHMIDT, Ursprung der Gottesidee (siehe Literaturverzeichnis), Bd. XI, S. 203–269.
303 Auseinandersetzungen zwischen Jakuten und Tungusen waren häufig. Mit »Patomischen Tungusen« sind die in der Gegend von Patomskoe an der Lena wohnenden tungusischen Stämme und Clans gemeint.
304 Gmelin hatte die Gegend um Jakutsk am 11. September 1736 erreicht.
305 Die Richtung ändert.
306 Russ.: kur'ja: altes Flußbett; der sich in Sümpfen verlaufende Flußarm.
307 Der Hauptteil der Großen Nordischen Expedition unter dem Kommando von Vitus Bering.
308 Olekminskoj ostrog, im Gebiet von Jakutsk, wurde 1636 von Kosaken an der Mündung der Olenka in die Lena gegründet.
309 Vgl. oben, S. 181 und 210.
310 Gemeint sind Grenzpfähle von russ.: stolb.
311 Gemeint ist Vitus Bering.
312 Vgl. oben, S. 384, Anm. 88.

313 Gemeint sind folgende Werke: Charles de L'Écluse (Carolus Clusius, 1526–1609), Rariorum Plantarum Historia, Antwerpen 1601, 6 Bde. in 1; Joannes Jonston (Joannes Jonsternus, 1603–1675), Historia naturalis, 5 Bde., 1. Aufl., Frankfurt/M. 1650–1653; Martin Lister (1638–1712), Historia conchyliorum, 4 Bde., London 1685–1692.

314 Josephus Pitton de Tournefort (1656–1708), Corollarium Institutionum rei herbariae, in quo plantae 1536, munificentia Ludovici Magni in orientalibus regionis observatae recensentur et ad genera sua revocantur, Paris 1703, zweite Aufl. Paris 1719. Bei all diesen Werken handelt es sich um Arbeiten, welche Bezeichnungen für Pflanzen und Tiere gebrauchten, die später durch Carl von Linné mit seiner »Systema naturae« von 1735 ersetzt wurden.

315 Dazu konnte nichts ermittelt werden.

316 Anserina off[icinalis] (Anm. Gmelins). Eigentlich Potentilla anserina, dt. auch Silberkraut. Jakutisch: kejiges: Wildstengel. Bei den Jakuten ein Heilkraut.

317 Pimpinella sylvestris sive sanguisorba major dod. pempl. 105 (Anm. Gmelins). Gmelin bezieht sich auf: Rembertus Dodonaeus (1517–1585, auch Rembert Dodoens), Stirpium historiae pemptades sex, sive libri XXX, erschienen Antwerpen 1583 und 1616. Gemeint ist entweder Pimpinella saxifraga oder sanguisorba minor. Jakutisch: ymyjach.

318 Bistorta alpina minor B. pin. 192 (Anm. Gmelins). Gmelin bezieht sich auf: Caspar oder Kaspar Bauhin (1560–1624), Pinax theatri botanici, erschienen Basel 1623 und 1671. Gemeint sind *Persicaria bistorta*, auch *polygonum bistorta* genannt. Die deutschen Bezeichnungen sind Wiesenknöterich und Blutkraut. Die von Gmelin angegebene jakutische Bezeichnung bleibt unklar.

319 Dieses scheint Butomus zu sein (Anm. Gmelins). Deutsch: Schwanenblume oder Blumenbinsel. Auch in diesem Falle ließ sich die jakutische Bedeutung nicht klären.

320 Lilium purpuro-croceum majus und Lilium floribus reflexis latifolium B. pin. 77 (Anm Gmelins). Bezug auf: Caspar Bauhin, in: Pinax theatri botanici (wie oben, Anm. 318). Die deutschen Bezeichnungen sind Feuer- oder Safranlilie für die erste Pflanze und Tigerlilie für die zweite, mit der *lilium lancifolium* gemeint ist. Jakutisch: chorun: *lilium spectabile*.

321 Jakutisch: Sardana: Onobrychis saxatilis. Zu Hedysaro vgl. die folgende Fußnote. Zu Mangazeja vgl. oben, S. 387, Anm. 130.

322 Hedysarum saxatile, siliqua laevi, floribus purpureis, indorum Amm. Ruth. 116 n°. 152, 153 (Anm. Gmelins). Gmelin bezieht sich auf: Johann Ammann (1707–1741?), Stirpium rariorum in Imperio Rutheneo sponte provenientium icones et descriptiones, erschienen St. Petersburg 1739. Russ. kopeečnik oder denežnik auch baduj (= hedysarum sibiricum), die botanische Bezeichnung ist Hedysarum, die deutsche Süßklee. Die anderen Bezeichnungen ließen sich nicht ermitteln.

323 Allium radice oblonga, reticulo obducta Hall. de allii genere naturali

opusculis botanicis insert. p. 375 (Anm. Gmelins). Gemeint ist: Albrecht von Haller, De Alii genere naturali libellus, Göttingen 1745, hier aus: opusculis botanicis insertus = Opuscula sua botanica, Göttingen 1749. Russ.: čeremša oder čeremica: wilder Knoblauch.

324 Vgl. oben, S. 178.
325 Knusperig.
326 Reiher.
327 Vgl. im Original Bd. 1, S. 280–283.
328 Viljuj (jakutisch Bjulju), ein linker Nebenfluß der Lena von rund 2 000 Kilometern.
329 Faß bzw. Fässer.
330 Im Analogieschluß, in der Wissenschaft des 18. Jahrhunderts nicht unüblich, gelangt Gmelin zu seinen hier angezogenen Vergleichen.
331 Die Tötung, Verbrennung oder Mitbestattung des Dieners eines mächtigen Jakuten ist bis zur Mitte des 19. Jahrhunderts überliefert.
332 In seinem nord- und östlichen Theile von Europa und Asien p. 377 und 378 (Anm. Gmelins). Der genaue Titel des Werkes von Strahlenberg findet sich im Literaturverzeichnis.
333 Diese Sitte findet Erwähnung in der ethnologischen Literatur; sie wird dort jedoch auch vehement bestritten. Möglicherweise handelt es sich um einen Übermittlungs- oder Übersetzungsfehler, denn »Mutterkuchen« heißt jakutisch »keneyeski« oder »kennikie«, doch ließe sich dies auch übersetzen als »das Zukünftige, das Nachfolgende, was dann kommt«. Eine Äußerung wie »dann geht der junge Vater mit seinen Freunden ein Festessen feiern« könnte in diesem Sinne von Gmelin mißverstanden worden sein.
334 Die Opferung von Tieren, insbesondere Pferden und Schafen, war bei fast allen in Sibirien lebenden Ethnien als rituelles oder als Jagdopfer verbreitet. Die Aufgabe des Schamanen war es, die Seele des Opfertieres vor den Herrn des Himmels zu führen.
335 Vgl. dazu oben, S. 392, Anm. 211.
336 Die Kosaken waren eine irreguläre militärische Truppe, die an zahlreichen Orten des Russischen Reiches stationiert war.
337 Ein Wetterzauber für Regen, Schnee und Wind ist bei türkischen und mongolischen Ethnien häufig beschrieben. Meist wird dazu ein Wetterstein benutzt.
338 STRAHLENBERG, Nord- und Ostliche Theil von Europa und Asia, S. 379.
339 Ebd., S. 324.
340 Vgl. zu den nachfolgenden Ausführungen Gmelins die Einleitung, oben, S. 24f.
341 Novaja reka, ein linker Nebenfluß des Chatanga in Nordwest-Sibirien.
342 Erhöhten.
343 Russ.: kuržak: der Reif.
344 Vgl. Bd. 1, S. 289 des Originals.
345 Gemeint ist das Tunguska–Kohlebecken, das mit einer Größe von 1 Mill. km^2 eine der umfassendsten Lagerstätten der Welt ist. Die Kohle tritt dort häufig zutage.

346 Vgl. oben, S. 387, Anm. 130.
347 Vgl. im Original Bd. 1, S. 392. Russ.: jasačnie sborščiki: Jasak-(Tribut-)Eintreiber.
348 Russ.: baškak: Tributeintreiber. Ein Wort mongolisch-tatarischer Herkunft, das seit der Mongolen- bzw. Tatarenzeit in Rußland gebräuchlich war.
349 Januar.
350 Wie schon erwähnt, leisteten die tungusischen Stämme und Clans gegen die Russen und insbesondere gegen deren Tributforderungen heftigen Widerstand.
351 Dies war eine oftmals geübte Praxis der Tributeinnehmer bis ins 19. Jahrhundert hinein und führte des öfteren zum bewaffneten Widerstand der sibirischen Ethnien.
352 Kriegerische Auseinandersetzungen zwischen tungusischen Clans oder Sippen sind häufiger überliefert. Eiserne Panzer oder Panzerhemden waren bis ins 19. Jahrhundert gebräuchlich.
353 Wie im europäischen Teil Rußlands so wurden auch in Sibirien die kosakischen Verbände zumeist nach den Orten, Flüssen oder Gebieten benannt, in oder an denen sie stationiert waren. Bis zum Ende des 17. Jahrhunderts und am Anfang des 18. Jahrhunderts kam es immer wieder zu Aufständen oder Unruhen der Kosakeneinheiten gegen die lokale Verwaltung. Dies wird hier und im folgenden gemeint sein.
354 Ein turksprachiges, nomadisierendes Volk in den Hochgebirgsgebieten Zentralasiens mit schamanistischer Religion. Erst im 17. und 18. Jahrhundert folgte eine lange Zeit, während der der sunnitische Islam oberflächlich übernommen wurde.
355 Gmelin bezieht sich auf die ausschließlich mündliche Überlieferung der häufig schriftlosen sibirischen Völker.
356 S. den 1sten Th. dieser Reisen. S. 386, 387 (Anm. Gmelins). Vgl. oben, S. 145. Gmelin bezieht sich auf S. 358 des ersten Teils.
357 Die Čukčen, eine paläosibirische Ethnie auf der Halbinsel Čukotka – in beiden Fällen handelt es sich um Fremdbezeichnungen –, lebten entweder an der Eismeerküste als Fischer und Jäger oder im Inland nomadisch als Züchter halbwilder Rentierherden. Die von Gmelin beschriebene Form der Körperverzierung ist auch von anderen polaren und circumpolaren Ethnien überliefert.
358 Gerhard Friedrich Müller sammelte sowohl in den sibirischen Archiven als auch durch mündliche Überlieferung eine Fülle von Material zur Geschichte Sibiriens und zu den dort lebenden Ethnien. Vor allem sein ethnologisches Material ist bisher kaum bearbeitet worden.
359 Fädelte.
360 Voiage de Moscou à la Chine, dans le Receuil de voiages au Nord. Tom VIII. p. 58 (Anm. Gmelins). Die Ausgabe erschien unter dem Titel: Jean Frédéric BERNARD (Ed.), Recueil de voyages au Nord: contenant divers memoires tres utiles au commerce et à la navigation. Bd. 8: Voyage de Moscou à la Chine par Mr. Everard Isbrants Ides, Ambassadeur de Moscovie, Amsterdam 1727.

361 Vgl. die Einleitung, oben, S. 47 und 65.
362 Aleksej Bibikov (Lebensdaten ließen sich nicht ermitteln) war Vizegouverneur in Irkutsk zur Zeit der Expedition.
363 Gemeint ist die Hauptgruppe der Expedition unter der Führung von Vitus Bering.
364 Vgl. dazu die Einleitung, oben, S. 64.
365 Ebd., S. 67.
366 Gemeint ist Johann Eberhard Fischer, später auch Professor an der Petersburger Akademie der Wissenschaften. Vgl. dazu oben, S. 380, Anm. 28 sowie die Einleitung, S. 40. Als »natürliche Geschichte« bezeichnet Gmelin die Naturgeschichte.
367 Vgl. oben, S. 226–228.
368 Vgl. dazu oben, S. 147ff.
369 Ein Opferfest für das ganze Geschlecht, das dem Gott des Himmels, der Sonne, der Erde, den Bergen und Flüssen dargebracht wird. Auch findet im Frühjahr ein weiteres Hauptfest statt, bei dem aber nur die erste Milch geopfert wird. Die Birke als ein »heiliger« Baum spielt in zahlreichen Ritualen der sibirischen Völker eine besondere Rolle.
370 Vgl. Originalausgabe, S. 15, Bd. 3.
371 Vgl. dazu Anm. 211, S. 392.
372 Vgl. dazu Anm. 266, S. 395.
373 Fabrik am Fluß Telma gelegen
374 Durch Überanstrengung hervorgerufener Schmerz in Körperteilen; auch Müdigkeit oder Steifheit.
375 Gemeint ist die orthodoxe Kirche in Rußland.
376 Vgl. Originalausgabe, S. 486, Bd. 2 und S. 31, Bd. 3. Im Zusammenhang mit der Großen Nordischen oder Zweiten Kamčatka-Expedition sollte auch die Infrastruktur Sibiriens verbessert werden. Dazu gehörte neben einer Verbesserung der Postwege und der Straßen auch die Anlage neuer Fabriken.
377 Linker Nebenfluß der Angara, heute Tel'minska. Ebenso wie im Falle der Angara ist die Fließgeschwindigkeit wohl so schnell, daß sich kaum Eis auf der Tel'minska bildet.
378 Vgl. oben, S. 39–42.
379 Vgl. oben, Anm. 105, S. 385.
380 Im Verlagssystem beschafft der Verleger die Rohstoffe, vergibt sie auf Vorschuß und organisiert den Absatz. Die Arbeit erfolgt als Heimarbeit. Gmelin meint hier hauptsächlich den Absatz der Ware.
381 Das weiße Pferd konnte sowohl den Tod als auch die Wiedergeburt symbolisieren und wurde von daher den Göttern oder der höchsten Gottheit geweiht. Mit der Weihe des Pferdes war es dem Gebrauch durch Menschen entzogen. Zugleich konnte die Pferdeweihe auch die Zähmung des Wilden bedeuten ebenso wie die vollständige Freiheit von allen sozialen Fesseln.
382 Kitoj; linker Nebenarm der Angara.
383 Uda; rechter Nebenarm der Angara.
384 Vgl. oben, S. 250f.

385 Die Schamanin oder der Schamane versetzten sich während des Rituals in einen Zustand der Ekstase oder Trance, in dem sie sich körperliche Schmerzen zufügten. Allerdings verfügten sie auch über die Fähigkeit, Illusionen hervorzurufen.
386 Kunstfertiger.
387 Vgl. oben, Anm. 385.
388 Das tailghan-Opfer (auch tayilga, tailgan oder tailagan) von Stuten oder Schafen wird von jedem Clan den Vorfahren dargebracht. Dabei nimmt der Schamane als Angehöriger des Clans teil.
389 Eine mongolische Delikatesse der Zubereitung von Schafen und Murmeltieren.
390 Vom Substantiv »tulun«, siehe Anm. 391, abgeleitetes Verb.
391 Russ.: tulun, wie Gmelin richtig vermerkt ein Turzismus, ist ein lederner Schlauch zum Aufbewahren von Flüssigkeiten. Etymologisch stammt dieses Wort aus den Turksprachen, zu denen auch das Tatarische zählt.
392 Bereits im Jahre 1718 erließ Peter I. ein Dekret, demzufolge verschiedene Knochenfunde in die von ihm gegründete naturwissenschaftliche »Kunstkammer« gebracht werden sollten. 1722 folgte ein Befehl an den sibirischen Gouverneur, durch den der Zar verlangte, daß ein vollständiges Mammutskelett gefunden und nach St. Petersburg transportiert werden sollte. Zu diesem Zwecke wurden Expeditionen finanziert und die Erforschung Sibiriens gefördert. Gmelin berichtet im folgenden über verschiedene Funde von Mammutknochen in Sibirien. Das Mammut, eine vor rund 10000 Jahren ausgestorbene Elefantenart, besaß bis zu 5 Meter lange Stoßzähne. An den Fundorten finden sich auch die Überreste von Moschusochsen, Wollnashörnern sowie auch Menschenknochen.
393 Vgl. in der Originalausgabe, Bd. 3, S. 152.
394 Anadyr'; Hafen im Anadyrischen Meerbusen des Beringmeeres. Anadyrskij Ostrog wurde an dieser Stelle 1649 gegründet.
395 Vgl. dazu Yßbrants IDES, Dreijährige reise nach China, S. 55f.
396 Mœurs & usage des Ostiakes, dans le Recueil des voiages au Nord p. 382. seqq. (Anm. Gmelins). Der Band erschien als Bd. 8 der Reihe, Amsterdam 1727. Deutsch: Johann Bernhard MÜLLER, Leben und Gewohnheiten der Ostiacken, eines Volcks das bis unter dem Polo Arctico wohnet, Berlin 1720. Vgl. Yßbrants IDES, Dreijährige reise nach China, S. 56. Ides schreibt: »[...] in dem halß wäre an dem gebeine noch etwas rothes wie blut zu sehen gewesen.« Tatsächlich konservierte der Permafrostboden Sibiriens, der im Sommer nur bis etwa 1 ½ Meter auftaut, die Mammuts vollständig, also einschließlich von Fleisch und Blut. Allerdings zerfiel dies sofort, wenn es vom Permafrostboden freigegeben wurde und mit der Luft in Berührung kam.
397 Yßbrants IDES, Dreijährige reise nach China, S. 58.
398 Fontenelle, Bernard (1657–1757); Sekretär der Pariser Akademie der Wissenschaften; Philosoph. Durch die Betonung des Vorrangs der Naturwissenschaften beförderte der Rationalist Fontenelle die

Aufklärung. Scheidt (auch Scheid), Christian Ludwig (1709–1761), Geschichtsforscher, ging 1738 als Professor der Rechtswissenschaften nach Dänemark, kehrte 1748 nach Göttingen zurück, wo er eine beachtliche Anzahl an Werken anderer Gelehrter sowie Urkunden des Mittelalters herausgab und kommentierte.

399 Der Engländer John Woodward und der Schweizer Johann Jakob Scheuchzer entwickelten am Ende des 17. und zu Beginn des 18. Jahrhunderts eine Sintfluttheorie, die davon ausging, daß die Fossilien versteinerte Lebewesen oder deren Reste seien und diese der Sintflut zum Opfer gefallen und nach deren Rückgang in die Erde eingelagert worden seien. Diese Theorie diente ebenfalls dazu, das Vorkommen von Mammuts in nördlichen Gebieten zu erklären. Da man annahm, es handele sich um Elefanten, die aber nur in warmen Gegenden leben, gingen die Vertreter der Sintfluttheorie davon aus, daß die Tiere durch die Überschwemmung nach Norden gespült wurden, um dann in der Erde zu versinken. Dabei ging vor allem Scheuchzer davon aus, daß es keinen Gegensatz oder Bruch zwischen der vor- und der nachsintflutlichen Welt gebe, wie dies von anderen Naturforschern, etwa Thomas Burnet, vertreten wurde. Vgl. dazu: Michael KEMPE, Die Sintfluttheorie von Johann Jakob Scheuchzer. Zur Entstehung des modernen Weltbildes und Naturverständnisses, in: Zeitschrift für Geschichtswissenschaft 44, 1996, S. 485–501, hier: S. 491.

400 Morò, Antonio Lazzaro (1687–1764), ein italienischer Geistlicher und naturforschender Gelehrter, vertrat die These, daß sich Fossilien an den Orten fänden, an denen die Tiere auch gestorben seien, daß Erdschichten aber durch seismo-vulkanische Ereignisse verschoben würden und mit ihnen die Überreste der Lebewesen.

401 Gottfried Wilhelm LEIBNIZ, Protogaea sive De prima facie telluris et antiquissimae historiae vestigiis in ipsis naturae monumenti dissertatio [...], ed. a Christiano Ludovico Scheidio, Göttingen 1749. Scheid(t) gab auch eine deutsche Übersetzung dieser Schrift heraus: Protogaea oder Abhandlung von der ersten Gestalt der Erde [...] aus seinen Papieren herausgegeben, Leipzig/Hof 1749. Gmelin bezieht sich auf die Konzepte von Theophrastos (371–287 v. Chr.), griechischer Philosoph und unmittelbarer Schüler des Aristoteles, der zahlreiche naturwissenschaftliche Schriften verfaßte; Gajus Secundus Plinius, der Ältere (23 oder 24–79), römischer Offizier und Schriftsteller, der die naturwissenschaftlichen Kenntnisse seiner Zeit in einem mehrbändigen Werk »Naturalis historia« zusammenfaßte; Andreas Libavius (oder Libau 1550–1616), Chemiker und Arzt in Coburg, der ein erstes systematisches Lehrbuch der Chemie verfaßte und Georgius Agricola (1494–1555, eigentlich Georg Bauer), Arzt, Mineraloge und Humanist, dessen Werk »De natura fossilium« (1546) als erstes Handbuch der Mineralogie gilt.

402 Frucht des Gartenkürbis.

403 STRAHLENBERG, Nord- und Ostliche Theil von Europa und Asia, S. 393–396.

404 Petersburgische Anmerkungen über die Zeitungen 1730. LXXXI. Stück p. 324 (Anm. Gmelins). In dieser Zeitschrift wurde ein Artikel Gmelins, »Von den Mammots-Knochen«, veröffentlicht, der leider nicht zugänglich war.
405 STRAHLENBERG, Nord- und Ostliche Theil von Europa und Asia, S. 393–396; Semen Remezov (1642–?) stammte aus einer Tobol'sker Familie. Von ihm stammen einige historische und ethnographische Studien für den Zaren und drei nur teilweise beendete Atlanten oder Karten Sibiriens. Er verfaßte zudem etwa um 1700 eine mit Bildern versehene Chronik Sibiriens. Die Baraba-Steppe ist eine Waldsteppe im südlichen Westsibirien zwischen Irtyš und Ob'.
406 dans le recueil des voiages au Nord, tom I. Relation du Groenland p. 167 (Anm. Gmelins). La Peyrère, Relation du Groenland, in: Jean-Frérdéric Bernard (Hg.), Recueil de voiages au nord: contenant divers mémoires très utiles au commerce et à la navigation, Amsterdam 1715.
407 Relation du detroit & de la baie de Hudson par M. Jeremie p. 9. dans le recueil des voiages au Nord, tom VI (Anm. Gmelins). Der Verfasser des Beitrages ist Nicolas Jérémie, erschienen Amsterdam 1720. Gemeint sind wohl Moschusochsen.
408 Die Indigirka entspringt im Verchotur'er Gebirgsbogen und mündet nach rund 1 700 Kilometern durch Jakutien in die Ostsibirische See. Syn bojarskij war ein niederer Adelsrang. Nach den Angaben von V. E. GARRUT, Das Mammut, Wittenberg 1964, fand der Jäger Vasilij Erlov im Jahre 1724 am Ufer der Indigirka Mammutknochen. Als erster russischer Mammutforscher gilt Vasilij N. Tatiščev, der zwischen 1725 und 1732 mehrere Artikel, zwei davon gemeinsam mit Gmelin, über Mammuts verfaßte.
409 Monodon Art, Monoceros & unicornu aliis. Narhwal Worm. & Klein. v.l.T. Kleinii Hist. pisc. nat. prom. Miss. II. S. 18 Tab. II. C (Anm. Gmelins). Gemeint ist folgendes Werk: Jacob Theodor KLEIN, Historia piscium naturalis promovendae missus, Bde. 1–5, Danzig 1740–1749. Der Narwal, eine Art der Gründelwale, trägt ein etwa zwei bis drei Meter langes, leicht gedrehtes Horn. Das Horn galt als wundertätig und wurde mit dem des Einhorns gleichgesetzt oder sogar für das Horn dieses Fabelwesens gehalten.
410 Das Fabelwesen Einhorn, im Alten Testament, 5. Moses 33, 17 neben dem Stier genannt, galt als Symbol besonderer Kraft.
411 Ein aus dem gebrannten Horn des Narwals gewonnenes Pulver wurde als Einhornpulver deklariert und als Arzneimittel benutzt.
412 Zum Schatz der Abtei von St. Denis gehört u. a. auch das vermeintliche Horn eines Einhorns, das der Sage nach Karl dem Großen von dem Kalifen Harun al Raschid geschenkt worden war. In Wirklichkeit ist es — wie Gmelin richtig vermerkt— das Horn eines Narwals, dessen erste Erwähnung in das Jahr 1505 fällt.
413 Recueil des voiages au Nord Tom 1. p. 124 (Anm. Gmelins). Vgl. dazu oben, Anm. 406.
414 Der Brief Fischers ist nicht überliefert. Vgl. jedoch Johann Eberhard

FISCHER, Sibirische Geschichte von der Entdekkung Sibiriens bis auf die Eroberung dieses Landes durch die russische Waffen, St. Petersburg 1768, Neudruck Osnabrück 1973, S. 9ff.
415 Mit dem Bau der Kunstkammer wurde 1718 unter Peter I. begonnen. Sie war das erste Naturkundemuseum Rußlands und in diesem Gebäude befand sich auch der Sitz der Akademie der Wissenschaften. Heute Museum für Anthropologie und Völkerkunde.
416 Gemeint ist der Tas-Busen, gleichsam ein Seitenarm des Ob'-Busens. Die Samoeden – der Name ist wohl auf den Namen des Stammes der Samadu, heute Enec, zurückzuführen – gehören zu den ugrischen Völkern, die Sprache zur Gruppe der uralischen Sprachen, einer Sprachgruppe des Finno-Ugrischen. Die Samoeden bestehen aus mehreren Gruppen und lebten in Clans.
417 Linnaeus in seinem Systema naturae nennt sie: Phoca dentibus caninis exsertis (Anm. Gmelins). Carl von Linné, Systema Naturae, Leiden 1735. Russ.: morž: das Walroß; frz.: morse; vache marine heißt im Französischen die Seekuh.
418 Gemeint sind die Inseln Novaja Zemlja und Vajgač in der Barents- bzw. Karischen See. Gmelin bezieht sich auf folgende Beiträge im Recueil des voyages: Des Navigations Septentrionales, in: Band 1, S. 19ff.; Supplement au voyages de Wood & Martens, in: Band 2 und Les deux voiages de J. H. Linschoten au Waeigats & vers les Côtes de la Grande Tartarie au delà du Fleuve Oby. Traduit du Hollandois, in: Band 4.
419 Die Pjasina mündet auf der Tajmyr-Halbinsel in die Kara-See. Gmelin schreibt auch im folgenden stets »Pjasida« statt »Pjasina«.
420 Zur »Spitze Schalaginskoi« vgl. oben, S. 379, Anm. 7. Gmelin schreibt wechselweise »Schuktschen« und »Tschuktschen«.
421 Wahrscheinlich meint Gmelin hier Sea Horse- oder Walrus-Island in der Hudson Bay auf der sich eine unbeschreiblich große Menge dieser Tiere aufgehalten haben sollen.
422 Recueil des voiages au Nord Tom VI. Jeremie Relation de la baie de Hudson p. 7 (Anm. Gmelins). Vgl. oben, Anm. 407.
423 Russ.: četverenie: Teilung in vier gleiche Teile; gleichförmig die anderen Bildungen für fünf und sechs.
424 Russ.: šadrina: pockennarbig; russ.: šadra: das Innere eines Walroßzahnes.
425 Welche in dem Recueil des voiages au Nord Tom II. stehen (Anm. Gmelins). Frederic Martens, Journal d'un Voyage au Spitzbergen, und Wood, Discours sur le passage sur le Nord-Est sowie Journal du Capitaine Wood und Remarques du Capitaine Wood sur son voyage.
426 Die kleine Insel Cherry liegt südlich von Spitzbergen. Über den englischen Kaufmann Welden konnte nichts ermittelt werden.
427 Anadyrskij ostrog, gegründet 1649, liegt in Magadan. Der Ausfall der Walroßzähne ist wissenschaftlich nicht nachgewiesen.
428 Aus den sibirischen Ethnien wurden seit dem Ende des 17. Jahrhunderts Hilfstruppen rekrutiert, die als »Kosaken« mit dem jeweiligen Zusatz bezeichnet wurden.

429 Walroßzähne wurden im gesamten arktischen Raum zu Gebrauchs- und Schmuckgegenständen verarbeitet.
430 Das Walroß *(odobenus rosmarus)* ist eine Unterordnung der Wasserraubtiere und bildet eine eigene Familie *(odobenidae)* mit drei Unterarten: Polarmeer-, Laptevsee- und Pazifisches Walroß. Walrosse sind äußerst gesellig und leben in großen Herden zusammen.
431 »Pjasida« muß richtig lauten »Pjasina«. »Kowyma« ist offensichtlich eine Falschschreibung von »Kolyma«. Alle genannten Flüsse münden in das Eis- oder Nordpolarmeer (vgl. Anmerkung 419). Mit »Anadirskischen« und »Tschuktschischen« sind der Golf von Anadyr' und die Čukčen-Halbinsel gemeint.
432 Naturkundemuseen.
433 Halbinsel an Barentssee und Weißem Meer im europäischen Teil Rußlands.
434 Westliche Samoeden, die auch als Juraken bezeichnet werden, heute als Nenzen bezeichnet.
435 Auch der See-Elefant gehört zur Familie der Robben, wobei südliche (Kalifornien) und nördliche (Antarktis) See-Elefanten unterschieden werden.
436 Von Gmelin auch »Weigatz« geschrieben. Vgl. oben, S. 268, Anm. 418.
437 Wahrscheinlich meint Gmelin Blasen ziehende Mittel, die auf der Haut Wasserblasen hervorriefen. Nach dem Stand der damaligen Medizin sollte durch diese Mittel der Fluß der Körpersäfte aufgehalten und »eine Sammlung und Austretung des Wassers« aus dem menschlichen Körper erfolgen.
438 Siehe oben, S. 96.
439 Die Flüsse liegen am oder nördlich des Nördlichen Polarkreises.
440 Amanat: Geisel, ist ein tatarischer Begriff. Um die Ablieferung des den unterworfenen Ethnien oder Stämmen auferlegten Tributs (jasak), fast ausschließlich Pelzwerk, sicherzustellen, mußten von seiten der indigenen Bevölkerung Geiseln gestellt werden, die zumeist in den russischen Festungen festgehalten wurden. Zugleich sollte dadurch auch möglicher Widerstand seitens der Stämme und Ethnien verhindert werden.
441 Russ.: pesec: Blau-, Eis-, Stein- und Polarfuchs.
442 Russ.: nedopesok: junger Blaufuchs;
443 Avam: Fluß in Nordsibirien, mündet in die Pjasina
444 Sämischleder: fettgegerbtes Leder, von russ.: zamša.
445 Der Ort liegt am Chantajskoe ozero; deutsch: Chantajsker See
446 Vgl. Originalausgabe, Bd. 1, S. 344.
447 Georg Wilhelm Steller, der Müller und Gmelin unterstellt war, befand sich zu jener Zeit, im Juni/Juli 1739, in Irkutsk und unternahm von dort kleinere Expeditionen in die umliegenden Gebirgssteppen.
448 Müller, der während der Reise häufig krank war, erhielt zunächst vom Senat die Erlaubnis zurückzukehren, doch wurde diese Entscheidung bald wieder revidiert. Gmelin und Müller sollten nun eine vollständige Beschreibung der sibirischen Provinzen und von de-

ren Geographie und Naturgeschichte abliefern. Zu der befohlenen Reise nach Kamčatka vgl. die Einleitung, oben, S. 65–67.
449 Im Original auf den Seiten 479–482 des zweiten Bandes.
450 Gmelin bezieht sich auf Bd. 3, S. 189 der Originalausgabe.
451 Gmelin bezieht sich auf die Seiten 174–180 des dritten Bandes.
452 Steller bereiste in der zweiten Jahreshälfte 1739 östlich des Bajkal gelegene Gebiete und verfaßte bis zum Dezember dieses Jahres die »Flora Irkutiensis«, die nur im Manuskript überliefert ist.
453 Zwischen dem Unterlauf des Ket' und des Enisej liegt heute noch in der Gegend der Stadt Enisejsk der Ort Makovskoe.
454 Als »promyšlennik«: der Gewerbetreibende, wurden all jene in Sibirien bezeichnet, die als Jäger, Händler und Kaufleute, zumeist in kleineren oder größeren Gruppen, geschäftlich aktiv waren.
455 Gmelin bezieht sich auf Bd. 2, S. 436 der Originalausgabe.
456 Nicht zu ermitteln. »Byj« und »buek« bedeuten im Russischen Boje. Möglicherweise ist der Name eines Flusses gemeint.
457 Russ.: burunduk: Segeltau, Zugseil an einer Winde zum Ziehen eines Fahrzeuges.
458 Gmelin war den Enisej aufwärts gefahren und hatte nun die Einmündung der Mittleren oder Steinigen Tunguska erreicht.
459 Russ.: Podporož'e oder Podporožnica bezeichnet die Stelle unterhalb eines Wasserfalls.
460 Russ.: guž: dicker Strick.
461 Nicht zu ermitteln. An der Tunguska, hier ist wohl die heutige Angara gemeint, gibt es zahlreiche Stromschnellen, Sandbänke und Wasserfälle.
462 Russ.: šivera: Sandbank (in der Breite des Stroms), Stromschnelle.
463 Gemeint ist Gerhard Friedrich Müller, der die Gräberstätten am Enisej besuchte. Diese Gräberstätten gehören der skythenzeitlichen Tagar-Kultur im Minusinsker-Becken an. Dabei handelt es sich um Ecksteinkurgane. Die Gräber liegen unter einer Erdaufschüttung, die von einer rechteckigen Steinumfriedung begrenzt war. In den Ecken dieser Einfriedung sowie in regelmäßigen Abständen innerhalb der Längsseiten standen aufgerichtete Stelen (die von Gmelin »majaki« genannt wurden, vgl. dazu die folgende Anmerkung) und zwischen diesen Stelen Orthostaten. Gmelin und Müller gruben 1739 am mittleren Enisej Kurgane aus. Sie waren die ersten, die sich mit Fragen der chronologischen Einteilung gefaßten und sich damit zugleich um Systematisierung der Grabtypen bemühten. Vor allem Gerhard Friedrich Müller wird als »Vater der sibirischen Archäologie« bezeichnet.
464 Russ.: majak: das aufgerichtete Zeichen oder Merkmal, die Warte, auch der Signalturm. Die Gräber sind Hügelgräber, selten über zehn Meter hoch und mit einem Umfang von über 200 Metern. Sie bestanden aus einer oder mehreren Grabkammern mit zahlreichen Grabbeigaben und Opfertieren, zumeist Pferden und Schafen. Die von Gmelin im folgenden beschriebenen Grabbeigaben stammten allerdings kaum aus der Skythenzeit. Möglicherweise wurden die

Gräber erneut benutzt und die Beigaben stammen aus späterer Zeit. Die Eisensteigbügel etwa aus krigisischen Gräbern des Mittelalters.
465 Kurgan, ein turko-slavisches Wort, bezeichnet die hauptsächlich skythischen Hügelgräber Osteuropas und Westsibiriens. Kurganščik war die Bezeichnung für den Kurganengräber, Kurgančik die Benennung für einen kleinen Kurgan. Grabräuber wurden »pograbščiki« genannt. Tataren und andere einheimische Ethnien waren aus Ehrfurcht vor den Gräbern der Vorfahren als Grabräuber eher selten. Zumeist handelte es sich dabei um Russen. Doch sind nicht wenige Gräber zweimal beraubt worden. Häufig bald nach der Grablegung zum ersten und später im 18. und 19. Jahrhundert zum zweiten Mal. Die von Gmelin beschriebenen Platten stecken um das Grab herum im Boden und waren auch als Abdeckung über dem Grab selbst zu einem Haufen aufgeschichtet.
466 Gmelin bezieht sich auf Bd. 1, S. 217 der Originalausgabe.
467 Aufgesetzter Metallzierrat.
468 In nördlicher Richtung.
469 Angekettet.
470 Russ.: slanec: der Schiefer. Die Bezeichnung stammt vom Gestein der Grabanlagen. Diese sind eindeutig jünger als die skythenzeitlichen Kurgane.
471 Ein von Gmelin zuvor erwähnter Kurgangräber.
472 Russ.: zemlja: Erde. Hier handelt es sich offenbar um Großkurgane mit hohen Erdaufschüttungen aus der skythenzeitlichen Tagar-Kultur. Typisch sind die Balkenkonstruktionen der Grabkammern, die mit Birkenrinde darüber verlegt sind. Die Konstruktionen jedoch haben dem Hügel keinesfalls seine Form gegeben. Bei den von Gmelin erwähnten Leuchtern handelt es sich wohl um Standarten, die in solchen Gräbern vorkommen.
473 An der Wende vom 17. zum 18. Jahrhundert fanden die Grabstätten vor allem die Aufmerksamkeit von organisierten Grabräuberbanden, die bald auf Befehl Peters I. strikt verfolgt wurden. Systematische Grabungen gab es in jener Zeit noch nicht, doch wurde die bei den Räubern gefundene Beute, das »sibirische Gold«, in die Schatzkammer des Zaren, dann in die Sammlung des Eremitage-Museums gebracht.
474 S. dieses Tageregisters ersten Theil S. 368 u. f. (Anm. Gmelins).
475 Gemeint ist das Metall, aus dem eine Glocke gegossen wird, eine Kupfer-Zinn-Mischung etwa im Verhältnis von 80% zu 20%.
476 Zur Kleidung der Schamanen vgl. oben, Anm. 45.
477 Russ.: tvoril'nie, vom Substantiv: tvorilo: Kalkbett, Kalkgrube. Auch diese Gräber stammen aus der Tagar-Kultur, worauf die Streithammer, besser wohl Streitpickel, verweisen. Dies waren einfacher ausgestattete Männergräber, die für Grabräuber kaum etwas enthielten.
478 Quadratisch bzw. rechteckig.
479 Russ.: kirgiskie mogily: kirgisische Gräber. Es handelt sich dabei tatsächlich um kirgisische Gräber aus mittelalterlichen und frühneuzeitlichen Bestattungen.

480 Eine solche von Gmelin angestellte Überlegung hinsichtlich einer Gesetzmäßigkeit bei der räumlichen Verteilung der Grabstätten läßt sich aufgrund der heutigen Forschungslage kaum noch bestätigen.
481 Russ.: peč': der Ofen; pečišča: sehr großer Ofen. Gmelin verließ Abakan und wanderte nach Norden den Enisej hinauf in Richtung Krasnojarsk. Die beiden Orte »Bečišča« und »Batenev-byk« sind auch bei MESSERSCHMIDT, Forschungsreise durch Sibirien (siehe Literaturverzeichnis), Bd. 1, S. 180, 269f., 322f. und 325 erwähnt. Die Lage konnte jedoch nicht ermittelt werden.
482 Der Berg Irdschi wurde von Gmelin kurz zuvor erwähnt. Im Original Bd. 3, S. 328. Seine Lage konnte nicht ermittelt werden.
483 MESSERSCHMIDT, Forschungsreise durch Sibirien (vgl. Literaturverzeichnis), Bd. 1, S. 323.
484 Russ.: vorovskoj protok. Der Diebesbach oder der Diebesarm. Protok kann im Russischen sowohl der Durchfluß oder der Bach heißen, bezeichnet im sibirischen Dialekt den Verbindungsarm eines Flusses mit einem See. Woher der Name rührt, ließ sich nicht klären.
485 Vgl. oben, S. 392, Anm. 212.
486 Das Gewand des Schamanen/der Schamanin wurde im Regelfall vererbt, so daß das Alter der Kleidung nicht unbedingt darauf verweist, daß beide neu in ihren Ämtern waren.
487 Das Amt des Schamanen wurde in der Regel innerhalb einer Familie oder Sippe vererbt. Es war eher die Ausnahme, daß unter den Vorfahren sich kein Schamane oder keine Schamanin befand.
488 Zur Kleidung der Schamanen vgl. oben, S. 382, Anm. 45.
489 Russ.: unty: hohe Stiefel aus Rentier- oder Pferdeleder bzw. Rentierfell.
490 Zum schamanistischen Ritual vgl. oben, S. 382, Anm. 45.
491 Artemisia, deutsch auch Beifuß; turksprachig: irbän.
492 Russ.: ganza: mongolische oder chinesische Tabakspfeife.
493 Marcus Porcius Cato der Ältere (234–149 v. Chr.) bekämpfte den Sittenverfall in der römischen Oberschicht.
494 Gmelin hielt sich nunmehr zum drittenmal in der Stadt auf.
495 Vgl. dazu oben, S. 379, Anm. 5.
496 Gmelin bezieht sich auf Bd. 3, S. 291 des Originals.
497 Die Naturreligion des Schamanismus galt für Gmelin nicht als Religion.
498 Die Pillen wurden aus unterschiedlichsten Ingredientien hergestellt und konnten in Rausch und Verzückung versetzen. Sie wurden im Krankheitsfall gegeben und auch im Todeskampf lindernd eingesetzt.
499 Götzenbilder auf eine Erde wie terra sigillata gedruckt (Anm. Gmelins). Als »terra sigillata« wird antike rotgefirnißte Keramik bezeichnet.
500 Vgl. oben, S. 297. Zu den Katscha vgl. Anm. 510, S. 410 und Anm. 146, S. 388.
501 Vgl. oben, S. 389, Anm. 161.

502 Die Kopfbedeckung der Schamanen der Katschin ist mit Kaurischnecken verziert. HOPPÁL, Schamanen, S. 141.
503 Russ: kušak: Gürtel.
504 Generell unterschieden sich die Trommeln der Schamanen bei den sibirischen Ethnien durchaus. Die der Katschin war besonders breit. Vgl. HOPPÁL, Schamanen, S. 56f. und 141 sowie FINDEISEN/GEHRTS, Schamanen, S. 126ff.
505 Vgl. oben, S. 291ff.
506 Gemeint ist der Dezember.
507 Das Lebendigbegraben war eine gängige Todesstrafe für Gatten-, Kindes- und Giftmörderinnen.
508 Es konnte nicht ermittelt werden, auf welchen konkreten Fall sich Gmelin hier bezog.
509 Müller war Anfang Februar 1740 nach Tomsk abgereist.
510 Zu den »Bratski« und den übrigen Ethnien vgl. oben, S. 388 und 389, Anm. 146, 156 und 159. Die Katšincy gehören zu den turksprachigen Abakan-Tataren des Altai-Gebietes. Gmelin gibt im folgenden Liedtexte in burjatischer Sprache wieder. Die Übersetzung ins Deutsche gibt Sinn und Inhalt adäquat wieder. Es dürfte sich dabei um eine der frühesten überlieferten Wiedergaben burjatischer Texte in deutscher Sprache handeln.
511 Ist vermuthlich eine Bratskische poetische Freiheit, die so viel bedeutet als hundert und fünfzig (Anm. Gmelins).
512 Eine Art zu reden bei den Katschinzischen Tataren, die nach unserer Sprache gegeben werden kann: hat sich gesetzt (Anm. Gmelins).
513 Ist der Name des Mannes, welcher der Wittwe, Verfasserinn dieses Liedes, todtgeschlagen worden ist. Sie scheint sich vorzustellen, sein Geist sei in die Ente gefahren (Anm. Gmelins).
514 Der Bach heißt Čereš und fließt in den Čulym.
515 Dieser Fluß konnte nicht ermittelt werden. Gmelin befand sich am Čulym.
516 Hirschhorngeist *(Spiritus cornu servi)*, Ammoniumcarbonat, wird aus dem Hirschgeweih gewonnen und wurde als schweißtreibendes und krampflösendes Mittel sowie als Stimulanz bei Kollaps genutzt. Wolfgang SCHNEIDER, Lexikon zur Arzneimittelgeschichte, Bd. 6, Frankfurt/M. 1975, S. 36–39.
517 Schädelbohrer.
518 Abführmittel.
519 Gmelin bezieht sich auf das Original, Bd. 3, S. 501f. Alexander W. Martini, ein Kopist der Akademie der Wissenschaften, war den Wissenschaftlern nachgeschickt worden.
520 Gmelin befand sich im Kuznecker Becken, an den Hängen des West-Sajan-Gebirges, in dem allerdings vor allem Kohle vorkommt. Auch wurden die ersten sibirischen Erzproben nicht in dieser Gegend genommen, sondern an der Nejva im Ural um das Jahr 1700.
521 Bezeichnung für Ton oder Lehm.
522 Dieser Bach konnte nicht ermittelt werden.
523 Kia, von Gmelin auch Kija geschrieben, auf tatarisch Kea. Die heuti-

ge Schreibweise ist Kija. Gmelin erläutert auf den folgenden Seiten die Geschichte des Erzbergbaus in dieser Region und berichtet später noch über weitere Stätten dieser Gegend, an denen nach Silber und anderen Metallen geschürft wurde. Das Aufsuchen solcher Lagerstätten gehörte mit zu den Aufgaben der Akademischen Gruppe der Expedition.

524 Vgl. oben, S. 380, Anm. 28.
525 Die Stadt Narym liegt an der Mündung des Ket' in den Ob'.
526 Zu den Arbeiten von Stepan Kraševinnikov und Georg Wilhelm Steller über Kamčatka vgl. oben, S. 48.
527 Ivan VI., geb. 2.8.1740/13.8.1740 war der Sohn Anna Leopol'dovnas (geb. Prinzessin Elisabeth von Mecklenburg-Schwerin), einer Nichte der Kaiserin Anna, und wurde von dieser zum Nachfolger bestimmt. Nach dem Tode Annas im Oktober 1740 wurde der Säugling inthronisiert, jedoch bereits im November 1741 durch Elisabeth I., eine Tochter Peters I., gestürzt. Das Kind wurde in verschiedenen Festungen festgehalten und schließlich im Jahre 1756 in die Festung Schlüsselburg bei St. Petersburg verbracht, wo er in geistiger Umnachtung auf Anordnung Katharinas II. ermordet wurde.
528 Der Herzog von Kurland, Ernst Johann von Biron (Bühren), war ein Günstling der Kaiserin Anna und ein Symbol der Günstlingswirtschaft, die seinen Namen trägt: Bironovščina. Als Regent für den minderjährigen Ivan VI. eingesetzt, wurde er schon im November 1740 durch den Generalfeldmarschall Burkhard Graf von Münnich gestürzt und verbannt.
529 Vgl. oben, S. 273f.
530 Müller war im Februar 1740 nach Tomsk gereist, um die dortigen Archive zu studieren und war im Anschluß daran den Ob' aufwärts gefahren bis Narym und Surgut, wo er Fischer getroffen hatte. Danach setzte Müller seine Fahrt bis Berezov am Oberlauf des Ob' fort.
531 Jacob Johann Lindenau, die Herkunft ließ sich nicht ermitteln, nahm als Übersetzer ab 1740 an der Expedition teil, unternahm aber auch eigene kartographische und ethnographische Studien. Er kehrte 1746 nach St. Petersburg zurück und starb dort im Alter von über 90 Jahren völlig verarmt.
532 Vgl. oben, S. 217f.
533 Die Beschreibung der Stadt Tomsk siehe in dieses Reiseregisters 1ten Theil. S. 308 – 310 (Anm. Gmelins).
534 Hodigitria oder Hodegetria, russ. Odigitrija, bezeichnet die Wegweiserin oder Wegführerin. Bei diesem Ikonentyp sitzt das Kind auf dem rechten Arm der Gottesmutter.
535 S. dieses Tagesregisters ersten Theil. S. 316, 317 (Anm. Gmelins). Es handelt sich hier wohl um einen lokalen Feiertag, denn ansonsten ist der 21. Januar der kirchliche Feiertag der Gottesmutter Hodigitrija.
536 Russ.: syn bojarskij: niederer Adelsrang in Rußland.
537 Russ.: zakaz: eine Anzahl Kirchen unter einem Obergeistlichen, eigentlich die Bestellung, auch das Verbot.

538 Russ.: kamen': Stein, Fels, Berg; im Sibirischen auch: der Gebirgskamm, das Gebirge.
539 Der Kargat ist ein kleiner Fluß in Westsibirien und mündet in den Čany-See.
540 Die »Barabinischen Tataren« in der Baraba-Steppe entstanden im Verlauf einer Türkisierung der dortigen indigenen Bevölkerung während des 14. und 15. Jahrhunderts.
541 Feine Salzkristalle.
542 Ein kurz zuvor erwähnter Fluß, der Čulym, in dieser Gegend.
543 Kam ist das aus dem Türkischen stammende Wort für den Schamanen oder Zauberer.
544 Geister, die Gmelin als Helfer der Schamanen bereits mehrfach erwähnt hat, spielen in den schamanistischen Ritualen eine besondere Rolle. Sie nehmen unterschiedliche Funktionen war; etwa die des Schutzgeistes für den Schamanen. Zwischen dem Schamanen und seinen »Geistern« besteht ein Schutz- und Vertrauensverhältnis. Der Schamane/die Schamanin kann mit diesen Geistern sprechen, sie bitten oder anflehen, aber er/sie kann nur eine eingeschränkte Anzahl »kontrollieren«. Daneben existieren auch die großen Götter, die Halbgötter oder bestimmte Gottheiten, die nur den Schamanen zugeordnet sind. Die meisten Haus- und Hilfsgeister der Schamanen treten in Tiergestalt auf. Vgl. dazu Mircea ELIADE, Schamanismus und archaische Ekstasetechnik, 9. Aufl., Frankfurt/M. 1997, S. 89–106 und SCHMIDT, Ursprung der Gottesidee (siehe Literaturverzeichnis), Bd. IX, S. 464ff. Diese beiden hier genannten Geister ließen sich nicht identifizieren.
545 Turksprachig: jal: die Mähne; türkisch: yele. Der erste Teil des Kompositums ist nicht zu ermitteln; ein entsprechender Ort nicht zu identifizieren.
546 Am Ubinskoe ozero (Ubinsker See), von Gmelin als »Übü« bezeichnet, in der Barabinischen Steppe. Paß hier im Sinne von Stelle gebraucht. Davon westlich fließt der Fluß Kargat.
547 Russ.: nadolba: in die Erde eingerammter Prellpfosten.
548 Vgl. oben, Anm. 544. Auch diese drei Geister konnten nicht identifiziert werden.
549 Nicht zu ermitteln. Türkisch: aul: Dorf, Ansammlung von Jurten; šukur könnte als turksprachig: Niederung, Vertiefung gedeutet werden. Auch die Lage der nachfolgend genannten Seen ließ sich nicht ermitteln.
550 Russ.: kolok: Hain; osinovoj kolok: Espenhain.
551 Auch in der Baraba-Steppe finden sich zahlreiche alte Gräberfelder, deren älteste Gräber zumeist aus skythischer Zeit stammen. Sie waren und sind mit einiger Aufmerksamkeit für den Betrachter durchaus sichtbar.
552 Die erste Silbe des Wortes »ja« ließe sich als das gemeintürkische Wort für Bogen deuten. Die vollständige Bedeutung des Wortes bleibt jedoch unklar.
553 Im 18. Jahrhundert existierten drei große Horden der Kazachen: die

Große oder Ältere Horde, etwa zwischen Irtyš und Tien-Shan-Gebirge, die Mittlere Horde westlich davon bis zum Aral-See und die Kleinere oder Jüngere Horde von dort bis zum Jaik. Auch die Kazachen lebten als Nomaden. Gegen die von den Russen als Bedrohung empfundenen Nomaden wurde während der Zeit der Großen Nordischen Expedition zwischen der Wolga und der neuen Festung Orenburg am Jaik eine Reihe von Forts errichtet, die sich zugleich bis zum Osthang des Urals zogen.

554 Gmelin bezieht sich auf Band 4, S. 67f. des Originals. Tara, am Irtyš gelegen und 1594 gegründet, war insbesondere wichtig für den Handel zwischen Zentralasien und Sibirien und hatte eine starke bucharische (= usbekische) Bevölkerung.
555 Im weiteren Sinne wurden die türkischsprachigen Bevölkerungsgruppen in Rußland und Westsibirien insgesamt als Tataren bezeichnet. Mit Tobolskische Tataren sind somit sibirische Tataren um Tobol'sk gemeint. Dieses Gebiet gehörte vor den russischen Eroberungen zum Chanat Sibir'.
556 Das erwähnte medizinische Werk läßt sich nicht eindeutig identifizieren. Vermutlich handelt es sich um das zweiteilige Drogenbuch des Ahmad ibn Yusuf at-Tifaši aus der Mitte des 13. Jahrhunderts. Erwähnung im Koran findet Joseph, der Vater von Jesus. Die Namensgleichheit mag Gmelin zu seinem Trugschluß verleitet haben.
557 Als »kleine Bucharei« wurde das Gebiet des heutigen Ostturkestan verstanden. Die »Bucharei« bezeichnete die Länder zwischen dem Kaspischen Meer und Osttibet. Teilweise wurden die Begriffe »Tatarei« (Tartarey) und »Bucharei« auch synonym verwandt. Worum es sich bei dem »jerkenischen Chan« handelte, konnte nicht ermittelt werden. Möglicherweise ist Jarkend am Rande der Takla Makan-Wüste gemeint.
558 Nicht zu ermitteln.
559 Mulla(h), auch Molla(h) im Persischen und Türkischen vorkommende Verballhornung von arabisch: maula: gängige Bezeichnung für einen Religionsgelehrten.
560 Nicht zu ermitteln.
561 Arabisch: fa'l; persisch: fāl: gutes Vorzeichen, Omen, Weissagung und Orakel.
562 In der persisch-türkischen Welt des Islam ist »ākhund« die Bezeichnung für einen Religionsgelehrten, einen Studenten der religiösen Wissenschaften und insbesondere für einen Lehrer an einer Koranschule.
563 Arabisch: shaikh al-islām: Ehrentitel für einen religiösen Würdenträger oder verehrungswürdige religiöse Autoritäten.
564 Buqrāt, bei Gmelin Bukerat, ist arabisch für Hippokrates; Muhammad ben Zakariyyā ar-Rāzi (um 925 gestorben), ein persischer Arzt, der im lateinischen Schrifttum des Mittelalters Rhazes genannt wird. Mit »Dschalinūß«, arabisch: Galinus ist Galenus oder Galen (129–199) gemeint, ein griechisch-römischer Arzt, der neben Hippokrates als bedeutendster Arzt der Antike gilt.

565 Ein bei der Übersetzung gegenwärtiger Russe sagte: Dieses Mittel wider übeles Gehör gehe zwar im Sommer, aber nicht im Winter an (Anm. Gmelins).
566 Arabisch: nazm: gebundene Rede, d. h. einem Metrum folgend. Ein auch im Persischen benutzter Begriff.
567 Der Dienstag und Sonnabend sind in einem andern Tatarischen geschriebenen Buche hierin sehr verschrien. Wer sich an diesen Tagen zuschneiden läßt, der wird desselben durch Diebe verlustig werden, oder darin ersaufen, oder viel anderes Unglück haben, so lange er das Kleid tragen wird. So sagt der Tatarische Verfasser, bei dem wie bei seiner ganzen Mahomedanischen Nation die Propheten viel gelten (Anm. Gmelins).
568 Wie oben, Anm. 566.
569 Nicht zu ermitteln.
570 Türkisch: karniyarik: Ruhrflohkraut, wird gegen Durchfall und als Insektenpulver angewandt.
571 Bol'šoj Aev (Großer Aev), ein Seitenarm der Asa, die in den Irtyš mündet.
572 Militärischer Rang im Heer (in der Rangtabelle, die seit 1721 galt, der 9. Rang).
573 Russ.: vypisnyj kazak: ausländischer Kosak. Aus der indigenen Bevölkerung verpflichtete Hilfstruppen.
574 Nicht zu ermitteln.
575 Russ.: turka: Flinte.
576 Russ.: vintovka: Büchse (Flinte mit gezogenem Lauf).
577 Der Išim ist ein Fluß in Westsibirien und mündet in den Irtyš.
578 Juni.
579 Vgl. im Original Bd. 4, S. 141.
580 Mit dem Vordringen der Russen in die Baraba- und Kulunda-Steppe im frühen 18. Jahrhundert veränderten sich die Beziehungen zwischen den dort lebenden Tataren und den Kazachen, die von jenen Pelze und auch Tributleistungen erhalten hatten. Zugleich gerieten die Kazachen unter Druck der mongolischen Oiraten, die ihnen Weidegründe in diesen Steppengebieten streitig machten. Diese Probleme kulminierten am Ende der 1720er Jahre und führten zum Bau russischer Befestigungslinien.
581 Gmelin kommentiert hier das unterschiedliche Rechtsverständnis zwischen den nomadisierenden Steppenvölkern und dem Russischen Staat. Vgl. dazu Andreas KAPPELER, Rußland als Vielvölkerreich. Entstehung – Geschichte – Zerfall, München 1992, S. 28.
582 Ein Tatar, der vor diesem an die Russische Krone Tribut bezahlt, und aus dem Russischen Gebiete entlaufen ist (Anm. Gmelins). Russ.: jasačnyj: tributpflichtig
583 Vgl. oben, S. 385, Anm. 100.
584 Der schwedisch-russische Krieg dauerte vom Juli/August 1741 bis zum Frieden von Åbo (Turku) im August 1743.
585 Vgl. Originalausgabe, Bd. 1, S. 125f. und 132–134.
586 Russ.: bašnja: Turm.

587 »Jamskaja sloboda« bedeutet im Russischen die Vorstadt der Fuhrleute. Der Name deutet darauf hin, daß sich dort zunächst Fuhrleute angesiedelt hatten.
588 Moschee.
589 Čingi-Tura oder Tümen', dann Tjumen', war der Hauptort des tatarischen Taibuga-Clans, der 1581/82 von Ermak erobert wurde.
590 Gmelin befand sich zu dieser Zeit in Tobol'sk.
591 Gmelin verwechselt hier die Daten. Der 18. Dezember war der Geburtstag der Kaiserin Elisabeth, die am 25.11.1741 nach einer Palastrevolution den Thron bestieg.
592 Tobol'sk war seit 1621 der Sitz des sibirischen Erzbischofs.
593 Bezeichnung dafür, wenn ein Soldat nach dem anderen und von einem Flügel eines Regimentes zum anderen die Lunte seines Gewehrs anbrennt und es dann abfeuert.
594 Gemeint ist das Adventsfasten in der orthodoxen Kirche vom 14. November bis zum 24. Dezember.
595 Dezember; im süddeutsch-schweizerischen Gebrauch auch für November.
596 Buchara war um 1500 von den Usbeken erobert worden. Gemeint ist wohl ein Usbeke.
597 Wahrscheinlich bezieht sich Gmelin auf die Gesandtschaft der Kazachen der Kleinen Horde unter ihrem Chan Abulchair (Ebülchayir) nach St. Petersburg 1730/31. Eine zweite Gesandtschaft der Kazachen unter Abulchairs Sohn Erali erfolgte in den Jahren 1733/34. Vgl. auch unten, S. 416, Anm. 613.
598 S. dieses Tagesregisters 1sten Theil S. 137 (Anm. Gmelins). In diesem Band nicht abgedruckt. Tschaldar oder Tschaldor ist offensichtlich das persische Čador. Das Wort ist türkischen Ursprungs und bezeichnet allgemein das Umhangtuch bzw. das Zelt. Erst später erhält es seine Bedeutung für das von Frauen getragene Tuch.
599 Gmelin schildert im folgenden die islamischen Bestattungsriten. Eine entsprechende Stelle ließ sich im Werk von STRAHLENBERG, Nord- und Ostliche Theil von Europa und Asia, nicht auffinden.
600 Beifolgend. Jedoch ist im Original keine Abbildung oder Figur beigefügt.
601 In Tobol'sk lebende Usbeken.
602 Nach islamischer Vorschrift wird dem Toten die erste Sure derart mit ins Grab gegeben, daß er sie anblicken und lesen kann, denn unmittelbar nach dem Tode wird die Seele geprüft.
603 Darüber konnte nichts ermittelt werden.
604 Nicht zu ermitteln.
605 Laben, erquicken.
606 In Turinsk, wo sich Gmelin und Müller im März 1742 befanden. Die Stadt liegt an der Tura, einem linken Nebenfluß des Tobol.
607 Wendepunkt im Krankheitsgeschehen; bei Fieber steiler »kritischer« Abfall der Temperatur.
608 Gmelin arbeitete an dieser Zeit bereits an der »Flora Sibirica sive Historia Plantarum Sibiriae«, deren erster Band 1747 erschien.

609 Vgl. dazu oben, S. 385, Anm. 93.
610 Gmelin befand sich am See Čebar, in der Festung Čebarkul'skaja krepost', heute Čebarkul' am Rande des Ural, in der Nähe von Čeljabinsk gelegen.
611 Es handelt sich wohl um die russische Gesandtschaft von 1731/32 an den kazachischen Chan Abulchair. Vgl. oben, S. 415, Anm. 597). Die russische Gesandtschaft stand unter der Führung eines russifizierten tatarischen Fürsten aus Ufa, Aleksej Ivanovič Tevkelev. Ein greifbares Resultat konnte nicht erzielt werden.
612 Die Orenburgische Expedition begann im Jahre 1734 und richtete sich vor allem gegen die Baškiren. Bis 1740 wurden zahlreiche Forts zwischen dem neu errichteten Orenburg am Jaik und Samara an der Wolga errichtet. Die nomadisierenden Baškiren waren damit von den Weiden der Steppe abgeschnitten und wurden, als sie sich zur Wehr setzten, blutig unterworfen.
613 Gmelin befand sich zu dieser Zeit, im Juli 1742, in der Festung Verchnejaickaja krepost' am Jaik, nach 1775 heißt der Fluß Ural. Er mündet ins Kaspische Meer. Die Festung entstand 1734 auf dem linken Ufer des Flusses und hieß ab 1775 Verchneural'sk.
614 Karpfenfisch.
615 Auch Roteln oder Rotelbe, eine Art der Elblinge.
616 Knochenfisch.
617 Diese zwo letzten Arten habe ich nicht gesehen, und bin also nicht im Stande ihr Geschlecht und Art zu bestimmen. (Anm. Gmelins). Russ.: podus oder podust: Schwarzbauch oder Nase: Cyprinus nasus; russ: šerech: Göse oder Dickkopf, Cyprinus jeses L.
618 Hafer.
619 Region am Fluß Iset, eines linken Seitenarms des Jaik bzw. Ural.
620 Im Bezirk Tjumen' gelegen.
621 Gemeint ist Magnitogorsk, das heute eines der wichtigsten Zentren der Eisenhüttenindustrie in Rußland ist. Die Ausbeutung der dortigen Lagerstätten begann in den 1740er Jahren.
622 Russ.: sotnik: Hauptmann, Hundertschaftsführer.
623 Hohl, löcherig.
624 Mineral, ein Hämatit.
625 Lockere Erde.
626 Ulu-utasse-Tan heißt im Baschkirischen »Großer Magnetberg«, wie Gmelin auf Seite 344 des Originals berichtet hatte.
627 Grütze, Brei.
628 Nicht zu ermitteln.
629 Als »irreguläres Kriegsvolk« wurden vor allem die Kosaken bezeichnet, aber auch die zu militärischen Diensten verpflichteten sibirischen Völker.
630 Vgl. Originalausgabe, Bd. 4, S. 325.
631 Nicht zu ermitteln.
632 Gmelin befand sich zu diesem Zeitpunkt, am 21. August 1742, in Neivjanskij zavod, einer Stadt, in der es von 1702 bis 1769 eine Besitzung der Familie Demidov gab.

633 Altgläubige, starovery, starovercy oder staroobrjadcy, gab es seit der Kirchenspaltung in Rußland in der zweiten Hälfte des 17. Jahrhunderts (Konzile von 1654/55 und 1666/67). Sie wurden auch mit dem Begriff »raskol« (Abspaltung) und »raskol'niki« (Spalter) bezeichnet. Das Altgläubigentum, bis zur Regierungszeit Katharinas II. (1762–1796) zumeist von der Obrigkeit verfolgt, zerfiel in zwei größere Hauptrichtungen und mehrere Sekten. Den Altgläubigen haftete der Ruf des Ketzertums und teilweise des sündigen Lebens an. Die Altgläubigen lehnten die kirchlichen Reformen mit der Anlehnung an die griechische Orthodoxie ab und beharrten auf den alten Riten und den überlieferten Traditionen.
634 Akinfij Nikitič Demidov, der den Titel eines Staatsrates, statskij sovetnik, trug.
635 Gemeint ist die Orthodoxe Kirche.
636 Zwar waren die Altgläubigen durchaus im Alkohol-Handel und Verkauf aktiv, aber eine solche Verordnung Peters I. läßt sich nicht nachweisen.
637 Gmelin hielt sich in Nižnij-Tagil im Ural auf und besuchte Bergwerke und Fabriken der Demidovs.
638 Nach Verordnungen in den Jahren 1741 und 1742 blieben in Nižnij-Tagil nur insgesamt sechs Öfen bestehen.
639 Ein Krummofen ist eine ältere Bezeichnung für einen kleinen Schmelzofen. Als Garherd wird ein Ofen zum Ausschmelzen des reinen Kupfers bezeichnet.
640 Russ.: kolotuška: Treibhammer, großer hölzerner Hammer.
641 Struge oder Struse ist die Bezeichnung für ein flachgebautes Flußschiff zur Lastenbeförderung.
642 Russ.: kolomenka: große Flußbarke.
643 Hier im Sinne von »hart« oder »schwer« gebraucht.
644 Müller war, wie oben, S. 354, beschrieben, in Turinsk schwer erkrankt und nach seiner Genesung die Tura abwärts bis Verchotur'e gefahren.
645 In Verchotur'e heiratete Müller die Witwe eines deutschen Arztes.
646 Der Name der Stadt bedeutet: oberhalb der Tura. Verchotur'e wurde 1598 zur Kontrolle der Verbindung von Solikamsk über den Ural gegründet.
647 Die Stadt war ein wichtiger Ort auf dem Handelsweg zwischen dem europäischen Rußland und Sibirien, die von 1601 bis in die Mitte des 18. Jahrhunderts das Zollmonopol inne hatte. Andere Handelswege nach Sibirien zu wählen, war den Kaufleuten verboten.
648 Unterschlagung.
649 Russ.: plesovoj: am Ufer entlang, im Flusse; russ.: borovnoj oder borovoj: mit Nadelwald bestandene Stelle.
650 Pinus foliis quinis, cono erecto, nucleo eduli. Hall. Helv. 150. no. 4 (Anm. Gmelins). Gmelin spielt darauf an, daß es sich bei der sibirischen Zeder (russ. sibirskij kedr) um eine Kiefernart handelt (heute: *Pinus sibirica*). Er bezieht sich offensichtlich auf Albrecht VON HALLER, Iter helveticum anni 1739, Göttingen 1740, denn Hal-

lers größeres Werk über die Pflanzen der Schweiz: Historia stirpium indigenarum Helveticae inchoata erschien dreibändig erst Bern 1768.
651 Dezember.
652 Der Weg von Verchotur'e nach Solikamsk führt über eine Höhe von rund 1500 Metern.
653 Durch die gesetzmäßige Abnahme des Luftdrucks mit der Höhe läßt sich mit Hilfe der barometrischen Höhenmessung der Höhenunterschied zwischen zwei Orten, in diesem Fall Kyria und Verchotur'e, bestimmen.
654 Gmelin und Müller befanden sich im Dezember 1742 in Solikamsk am Fuße des Urals. Das Adventsfasten beginnt in der orthodoxen Kirche am 14. November und dauert bis zum 24. Dezember.
655 Die hier von Gmelin gemeinte Person konnte nicht ermittelt werden.
656 Es handelte sich um Grigorij A. Demidov, den Sohn von Akinfij Demidov, der in Solikamsk 1731 einen botanischen Garten begründete. Unternehmerische Schwerpunkte der Demidovs in dieser Gegend waren Salzgewinnung, Kupferbergbau und -verarbeitung.
657 Vgl. oben, S. 156f. Auch im Original ist die erwähnte Person nicht namentlich genannt.
658 Gemeint sind die an Kama, Pečora und Vyčegda gelegenen Gebiete mit vor allem finno-ugrischer Urbevölkerung der Komi, Samoeden (Nencen) sowie der Chanten (Ostjaken) und Mansi (Vogulen). Perm' an der Kama wurde 1723 als Jagošicha gegründet und erhielt 1781 zugleich mit der Umbenennung die Stadtrechte und wurde 1796 Gouvernementshauptstadt.
659 Welche Kupfer-Zinn-Verbindung Gmelin hier meint, bleibt unklar. Das Berg- und Manufakturkollegium wurde im Dezember 1719 unter Peter I. gegründet, verlor dann ab 1731 seine Eigenständigkeit und wurde im September 1736 als Generalbergdirektorium wiedergegründet. Unter Elisabeth erhielt es im April 1742 erneut den Namen Bergkollegium.
660 Halbrundes Gefäß zum Spülen von Tassen.
661 Früher die Bezeichnung für die Minerale Heminorphit und Smithsonit, dann für karbonatische und silikatische Zinkerze.
662 Russ.: orel: Adler.
663 Bei der Salzsiederei, deren Ursprünge bis auf die Antike zurückgehen, wurde Salzwasser (Sole, in diesem Fall Quellwasser) in bis zu mehreren Quadratmetern großen Eisenpfannen verdampft. Die Dauer einer Sudwoche (hier Salzwoche genannt) richtete sich nach den Abständen, in denen die Pfanne von Rückständen gereinigt werden mußte und die Kote (die Hütte, in der das Salz gesotten wurde) nicht befeuert wurde. Der von Gmelin beschriebenen Kote wurde vierzehnmal innerhalb von 18 Tagen Salz entnommen. Durch die enormen benötigten Brennholzmengen, den Arbeitsaufwand und die teueren, durch Korrosion höchst reparaturanfälligen Pfannen (russ.: čreny) war dieses Verfahren äußerst kostenträchtig. Seit der zweiten Häfte des 18. Jahrhunderts wurde die Salzsiederei

vor allem durch den Bau von Gradierwerken, in denen der Salzgehalt des Wassers erhöht wurde, modernisiert.
664 Russ.: vodoliv oder vodolej: der Wasserschöpfer
665 Es werden Russische Eimer Wedro verstanden, davon ich anderswo die Erklärung gegeben habe (Anm. Gmelins). Vgl. dazu das Verzeichnis der Maße und Gewichte.
666 Die Festung Schlüsselburg, heute Petrokrepost', liegt rund 60 Kilometer östlich von St. Petersburg.
667 Russ.: knjaz': Fürst.
668 Der Senat wurde 1711 unter Peter I. zunächst als zeitlich befristete, dann dauerhafte Regierungsbehörde gegründet, die späterhin eine Koordinationsfunktion für die Verwaltung übernahm sowie Gesetzlichkeit und Rechtspflege kontrollieren sollte. Die Mitglieder erhielten den Titel eines Senators. In der Namensform verwendet Gmelin hier den russischen Genitiv.
669 Der kaiserlichen Familie, dem Hof gehörend.
670 Seit 1703 entstanden im Zusammenhang mit dem Bau Sankt Petersburgs an den Flüssen Neva und Tosna und in dem Ort Tosno eine große Zahl von Ziegeleien (russ.: kirpičnye zavody), die jedoch aufgrund von Materialmangel nicht in der Lage waren, die Nachfrage an Ziegeln zu decken. Der wichtigste Baustoff in St. Petersburg blieb lange Zeit Holz.
671 Das Aleksandr-Nevskij Kloster, zwischen 1710 und 1716 in Erinnerung an den Großfürsten Aleksandr Nevskij, der 1240 an der Neva, aus diesem Grunde der Beiname, und 1242 auf dem Eis des Peipussees die Deutschen Ordensritter schlug, erbaut. Heute am südöstlichen Ende des Nevskij Prospekts, der Petersburger Hauptstraße, gelegen. Das Kloster unterhielt ebenfalls Ziegeleien.

Quellen- und Literaturverzeichnis

Johann Georg Gmelins Schriften (Auswahl)

Reise durch Sibirien von dem Jahr 1733 bis 1743, 4 Theile, Göttingen1751/52; gekürzte Fassungen in: Doris POSSELT (Hg.), Die Große Nordische Expedition von 1733 bis 1743. Aus den Berichten der Forschungsreisenden Johann Georg Gmelin und Georg Wilhelm Steller, Leipzig/Weimar 1990; München 1990, S. 7–193 und in: Herbert SCURLA (Hg.), Jenseits des Steinernen Tores. Entdeckungsreisen deutscher Forscher durch Sibirien im 18. und 19. Jahrhundert, Berlin 1963, 2. Aufl. Berlin 1965, 3. Aufl. Berlin 1973, 4. Aufl. Berlin 1976, S. 43–109. Zeitgenössisch erschienen gekürzte französische Übersetzungen: »Voyage en Sibérie«, Paris 1767 und Voyage au Kamtschatka par la Sibérie, in: Antoine F. PRÉVOST (Hg.), Histoire générale des voyages, Paris 1748–1770, Bd. 69, 1768, S. 191–536 und Bd. 70/71, 1768, Abbildungen und Kartenbeilagen; dass., La Haye (Den Haag), Bd. 24, 1779, S. 94–499 mit Stichen und Karten, sowie eine holländische Ausgabe: Reize door Sibiriën naar Kamtschatka van't Jaar 1733 tot 1743, Haarlem 1752–1757

O kostjach, kotorye iz-pod zemli vykapyvajutsja, a osoblivo o tak imenuemych kostjach, in:Ističeskie, genealogičeskie i geografičeskie primečanija v Vedomostjach 1730, S. 80–83 und 88–93, gemeinsam mit V. N. TATIŠČEV

Von den Mammots-Knochen, in: Petersburger Anmerkungen zu den Zeitungen, St. Petersburg 1730; russ. : O mamontovych kostjach, in: Istoričeskie, genealogičeskie i geografičeskie primečanija v Vedomostjach 1732, S. 100–101, gemeinsam mit V. N. TATIŠČEV

Flora Sibirica sive historia plantarum Sibiriae, 4 Bde., St. Petersburg 1747–1769

Geschichte des Herrn G. W. Stöller, in: Beiträge zur Geschichte der Gelahrtheit, worinnen die Geschichte der Gelehrten unserer Zeit beschrieben werden, Theil 1, Hamburg 1748, S. 111–124

Leben Herrn Georg Wilhelm Stellers, gewesenen Adjunkti der Kaiserlichen Akademie der Wissenschaften zu St. Petersburg, Frankfurt/M. 1748

Sermo academicus de novorum vegetabilium post creationem divinam exortu. Adduntur Programma ad panegyrin hanc invitans et Rud. Jac. Camerarii de sexu plantarum epistola, Tübingen 1749

Ergänzende Quellen

BITTERLI, Urs (Hg.), Die Entdeckung und Eroberung der Welt. Dokumente und Berichte. Zweiter Band: Asien, Australien, Pazifik, München 1981

BÜSCHING, Anton F., Beiträge zu der Lebensgeschichte denkwürdiger Personen, insonderheit gelehrter Männer, Halle 1785, 3. Teil, S. 1–160

COXE, William, Account of the Russian Discoveries between Asia and America. To which are Added, The Conquest of Siberia, and The History of the Transactions and Commerce between Russia and China, London 1780, 3. Aufl. 1787, Reprint New York 1970; deutsche Fassung: Die neuen Entdeckungen der Russen zwischen Asien und Amerika nebst der Geschichte der Eroberung Sibiriens und des Handels der Russen und Chineser, Frankfurt/M. 1783

DMYTRYSHYN, Basil/E. A. P. CROWNHART-VAUGHAN/Thomas VAUGHAN (Hg.), To Siberia and Russian America. Three Centuries of Russian Eastward Expansion 1558–1867, 3 Bde., Portland 1985–1989

FISCHER, Johann Eberhard, Sibirische Geschichte von der Entdeckung Sibiriens bis auf die Eroberung dieses Landes

durch die russische Waffen, St. Petersburg 1768, Nachdruck Osnabrück 1973
- Vocabularium Sibiricum (1747). Der etymologisch-vergleichende Anteil, bearb. und hg. von János GULYA, Frankfurt/M. 1995

GOLDER, Frank A. (Hg.), Bering's Voyages. An Account of the Efforts of the Russians to Determine the Relations of Asia and America, 2 Bde., New York 1922–1925

HINTZSCHE, Wieland/NICKOL, THOMAS (Hg.), Monumenta Sibiriae. Quellen zur Geschichte Sibiriens und Alaskas aus russischen Archiven. Kartenmappe mit Erläuterungen, Gotha 1996

HOFFMANN, Peter (Hg.), Geographie, Geschichte und Bildungswesen in Rußland und Deutschland im 18. Jahrhundert. Briefwechsel Anton Friedrich Büsching – Gerhard Friedrich Müller 1751 bis 1783, Berlin 1995

Johann Georg Gmelin (1709–1755). Der Erforscher Sibiriens. Ein Gedenkbuch, München 1911

JUŠKEVIČ, A. P./E. Winter/ P. Hoffmann, u. a. (Hg.), Die Berliner und die Petersburger Akademie der Wissenschaften im Briefwechsel Leonhard Eulers, 3 Teile, Berlin 1959–1976

KRAŠENINNIKOV, Stepan P., Opisanie zemli Kamčatki, 2 Bde., St. Petersburg 1755; Nachdruck St. Petersburg/Petropavlovsk-Kamčatskij 1994; deutsche Übersetzung: Krascheninnikow, Stephan, Beschreibung des Landes Kamtschatka, Lemgo 1766

Kurtze Nachricht von dem Leben und Reisen Herrn Doctoris Johann Georg Gmelin, Göttingen 1750

MÜLLER, Gerhard Friedrich, Sammlungen russischer Geschichte, 9 Bde., St. Petersburg 1732–1764; andere Auflage: 5 Bde., Offenbach 1777–1779; russische gekürzte Neuausgabe Sočinenija po istorii Rossii, izbrannoe, Moskau 1996

MÜLLER, Johann Bernhard, Leben und Gewohnheiten der Ostiacken, eines volcks das bis unter dem Polo Arctico wohnet, wie selbiges aus dem Heydenthum in diesen Zeiten zur christlichen griechischen Religion gebracht, mit etlichen curieusen Anmerckungen vom Königreich Siberien, Berlin 1720; frz. Ausgabe Amsterdam und Paris 1725

PLIENINGER, Wilhelm H. Theodor (Hg.), Joannis Georgii Gmelini Reliquias quae supersunt commercii epistolici cum Carolo Linnaeo, Alberto Hallero, Guilielmo Stellero et al., Stuttgart 1861

POSSELT, Doris (Hg.), Die Große Nordische Expedition von 1733 bis 1742. Aus Berichten der Forschungsreisenden Johann Georg Gmelin und Georg Wilhelm Steller. Mit einem Nachwort von Folkwart WENDLAND, Leipzig/Weimar 1990 und München 1990

SCHMITT, Eberhart (Hg.), Dokumente zur Geschichte der europäischen Expansion. Bd. 2: Die großen Entdeckungen, hg. von Matthias MEYN u. a., München 1984

SCURLA, Herbert (Hg.), Jenseits des Steinernen Tores. Reisen deutscher Forscher des 18. und 19. Jahrhunderts durch Sibirien, Berlin 1963, 2. Aufl. Berlin 1965, 3. Aufl. Berlin 1973, 4. Aufl. Berlin 1976

STELLER, Georg Wilhelm, Ausführliche Beschreibung von den sonderbaren Meerthieren, mit Erläuterungen und nöthigen Kupfern versehen, Halle/S. 1753; unveränderter Nachdruck, hg. von Hanno BECK, Stuttgart 1974

– Beschreibung von dem Lande Kamtschatka, dessen Einwohnern, deren Sitten, Nahmen, Lebensart und verschiedenen Gewohnheiten, hg. von J.B.S. [J.B. Scherer], Frankfurt/M. 1774; unveränderter Nachdruck, hg. von Hanno BECK, Stuttgart 1974; Neuausgabe hg. von Erich KASTEN und Michael DÜRR, Bonn 1996

– Fortsetzung von Stellers Reise nach Amerika, in: Neue Nordische Beyträge 6, S. 1–26, hg. von Peter Simon PALLAS, St. Petersburg/Leipzig 1793

– G. W. Stellers vormaligen Adjuncts bey der Kaiserl. Akademie der Wissenschaften Tagebuch seiner Seereise aus dem Petripauls Hafen in Kamtschatka bis an die westlichen Küsten von Amerika, und seiner Begebenheiten auf der Rückreise, in: Neue Nordische Beyträge 5, S. 129–236,

hg. von Peter Simon PALLAS, St. Petersburg/Leipzig 1793
- Reise von Kamtschatka nach Amerika mit dem Commandeur-Capitän Bering. Ein Pendant zu dessen Beschreibung von Kamtschatka, St. Petersburg 1793
- Topographische und physikalische Beschreibung der Bering Insel, welche im östlichen Weltmeer an der Küste von Kamtschatka liegt, in: Neue Nordische Beyträge 2, S. 255–301, hg. von Peter Simon Pallas, St. Petersburg/Leipzig 1781
- Von Sibirien nach Amerika. Die Entdeckung Alaskas mit Kapitän Bering 1741–1742, hg. von Volker MATTHIES, Stuttgart/Wien 1886

STRAHLENBERG, Philipp Johann von, Das Nord- und Ostliche Theil von Europa und Asia, In so weit solches das Gantze Rußische Reich mit Siberien und der großen Tatarey in sich begreiffet, In einer Historisch-Geographischen Beschreibung der alten und neuern Zeiten, und vielen andern unbekannten Nachrichten vorgestellet, Nebst einer noch niemahls ans Licht gegebenen Tabula Polyglotta von zwey und dreyßigerley Arten Tatarischer Völcker Sprachen und einem Kalmuckischen Vocabulario, sonderlich aber Einer grossen richtigen Land-Charta von den benannten Ländern und andern verschiedenen Kupferstichen, so die Asiatisch-Scythische Antiquität betreffen; Bey gelegenheit der Schwedischen Kriegs-Gefangenschaft in Rußland, aus eigener sorgfältigern Erkundung, auf denen verstatteten weiten Reisen zusammen gebracht und ausgefertigt von [...], Stockholm 1730, Nachdruck Szeged 1975; engl. Ausgabe London 1730; frz. Ausgabe Amsterdam 1757, lat. Ausgabe Stockholm 1730 und span. Ausgabe Valencia 1780

- Historie der Reisen in Rußland, Siberien und der Großen Tartarey. Mit einer Landcharte und Kupferstichen welche die Geographie und Antiquität erläutern, verrichtet und gesammlet von [...], Leipzig o. J. [1730], 2. Aufl. Leipzig 1755

WAXELL, Sven, Die Brücke nach Amerika. Abenteuerliche

Entdeckungsfahrt des Vitus Bering 1733–1743. Reisebericht seines ersten Offiziers und Stellvertreters Sven Waxell. Ergänzt durch Beschreibungen des mitreisenden Naturforschers G. W. Steller, Olten/Freiburg 1968

WINTER, Eduard/N. A. FIGUROVSKIJ, u.a. (Hg.), D. G. Messerschmidt. Forschungsreise durch Sibirien 1720–1727, 5 Teile, Berlin 1962–1977

Forschungsliteratur

AMBURGER, Erik, Beiträge zur Geschichte der deutsch-russischen kulturellen Beziehungen, Gießen 1961

ANGERMANN, Norbert, Die ersten deutschen Reiseberichte über Sibirien, in: Friedhelm Berthold KAISER/Bernhard STASIEWSKI (Hg.), Reiseberichte von Deutschen über Rußland und von Russen über Deutschland, Köln/Wien 1980, S. 43–57

ARMSTRONG, Terence (Hg.), Yermak's Campaign in Siberia. A Selection of Documents, London 1975

BADDELEY, John F., Russia, Mongolia, China. Being Some Record of the Relations Between Them From the Beginning Of the XVIIth Century To the Death Of the Tsar Alexei Mikhailovich A.D. 1602–1676 [...], 2 Bde., New York 1919

BAER, K. E. von, Peter's des Großen Verdienste um die Erweiterung der geographischen Kenntnisse, St. Petersburg 1872, Neudruck Osnabrück 1969

BAGROW, Leo, The first Russian Map of Siberia and their Influence on the West-European Cartography of N. E. Asia, in: Imago Mundi. A Review of Early Cartography 9, 1952, S. 83–93

BALZER, Marjorie M., Flights of the Sacred. Symbolism and Theory in Siberian Shamanism, in: American Anthropologist 98, 1996, S. 305–318

BARRATT, Glynn, Russia in Pacific Waters, 1715–1825. A Survey of the Origins of Russia's Naval Presence in the North and South Pacific, Vancouver/London 1981

BECK, Hanno, Große Reisende. Entdecker und Erforscher unserer Welt, München 1971
BELKOVEC, L. P., Iogann Georg Gmelin, Moskau 1990
BERG, L. S., Geschichte der russischen geographischen Entdeckungen. Gesammelte Aufsätze, Leipzig 1954
BERKH, Vasilii N., A Chronological History of the Discovery of the Aleutian Islands or the Exploits of Russian Merchants. With a Supplement of Historical Data on the Fur Trade, Kingston 1974; russ. Erstausgabe St. Petersburg 1823
BITTERLI, Urs, Die ›Wilden‹ und die ›Zivilisierten‹. Grundzüge einer Geistes- und Kulturgeschichte der europäisch-überseeischen Begegnung, 2. Aufl. München 1991
BLACK, Joseph Lawrence, G. F. Müller and the Imperial Russian Academy, Kingston/Montreal 1986
– J.-G. Gmelin and G.-F. Müller in Siberia, 1733–43: A comparison of their reports, in: Alan WOOD/R.A. FRENCH (Hg.), The Development of Siberia. People and Resources, New York 1989, S. 35–49
BOBRICK, Benson, Land der Schmerzen. Land der Hoffnung. Die Geschichte Sibiriens, München 1993; engl. Ausgabe: East of the Sun. The Conquest and Settlement of Siberia, London 1992
BRENTJES, B./R. S. VASILIEVSKY, Schamanenkrone und Weltenbaum. Kunst der Nomaden Nordasiens, Leipzig 1989
Carl von Linné und die deutschen Botaniker seiner Zeit. Ausstellung zum 300jährigen Bestehen des Botanischen Gartens im Rahmen des 500jährigen Jubiläums der Eberhard-Karls-Universität, veranstaltet von der Universitätsbibliothek Tübingen, bearb. von Annemarie KLOTZ und Helmut OEHLING, Tübingen 1977
CARVER, J. Scott, A Reconsideration of Eighteenth-Century Russia's Contribution to European Science, Canadian-American Slavic Studies 14, 1980, S. 389–405
CHODZIDLO, Th., Die Familie bei den Jakuten, Freiburg/Fribourg 1951
CROWNHART-VAUGHAN, E. A. P., Eighteenth-Century Russian Scientific Expeditions to the North Pacific Ocean, in: Don

Karl ROWNEY (Hg.), Imperial Power and Development: Papers on Pre-Revolutionary Russian History, Columbus 1990, S. 38–55

CZAPLICKA, M. A., Aboriginal Siberia. A Study in Social Anthropology, Oxford 1914, Reprint Oxford 1969

DAHLMANN, Dittmar, Von Kalmücken, Tataren und Itelmenen: Forschungsreisen in Sibirien im 18. Jahrhundert, in: Eva-Maria AUCH/Stig FÖRSTER (Hg.), »Barbaren« und »Weiße Teufel«. Kulturkonflikte und Imperialismus in Asien vom 18. bis zum 20. Jahrhundert, Paderborn 1997, S. 19–44

– Als schwäbischer Pietist unter Schamanen. Johann Georg Gmelin in Sibirien, in: Damals 27, 1995, Heft 12, S. 74–79

DIMENT, Galya/Yuri SLEZKINE, (Hg.), Between Heaven and Hell. The Myth of Siberia in Russian Culture, New York 1993

DIÓSZEGI, Vilmos/Mihály HOPPÁL, (Hg.), Shamanism in Siberia, Budapest 1978

DIPPER, Christof/Martin VOGT, (Hg.), Entdeckungen und frühe Kolonisation, Darmstadt 1993

DIVIN, Vasilii A., The Great Russian Navigator A. I. Chirikov, Fairbanks 1993

DOLEZAL, Helmut, Johann Georg Gmelin, in: Neue Deutsche Biographie, Bd. 6, Berlin 1964, S. 479

DONNERT, Erich, Russische Forschungsreisen und Expeditionen im 18. Jahrhundert, in: DERS. (Hg.), Gesellschaft und Kultur in der 2. Hälfte des 18. Jahrhunderts. Teil 2: Literatur, Wissenschaft und Bildung, Halle 1983, S. 70–98

– Rußland im Zeitalter der Aufklärung, Leipzig 1983

– (Hg.), Europa in der Frühen Neuzeit. Festschrift für Günter Mühlpfordt, 4 Bde., Weimar u. a. 1997

DUȚU, Alexandre/Edgar HÖSCH/Norbert OELLERS, (Hg.), Brief und Briefwechsel in Mittel- und Osteuropa im 18. und 19. Jahrhundert, Essen 1989

ELERT, Aleksandr Chr., Die Völker Sibiriens in der Sicht Gerhard Friedrich Müllers, in: Berliner Jahrbuch für osteuropäische Geschichte, 1996, Nr. 2: Sibirien: Kolonie – Region, S. 37–54

ELIADE, Mircea, Schamanismus und archaische Ekstasetechnik, Zürich/Stuttgart 1957; Neuauflage Frankfurt/M. 1975

FISHER, Raymond H., Bering's Voyages, Whither and Why, Seattle 1977

– The Voyage of Semen Dezhnev in 1648: Bering's Precursor. With Selected Documents, London 1981

FLAHERTY, Gloria, Shamanism and the Eighteenth Century, Princeton 1992

FORSYTH, James, A History of the Peoples of Siberia. Russia's North Asian Colony 1581–1990, Cambridge 1992; Paperback-Ausgabe Cambridge 1994, Reprint 1996

FROST, Orcutt W. (Hg.), Bering and Chirikov. The American Voyages and Their Impact, Anchorage 1992

– Von Deutschland über Rußland und Sibirien nach Nordamerika: Der Naturforscher Georg Wilhelm Steller, in: Erich DONNERT (Hg.), Europa in der Frühen Neuzeit. Festschrift für Günter Mühlpfordt, Bd. 2: Frühmoderne, Weimar u. a. 1997, S. 515–538

– Vitus Bering and Georg Steller: Their Tragic Conflict on the American Expedition, in: Pacific Northwest Quarterly 84, 1994/95, Nr. 1, S. 3–16

GAY, Peter, The Enlightenment: An Interpretation, 2 Bde., New York/London 1977, 2. Aufl. 1995

GIBSON, James R., Feeding the Russian Fur Trade: Provisionment of the Okhotsk Seaboard and the Kamchatka Peninsula 1639–1856, Madison, Wisc. 1969

GILBERT, L., Dictionnaire historique et géographique de la Mandchourie, Hongkong 1934

GMELIN, M., Johann Georg Gmelin, in: Allgemeine Deutsche Biographie, Bd. 9, Neudruck der 1. Aufl. 1879, Berlin 1968, S. 269–270

GOERKE, Heinz, Carl von Linné. Arzt – Naturforscher – Systematiker, 2. erw. Aufl. Stuttgart 1989

GOLDER, Frank A., Russian Expansion on the Pacific 1641–1850, Cleveland 1914, Reprint New York 1971

GRABOSCH, Ulrich, Studien zur deutschen Rußlandkunde im 18. Jahrhundert, Halle 1985

- Von ›Merckwürdigkeiten‹ über Rußland zu einer wissenschaftlichen Rußlandkunde im Verlauf und als Ergebnis der Aufklärungsepoche, Phil. Diss. B, Humboldt-Universität, Berlin 1983
GRAU, Conrad, Gelehrten-Kommunikation in der Mitte des 18. Jahrhunderts: Halle – Berlin – St. Petersburg, in: Erich DONNERT (Hg.), Europa in der Frühen Neuzeit. Festschrift für Günter Mühlpfordt. Bd. 2: Frühmoderne, Weimar u. a. 1997, S. 165–180
- u. a. (Hg.), Deutsch-russische Beziehungen im 18. Jahrhundert. Kultur, Wissenschaft und Diplomatie, Wiesbaden 1997
GRIFFITHS, David M., The Early Years of the Petersburg Academy of Sciences as Reflected in Recent Soviet Literature, in: Canadian-American Slavic Studies 14, 1980, S. 436–445
HARBSMEIER, Michael, Wilde Völkerkunde. Andere Welten in deutschen Reiseberichten der Frühen Neuzeit, Frankfurt/M./New York 1994
HAUMANN, Heiko, Geschichte Rußlands, München/Zürich 1996
HEISSIG, Walther, The Religions of Mongolia, Berkeley 1980
HELLER, Klaus, Der russisch-chinesische Handel in Kjachta. Eine Besonderheit in den außenwirtschaftlichen Beziehungen Rußlands im 18. und 19. Jahrhundert, in: Jahrbücher für Geschichte Osteuropas 29, 1981, S. 515–536
HENNING, Georg, Die Reiseberichte über Sibirien von Herberstein bis Ides, in: Mitteilungen des Vereins für Erdkunde zu Leipzig 1905, Leipzig 1906, S. 245–394
HENZE, Dietmar, Enzyklopädie der Entdecker und Erforscher der Erde, Graz 1975ff.; Artikel zu Gmelin siehe Bd. 2, 1983, S. 356–357
HIEKISCH, Carl, Die Tungusen. Eine ethnologische Monographie, Dorpat 1882
HINTZSCHE, Wieland/Thomas NICKOL, (Hg.), Die Grosse Nordische Expedition. Georg Wilhelm Steller (1709–1746). Ein Lutheraner erforscht Sibirien und Alaska. Eine Ausstellung der Franckeschen Stiftungen zu Halle, Gotha 1996

- Eine Topographie der Stadt Tobol'sk von Gerhard Friedrich Müller, in: Erich DONNERT (Hg.), Europa in der Frühen Neuzeit. Festschrift für Günter Mühlpfordt, Bd. 3: Aufbruch zur Moderne, Weimar u. a. 1997, S. 79–93

HOETZSCH, Otto, Rußland in Asien. Geschichte einer Expansion, Stuttgart 1966

HOFFMANN, Peter, Gerhard Friedrich Müller. Die Bedeutung seiner geographischen Arbeiten für das Rußlandbild des 18. Jahrhunderts, Phil. Diss., Berlin Humboldt-Universität 1959

- Rußland im Zeitalter der Aufklärung, Phil. Diss. B, Humboldt-Universität, Berlin 1982

HOPPÁL, Mihaly, Schamanen und Schamanismus, Augsburg 1994

- (Hg.), Shamanism in Eurasia, 2 Bde., Göttingen 1984

Istorija Sibiri s drevnejšich vremen do našich dnej, 5 Bde., Leningrad 1968/69

Jäger, Hans-Wolf, Reisefacetten der Aufklärungszeit, in: Peter J. BRENNER (Hg.), Der Reisebericht. Die Entwicklung einer Gattung in der deutschen Literatur, Frankfurt/M. 1989, S. 261–283

- (Hg.), Europäisches Reisen im Zeitalter der Aufklärung, Heidelberg 1992

JOYEUX, Frank, Der Transitweg von Moskau nach Daurien: Sibirische Transport- und Verkehrsprobleme im 17. Jahrhundert, Phil. Diss. Köln 1981

KAPPELER, Andreas, Rußland als Vielvölkerreich. Entstehung – Geschichte – Zerfall, München 1992, 2. Aufl. 1993

KARA, G., Les Mots Mongols Dans Une Liste De Marchandise Chez Gmelin (1738), in: Acta Orientalia Hungaricae 17, 1965, S. 175–200

KELLER, Mechthild (Hg.), Russen und Rußland aus deutscher Sicht. 18. Jahrhundert: Aufklärung, München 1987

- Von Halle nach Petersburg und Moskau, in: DIES. (Hg.), Russen und Rußland aus deutscher Sicht. 18. Jahrhundert: Aufklärung, München 1987, S. 173–183

KHODARKOVSKY, Michael, Where Two Worlds Met. The Russian State and the Kalmyk Nomads, 1600–1771, Ithaca/London 1992

KIRCHNER, Walther (Hg.), Eine Reise durch Sibirien im 18. Jahrhundert. Die Fahrt des Schweizer Doktors Jakob Fries, München 1955

– Samuel Bentham and Siberia, in: DERS., Commercial Relations Between Russia And Europe 1400 to 1800. Collected Essays, Bloomington 1966, S. 218–230

KLEIN, J., Der sibirische Pelzhandel und seine Bedeutung für die Eroberung Sibiriens, Phil. Diss., Bonn 1906

KÖNIG, Viola, Auf den Spuren deutscher Entdecker und Forscher in Russisch-Amerika. Alaska und die Nordwestküste im Spiegel alter, völkerkundlicher Sammlungen in Bremen und Niedersachsen, in: TenDenZen 93. Jahrbuch II des Übersee Museums, Bremen 1993, S. 27–66

KRADER, Lawrence, Social Organization of the Mongol-Turkic Pastoral Nomads, Den Haag 1963

LANGE, P. Werner, Zum Lande hinter den Nebeln. Das Leben des Vitus Bering und die zwei Kamtschatka-Expeditionen, Leipzig 1985

LANTZEFF, George V./Richard A. PIERCE, Eastward to Empire. Exploration and Conquest on the Russian Open Frontier to 1750, Montreal/London 1973

– Siberia in the Seventeenth Century. A Study of the Colonial Administration, Berkeley 1943, Reprint New York 1972

LENSEN, George Alexander (Hg.), Russia's Eastward Expansion, Engelwood Cliffs, N.J. 1964

LEVIN, M. G./L. P. POTAPOV, (Hg.), The Peoples of Siberia, Chicago/London 1964; russ. Originalausgabe Moskau 1956

LINCOLN, W. Bruce, Die Eroberung Sibiriens, München/Zürich 1996; engl. Ausgabe: The Conquest Of A Continent. Siberia And the Russians, New York 1994

MĄCZAK, Antoni/Hans Jürgen TEUTEBERG, (Hg.), Reiseberichte als Quellen europäischer Kulturgeschichte. Aufgaben und Möglichkeiten der historischen Reiseforschung, Wolfenbüttel 1982

MAIER, Lothar, Die Krise der St. Petersburger Akademie der Wissenschaften nach der Thronbesteigung Elisabeth Petrovnas und die ›Affäre Gmelin‹, in: Jahrbücher für Geschichte Osteuropas, N. F. 27, 1979, S. 353–373
– Wissenschaft und Staatsinteresse zur Zeit Peters des Großen, in: Österreichische Osthefte 20, 1978, S. 435–449
MARTIN, Janet, Treasures of the Land of Darkness: The Fur Trade and its Significance for Medieval Russia, Cambridge 1986
MATTHES, Eckhard, Das veränderte Rußland. Studien zum deutschen Rußlandverständnis im 18. Jahrhundert zwischen 1725 und 1762, Frankfurt/M. 1981
MENGES, Karl H. (Hg.), Materialien zum Schamanismus der Ewenki-Tungusen an der mittleren und unteren Tunguska, Wiesbaden 1983
MEYER, Regina, Der Akademiegedanke in der Philosophie Christian Wolffs, in: Erich DONNERT (Hg.), Europa in der Frühen Neuzeit. Festschrift für Günter Mühlpfordt, Bd. 2: Frühmoderne, Weimar u. a. 1997, S. 75–86
MICHAEL, Henry N. (Hg.), Studies in Siberian Shamanism, Toronto 1963
MORAVIA, Sergio, Beobachtende Vernunft. Philosophie und Anthropologie in der Aufklärung, Frankfurt/M. 1989
MÜHLPFORDT, Günter, Petersburg und Halle. Begegnungen im Zeitalter der Aufklärung, in: Jahrbuch für Geschichte der sozialistischen Länder Europas, 25, 1982, Heft 2, S. 155–171
– Halle–Rußland–Sibirien–Amerika: Georg Wilhelm Steller, der Hallesche Kolumbus, und Halles Anteil an der frühen Osteuropa- und Nordasienforschung, in: Johannes WALLMANN/Udo STRÄTER (Hg.), Halle und Osteuropa. Zur europäischen Ausstrahlung des hallischen Pietismus, Tübingen 1998, S. 49–82
– Rußlands Aufklärer und die Mitteldeutsche Aufklärung: Begegnungen, Zusammenwirken, Partnerschaft, in: Conrad GRAU u. a. (Hg.), Deutsch-russische Beziehungen im 18. Jahrhundert. Kultur, Wissenschaft und Diplomatie, Wiesbaden 1997, S. 83–171

NIORADZE, Georg, Der Schamanismus bei den sibirischen Völkern, Stuttgart 1925

NORTH, Robert N., Transport in Western Siberia: Tsarist and Soviet Development, Vancouver 1979

OLCOTT, Martha B., The Kazakhs, Stanford 1987

OSTERHAMMEL, Jürgen, Distanzerfahrung. Darstellungsweisen des Fremden im 18. Jahrhundert, in: Hans-Joachim KÖNIG/Wolfgang REINHARD/Reinhard WENDT (Hg.), Der europäische Beobachter außereuropäischer Kulturen. Zur Problematik der Wirklichkeitswahrnehmung, Berlin 1989, S. 9–42

– Neue Welten in der europäischen Geschichtsschreibung (ca. 1500–1800), in: Wolfgang KÜTTLER/Jörn RÜSEN/Ernst SCHULIN (Hg.), Geschichtsdiskurs. Bd. 2: Anfänge modernen historischen Denkens, Frankfurt/M. 1994, S. 202–215

– Reisen an die Grenzen der Alten Welt. Asien im Reisebericht des 17. und 18. Jahrhunderts, in: Peter J. BRENNER (Hg.), Der Reisebericht. Die Entwicklung einer Gattung in der deutschen Literatur, Frankfurt/M. 1989, S. 224–260

PEKARSKIJ, Petr, Istorija Imperatorskoj Akademii Nauk v Peterburge, 2 Bde., St. Petersburg 1870–1873

PIERCE, Richard A. (Hg.), Russia in North America, Kingston u. a. 1990

PIPES, Richard, Rußland vor der Revolution. Staat und Gesellschaft im Zarenreich, München 1977

POSSELT, Doris, Forschungsreisen in Rußland im 18. Jahrhundert und ihre Bedeutung für die Entwicklung der Biologie (Überblick), in: Wissenschaftliche Zeitschrift der Friedrich-Schiller-Universität, Jena, Mathematisch-Naturwissenschaftliche Reihe 25, 1976, S. 181–201

– Deutsch-russische Wissenschaftsbeziehungen im 18. Jahrhundert. Beispiele aus der Geschichte der Naturwissenschaften, in: Erich DONNERT (Hg.), Europa in der Frühen Neuzeit. Festschrift für Günter Mühlpfordt, Bd. 3: Aufbruch zur Moderne, Weimar u. a. 1997, S. 275–288

PRATT, Mary Louise, Imperial Eyes. Travel Writing and Transculturation, London 1992

Rauch, Georg von, Politische Voraussetzungen für westöstliche Kulturbeziehungen im 18. Jahrhundert, in: Mechthild Keller (Hg.), Russen und Rußland aus deutscher Sicht. 18. Jahrhundert: Aufklärung, München 1987, S. 35–55

Reinhard, Wolfgang, Geschichte der europäischen Expansion, 4 Bde., Stuttgart 1983–1988

- Sprachbeherrschung und Weltherrschaft. Sprache und Sprachwissenschaft in der europäischen Expansion, in: Ders. (Hg.), Humanismus und Neue Welt, Weinheim 1987, S. 1–36

Robel, Gert, Bemerkungen zu deutschen Reisebeschreibungen über das Rußland der Epoche Katharinas II., in: Hans-Wolf Jäger (Hg.), Europäisches Reisen im Zeitalter der Aufklärung, Heidelberg 1992, S. 223–241

- Berichte über Rußlandreisen, in: Mechthild Keller (Hg.), Russen und Rußland aus deutscher Sicht. 18. Jahrhundert: Aufklärung, München 1987, S. 216–247
- Der Wandel des deutschen Sibirienbildes im 18. Jahrhundert, in: Canadian-American Slavic Studies 14, 1980, S. 406–426
- Die Sibirienexpeditionen und das deutsche Rußlandbild im 18. Jahrhundert. Bemerkungen zur Rezeption von Forschungsergebnissen, in: E. Amburger/M. Cieśla/L. Sziklay (Hg.), Wissenschaftspolitik in Mittel- und Osteuropa. Wissenschaftliche Gesellschaften, Akademien und Hochschulen im 18. und beginnenden 19. Jahrhundert, Essen 1987, S. 271–294
- Die Sibirienkarte Johann Philipp Strahlenbergs, in: Nordost-Archiv 1979, Nr. 54/55, S. 1–16
- German Travel Reports on Russia and their changing function in the 18th Century, in: Conrad Grau u. a. (Hg.), Deutsch-russische Kulturbeziehungen im 18. Jahrhundert. Kultur, Wissenschaft und Diplomatie, Wiesbaden 1997, S. 267–289
- Reisen und Kulturbeziehungen im Zeitalter der Aufklärung, in: B. I. Krasnobaev/Gert Robel/Herbert Zeman (Hg.), Reisen und Reisebeschreibungen im 18. und 19.

Jahrhundert als Quellen der Kulturbeziehungsforschung, Berlin 1980, S. 9–37

ROGGER, Hans, National Consciousness in Eighteenth-Century Russia, Cambridge, Mass. 1960, 2. Aufl. 1969

ROUX, J.-P., La religion des Turcs et des Mongols, Paris 1984

SARKISYANZ, Emanuel, Geschichte der orientalischen Völker Rußlands bis 1917. Eine Ergänzung zur ostslawischen Geschichte Rußlands, München 1961

SCHEIDEGGER, Gabriele, Perverses Abendland – barbarisches Rußland, Zürich 1993

– Das Eigene im Bild vom Anderen. Quellenkritische Überlegungen zur russisch-abendländischen Begegnung im 16. und 17. Jahrhundert, in: Jahrbücher für Geschichte Osteuropas, N. F. 35, 1987, S. 339–355

SCHORKOWITZ, Dittmar, Die soziale und politische Organisation bei den Kalmücken (Oiraten) und Prozesse der Akkulturation vom 17. Jahrhundert bis zur Mitte des 19. Jahrhunderts, Frankfurt/M. u. a. 1992

SCHMIDT, P. Wilhelm, Der Ursprung der Gottesidee. Bd. IX: Die Religionen der asiatischen Hirtenvölker. Die primären Hirtenvölker der Alt-Türken, der Altai- und der Abakan-Tataren, Münster 1949; Bd. X: Die Religionen der asiatischen Hirtenvölker. Die sekundären Hirtenvölker der Mongolen, der Burjaten, der Yuguren sowie der Tungusen und der Yukagiren, Münster 1952; Bd. XI: Die asiatischen Hirtenvölker. Die primär-sekundären Hirtenvölker der Jakuten und der Sojoton-Karagassen sowie der Jenisseier und die Synthese der benachbarten Nicht-Hirtenvölker, Münster 1954; Bd. XII: Synthese der Religionen der asiatischen und der afrikanischen Hirtenvölker, Münster 1955

SEMJONOW, Juri, Sibirien. Schatzkammer des Ostens, Wien/Düsseldorf 1975

SIEBERS, Winfried, Beobachtung und Räsonnement. Typen, Beschreibungsformen und Öffentlichkeitsbezug der frühaufklärerischen Gelehrtenreise, in: Hans-Wolf JÄGER (Hg.), Europäisches Reisen im Zeitalter der Aufklärung, Heidelberg 1992, S. 16–34

SKRYNNIKOV, Ruslan G., Ermak's Siberian Expedition, in: Russian History 13, 1986, S. 1–40
- Iwan der Schreckliche und seine Zeit, München 1992

SLEZKINE, Yuri, Arctic Mirrors. Russia and the Small Peoples of the North, Ithaca/London 1994

STEJNEGER, Leonhard, Georg Wilhelm Steller. The Pioneer of Alaskan Natural History, Cambridge, Mass. 1936, Reprint Westmead 1970

STEPHAN, John J., The Russian Far East. A History, Stanford 1994

STÖKL, Günther, Russische Geschichte von den Anfängen bis zur Gegenwart, 5. Aufl. Stuttgart 1990

TETZNER, J., Die Leipziger Neuen Zeitungen von gelehrten Sachen über die Anfänge der Petersburger Akademie, in: Zeitschrift für Slawistik 1, 1956, Heft 2, S. 93–120

THOMAS, Ludmila, Geschichte Sibiriens von den Anfängen bis zur Gegenwart, Berlin 1982

VERNADSKY, George, Russian Historiography. A History, Belmont 1978

TUCCI, Giuseppe/Walther HEISSIG, Die Religionen Tibets und der Mongolei, Stuttgart u. a. 1970

ULLMANN, Manfred, Die Medizin im Islam, Leiden/Köln 1970

VUCINICH, Wayne S., Russia and Asia. Essay on the Influence of Russia on the Asian Peoples, Stanford, Cal. 1972

WALLMANN, Johannes/Udo STRÄTER, (Hg.), Halle und Osteuropa. Zur europäischen Ausstrahlung des hallischen Pietismus, Tübingen 1998

WEIERS, Michael (Hg.), Die Mongolen. Beiträge zu ihrer Geschichte und Kultur, Darmstadt 1986

WENDLAND, Folkwart, Peter Simon Pallas (1741–1811). Materialien einer Biographie, 2 Bde., Berlin/New York 1991
- Peter Simon Pallas – eine Zentralfigur in den deutsch-russischen Wissenschaftsbeziehungen im ausgehenden 18. Jahrhundert, in: Ludmila THOMAS/Dietmar WULF (Hg.), Deutsch-russische Beziehungen. Ihre welthistorischen Dimensionen vom 18. Jahrhundert bis 1917, Berlin 1992, S. 138–159

Winter, Eduard, Halle als Ausgangspunkt der deutschen Rußlandkunde im 18. Jahrhundert, Berlin 1953
- L. Blumentrost d. J. und die Anfänge der Petersburger Akademie der Wissenschaften. Nach Aufzeichnungen von K. F. Svenske, in: Jahrbuch für Geschichte der UdSSR und der volksdemokratischen Länder Europas 8, 1964, S. 247–269

Wittram, Reinhard, Peter I. Czar und Kaiser. Zur Geschichte Peters des Großen in seiner Zeit, 2 Bde., Göttingen 1964
- Peters des Großen Interesse an Asien, in: Nachrichten der Akademie der Wissenschaften in Göttingen aus dem Jahre 1957. Philologisch-historische Klasse, Göttingen 1957, S. 1–25

Wood, Alan (Hg.), Siberia. Problems and Prospects for Regional Development, London/New York/Sydney 1987
- (Hg.), The History of Siberia. From Russian Conquest to Revolution, London/New York 1991

Wotte, Herbert, In blauer Ferne lag Amerika. Reisen und Abenteuer des deutschen Naturforschers Georg Wilhelm Steller, 3. Aufl. Leipzig 1974

Maße und Gewichte

Arschin, russ.: aršin	0,71 Meter
Desjatine, russ.: desjatina	1,09 Hektar
Elle, preußische	etwa 67 Zentimeter
Faden	entspricht dem russischen sažen': 2,133 Meter
Fuß, russ.: fut	siehe Schuh
Gálenok (russ.)	Hohlmaß, alte deutsche Gallone (½ Stof; ein Stof war ein Flüssigkeitsmaß niederdeutscher Herkunft und entsprach ungefähr einem Liter)
Garnez, russ.: garnec	3,28 Liter, Einheit für Getreide
Klafter, Klaffter	1,8–2 Meter (auch Faden); 3,4 Kubikmeter
Lachter	2,09 Meter; altes bergmännisches Maß für die Grubentiefe
Lot, Loth	12,8 Gramm
Maaß, Maas	0,75 Liter
Meile, deutsche	7 420, 4 Meter; 1 000 Doppelschritte; ein Längenmaß sehr verschiedener Größe; neben der deutschen Meile gab es eine preußische, sächsische und bayerische Meile
Pariserschuh	0,325 Meter
Pfund, russ.: funt	409 Gramm = 32 Lot; Nürnberger Pfund = 509 Gramm
Pud	16,38 Kilogramm
Saschen, russ.: sažen'	2,13 Meter
Schuh	Naturmaß: zwischen 25 und 34 Zentimeter
Solotnik	4,26 Gramm

Spanne	20 bis 25 Zentimeter
Tonne, russische	1015,5 Kilogramm
Tschetwerik, russ.: četverik	4 Pud, aus vier Teilen bestehend
Tschetwert, russ.: četvert'	2,09 Hektoliter
Unze	etwa 30 Gramm
Wedro, russ.: vedro	12,3 Liter, Eimer
Werschok, russ.: veršok	4,445 Zentimeter
Werst, russ.: versta	1,06 Kilometer

Die Bezeichnungen Fuß und Schuh wurden synonym gebraucht.

Abkürzungen

Anm.	Anmerkung
Aufl.	Auflage
Bd., Bde.	Band, Bände
Cop.	Copeke
d.	derevnja (Dorf)
d. i.	das ist
dt.	deutsch
ed.	ediert, herausgegeben
engl.	englisch
frz.	französisch
geb.	geboren
Gr.	Grad
H.	Heilig
Hg., hg.	Herausgeber, herausgegeben
Hr., Hrn.	Herr, Herrn
i. e., I. E.	id est, das heißt
jak.	jakutisch
Kaiserl.	Kaiserlich
lat.	lateinisch
M.	Minute
Maj.	Majestät
Miss.	Miszellanee: Sammlung von Kurzbeiträgen
Ostr.	ostrog (Festung)
p.	pagina (Seite)
russ.	russisch
s.	selo (Dorf)

sc(ilicet)	ergänze
seqq.	sequens: folgende
Tab.	Tabelle
tat.	tatarisch
u. d. g.	und dergleichen
u. s. f.	und so fort
v.	volumen (Band)
z. E.	zum Exempel (zum Beispiel)

Abbildungsnachweis

1 Die Fahrten Berings und Čirikovs: Herbert Wotte, In blauer Ferne lag Amerika, Leipzig: F. W. Brockhaus 1966
2 Titelseite der Dissertation von Johann Georg Gmelin, Universitätsbibliothek Tübingen
3 Gmelin, Johann Georg: Flora Sibirica sive Historia Plantarum Sibiriae, T. I: Titelblatt
4 Erste Seite eines Schreibens von Johann Georg Gmelin an den Großherzog von Württemberg, datiert 30. Januar 1749: Staatsbibliothek Berlin: acc. Darmst. 1924.54 (Nachlaß Gmelin Mappe 10, Bl. 52; auch Hauptstaatsarchiv Stuttgart)
5 Akademische Antrittsrede von Johann Georg Gmelin vom 22. August 1741, Universitätsbibliothek Tübingen
6 Gmelin, Johann Georg: Reise durch Sibirien, von dem Jahr 1733 bis 1743. Erster Theil, Göttingen 1752: Titelblatt
7 Materialy dlja istorii imperatorskoj Akademii nauk, tom 1, St. Petersburg 1885 zw. S. 240 und S. 241: Louis de L'Isle de la Croyère
8 Gmelin, Johann Georg: Reise durch Sibirien, von dem Jahr 1733 bis 1743. Erster Theil, Göttingen 1752: Karte, Bd. 1
9 Porträt von Gerhard Friedrich Müller von unbekannter Hand: Dortmund: Landes- und Stadtbibliothek
10 Flora Sibirica, Bd. 1, Tab. XVIII: Iancus foliis sublatis, anpulatis, panicula terminatrice rara, foliis breviore. Fig. 1 (Pflanze)
11 Gmelin, Johann Georg: Reise durch Sibirien, Zweiter Theil. Göttingen 1752: Titelblatt
12 Gmelin, Johann Georg: Reise durch Sibirien, Zweiter Theil. Göttingen 1752: Karte, Bd. 2
13 Sibirischer Schamane: Georg Wilhelm Steller, Beschreibung von dem Lande Kamtschatka, dessen Einwohnern, deren Sitten, Nahmen, Lebensart und verschiedenen Gewohnheiten, hg. von J. B. S. (= Johann Benedict Scherer), Frankfurt/M. 1774
14 Flora Sibirica, Bd. 1, Tab. XXXVIII Ephedra petiolis saepe pluribus, amentis solitariis, Fig. 2: Iadem: monosperma (Pflanze)
15 Archiv der Akademie der Wissenschaften, St. Petersburg
16 Gmelin, Johann Georg: Reise durch Sibirien, von dem Jahr 1738 bis 1740. Dritter Theil, Göttingen 1752: Titelblatt
17 Gmelin, Johann Georg: Flora Sibirica sive Historia Plantarum Sibiriae, T. III: Titelblatt
18 Gmelin, Johann Georg: Reise durch Sibirien, von dem Jahr 1738 bis 1740. Dritter Theil, Göttingen 1752: Karte, Bd. 3

19 Gmelin, Johann Georg: Reise durch Sibirien, von dem Jahr 1738 bis 1740. Dritter Theil, Göttingen 1752: Noten zu den Liedern, S. 371
20 Gmelin, Johann Georg: Reise durch Sibirien, von dem Jahr 1740 bis 1743. Vierter Theil, Göttingen 1752: Titelblatt
21 Gmelin, Johann Georg: Reise durch Sibirien, von dem Jahr 1740 bis 1743. Vierter Theil, Göttingen 1752: Karte, Bd. 4
22 Flora Sibirica, Bd. 3, Tab. XLV: Pedicularis caule simplici, foliis pinnatifidis pinnulis arctis, spica florum longissima (Pflanze)
23 Flora Sibirica, Bd. 3, Tab. II: Axyris erecta herbacea, amentis masculis simplicibus (Pflanze)

Farbtafeln

1 Schamane aus Kamčatka: Johann Gottlieb Georgi, Beschreibung aller Nationen des Russischen Reiches, St. Petersburg 1780, Bd. 2, Tafel 68: Farbtafel 1
2 Porträt von Johann Georg Gmelin: Universität Tübingen
3 Büste von Vitus Bering: Horsens Museum, Horsens, Dänemark
4 Kjachta, Handelsort an der chinesisch-russischen Grenze. Zeichnung des Apothekers Karl Sievers (1762–1795): Göttingen, Niedersächsische Staats- und Universitätsbibliothek (Cod. Ms. Asch 269)
5 Karte des Reisewegs der Ersten Kamčatkaexpedition von Tobol'sk bis nach Kamčatka mit ethnographischen Darstellungen, Petr Čaplin 1729, Göttingen, Niedersächsische Staats- und Universitätsbibliothek (Cod. Ms. Asch 246)
6 Generalkarte des Russischen Reiches, St. Petersburg 1745, in: Russischer Atlas, bestehend aus neunzehn Spezialkarten der Kaiserlichen Akademie der Wissenschaften, Eutin, Landesbibliothek
7 Der östliche Teil Jakutiens mit dem größten Teil des Landes Kamtschatka, St. Petersburg 1745 in: Russischer Atlas, welcher in einer General-Charte und neunzehn Special-Charten das gesamte Russische Reich vorstellig macht. Entworfen bei der Kaiserlichen Academie der Wissenschaften, Eutin, Landesbibliothek

Register

Personennamen und geographische Bezeichnungen in den Fußnoten der Einleitung und in den Anmerkungen zum Gmelinschen Text bleiben im Register unberücksichtigt.

I. Personenregister

A
Agricola, Georgius (eigentlich Georg Bauer) 264
Akinfiev/Akinfeev, Ivan P. 32
Aleksej Michajlovič, russ. Zar 267
Alfred, engl. König 270
Amman, Johann 68
Anna Ivanovna, russ. Kaiserin 19, 33, 38, 41, 43, 62, 103, 113, 135, 179, 198f., 311f. siehe auch Anna Joannovna und Anna Joannowna
Anna Joannovna 87 siehe auch Anna Ivanovna
Anna Joannowna 90, 91, 99 siehe auch Anna Ivanovna
Anna von Braunschweig-Lüneburg 311
Argamakow 376
Arsenii 347
Atlasov, Vladimir 14, 24

B
Bakmeister, P. 72
Bakow 376
Beering, Vitus 90, 91, 213 siehe auch Bering, Vitus
Berckhan, Johann Christian 96, 102, 215
Bering, Vitus Jonassen 25–28, 30–34, 36–39, 41–45, 47–54, 57, 65, 67, 214–217 siehe auch Beering, Vitus
Bibikov, Aleksej 242
Bieli 213
Bilfinger, Bernhard 59
Biron siehe Bühren, Ernst Johann von
Blumentrost, Laurentius 18, 25, 60
Brand, Adam 23
Brevern, Karl von 18
Bucholz, Ivan D. 158, 161, 163, 166
Bühren, Ernst Johann von 33, 312
Bukerat (arab. für Hippokrates) 336
Butzkovski 213

C
Camerarius, Elias 60
Camerarius, Rudolf Jakob 60
Cato 296
Čeljuskin, Semen I. 47
Čirikov, Aleksej I. 27f., 31, 42, 46, 50, 54, 65 siehe auch Tschirikow, A.I.
Clusius, Carolus (Charles de L'Ecluse) 218
Collinson, Peter 57
Cook, James 36, 52, 58

445

Croyère siehe de L'Isle de la Croyère

D
da Gama, Vasco 43, 52
de Campredon, Jacques 35
de L'Isle de la Croyère, Louis (Ludewig) 39, 44, 46, 63–65, 96, 99, 102, 120, 166, 197, 201, 213
Decker, Johann 348
Delisle, Joseph Nicolas 39, 42, 51, 57
Demidow (Demiedow), Akinfi Nikititz (Akinfei Nikitisch) 136, 364, 367, 368, 369
Demidow, Grigorij A. 373, 375
Demidow, Ehefrau von Grigorj A. 373
Dežnev, Semen 24, 32, 48
Dschalinüß (Galenus) 337
Duvernoy, Johann Georg 59

E
Elagin, Ivan 50, 54
Elisabeth, russ. Kaiserin, 67, 94, 95, 347
Ermak Timofeevič 8f.
Euler, Leonhard 46, 56f., 76–78
Evreinov, Ivan 19

F
Fedorov, Ivan 34
Feige 213
Fischer, Johann Eberhard 40, 96, 267, 311–313
Fontenelle, Bernard 263
Francke, August Hermann 23
Friedrich III., Herzog von Schleswig-Holstein 22
Frommann, Johann Andreas jr. 72
Furtschennikow 374

G
Gagarin, Fürst 131f.
Galenus/Galen siehe Dschalinüß
Galitzin, Demitri Michailowitz (Fürst) 113
Gmelin, Johann Georg d. Ältere 59
Gmelin, Maria Barbara 72, 77
Gmelin, Samuel Gottlieb 64
Godunov, Boris, russ. Zar 9
Golovin, Nikolaj T. 37, 50
Golowin, Fedor Alexiewitsch 173
Gorlanov, Aleksej 41, 96 siehe auch: Gorlanow, Alexei
Gorlanow, Alexei 102, 215, 274 siehe auch: Gorlanov, Aleksej T.
Gvozdev, Michail 34

H
Haller, Albrecht von 57, 69, 72, 77f., 80f.
Hennin, Georg W. von 127
Hens, Jacob 33
Herberstein, Sigismund von 21
Hiärne, Urban 59
Hippokrates siehe Bukerat
Hudson, Henry 266

I
Ides, Ewert Ysbrant (Yßbrant) 23, 82, 239, 262f.
Isbrant Ides siehe Ides, Ewert
Ivan Federowitsch siehe Ivan VI.
Ivan I. Kalita, russ. Großfürst 7
Ivan IV., russ. Zar 7–9, 11
Ivan V., russ. Zar 33
Ivan VI., russ. Zar 311f.
Ivanov, Luka 41 siehe auch Iwanow, Luca
Iwanow, Alexander siehe Iwanow, Luca
Iwanow, Luca 102 siehe auch Ivanov, Luka

J
Jachontov, Ilja 41 siehe auch Jachontow, I.
Jachontow, Ilja 102, 151, 215, 259, 273f. siehe auch Jachontov, I.
Jendaurow 213
Jeremie 266
Jonston, Joannes 218
Joseph 334
Jusiph 335
Jusuphi 334

K

Kappeler, Andreas 11, 15
Karl Alexander, Herzog von Württemberg 71f.
Karl Eugen, Herzog von Württemberg 72
Katharina I., russ. Kaiserin 26
Katharina II., russ. Kaiserin 56
Kayserlingk, Hermann Karl von 18
Kiepenheuer, Gustav 82
Kirilov, Ivan K. 37
Kohl, Johann Peter 46
Korff, Johann Albrecht von 18
Koschelow 283
Krafft, Georg Wolfgang 74
Krascheninnikow, S. P. 96, 102, 215, 244f., 311 siehe auch Krašeninnikov, S.P.
Krašeninnikov, Stepan P. 40, 47, 65, 67 siehe auch Krascheninnikow, S. P.
Krasilnikow (Krassilnikow), Andre 46, 102, 197
Kudraßzow, Nefet Miquititz 113
Kurilow, Semen 266
Kutschum, sibir. Chan 8

L

La Croyere siehe de L'Isle de la Croyère
La Peyrère 265
Lassenius/Lasinius, Petr 47
Leibniz, Gottfried Wilhelm 16f., 264
Libavius/Libau, Andreas 264
Lindenau, Jacob Johann 313
Linné, Carl von 60, 68f., 74, 76
Lister, Martin 218
Lomonosov, Michail 71, 74
Lürsenius/Lursenius, Johann Wilhelm 102, 104, 232, 348, 369
Lužin, Fedor 19

M

Mahamet 335, 337
Mahomet 337
Martens, Frederic (Friedrich) 270
Martini, Alexander W. 309, 354

Mauchart, Burchard D. 60
Menke, Friedrich Otto 46
Menke/Mencke, Johann Burkhard 45
Messerschmidt, Daniel Gottlieb 19, 24–27, 63, 74, 81, 94f., 291
Moró, Antonio Lazzaro 264
Morus siehe Moró, Antonio L.
Müller, Gerhard Friedrich 25, 32–34, 36, 39f., 44–47, 55, 57f., 62–65, 67, 71f., 77–79, 96, 99, 102, 106f., 122, 127, 145, 151, 153, 190, 213, 216f., 236, 241, 244f., 251–253, 255, 275, 279f., 286, 297, 299, 304, 311, 313, 333, 344, 349–351, 353f., 369, 372f.
Müller, Johann Bernhard 263
Müller, Ehefrau von Gerhard Friedrich Müller 369
Münnich, Johann Burchard von 33

N

Narischkina, Alexandra Lwowitscha 377
Nikon 11

O

Octher 270
Olearius, Adam 22
Ostermann, Heinrich Johann 33
Ovcyn, Dmitrij L. 47
Owsjannikow, Stepan 102

P

Pallas, Peter Simon 25, 58
Peter I., russ. Kaiser 14–19, 22, 24–26, 30f., 33f., 36, 41, 67, 87f., 90f., 95, 260, 304, 366
Pizarro, Francisco 14
Pleschtscheew, Alexei Lwowitz 129
Plinius, Gajus Secundus 264
Popov, Fedor 41 siehe auch Popow, F.
Popow, Feodor 102, 215 siehe auch Popov, F.
Portnjagin, Spiridon 261

R
Ragusinski, Sawa Wladislawitz Graf 184, 156,
Razumovskij, Kirill G. Graf 58
Remessow, Semen 265

S
Saborowskoi, Alexei Jeremeitsch 214f., 217
Samoilow 278
Santi, Graf 218
Schaban 335
Scheid/Scheidt, Christian Ludwig 263f.
Schekin, Nikifor 102
Schelting, Aleksej 49
Scheuchtzer/Scheuchzer, Johann Jakob 264
Schiltberger, Hans 20
Schleissing, Georg Adam 23f.
Schleussing siehe Schleissing, Georg Adam
Schumacher, Johann-Daniel 19, 62, 68, 78f.
Semenov, Nikita 32
Siegesbeck, Johannes 69f.
Spanberg/Spangberg, Martin 27, 31, 38, 42–44, 48–50, 90
Steller, Georg Wilhelm 15, 25, 40, 47, 49, 52–55, 57, 65, 67, 76, 96, 244, 275, 279–281, 311
Strahlenberg, Philipp Johann Tabbert von 19, 24f., 32, 81, 226, 228–230, 264f., 349
Stroganov, russ. Unternehmerfamilie 7f.
Swistunow, Iwan 197

T
Theophrastus 264
Timur 20
Tournefort, Josephus P. de 218
Tretjakov, Vasilij 41, 102, 163
Tretjakow, Alexei siehe Tretjakov, Vasilij
Tscherkaski, Fürst 113
Tscherkaßkoi, Fürst 377
Tschernejew, Iwan 266
Tschirikow, A. I. 90 siehe auch Čirikov, A. I.

U
Uschakow, Moses 102

V
Vandenhoeck, Abram 72, 82

W
Walton, William 48
Waxell/Waxel, Sven 51, 213
Welden 270
Wendland, Folkwart 81
Wettstein, Johann Caspar 56
Willmann, Oloff Erichson 265
Witsen, Nicolaas 22, 24f., 32
Wolff, Christian 17
Wood 270
Woodward, John 264
Wormius, Olaus (Worm, Ole) 267
Wreech, Curt Friedrich von 23

Z
Zacharias 337

II. Geographisches Register

Folgende Abkürzungen werden benutzt:
B. = Berg/Gebirge; D. = Dorf; Fl. = Fluß/Bach; In. = Insel; St. = Stadt.

A
Abakan/Abakansk 63, 147
Abaschewa Fl. 231
Adak-Insel 54
Ajew Fl. 340, 343
Alaska 34, 53
Aldan Fl. 213
Aleuten 53–56
Alexander-Archipel 54
America 19, 88–90 siehe auch Amerika, Nordamerika
Amerika 26f., 30f., 34, 36, 39, 41f., 54f., 57 siehe auch America, Nordamerika
Amsterdam 22
Amur 37, 92
Amur-Gebiet 10
Anadir 268f. siehe auch Anadyr'
Anadirsk siehe Anadirskoi Ostrog
Anadirskoi/Anadirskij Ostrog 261, 267–269, 271f.
Anadyr' 30, 32f., 39, 47, 89, 91 siehe auch Anadir
Anga Fl. 201
Angara 63, 184f., 188, 251
Archangel'sk 47 siehe auch Archangel
Archangel 92, 272 siehe auch Archangel'sk
Argun/Argun' 46, 63, 170, 173f., 176
Argunskoi Ostrog 172f., 179
Asien 19, 26, 30f., 34, 42, 47, 52, 55, 76
Atlantik 89
Augspurg 267
Avača-Bucht 50, 53
Awam Fl. 276

B
Bad Windsheim 64

Baikal/Baical See 159, 188, 195, 258, 282 siehe auch Bajkal-See
Bajkal-See 10, 24, 46 siehe auch Baikal
Balachna 104f.
Balagansk St. 255
Barabinische Steppe 343
Bargusinisches Gebirge 282
Beresow St. 313
Bering-Insel 49, 53
Beringstraße 10, 32, 55
Berlin 16, 57, 78, 82
Bochum 33
Bogorodskoje Selo 322
Bol'šaja Reka Fl. 51
Bratsk 63
Bronnitz 103
Bucharei 334, 353
Bulak (See) 115, 119
Bura Fl. 156

C
Californien 89
Casan St. 111–113, 190, 211, 353 siehe auch Kazan'
Casanka Fl. 114
Caspisches Meer 87
Catharinenburg 129, 367, 370 siehe auch Ekaterinburg
Changalaiskoi Kamen B. 212f.
Chantaika Fl. 275
Chatanga Fl. 228–231, 272, 275f.,
Cherry In. 270f., 273
China 10, 34, 174
Čita 63 siehe auch Tschitinsk
Compagnieland 42
Coppenhagen 267
Coräa 92 siehe auch Korea
Costroma St. 106
Čukčenhalbinsel 14, 22, 24, 48 siehe auch Čukotka, Tschukets-

449

ckoi, Tschuktschenhalbinsel, Schalaginskoi
Čukotka-Halbinsel 36 siehe auch Čukčenhalbinsel, Tschuketsckoi, Tschuktschenhalbinsel, Schalaginskoi
Curland 312 siehe auch Kurland

D
da-Gama-Land 42, 51
Danzig 19, 93
Den Haag 82
Deutschland 60, 70, 208, 267, 270, 272 siehe auch Teutschland
Diomedes In. 91
Dschjulim (See) 325
Duban In. 106

E
Eismeer/Eißmeer 10, 30, 55, 88f., 92f., 141, 228, 235, 262, 265, 268, 271f.
Ekaterinburg 63 siehe Catharinenburg
Elias-Insel 53
Engelland 267, 270 siehe auch England
England 49 siehe auch Engelland
Enisej 10, 38, 47, 76, 281 siehe auch Jenisei
Enisejsk 27, 46, 63 siehe auch Jeniseisk
Esso-Land 42 siehe auch Jesso-Land, Compagnieland
Europa 7, 15, 36, 76, 81, 272 siehe auch Mitteleuropa, Westeuropa

F
Frankreich 95, 267, 270

G
Göttingen 57, 68, 72, 74, 77–80, 82
Grönland 265, 267, 272f. siehe auch Neugrönland
Guselnie Gori/Gusli 211f.

H
Halle 17, 23f.
Herford 40
Hokkaido In. 49
Holland 33, 267
Hondo In. 48
Honshu In. 48
Horsens 26
Hudsonische Meerenge 269, 272
Hudsons Meerbusen 266

I
Ibissibur (= Sibirien) 20
Ilga Fl. 196
Ilim Fl. 46
Ilimsk 46, 63, 187–190
Indien 89
Indigirka 92, 266, 268, 272
Irbit St. 189
Irdschi Fl. 291
Irkut Fl. 188
Irkutsk/Irkutzk 10, 46, 63, 65, 135, 166, 184, 187, 197, 203, 241, 248, 251, 253–255, 266, 268, 279, 281–283, 313
Irtisch 92, 129–134, 137, 221, 262, 282, 343 siehe Irtyš
Irtyš 8, 64 siehe Irtisch
Ischim Fl. 133, 342
Ischora Fl. 377
Ischora St. 104
Ischorskaja Sloboda D. 377
Isetkische Provinz 358
Isker 8
Italien 267

J
Jaik Fl. (= Ural) 360, 358f., 363f.
Jakutien 119, 228
Jakutsk/Jakutzk 10, 32, 44, 47, 63, 95, 187, 189, 198f., 201, 210, 212, 221, 226, 228f., 242, 261f., 266–269, 283, 316
Jamurtla Fl. 343
Jana Fl. 92, 221, 272
Japan 22, 34–38, 41, 48f., 55, 92
Jaroslavl' 63
Jenisei/Jenissei 76, 92, 141, 144, 202, 228, 230f., 239, 269, 275–277, 280f. siehe auch Enisej

Jeniseisk 141f., 229, 239, 276, 282f., 313 siehe auch Enisejsk
Jerawinskoi Ostrog 173, 176
Jesso-Land 27, 42, 51 siehe auch Esso-Land, Compagnieland
Judoma Fl. 213
Jugra Fl. 21

K

Kainskoi Paß 328, 332
Kajak-Insel 52
Kalmuckei 133, 233
Kama Fl. 7, 371
Kamčatka 14f., 19, 24, 26f., 30, 32f., 36–40, 42, 45–48, 50, 53, 55, 65, 67 siehe auch Kamtschatka
Kamčatka Fl. 31, 38 siehe auch Kamtschatka Fl.
Kamtschatka 36, 47, 87, 89f., 92–94, 96, 99, 163, 187, 199, 202, 214, 216, 241f., 244f., 253f., 279f., 311, 315 siehe auch Kamčatka
Kamtschatka Fl. 91 siehe auch Kamčatka Fl.
Kamtschatkisches Meer 92
Kan (See) 325
Kan Fl. 147
Kanada 15
Kansk St. 147
Kap Čeljuskin 48
Kap Dežnev 31
Kap Horn 38
Kap Lopatka 51
Kara-Kal (See) 331
Karaulach Fl. 272
Kargan (See) 325
Kargat Fl. 325, 327f.
Kasachische Schwelle 7
Katscha Fl. 145
Katschega St. 196f.
Kaukasus 20
Kazan' (Chanat) 13
Kazan' St. 7 siehe auch Casan
Ker Fl. 262
Ket Fl. 282
Kia Fl. 309
Kiew 114
Kirenga Fl. 200–202, 210

Kirensk/Kirenskij Ostrog/Kirenskoj Ostrog 63, 65, 201, 241
Kitoi Fl. 251, 255
Kjachta/Kjächta 46, 63, 156, 161, 188f., 374
Kola 272f.
Kolpinnie Osera (See) 181
Kolyma Fl. 31f., 38, 92, 272
Kolywan Fl. 367f.
Kolywanka gora (Kolywanischer Berg) 136f.
Kondinskie Werschini (Kondinsker Höhen) 180
Korea 49 siehe auch Coräa
Kotschaisk St. 110
Krasnojarsk/Kraßnojarsk 46, 63, 144f., 147, 234, 252, 280, 282, 297, 299, 304, 326
Kurilen 48, 55
Kurland 33, 312 siehe auch Curland
Kusma-Demianskoi 107, 110
Kusnetzk/Kußnetzk/Kuznetzk 141, 145, 174, 181, 224, 302 siehe auch Kuzneck
Kuzneck 46, 63 siehe auch Kusnetzk

L

Ladoga-Kanal 103
Leipzig 45, 82
Lena 10, 38, 47, 49, 64, 92, 190, 196, 198–202, 204f., 208, 210–212, 214, 226, 229f., 241, 254, 262, 272, 276, 281
Liefland 313 siehe auch Livland
Linda Fl. 106
Livland 11 siehe auch Liefland
London 16
Lügari-jal (See) 327

M

Magnetberg 359f., 363, 368f.
Maja Fl. 213
Mana Fl. 147
Mangasea 221, 229–232, 262, 276–278, 282f. siehe auch Mangazeja, Turuchansk

Mangazeja 10 siehe auch Mangasea, Turuchansk
Mecca 351, 352
Mergen St. 172
Miltäk Fl. 363
Mitteleuropa 35, 58 siehe auch Europa, Westeuropa
Moika 376
Mongolei 179 siehe auch Mungalei
Moscau 135, 149, 188f., 254, 267 siehe auch Moskau
Moskau 7, 9, 12, 18f., 21, 32 siehe auch Moskau
Moskowien 22
Mount St. Elias 52
München 82
Mungalei 141 siehe auch Mongolei

N
Narim St. 311
Naun St. 174
Necker-Insel 54
Neiwjanskoi 365, 369
Nejansk 369
Nerčinsk 10, 46, 63 siehe auch Nertschinsk
Nertscha Fl. 166f.
Nertschinsk 166–168, 187, 190, 194, 221 siehe auch Nerčinsk
Neugrönland 267 siehe auch Grönland
Newa Fl. 103, 376f.
Nischnaja Tunguska Fl. 208, 231f., 234, 238, 261, 275f.,
Nischnei-Novogrod 105f.
Nordamerika 39
Nordmeer 89
Nordsee 89, 271
Novaja Zemlja 22 siehe auch Nowa Semlja
Novgorod 7 siehe auch Novogrod
Novogrod 104 siehe auch Novgorod
Nowa reka Fl. 230
Nowa Semlja 268 siehe auch Novaja Zemlja

Nowo-Selenginsk D. 161
Nürnberg 23, 98
Nurr-Saissan See 133

O
Ob'/Ob 10, 21, 35, 38, 47, 64, 92, 133, 137, 268, 272f., 276f., 282, 311, 322
Obi siehe Ob'/Ob
Obskij Gorodok 9
Ochotsk/Ochotzk 10, 27, 38, 44, 47f., 50, 65, 96, 187, 216, 224
Ochotskisches Meer 10, 55
Oka Fl. 106
Oldenburg 33
Olecminskoi Ostrog 213f. siehe auch Olekminsk
Olekminsk 63 siehe auch Olecminskoi Ostrog
Olenek/Olenets Fl. 229, 272
Omsk 46
Ona Fl. 144
Orenburg 356
Orus (See) 331
Osch Fl. 343
Ossolka Fl. 144
Ostsee 89
Ostsibirische See 31
Otro (See) 331

P
Patoma Fl. 210, 212
Paris 16, 82, 87
Pazifik 7, 10, 35, 42f., 55, 58f., 65, 88f., 92
Pazifischer Ozean siehe Pazifik
Peking 23
Perm'/Perm 7, 375
Persien 10, 22
Petropavlosk 50, 55
Petzora Fl. (Pečora) 21
Phelipeaux In. 269
Piluda Fl. 204
Pjasida Fl. (= Pjasina) 269, 271, 276
Ploskaja gora B. 137
Polewa Fl. 129

R
Rama Fl. 371
Riphäisches Gebürge 372 siehe auch Ural
Rußland 7, 16f., 19, 23, 25, 35, 43, 44, 65, 67, 72, 81, 88, 90, 95, 98, 156, 159, 188, 202, 205, 262, 267, 270, 311f., 356, 369-372, 375

S
Sachalin 49
St. Denis 267
Samara 356
St. Petersburg 19, 25f., 35-37, 40f., 43f., 45f., 48-50, 56f., 60, 63, 68, 70-72, 74, 76-79, 93, 96, 98, 104, 106, 111, 119, 143, 188f., 197, 242, 244, 260f., 267, 278f., 311, 349, 356, 371, 374, 376f.
Sarai-bor 341f.
Schakscha See 180
Schalaginskoi (Kap) 88, 269, 272 siehe auch Čukotka-Halbinsel, Čukčenhalbinsel, Tschuketsckoi, Tschuktschenhalbinsel, Tschuktschenkap
Schibetu-Chadda B. 181f.
Schigan/Sgyganga St. 229 siehe auch Schigani
Schigani St. 218 siehe auch Schigan
Schilkina D. 251, 255
Schleswig-Holstein 22
Schlüsselburg 376
Schweden 20, 23f., 313
Selenga Fl. 157-159, 161, 163, 166, 188
Selenginsk 63, 98, 157-159, 161, 163, 187
Semipalatinsk 63
Sibir' (Chanat) 11
Sibir' St. 8
Sinaja Sopka B. 137
Sirijes D. 120, 123
Sirilsgorod St. 110
Solikamsk 63, 371-374
Stockholm 59
Swyaschk St. 110

T
Tabany (See) 331
Tagil Fl. 368-370
Taktamysch (See) 325
Tamura Fl. 272
Tara St. 63, 339, 343
Tas Fl. 275f.
Tasseewischer Meerbusen 268
Tatarei/Tatarey 20, 36, 88
Teutschland 262 siehe auch Deutschland
Tjumen'/Tjumen 9, 19, 24, 33, 47, 55, 63, 132, 141, 344-346, 348
Tobol'sk/Tobolsk 10, 23, 32, 46, 63, 92, 98, 119, 129, 131-134, 184, 187, 189, 282f., 311, 313, 333f., 343-345, 347-349, 351, 354, 368, 372
Tobol'/Tobol Fl. 131-134, 343
Tom Fl. 231, 262, 322-324
Tomsk 10, 46, 63, 144, 184, 310-313, 315f., 322, 325, 334
Toßna D. 376f.
Toßna Fl. 376
Transbaikalien 64
Travemünde 60
Tschaja Fl. 208
Tschana (See) 265, 325
Tscharüsch Fl. 135
Tschauskoi Ostrog 328
Tschebaxar St. 107, 109f.
Tschetschinskoi Ostrog 201
Tschikoi Fl. 151, 157
Tschitinsk 175, 180 siehe auch Čita
Tschuketsckoi (Kap) 88 siehe auch Schalaginskoi, Tschuktschen-Halbinsel, Tschuktschenkap, Čukotka-Halbinsel, Čukčenhalbinsel
Tschuktschen-Halbinsel 32 siehe auch Čukčenhalbinsel, Čukotka-Halbinsel, Tschuktschenkap, Tschuketsckoi, Schalaginskoi
Tschuktschenkap 32 siehe auch Čukčenhalbinsel, Čukotka-Halbinsel, Tschuktschenkap,

453

Tschuketsckoi, Schalaginskoi
Tschun Fl. 144
Tübingen 59f., 62, 68, 70–72, 74
Tunguska Fl. 144, 201f., 208, 239, 284f.
Tura Fl. 345, 346, 370f.
Turuchansk St. 63, 202 siehe auch Mangazeja, Mangasea
Twer St. 104

U
Ubinskoi Paß 327, 328
Übü (See) 327, 331
Uda Fl. 166, 181
Udinsk St. 166, 184, 188
Udinskie Werschini (Udinsker Höhen) 181
Ulan-Ude 63
Uldsjade Fl. 359
Ulu-kru (See) 331
Ummukei-Nor (See) 181
Unga Fl. 256
Ungarn 20
Urak Fl. 242
Ural 7f., 67, 372 siehe auch Riphäisches Gebürge
Ust'-Ilga/Ust-Ilga 63, 197f., 201
Ust'-Kut 63

Utasse B. 363

V
Vereinigte Staaten von Amerika 15
Vitim 63
Vorpommern 24

W
Wagai Fl. 343
Wales 57
Wasili-Gorod 106
Weigatz/Weygatz (Meerenge) 268, 273
Weißes Meer 89
Wercholensk 196f., 203
Werchoturisches Gebürge 372
Werchoturje St. 370–373
Westeuropa 35, 58 siehe auch Europa, Mitteleuropa
Wilmanstrand 344
Wilui/Wilgui Fl. 229
Wolchav (= Volchov) 104
Wolga 200, 358, 371
Württemberg 71f.

Z
Zuruchaitu D. 172

Fremde Kulturen in alten Berichten
Herausgegeben von Folker Reichert und Jürgen Osterhammel

Band 1 · Johann Christian Hüttner
Nachricht von der Britischen Gesandtschaftsreise durch China und einen Teil der Tartarei

Herausgegeben, eingeleitet und erläutert von Sabine Dabringhaus
236 Seiten, 51 Abbildungen, davon 24 in Farbe, 14 x 23 cm, gebunden
DM 45,–; sFr 41,50; öS 329,–; ISBN 3-7994-0600-4

Ein Zeitgenosse Christoph Martin Wielands, der Sachse Johann Christian Hüttner, begleitete im Jahre 1793 als einziger Deutscher die von Lord Macartney geführte Gesandtschaft des britischen Königs an den Hof des Kaisers Qianlong in Peking. Von ihm stammt auch die lebendigste Beschreibung der Ereignisse, die diese Begegnung zwischen Ost und West mit sich brachte. Seine Beobach-tungen zählen zu den unbefangensten und sprachlich frischesten Zeugnissen über China am Ende seiner dynastischen Blütezeit.

Band 2 · Ludovico de Varthema
Reisen im Orient

Eingeleitet, übersetzt und erläutert von Folker Reichert
304 Seiten, 74 Abbildungen, davon 13 in Farbe, 14 x 23 cm, gebunden
DM 45,–; sFr 41,50; öS 329,–; ISBN 3-7995-0601-2

Ludovico de Varthema reiste als Mamluk verkleidet über Ägypten und Syrien durch die arabische Halbinsel und berichtete als erster Europäer von den heiligen Stätten des Islams, Medina und Mekka. Eindrucksvoll ist auch die Erzählung seiner Reise nach dem legendären Calicut, der Hauptstadt des gleichnamigen Fürstentums an der indischen Malabarküste. Nach seiner Rückkehr veröffentlichte er seine Reiseabenteuer als Buch (1510), dessen großer Publikums-erfolg auf seinen anschaulichen und detaillierten Beschreibungen, nicht zuletzt aber auch auf manchen Anekdoten von geradezu komödiantischer Qualität beruhte.

Band 3 · Johannes von Plano Carpini
Kunde von den Mongolen

Eingeleitet, übersetzt und erläutert von Felicitas Schmieder
184 Seiten, 42 Abbildungen, davon 23 in Farbe, 14 x 23 cm, gebunden
DM 45,–; sFr 41,50; öS 329,–; ISBN 3-7995-0603-9

Angesichts des Ansturms der Mongolen gegen das christliche Europa entsteht das Bild menschenfressender »Tartaren« als Prototypen der »Wilden Barbaren«. Nach ihrem überraschenden Abzug schickt Papst Innozenz IV. den Franziskanermönch Johannes von Plano Carpini zu den Mongolen, um das Geheimnis ihrer militärischen Stärke zu erfahren. Johannes gelangt vermutlich als erster Europäer tief ins Innere Asiens und lernt schließlich die große Mongolenmetropole Karakorum kennen (1245–47).

Band 4 · *Pierre Poivre*
Reisen eines Philosophen

Eingeleitet, übersetzt und erläutert von Jürgen Osterhammel
254 Seiten, 46 Abbildungen, davon 13 in Farbe, 14 x 23 cm, gebunden
DM 45,–; sFr 41,50; öS 329,–; ISBN 3-7995-0602-2

Wie kein anderer Reisender des 18. Jahrhunderts nähert sich Pierre Poivre – vom Geiste der Aufklärung beseelt – unbefangen den afrikanischen und südostasiatischen Kulturen. Als stets neugieriger Universalgelehrten verschlägt es ihn auf seinen gefährlichen Seereisen in die entlegensten Winkel des Indischen Ozeans und Südchinesischen Meeres. Mit unbändigem Forschergeist widmet er sich der Entdeckung der tropischen Natur und den Sitten ihrer Bewohner.

Band 5 · *Johann Ernst Gründler*
Bartholomäus Ziegenbalg
Die Malabarische Korrespondenz

Herausgegeben, eingeleitet und erläutert von Kurt Liebau
341 Seiten, 55 Abbildungen, davon 12 in Farbe, 14 x 23 cm, gebunden
DM 45,–; sFr 41,50; öS 329,–; ISBN 3-7995-0605-5

Die Missionare Johann Ernst Gründler (1677–1720) und Bartholomäus Ziegenbalg (1628–1719) führten von 1712–1714 mittels Briefen einen Dialog mit Südindern verschiedener Kasten. Sie hatten den Bewohnern des heutigen Tamil Nadu Fragen gestellt, die diese in tamilischer Sprache beantworteten. Die Briefsammlung gibt einen einzigartigen Einblick in Glaubensvorstellungen, gesellschaftliche Ordnung und Alltagsleben der Bewohner Südindiens. Anders als in den Reiseberichten der Epoche, in denen Europäer über »die Anderen« schreiben, kommen in den malabarischen Briefen Asiaten selbst zu Wort.

Band 6 · *Gottlieb Mittelberger*
Reise nach Pennsylvanien

Herausgegeben, eingeleitet und erläutert
von Jürgen Charnitzky
214 Seiten, 73 Abbildungen, davon 28 in Farbe, 14 x 23 cm, gebunden
DM 45,–; sFr 41,50; öS 329,–; ISBN 3-7995-0604-7

Gottlieb Mittelbergers Bericht über seine 1750 unternommene Reise nach Pennsylvanien, wo er vier Jahre als Organist und Schulmeister in einer deutschen lutherischen Gemeinde wirkte, entwirft ein farbenprächtiges Bild der kolonialen Lebenswelt Nordamerikas, das durch genaue Beobachtungen des Alltags besticht. Zugleich zeichnet er ein bewegendes Bild der deutschen Amerika-Auswanderung des 18. Jahrhunderts.

Weitere Bände sind in Vorbereitung.

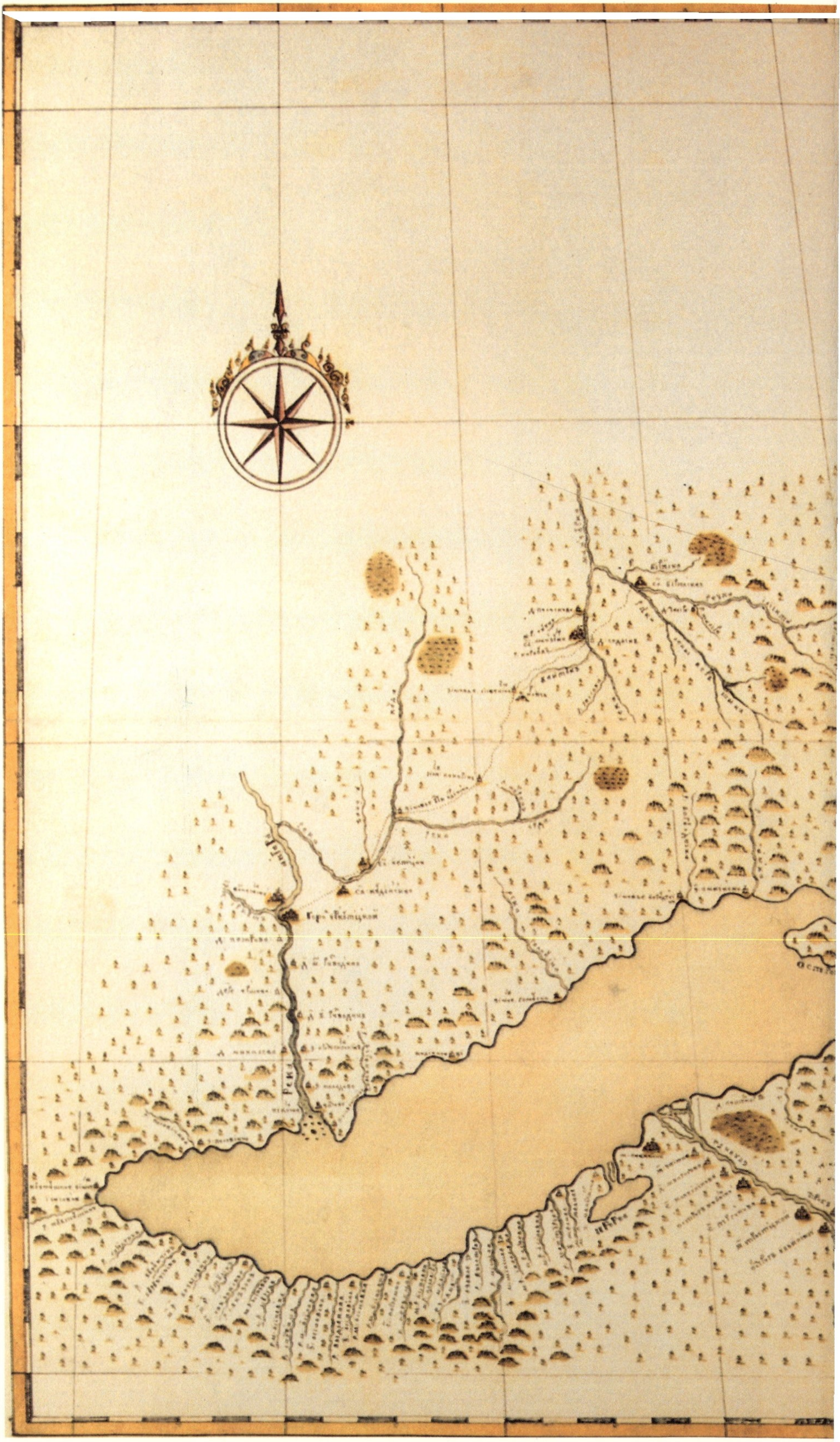